राजभाषा सहूलियतकार

राजभाषा सहूलियतकार

डॉ. वी. वेंकटेश्वर राव

राधाकृष्ण प्रकाशन

ISBN : 978-81-19092-94-9

राजभाषा सहूलियतकार

पहला संस्करण : 2023
दूसरा संस्करण : 2024

मूल्य : ₹750

प्रकाशक
राधाकृष्ण प्रकाशन प्राइवेट लिमिटेड
जी-17, जगतपुरी, दिल्ली-110 051
शाखाएँ : अशोक राजपथ, साइंस कॉलेज के सामने, पटना-800 006
पहली मंजिल, दरबारी बिल्डिंग, महात्मा गांधी मार्ग, प्रयागराज-211 001
1, अनमोल सोराबजी संतुक लेन, धोबी तलाव, मरीन लाइंस, मुम्बई-400 002
वेबसाइट : www.radhakrishnaprakashan.com
ई-मेल : info@radhakrishnaprakashan.com

मुद्रक
विकास कंप्यूटर एंड प्रिंटर्स
ट्रॉनिका सिटी-201 102

RAJBHASHA SAHULIYATKAAR
by Dr. V. Venkateswara Rao

समर्पित...
पूज्य माता वनमा पूर्णम्मा और पिता वनमा कोटय्या की
पावन स्मृति में सप्रेम समर्पित

शुभेच्छा...
वनमा पिच्चय्या-रानी, वनमा सुभाषचंद्र बोस-कुसुमा,
वनमा बाबु राव-सत्यावती, वनमा प्रसाद-वाणी और
पूनाटि सूर्यनारायण-वेंकट्राम्मा

प्रेरणा...
जीवनसंगिनी वनमा वसंता, पुत्र-पुत्रवधू
मौर्या-अमूल्या और कनिष्ठ पुत्र गौतम

और अभिलाषी...
प्रिय मित्र
जी. अजीत कुमार और एन. वेंकट्रामुलु

अनिल शर्मा 'जोशी'
उपाध्यक्ष
ANIL SHARMA 'JOSHI'
Vice Chairman

केंद्रीय हिंदी शिक्षण मंडल
KENDRIYA HINDI SHIKSHAN MANDAL
शिक्षा मंत्रालय, भारत सरकार
(Ministry of Education, Govt. of India)

शुभकामना संदेश

प्रिय श्री वेंकटेश्वर राव,

हिंदी देश की एकता की भाषा है। राष्ट्रीयता की भाषा है। यह सरकारी कार्यों में सहयोग प्रदान करती है। इसके माध्यम से अन्य संगठनों से संपर्क हो सकता है। यह देश के नागरिकों को कार्य करने में सहूलियत प्रदान करती है।

सरकारी कार्यालय विभिन्न भाषा-भाषियों का संगम है। राजभाषा विभाग के सदस्य यहाँ कार्यरत कर्मियों को राजभाषा नीति से अवगत कराते हैं। उनका मार्गदर्शन करते हैं। यह आवश्यक है कि वे न केवल सबको राजभाषा नीति से अवगत कराएँ बल्कि यह भी जरूरी है कि वे स्वयं उदाहरण प्रस्तुत करते हुए राजभाषा में कार्य करें। उन्हें औरों के लिए भी आदर्श प्रस्तुत करना है, साथ ही इस संबंध में स्थिति से राजभाषा विभाग, गृह मंत्रालय को भी अवगत कराना है। उनकी यह भी जिम्मेदारी है कि इस संबंध में राजभाषा अधिनियम, राजभाषा विभाग के वार्षिक कार्यक्रम, प्राप्त निर्देशों तथा संसदीय राजभाषा समिति की अपेक्षाओं के अनुरूप विभाग राजभाषा में कार्य करें।

'राजभाषा सहूलियतकार' पुस्तक में यह समस्त प्रक्रियाएँ व उस संबंध में विमर्श प्रस्तुत किया गया है। यह पुस्तक न केवल राजभाषा कर्मियों के लिए उपयोगी है बल्कि यह समस्त सरकारी कर्मचारियों को राजभाषा में कार्य करने के लिए प्रेरित करेगी। वे लोग जो राजभाषा विभाग से आगे जुड़ेंगे, यह उनके लिए भी उपयोगी सिद्ध होगी।

राजभाषा के प्रति आपकी सक्रियता और समर्पण प्रेरक है। एक अहिंदी-भाषी होते हुए भी हिंदी के प्रति आपका गहरा अनुराग है। बैंक में राजभाषा अधिकारी के रूप में लंबी सेवा ने आपको मूल्यवान दृष्टि प्रदान की है। मैं आशा करता हूँ कि यह पुस्तक राजभाषा के परिप्रेक्ष्य में अत्यंत उपयोगी व सार्थक सिद्ध होगी।

शुभकामनाओं सहित,

(अनिल शर्मा 'जोशी')

कार्यालय : केंद्रीय हिंदी संस्थान, दिल्ली केंद्र, बी-26 ए, कुतुब सांस्थानिक क्षेत्र, शहीद जीत सिंह मार्ग, नई दिल्ली-110016
फोन : 011-49786923, E-mail : vicechairmankhs@gmail.com

निवास : फ्लैट नं. 90, डी.डी.ए. फ्लैट्स, पॉकेट-I, सेक्टर-I, द्वारका, नई दिल्ली-110075, मो. 9899552099
E-mail : anilhindi@gmail.com

मेरी दृष्टि से...

राजभाषाविद् डॉ वी. वेंकटेश्वर राव द्वारा लिखी गई पुस्तक 'राजभाषा सहूलियतकार' की पांडुलिपि पढ़ने का मुझे अवसर मिला। वस्तुत: यह पुस्तक राजभाषा कर्मियों के लिए दिग्दर्शिका का काम करेगी। राजभाषा से जुड़े समस्त आयामों पर लेखक ने बड़ी सूझबूझ से प्रकाश डाला है।

यह पुस्तक कई मायनों में महत्त्वपूर्ण है। इसकी सबसे महत्त्वपूर्ण विशेषता यह है कि इसमें राजभाषा के आरंभिक दौर से लेकर 'हिंदी शब्द सिंधु' जैसे आधुनिकतम विषयों को समाहित किया गया है।

यह पुस्तक एक ओर राजभाषा के कार्यान्वयन से जुड़े पहलुओं पर विस्तृत विवेचना करती है तो दूसरी ओर राजभाषा प्रबंधन से जुड़े विभिन्न विषयों पर भी जानकारी उपलब्ध कराती है।

यह पुस्तक नये राजभाषा अधिकारियों के लिए तो निश्चित रूप से उपयोगी है, साथ ही अनुभवी राजभाषा अधिकारियों के लिए भी राजभाषा कार्यान्वयन एवं प्रबंधन से जुड़े विषयों पर पठनीय एवं अद्यतन जानकारियाँ देती है।

राजभाषा जैसे विराट कार्यक्षेत्र को सहज रूप में प्रस्तुत करने के लिए मैं डॉ राव को बधाई देता हूँ।

—डॉ जयंती प्रसाद नौटियाल
महानिदेशक, वैश्विक हिंदी शोध संस्थान
देहरादून-248008, उत्तराखंड

अपनी बात

भारतीय रेल विभाग में एवं राष्ट्रीयकृत सिंडिकेट बैंक में कुल मिलाकर 33 वर्ष राजभाषा विशेषज्ञ पद पर; मेरे सेवा-अनुभव के आधार पर संघ सरकार की राजभाषा नीति को समर्थ रीति में अमल कराने में केंद्र सरकार एवं उसके अधीनस्थ कार्यालयों, उपक्रमों, स्वायत्त निकायों, बोर्डों, राष्ट्रीयकृत बैंकों, वित्तीय संस्थाओं, बीमा कंपनियों इत्यादि में विभिन्न पदों पर कार्यरत राजभाषा स्टाफ सदस्यों को राजभाषा कार्यान्वयन संबंधी विभिन्न आवश्यक पहलुओं पर बिंदुवार स्पष्ट मार्गदर्शन उपलब्ध कराने का सघन प्रयास मैंने किया है।

समाज के बदलते परिवेश में भाषा संप्रेषण की आवश्यकताओं के अनुरूप राजभाषा कार्यान्वयन संबंधी दिशानिर्देशों में गृह मंत्रालय के राजभाषा विभाग द्वारा संशोधन किये जाने के अतिरिक्त नये मार्गदर्शी सूत्र भी जारी किये जाते हैं। अत: राजभाषा पदों से जुड़े कार्मिकों को अद्यतन जानकारी से परिचित होकर स्वयं अद्यतित होने की नितांत आवश्यकता है।

मुझे विश्वास है कि राजभाषा स्टाफ सदस्यों द्वारा इस पुस्तक के कार्यान्वयन संबंधी व्यापक अध्यायों को बिंदुवार पढ़े जाने से उन्हें कार्यान्वित करने में वे स्वयं समृद्ध बन जाने के अतिरिक्त सफल राजभाषा कार्यान्वयनकार बन पाएँगे।

राजभाषा कार्यान्वयन संबंधी विषयों पर व्याख्यान प्रस्तुत करने वाले वक्ताओं के लिए सहायक सिद्ध होने के अतिरिक्त हिंदी अध्यापन, प्रचार-प्रसार से जुड़े भाषासेवियों के लिए, राजभाषा कार्यान्वयन संबंधी सेवाओं में प्रवेश करने के इच्छुक बेरोजगार युवा के लिए भी इस पुस्तक के कुछ अध्याय सहायक साबित होंगे।

इस पुस्तक के लेखन-कार्य में राजभाषा नीति-कार्यान्वयन से संबंधित राजभाषा विभाग, गृह मंत्रालय के महत्त्वपूर्ण दिशानिर्देशों, कुछेक विशेषज्ञों की पुस्तकों व अन्य सहायक सामग्री का संदर्भ लिये जाने के अतिरिक्त गृह मंत्रालय, राजभाषा विभाग के सेवारत एवं सेवानिवृत्त पदाधिकारियों तथा केंद्र सरकार एवं निजी संगठनों के

सेवारत एवं सेवानिवृत्त राजभाषा विशेषज्ञों, भाषाविदों का मार्गदर्शन प्राप्त किया है। इन सबका मैं हृदय से आभारी हूँ।

राजकमल प्रकाशन समूह के प्रबंध निदेशक अशोक महेश्वरी जी का मैं विशेष आभारी हूँ जिन्होंने इस पुस्तक को राजभाषा कार्यान्वयनकारों, हिंदी भाषा प्रेमियों तक पहुँचाने का दायित्व लिया है।

सभी पाठकों को मेरी हार्दिक शुभकामनाएँ।

—डॉ. वी. वेंकटेश्वर राव
dr.raovanama@gmail.com
https://www.vvrao.com

आभार

राजभाषा नीति एवं कार्यान्वयन संबंधी संदेहों का समाधान करने, आवश्यक मार्गदर्शन देने तथा सहायक सामग्री उपलब्ध कराने में राजभाषा कार्यान्वयन व भाषा के प्रचार-प्रसार से जुड़े निम्नलिखित पदाधिकारियों और सह-कर्मियों का सप्रेम सहयोग मुझे मिला है। इन सबका मैं हृदय से आभारी हूँ।

राजभाषा विभाग, गृह मंत्रालय के श्री केवल कृष्ण, पूर्व वरिष्ठ तकनीकी निदेशक, नई दिल्ली; सुश्री सुनीता यादव, पूर्व उप निदेशक, मुंबई; डॉ. विश्वनाथ झा, पूर्व उप निदेशक, मुंबई; श्री के.पी. शर्मा, उप निदेशक, नई दिल्ली; श्री राजेंद्र प्रसाद वर्मा, सहायक निदेशक (तक), पुणे; श्री मोहन बहुगुणा, सहायक निदेशक, नई दिल्ली; डॉ. धनेश द्विवेदी, सहायक निदेशक, नई दिल्ली; श्री अनिल कुमार साहू, सहायक निदेशक (तक), बेंगलुरु; श्री विश्वजीत मजूमदार, सहायक निदेशक (भाषा), दुर्गापुर; श्री दिलबाग सिंह, वरिष्ठ अनुसंधान सहायक, केंद्रीय हिंदी प्रशिक्षण संस्थान, नई दिल्ली और श्री सुरेंद्र कुमार शुक्ल, पूर्व समिति सहायक, संसदीय राजभाषा समिति, नई दिल्ली।

डॉ. वरुण कुमार, निदेशक, रेलवे बोर्ड एवं पूर्व निदेशक, केंद्रीय हिंदी प्रशिक्षण संस्थान, नई दिल्ली; डॉ. अवनीश कुमार, पूर्व निदेशक, केंद्रीय हिंदी निदेशालय, नई दिल्ली; श्री गंगाधर वानोड़े, क्षेत्रीय निदेशक, केंद्रीय हिंदी संस्थान, हैदराबाद।

श्री बालेंदु शर्मा धाधीच, निदेशक एवं वरिष्ठ तकनीकविद्, माइक्रोसॉफ्ट इंडिया, नई दिल्ली; श्री इंद्र कुमार दीक्षित, सचिव, नागरी प्रचारिणी सभा, देवरिया।

श्री जवाहर कर्नावट, पूर्व निदेशक, हिंदी भवन, भोपाल एवं पूर्व महाप्रबंधक (राभा), बैंक ऑफ बड़ौदा; श्री अरविंद चतुर्वेदी, उप महाप्रबंधक (राभा), भारतीय रिजर्व बैंक, मुंबई; श्री अम्बरीश सिंह, उप महाप्रबंधक, यूनियन बैंक ऑफ इंडिया, मुंबई; डॉ. श्याम किशोर पांडेय, पूर्व सहायक महाप्रबंधक (राभा), केनरा बैंक, बेंगलुरु; डॉ. श्रीलाल प्रसाद 'अमन', साहित्यकार एवं पूर्व मुख्य प्रबंधक, पंजाब नेशनल बैंक, गाज़ियाबाद; डॉ. उदयभान दूबे, पूर्व मुख्य प्रबंधक

(राभा), पंजाब नेशनल बैंक, कोलकाता; श्री आर.पी. सिंह, पूर्व सहायक महाप्रबंधक, आईडीबीआई, नई दिल्ली; श्री अमलशेखर कर्नसेट, मुख्य प्रबंधक (राभा), यूको बैंक, कोलकाता; केनरा बैंक के श्री मेकला बापु, वरिष्ठ प्रबंधक (राभा); सुश्री निशा रूपम, प्रबंधक (राभा) और डॉ. सुरेश कुमार मिश्रा उरतृप्त, साहित्यकार, हैदराबाद और श्री उपेन्द्र झा, भाषाविद्, नई दिल्ली।

—डॉ. वी. वेंकटेश्वर राव

विषय सूची

• गोपनीयता
• उप समितियों का निरीक्षण दायरा
[• संसदीय राजभाषा समिति की पहली उप समिति • दूसरी उप समिति • तीसरी उप समिति • आलेख एवं साक्ष्य उप समिति • मौखिक साक्ष्य समिति]
• संसदीय राजभाषा समिति निरीक्षण संबंधी दिशानिर्देशों का सावधानीपूर्वक अनुपालन एवं पूर्वोपाय
[• समिति का कार्यालय ज्ञापन]
• निरीक्षणाधीन कार्यालय की भूमिका एवं जिम्मेदारी
[• प्राथमिकता के आधार पर संपन्न किये जाने वाले कार्य]
• प्रश्नावली के प्रकार
• भरी गई प्रश्नावलियों को स्पाइरल कराना और उनमें सामग्री के क्रम पर ध्यान देना
[• स्पाइरल में सामग्री का क्रम • प्रश्नावली भरते समय अपनाई जाने वाली कार्यविधि एवं सावधानियाँ • मुख्य प्रश्नावली के क्रमानुसार अनुबंध क्रम बनाए रखते हुए अनुलग्नक प्रस्तुत करना • टॉलिक के अध्यक्ष की विशेष प्रश्नावली के क्रमानुसार अनुबंध संलग्न करना (टॉलिक संयोजक कार्यालय द्वारा) *• कुछेक अनुबंधों की तैयारी में ध्यान दी जाने वाली बातें* (मुख्य प्रश्नावली)]
• निरीक्षण संबंधी अन्य राजभाषा सामग्री • समन्वयन कार्य
[• समन्वयक कार्यालय की तत्काल जिम्मेदारी • पूर्व तैयारी बैठक • ठहरने/बैठक कक्ष की व्यवस्था • वाहन/प्रोटोकॉल अधिकारी की व्यवस्था • संपर्क अधिकारियों का सहयोग • स्वागत/विदाई के समय पर प्रोटोकॉल की व्यवस्था • बैठक के प्रारंभ में माननीय सदस्यों का स्वागत • निरीक्षण व्यय • ड्रेस कोड (वर्दी) • राजभाषा प्रदर्शिनी • मैत्री भोज की व्यवस्था • दर्शनीय स्थलों का दर्शन • उपस्थित होने वाले पदाधिकारियों की संख्या तय करना • सहभागिता सूची • सहभागी राजभाषा अधिकारियों को मार्गदर्शन]
• समन्यवक/संयोजक कार्यालय द्वारा अपनाए जाने वाले अन्य उपाय
• स्थानीय प्रशासन व पुलिस स्टेशन को सूचित करना • प्रोटोकॉल अधिकारी बैठक • संपर्क सूत्र सूची
• निरीक्षण कक्ष में बैठने की व्यवस्था • बैठक कक्ष में नाम बोर्ड एवं बैनर • अन्य व्यवस्थाएँ • निरीक्षण से जुड़े कार्यालय/शाखा कार्यालय/इकाई की जिम्मेदारी • निरीक्षणाधीन कार्यालय/शाखा कार्यालय/इकाई प्रधान की जिम्मेदारी • समन्यवक कार्यालय/संयोजक कार्यालय प्रमुख की जिम्मेदारी • सदस्य सचिव/समन्वयक कार्यालय

भारत सरकार
गृह मंत्रालय
राजभाषा विभाग
[सदैव ऊर्जावान : निरंतर प्रयासरत]

राजभाषा प्रतिज्ञा

भारतीय संविधान के अनुच्छेद-343 और 351 तथा राजभाषा संकल्प-1968 के आलोक में हम, केंद्र सरकार के कार्मिक, यह प्रतिज्ञा करते हैं कि अपने उदाहरणमय नेतृत्व और निरंतर निगरानी से, अपनी प्रतिबद्धता और प्रयासों से, प्रशिक्षण और प्राइज से अपने साथियों में राजभाषा प्रेम की ज्योति जलाए रखेंगे, उन्हें प्रेरित और प्रोत्साहित करेंगे। अपने अधीनस्थ के हितों का ध्यान रखते हुए, अपने प्रबंधन को और अधिक कुशल और प्रभावशाली बनाते हुए राजभाषा हिंदी का प्रयोग, प्रचार और प्रसार बढ़ाएँगे। हम राजभाषा के संवर्द्धन के प्रति सदैव ऊर्जावान और निरंतर प्रयासरत रहेंगे।

जय राजभाषा! जय हिंद!

संघ की राजभाषा नीति

भाषा

अपने विचारों को मौखिक, इशारे और लिखित रूप में अभिव्यक्त करने का सशक्त माध्यम भाषा है। संवाद-संप्रेषण का वाहक है।

संपर्क भाषा

संपूर्ण राष्ट्र के विभिन्न भाषा-भाषियों एवं राज्यों के बीच संपर्क स्थापित करने वाली भाषा उस राष्ट्र की संपर्क भाषा कहलाती है। राष्ट्रीय स्तर पर ही नहीं, अंतरराष्ट्रीय स्तर पर भी एक से अधिक राष्ट्रों के बीच अपने विचारों का आदान-प्रदान करने का माध्यम बन पाने वाली भाषा भी संपर्क भाषा ही होती है।

प्रयोजनमूलक भाषा

प्रयोजनमूलक भाषा उसे कहा जाता है जिसका प्रयोग किसी एक विशेष प्रयोजन या विशिष्ट उद्देश्य के लिए किया जाता है। सामान्यतः भाषा-प्रयोग के संदर्भ में 'प्रयोजनमूलक' का अर्थ प्रशासनिक कार्य से जुड़ा हुआ होता है; अर्थात् कार्यालयीन, शासकीय कार्य में जिस भाषा का प्रयोग किया जाता है, उसे प्रयोजनमूलक भाषा कहा जाता है।

प्रयोजनमूलक हिंदी शब्द संघ सरकारी कार्यालयों में राजभाषा हिंदी के प्रयोग से जुड़ गया है।

राष्ट्रभाषा

संपूर्ण राष्ट्र की सामासिक, सांस्कृतिक और धार्मिक अभिव्यक्ति से समाहित लोकप्रिय भाषा, जो उस राष्ट्र के विभिन्न भाषा-भाषियों द्वारा व्यापक रूप से बोली जाती है और सार्वजनिक कार्यों में उसका प्रयोग होने लगता है, वह राष्ट्रभाषा तत् राष्ट्र के गौरव का प्रतीक बन जाती है।

कहा जाता है कि बंगाल के आचार्य केशवचंद्र सेन ने सर्वप्रथम 1873 में हिंदी भाषा को 'राष्ट्रभाषा' की संज्ञा से संबोधित किया। किसी एक भाषा को राष्ट्रभाषा बनाने के लिए आवश्यक गुणों के संबंध में वर्ष 1917 में भरूच में आयोजित 'गुजरात शिक्षा सम्मेलन' में महात्मा गांधी ने इस प्रकार कहा : "किसी देश की राष्ट्रभाषा वही हो सकती है जिसे वहाँ की अधिकांश जनता बोलती हो। वह सांस्कृतिक, राजनीतिक और आर्थिक क्षेत्रों में माध्यम भाषा बनने की शक्ति रखती हो। सरकारी कर्मचारियों एवं सरकारी

कामकाज के लिए सुगम और सरल हो जिसे सुगमता और सरलता से सीखा जा सकता है। संपूर्ण राष्ट्र की वाणी बनने की क्षमता रखती हो।"

वर्ष 1918 में इंदौर में आयोजित साहित्य सम्मेलन में गांधी जी ने हिंदी को राष्ट्रभाषा बनाने का आह्वान किया। उनका आदर्श वाक्य रहा : "राष्ट्रभाषा के बिना राष्ट्र गूंगा है।" बंगाल के नेताजी सुभाषचंद्र बोस, रवींद्रनाथ टैगोर, केशवचंद्र सेन, राजा राममोहन राय, गुजरात के स्वामी दयानंद, महाराष्ट्र के लोकमान्य तिलक, तमिलनाडु के सुब्रह्मण्यम भारती, सी. राजगोपालाचारी, आंध्र प्रदेश के मोटूरी सत्यनारायण, कर्नाटक के विश्ववंद्य बापू आदि मानते थे कि हिंदी में ही राष्ट्रभाषा बनने की क्षमता है। उल्लेखनीय है कि उस समय हिंदी को राष्ट्रभाषा मानने वाले अधिकतर नेता और विचारक हिंदीतर-भाषी थे। 'वंदे मातरम' राष्ट्रगीत के रचनाकार बंकिम चंद्र चटर्जी तथा विनोबा भावे, सरदार वल्लभभाई पटेल, मदन मोहन मालवीय, वीर सावरकर, गोपाल कृष्ण गोखले, काका कालेकर आदि ने हिंदी को राष्ट्रभाषा का सम्मान दिया।

राजभाषा

राजकाज और जनहित संबंधी शासकीय प्रयोजनों के लिए संघ सरकार एवं राज्य सरकारों द्वारा अधिकृत रूप से प्रयुक्त भाषा राजभाषा होती है। यह शासन और जनता के बीच संपर्क स्थापित करती है।

भारत परतंत्र से स्वतंत्र होने के पश्चात् शासन तंत्र के आपसी संपर्क में सहूलियत हेतु और जनसंपर्क स्थापित करने के उद्देश्य से अंग्रेजी के स्थान पर भारत की बहु-प्रचलित भाषा हिंदी को 14 सितंबर, 1949 को 'संघ की राजभाषा' का दर्जा प्रदान करते हुए संविधान में इस संबंधी आवश्यक प्रावधान किये गए हैं।

कोई भी राज्य अपने राज्य के शासकीय कार्यों के लिए अपने राज्य में व्यापक रूप से प्रचलित भाषा को राज्य की राजभाषा के रूप में अपना सकता है। केंद्र सरकार के कार्यालयों, उसके अधीनस्थ कार्यालयों, संस्थाओं, उपक्रमों, निकायों, वित्तीय संस्थाओं, बीमा कंपनियों इत्यादि की राजभाषा हिंदी होगी—चाहे वे किसी भी राज्य या संघ शासित क्षेत्र में स्थित हों।

एकमत (सर्वसम्मति) **से हिंदी बनी राजभाषा**

आजाद भारत में हिंदी को भारत की राष्ट्रभाषा के रूप में आधिकारिक रूप से घोषित किये जाने के संबंध में विभिन्न प्रदेशों के प्रतिनिधियों में एकमत स्थापित नहीं होने की वजह से (उनका मानना था कि 'भारत राष्ट्र की सभी भाषाएँ राष्ट्रीय भाषाएँ ही हैं) संविधान सभा द्वारा इसे 'राजभाषा' का दर्जा दिया गया। सभा का आशय था कि हिंदी को राजभाषा की उपाधि दी जाने से शासकीय कार्यों में ही नहीं, भारत वर्ष के संपर्क का माध्यम भी बनेगी और वाद-विवाद मिट जाएँगे। भारत को आजाद घोषित किये जाने संबंधी ब्रिटिश प्रस्ताव के एक वर्ष पूर्व अर्थात् 9 दिसंबर, 1946 को आयोजित संविधान सभा सत्र में और बाद में हुए तीन अन्य सत्रों में हिंदी या हिंदुस्तानी को 'राजभाषा' बनाए जाने के संबंध में व्यापक चर्चा हुई। 14 जुलाई, 1947 को संपन्न संविधान सभा सत्र

पूर्व किये गए मतदान में हिंदी को राजभाषा बनाए जाने के संबंध में 63 मत तथा हिंदुस्तानी के पक्ष में 18 मत पड़े थे। यह मामला सुलझ जाने के पश्चात् अर्थात् अधिकतर प्रतिनिधि हिंदी को राजभाषा स्वीकार करने के पक्ष में रहने पर भी भारतीय अंकों को अपनाए जाने के संबंध में मतभेद था। 26 अगस्त, 1949 और 2 सितंबर, 1949 को इस संबंध में हुए मतदान एकपक्षीय नहीं रहने पर भी हिंदीतर प्रदेशों की सहूलियत को ध्यान में रखते हुए संविधान सभा के सदस्यों की विश्वसनीयता जताते हुए राजभाषा हिंदी की लिपि देवनागरी और भारतीय अंकों का अंतरराष्ट्रीय रूप स्वीकार किए जाने पर सहमति प्राप्त की गई। अंत में 14 सितंबर, 1949 को संविधान सभा द्वारा हिंदी को भारत संघ की राजभाषा के रूप में तथा भारतीय अंकों के अंतरराष्ट्रीय रूप को सर्वसम्मति से स्वीकारा गया है। तमिलनाडु के एन. गोपालस्वामी अय्यंगार (संविधान सभा में हिंदी को संघ की राजभाषा का दर्जा प्रदान किये जाने का प्रस्ताव इन्होंने ही रखा था), कन्हैयालाल माणिकलाल मुंशी (गुजरात), डॉ. बाबा साहेब भीमराव अंबेडकर (महाराष्ट्र), टी.टी. कृष्णमाचारी (तमिलनाडु), सआदुल्लाह (आसाम) हिंदी को राजभाषा का दर्जा प्रदान कराने में इस संबंधी मुसाइदा समिति (ड्रॉफ्ट समिति) के मुख्य सदस्य थे। मौलाना अबुल कलाम आजाद (पश्चिम बंगाल), श्यामा प्रसाद मुखर्जी (पश्चिम बंगाल), गोविंद वल्लभ पंत (अविभाज्य उत्तर प्रदेश), मोटूरि सत्यनारायण (आंध्र प्रदेश), पुरुषोत्तमदास टंडन (उत्तर प्रदेश), बालकृष्ण शर्मा 'नवीन' (मध्य प्रदेश), के. संतानम (तमिलनाडु), घनश्याम गुप्त (अविभाज्य मध्य प्रदेश) और श्रीमती अमृत कौर (पंजाब) का भी मुसाइदा समिति के कार्य में सहयोग लिया गया।

उल्लेखनीय है कि राजभाषा और प्रांतीय भाषाओं के संबंध में परिकल्पित संविधान का भाग-17, जिसमें 343 से 351 तक अनुच्छेद हैं, 'मुंशी अय्यंगार' फार्मूला से जाना जाता है।

14 सितंबर, 1949 को हिंदी को भारत की राजभाषा स्वीकार किये जाने के उपलक्ष्य में संविधान सभा के तत्कालीन अध्यक्ष डॉ राजेंद्र प्रसाद ने कहा : "आज पहली बार हम अपने संविधान में एक भाषा को स्वीकार कर रहे हैं जो भारत संघ के प्रशासन की भाषा होगी। हमें समय के अनुसार अपने-आपको ढालना और विकसित करना होगा। हमने अपने देश का राजनीतिक एकीकरण किया है। राजभाषा हिंदी देश की एकता को कश्मीर से कन्याकुमारी तक अधिक सुदृढ़ बना सकेगी। अंग्रेजी की जगह भारतीय भाषा को स्थापित करने से हम निश्चय ही और भी एक-दूसरे के नजदीक आएँगे।"

'हिंदी दिवस' मनाए जाने संबंधी पृष्ठभूमि

14 सितंबर, 1949 के दिन संविधान सभा द्वारा भारतीय संविधान के अनुच्छेद-343(1) के अंतर्गत हिंदी भाषा को संघ की राजभाषा घोषित किये जाने के बाद 26 जनवरी, 1950 को भारत वर्ष पूर्णत: लोकतांत्रिक गणतंत्र राज्य बनने के पश्चात् केंद्र सरकारी एवं उसके अधीनस्थ कार्यालयों, उपक्रमों, भाषा सेवा संगठनों इत्यादि में 1953 से प्रति वर्ष 14 सितंबर को 'हिंदी दिवस' मनाने की प्रथा प्रारंभ हुई। इस प्रथा को प्रारंभ किये जाने में राष्ट्रभाषा प्रचार समिति, वर्धा का विशेष योगदान रहा। तत्कालीन प्रधानमंत्री

पंडित जवाहरलाल नेहरू ने भी चाहा कि 14 सितंबर को हिंदी संघ की राजभाषा बनने के कारण यह दिन भाषा के इतिहास में यादगार दिन बने। राजभाषा नियम-1976 लागू होने के पश्चात् हिंदी दिवस मनाने की इस प्रथा में तीव्रता आई है।

हिंदी के प्रबल समर्थक पुरुषोत्तम दास टंडन ने कहा था : "हिंदी दिवस मनाने का प्रयोजन यह है कि एक ओर तो हिंदी साहित्य संबंधी आवश्यकताओं की ओर राष्ट्रप्रेमियों, विशेषकर राष्ट्रभाषा प्रेमियों का ध्यान खींचा जाए और दूसरी ओर देश के उन कार्यों में हिंदी को व्यावहारिक रूप से चलाने पर बल दिया जाए जिनमें आज भी अंग्रेजी भाषा में प्रयोग हो रहा है।"

उल्लेखनीय है कि गृह मंत्रालय, राजभाषा विभाग द्वारा प्रति वर्ष 14 सितंबर को आयोजित किये जाने वाले हिंदी दिवस समारोह में राजभाषा कार्यान्वयन के क्षेत्र में श्रेष्ठतम निष्पादक संस्थाओं, नगर राजभाषा कार्यान्वयन समितियों तथा हिंदी में लिखी गई श्रेष्ठतम मौलिक रचनाओं के रचनाकारों को महामहिम राष्ट्रपति या उप राष्ट्रपति या गृह मंत्री के शुभहस्ते 'राजभाषा कीर्ति पुरस्कार/नराकास राजभाषा सम्मान/राजभाषा गौरव पुरस्कार' प्रदान किये जाते हैं।

भाषा-संबंधी संवैधानिक भागवार/अनुच्छेदवार प्रावधान

आजाद भारत द्वारा निर्मित स्वतंत्र संविधान के प्रावधान भारत गणतंत्र राज्य बन जाने के शुभ दिन से अर्थात् 26 जनवरी, 1950 से अमल में हैं (26 नवंबर, 1949 को पारित हुए और 26 जनवरी, 1950 को प्रभावी हुए)। राष्ट्र और राज्यों में एकता और अखंडता स्थापित करने में उल्लेखनीय भूमिका निभाने वाली भाषाओं के समुन्नत विकास और बहुप्रांतीय, बहुभाषी लोगों के मनोविचारों पर विशेष ध्यान देते हुए संविधान निर्माताओं द्वारा दूरदर्शी उपाय समाविष्ट किये गए हैं।

कुल 22 भागों में विभाजित 395 अनुच्छेदयुक्त भारतीय संविधान के भाग-5, भाग-6 और भाग-17 में कुल 11 अनुच्छेदों के अंतर्गत संघ सरकार, राज्य सरकारों, संघ शासित प्रदेश सरकारों के कार्यालयीन/शासकीय कामकाज एवं जनसंपर्क से जुड़े संव्यवहारों (संसद के दोनों सदनों, विधान मंडलों एवं उच्च न्यायालय व उच्चतम न्यायालय सहित), भर्ती परीक्षाओं में प्रयुक्त की जाने वाली भाषाओं, शिक्षा-नीति की अपेक्षाओं, राज्य स्तरीय भाषाओं को राजभाषा का दर्जा दिये जाने के संबंध में विधानमंडल के अधिकार, जनसामान्य के वैयक्तिक अभ्यावेदनों की भाषा तथा समयानुकूल व संदर्भानुकूल आवश्यकताओं के अनुरूप राष्ट्रपति द्वारा महत्त्वपूर्ण आदेश जारी किये जाने, संसद के दोनों सदनों द्वारा पारित तथा राष्ट्रपति द्वारा अनुमोदित विधेयकों के द्वारा समुचित संशोधन किये जाने के प्रावधान समाविष्ट किये गए हैं।

संविधान के भाग-5, अनुच्छेद-120

[संसद में सांसदों द्वारा प्रयुक्त भाषा एवं संसद में कार्यव्यवहारों की भाषा]

अनुच्छेद-120 के अनुसार भाग-17 में किसी बात के होते हुए भी, किंतु अनुच्छेद-348 के उपबंधों के अधीन रहते हुए संसद में कार्य हिंदी या अंग्रेजी में किया जाएगा। परंतु

यथास्थिति, राज्यसभा का सभापति या लोकसभा का अध्यक्ष अथवा ऐसे रूप में कार्य करने वाले व्यक्ति किसी सदस्य को, जो हिंदी या अंग्रेजी में अपनी पर्याप्त अभिव्यक्ति नहीं कर सकता, अपनी मातृभाषा में सदन को संबोधित करने की अनुमति दे सकेंगे।

इस अनुच्छेद में यह भी सूचित किया गया कि जब तक संसद विधि द्वारा अन्यथा उपबंध न करें, अंग्रेजी के प्रयोग का विकल्प 26 जनवरी, 1965 (संविधान के प्रारंभ से 15 वर्ष तक) को समाप्त माना जाएगा। लेकिन अंग्रेजी प्रयोग को सहभाषा के रूप में जारी रखे जाने के संबंध में संसद द्वारा पारित राजभाषा अधिनियम-1963 की धारा-3(1) के अनुसार 26 जनवरी, 1965 के बाद भी संसद के कार्य-व्यवहारों में हिंदी के अतिरिक्त अंग्रेजी का प्रयोग जारी होता रहेगा।

इससे अनिश्चित समय के लिए अंग्रेजी प्रयोग का रास्ता खुला रखा गया है।

संविधान के भाग-6, अनुच्छेद-210

[राज्यों के विधान मंडलों में सदस्यों द्वारा प्रयुक्त भाषा एवं कार्य व्यवहारों की भाषा]

अनुच्छेद-210 के अनुसार भाग-17 में किसी बात के होते हुए भी, किंतु अनुच्छेद-348 के उपबंधों के अधीन रहते हुए राज्य के विधान मंडल में कार्य राज्य की राजभाषा या राजभाषाओं में या हिंदी में या अंग्रेजी में किया जाएगा।

परंतु यथास्थिति, विधानसभा का अध्यक्ष या विधान परिषद का सभापति अथवा ऐसे रूप में कार्य करने वाले व्यक्ति किसी सदस्य को जो उपर्युक्त भाषाओं में से किसी में भी अपनी पर्याप्त अभिव्यक्ति नहीं कर सकेंगे, अपनी मातृभाषा में सदन को संबोधित करने की अनुज्ञा दे सकेंगे। इस अनुच्छेद में यह भी व्याख्या की गई कि जब तक राज्य का विधान मंडल विधि द्वारा अन्यथा उपबंध न करें, 26 जनवरी, 1965 के पश्चात् (हिमाचल प्रदेश, मणिपुर, मेघालय और त्रिपुरा के लिए 26 जनवरी, 1975 के बाद अर्थात् संविधान के प्रारंभ से 25 वर्ष तक और अरुणाचल प्रदेश, मिजोरम और गोवा के विधान मंडलों के लिए 26 जनवरी, 1990 के बाद अर्थात् संविधान के प्रारंभ से 40 वर्ष तक) अंग्रेजी के प्रयोग का विकल्प समाप्त माना जाएगा। लेकिन अंग्रेजी भाषा को सहभाषा के रूप में जारी रखे जाने के संबंध में संसद द्वारा पारित राजभाषा अधिनियम-1963 की धारा-3(1) के अनुसार 26 जनवरी, 1965 के बाद भी विधान मंडलों के कार्य-व्यवहारों में अंग्रेजी का प्रयोग जारी किया जा सकेगा।

संविधान के भाग-17, अनुच्छेद-343 से 351

अनुच्छेद-343

[संघ की राजभाषा]

343 खंड (1) : संघ की राजभाषा हिंदी और लिपि देवनागरी होगी। संघ के शासकीय प्रयोजनों के लिए प्रयोग होने वाले अंकों का रूप भारतीय अंकों का अंतरराष्ट्रीय रूप होगा : (1, 2, 3, 4, 5, 6, 7, 8, 9, 10...)।

खंड (2) : खंड (1) में किसी बात के होते हुए भी, संविधान के प्रारंभ से 15 वर्ष की अवधि तक संघ के उन शासकीय प्रयोजनों के लिए अंग्रेजी भाषा का प्रयोग किया

जाता रहेगा जिनके लिए उसका ऐसे प्रारंभ से ठीक पहले प्रयोग किया जा रहा था। परंतु राष्ट्रपति उक्त अवधि के दौरान आदेश द्वारा संघ के शासकीय प्रयोजनों में से किसी के लिए अंग्रेजी भाषा के अतिरिक्त हिंदी भाषा का और भारतीय अंकों के अंतरराष्ट्रीय रूप के अतिरिक्त देवनागरी रूप का प्राधिकृत कर सकेगा।

खंड (3) : इस अनुच्छेद में किसी बात के होते हुए भी संसद उक्त 15 वर्ष की अवधि के पश्चात् विधि द्वारा अंग्रेजी भाषा का या अंकों के देवनागरी रूप का ऐसे प्रयोजनों के लिए प्रयोग उपबंध कर सकेगा, जैसे कि ऐसी विधि में उल्लेखित हो।

[सारांशतः संघ की राजभाषा हिंदी होगी और उसकी लिपि देवनागरी होगी तथा भारतीय अंकों के अंतरराष्ट्रीय रूप का प्रयोग होगा। संघ के शासकीय प्रयोजनों के लिए 26 जनवरी, 1965 तक अंग्रेजी का प्रयोग जारी रहेगा (अनुच्छेद-210 में सूचित कुछेक राज्यों को छोड़कर)। परंतु इस अवधि के पश्चात् संसद चाहे तो अंग्रेजी भाषा का और अंकों के देवनागरी रूप का प्रयोग उपबंधित कर सकेगा। इस बीच 26 जनवरी, 1965 के पूर्व राष्ट्रपति चाहने पर संघ विशेष शासकीय प्रयोजनों के लिए अंग्रेजी के अतिरिक्त हिंदी एवं देवनागरी अंकों के प्रयोग संबंधी आदेश जारी कर सकेगा।]

अनुच्छेद-344

[राजभाषा आयोग एवं संसदीय समिति का गठन]

खंड (1) : राष्ट्रपति इस संविधान के प्रारंभ से पांच वर्ष की समाप्ति पर और तत्पश्चात् ऐसे प्रारंभ से दस वर्ष की समाप्ति पर आदेश द्वारा एक आयोग गठित करेगा जो एक अध्यक्ष और आठवीं अनुसूची में निर्दिष्ट विभिन्न भाषाओं का प्रतिनिधित्व करने वाले ऐसे अन्य सदस्यों से मिलकर बनेगा जिनको राष्ट्रपति नियुक्त करें और आदेश में आयोग द्वारा अनुसरण की जाने वाली प्रक्रिया परिनिश्चित की जाएगी।

खंड (2) : आयोग का यह कर्तव्य होगा कि वह राष्ट्रपति को—

(i) संघ के शासकीय प्रयोजनों के लिए हिंदी भाषा का अधिकाधिक प्रयोग,

(ii) संघ के सभी या किन्हीं शासकीय प्रयोजनों के लिए अंग्रेजी भाषा के प्रयोग पर निर्बंध,

(iii) अनुच्छेद-348 में उल्लेखित सभी या किन्हीं प्रयोजनों के लिए प्रयोग की जाने वाली भाषा,

(iv) संघ के किसी एक या अधिक विनिर्दिष्ट प्रयोजनों के लिए प्रयोग किये जाने वाले अंकों के रूप,

(v) संघ की राजभाषा तथा संघ और किसी राज्य के बीच या एक राज्य और दूसरे राज्य के बीच पत्रादि की भाषा और उनके प्रयोग के संबंध में राष्ट्रपति द्वारा आयोग को विनिर्दिष्ट किये गए अन्य विषय—

इन सबके बारे में सिफारिश करेगा।

खंड (3) : खंड (2) के अधीन अपनी सिफारिश करने में आयोग भारत की औद्योगिक, सांस्कृतिक और वैज्ञानिक उन्नति का और लोकसेवाओं के संबंध में अहिंदी-भाषी क्षेत्रों के व्यक्तियों के न्यायसंगत दावों और हितों का सम्यक् ध्यान रखेगा।

खंड (4) : एक समिति गठित की जाएगी जो तीस सदस्यों से मिलकर बनेगी जिनमें बीस लोकसभा के सदस्य होंगे और दस राज्यसभा के सदस्य होंगे जो क्रमशः लोकसभा के सदस्यों और राज्यसभा के सदस्यों द्वारा आनुपातिक प्रतिनिधित्व के अनुसार एकल संक्रमणीय मत द्वारा निर्वाचित होंगे।

खंड (5) : समिति का यह कर्तव्य होगा कि इस अनुच्छेद के खंड (1) के अधीन गठित आयोग की सिफारिशों की परीक्षा करें और राष्ट्रपति को उन पर अपनी राय के बारे में प्रतिवेदन दें।

खंड (6) : अनुच्छेद-343 में किसी बात के होते हुए भी अनुच्छेद-344 के खंड (5) में निर्दिष्ट प्रतिवेदन पर विचार करने के पश्चात् उस संपूर्ण प्रतिवेदन के या उसके किसी भाग के अनुसार राष्ट्रपति निर्देश दे सकेगा।

[सारांशतः संविधान की अष्टम् अनुसूची में समाविष्ट भाषाओं के प्रतिनिधियों को सदस्य के रूप में शामिल करते हुए किसी एक चयनित/नामित व्यक्ति की अध्यक्षता में वर्ष 1955 से 1960 के बीच राष्ट्रपति द्वारा राजभाषा आयोग का गठन किया जाएगा। इसके अतिरिक्त लोकसभा के 20 और राज्यसभा के 10 सदस्यों का चयन करने के जरिये संसदीय समिति का गठन किया जाएगा जो राजभाषा आयोग के प्रतिवेदन पर अपनी सिफारिशें राष्ट्रपति को प्रस्तुत करेगी। राष्ट्रपति द्वारा सहमत सिफारिशों के आधार पर उचित निर्देश जारी किए जाएँगे।]

अनुच्छेद-345

[राज्य की राजभाषा/राजभाषाएँ]

अनुच्छेद-346 और 347 के उपबंधों के अधीन रहते हुए किसी राज्य का विधान मंडल, विधि द्वारा उस राज्य में प्रयोग होने वाली भाषाओं में से किसी एक या अधिक भाषाओं को या हिंदी को उस राज्य के सभी या किन्हीं संसदीय प्रयोजनों के लिए प्रयोग की जाने वाली भाषा या भाषाओं के रूप में अंगीकार कर सकेगा।

परंतु जब तक राज्य का विधान मंडल विधि द्वारा अन्यथा उपबंध न करे तब तक राज्य के भीतर उन शासकीय प्रयोजनों के लिए अंग्रेजी भाषा का प्रयोग किया जाता रहेगा जिनके लिए उसका इस संविधान के प्रारंभ से ठीक पहले प्रयोग किया जा रहा था।

[सारांशतः किसी राज्य के विधान मंडल द्वारा कानूनी तौर पर राज्य के संपूर्ण या आंशिक शासकीय प्रयोजनों के लिए एक या एक से अधिक भाषाओं को अपने राज्य की राजभाषा के रूप में स्वीकार किया जा सकेगा।]

अनुच्छेद-346

[राज्यों के बीच या राज्य और संघ के बीच पत्रादि की भाषा]

संघ में शासकीय प्रयोजनों के लिए प्रयोग किये जाने हेतु तत्समय प्राधिकृत भाषा एक राज्य और दूसरे राज्य के बीच तथा किसी राज्य और संघ के बीच पत्रादि की राजभाषा होगी।

परंतु यदि दो या अधिक राज्य यह करार करते हैं कि उन राज्यों के बीच पत्रादि की राजभाषा हिंदी भाषा होगी तो ऐसे पत्रादि के लिए इस भाषा का प्रयोग किया जा सकेगा।

[सारांशत: संघ के शासकीय प्रयोजनों के लिए प्रयुक्त भाषा एक और दूसरे राज्य के बीच की पत्रादि की भाषा होगी। यदि दो या अधिक राज्य चाहने पर अपने आपसी पत्राचार के लिए हिंदी को राजभाषा स्वीकार किया जा सकेगा।]

अनुच्छेद-347

[राज्य के किसी भाग के जनसमुदाय द्वारा बोली जाने वाली
भाषा के संबंध में विशेष उपबंध]

किसी राज्य की जनसंख्या का पर्याप्त भाग यह चाहता है कि उसके द्वारा बोली जाने वाली भाषा को राज्य द्वारा मान्यता दी जाए तो राष्ट्रपति निदेश दे सकेगा कि ऐसी भाषा को भी उस राज्य में सर्वत्र या उसके किसी भाग में ऐसे प्रयोजन के लिए जो वह विनिर्दिष्ट करें, शासकीय मान्यता दी जाए।

[सारांशत: पर्याप्त अनुपातयुक्त किसी विशिष्ट जनसमुदाय द्वारा बोली जाने वाली भाषा को संपूर्ण राज्य के या राज्य के किसी भाग के शासकीय प्रयोजनों के लिए राष्ट्रपति के अनुमोदन से राजभाषा बनाया जा सकता है।]

अनुच्छेद-348

[उच्चतम और उच्च न्यायालयों में तथा अधिनियमों, विधेयकों आदि में
प्रयोग की जाने वाली भाषा]

खंड (1) : इस भाग के पूर्ववर्ती उपबंधों में किसी बात के होते हुए भी जब तक संसद विधि द्वारा अन्यथा उपबंध न करे तब तक—

(क) उच्चतम न्यायालय और प्रत्येक उच्च न्यायालय में सभी कार्यवाहियों के,

(ख) (i) संसद के प्रत्येक सदन या किसी राज्य के विधान मंडल के सदन या प्रत्येक सदन में पुन: स्थापित किये जाने वाले सभी विधेयकों या प्रस्तावित किये जाने वाले उनके संशोधनों के,

(ii) संसद या किसी राज्य के विधान मंडल द्वारा पारित सभी अधिनियमों के और राष्ट्रपति या किसी राज्य के राज्यपाल द्वारा प्रख्यापित सभी आदेशों के और

(iii) इस संविधान के अधीन अथवा संसद या किसी राज्य के विधान मंडल द्वारा बनाई गई किसी विधि के अधीन जारी किये गए सभी आदेशों, नियमों, विनियमों और उप विधियों के—प्राधिकृत पाठ अंग्रेजी में होंगे।

खंड (2) : इस अनुच्छेद के खंड (1) के उपखंड में किसी बात के होते हुए भी, किसी राज्य का राज्यपाल, राष्ट्रपति की पूर्व सहमति से उच्च न्यायालय की कार्यवाहियों में जिसका मुख्य स्थान उस राज्य में है, हिंदी भाषा का या उस राज्य के शासकीय प्रयोजनों के लिए प्रयोग होने वाली किसी अन्य भाषा का प्रयोग प्राधिकृत कर सकेगा;

परंतु इस खंड की कोई बात ऐसे उच्च न्यायालय द्वारा दिये गए किसी निर्णय, डिक्री या आदेश पर लागू नहीं होगी।

खंड (3) : इस अनुच्छेद के खंड (1) के उपखंड (ख) में किसी बात के होते हुए भी जहाँ किसी राज्य के विधान मंडल ने उस विधानमंडल में पुनः स्थापित विधेयकों या उसके द्वारा पारित अधिनियमों में अथवा उस राज्य के राज्यपाल द्वारा प्रख्यापित अध्यादेशों में अथवा उस उपखंड के पैरा (iii) में निर्दिष्ट किसी आदेश, नियम, विनियम या उपविधि में प्रयोग के लिए अंग्रेजी भाषा से भिन्न कोई भाषा विहित की है, वहाँ उस राज्य के राजपत्र में उस राज्य के राज्यपाल के प्राधिकार से प्रकाशित अंग्रेजी भाषा में उसका अनुवाद इस अनुच्छेद के अधीन उसका अंग्रेजी भाषा में प्राधिकृत पाठ समझा जाएगा।

[सारांशतः अन्य भाषाओं के पाठ को प्राधिकृत माने जाने हेतु राष्ट्रपति के अनुमोदन से संसद द्वारा कानूनी रूप दिलाए जाने तक उच्चतम न्यायालय एवं उच्च न्यायालयों की कार्यवाहियों में संसद और राज्य विधान मंडलों के विधेयकों, आदेशों, नियमों एवं विनियमों में प्रयुक्त भाषाओं का प्राधिकृत पाठ अंग्रेजी भाषा का होगा।]

अनुच्छेद-349

[भाषा-संबंधी कुछेक विधियों को अधिनियमित करने के लिए विशेष प्रक्रिया]

इस संविधान के प्रारंभ से 15 वर्ष की अवधि के दौरान अनुच्छेद-348, खंड (1) में उल्लेखित किसी प्रयोजन के लिए प्रयोग की जाने वाली भाषा के लिए उपबंध करने वाला कोई विधेयक या संशोधन संसद के किसी सदन में राष्ट्रपति की पूर्व मंजूरी के बिना पुनः स्थापित या प्रस्तावित नहीं किया जाएगा और राष्ट्रपति किसी ऐसे विधेयक को पुनः स्थापित या किसी ऐसे संशोधन को प्रस्तावित किये जाने की मंजूरी अनुच्छेद-344, खंड (1) के अधीन गठित आयोग की सिफारिशों पर और उस अनुच्छेद के खंड (4) के अधीन गठित समिति के प्रतिवेदन पर विचार करने के पश्चात ही देगा, अन्यथा नहीं।

[सारांशतः अनुच्छेद-348 के अंतर्गत उल्लेखित प्रयोजनों के लिए प्रयोग की जाने वाली भाषाओं की प्रायोज्यता के संबंध में उपबंध करने वाला कोई भी विधेयक या संशोधन को राष्ट्रपति के पूर्व अनुमोदन के बिना पुनः स्थापित नहीं किया जाएगा।]

अनुच्छेद-350

[व्यथा के निवारण के लिए अभ्यावेदन में प्रयोग की जाने वाली भाषा/प्राथमिक स्तर पर मातृभाषा में शिक्षा की सुविधाएँ/भाषायी अल्पसंख्यक वर्गों के लिए विशेष अधिकारी]

प्रत्येक व्यक्ति किसी व्यथा के निवारण के लिए संघ या राज्य के किसी अधिकारी या प्राधिकारी को यथास्थिति संघ में या राज्य में प्रयोग होने वाली किसी भाषा में अभ्यावेदन देने का हकदार होगा।

(क) : प्रत्येक राज्य और राज्य के भीतर प्रत्येक स्थानीय प्राधिकारी भाषायी अल्पसंख्यक वर्गों के बालकों को शिक्षा के प्राथमिक स्तर पर मातृभाषा में शिक्षा की

पर्याप्त सुविधाओं की व्यवस्था करने का प्रयास करेगा और राष्ट्रपति किसी राज्य को ऐसे निर्देश दे सकेगा जो वह ऐसी सुविधाओं का उपबंध सुनिश्चित करने के लिए आवश्यक या उचित समझता है।

(ख) : (i) भाषायी अल्पसंख्यक वर्गों के लिए एक विशेष अधिकारी होगा जिसे राष्ट्रपति नियुक्त करेगा।

(ii) विशेष अधिकारी का यह कर्तव्य होगा कि वह इस संविधान के अधीन भाषायी अल्पसंख्यक वर्गों के लिए उपबंधित रक्षोपायों से संबंधित सभी विषयों का अन्वेषण करें और उन विषयों के संबंध में ऐसे अंतरालों पर जो राष्ट्रपति निर्दिष्ट करें, राष्ट्रपति को प्रतिवेदन दें और राष्ट्रपति ऐसे सभी प्रतिवेदनों को संसद के प्रत्येक सदन के समक्ष रखवाएगा और संबंधित राज्यों की सरकारों को भिजवाएगा।

[सारांशत: कोई भी व्यक्ति अपना वैयक्तिक अभ्यावेदन संघ या राज्य में प्रयोग की जाने वाली भाषा में संघ या राज्य सरकार के कार्यालयों को प्रस्तुत कर सकेगा। राज्यों में अल्पसंख्यक वर्गों को प्राथमिक स्तर की शिक्षा का माध्यम उनकी मातृभाषा में उपलब्ध कराने की पर्याप्त सुविधाओं की व्यवस्था करनी होगी। इसके अतिरिक्त भाषायी अल्पसंख्यक वर्गों के रक्षोपायों का पर्यवेक्षण उस उद्‌देश्यार्थ नियुक्त विशेष अधिकारियों द्वारा किया जाएगा]

अनुच्छेद-351

[हिंदी भाषा के विकास के लिए निर्देश]

संघ का यह कर्तव्य होगा कि वह हिंदी भाषा का प्रसार बढ़ाए, उसका विकास करे ताकि वह भारत की सामासिक संस्कृति के सभी तत्त्वों की अभिव्यक्ति का माध्यम बन सके और उसकी प्रकृति में हस्तक्षेप किये बिना हिंदुस्तानी और संविधान की अष्टम् अनुसूची में विनिर्दिष्ट भारत की अन्य भाषाओं में प्रयुक्त रूप, शैली और पदों को आत्मसात करते हुए और जहाँ आवश्यक या वांछनीय हो, वहाँ उसके शब्द भंडार के लिए मुख्यत: संस्कृत से और गौणत: अन्य भाषाओं से शब्द ग्रहण करते हुए उसकी समृद्धि सुनिश्चित करे।

[सारांशत: हिंदी भाषा भारत की सामासिक संस्कृति (कांपोजिट कल्चर) के सभी तत्त्वों की अभिव्यक्ति बने। हिंदी भाषा की मूल प्रकृति में हस्तक्षेप किये बिना अष्टम् अनुसूची में विनिर्दिष्ट भाषाओं के अपेक्षित रूप, शैली, शब्दों और पदों को मुख्यत: संस्कृत से और गौणत: अन्य भाषाओं से आत्मसात करते हुए उसे समृद्ध करने में योगदान करना होगा। हिंदी का प्रचार-प्रसार करने में संघ द्वारा विशेष कदम उठाने होंगे।]

संविधान की अष्टम् अनुसूची में विनिर्दिष्ट भाषाएँ : भारतीय संविधान की अष्टम् अनुसूची में प्रारंभ में समाविष्ट की गई 14 भाषाओं के अतिरिक्त वर्ष 1967 में सिंधी, वर्ष 1992 में कोंकणी, मणिपुरी, नेपाली तथा वर्ष 2003 में डोगरी, बोडो, मैथिली

एवं संथाली भाषाओं को सम्मिलित किया गया। इस प्रकार अष्टम् अनुसूची के अंतर्गत अब तक विनिर्दिष्ट की गई भाषाओं की संख्या 22 हो गई है :

1. असमिया , 2.उर्दू, 3.ओड़िया, 4.कन्नड़, 5. कश्मीरी, 6.गुजराती, 7. तमिल, 8. तेलुगु, 9. पंजाबी, 10. बांग्ला, 11. मराठी, 12. मलयालम, 13. संस्कृत, 14. हिंदी, 15. सिंधी, 16. कोंकणी, 17. मणिपुरी, 18. नेपाली, 19. डोगरी, 20. बोडो, 21. मैथिली, 22. संथाली।

हिंदी के प्रयोग के संबंध में राष्ट्रपति के आदेश

संविधान के अनुच्छेद-343 के खंड (2) और राजभाषा आयोग के प्रतिवेदन पर संसदीय समिति की सिफारिशों के मद्देनजर अनुच्छेद-344 के खंड (6) के अंतर्गत प्रदत्त शक्तियों का प्रयोग करते हुए कुछेक महत्त्वपूर्ण कार्य क्षेत्रों में अंग्रेजी के अतिरिक्त हिंदी का भी प्रयोग सुनिश्चित करने के लिए राष्ट्रपति द्वारा क्रमश: वर्ष 1952, 1955 तथा 1960 में विशेष आदेश जारी किये गए।

आदेश-1952

[27.5.1952 : अनुच्छेद-343 (2)]

राज्यों के राज्यपालों, उच्चतम न्यायालय और उच्च न्यायालयों के न्यायाधीशों के नियुक्ति अधिपत्रों में अंग्रेजी के साथ-साथ हिंदी और भारतीय अंकों के अंतरराष्ट्रीय रूप के अतिरिक्त देवनागरी रूप का प्रयोग प्राधिकृत किया गया।

आदेश-1955

[3.12.1955 : अनुच्छेद-343 (2)]

इस आदेश के अनुसार संघ के निम्नलिखित शासकीय प्रयोजनों के लिए अंग्रेजी के अतिरिक्त हिंदी का प्रयोग प्राधिकृत किया गया :

1. जनता के साथ पत्र-व्यवहार,
2. प्रशासनिक रिपोर्ट, सरकारी पत्रिकाओं एवं संसद में प्रस्तुत की जाने वाली रिपोर्ट,
3. सरकारी संकल्प और विधायी अधिनियम,
4. हिंदी को अपनी राजभाषा के रूप में अपना लिये राज्य सरकारों के साथ पत्र-व्यवहार,
5. संधियाँ और करार,
6. अन्य देशों की सरकारों और उनके दूतों तथा अंतरराष्ट्रीय संगठनों के साथ पत्र-व्यवहार,
7. राजनयिकों और काउंसिलीय पदाधिकारियों तथा अंतरराष्ट्रीय संगठनों में भारतीय प्रतिनिधियों को जारी किये जाने वाले औपचारिक दस्तावेज।

नोट : राजभाषा आयोग-1955 के प्रतिवेदन पर संसदीय समिति-1957 की सिफारिशों के आधार पर राष्ट्रपति द्वारा वर्ष 1960 में तीसरे आदेश जारी किया गया जिसे 'संसदीय समिति-1957' शीर्षक के पश्चात् प्रस्तुत किया गया।

राजभाषा आयोग-1955

अनुच्छेद-344 के प्रावधानों/प्रदत्त शक्तियों के आधार पर भारत की प्रांतवार भाषागत परिस्थितियों के मद्देनजर संघ के शासकीय प्रयोजनों, जनसंपर्क संव्यवहारों, कानूनी मामलों, अखिल भारतीय स्तर भर्ती परीक्षाओं, शिक्षा माध्यमों, प्रशिक्षण माध्यमों इत्यादि में हिंदी और आवश्यकतानुसार प्रादेशिक भाषाओं को प्रयोग में लाया जाना, कोश साहित्य, सहायक सामग्री द्विभाषा में उपलब्ध कराया जाना, अनुवाद कार्य में एकरूपता लाया जाना, सेवाकालीन हिंदी प्रशिक्षण की आवश्यकता, राज्यों के बीच संचार की भाषा, अंकों का स्वीकार्य रूप, हिंदी एवं प्रादेशिक भाषाओं का प्रचार व विकास, राष्ट्रीय भाषा कार्यक्रम इत्यादि कई पहलुओं पर आवश्यक उपायों का पता लगाने/अध्ययन करने हेतु राष्ट्रपति द्वारा स्वतंत्र भारत के बांबे स्टेट (महाराष्ट्र एवं गुजरात राज्य) के प्रथम मुख्यमंत्री एवं स्वतंत्रता सेनानी पद्म विभूषण श्री बालासाहेब गंगाधर खेर (बी.जी.खेर) की अध्यक्षता में 7 जून, 1955 को 'राजभाषा आयोग' का गठन किया गया। उपर्युक्त विभिन्न क्षेत्रों में भाषा प्रयोग की संभाव्यताओं/जनता के मनोभावों पर गहन अध्ययन और विचार-विमर्श कर आयोग द्वारा एक समग्र प्रतिवेदन तैयार कर 31.7.1956 को राष्ट्रपति को प्रस्तुत किया गया। राष्ट्रपति के अवलोकनार्थ आयोग के प्रतिवेदन में समाविष्ट की गई सिफारिशें/विचार इस प्रकार हैं :

- प्रजातांत्रिक व्यवस्था की सफलता के लिए राष्ट्रीय स्तर पर अभिव्यक्ति के माध्यम के रूप में अंग्रेजी को जारी रखना उचित नहीं है।
- भारत की सभी भाषाओं को साहित्यिक दृष्टि से समृद्ध मानते हुए हिंदी को संपूर्ण देश के लिए सामूहिक अभिव्यक्ति के माध्यम के रूप में स्वीकार किया जाना चाहिए।
- 14 वर्ष तक की आयु सीमा श्रेणी के सभी विद्यार्थियों के लिए हिंदी का ज्ञान अनिवार्य कर देना होगा। इससे वे सार्वजनिक जीवन के कार्यकलापों और सरकारी कार्यवाहियों को समझने में समर्थ बन सकेंगे।
- देशभर में माध्यमिक शिक्षा के स्तर पर हिंदी का शिक्षण अनिवार्य कर देना होगा।
- हिंदी माध्यम से परीक्षा लिखने के इच्छुक परीक्षार्थियों के लिए विश्वविद्यालय स्तर पर उचित व्यवस्था करनी होगी।
- वैज्ञानिक तथा तकनीकी शिक्षा संस्थाओं के छात्र एक ही भाषा वर्ग के होने पर उसी भाषा में उन्हें शिक्षा देनी होगी। यदि छात्र विभिन्न भाषा वर्ग के होने पर हिंदी को सामान्य माध्यम बनाना होगा।
- पारिभाषिक शब्दावली के निर्माण में शुद्धता, अर्थ की स्पष्टता, सरलता, देशज और लोकप्रिय शब्दों के प्रयोग पर ध्यान देना होगा। अंतरराष्ट्रीय शब्दावली को भारतीय भाषाओं की प्रकृति के अनुसार अपेक्षित हेर-फेर के साथ स्वीकार करना होगा। पारिभाषिक शब्दावली का निर्माण कार्य तेजी से संपन्न होना होगा।

- भारतीय भाषाओं के बीच की दूरी कम करने तथा देश के भाषागत एवं सांस्कृतिक ढांचे में समानता लाने के लिए बहुभाषिकता के सिद्धांत को प्रोत्साहित करना होगा और इस उद्देश्य के लिए शिक्षा पद्धति में समुचित व्यवस्था करनी होगी।
- सभी भारतीय भाषाओं के लिए एक लिपि को अपनाने के विचार होने पर देवनागरी लिपि को मान्यता देनी होगी। रोमन लिपि इसके लिए सर्वदा अनुपयुक्त होगी। देवनागरी में यथावश्यक सुधार के लिए कार्रवाई करनी होगी।
- अखिल भारतीय (संघ) सेवाओं की भर्ती परीक्षाओं के लिए हिंदी की न्यूनतम योग्यता एवं हिंदी का एक प्रश्नपत्र हो। समभाव की दृष्टि से हिदी-भाषियों से हिंदीतर भाषाओं पर वैकल्पिक प्रश्न पूछे जाएँ। हिंदीतर भाषी अभ्यर्थियों की सुविधा हेतु हिंदी प्रश्नपत्र का स्तर सरल हो। हिंदी को अंग्रेजी के साथ-साथ वैकल्पिक माध्यम के रूप में अपनाना होगा। राज्य स्तरीय लोक सेवा आयोगों से हिंदी का ज्ञान रखने वाले अभ्यर्थियों को प्रोत्साहन मिलना चाहिए।
- संसद और विधानमंडलों की कार्यवाहियाँ हिंदी और क्षेत्रीय भाषाओं में हों। विशेष परिस्थितियों में ही अंग्रेजी का प्रयोग हो। कानूनी व्यवहार हिंदी में संपन्न हो लेकिन प्रादेशिक जनता की सुविधा के लिए प्रादेशिक भाषाओं में कानूनी कार्यवाहियाँ जारी हों। हिंदी भाषा का प्रयोग विधिसम्मत अपनाए जाने पर विधि से जुड़ी सभी पुस्तक हिंदी में उपलब्ध हों।
- न्यायिक भाषा देश की भाषा हो। उच्चतम और उच्च न्यायालय की कार्यवाहियों, निर्णयों, आदेशों का क्षेत्रीय भाषाओं में अनुवाद उपलब्ध कराना होगा। विभिन्न क्षेत्रों के लिए लागू निर्णय और आदेश हिंदी में बनें।
- केंद्र सरकार के सांविधिक प्रकाशनों में हिंदी का अधिकाधिक प्रयोग हो और हिंदी की प्रगति के लिए सरकारी प्रबंध हों।
- सरकारी प्रकाशकों के हिंदी अनुवाद में एकरूपता लानी होगी और इसके पर्यवेक्षण का कार्य केंद्र सरकार के एक अधिकरण को देना होगा।
- हिंदी और क्षेत्रीय भाषाओं की शब्दावली तथा मानकीकरण की दृष्टि से भारतीय भाषाओं के समाचार-पत्रों को विशेष सुविधाएँ देनी होंगी और इसे सुनिश्चित करने के लिए समाचार संस्थाओं का निर्माण करने का प्रयास करना होगा।
- हिंदी के प्रचार-प्रसार के लिए ठोस कदम उठाते हुए हिंदी सेवी संस्थाओं के बीच सामंजस्य स्थापित कर उन्हें आर्थिक सहायता प्रदान करते हुए हिंदी को बढ़ावा देना होगा।
- सभी प्रशासनिक कर्मचारियों को निश्चित अवधि के दौरान हिंदी का ज्ञान उपलब्ध कराना होगा। इसके लिए आवश्यक नियम लागू करते हुए दंड का प्रावधान रखना होगा। इस आवश्यकता की पूर्ति के लिए पुरस्कार प्रदान कर प्रोत्साहित करना होगा।

- जनसंपर्क से जुड़े विभागों, कार्यालयों, संगठनों का आंतरिक कार्य हिंदी में हो और जनता के साथ संपर्क करने में क्षेत्रीय भाषा का प्रयोग हो। इनमें कर्मचारियों की भर्ती के लिए क्षेत्रीय भाषा एवं हिंदी ज्ञान की न्यूनतम योग्यता निर्धारित करनी होगी।
- संघ की राजभाषा हिंदी और क्षेत्रीय भाषाओं के संवर्द्धन व विकास के लिए 'भारतीय भाषाओं की राष्ट्रीय अकादमी' स्थापित करने पर विचार करना होगा।

संसदीय समिति-1957
[विशेष समीक्षा समिति]

31 जुलाई, 1956 को राष्ट्रपति को प्रस्तुत राजभाषा आयोग के भाषा प्रयोग पर अध्ययन/सर्वेक्षण-संबंधी प्रतिवेदन का अध्ययन व समीक्षा कर अपनी सिफारिशें राष्ट्रपति को प्रस्तुत करने हेतु अनुच्छेद-344, खंड (4) के आधार पर लोकसभा के 20 तथा राज्यसभा के 10 सदस्यों को शामिल करते हुए तत्कालीन गृह मंत्री श्री गोविंद वल्लभ पंत की अध्यक्षता में सितंबर, 1957 में संसदीय समिति का गठन किया गया।

आयोग के प्रतिवेदन का व्यापक अध्ययन/विचार-विमर्श करने के पश्चात् इस समिति द्वारा अपने सिफारिशयुक्त एवं सुझावयुक्त प्रतिवेदन 8 फरवरी, 1959 को राष्ट्रपति को प्रस्तुत किया गया। इस समिति की सिफारिशों के आधार पर अनुच्छेद-344, खंड (6) के अंतर्गत प्रदत्त शक्तियों का प्रयोग करते हुए 27 अप्रैल, 1960 को राष्ट्रपति द्वारा हिंदी एवं अन्य भारतीय भाषाओं का प्रयोग, प्रचार, विकासोन्मुख उपाय-संबंधी आदेश जारी किये गए।

राजभाषा आयोग के प्रतिवेदन पर राष्ट्रपति को प्रस्तुत मुख्य सिफारिश/सुझाव इस प्रकार हैं :

- 26 जनवरी, 1965 से हिंदी संघ की मुख्य राजभाषा बने। किंतु अंग्रेजी का प्रयोग सह-राजभाषा के रूप में जारी रहे।
- संघ की राजभाषा के रूप में हिंदी का अधिकाधिक प्रयोग एवं विकास के लिए योजनाएँ बनानी होंगी।
- हिंदी को अंग्रेजी का स्थान मिल जाने तक संसद तथा विधान मंडलों में प्रयुक्त विधेयकों की भाषा अंग्रेजी में हो और विधि निर्माण का कार्य अंग्रेजी में संपन्न हो। कानूनी विषयों का प्राधिकृत हिंदी अनुवाद उपलब्ध कराने के अतिरिक्त क्षेत्रीय भाषाओं में भी यथासंभव इनके अनुवाद की व्यवस्था करानी होगी।
- राज्यों के विधानमंडलों में अपने विधि-निर्माण का कार्य अपने राज्य की राजभाषाओं में हो लेकिन उनका अधिकृत पाठ अंग्रेजी ही हो। इन मामलों का मूल पाठ अन्य भाषाओं में बनने पर उनका हिंदी अनुवाद भी उपलब्ध कराना होगा।
- राष्ट्रपति की अनुमति से उच्च न्यायालयों में अपने राज्य की राजभाषा का प्रयोग किया जा सकता है लेकिन उनसे संबंधित निर्णय, आदेश, अभिलेख

अंग्रेजी में हों। निर्णय और आदेश अन्य भाषाओं में दिये जाने पर उनका अंग्रेजी अनुवाद भी साथ उपलब्ध कराना होगा।

- विभिन्न भाषाओं के विधि विशेषज्ञों की समिति या आयोग का गठन कर सांविधिक ग्रंथों का अनुवाद एवं विधि सम्मत शब्दों का निर्माण करने की योजना बनानी होगी।
- संघ के प्रशासनिक कार्यों में जहाँ पारिभाषिक शब्दावली के प्रयोग की कठिनाई न हो और विदेशी व्यवहारों में हमेशा अंग्रेजी का प्रयोग करना असंगत होगा।
- 45 वर्ष से अधिक आयु के सरकारी कर्मचारियों के लिए सेवाकालीन हिंदी प्रशिक्षण अनिवार्य न करते हुए निर्धारित समय में हिंदी का ज्ञान प्राप्त न करने पर कोई दंड नहीं देना होगा।
- अखिल भारतीय सेवाओं और उच्चतर संघ सेवाओं में भर्ती के लिए परीक्षा माध्यम के रूप में अंग्रेजी जारी रहे और कुछ समय के पश्चात् हिंदी को वैकल्पिक माध्यम के रूप में शामिल करना चाहिए। अन्य भारतीय भाषाओं को परीक्षा माध्यम के रूप में अपनाए जाने पर विचार करना होगा।
- अनुच्छेद-351 के आशयों का कार्यरूप देने के लिए प्रोत्साहन उपाय अपनाते हुए सरल और सुबोध शब्दों को प्रयोग में लाना होगा।

नोट : इस समिति का गठन केवल राजभाषा आयोग के प्रतिवेदन पर राष्ट्रपति को अपनी सिफारिशें प्रस्तुत करने के लिए किया गया, जो अब अस्तित्व में नहीं है।

राष्ट्रपति आदेश-1960

[27.4.1960 : अनुच्छेद-344, खंड (6)]

'राजभाषा आयोग-1955' के प्रतिवेदन पर संसदीय समिति द्वारा प्रस्तुत सिफारिशों के आधार पर अंग्रेजी के अतिरिक्त हिंदी और अन्य भारतीय भाषाओं के प्रयोग/विकास के संबंध में राष्ट्रपति द्वारा जारी किये गए तीसरे आदेश के प्रमुख निर्देशों का उल्लेख यहाँ किया गया है :

1. हिंदी तथा अन्य भारतीय भाषाओं में वैज्ञानिक तथा तकनीकी शब्दावली निर्माण के लिए शिक्षा मंत्रालय द्वारा एक स्थायी आयोग का गठन किया जाना होगा।
2. एक मानक विधि शब्दकोश बनाने, हिंदी में कानून बनाने और कानूनी शब्दावली के निर्माण के लिए विभिन्न राष्ट्रीय भाषाओं का प्रतिनिधित्व करने वाले कानूनी विशेषज्ञों का एक स्थायी आयोग स्थापित करना होगा।
3. सभी प्रशासनिक/सांविधिक साहित्य (सांविधिक नियमों, विनियमों, आदेशों और सभी अनुदेश पुस्तिकाओं तथा कार्यविधि साहित्य) का हिंदी में अनुवाद कार्य संपन्न कराने एवं उसमें एकरूपता लाने हेतु किसी अभिकरण को पहचानना होगा। असांविधिक अनुवाद शिक्षा मंत्रालय द्वारा और सांविधिक अनुवाद विधि मंत्रालय द्वारा किया जाए।

4. केंद्र सरकार एवं उसके अधीनस्थ संगठनों के कर्मचारियों को (1 जनवरी, 1961 की स्थिति के अनुसार 45 वर्ष से कम आयुवाले कर्मचारी) सेवाकालीन हिंदी प्रशिक्षण उपलब्ध कराना अनिवार्य है। तृतीय श्रेणी के नीचे के कर्मचारियों, औद्योगिक संस्थाओं के कर्मचारियों और कार्य प्रभारित कर्मचारियों को नामित करने की आवश्यकता नहीं है। इसके अतिरिक्त अंग्रेजी टंककों को हिंदी टंकण तथा अंग्रेजी आशुलिपिकों को हिंदी आशुलिपि प्रशिक्षण उपलब्ध कराने की आवश्यकता होगी। सेवाकालीन प्रशिक्षण उपलब्ध कराने की जिम्मेदारी गृह मंत्रालय पर होगी।

नोट : कालांतर में सेवाकालीन प्रशिक्षण हेतु पात्र आयु में परिवर्तन हुआ।

5. अखिल भारतीय सेवाओं और उच्चतर केंद्रीय सेवाओं में भर्ती के लिए परीक्षा का माध्यम अभी अंग्रेजी में बने रहे और कुछ समय बाद हिंदी को वैकल्पिक माध्यम के रूप में अपना लिया जाए। किसी प्रकार की नियत कोटा प्रणाली अपनाए बिना परीक्षा के माध्यम के रूप में विभिन्न प्रादेशिक भाषाओं का प्रयोग करने की व्यवहार्यता की जाए।
6. प्रशिक्षण संस्थाओं में प्रवेश के लिए अंग्रेजी और हिंदी, दोनों परीक्षा का माध्यम रहे।
7. शिक्षा मंत्रालय हिंदी प्रचार-प्रसार की व्यवस्था करे और इस कार्य से जुड़े गैर-सरकारी संस्थाओं की भी सहायता करे।
8. जनसंपर्क से जुड़े केंद्र सरकार के विभागों के स्थानीय कार्यालयों में अपने आंतरिक कार्यों के लिए हिंदी का प्रयोग हो तथा जनसंपर्क में प्रादेशिक भाषा का प्रयोग हो। कार्यालयों में कर्मचारियों की भर्ती तथा विकेंद्रीकरण आदि में प्रादेशिक भाषा की आवश्यकता को ध्यान में रखा जाए।
9. उच्चतम न्यायालय की भाषा अंतत: हिंदी होनी चाहिए। उच्च न्यायालय के निर्णयों, आदेशों के लिए हिंदी और राज्यों की राजभाषाओं का प्रयोग विकल्पत: किया जा सकेगा। इस संबंध में विधि मंत्रालय को आवश्यक कार्रवाई करनी होगी।
10. संसदीय अधिनियम और विधेयक अंग्रेजी में बनते रहें, किंतु उनका प्राधिकृत हिंदी अनुवाद उपलब्ध कराया जाए। यह विधि मंत्रालय का उत्तरदायित्व होगा।

[व्यापक सूचना के लिए गृह मंत्रालय की अधिसूचना सं. 2/8/1960—राभा, दि. 27 अप्रैल, 1960 का संदर्भ लेना होगा।]

राजभाषा अधिनियम-1963

[यथा संशोधित-1967]

संविधान के अनुच्छेद-343, खंड (2) के प्रावधानों के अनुसार संविधान लागू होने के 15 वर्ष के बाद अर्थात् 26 जनवरी, 1965 से सभी शासकीय प्रयोजनों के लिए राजभाषा

हिंदी का प्रयोग करने की आवश्यकता होगी। लेकिन अवधि समाप्ति के पूर्व हिंदी के प्रयोग के संबंध में देशभर में विद्यमान परिस्थितियों के मद्देनजर वर्ष 1965 से संघ के शासकीय कार्यों में पूर्ण रूप से हिंदी का प्रयोग सुनिश्चित किया जाना असंभव-सा लगा। भाषा विरोधी परिस्थितियाँ जोर पकड़ रही थीं। भाषा भेदभाव से उभरकर आने के लिए अप्रैल, 1963 में संसद में एक राजभाषा विधेयक पेश किया गया था। इस विधेयक का आशय यह था कि संविधान लागू होने के 15 वर्ष के बाद भी अर्थात् 26 जनवरी, 1965 के बाद भी संघ के शासकीय प्रयोजनों के लिए अंग्रेजी का प्रयोग जारी रहेगा। तत्कालीन केंद्रीय गृहमंत्री लाल बहादुर शास्त्री ने भाषायी विरोध से उभरने के लिए इस विधेयक की आवश्यकता पर बल दिया। इस विधेयक के पारित होने के पश्चात् हिंदी-विरोधी आंदोलन समाप्त होने के अतिरिक्त संघ शासकीय कार्यों में द्विभाषिकता का सूत्रपात हुआ। वर्ष 1963 में पारित इस विधेयक को 'राजभाषा अधिनियम-1963' कहा गया।

वर्ष 1963 में संसद में राजभाषा विधेयक पेश करने के पूर्व भी राजभाषा आयोग के प्रतिवेदन के आधार पर संसदीय समिति द्वारा प्रस्तुत सिफारिशों पर 2 सितंबर, 1959 से 4 सितंबर, 1959 तक लोकसभा में और 8 व 9 सितंबर, 1959 को राज्यभाषा में विचार-विमर्श हुआ। लोकसभा में हुए विचार-विमर्श के संदर्भ में तत्कालीन प्रधानमंत्री पंडित जवाहरलाल नेहरू ने 4 सितंबर, 1959 को राजभाषा के प्रति सरकार के दृष्टिकोण से अवगत कराते हुए कहा कि "अंग्रेजी को एक सहयोगी भाषा अथवा अतिरिक्त भाषा बनाया जाना चाहिए और किसी भी राज्य सरकार द्वारा भारत सरकार के साथ अथवा अन्य राज्यों के साथ पत्र-व्यवहार के लिए उसका प्रयोग किया जा सकेगा। जब तक हिंदीतर भाषी क्षेत्र अंग्रेजी भाषा प्रयोग को समाप्त करने के लिए सहमत न होंगे, तब तक इस संबंध में समय-सीमा का कोई बंधन नहीं होगा।"

राजभाषा अधिनियम-1963 की वैधानिक अधिमान्यता

[अधिनियम-1963 का संख्यांक-19, दिनांक : 10 मई, 1963]

"उन भाषाओं का, जो संघ के राजकीय प्रयोजनों, संसद में कार्य के संव्यवहारों, केंद्रीय और राज्य अधिनियमों और उच्च न्यायालयों में कतिपय प्रयोजनों के लिए प्रयोग में लाई जा सकेंगी," उपबंध करने के लिए अधिनियम भारत गणराज्य के चौदहवें वर्ष में संसद द्वारा निम्नलिखित रूप में अधिनियमित हो।

राजभाषा अधिनियम-1963 की धारा-1—संक्षिप्त नाम और प्रारंभ :

(1) यह अधिनियम राजभाषा अधिनियम, 1963 कहा जा सकेगा।
(2) धारा-3, जनवरी, 1965 के 26वें दिन को प्रवृत्त होगी और इस अधिनियम के शेष उपबंध उस तारीख को प्रवृत्त होंगे जिसे केंद्र सरकार, शासकीय राजपत्र में अधिसूचना द्वारा नियत करें और इस अधिनियम के विभिन्न उपबंधों के लिए विभिन्न तारीखें नियत की जा सकेंगी।

धारा-2—परिभाषाएँ : इस अधिनियम में जब तक कि संदर्भ से अन्यथा अपेक्षित न हो :

(1) 'नियत दिन' से धारा-3 के संबंध में जनवरी, 1965 का 26वां दिन अभिप्रेत है और इस अधिनियम के किसी अन्य उपबंध के संबंध में वह दिन अभिप्रेत है जिस दिन को वह उपबंध प्रवृत्त होता है।

(2) 'हिंदी' से वह हिंदी अभिप्रेत है जिसकी लिपि देवनागरी है।

धारा-3—संघ के राजकीय प्रयोजनों के लिए और संसद में प्रयोग के लिए अंग्रेजी भाषा का रहना :

(1) संविधान के प्रारंभ से 15 वर्ष की कालावधि की समाप्ति हो जाने पर भी हिंदी के अतिरिक्त अंग्रेजी भाषा, नियत दिन से ही :

क. संघ के उन सब राजकीय प्रयोजनों के लिए जिनके लिए वह उस दिन से ठीक पहले प्रयोग में लाई जाती थी; तथा

ख. संसद में कार्य के संव्यवहार के लिए प्रयोग में लाई जाती रह सकेगी;

परंतु संघ और किसी ऐसे राज्य के बीच, जिसने हिंदी को अपनी राजभाषा के रूप में **नहीं** अपनाया है, पत्रादि के प्रयोजनों के लिए अंग्रेजी भाषा प्रयोग में लाई जाएगी;

परंतु यह और कि जहाँ किसी ऐसे राज्य के, जिसने हिंदी को अपनी राजभाषा के रूप में **अपनाया** है और किसी अन्य राज्य के जिसने हिंदी को अपनी राजभाषा के रूप में **नहीं** अपनाया है, बीच पत्रादि के प्रयोजनों के लिए हिंदी को प्रयोग में लाया जाता है, वहाँ हिंदी में ऐसे पत्रादि के साथ उसका अनुवाद अंग्रेजी भाषा में भेजा जाएगा;

परंतु यह और भी कि इस उपधारा की किसी भी बात का यह अर्थ नहीं लगाया जाएगा कि वह किसी ऐसे राज्य को, जिसने हिंदी को अपनी राजभाषा के रूप में **नहीं** अपनाया है, संघ के साथ या किसी ऐसे राज्य के साथ जिसने हिंदी को अपनी राजभाषा के रूप में **अपनाया** है, या किसी अन्य राज्य के साथ, उसकी सहमति से, पत्रादि के प्रयोजनों के लिए हिंदी को प्रयोग में लाने से **निवारित** करती है, और ऐसे किसी मामले में उस राज्य के साथ पत्रादि के प्रयोजनों के लिए अंग्रेजी भाषा का प्रयोग बाध्यकर न होगा।

(2) उप धारा (1) में अंतर्विष्ट किसी बात के होते हुए भी, जहाँ पत्रादि के प्रयोजनों के लिए हिंदी या अंग्रेजी भाषा :

(i) केंद्र सरकार के एक मंत्रालय या विभाग या कार्यालय के और दूसरे मंत्रालय या विभाग या कार्यालय के बीच;

(ii) केंद्र सरकार के एक मंत्रालय या विभाग या कार्यालय के और केंद्र सरकार के स्वामित्व के या नियंत्रण के किसी निगम या कंपनी या उनके किसी कार्यालय के बीच;

(iii) केंद्र सरकार के स्वामित्व के या नियंत्रण के किसी निगम या कंपनी या उसके किसी कार्यालय के और किसी अन्य ऐसे निगम या कंपनी या कार्यालय के बीच प्रयोग में लाई जाती है, वहाँ उस तारीख तक जब तक पूर्वोक्त संबंधित मंत्रालय, विभाग, कार्यालय या विभाग या कंपनी का कर्मचारी वृंद हिंदी का कार्यसाधक ज्ञान प्राप्त नहीं कर लेता, ऐसे पत्रादि का अनुवाद यथास्थिति, अंग्रेजी भाषा या हिंदी में दिया जाएगा।

(3) उपधारा (1) में अंतर्विष्ट किसी बात के होते हुए भी हिंदी और अंग्रेजी भाषा दोनों ही :

(i) संकल्पों, साधारण आदेशों, नियमों, अधिसूचनाओं, प्रशासनिक या अन्य प्रतिवेदनों या प्रेस विज्ञप्तियों के लिए जो केंद्र सरकार द्वारा या उसके किसी मंत्रालय, विभाग या कार्यालय द्वारा या केंद्र सरकार के स्वामित्व के किसी निगम या कंपनी द्वारा या ऐसे निगम या कंपनी के किसी कार्यालय द्वारा निकाले जाते हैं जारी या जारी किये जाते हैं;

(ii) संसद के किसी सदन या सदनों के समक्ष रखे गए प्रशासनिक तथा अन्य प्रतिवेदनों और राजकीय कागज-पत्रों के लिए;

(iii) केंद्र सरकार या उसके किसी मंत्रालय, विभाग या कार्यालय द्वारा या उसकी ओर से या केंद्र सरकार के स्वामित्व के या नियंत्रण के किसी निगम या कंपनी द्वारा या ऐसे निगम या कंपनी के किसी कार्यालय द्वारा निष्पादित **संविदाओं** और **करारों** के लिए तथा निकाली गई **अनुज्ञप्तियों, अनुज्ञापत्रों, सूचनाओं और निविदा प्रारूपों** के लिए; प्रयोग में लाई जाएगी।

(4) उपधारा (1) या उपधारा (2) या उपधारा (3) के उपबंधों पर प्रतिकूल प्रभाव डाले बिना यह है कि केंद्र सरकार धारा (8) के अधीन बनाए गए नियमों द्वारा उस भाषा या उन भाषाओं का उपबंध कर सकेगी जिसे या जिन्हें संघ के राजकीय प्रयोजन के लिए जिसके अंतर्गत किसी मंत्रालय, विभाग, अनुभाग या कार्यालय का कार्यकरण है, प्रयोग में लाया जाना है और ऐसे नियम बनाने में राजकीय कार्य की शीघ्रता और दक्षता के साथ निपटारे का तथा जनसाधारण के हितों का सम्यक् ध्यान रखा जाएगा और इस प्रकार बनाए गए नियम विशिष्टतया यह सुनिश्चित करेंगे कि जो व्यक्ति संघ के कार्यकलाप के संबंध में सेवा कर रहे हैं और जो या तो हिंदी में या अंग्रेजी भाषा में प्रवीण हैं, वे प्रभावी रूप से अपना काम कर सकें और यह भी कि केवल इस आधार पर कि वे दोनों ही भाषाओं में प्रवीण नहीं हैं, उनका कोई अहित नहीं होता है।

(5) उपधारा (1) के खंड (क) के उपबंध और उपधारा (2), उपधारा (3) और उपधारा (4) के उपबंध तब तक प्रवृत्त बने रहेंगे, जब तक उनमें वर्णित

प्रयोजनों के लिए अंग्रेजी भाषा का प्रयोग समाप्त कर देने के लिए ऐसे सभी राज्यों के विधान मंडलों द्वारा, जिन्होंने हिंदी को अपनी राजभाषा के रूप में नहीं अपनाया है, संकल्प पारित नहीं कर दिये जाते और तब तक पूर्वोक्त संकल्पों पर विचार कर लेने के पश्चात् ऐसी समाप्ति के लिए संसद के हर एक सदन द्वारा संकल्प पारित नहीं कर दिया जाता।

धारा-4—भाषा के संबंध में समिति :

(1) जिस तारीख को धारा-3 प्रवृत्त होती है, उससे दस वर्ष की समाप्ति के पश्चात् राजभाषा के संबंध में एक समिति, इस विषय का संकल्प संसद के किसी भी सदन में राष्ट्रपति की पूर्व मंजूरी से प्रस्तावित और दोनों सदनों द्वारा पारित किये जाने पर गठित की जाएगी।

(2) इस समिति में तीस सदस्य होंगे जिनमें से बीस लोकसभा के सदस्य होंगे तथा दस राज्य सभा के सदस्य होंगे जो क्रमश: लोकसभा के सदस्यों तथा राज्य सभा के सदस्यों द्वारा आनुपातिक प्रतिनिधित्व पद्धति के अनुसार एकल संक्रमणीय मत द्वारा निर्वाचित होंगे।

(3) इस समिति का कर्तव्य होगा कि वह संघ के राजकीय प्रायोजकों के लिए हिंदी के प्रयोग में की गई प्रगति का पुनर्विलोकन करे और राष्ट्रपति उस प्रतिवेदन को संसद के हर एक सदन के समक्ष रखवाएगा और सभी राज्य सरकारों को भिजवाएगा।

(4) राष्ट्रपति उपधारा (3) में निर्दिष्ट प्रतिवेदन पर और उस पर राज्य सरकारों ने यदि कोई मत अभिव्यक्त किये हों तो उन पर विचार करने के पश्चात् उस समस्त प्रतिवेदन के या उसके किसी भाग के अनुसार निदेश निकाल सकेगा। [परंतु इस प्रकार निकाले गए निदेश धारा-3 के उपबंधों से असंगत नहीं होंगे।]

धारा-5—केंद्रीय अधिनियम आदि का प्राधिकृत हिंदी अनुवाद :

(1) नियत दिन को और उसके पश्चात् शासकीय राजपत्र में राष्ट्रपति के प्राधिकार से प्रकाशित :

क. किसी केंद्रीय अधिनियम का या राष्ट्रपति द्वारा प्रख्यापित किसी अध्यादेश का, अथवा

ख. संविधान के अधीन या किसी केंद्रीय अधिनियम के अधीन निकाले गए किसी आदेश, नियम, विनियम या उपविधि का, हिंदी में अनुवाद उसका हिंदी में प्राधिकृत पाठ समझा जाएगा।

[10 जनवरी, 1965 को यह धारा 5(1) प्रवृत्त हुई।]

(2) नियत दिन से ही उन सब विधेयकों के, जो संसद के किसी भी सदन में पुन: स्थापित किये जाने हों और उन सब संशोधनों के, जो उनके संबंध में संसद के किसी भी सदन में प्रास्तावित किये जाने हों, अंग्रेजी भाषा के प्राधिकृत

पाठ के साथ-साथ उनका हिंदी में अनुवाद भी होगा जो ऐसी रीति से प्राधिकृत किया जाएगा, जो इस अधिनियम के अधीन बनाए गए नियमों द्वारा विहित किए जाए।

[1 अक्तूबर, 1976 को धारा 5(2) प्रवृत्त हुई।]

धारा-6—कतिपय दशाओं में राज्य अधिनियमों का प्राधिकृत हिंदी अनुवाद :

जहाँ किसी राज्य के विधानमंडल ने उस राज्य के विधानमंडल द्वारा पारित अधिनियमों में अथवा उस राज्य के राज्यपाल द्वारा प्रख्यापित अध्यादेशों में प्रयोग के लिए हिंदी से भिन्न कोई भाषा विहित की है वहाँ, संविधान के अनुच्छेद-348 के खंड (3) द्वारा अपेक्षित अंग्रेजी भाषा के उसके अनुवाद के अतिरिक्त उसका हिंदी में अनुवाद उस राज्य के शासकीय राजपत्र में उस राज्य के राज्यपाल के प्राधिकार से नियत दिन को या उसके पश्चात् प्रकाशित किया जा सकेगा और ऐसी दशा में किसी अधिनियम या अध्यादेश का हिंदी में अनुवाद हिंदी भाषा में उसका प्राधिकृत पाठ समझा जाएगा।

[अधिनियम-1963 की धारा-9 के अनुसार धारा-6 के ये उपबंध जम्मू-कश्मीर राज्य को लागू नहीं होंगे। 19 मई, 1969 को यह धारा-6 प्रवृत्त हुई।]

धारा-7—उच्च न्यायालयों के निर्णयों आदि में हिंदी या अन्य राजभाषा का वैकल्पिक प्रयोग

नियत दिन से ही या तत्पश्चात् किसी भी दिन से किसी राज्य का राज्यपाल, राष्ट्रपति की पूर्व सम्मति से अंग्रेजी भाषा के अतिरिक्त हिंदी या उस राज्य की राजभाषा का प्रयोग, उस राज्य के उच्च न्यायालय द्वारा पारित या दिये गए किसी निर्णय, डिक्री या आदेश के प्रयोजनों के लिए प्राधिकृत कर सकेगा और जहाँ कोई निर्णय, डिक्री (अंग्रेजी भाषा से भिन्न) ऐसी किसी भाषा में पारित किया या दिया जाता है, वहाँ उसके साथ-साथ उच्च न्यायालय के प्राधिकार से निकाला गया अंग्रेजी भाषा में उसका अनुवाद भी होगा।

[अधिनियम-1963 की धारा-9 के अनुसार धारा-7 के ये उपबंध जम्मू-कश्मीर राज्य को लागू नहीं होंगे। 7 मार्च, 1970 को यह धारा-7 प्रवृत्त हुई।]

धारा-8 : नियम बनाने की शक्ति :

(1) केंद्र सरकार इस अधिनियम के प्रयोजनों को कार्यान्वित करने के लिए नियम शासकीय राजपत्र में अधिसूचना द्वारा बना सकेगी।

(2) इस धारा के आधीन बनाया गया हर नियम, बनाए जाने के पश्चात् यथाशक्ति शीघ्र संसद के हर एक सदन के समक्ष, उस समय जब वह सत्र में हो, कुल मिलाकर तीस दिन की कालावधि के लिए, जो एक सत्र में या दो समवर्ती सत्रों में समाविष्ट हो सकेगी, रखा जाएगा और यदि उस सत्र के, जिसमें वह ऐसे रखा हो, या ठीक पश्चातवर्ती सत्र के अवसान के पूर्व दोनों सदन

उस नियम में कोई उपांतर करने के लिए सहमत हो जाएँ या दोनों सदन सहमत हो जाएँ कि वह नियम नहीं बनाया जाना चाहिए तो तत्पश्चात् यथास्थिति वह नियम ऐसे उपांतरित रूप में ही प्रभावशाली होगा या उसका कोई भी प्रभाव न होगा, किंतु इस प्रकार कि ऐसा कोई उपांतर या बातिलकरण उस नियम के अधीन पहले की गई किसी बात की विधिमान्यता पर प्रतिकूल प्रभाव डाले बिना होगा।

धारा-9—कतिपय उपबंधों का जम्मू-कश्मीर को लागू न होना :

ध्यानार्थ : धारा 6 और 7 के उपबंध जम्मू-कश्मीर राज्य को लागू नहीं होंगे।

(i) राजभाषा अधिनियम-1963 की विभिन्न धाराओं/उपधाराओं की तुलना में धारा 3(3) के अनुपालन पर राजभाषा स्टाफ सदस्यों द्वारा विशेष ध्यान दिया जाता है क्योंकि उच्च स्तरीय राजभाषायी निरीक्षणों में इसके गैर-अनुपालन को अति गंभीरता से लिया जाता है। लेकिन इस अधिनियम की सभी धाराएँ एवं उपधाराएँ कार्यान्वयन के क्षेत्र में अत्यंत महत्त्वपूर्ण हैं। इनके सार्थक अनुपालन की आवश्यकता को ध्यान में रखकर इनमें समाविष्ट किये गए प्रावधानों के आधार पर 'राजभाषा नियम-1976' बनाए गए हैं तथा निरीक्षण से जुड़ी संसदीय राजभाषा समिति का गठन किया गया है। इसके अतिरिक्त गृह मंत्रालय, राजभाषा विभाग द्वारा हर वर्ष जारी किये जाने वाले राजभाषा कार्यान्वयन संबंधी वार्षिक कार्यक्रम में राजभाषा अधिनियम और नियम संबंधी महत्त्वपूर्ण बिंदुओं के लिए वार्षिक लक्ष्य निर्धारित किये जाने के अतिरिक्त अनुपालन संबंधी उचित अनुदेश/दिशानिर्देश समाविष्ट किये जाते हैं।

(ii) विशेषकर 'क' क्षेत्र में कार्यरत राजभाषा कर्मी और वहाँ के अन्य कर्मियों के मन में यह भावना रहती है कि राजभाषा अधिनियम-1963 की धारा-3 (3)के कागजात 'क' क्षेत्र होने के नाते केवल हिंदी में जारी करना पर्याप्त है। लेकिन धारा-3 (3) और 'राजभाषा नियम-1976' के नियम-6 के अनुसार हिंदी-भाषी क्षेत्र हो या अन्य कोई क्षेत्र, तत्संबंधी कागजातों को हिंदी -अंग्रेजी द्विभाषा में जारी करना अनिवार्य है। इस संबंध में कहीं भी लिखित छूट नहीं दी गई है।

(iii) राजभाषा अधिनियम संबंधी उपर्युक्त हिंदी पाठ में कहीं संदिग्धता महसूस की जाने पर उसके अंग्रेजी पाठ के लिए राजभाषा विभाग, गृह मंत्रालय की 'राजभाषा हिंदी के प्रयोग संबंधी नियम पुस्तक' (जनवरी, 1989 से जून, 2005) का संदर्भ लिया जा सकता है।

राजभाषा संकल्प-1968

संविधान के 'अनुच्छेद-343 से 351' में से कुछेक अनुच्छेदों, राजभाषा आयोग के प्रतिवेदन पर संसदीय समिति द्वारा राष्ट्रपति को प्रस्तुत सिफारिशों, 'राष्ट्रपति आदेश-

1960' की कुछेक महत्त्वपूर्ण अपेक्षाओं एवं शिक्षा-नीति में भारतीय भाषाओं की पढ़ाई की आवश्यकता इत्यादि को ध्यान में रखकर हिंदी के प्रगामी प्रयोग हेतु आवश्यक उल्लेखनीय कदम उठाए जाने के संबंध में संसद के दोनों सदनों द्वारा एक संकल्प पारित किया गया जो 'राजभाषा संकल्प-1968' नाम से जाना जाता है।

श्री आर.डी. थापर, संयुक्त सचिव, गृह मंत्रालय, भारत सरकार के हस्ताक्षर से आम जानकारी के लिए 18 जनवरी, 1968 को राजपत्र में प्रकाशित उक्त संकल्प को निम्न उद्धृत किया गया है।

संकल्प :

1. जबकि संविधान के अनुच्छेद-343 के अनुसार संघ की राजभाषा हिंदी रहेगी और उसके अनुच्छेद-351 के अनुसार हिंदी भाषा का प्रसार, वृद्धि करना और उसका विकास करना ताकि वह भारत की सामासिक-संस्कृति के सब तत्त्वों की अभिव्यक्ति का माध्यम हो सके, संघ का कर्तव्य है;

   यह सभा संकल्प करती है कि हिंदी के प्रसार एवं विकास की गति बढ़ाने हेतु तथा संघ के विभिन्न राजकीय प्रयोजनों के लिए उत्तरोत्तर इसके प्रयोग हेतु भारत सरकार द्वारा एक अधिक गहन एवं व्यापक कार्यक्रम तैयार किया जाएगा और उसे कार्यान्वित किया जाएगा और किये जाने वाले उपायों एवं की जाने वाली प्रगति की विस्तृत वार्षिक मूल्यांकन रिपोर्ट संसद की दोनों सभाओं के पटल पर रखी जाएगी और सब राज्य सरकारों को भेजी जाएगी।

2. जबकि संविधान की आठवीं अनुसूची में भारत की 14 मुख्य भाषाओं का उल्लेख किया गया है और देश की शैक्षणिक एवं सांस्कृतिक उन्नति के लिए यह आवश्यक है कि इन भाषाओं के पूर्ण विकास हेतु सामूहिक उपाय किये जाने चाहिए;

   यह सभा संकल्प करती है कि हिंदी के साथ-साथ इन सब भाषाओं के समन्वित विकास हेतु भारत सरकार द्वारा राज्य सरकारों के सहयोग से एक कार्यक्रम तैयार किया जाएगा और उसे कार्यान्वित किया जाएगा ताकि वे शीघ्र समृद्ध हों और आधुनिक ज्ञान के संचार का प्रभावी माध्यम बनें।

3. जबकि एकता की भावना के संवर्द्धन तथा देश के विभिन्न भागों में जनता में संचार की सुविधा हेतु यह आवश्यक है कि भारत सरकार द्वारा राज्य सरकारों के परामर्श से तैयार किये गए त्रिभाषा सूत्र को सभी राज्यों में पूर्णत:कार्यान्वित करने के लिए प्रभावी किया जाना चाहिए;

   यह सभा संकल्प करती है कि हिंदी भाषी क्षेत्रों में हिंदी तथा अंग्रेजी के अतिरिक्त एक आधुनिक भारतीय भाषा के, दक्षिण भारत की भाषाओं में से किसी एक को तरजीह देते हुए और अहिंदी भाषी क्षेत्रों में प्रादेशिक भाषाओं एवं अंग्रेजी के साथ-साथ हिंदी के अध्ययन के लिए उस सूत्र के अनुसार प्रबंध किया जाना चाहिए।

4. और जबकि यह सुनिश्चित करना आवश्यक है कि संघ की लोक सेवाओं के विषय में देश के विभिन्न भागों के लोगों को न्यायोचित दावों और हितों का परित्राण किया जाए। यह सभा संकल्प करती है :

(क) कि उन विशेष सेवाओं अथवा पदों को छोड़कर जिनके लिए ऐसी किसी सेवा अथवा पद के कर्तव्यों के संतोषजनक निष्पादन हेतु केवल अंग्रेजी अथवा केवल हिंदी अथवा दोनों जैसी भी स्थिति हो, का उच्च स्तर का ज्ञान आवश्यक समझा जाए। संघ सेवाओं अथवा पदों के लिए भर्ती करने हेतु उम्मीदवारों के चयन के समय हिंदी अथवा अंग्रेजी में से किसी एक का ज्ञान अनिवार्यत: अपेक्षित होगा; और

(ख) कि परीक्षाओं की भावी योजना, प्रक्रिया संबंधी पहलुओं एवं समय के विषय में संघ लोक सेवा आयोग के विचार जानने के पश्चात् अखिल भारतीय एवं उच्चतर केंद्रीय सेवाओं संबंधी परीक्षाओं के लिए संविधान की आठवीं अनुसूची में सम्मिलित सभी भाषाओं तथा अंग्रेजी को वैकल्पिक माध्यम के रूप में रखने की अनुमति होगी।

राजभाषा नियम-1976

[यथा संशोधित 1987, 2007, 2011 : संघ के शासकीय प्रयोजनों के लिए प्रयोग]

संघ के राजकाज में अर्थात् संघ के शासकीय प्रयोजनों के लिए राजभाषा हिंदी का व्यापक प्रयोग सुनिश्चित करने हेतु राजभाषा अधिनियम-1963 (1963 का संख्यांक-19) की धारा-3 की उपधारा (4) के साथ पठित धारा-8 द्वारा प्रदत्त शक्तियों का प्रयोग करते हुए केंद्र सरकार द्वारा वर्ष 1976 में 12 राजभाषा नियम बनाए गए जो भारत के 17.7.1976 के राजपत्र के भाग-I, खंड-3, उपखंड (1) में प्रकाशित हुए।

नियमवार ब्योरा एवं प्रावधान निम्न प्रस्तुत हैं :

[राजभाषा विभाग, गृह मंत्रालय द्वारा प्रकाशित 'हिंदी के प्रयोग संबंधी आदेशों का संकलन जनवरी, 1989 से जून 2005' पुस्तिका/राजभाषा विभाग की साइट rajbhasha.gov.in से उद्धृत किये गए हैं।]

नियम-1—संक्षिप्त नाम, विस्तार और प्रारंभ :

(1) इन नियमों का संक्षिप्त नाम राजभाषा नियम, 1976 है। (संघ के शासकीय प्रयोजनों के लिए प्रयोग)

(2) इनका विस्तार तमिलनाडु राज्य के सिवाय संपूर्ण भारत पर है।

(3) ये राजपत्र में प्रकाशित होने की तारीख को प्रवृत्त होंगे। (17.7.1976 से)

नियम-2—परिभाषाएँ—इन नियमों में जब तक कि संदर्भ से अन्यथा अपेक्षित न हो :

(क) 'अधिनियम' से राजभाषा अधिनियम, 1963 (1963 का संख्यांक 19) अभिप्रेत है।

(ख) 'केंद्र सरकार के कार्यालय' के अंतर्गत निम्नलिखित भी हैं, अर्थात् :

(i) केंद्र सरकार का कोई मंत्रालय, विभाग या कार्यालय;

(ii) केंद्र सरकार द्वारा नियुक्त किसी आयोग, समिति या अधिकरण का कोई कार्यालय और

(iii) केंद्र सरकार के स्वामित्व में या नियंत्रण के अधीन किसी निगम या कंपनी का कोई कार्यालय (नियंत्रणाधीन उपक्रम, बोर्ड, निगम, राष्ट्रीयकृत बैंक, वित्तीय संस्थाएँ, बीमा कंपनियाँ सहित)।*

(ग) 'कर्मचारी' से केंद्र सरकार के कार्यालय में नियोजित कोई व्यक्ति अभिप्रेत है।

(घ) 'अधिसूचित कार्यालय' से नियम 10 के उपनियम (4) के अधीन अधिसूचित कार्यालय अभिप्रेत है।

(ङ) 'हिंदी में प्रवीणता' से नियम-9 में वर्णित प्रवीणता अभिप्रेत है।

(च) 'क्षेत्र क' से बिहार, हरियाणा, हिमाचल प्रदेश, मध्य प्रदेश, राजस्थान और उत्तर प्रदेश राज्य और अंडमान और निकोबार द्वीप समूह, राष्ट्रीय राजधानी क्षेत्र दिल्ली अभिप्रेत हैं।

[राजभाषा संशोधन नियम-1987 में अंडमान और निकोबार द्वीप समूह को क्षेत्र 'ख' से हटाकर क्षेत्र 'क' में जोड़ा गया है।*

इनके अतिरिक्त राज्यों के पुनर्गठन के परिणामस्वरूप उत्तराखंड, झारखंड और छत्तीसगढ़ भी राजभाषा संशोधन नियम-2007 के अनुसार इस क्षेत्र के अंतर्गत आते हैं।]*

(छ) क्षेत्र 'ख' से गुजरात, महाराष्ट्र, पंजाब राज्य और चंडीगढ़ संघ राज्य क्षेत्र अभिप्रेत है।

[राजभाषा संशोधन नियम-1987 के अनुसार पंजाब और चंडीगढ़ को 'ख' क्षेत्र में जोड़ा गया है जो पहले 'ग' क्षेत्र में थे।*

इनके अतिरिक्त राजभाषा संशोधन नियम-2011 के अनुसार दमन और दीव तथा दादरा व नगर हवेली संघ राज्य क्षेत्र को भी ख क्षेत्र के अंतर्गत लाया गया है जो पहले 'ग' क्षेत्र में थे।]*

(ज) क्षेत्र 'ग' से खंड (च) और (छ) में निर्दिष्ट राज्यों और संघ राज्य क्षेत्रों (कोष्ठकों में दर्शाए गए राज्य सहित) से भिन्न राज्य तथा संघ राज्य क्षेत्र अभिप्रेत हैं।

['क' और 'ख' क्षेत्रों में यथासमाविष्ट सभी राज्यों, संघ शासित राज्यों को छोड़कर शेष सभी राज्य व संघ राज्य क्षेत्र। यथा : आंध्र प्रदेश, तेलंगाना, कर्नाटक, गोवा, केरल, तमिलनाडु (राजभाषा नियम-1976 से छूट), ओडिशा, पश्चिम बंगाल, आसाम, सिक्किम, अरुणाचल प्रदेश, मेघालय, त्रिपुरा, नागालैंड, मिजोरम, मणिपुर, जम्मू-कश्मीर तथा संघ राज्य क्षेत्र पुदुचेरी, लक्षद्वीप।]*

(झ) 'हिंदी का कार्यसाधक ज्ञान' से नियम 10 में वर्णित कार्यसाधक ज्ञान अभिप्रेत है।

नियम-3—राज्यों आदि और केंद्र सरकार के कार्यालयों से भिन्न कार्यालयों के साथ पत्रादि :

(1) केंद्र सरकार के कार्यालय से—

क्षेत्र 'क' में किसी राज्य या संघ राज्य क्षेत्र को या ऐसे राज्य, संघ राज्य क्षेत्र में किसी कार्यालय (जो केंद्र सरकार का कार्यालय न हो) या व्यक्ति को पत्रादि असाधारण दशाओं को छोड़कर हिंदी में होंगे और यदि उनमें से किसी को कोई पत्रादि अंग्रेजी में भेजे जाते हैं तो उनके साथ उनका हिंदी अनुवाद भी भेजा जाएगा।

(2) केंद्र सरकार के कार्यालय से—

(क) क्षेत्र 'ख' में किसी राज्य या संघ राज्य क्षेत्र को या ऐसे राज्य या संघ राज्य क्षेत्र में किसी कार्यालय (जो केंद्र सरकार का कार्यालय न हो) को पत्रादि सामान्यतया हिंदी में होंगे और यदि कोई पत्रादि अंग्रेजी में भेजे जाते हैं तो उनके साथ उनका हिंदी अनुवाद भी भेजा जाएगा।

परंतु, यदि कोई ऐसा राज्य, संघ राज्य क्षेत्र यह चाहता है कि किसी विशिष्ट वर्ग या प्रवर्ग के पत्रादि या उसके किसी कार्यालय के लिए आशायित पत्रादि संबद्ध राज्य या संघ राज्य क्षेत्र की सरकार द्वारा विनिर्दिष्ट अवधि तक अंग्रेजी या हिंदी में भेजे जाएँ और उसके साथ दूसरी भाषा में उसका अनुवाद भी भेजा जाए तो ऐसे पत्रादि उसी रीति से भेजे जाएँगे।

(ख) क्षेत्र 'ख' के किसी राज्य या संघ राज्य क्षेत्र में किसी व्यक्ति को पत्रादि हिंदी या अंग्रेजी में भेजे जा सकते हैं।

(3) केंद्र सरकार के कार्यालय से—

क्षेत्र 'ग' में से किसी राज्य या संघ राज्य क्षेत्र को या ऐसे राज्य में किसी कार्यालय (जो केंद्र सरकार का कार्यालय न हो) या व्यक्ति को पत्रादि अंग्रेजी में होंगे।

(4) उपनियम (1) और (2) में किसी बात के होते हुए भी, क्षेत्र 'ग' में केंद्र सरकार के कार्यालय से क्षेत्र 'क' या 'ख' में किसी राज्य या संघ राज्य क्षेत्र को या ऐसे राज्य में किसी कार्यालय (जो केंद्र सरकार का कार्यालय न हो) या व्यक्ति को पत्रादि हिंदी या अंग्रेजी में हो सकते हैं।

परंतु, हिंदी में पत्रादि ऐसे अनुपात में होंगे जो केंद्र सरकार ऐसे कार्यालयों में हिंदी का कार्यसाधक ज्ञान रखने वाले व्यक्तियों की संख्या, हिंदी में पत्रादि भेजने की सुविधाओं और उससे आनुषंगिक बातों को ध्यान में रखते हुए समय-समय पर अवधारित करें।

नियम-4—केंद्र सरकार के कार्यालयों के बीच पत्रादि :

(क) केंद्र सरकार के किसी एक मंत्रालय या विभाग और किसी दूसरे मंत्रालय या विभाग के बीच पत्रादि हिंदी या अंग्रेजी में हो सकते हैं।

(ख) केंद्र सरकार के एक मंत्रालय या विभाग और क्षेत्र 'क' में स्थित संलग्न या अधीनस्थ कार्यालयों के बीच पत्रादि हिंदी में होंगे और ऐसे अनुपात में होंगे जो केंद्र सरकार ऐसे कार्यालयों में हिंदी का कार्यसाधक ज्ञान रखने वाले व्यक्तियों की संख्या, हिंदी में पत्रादि भेजने की सुविधाओं और उससे संबंधित आनुषंगिक बातों को ध्यान में रखते हुए समय-समय पर अवधारित करे।

(ग) क्षेत्र 'क' में स्थित केंद्र सरकार के ऐसे कार्यालयों के बीच जो खंड (क) या खंड (ख) में विनिर्दिष्ट कार्यालयों से भिन्न है, पत्रादि हिंदी या अंग्रेजी में हो सकते हैं।

(घ) क्षेत्र 'क' में स्थित केंद्र सरकार के कार्यालयों और क्षेत्र 'ख' या 'ग' में स्थित केंद्र सरकार के कार्यालयों के बीच पत्रादि हिंदी या अंग्रेजी में हो सकते हैं।

परंतु, ये पत्रादि हिंदी में ऐसे अनुपात में होंगे जो केंद्र सरकार ऐसे कार्यालयों में हिंदी का कार्यसाधक ज्ञान रखने वाले व्यक्तियों की संख्या, हिंदी में पत्रादि भेजने की सुविधाओं और उससे आनुषंगिक बातों को ध्यान में रखते हुए समय-समय पर अवधारित करें।

(ङ) क्षेत्र 'ख' या 'ग' में स्थित केंद्र सरकार के कार्यालयों के बीच पत्रादि हिंदी या अंग्रेजी में हो सकते हैं।

(च) परंतु, ये पत्रादि हिंदी में ऐसे अनुपात में होंगे जो केंद्र सरकार ऐसे कार्यालयों में हिंदी का कार्यसाधक ज्ञान रखनेवाले व्यक्तियों की संख्या, हिंदी में पत्रादि भेजने की सुविधाओं और उससे आनुषंगिक बातों को ध्यान में रखते हुए समय-समय पर अवधारित करे।

परंतु, जहाँ ऐसे पत्रादि :

(i) क्षेत्र 'क' या क्षेत्र 'ख' के किसी कार्यालय को संबोधित हैं, वहाँ यदि आवश्यक हो तो, उनका दूसरी भाषा में अनुवाद उनके साथ भेजा जाएगा।

(ii) क्षेत्र 'ग' के किसी कार्यालय को संबोधित हैं, वहाँ उनका दूसरी भाषा में अनुवाद उनके साथ भेजा जाएगा।

परंतु, यह और कि यदि कोई पत्रादि किसी अधिसूचित कार्यालय को संबोधित हैं तो दूसरी भाषा में ऐसा अनुवाद उपलब्ध कराने की अपेक्षा नहीं की जाएगी।

नियम-5 : हिंदी में प्राप्त पत्रादि के उत्तर

नियम-3 और नियम-4 में किसी बात के होते हुए भी, हिंदी में प्राप्त पत्रादि के उत्तर केंद्र सरकार के कार्यालय से हिंदी में दिये जाएँगे।

नियम-6—हिंदी और अंग्रेजी, दोनों का प्रयोग :

अधिनियम की धारा-3 की उपधारा (3) में निर्दिष्ट सभी दस्तावेजों के लिए हिंदी और अंग्रेजी, दोनों का प्रयोग किया जाएगा और ऐसे दस्तावेजों पर हस्ताक्षर करने वाले

व्यक्तियों का यह उत्तरदायित्व होगा कि वे यह सुनिश्चित कर लें कि ऐसी दस्तावेजें हिंदी और अंग्रेजी, दोनों में तैयार की जाती हैं, निष्पादित की जाती हैं और जारी की जाती हैं।

नियम-7—आवेदन, अभ्यावेदन आदि :

(1) कोई कर्मचारी आवेदन, अपील या अभ्यावेदन हिंदी या अंग्रेजी में कर सकता है।

(2) जब उपनियम (1) में विनिर्दिष्ट कोई आवेदन, अपील या अभ्यावेदन हिंदी में किया गया हो या उस पर हिंदी में हस्ताक्षर किये गए हों तब उसका उत्तर हिंदी में दिया जाएगा।

(3) यदि कोई कर्मचारी यह चाहता है कि सेवा संबंधी विषयों (जिनके अंतर्गत अनुशासनिक कार्यवाहियाँ भी हैं) से संबंधित कोई आदेश या सूचना, जिनका कर्मचारी पर तामील किया जाना अपेक्षित है, यथास्थिति, हिंदी या अंग्रेजी में होनी चाहिए तो वह उसे असम्यक् विलंब के बिना उसी भाषा में दी जाएगी।

नियम-8—केंद्र सरकार के कार्यालयों में टिप्पणों का लिखा जाना :

(1) कोई कर्मचारी किसी फाइल पर टिप्पण या कार्यवृत्त हिंदी या अंग्रेजी में लिख सकता है और उससे यह अपेक्षा नहीं की जाएगी कि वह उसका अनुवाद दूसरी भाषा में प्रस्तुत करे।

(2) केंद्र सरकार का कोई भी कर्मचारी जो हिंदी का कार्यसाधक ज्ञान रखता है, हिंदी में किसी दस्तावेज के अंग्रेजी अनुवाद की मांग तभी कर सकता है जब वह दस्तावेज विधिक या तकनीकी प्रकृति का है अन्यथा नहीं।

(3) यदि यह प्रश्न उठता है कि कोई विशिष्ट दस्तावेज विधिक या तकनीकी प्रकृति का है या नहीं तो विभाग या कार्यालय का प्रधान उसका विनिश्चय करेगा।

(4) उपनियम (1) में किसी बात के होते हुए भी, केंद्र सरकार आदेश द्वारा ऐसे अधिसूचित कार्यालयों को विनिर्दिष्ट कर सकती है जहाँ ऐसे कर्मचारियों द्वारा जिन्हें हिंदी में प्रवीणता प्राप्त है, टिप्पण, प्रारूपण और ऐसे अन्य शासकीय प्रयोजनों के लिए, जो आदेश में विनिर्दिष्ट किए जाएँ, केवल हिंदी का प्रयोग किया जाएगा।

नियम-9—हिंदी में प्रवीणता :

यदि किसी कर्मचारी ने—

(क) मैट्रिक परीक्षा या उसकी समतुल्य या उच्चतर कोई परीक्षा हिंदी के माध्यम से उत्तीर्ण कर ली है; या

(ख) स्नातक परीक्षा में अथवा स्नातक परीक्षा की समतुल्य या उससे उच्चतर किसी अन्य परीक्षा में हिंदी को एक वैकल्पिक विषय के रूप में लिया हो; या

(ग) यदि वह इन नियमों के बाद उपाबद्ध प्रारूप में यह घोषणा करता है कि उसे हिंदी में प्रवीणता प्राप्त है; तो उसके बारे में यह समझा जाएगा कि उसने हिंदी में प्रवीणता प्राप्त कर ली है।

नियम-10—हिंदी का कार्यसाधक ज्ञान :

(1) (क) यदि किसी कर्मचारी ने—

(i) मैट्रिक परीक्षा या उसकी समतुल्य या उससे उच्चतर कोई परीक्षा हिंदी विषय के साथ उत्तीर्ण कर ली है; या

(ii) केंद्र सरकार की हिंदी शिक्षण योजना के अंतर्गत आयोजित प्राज्ञ परीक्षा या यदि उस सरकार द्वारा किसी विशिष्ट प्रवर्ग के पदों के संबंध में उस योजना के अंतर्गत कोई निम्नतर परीक्षा विनिर्दिष्ट है, वह परीक्षा उत्तीर्ण कर ली है; या

(iii) केंद्र सरकार द्वारा उस निमित्त विनिर्दिष्ट कोई अन्य परीक्षा उत्तीर्ण कर ली है; या

(ख) यदि वह इन नियमों से उपाबद्ध प्रारूप में यह घोषणा करता है कि उसने ऐसा ज्ञान प्राप्त कर लिया हैं;

तो उसके बारे में यह समझा जाएगा कि उसने हिंदी का कार्यसाधक ज्ञान प्राप्त कर लिया है।

(2) यदि केंद्र सरकार के किसी कार्यालय में कार्य करने वाले कर्मचारियों में से 80% ने हिंदी का ऐसा ज्ञान प्राप्त कर लिया है तो उस कार्यालय के कर्मचारियों के बारे में सामान्यतया यह समझा जाएगा कि उन्होंने हिंदी का कार्यसाधक ज्ञान प्राप्त कर लिया है।

(3) केंद्र सरकार या केंद्र सरकार द्वारा इस निमित्त विनिर्दिष्ट कोई अधिकारी यह अवधारित कर सकता है कि केंद्र सरकार के किसी कार्यालय के कर्मचारियों ने हिंदी का कार्यसाधक ज्ञान प्राप्त कर लिया है या नहीं।

(4) केंद्र सरकार के जिन कार्यालयों में कर्मचारियों ने हिंदी का कार्यसाधक ज्ञान प्राप्त कर लिया है उन कार्यालयों के नाम राजपत्र में अधिसूचित किये जाएँगे; परंतु, केंद्र सरकार की राय है कि यदि किसी अधिसूचित कार्यालय में काम करने वाले और हिंदी का कार्यसाधक ज्ञान रखने वाले कर्मचारियों का प्रतिशत किसी तारीख में उपनियम (2) म विनिर्दिष्ट प्रतिशत से कम हो गया है तो वह राजपत्र में अधिसूचना द्वारा घोषित कर सकता है कि उक्त कार्यालय उस तारीख से अधिसूचित कार्यालय नहीं रह जाएगा।

नियम-11—मैनुअल, संहिताएँ, प्रक्रिया संबंधी अन्य साहित्य, लेखन सामग्री आदि :

(1) केंद्र सरकार के कार्यालयों से संबंधित सभी मैनुअल, संहिताएँ और प्रक्रिया संबंधी अन्य साहित्य, हिंदी और अंग्रेजी द्विभाषिक रूप में यथास्थिति, मुद्रित या साइक्लोस्टाइल किया जाएगा और प्रकाशित किया जाएगा।

(2) केंद्र सरकार के किसी कार्यालय में प्रयोग किये जाने वाले रजिस्टरों के प्रारूप और शीर्षक हिंदी और अंग्रेजी में होंगे।

(3) केंद्र सरकार के किसी कार्यालय में प्रयोग के लिए सभी नाम पट्ट, सूचना पट्ट, पत्र शीर्ष और लिफाफों पर उत्कीर्ण लेख तथा लेखन सामग्री की अन्य मदें हिंदी और अंग्रेजी में लिखी जाएँगी, मुद्रित या उत्कीर्ण होंगी।

परंतु, यदि केंद्र सरकार ऐसा करना आवश्यक समझती है तो वह, साधारण या विशेष आदेश द्वारा केंद्र सरकार के किसी कार्यालय को इस नियम के सभी या किन्हीं उपबंधों से छूट दे सकती है।

नियम-12—अनुपालन का उत्तरदायित्व :

(1) केंद्र सरकार के प्रत्येक कार्यालय के प्रशासनिक प्रधान का यह उत्तरदायित्व होगा कि वह :

   (i) यह सुनिश्चित करे कि अधिनियम और इन नियमों के उपबंधों और उपनियम (2) के अधीन जारी किए गए निर्देशों का समुचित रूप से अनुपालन हो रहा है; और

   (ii) इस प्रयोजन के लिए उपयुक्त और प्रभावकारी जांच के लिए उपाय करे।

(2) केंद्र सरकार अधिनियम और इन नियमों के उपबंधों के सम्यक् अनुपालन के लिए अपने कर्मचारियों और कार्यालयों को समय-समय पर आवश्यक निर्देश जारी कर सकती है।

नियम 9 और 10 में संदर्भित हिंदी में प्रवीणता/कार्यसाधक ज्ञान संबंधी घोषणा-पत्र का प्रारूप :

मैं इसके द्वारा यह घोषणा करता/करती हूँ कि मुझे हिंदी में प्रवीणता प्राप्त है। मैंने हिंदी का कार्यसाधक ज्ञान प्राप्त कर लिया है।**

तारीख... ... हस्ताक्षर... ...

** जो लागू नहीं है उसे काट/हटा दीजिए।

नोट : राजभाषा नियम 2(च), (छ) के अंतर्गत कोष्ठकों में संशोधित सूचना प्रस्तुत की गई है। नियम 2(ज) के अंतर्गत कोष्ठकों में सूचनार्थ अतिरिक्त जानकारी प्रस्तुत की गई है। (तारांकित*)

राजभाषा संशोधन नियम-2007 और 2011

[भारत का राजपत्र, भाग-2, खंड 3, उपखंड (i) में प्रकाशनार्थ]
भारत सरकार, गृह मंत्रालय, राजभाषा विभाग
नई दिल्ली, दिनांक : अगस्त, 2007

अधिसूचना

का.आ. (अ)—केंद्र सरकार, राजभाषा अधिनियम-1963 (1963 का संख्यांक 19) की धारा-3 की उपधारा (4) के साथ पठित धारा-8 द्वारा प्रदत्त शक्तियों का प्रयोग करते हुए, राजभाषा (संघ के शासकीय प्रयोजनों के लिए प्रयोग) नियम-1976 का और संशोधन करने के लिए निम्नलिखित नियम बनाती है, अर्थात् :

इन नियमों का संक्षिप्त नाम राजभाषा (संघ के शासकीय प्रयोजनों के लिए प्रयोग) संशोधन नियम-2007 है।

ये राजपत्र में प्रकाशन की तारीख को प्रवृत्त होंगे।

राजभाषा (संघ के शासकीय प्रयोजनों के लिए प्रयोग) नियम-1976 में—नियम-2 के खंड (च) के स्थान पर निम्नलिखित खंड रखा जाएगा, अर्थात् :

क्षेत्र 'क' से बिहार, छत्तीसगढ़, हरियाणा, हिमाचल प्रदेश, झारखंड, मध्य प्रदेश, राजस्थान, उत्तर प्रदेश, उत्तराखंड और राष्ट्रीय राजधानी क्षेत्र दिल्ली तथा अंडमान और निकोबार द्वीप समूह संघ राज्य क्षेत्र अभिप्रेत हैं।

[(फा.सं. I/14034/02/2007—रा.भा. (नीति-1)]

संयुक्त सचिव, भारत सरकार

[भारत के राजपत्र, भाग-II, खंड 3, उपखंड (i) में प्रकाशित]
पृष्ठ संख्या-576-577, दिनांक 14-5-2011

भारत सरकार, गृह मंत्रालय, राजभाषा विभाग

***

नई दिल्ली, 4 मई, 2011

अधिसूचना

सा.का.नि. 145 केंद्र सरकार, राजभाषा अधिनियम-1963 (1963 का संख्यांक 19) की धारा-3 की उपधारा (4) के साथ पठित धारा 8 द्वारा प्रदत्त शक्तियों का प्रयोग करते हुए, राजभाषा (संघ के शासकीय प्रयोजनों के लिए प्रयोग) नियम-1976 का और संशोधन करने के लिए निम्नलिखित नियम बनाती है, अर्थात् :

इन नियमों का संक्षिप्त नाम राजभाषा (संघ के शासकीय प्रयोजनों के लिए प्रयोग) संशोधन नियम-2011 है।

ये राजपत्र में प्रकाशन की तारीख को प्रवृत्त होंगे।

राजभाषा (संघ के शासकीय प्रयोजनों के लिए प्रयोग) नियम, 1976 के—नियम-2 के खंड (छ) के स्थान पर निम्नलिखित खंड रखा जाएगा, अर्थात् :

क्षेत्र 'ख' से गुजरात, महाराष्ट्र और पंजाब राज्य तथा चंडीगढ़, दमन और दीव तथा दादरा और नगर हवेली संघ राज्य क्षेत्र अभिप्रेत हैं।

[(फा.सं.I/14034/02/2010-रा.भा. (नीति-1)]

संयुक्त सचिव

टिप्पण : मूल नियम भारत के राजपत्र में सा.का.नि. संख्यांक 1052, तारीख 17 जुलाई, 1976 द्वारा प्रकाशित किये गए थे और सा.का.नि. संख्यांक 790, तारीख 24 अक्तूबर, 1987 तथा सा.का.नि. संख्यांक 162, तारीख 03 अगस्त, 2007 द्वारा उनमें पश्चातवर्ती संशोधन किये गए।

राजभाषा विभाग, गृह मंत्रालय का वार्षिक कार्यक्रम

[देश और विदेश स्थित भारत सरकारी कार्यालय]

परिचय

संसद के दोनों सदनों द्वारा 18 जनवरी, 1968 को पारित राजभाषा संकल्प का एक मद था देशभर स्थित केंद्र सरकार के कार्यालयों/अधीनस्थ कार्यालयों/उपक्रमों में राजभाषा हिंदी का प्रयोग बढ़ाने के उद्देश्य से व्यापक वार्षिक कार्यक्रम जारी किया जाए। इस कार्यक्रम के अंतर्गत भाषिक क्षेत्रवार ('क', 'ख', 'ग') कार्यान्वयन मदों के लक्ष्य निर्धारित किये जाते हैं। इस कार्यक्रम की अवधि वित्तीय वर्ष आधारित होती है। संकल्प में उल्लेख किया गया कि "हिंदी के उत्तरोत्तर प्रयोग हेतु अपनाए गए उपायों एवं कृत कार्रवाई की वार्षिक मूल्यांकन रिपोर्ट संसद के दोनों सदनों के पटल पर रखी जाएगी।" यह कार्य गृह मंत्रालय को सौंपा गया। इसके आधार पर वित्तीय वर्ष 1968-69 से प्रति वर्ष गृह मंत्रालय द्वारा वार्षिक कार्यक्रम जारी करना प्रारंभ किया गया है। राजभाषा विभाग की वेबसाइट rajbhasha.gov.in और rajbhasha.nic.in में मार्च माहांत में नये वित्तीय वर्ष संबंधी वार्षिक कार्यक्रम उपलब्ध कराया जाता है।

हिंदी प्रयोग को क्षेत्रवार बढ़ाने के उद्देश्य से समय-समय पर आवश्यक नये मदों को शामिल करते हुए गृह मंत्रालय के राजभाषा विभाग द्वारा इसे एक व्यापक रूप दिया जाता है। इस कार्यक्रम में संप्रति निम्न मद जोड़ी जा रही हैं :

भारत के संदर्भ में

"मूल पत्राचार, हिंदी में प्राप्त पत्रों का उत्तर, हिंदी में टिप्पण लेखन, हिंदी माध्यम में सामान्य प्रशिक्षण, प्रशिक्षण सामग्री द्विभाषा में तैयार करना, हिंदी टंकक एवं आशुलिपिकों की भर्ती, उच्च पदाधिकारियों द्वारा हिंदी में डिक्टेशन एवं टंकण, सेवाकालीन हिंदी प्रशिक्षण (प्रबोध, प्रवीण, प्राज्ञ, पारंगत, टंकण एवं आशुलिपि), हिंदी पुस्तकों व डिजिटल पठन साधनों पर कृत व्यय (जर्नल और मानक संदर्भ पुस्तकों को छोड़कर), कंप्यूटर सहित सभी इलेक्ट्रॉनिक उपकरणों की द्विभाषी खरीद, वेबसाइट, नागरिक चार्टर एवं जनसूचना बोर्ड, मुख्यालय स्थित अनुभागों एवं मुख्यालय से बाहर स्थित कार्यालयों/शाखा कार्यालयों/इकाइयों में राजभाषा निरीक्षण, विदेश स्थित भारत सरकार के कार्यालयों/उपक्रमों में संबंधित संगठन के अधिकारियों एवं राजभाषा विभाग, गृह मंत्रालय के अधिकारियों द्वारा संयुक्त निरीक्षण, हिंदी सलाहकार समिति, टॉलिक एवं त्रैमासिक

राजभाषा कार्यान्वयन समिति की बैठकों का आयोजन, कोड, मैनुअल, प्रपत्र और प्रक्रिया साहित्य का हिंदी अनुवाद।"

- इसके अतिरिक्त राष्ट्रीय पहचान एवं राजभाषा के प्रसार हेतु विदेशों में कार्यरत भारतीय कार्यालयों (केंद्र सरकार के कार्यालय/उपक्रम) के लिए भी शासकीय प्रयोजनार्थ राजभाषा का प्रयोग सुनिश्चित करने हेतु वार्षिक कार्यक्रम में तत्संबंधी मुख्य मदों को जोड़ना प्रारंभ किया गया है। यथा : "हिंदी पत्राचार, हिंदी में टिप्पण, टॉलिक की बैठकें, विभागीय राजभाषा कार्यान्वयन समिति की बैठकें, कंप्यूटर सहित सभी इलेक्ट्रॉनिक उपकरण द्विभाषा में, हिंदी टंकक एवं हिंदी आशुलिपिक तथा दुभाषियों की व्यवस्था (स्थानीय भाषा से हिंदी में और हिंदी से स्थानीय भाषा में अनुवाद हेतु)।" इनके अतिरिक्त लेखन सामग्री, नाम पट्ट, रबड़ की मुहर, सूचना पट्ट, फार्म, प्रक्रिया साहित्य हिंदी-अंग्रेजी द्विभाषा में होना अनिवार्य है।
- हर वर्ष जारी किए जाने वाले वार्षिक कार्यक्रम का **प्राक्कथन एवं दिशानिर्देश** पढ़ना बहुत जरूरी है। इनमें हिंदी शिक्षण योजना, प्रशिक्षण संस्थान, टॉलिक से संबंधित मार्गदर्शन के अतिरिक्त हिंदी में तकनीकी सुविधाओं का भरपूर उपयोग, तिमाही हिंदी प्रगति रिपोर्टों का ऑनलाइन प्रेषण, राजभाषायी निरीक्षण, विज्ञापनों की जारी, हिंदी माध्यम में प्रशिक्षण, हिंदी सलाहकार समिति, राष्ट्रपति आदेशों के अनुपालन संबंधी महत्त्वपूर्ण जानकारी प्रस्तुत की जाने के साथ-साथ राजभाषा अधिनियम की धारा-3(3), सेवाकालीन भर्ती/पदोन्नति परीक्षाएँ, प्रशिक्षण सामग्री, संगोष्ठियाँ, अंतरराष्ट्रीय संधियों एवं करारों में हिंदी, अधिसूचित कार्यालयों में हिंदी का प्रयोग, राजभाषा नियम-11, अनुवाद प्रशिक्षण, भारतीय प्रशासनिक सेवाओं एवं अखिल भारतीय सेवाओं में भर्ती अधिकारियों को हिंदी भाषा का प्रशिक्षण, हिंदी कामकाज संबंधी प्रोत्साहन योजनाएँ, राजभाषा कीर्ति पुरस्कार, राजभाषा गौरव पुरस्कार, नराकास राजभाषा सम्मान, कार्यशालाओं का आयोजन, हिंदी कार्यशालाओं/प्रशिक्षण कार्यक्रमों में नामांकन, मानक शब्दकोश व सहायक सामग्री की उपलब्धता, लीला प्रबोध/प्रवीण/प्राज्ञ, लीला राजभाषा, लीला प्रवाह (जन-सामान्य के लिए) सॉफ्टवेयर (LILA—Learning Indian Language through Artificial Intelligence), हिंदी टंकण-आशुलिपि प्रशिक्षण, मौलिक पुस्तक लेखन, गृह पत्रिकाओं का प्रकाशन, यूनिकोड का प्रयोग, हिंदी पदों का सृजन, संकाय मानदेय, विदेशों में टॉलिक का गठन, कंठस्थ राजभाषा अनुवाद प्रणाली, प्रचलित शब्दों का प्रयोग, विश्व हिंदी सम्मेलन एवं अन्य नवीनतम पहलुओं से संक्षेप में अवगत कराया जाता है।
- सामान्यतः राजभाषा विभागों/अनुभागों से जुड़े कर्मचारियों द्वारा वार्षिक कार्यक्रम पढ़ने का प्रयास किया जाता है। इनमें भी कुछेक कर्मचारी केवल कार्य निष्पादन हेतु 'लक्ष्य' आबंटित मदों पर ही ध्यान केंद्रित करते हैं। इससे कार्यक्रम में प्रस्तुत अन्य महत्त्वपूर्ण जानकारी से परिचित नहीं हो पाते हैं।

- राजभाषा स्टाफ के अतिरिक्त राजभाषा कार्यान्वयन समिति के अध्यक्ष एवं सभी सदस्यों द्वारा वार्षिक कार्यक्रम के पूर्ण पाठ को पढ़ा जाना अति आवश्यक है। इस दिशा में राजभाषा अधिकारी को उत्प्रेरक का कार्य करना पड़ता है।
- राजभाषा विभाग की साइट में वार्षिक कार्यक्रम उपलब्ध होने पर भी संगठन के सभी कार्यालयों/शाखा कार्यालयों/इकाइयों को सचेत करने के लिए अपने मुख्यालय के राजभाषा विभाग द्वारा मार्च माहांत या अप्रैल माह के प्रारंभ में कार्यान्वयन संबंधी वार्षिक लक्ष्यों की लिखित सूचना परिपत्र के माध्यम से या अन्य विधाओं के माध्यम से उचित अनुदेशों के साथ परिचालित की जाती है।

  [इस प्रकार के परिचालन में वार्षिक कार्यक्रम में निहित संपूर्ण जानकारी के बजाय लक्ष्य निर्धारित मदों के परिचालन पर कार्यालयों/शाखा कार्यालयों/इकाइयों का ध्यान आकर्षित किया जाता है। इसमें राजभाषा विभाग की साइट का उल्लेख करते हुए उसका संदर्भ लेने हेतु कहा जाता है। यह प्रक्रिया वैयक्तिक संगठनों पर निर्भर है।]
- इसके अतिरिक्त मुख्यालय के राजभाषा विभाग द्वारा यह सूचना अपने संगठन के राजभाषा पोर्टल एवं वेबसाइट में भी उपलब्ध कराई जाती है।
- नियंत्रक कार्यालयों के राजभाषा अनुभागों को यह देखना होगा कि अपने नियंत्रणाधीन सभी शाखा कार्यालयों/इकाइयों को मुख्यालय द्वारा प्रेषित वार्षिक कार्यक्रम संबंधी परिपत्र समय पर प्राप्त हुआ है या उन्होंने मुख्यालय/नियंत्रक कार्यालय के निर्देशानुसार राजभाषा विभाग की साइट rajbhasha.gov.in से वार्षिक कार्यक्रम डाउनलोड कर लिया है।
- संसदीय राजभाषा समिति की निरीक्षण प्रश्नावली में यह पूछा जाता है कि कार्यालय को वार्षिक कार्यक्रम कब प्राप्त हुआ है?

  [यहाँ राजभाषा विभाग की साइट से डाउनलोड करने की तारीख या अपने नियंत्रक कार्यालय से प्राप्त होने की तारीख सूचित करनी होगी।]
- संगठन के हर कर्मचारी (केंद्र सरकार एवं उससे संबंधित) राजभाषा के वार्षिक कार्यक्रम से परिचित हों, इस बात पर ध्यान देने एवं जागृति लाने की जिम्मेदारी राजभाषा सहूलियतकार पर होगी।

नोट : राजभाषा विभाग के वार्षिक कार्यक्रम की प्रति अपने कार्यालय/इकाई के प्रमुख को अवलोकनार्थ प्रस्तुत करनी होगी।

विदेशों में कार्यरत भारत सरकार के कार्यालयों में राजभाषा का कार्यान्वयन

परिचय

राजभाषा प्रयोग के संबंध में 3 दिसंबर, 1955 को महामहिम राष्ट्रपति द्वारा जारी किये गए आदेशों के अनुसार : "अन्य देशों के दूतावासों एवं अंतरराष्ट्रीय संगठनों के साथ

किये जाने वाले पत्र-व्यवहार में अंग्रेजी के अतिरिक्त हिंदी का प्रयोग किया जाना अनिवार्य है। इसी तरह कॉन्सिलीय पदाधिकारियों एवं अंतरराष्ट्रीय संगठनों के भारतीय प्रतिनिधियों को जारी किये जाने वाले औपचारिक कागजात में भी अंग्रेजी के अतिरिक्त हिंदी का प्रयोग करना होगा।"

महामहिम राष्ट्रपति के उक्त आदेशों के मद्देनजर गृह मंत्रालय के राजभाषा विभाग द्वारा जारी किये जाने वाले वार्षिक कार्यान्वयन कार्यक्रम में विदेशों में स्थित भारत सरकार के कार्यालयों में भी हिंदी का प्रयोग सुनिश्चित करने हेतु कुछेक महत्त्वपूर्ण कार्यों के लिए लक्ष्य निर्धारित किये जा रहे हैं।

अपनी भाषा : अपना गौरव

विदेश स्थित भारत सरकार के कार्यालयों में अंग्रेजी के अतिरिक्त अपनी राजभाषा हिंदी का प्रयोग होने पर हमें ही नहीं, तत् देशवासियों के मन में भी अपनी भाषा को लागू करने में भारत की निष्ठा और अपनापन के प्रति आदर की भावना जगेगी। अपने राष्ट्र और अपनी भाषा के सम्मान में कई देशों के मंत्रिगण और सरकारी प्रतिनिधियों द्वारा विदेशों में आयोजित अंतरराष्ट्रीय संगोष्ठियों, सम्मेलनों, बैठकों एवं विशेष आमंत्रणों पर संसदों में अपनी राष्ट्र/राजभाषा में भाषण दिया जाता है। दुभाषियों की सहायता से तत् देश की भाषा में या अंग्रेजी में अथवा यथापेक्षित भाषा में अनुवाद सुनाया जाता है। हमारे पूर्व विदेश मंत्री एवं प्रधानमंत्री स्वर्गीय श्री अटल बिहारी वाजपेयी जी, स्वर्गीय पी.वी. नरसिम्हा राव जी ने संयुक्त राष्ट्र संघ में भारत का प्रतिनिधित्व करते हुए हिंदी में भाषण दिये। पूर्व विदेश मंत्री स्वर्गीय श्रीमती सुषमा स्वराज जी ने भी कई अवसरों पर विदेशों में भारत का प्रतिनिधित्व करते हुए हिंदी में अपने विचार व्यक्त किये। प्रधानमंत्री श्री नरेंद्र मोदी जी ने अमेरिका के वाइट हाउस में, जापान में और कई देशों में अपनी सरकारी यात्रा के दौरान हिंदी में ही भाषण दिये। कई नेता और सरकारी प्रतिनिधि अपनी स्वदेशी भाषा में विचार व्यक्त करना पसंद करते हैं।

विदेशों में हिंदी

केंद्र सरकारी संगठनों में हिंदी का प्रयोग करना एक अनिवार्य आवश्यकता है। लेकिन आजकल भारत में ही नहीं, विदेशों में बसे हिंदी जानने वाले लोगों की सुविधा के लिए कई बहुराष्ट्रीय कंपनियों द्वारा अंग्रेजी और अपनी राष्ट्रभाषा के अतिरिक्त हिंदी का भी प्रयोग कर अपने उत्पादों को बेचकर कारोबार विकसित करने की रणनीति अपनाई जा रही है। गिरमिटिया पद्धति की वजह से भारत के कई मजदूरों को विदेश जाना पड़ा। इस प्रकार के कई परिवार विदेशी नागरिक बन गए। सदियाँ बीत जाने पर भी उन्होंने अपनी भारतीय संस्कृति और भाषाओं को नहीं छोड़ा। विदेशों में निजी कारोबार पर कई भारतीय वहीं रह रहे हैं। उच्च शिक्षा प्राप्त करने हेतु कई भारतीय विदेश जाकर वहीं नौकरी पाकर वहीं रहना पसंद कर रहे हैं। कई विदेशी भाषाविद्, पर्यटक, समाजसेवी भारतीय संस्कृति और रहन-सहन से आकर्षित होकर हिंदी, संस्कृत और अन्य भारतीय भाषाओं को सीखना ही नहीं, शोध कार्य संपन्न कर विभिन्न प्रकार के रचनाकार्य भी संपन्न कर रहे

हैं। विदेशों के कई महाविद्यालयों और विश्वविद्यालयों में हिंदी और संस्कृत पढ़ाई जा रही है। कई विदेशी हिंदी और संस्कृत के अध्यापन कार्य से जुड़े हुए हैं।

हिंदी की सेवा के लिए मॉरीशस में 'विश्व हिंदी सचिवालय' की स्थापना की गई है। इसी प्रकार कई देशों में हिंदी सेवी संगठन, हिंदी साहित्य संगठन स्थापित हुए हैं। प्रवासी भारतीयों की साहित्यिक मुलाकातें होती रहती हैं। केंद्र सरकारी संगठनों/दूतावासों इत्यादि में कई भारतीयों की प्रतिनियुक्ति होती रहती है। पर्यटन पर कई भारतीय विदेशों में भ्रमण करते रहते हैं। सरकारी और निजी संस्थाओं द्वारा विभिन्न देशों में अंतरराष्ट्रीय सम्मेलनों/संगोष्ठियों/बैठकों/साहित्यिक व सांस्कृतिक कार्यक्रमों का आयोजन किया जाता है। विदेश स्थित भारत सरकार के कार्यालयों, बैंकों, स्वायत्त निकायों इत्यादि में प्रवासी भारतीयों के अतिरिक्त हिंदी भाषा से परिचित कई विदेशी लोग, ग्राहक अपनी आवश्यकताओं की पूर्ति के लिए पहुँचते रहते हैं।

इन सभी के मद्देनजर विदेश स्थित भारत सरकार के कार्यालयों/संगठनों में अपनी राजभाषा की पहचान कराना ही नहीं, इसे जानने वाले आगंतुकों की सुविधा के लिए जनसंपर्क से जुड़े कार्य व्यवहारों में हिंदी का प्रयोग सुनिश्चित करने के लिए गृह मंत्रालय के राजभाषा विभाग द्वारा जारी किये जाने वाले वार्षिक कार्यक्रम के अंतर्गत विदेशों में कार्यरत भारतीय केंद्र सरकार के कार्यालयों/संस्थाओं के लिए भी संतुलित लक्ष्य दिये जा रहे हैं।

वार्षिक कार्यक्रम के अंतर्गत समाविष्ट की गई कार्यान्वयन मद

1. *हिंदी में पत्राचार :* विदेश स्थित भारत सरकार के कार्यालयों द्वारा उस देश स्थित भारत के केंद्र सरकार के कार्यालयों/संस्थाओं एवं भारत स्थित केंद्र सरकार के कार्यालयों/संस्थाओं के साथ संपन्न किये जाने वाले पत्राचार में हिंदी/हिंदी-अंग्रेजी द्विभाषा सुनिश्चित किया जाना जरूरी है (द्विभाषा में संपन्न किया जाना सुविधाजनक होगा)। वर्तमान में 50% लक्ष्य निर्धारित किया गया है (परिवर्तनीय होगा)।
2. *फाइलों पर हिंदी में टिप्पण :* फाइल कागजातों पर कृत टिप्पण, हाशिए टिप्पण इत्यादि के लिए वर्तमान में 50% लक्ष्य रखा गया है (परिवर्तनीय होगा)। टिप्पण हिंदी या द्विभाषा में हो सकते हैं।
3. *राजभाषा कार्यान्वयन समिति की बैठकें :* केंद्र सरकार के कार्यालयों एवं अधीनस्थ संगठनों के हर इकाई द्वारा तिमाहीवार राजभाषा कार्यान्वयन समिति की बैठकों का आयोजन करना होगा।
4. *कंप्यूटर एवं इलेक्ट्रॉनिक उपकरणों में द्विभाषा की सुविधा :* इन कार्यालयों/संस्थाओं में उपलब्ध सभी कंप्यूटरों एवं इलेक्ट्रॉनिक उपकरणों में अंग्रेजी के अतिरिक्त हिंदी में काम करने की सुविधा भी अनिवार्यतः उपलब्ध हो।
5. *हिंदी टंकण/आशुलिपि कार्य :* केंद्र सरकार के कार्यालयों एवं संस्थाओं की हर इकाई में हिंदी टंकण और हिंदी आशुलिपि जानने वाले कम-से-कम एक

कर्मचारी कार्यरत हों। (आज की परिस्थितियों में पदस्थ सभी भारतीय कार्मिकों को कंप्यूटर पर हिंदी टंकण की जानकारी होना सराहनीय होगा।)

6. *दुभाषियों की व्यवस्था :* प्रत्येक मिशन/दूतावास में स्थानीय भाषा से हिंदी में और हिंदी से स्थानीय भाषा में अनुवाद के लिए दुभाषिए की व्यवस्था करनी होगी।
7. *नगर राजभाषा कार्यान्वयन समिति :* विदेश के किसी नगर में केंद्र सरकार/उसके अधीनस्थ संस्थाओं के 7 या उससे अधिक कार्यालय होने की स्थिति में प्रचलित टॉलिक दिशानिर्देशों के अनुसार टॉलिक का गठन करने की आवश्यकता होगी। गठित समिति के संयोजक कार्यालय द्वारा प्रत्येक वर्ष में राजभाषा कार्यान्वयन की एक समीक्षा बैठक आयोजित करनी होगी। सभी सदस्य कार्यालयों/इकाइयों के प्रधानों को इस बैठक में उपस्थित होना अनिवार्य है।

   [आयोजक कार्यालय द्वारा उनके सुविधानुसार हिंदी भाषा प्रयोग और मार्गदर्शन संबंधी रोचक गतिविधियाँ भी आयोजित की जा सकती हैं। विदेश में इस प्रकार की पहल प्रशंसनीय होगी।]

अब तक पांच देशों में, यथा : मॉरीशस (पोर्ट लुई), संयुक्त अरब अमीरात (दुबई), यूनाइटेड किंगडम (लंदन), फिजी तथा सिंगापुर में नगर राजभाषा कार्यान्वयन समितियों का गठन हुआ है।

विदेश में कार्यरत भारतीय कार्यालयों के लिए उपर्युक्त 7 कार्यान्वयन मद शामिल की गई हैं। भावी आवश्यकताओं के अनुरूप राजभाषा विभाग द्वारा कुछ और नई मद भी जोड़ी जा सकती हैं। अत: नवीनतम वार्षिक कार्यक्रम से परिचित होना जरूरी है।

प्रधान कार्यालय/मंत्रालय के विभाग के स्तर पर किस प्रकार की कार्रवाई हो

- गृह मंत्रालय के राजभाषा विभाग से वार्षिक कार्यान्वयन कार्यक्रम प्राप्त होने के तुरंत पश्चात् केंद्र सरकार के किसी कार्यालय या उसके अधीनस्थ संस्था के कोई कार्यालय/इकाई विदेश में कार्यरत होने पर उनसे संबंधित भारत स्थित प्रधान कार्यालय/मुख्यालय/मंत्रालय के विभाग द्वारा विदेशों के अपने कार्यालयों/इकाइयों में राजभाषा अमल कराने की कार्यनीति पर संस्था/विभाग के प्रधान से चर्चा कर लिखित अनुमोदन प्राप्त की जाने की आवश्यकता होगी। इसके अतिरिक्त जून तिमाही में आयोजित प्रधान कार्यालय/विभाग की राजभाषा कार्यान्वयन समिति की बैठक में वार्षिक कार्यक्रम पर होनी वाली चर्चा में विदेश में राजभाषा नीति को अमल कराने की विधि पर भी चर्चा हो।
- राजभाषा विभाग के वार्षिक कार्यक्रम की सॉफ्ट प्रति एवं विदेश स्थित अपने कार्यालयों के लिए पृथक् से बनाई गई आंतरिक वार्षिक कार्य योजना को उचित दिशानिर्देशों एवं मार्गदर्शन के साथ (सक्षम प्राधिकारी द्वारा हस्ताक्षरयुक्त दिशानिर्देश) सभी संबंधितों को ई-मेल या अन्य पद्धतियों द्वारा वित्तीय वर्षारंभ में ही पहुँचाना होगा।

- वार्षिक कार्यक्रम में अंकित हर मद के सार्थक अनुपालन हेतु मदवार स्पष्ट मार्गदर्शन देने के अतिरिक्त सहायक सामग्री की सॉफ्ट प्रतियाँ (शब्दावली, पत्राचार नमूने, नोटिंग, वाक्यांश इत्यादि) भी उपलब्ध करानी होंगी।
- हिंदी में प्रवीणता/कार्यसाधक ज्ञान रखने वाले अधिकारी को राजभाषा समन्वयक की अतिरिक्त जिम्मेदारी सौंपते हुए (तत् कार्यालय प्रधान की सिफारिश पर) प्रधान कार्यालय के राजभाषा विभाग द्वारा उनसे संपर्क बनाए रखना होगा।
- प्रधान कार्यालय/संबंधित मंत्रालय के विभाग में विदेश स्थित अपने सभी कार्यालयों/इकाइयों का पता, कार्यालय प्रधान एवं राजभाषा समन्वयक के नाम, फोन नंबर एवं ई-मेल नंबर उपलब्ध हों। इसी प्रकार प्रधान कार्यालय/विभाग के राजभाषा प्रभारी का ब्योरा विदेश स्थित सभी कार्यालयों/इकाइयों में उपलब्ध हो।
- विदेश स्थित सभी कार्यालयों/इकाइयों में कार्यरत सभी स्टाफ सदस्यों के हिंदी ज्ञान संबंधी अद्यतन रोस्टर प्रधान कार्यालय के राजभाषा विभाग/संबंधित मंत्रालय के राजभाषा विभाग में उपलब्ध हों।
- हिंदी का कार्यसाधक ज्ञान नहीं रखने वाले कार्मिकों को (विदेशियों सहित) ऑनलाइन सरल मार्गदर्शन कार्यक्रमों के जरिये, केंद्रीय हिंदी प्रशिक्षण संस्थान, हिंदी शिक्षण योजना के ऑनलाइन पत्राचार पाठ्यक्रमों (लीला प्रबोध, प्रवीण, प्राज्ञ) द्वारा हिंदी ज्ञान उपलब्ध कराने की पहल करनी होगी। विदेशी कार्मिक अपने इच्छानुसार उपर्युक्त परीक्षाओं का मार्गदर्शन प्राप्त कर सकते हैं। प्रेरणा और प्रोत्साहन से अभिप्रेरित किया जा सकता है। सरल हिंदी वार्तालाप कार्यक्रमों का ऑनलाइन आयोजन किया जा सकता है। अंतर्सेवा हिंदी परीक्षाओं में उत्तीर्ण कार्मिकों को नकद प्रोत्साहन देने की आकर्षक योजना अपनाई जा सकती है। यह शर्त रखवाने का प्रयास करना होगा कि विदेश स्थित अपने कार्यालयों/इकाइयों में पदस्थ किये जाने वाले भारतीय कार्मिक हिंदी में प्रवीणता या कार्यसाधक ज्ञान रखते हैं।
- दैनिक कार्यालयीन कामकाज में हिंदी का प्रयोग करने वाले कार्मिकों को नकद प्रोत्साहन लागू करने के कदम उठाए जा सकते हैं।
- किसी शहर में टॉलिक का गठन किये जाने पर अपने सदस्य कार्यालय/इकाई को समिति की गतिविधियों में सक्रिय रूप से भाग लेने हेतु पथप्रदर्शित करना होगा।
- कोश, शब्दावली, वार्तालाप, प्रसिद्ध हिंदी कथा साहित्य, उपन्यास साहित्य, जीवन चरित्र इत्यादि हिंदी एवं द्विभाषा में उपलब्ध पुस्तकों को खरीदकर हिंदी पुस्तकालय की व्यवस्था करना अत्यंत उपयोगकारी होगा।
- 14 सितंबर और 10 जनवरी को हिंदी दिवस एवं विश्व हिंदी दिवस मनाने की प्रथा प्रारंभ करनी होगी/जारी रखनी होगी। इस अवसर पर अपने कार्मिकों के लिए रोचक हिंदी प्रतियोगिताओं का आयोजन करने के अतिरिक्त शहर स्थित

महाविद्यालयों, विश्वविद्यालयों में हिंदी की पढ़ाई करने वाले विद्यार्थियों के लिए हिंदी प्रतियोगिताएँ आयोजित कर पुरस्कार एवं प्रमाणपत्र प्रदान करने की पहल की जा सकती है।

- हिंदी दिवस/विश्व हिंदी दिवस पर स्थानीय महाविद्यालयों/विश्वविद्यालयों/ हिंदी सेवी संगठनों के भाषाविदों को मुख्य अतिथि/विशेष वक्ता के रूप में आमंत्रित करने का प्रयास करना होगा। लघु हिंदी संगोष्ठियों, कवि गोष्ठियों, सांस्कृतिक कार्यक्रमों की व्यवस्था करने पर भी विचार किया जा सकता है। प्रचार माध्यमों में, गृह पत्रिकाओं एवं अन्य प्रमुख हिंदी पत्र-पत्रिकाओं में इस प्रकार के कार्यक्रमों का प्रचार-प्रसार करवाया जा सकता है।
- परिसर में प्रदर्शित बोर्ड, पोस्टर इत्यादि भी द्विभाषा में प्रदर्शित कराने के विशेष प्रयास किये जा सकते हैं। अपेक्षित आकार के विषययुक्त स्टिकर भारत से भिजवाने के प्रयास किये जा सकते हैं। स्थानीय भाषा के स्टिकर/बोर्ड की व्यवस्था स्थानीय स्तर पर कराई जा सकती है।
- लेखन सामग्री, फार्म, प्रक्रिया साहित्य, रबड़ की मोहर, निमंत्रण पत्र भी हिंदी-अंग्रेजी द्विभाषा में उपलब्ध कराने के प्रयास किये जा सकते हैं। स्थानीय स्तर पर हिंदी जोड़ने की व्यवस्था न होने पर भारत से ही आवश्यक व्यवस्था की जा सकती है।
- उपर्युक्त के अतिरिक्त अन्य कोई संदर्भानुकूल और नवोन्मेषी उपाय अपनाए जा सकते हैं।

नोट : उपर्युक्त बिंदुओं को अमल कराने के लिए संस्था के प्रधान या अन्य सक्षम प्राधिकारी का लिखित अनुमोदन प्राप्त कर सभी संबंधित कार्यालयों/इकाइयों को सूचित कर अनुपालन सुनिश्चित करना होगा।

अंतरराष्ट्रीय संधियों और करारों में हिंदी

अंतरराष्ट्रीय संधियों और करारों को अनिवार्य रूप से हिंदी और अंग्रेजी, दोनों भाषाओं में तैयार कराना होगा। विदेशों में निष्पादित संधियों और करारों के प्रामाणिक अनुवाद तैयार कराकर रिकॉर्ड के लिए फाइल में रखना होगा।

[राजभाषा विभाग के वार्षिक कार्यक्रम में 'राजभाषा नीति संबंधी प्रमुख निर्देश' शीर्षक के अंतर्गत यदा-कदा इस बिंदु का भी उल्लेख किया जाता है।]

रिपोर्टिंग प्रक्रिया

विदेशों में कार्यरत कार्यालयों में राजभाषा नीति को अमल कराने की प्रक्रिया में 'क', 'ख', 'ग' क्षेत्रवार रिपोर्टिंग का सवाल नहीं उठता। इनके राजभाषा निष्पादन के संबंध में वर्तमान में त्रैमासिक आधार पर या अन्य अवधि के आधार पर गृह मंत्रालय के राजभाषा विभाग को रिपोर्ट करने का प्रावधान नहीं है। भविष्य में यह प्रथा प्रारंभ हो सकती है। फिर भी संबंधित प्रधान कार्यालय/विभाग का यह दायित्व बनता है कि विदेश स्थित अपने कार्यालयों/इकाइयों से तिमाही आधार पर हिंदी प्रगति रिपोर्ट ऑनलाइन प्राप्त

करें और उसकी समीक्षा कर कमियों को दूर कराएँ। राजभाषा विभाग के वार्षिक कार्यक्रम में विदेश में हिंदी को अमल कराने के संबंध में उल्लेखित मदों को शामिल करते हुए तथा अपने आंतरिक दिशानिर्देशों के आधार पर अन्य किसी कार्यान्वयन मद को शामिल करते हुए पृथक् से तिमाही हिंदी रिपोर्ट का प्रपत्र बनाया जा सकता है। तिमाही आधार पर प्राप्त की गई इस प्रकार की रिपोर्टों का अभिलेख प्रधान कार्यालय/विभाग में बनाया रखना होगा। प्रधान कार्यालय/विभाग की राजभाषा कार्यान्वयन समिति की बैठकों में इन रिपोर्टों के आधार पर अपने विदेश स्थित कार्यालयों/इकाइयों में हिंदी कार्यान्वयन की स्थिति पर चर्चा करनी होगी।

वार्षिक निष्पादन रिपोर्ट

प्रधान कार्यालय/मंत्रालय के विभाग द्वारा जारी की जाने वाली संस्था/विभाग की वार्षिक निष्पादन रिपोर्ट में विदेश स्थित अपने कार्यालयों/इकाइयों में हिंदी निष्पादन का संक्षिप्त उल्लेख करना होगा (संस्था की संक्षेप समग्र राजभाषा निष्पादन रिपोर्ट के अतिरिक्त)।

राजभाषा निरीक्षण

- जब कभी संस्था/विभाग के उच्च पदाधिकारी विदेश स्थित अपने कार्यालयों/इकाइयों का दौरा करेंगे, संस्थागत गतिविधियों की समीक्षा के साथ हिंदी के प्रयोग पर भी चर्चा करने पर परिणाम फलप्रद होंगे। राजभाषा निष्पादन संबंधी उनकी टिप्पणी के आधार पर प्रधान कार्यालय/संबंधित मंत्रालय के राजभाषा विभाग द्वारा आवश्यकतानुसार अनुवर्ती कार्रवाई करनी होगी।
- विदेश स्थित केंद्र सरकार के कार्यालयों, उसके स्वामित्व एवं नियंत्रणाधीन कार्यालयों, उपक्रमों का अपने संबंधित अधिकारियों तथा राजभाषा विभाग-गृह मंत्रालय के अधिकारियों द्वारा संयुक्त रूप से वर्ष में कम-से-कम एक निरीक्षण किये जाने की आवश्यकता होगी। राजभाषा विभाग के वार्षिक कार्यक्रम में इसका उल्लेख किया जाता है। इस संबंध में राजभाषा विभाग द्वारा जारी किये जाने वाले नवीनतम दिशानिर्देशों से भी अवगत होने की आवश्यकता होगी।

सफल राजभाषा अधिकारी कैसे बनें?

राजभाषा हिंदी को क्रियान्वित करने की क्षमता, सक्रियता, सृजनशीलता, सहनशीलता, प्रतिबद्धता, समयस्फूर्ति, सेवाभाव, कुछ कर दिखाने का जुनून इत्यादि गुण राजभाषा अधिकारी के लिए सफलता के सोपान बनेंगे।

सरकार की राजभाषा नीति को क्रियान्वित करने के कर्णधार राजभाषा अधिकारी को बहुमुख प्रतिभाशाली बनने की आवश्यकता होती है। उन्हें अच्छे अध्यापक, अनुवादक, लेखक, मार्गदर्शक, प्रचारक, संचालक, समन्वयक, संयोजक, पर्यवेक्षक, निरीक्षक, संप्रेषक बनना पड़ता है।

भाषा नीति संबंधी संवैधानिक प्रावधानों, राष्ट्रपति आदेशों एवं सरकार की राजभाषा नीति से राजभाषा अधिकारी पूर्णतः परिचित होने के अतिरिक्त अनुवाद कार्य में दक्ष बनने हेतु अपनी संस्था के कार्य स्वरूप से भी परिचित होना आवश्यक है।

भाषा इतिहास, भाषा विज्ञान की जानकारी रखने के अतिरिक्त भाषा नीति संबंधी निम्न महत्त्वपूर्ण बिंदुओं से परिचित होना राजभाषा अधिकारी के लिए अत्यंत आवश्यक है :

- भारतीय संविधान के भाग-5, 6 एवं 17 में भाषा नीति संबंधी प्रावधान समाविष्ट किये गए हैं। भाषा नीति संबंधी अनुच्छेदों के प्रमुख प्रावधानों से पूर्णतः परिचित होना अनिवार्य है।
- संविधान के भाग-5 [अनुच्छेद 120(1)] के अनुसार संसद में कार्य हिंदी या अंग्रेजी में किया जाएगा परंतु यथास्थिति राज्यसभा का सभापति या लोकसभा का अध्यक्ष किसी सदस्य को, जो हिंदी या अंग्रेजी में अपनी पर्याप्त अभिव्यक्ति नहीं कर सकता, अपनी मातृभाषा में बोलने की अनुमति दे सकेगा।
- भाग-5 के अनुच्छेद 120 (7) में राज्य के विधान मंडल में कार्य राज्य की राजभाषा या राजभाषाओं में या हिंदी या अंग्रेजी में किया जाएगा।
- संविधान के भाग-5 (अनुच्छेद-120), भाग-6 (अनुच्छेद-210) तथा भाग-17 (अनुच्छेद-343 से 351) में भाषा प्रयोग संबंधी प्रावधान हैं।
- अनुच्छेद-344(1) के अनुसार भारत के राष्ट्रपति को प्रदत्त अधिकारों के आधार पर 1965 के पूर्व शासकीय प्रयोजनों के लिए हिंदी भाषा का अधिकाधिक प्रयोग तथा सभी या किन्हीं शासकीय प्रयोजनों के लिए अंग्रेजी के प्रयोग पर प्रतिबंध लागने के संबंध में उनके द्वारा सिफारिश की जाएगी। इन प्रावधानों

के आधार पर शासकीय कार्यों में हिंदी, अंग्रेजी और अन्य भारतीय भाषाओं के प्रयोग संबंधी स्थिति का जायजा लेने हेतु तथा वस्तुस्थिति को प्रस्तुत करने हेतु 7 जून, 1955 को बी.जी. खेर की अध्यक्षता में राजभाषा आयोग का गठन किया गया जिसने 31 जुलाई, 1956 को अपनी रिपोर्ट राष्ट्रपति को प्रस्तुत की।

- राजभाषा आयोग की रिपोर्ट का अध्ययन कर भावी कार्य योजना हेतु सिफारिश प्रस्तुत करने लिए लोक सभा के 20 तथा राज्य सभा के 10 सदस्यों को शामिल करते हुए सितंबर, 1957 में विशेष संसदीय समिति का गठन किया गया। इस समिति ने 8 फरवरी, 1959 को अपनी संस्तुतियाँ राष्ट्रपति को प्रस्तुत कीं।
- राष्ट्रपति आदेश-1952, 1955 तथा 1960 से पूर्णत: अवगत होकर उनके आधार पर राजभाषा विभाग, गृह मंत्रालय द्वारा जारी किये गए दिशानिर्देशों का अनुपालन सुनिश्चित करने में कोई चूक न हो।
- राजभाषा आयोग और विशेष संसदीय समिति की सिफारिशों के आधार पर बनाए गए राजभाषा अधिनियम-1963 और उसकी धारा-3(3) (26 जनवरी, 1965 से प्रवृत्त) एवं उसमें समाविष्ट 14 प्रलेखों की स्पष्ट परिभाषा से तथा अन्य उपधाराओं से अवगत होना अत्यंत आवश्यक है।
- 1965 के बाद भी संघ शासकीय कार्य में अंग्रेजी का प्रयोग जारी रखे जाने के संबंध में 16 दिसंबर, 1967 को राजभाषा अधिनियम-1963 का संशोधन अधिनियम पारित किया गया। इस संशोधित अधिनियम-1967 के कुछ प्रावधान इस प्रकार हैं :
    * राजभाषा अधिनियम-1963 की धारा-3(1) के अनुसार उन सभी प्रयोजनों के लिए जिनके लिए 26 जनवरी, 1965 से पूर्व अंग्रेजी इस्तेमाल की जा रही थी, 26 जनवरी, 1965 के बाद भी हिंदी के अतिरिक्त अंग्रेजी का प्रयोग जारी रखा जाएगा।
    * केंद्र सरकार और हिंदी को राजभाषा के रूप में नहीं अपनाने वाले राज्य सरकारों के बीच पत्र-व्यवहार अंग्रेजी में होगा। इसी प्रकार हिंदी भाषी राज्य सरकार भी उपर्युक्त राज्य सरकारों के साथ अंग्रेजी में पत्र-व्यवहार करेंगी और यदि वे ऐसे राज्यों को पत्र हिंदी में भेजने की स्थिति में उनके साथ अंग्रेजी अनुवाद भी भेजना होगा।
    * केंद्र सरकार के कार्यालयों एवं उनके अधीनस्थ कार्यालयों के बीच पत्र-व्यवहार में हिंदी-अंग्रेजी का प्रयोग किया जा सकता है लेकिन जब तक संबंधित कार्यालयों के कर्मचारी हिंदी का कार्यसाधक ज्ञान प्राप्त नहीं करेंगे तब तक पत्र का, दूसरी भाषा (अंग्रेजी) में अनुवाद उपलब्ध कराया जाता रहेगा।
    * राजभाषा हिंदी के प्रगामी प्रयोग में तेजी लाने हेतु राजभाषा नीति के संदर्भ में संसद के दोनों सदनों द्वारा 1968 में राजभाषा संकल्प पारित किया गया। इस संकल्प का एक प्रमुख आशय यह था कि राजभाषा

कार्यान्वयन संबंधी प्रमुख मदों को शामिल करते हुए गृह मंत्रालय द्वारा वित्तीय वर्ष आधारित वार्षिक कार्यक्रम जारी किया जाएगा। कार्यान्वयन संबंधी विविध मदों के लिए भाषिक क्षेत्रवार ('क', 'ख', 'ग') लक्ष्य निर्धारित करते हुए वित्तीय वर्ष 1968-69 से गृह मंत्रालय द्वारा वार्षिक कार्यक्रम जारी करना प्रारंभ किया गया है।

संघ के शासकीय प्रयोजनों के लिए राजभाषा अधिनियम-1963 (1963 का संख्यांक-19) की धारा-3 की उपधारा (4) के साथ पठित धारा-8 के द्वारा प्रदत्त शक्तियों का प्रयोग करते हुए केंद्र सरकार द्वारा वर्ष 1976 में 12 राजभाषा नियम बनाए गए हैं। इन्हें भारत सरकार के राजपत्र में 17 जुलाई, 1976 को प्रकाशित कराकर केंद्र सरकार एवं उसके अधीनस्थ कार्यालयों तथा उपक्रमों में लागू करना प्रारंभ किया है। वर्ष 1987, 2007 तथा 2011 में इन नियमों का यथावश्यक संशोधन किया गया है।

[हर नियम की हर बिंदु से परिचित होना जरूरी है।]

- राजभाषा नियम-1976 तमिलनाडु राज्य के लिए लागू नहीं हैं।
- राज्य अधिनियमों के प्राधिकृत हिंदी अनुवाद के संदर्भ में निम्न उपबंध जम्मू-कश्मीर के लिए लागू नहीं होंगे :

  "जहाँ किसी राज्य के विधान मंडल ने उस राज्य के विधान मंडल द्वारा पारित अधिनियमों में अथवा उस राज्य में राज्यपाल द्वारा प्रख्यापित अध्यादेशों में प्रयोग के लिए हिंदी से कोई भाषा विहित की है, वहाँ संविधान के अनुच्छेद-348 के खंड (3) द्वारा अपेक्षित अंग्रेजी भाषा में उसके अनुवाद के अतिरिक्त उसका हिंदी में अनुवाद उस राज्य के शासकीय राजपत्र में उस राज्य के राज्यपाल के प्राधिकार से नियत दिन को या उसके पश्चात् प्रकाशित किया जा सकेगा और ऐसी दशा में ऐसे किसी अधिनियम या अध्यादेश का हिंदी में अनुवाद हिंदी भाषा में प्राधिकृत पाठ समझा जाएगा।"

  [राजभाषा अधिनियम-1963 की धारा-6 के उपबंध]

  तथा

- उच्च न्यायालयों के निर्णयों आदि में हिंदी या अन्य राजभाषा का वैकल्पिक प्रयोग के संदर्भ में : "नियत दिन से ही या तत्पश्चात् किसी भी दिन से किसी राज्य का राज्यपाल राष्ट्रपति की ओर से अंग्रेजी भाषा के अतिरिक्त हिंदी या उस राज्य की राजभाषा का प्रयोग, उस राज्य के उच्च न्यायालय द्वारा पारित या दिये गए किसी निर्णय, डिक्री या आदेश के प्रयोजनों के लिए प्राधिकृत कर सकेगा और जहाँ कोई निर्णय, डिक्री या आदेश (अंग्रेजी भाषा से भिन्न) ऐसी किसी भाषा में पारित किया जाता है, वहाँ उसके साथ-साथ उच्च न्यायालय के प्राधिकार से निकाला गया अंग्रेजी भाषा में उसका अनुवाद भी होगा।"

  [राजभाषा अधिनियम-1963 की धारा-7 के उपबंध]

- इनके अतिरिक्त हिंदी को राजभाषा घोषित कराने संबंधी प्रमुख स्वतंत्रता सेनानियों, वैचारिकों से भी परिचित होना राजभाषा अधिकारी के लिए आवश्यक है।

इनमें सर्वश्री गोपाल स्वामी अय्यंगार, कन्हैयालाल माणिकलाल मुंशी, डॉ. भीमराव अम्बेडकर, मौलाना अबुल कलाम आजाद, गोविंद वल्लभ पंत, पुरुषोत्तम दास टंडन, घनश्याम गुप्त, श्यामा प्रसाद मुखर्जी, सआदुल्लाह, माधवराव, के. संतानम, बालकृष्ण शर्मा 'नवीन', अमृत कौर प्रमुख हैं।

- संविधान की अष्टम् अनुसूची में समाविष्ट सभी भाषाओं को राष्ट्रभाषा का दर्जा दिया गया है। सर्वप्रथम 'तमिल, कन्नड़, मलयालम, तेलुगु, पंजाबी, मराठी, बंगला, हिंदी, उर्दू, उड़िया, कश्मीरी, गुजराती, संस्कृत, असामी'—इन 14 भाषाओं को अष्टम् अनुसूची में शामिल किया गया है। इसके पश्चात् 1967 में 'सिंधी' को, 1992 में 'कोंकणी, मणिपुरी, नेपाली' को, 2003 में 'बोडो, डोगरी, मैथिली, संथाली' को शामिल किया गया है। इस प्रकार अब अष्टम् अनुसूची में कुल 22 भाषाएँ हैं।
- अष्टम् अनुसूची में समाविष्ट भाषाओं की राज्यवार जानकारी रखना जरूरी है।
- नागालैंड, अरुणाचल प्रदेश, मिजोरम और मेघालय की राज्यभाषा अंग्रेजी है।
- कार्यालयीन कामकाज या अन्य संदर्भों में जिनकी मातृभाषा हिंदी नहीं है, उनके लिए 'अहिंदी-भाषी' शब्द का प्रयोग करने के बजाय 'हिंदीतर-भाषी' या 'अन्य भाषा-भाषी' शब्द का प्रयोग करना आवश्यक है।

[**संदर्भ** : राजभाषा विभाग, गृह मंत्रालय का का. ज्ञा. सं. 1/14013/01/2004—राभा (नी-1), दि. 31.12.2004]

- केंद्रीय हिंदी निदेशालय, नई दिल्ली के निर्देशानुसार हिंदी में अंग्रेजी वर्णों की देवनागरी वर्तनी में एकरूपता बनाए रखने के लिए अंग्रेजी वर्णों के देवनागरी लिपि चिह्नों को मानक मानना होगा। यथा :

A के लिए 'ए', B के लिए 'बी', Y के लिए 'वाई', Z के लिए 'जेड'...।

[**नोट** : ध्यान रखना होगा कि पूर्व में प्रलेखित प्रलेखों/मसौदों/सूचनाओं का उद्धरण करते समय उनमें प्रयुक्त वर्णों को यथावत् लेना होगा।]

- संयुक्त राष्ट्र संघ की आधिकारिक भाषाओं की संख्या 6 है। 'अरबिक, चीनी, अंग्रेजी, फ्रांसीसी, रूसी और स्पेनी' हैं। (अद्यतन जानकारी से परिचित होना होगा।)
- केंद्रीय हिंदी प्रशिक्षण संस्थान, हिंदी शिक्षण योजना, केंद्रीय अनुवाद ब्यूरो द्वारा संचालित सभी प्रशिक्षण कार्यक्रमों (पत्राचार सहित) तथा आयोजित परीक्षाओं के संबंध में स्पष्ट जानकारी हो।

[इस पुस्तक के 'सेवाकालीन हिंदी प्रशिक्षण' अध्याय का संदर्भ लें।]

- हिंदी में कार्यसाधक ज्ञान/प्रवीणता की परिभाषा से संबंधित स्पष्ट ज्ञान हो।

- संसदीय राजभाषा समिति की पहली, दूसरी, तीसरी उप समितियों के लिए निरीक्षणार्थ वर्गीकृत कार्यालयों एवं आलेख एवं साक्ष्य उप समिति तथा मौखिक साक्ष्य समिति के बारे में स्पष्ट जानकारी हो।

  [इस पुस्तक के 'राजभाषा निरीक्षण' अध्याय के संसदीय राजभाषा समिति निरीक्षण उप-अध्याय का संदर्भ लें।]
- केंद्रीय हिंदी सलाहकार समिति, केंद्रीय हिंदी निदेशालय, केंद्रीय हिंदी संस्थान, हिंदी प्रौद्योगिकी संसाधन केंद्र (गृह मंत्रालय, राजभाषा विभाग), केंद्रीय सचिवालय हिंदी परिषद्, हिंदी प्रचार सभाओं, हिंदी अकादमियों, प्रमुख स्वैच्छिक हिंदी सेवी संगठनों की जानकारी हो।
- गृह मंत्रालय-राजभाषा विभाग, अपने संगठन से संबंधित मंत्रालय के राजभाषा विभाग तथा अपने ही संगठन में प्रचलित राजभाषा कार्यान्वयन संबंधी सभी स्तर की प्रतियोगिताओं एवं प्रोत्साहन योजनाओं की स्पष्ट जानकारी से अवगत हों।
- यह भी जानकारी हो कि पूर्व प्रधानमंत्री पंडित जवाहरलाल नेहरू ने वर्ष 1962 में हरिवंशराय बच्चन को राजभाषा अधिकारी नियुक्त किया जो भारत संघ के प्रथम राजभाषा अधिकारी थे।
- भाषा प्रयोग के संबंध में पूर्व प्रधानमंत्री श्री लालबहादुर शास्त्री ने 1965 में सभी राज्यों के मुख्य मंत्रियों के साथ बैठक बुलाई। बैठक के विचार-विमर्श के आधार पर शिक्षा-नीति में 'त्रिभाषा सूत्र' का सूत्रपात हुआ।
- इसके अतिरिक्त प्रमुख सामान्य ज्ञान, जैसे संयुक्त राष्ट्र संगठन में हिंदी में वक्तव्य देनेवाले प्रथम भारतीय (अटल बिहारी वाजेपयी), भारतीय प्रशासनिक सेवा और अन्य अखिल भारतीय सेवा में भर्ती किये गए अधिकारियों के लिए दिये जाने वाले प्रशिक्षण में हिंदी भाषा संबंधी विशेष प्रशिक्षण उपलब्ध कराने की अनिवार्यता (लाल बहादुर शास्त्री राष्ट्रीय प्रशासनिक अकादमी, मसूरी), महात्मा गांधी अंतरराष्ट्रीय हिंदी विश्वविद्यालय (वर्धा), विश्व हिंदी सचिवालय (मॉरीशस), केंद्रीय भारतीय भाषा संस्थान (मैसूर), वैज्ञानिक एवं तकनीकी शब्दावली आयोग (नई दिल्ली), विश्व हिंदी सम्मेलन, विश्व हिंदी दिवस (10 जनवरी), अंतरराष्ट्रीय मातृभाषा दिवस (21 फरवरी), भारतीय भाषा दिवस (11 दिसंबर), अंतरराष्ट्रीय दिवस (30 सितंबर) इत्यादि की गतिविधियों से भी अवगत होना जरूरी है।
- राजभाषा विभाग, गृह मंत्रालय के नवीनतम वार्षिक कार्यक्रम के हर मद के आशय एवं ससमय कार्यान्वयन से अवगत हों।
- राजभाषा विभाग, नई दिल्ली, संबंधित क्षेत्रीय कार्यान्वयन कार्यालय तथा संबंधित नगर राजभाषा कार्यान्यवन समिति के राजभाषा कार्यान्वयन संबंधी दिशानिर्देशों से पूर्णतः परिचित होने की आवश्यकता है।
- राजभाषा विभाग द्वारा जारी किये गए 'हिंदी के प्रयोग संबंधी आदेशों का संकलन : जुलाई, 2005 से दिसंबर, 2021' को पढ़ना जरूरी है।

नोट : राजभाषा अधिकारी के मन में यह न हो कि राजभाषा नीति एवं सरकारी दिशानिर्देशों संबंधी जानकारी की आवश्यकता होने पर गूगल में ढूंढ़ा जा सकता है। राजभाषा नीति एवं कार्यान्वयन संबंधी हर आवश्यक जानकारी कंठस्थ हो।

उपर्युक्त जानकारी राजभाषा नीति के संबंध में संवैधानिक प्रावधान, सरकार की राजभाषा नीति-नियम, राजभाषा का प्रयोग, प्रशिक्षण एवं सरकार द्वारा उपलब्ध कराई गई अन्य सुविधाओं से संबंधित है।

अपनी संस्था/अपने कार्यालय/क्षेत्राधीन कार्यालयों/इकाइयों में राजभाषा नीति को अमल कराने में राजभाषा अधिकारी अपना कर्तव्य कैसे निभाएँ, इस संबंधी मार्गदर्शन/सुझाव/सलाह :

- संस्था के मुख्यालय द्वारा उपलब्ध कराए गए 'राजभाषा अधिकारी की भूमिका एवं उत्तरदायित्व' संबंधी अद्यतन दिशानिर्देशों से पूर्णतः परिचित हों।
- मुख्यालय द्वारा परिचालित या अपने कार्यालय द्वारा बनाए गए वार्षिक आंतरिक राजभाषा कार्यान्वयन कार्यक्रम की हर मद के अनुपालन से पूर्णतः परिचित हों और तदनुसार कार्यान्यिवन संपन्न हो। गृह मंत्रालय, राजभाषा विभाग के वार्षिक कार्यक्रम में निर्धारित लक्ष्यों को हासिल करने के उपाय करने के अतिरिक्त राजभाषा नीति संबंधी अन्य दिशानिर्देशों का अनुपालन सुनिश्चित करने हेतु पृथक् से 'आंतरिक वार्षिक राजभाषा कार्य-योजना' जारी करना परिणामवर्द्धक रहेगा।
- संस्था की आंतरिक राजभाषा वेबसाइट, राजभाषा पोर्टल इत्यादि में समाविष्ट अद्यतन सूचनाओं से परिचित हों। इनकी तैयारी में यथावश्यक योगदान हो।
- संस्था की सामान्य वेबसाइट की मुख्य जानकारी को भी पढ़ते रहें। सामान्य वेबसाइट से जुड़े विभाग से निरंतर संपर्क में रहते हुए उनके द्वारा केवल अंग्रेजी में उपलब्ध कराई जाने वाली/कराई गई सूचनाओं का हिंदी पाठ उपलब्ध कराने की योजना बनानी होगी (मुख्यालय द्वारा)। इस कार्य के लिए राजभाषा अधिकारियों/स्टाफ की अलग टीम हो। मुख्यालयेतर राजभाषा स्टाफ की भी जरूरतानुसार सहायता लेनी होगी। लक्ष्य यही हो कि वेबसाइट में उपलब्ध सभी सामग्री का हिंदी पाठ ससमय उपलब्ध कराई जाती है और अंग्रेजी पाठ के आधार पर अद्यतन किया जाता है।
- अपनी संस्था के विजन-मिशन एवं प्रमुख कार्यस्वरूप से अवगत हों।
- संस्था की वार्षिक रिपोर्ट (निदेशक मंडल रिपोर्ट) अवश्य पढ़ें। इसका हिंदी पाठ उपलब्ध कराने में मुख्यालय के राजभाषा विभाग को संबंधित विभाग से ससमय संपर्क में रहते हुए सक्रिय भूमिका निभानी होगी।
- संस्था के सामान्य स्वरूप की प्रशिक्षण व्यवस्था (नियमित व दूरस्थ) एवं सहायक सामग्री से परिचित हों। मूलरूप में हिंदी में नहीं बनाए गए सहायक साहित्य का हिंदी पाठ उपलब्ध कराने में संबंधित राजभाषा संकायों, राजभाषा

अधिकारियों को सजग रहना होगा। कार्यक्षेत्र के आधार पर या आबंटित कर्तव्यों के अनुसार अनुवाद कार्य ससमय संपन्न करने में विशेष ध्यान देगा होगा। नियंत्रक कार्यालयों के राजभाषा अधिकारियों को संबंधित प्रशिक्षण केंद्रों के साथ संपर्क बनाए रखना होगा।

- जनसंपर्क विभाग, विपणन विभाग, आयोजना विभाग एवं अन्य विभागों द्वारा तैयार की जाने वाली सहायक सामग्री, प्रचार-प्रसार सामग्री (पुस्तिकाएँ, पैंफ्लेट, पोस्टर, जनसंपर्क से जुड़े दिशानिर्देश आदि) का ससमय हिंदी पाठ उपलब्ध कराने में तत्परता हो। (अंग्रेजी में प्रदर्शित होने के पश्चात् संबंधित विभागों में चक्कर लगाने, गैर-अनुपालन के संबंध में उन्हें पत्र जारी करने आदि विवादास्पद स्थितियाँ उत्पन्न न हों।)
- समूचे संगठन में प्रयुक्त जनसंपर्क, ग्राहक संपर्क से जुड़ी सूचनाओं, प्रदर्शन सामग्री, प्रपत्रों में एकरूपता बनाए रखने के लिए संगठन के मुख्यालय द्वारा सामान्यत: इन्हें द्विभाषा या आवश्यकतानुसार त्रिभाषा में उपलब्ध कराया जाता है। मुख्यालय स्तर पर इस प्रकार करना उपयुक्त भी रहेगा। मुख्यालय के राजभाषा अधिकारियों को जांच बिंदु का कर्तव्य निभाना होगा।
- क्षेत्र स्तर पर बनाई जाने वाली उपर्युक्त स्वरूप की सामग्री की द्विभाषिकता या त्रिभाषिकता पर क्षेत्रीय/अंचल कार्यालय के राजभाषा अधिकारियों को अधिक ध्यान देना पड़ता है। हिंदी और क्षेत्रीय भाषाओं में प्रवीणता प्राप्त कर्मचारियों द्वारा कथित स्वरूप की सामग्री को मूलत: द्विभाषा-त्रिभाषा में बनाने हेतु राजभाषा नीति की अनिवार्यताओं से अवगत कराना होगा। कर्मचारी सक्षम नहीं रहने की स्थिति में राजभाषा अनुभाग द्वारा मूल सामग्री का हिंदी या अंग्रेजी अनुवाद उपलब्ध कराया जाना होगा। त्रिभाषा प्रारूप के संदर्भ में स्थानीय भाषा का पाठ उपलब्ध कराने की जिम्मेदारी संबंधित रूपकर्ता विभाग पर होगी। राजभाषा अधिकारी को स्थानीय भाषा में प्रवीणता होने पर/सक्षम होने पर तत्संबंधी अनुवाद कार्य में उनके द्वारा सहयोग दिया जा सकता है। लेकिन अनिवार्य नहीं है।
- राजभाषा कार्यान्वयन/अनुवाद संबंधी सहायक सामग्री उपलब्ध कराने में दक्ष हों।
- हिंदी कार्यशालाओं/मार्गदर्शन कार्यक्रमों/वार्तालाप कार्यक्रमों/आपसी संवाद कार्यक्रमों को संचालित करने में और अन्य राज्यों से स्थानांतरण पर आए हुए कर्मियों को स्थानीय भाषाओं में संवाद करने का ज्ञान उपलब्ध कराने हेतु 'प्रांतीय भाषा मार्गदर्शन कार्यक्रम' की व्यवस्था कराने में दक्ष हों।
- स्टाफ सदस्यों द्वारा नियमित आधार पर हिंदी का प्रयोग कराने में सक्रिय हों।
- शहरी, अर्द्ध-शहरी और ग्रामीण क्षेत्र के दो या तीन शाखा कार्यालयों/इकाइयों का (प्रत्येक वर्ग से) वित्तीय वर्ष के प्रारंभ में ही मॉडल शाखा कार्यालयों/इकाइयों के रूप में चयन कर राजभाषा नीति संबंधी सभी कार्य संपन्न करने की पहल करनी होगी। (इन शाखा कार्यालयों/इकाइयों को हिंदी के प्रयोग में

प्रभावशाली बनाना होगा ताकि वे अन्य शाखा कार्यालयों/इकाइयों के लिए आदर्श बन सकें।)

- राजभाषा कार्यान्वयन समिति की बैठकों का सार्थक आयोजन करने में समर्थ हों।
- आंतरिक और बाहरी राजभाषायी निरीक्षणों को सामना करने में, अपेक्षित सूचनाएँ तत्काल उपलब्ध कराने में सक्रिय हों। इसके लिए राजभाषा अनुभाग में डेटाबेस उपलब्ध हो। तिमाही आधार पर डेटाबेस में निरीक्षणाधारित प्रश्नावलियों के समाधानों को प्रविष्ट करना होगा।
- सभी प्रकार की राजभाषा शील्ड निष्पादन प्रतियोगिता प्रविष्टियों को सार्थक ढंग से ससमय प्रस्तुत करने में सक्षम हों। प्रतियोगिता प्रपत्रों में समाविष्ट कार्यान्वयन मदों के आधार पर अपेक्षित कार्रवाई यथासमय संपन्न की जाने पर स्वस्थ रिपोर्ट प्रस्तुत करने में सुविधा होगी। इससे संगठन की ही नहीं, राजभाषा अधिकारी की प्रतिष्ठा भी बढ़ेगी।
- टॉलिक मंच पर राजभाषा कार्यान्वयन संबंधी उत्तम गतिविधियों को प्रायोजित करने में राजभाषा अधिकारी द्वारा सक्रिय पहल करनी होगी। प्रतियोगिताएँ, कार्यशालाएँ, संगोष्ठियाँ इत्यादि प्रायोजित करने में तत्पर रहना होगा। इन गतिविधियों को आयोजित करने हेतु अपने उच्च प्रभारियों को समझाने में समर्थ रहें।
- सभी प्रकार की राजभाषायी प्रतियोगिताओं के संचालन में समर्थ हों। इसके लिए हर प्रतियोगिता संबंधी आयोजन की शर्तों एवं विषय-ज्ञान से परिचित हों। प्रतियोगिताओं के आयोजन में नवोन्मेषिता लाएँ।
- परिचित राजभाषा मित्रों के संगठनों द्वारा आयोजित कुछेक विशेष प्रतियोगिताओं की संचालन पद्धति को वहाँ स्वयं जाकर देख लेने से अतिरिक्त जानकारी मिलेगी। विभिन्न संगठनों द्वारा आयोजित विशिष्ट हिंदी प्रतियोगिताओं के शीर्षकों की सूची राजभाषा अधिकारी के पास उपलब्ध हो।
- हिंदी दिवस के अवसर पर ही नहीं, संगठन द्वारा विभिन्न अवसरों पर आयोजित की जाने वाली प्रतियोगिताओं को हिंदी-भाषी क्षेत्रों में पूर्णत: और हिंदीतर-भाषी क्षेत्रों में सुविधायुक्त मात्रा में हिंदी में आयोजित करने की पहल करनी होगी। (संस्थापना दिवस, स्वतंत्रता दिवस, गणतंत्र दिवस, बाल दिवस, शिक्षक दिवस, महिला दिवस, विश्व हिंदी दिवस, मातृभाषा दिवस, सैनिक दिवस, इत्यादि।)
- अपने संगठन के कर्मियों के लिए हिंदी प्रतियोगिताएँ आयोजित करने के अतिरिक्त हिंदी के प्रचार-प्रसार हेतु विद्यालयों, प्रचार सभाओं, स्वैच्छिक सेवी संस्थाओं में भी आयोजित करने की पहल करनी होगी।
- राजभाषा कार्यान्वयन संबंधी आंतरिक एवं राजभाषा विभाग, गृह मंत्रालय की सभी प्रोत्साहन योजनाओं से अवगत होकर अपने संगठन के दिशानिर्देशों के अनुसार बिना कोई व्यक्तिक्रम उन्हें लागू करना होगा।

- हिंदी कार्यान्वयन से जुड़े समारोहों/संगोष्ठियों/सम्मेलनों को योजनाबद्ध ढंग से आयोजित करने में पकड़ हो और संचालन में चतुरता हो।
- राजभाषा के कार्यान्वयन में नवीनतम तकनीकी विधाओं को जोड़ने में, तत्संबंधी सुविधाएँ सभी इकाइयों/शाखा कार्यालयों को उपलब्ध कराने में तथा तकनीकी ज्ञान से स्वयं समृद्ध होकर कर्मचारियों को मार्गदर्शन देने में राजभाषा अधिकारी सर्वथा सक्षम हों। भाषा प्रयोग संबंधी तकनीकी क्षेत्र में आई.टी. अधिकारियों या अन्य कर्मियों पर अक्सर आश्रित होकर अपनी असमर्थता का परिचय नहीं देना होगा।
- राजभाषा नीति के अतिरिक्त हिंदी साहित्य की प्रमुख विधाओं, प्रचलित व प्रसिद्ध हिंदी साहित्यकारों, लेखकों की रचनाओं एवं विविध पत्र-पत्रिकाओं को पढ़ने व जानने की जिज्ञासा हो।
- राजभाषा कार्यान्वयन संबंधी गतिविधियों में ही नहीं, स्थानीय मंचों द्वारा आयोजित की जाने वाली साहित्यिक गतिविधियों/संगोष्ठियों/समारोहों में भाग लेने में रुचि रखनी होगी।
- राजभाषा कार्यान्वयन से संबंधित विशेषज्ञ अधिकारियों से ही नहीं, भाषा प्रचारकों/साहित्यकारों/शिक्षकों के संपर्क में रहने से भाषायी सामान्य गतिविधियों से परिचित होते रहेंगे।
- विश्वविद्यालयों/महाविद्यालयों के हिंदी विभागों, हिंदी अकादमियों, हिंदी प्रचार सभाओं, राजभाषा विभाग, गृह मंत्रालय के कार्यालयों, हिंदी के स्वयंसेवी संगठनों से संपर्क बनाया रखना होगा।

  इससे अपने संगठन की हिंदी गतिविधियों में अतिथि भाषण सहायता, संकाय सहायता, मूल्यांकन सहयोग, संपादन सहयोग इत्यादि प्राप्त करने में मदद होगी।
- प्रमुख वक्ताओं, साहित्यकारों, प्राध्यापकों एवं पदाधिकारियों के संपर्क सूत्र का अद्यतन ब्योरा सदा राजभाषा अधिकारी के पास हो। इसके अतिरिक्त सांस्कृतिक कार्यक्रमों में रुचि रखने वाले अपने क्षेत्र के कर्मचारियों का अद्यतन ब्योरा भी राजभाषा अनुभाग में उपलब्ध हो। (गायन, नृत्य, अभिनय, संगीत आदि।) स्थानीय सांस्कृतिक संघों से भी संपर्क में रहने का प्रयास किया जा सकता है। इससे सांस्कृतिक कार्यक्रमों के आयोजन में सुविधा होगी।
- टॉलिक की पत्रिकाओं के संपादन मंडल में या टॉलिक की गतिविधियों संबंधी अन्य उप समितियों में सदस्य के रूप में नामित किया जाना गौरव की बात होगी। कार्यान्वयन संबंधी क्रियाकलाप संतोषप्रद होने पर, सहयोग करने की प्रवृत्ति होने पर ऐसी समितियों में सदस्य बनने का अवसर मिलेगा। सदस्य बनने पर तत्संबंधी कर्तव्यों का पूर्ण निर्वाह करना होगा। उत्तम निष्पादन के आधार पर अपने संगठन के राजभाषा कार्यान्वयन संबंधी आंतरिक उप समितियों, राजभाषा विभाग—गृह मंत्रालय आदि द्वारा गठित उप समितियों

में स्वैच्छिक सेवाएँ आमंत्रित की जा सकती हैं जो राजभाषा अधिकारी के व्यक्तित्व विकास में सहायक सिद्ध होंगे।

- लेखन कार्य में रुचि हो। अपने संगठन की गृह पत्रिकाओं और अन्य संस्थाओं की उपयुक्त पत्रिकाओं में प्रकाशनार्थ रचनाएँ भेजने का प्रयास करना होगा।

  [लेकिन यह लेखन कार्य अपने घर में संपन्न करना उचित होगा। अपने संगठन की गृह पत्रिकाओं में प्रकाशनार्थ भेजी जाने वाली अपनी भाषायी रचनाओं का कार्य अनिवार्य होने पर ही कार्यालय में संपन्न करना होगा।]
- अच्छे वक्ता और संकाय बनना जरूरी है। लेकिन मानदेय की लालच में आमंत्रण स्वयं मंगवाकर अक्सर अन्य संस्थाओं का संदर्शन करने की प्रवृत्ति न हो। इस क्षेत्र में आपसी आदान-प्रदान जरूरी है। लेकिन यह आदान-प्रदान स्वस्थ वातावरण में स्वच्छ मन से हो।

कथित अपेक्षाओं में दक्षता रखने के अतिरिक्त राजभाषा अधिकारी को सफल एवं आदर्श राजभाषा अधिकारी बनने के लिए निम्नलिखित गुणों की भी आवश्यकता है :

- आंतरिक नियंत्रण की कला हो। (फाइल/कागजात/पुस्तकालय इत्यादि की विषयावर/श्रेणीवार व्यवस्था हो। स्पष्ट इंडेक्स उपलब्ध हो।)
- बहुभाषा दक्ष बनें।
- हिंदीतर क्षेत्रों में कार्यरत हिंदी भाषी राजभाषा अधिकारी को तत्प्रांत की स्थानीय भाषा सीखकर अपने सहकर्मियों और ग्राहकों से स्थानीय भाषा में भी वार्तालाप करते हुए आदर्श अधिकारी बनना होगा। दैनिक कार्यालयीन कार्य में हिंदी का प्रयोग बढ़ाने में यह प्रवृत्ति मदद करेगी।
- आंतरिक वैयक्तिक संबंध बनाए रखने में सक्षम हों।
- आंतरिक एवं बाहरी संगठनों के प्रशिक्षण संस्थानों द्वारा आयोजित अनुवाद, व्यक्तित्व विकास जैसे कार्यक्रमों के अतिरिक्त अपने संगठन के सामान्य कार्य स्वरूप के प्रशिक्षण कार्यक्रमों में भाग लेने का अवसर प्राप्त होने पर उनका लाभ उठाना होगा।
- नवोन्मेषिता के गुण हों। पीछे देखकर हूबहू आगे बढ़ने की प्रवृत्ति न हो। क्रमबद्ध कार्य-योजना हो।
- समय प्रबंधन के पक्के हों। निर्धारित समय पर उपस्थिति दर्ज करना, सभी व्यवस्थाएँ समय पर करना, कार्यक्रम स्थल पर पर्याप्त समय पर पहुँचना, आदि। गतिविधियों के आयोजन में आबंटनवार समय पालन और आबंटित समय में ही वक्तव्य व संचालन को समाप्त करना आदि पर विशेष ध्यान देना होगा। वक्तव्य संक्षिप्त, सारगर्भित एवं आकर्षक हो—यह कला सीखनी होगी।
- राजभाषा अधिकारी क्रोधीला न हो। भाषा प्रचार संबंधी नाजुक जिम्मेदारी को निभाने में यह स्वभाव जचेगा नहीं। राजभाषा अधिकारी में अपने प्रभारियों,

सहकर्मियों के आक्रोश को सहने की शक्ति हो। इसका अर्थ 'जी हुजूर' बनना नहीं। संदर्भ एवं तत्समय की परिस्थितियों के अनुकूल व्यवहार करने की क्षमता विकसित करनी होगी। शांत स्वभाव सुगम कार्यान्वयन में साथ देगा।

- मांग की जाने पर संगठन के सामान्य कार्यकलापों में भी सहयोग करते हुए सत्संबंध स्थापित कर हिंदी का प्रयोग बढ़ाने में सहकर्मियों का सहयोग प्राप्त करने का प्रयास करना होगा। लेकिन अपने स्वार्थ के लिए, अपने स्वयं विकास के लालच में संगठन के सामान्य स्वरूप के कार्य में विशेष ध्यान देते हुए अपने मूल कर्तव्य भूलकर राजभाषा कार्यान्वयन को नजरअंदाज नहीं करना होगा।
- 'अब नहीं तो कभी नहीं' भावना से काम करना होगा। दिल और दिमाग से उतरना होगा।
- आत्मनिर्भर हों। आश्रित होने की आदत न हो।
- उम्दा व्यवहार हो। पोशाक अच्छी हो। अनुशासनबद्ध हों।
- विश्वसनीयता पैदा करना और बनाए रखना अत्यंत आवश्यक है। भाषा प्रोन्नति संबंधी काम होने के कारण राजभाषा अधिकारी की बोली पर उच्च अधिकारी या सह-कर्मचारी विश्वास रखते हैं।
- अपनी अभिव्यक्ति का समर्थन करने की क्षमता हो। अपने कार्य क्षेत्र का पूर्ण ज्ञान हो। काम चलाने के लिए असंदर्भित कारण देने की आदत न हो। लिखित रूप में प्रस्तुत या मौखिक रूप में व्यक्त विचारों का संदर्भ उपलब्ध कराने में या समर्थन कर समझाने में सक्षम हों।
- नीरसता को सरसता में बदलने की क्षमता हो।
- वार्तालाप से वातावरण को अपने अनुकूल बनाने की कला हो।
- विषयवस्तु को संदर्भानुसार सुंदर ढंग से प्रस्तुत करने में सक्षम हों।
- अपने दायित्व का बोध हो। आत्मावलोकन करने की क्षमता हो। प्रश्न कर लेना होगा कि 'मैं कहाँ कमजोर हूँ' और कमजोर स्थिति से (यदि हो) बाहर आने की सार्थक चेष्टा करनी होगी।
- 'हिंदी सीखने/प्रयोग करने के लिए कर्मचारी तैयार हैं लेकिन पथप्रदर्शन करने में राजभाषा अधिकारी कमजोर हैं', इस प्रकार की स्थिति उत्पन्न न हो।
- अपेक्षित/आवश्यक मामलों/संदर्भों में सहयोगियों, प्रभारी अधिकारियों की सलाह/सुझाव लेकर आगे बढ़ना होगा।
- जानकारी हासिल करते हुए जानकार बनना होगा।
- राजभाषा अधिकारी की कुशलता पर सफलता निर्भर होती है। राजभाषा प्रयोग संबंधी कोई लिखित दिशानिर्देश नहीं रहने पर भी आकस्मिक आवश्यकताओं एवं परिस्थितियों के आधार पर हिंदी का प्रयोग सुनिश्चित करने के लिए पर्यवेक्षी पदाधिकारियों एवं सहकर्मियों को समझाने/मनाने में समर्थ हों।

- राजभाषा प्रयोग के क्षेत्र में अपनी संस्था में स्वर्णिम इतिहास रचना होगा।
- अपने कर्तव्यों का अनुशासनबद्ध और ज्ञानवर्द्धक निर्वहण करते हुए अपनी संस्था की प्रतिष्ठा बढ़ानी होगी। इससे संस्था में राजभाषा अधिकारी का विकास भी अपने-आप होगा।

***

सूचनार्थ : वर्ष 1974 के प्रथम संकलन से लेकर वर्ष 2021 तक राजभाषा विभाग द्वारा जारी किये गए आदेशों के संकलनों को विभाग की वेबसाइट के मुखपृष्ठ पर 'राजभाषा संबंधी प्रावधान' शीर्षक के अन्तर्गत 'राजभाषा संबंधी आदेशों का संकलन' उपशीर्ष में पीडीएफ फार्मेट में उपलब्ध कराया गया है। समय-समय पर जारी किये जानेवाले नये आदेशों को सतत आधार पर जोड़े जाने की प्रक्रिया जारी रहेगी।

राजभाषा कार्यान्वयन

प्रधान कार्यालय, अंचल व सर्किल कार्यालय, क्षेत्रीय व प्रादेशिक कार्यालय, शाखा कार्यालय, इकाई और प्रशिक्षण केंद्र की भूमिका

कार्यालयों/इकाइयों के कार्य स्वरूप के आधार पर राजभाषा कार्यान्वयन संबंधी कर्तव्य अलग-अलग हो सकते हैं लेकिन अधिकतर कार्यों में समानता होती है; अर्थात् तत् जिम्मेदारियों का निर्वाह करने की प्रक्रिया एक समान होती है। अत: पुनरावृत्ति से बचने के लिए कार्यालयवार और इकाईवार जिम्मेदारियों को पृथक् से प्रस्तुत करने के बजाय हरेक कार्यबिंदु के अंत में कोष्ठक में यह अंकित किया गया है कि 'यह कार्य कार्यालय या इकाई से संबंधित है।' तदनुसार कार्यालयों/इकाइयों को अपने लिए लागू राजभाषा कार्यान्वयन संबंधी कर्तव्यों का निर्वहण करना होगा। यथा :

- राजभाषा विभाग, गृह मंत्रालय द्वारा वित्तीय वर्ष के आधार पर जारी किये जाने वाले राजभाषा के वार्षिक कार्यक्रम को (साइट में उपलब्ध होने पर भी) नियंत्रणाधीन समस्त कार्यालयों/शाखा कार्यालयों/इकाइयों/प्रशिक्षण केंद्रों को प्रति वर्ष मार्च तिमाही के अंत तक पहुँचाना होगा।

  [प्रधान कार्यालय]

- राजभाषा विभाग के वार्षिक कार्यक्रम, राजभाषा अधिनियम/नियम एवं आंतरिक आवश्यकताओं के अनुरूप 'आंतरिक वार्षिक राजभाषा कार्यान्वयन कार्यक्रम' तैयार कर प्रति वर्ष मार्च तिमाही के अंत तक नियंत्रणाधीन सभी संबंधित कार्यालयों को प्रेषित करना होगा।

  [प्रधान कार्यालय]

- त्रैमासिक राजभाषा कार्यान्वयन समिति की बैठकों का ससमय एवं नियमित आयोजन और आंतरिक व्यवस्था के अनुरूप संबंधित नियंत्रक कार्यालयों को निर्धारित समय के भीतर कार्यवृत्त का प्रेषण।

  [सभी के लिए]

- प्रधान कार्यालय द्वारा अपनी त्रैमासिक राजभाषा कार्यान्वयन समिति की बैठक के कार्यवृत्त की प्रति संबंधित मंत्रालय के राजभाषा विभाग को प्रेषित की जाने की आवश्यकता होगी।

  [प्रधान कार्यालय]

- त्रैमासिक राजभाषा कार्यान्वयन समिति की बैठकों में लिये गए निर्णयों का ससमय एवं सार्थक अनुपालन सुनिश्चित करना।

[सभी के लिए]

- बैठक में लिये गए निर्णयों से नियंत्रणाधीन कार्यालयों/शाखा कार्यालयों/इकाइयों/प्रशिक्षण केंद्रों को पत्र/परिपत्र के माध्यम से अवगत कराना तथा अनुवर्ती कार्रवाई करते हुए अनुपालन सुनिश्चित कराना।

[प्रधान कार्यालय एवं नियंत्रक कार्यालयों के लिए]

- नियंत्रणाधीन कार्यालयों/शाखा कार्यालयों/इकाइयों/प्रशिक्षण केंद्रों से समय पर बैठक के कार्यवृत्त प्राप्त कर बिंदुवार समीक्षा करते हुए लिये निर्णयों का अनुपालन सुनिश्चित करना।

[प्रधान कार्यालय एवं नियंत्रक कार्यालयों के लिए]

- राजभाषा कार्यान्वयन समिति के सदस्यों द्वारा (अध्यक्ष सहित) कृत हिंदी प्रयोग की तिमाहीवार समीक्षा करना और उसे अभिलेखित करना। (संसदीय राजभाषा समिति की निरीक्षण प्रश्नावली में यह जानकारी देनी पड़ती है।)

[सभी के लिए]

- राजभाषा कार्यान्वयन समिति की बैठकों के अतिरिक्त नियंत्रक कार्यालयों के अन्य विभागों की त्रैमासिक बैठकों, यथा : सुरक्षा समिति, तकनीकी समिति, ग्राहक सेवा समिति इत्यादि की कार्यवाहियों में हिंदी का भी प्रयोग सुनिश्चित करना।

[प्रधान कार्यालय एवं अन्य नियंत्रक कार्यालयों के लिए]

- शीर्ष स्तर सामान्य स्वरूप की बैठकों में हिंदी अथवा हिंदी-अंग्रेजी मिश्रित भाषा में वार्तालाप सुनिश्चित करते हुए उससे संबंधित कार्यवाही हिंदी या द्विभाषा में तैयार करना। इन बैठकों में अपने कार्यक्षेत्र में हिंदी के प्रयोग पर भी चर्चा हो।

[सभी के लिए]

- हिंदी के प्रगामी प्रयोग संबंधी यथालागू मासिक और त्रैमासिक प्रगति रिपोर्ट संबंधित नियंत्रक कार्यालय को निर्धारित समय के भीतर पहुँचाना।

[सभी के लिए]

- प्रधान कार्यालय/मुख्यालय/नियंत्रक कार्यालयों को अपनी वैयक्तिक त्रैमासिक हिंदी प्रगति रिपोर्ट को समय पर गृह मंत्रालय के राजभाषा विभाग को ऑनलाइन प्रस्तुत करने की आवश्यकता है। (अद्यतन रिपोर्टिंग प्रक्रिया से अवगत होना जरूरी है।)

[प्रधान कार्यालय एवं नियंत्रक कार्यालय]

- प्रधान कार्यालय को अपनी वैयक्तिक त्रैमासिक हिंदी रिपोर्ट की प्रति संबंधित मंत्रालय के राजभाषा विभाग को भेजने की आवश्यकता होगी।

[प्रधान कार्यालय]

- नियंत्रणाधीन कार्यालयों/शाखा कार्यालयों/इकाइयों/प्रशिक्षण केंद्रों की त्रैमासिक हिंदी प्रगति रिपोर्ट की बिंदुवार समीक्षा करना और पूर्ण अनुपालन सुनिश्चित करना।

[प्रधान कार्यालय एवं सभी नियंत्रक कार्यालयों के लिए]

- अर्द्धवार्षिक आधार पर स्टाफ सदस्यों के हिंदी ज्ञान संबंधी रोस्टर को अद्यतन करना। (रोस्टर प्रोग्रामिंग संबंधी आंतरिक व्यवस्था होने पर छः माह का समय लिये बिना समय-समय पर अद्यतन किया जा सकता है।)

  [सभी के लिए]

- नियंत्रक कार्यालय सहित नियंत्रणाधीन सभी कार्यालयों/शाखा कार्यालयों/इकाइयों/प्रशिक्षण केंद्रों के समस्त स्टाफ सदस्यों के अद्यतित हिंदी ज्ञान रोस्टर की सॉफ्ट प्रति प्रधान कार्यालय में तथा संबंधित नियंत्रक कार्यालयों में अपने क्षेत्र संबंधी अद्यतित रोस्टर की सॉफ्ट प्रति उपलब्ध होनी है।

  [प्रधान कार्यालय/नियंत्रक कार्यालय/नैगम प्रशिक्षण केंद्र]

- अद्यतन हिंदी ज्ञान रोस्टर के आधार पर अमुक कार्यालय/शाखा कार्यालय/इकाई/प्रशिक्षण केंद्र में कार्यरत कुल स्टाफ सदस्यों में से 80% स्टाफ सदस्यों को हिंदी का कार्यसाधक ज्ञान/प्रवीणता प्राप्त होने पर उसे राजभाषा नियम 10(4) के अंतर्गत अधिसूचित कराने हेतु उचित माध्यम से प्रधान कार्यालय के राजभाषा विभाग को सिफारिश करना।

  [सभी नियंत्रक कार्यालय/शाखा कार्यालय/इकाई/प्रशिक्षण केंद्र]

- प्रधान कार्यालय द्वारा अपने कार्यालय सहित (अधिसूचनार्थ शेष रहने पर) नियंत्रणाधीन कार्यालयों से प्राप्त अधिसूचना संबंधी सिफारिशों को संबंधित मंत्रालय के राजभाषा विभाग के माध्यम से गृह मंत्रालय के राजभाषा विभाग को पहुँचाया जाना।

  [प्रधान कार्यालय]

- अधिसूचित कार्यालयों/शाखा कार्यालयों/इकाइयों/प्रशिक्षण केंद्रों में कार्यरत हिंदी में प्रवीणता प्राप्त स्टाफ सदस्यों को राजभाषा नियम-8(4) के तहत हिंदी का प्रयोग करने हेतु कार्यालय प्रमुख के हस्ताक्षर से राजभाषा विभाग के निर्धारित प्रारूप के अनुसार व्यक्तिशः आदेश जारी करने होंगे।

  [सभी के लिए]

- गृह मंत्रालय, राजभाषा विभाग के वार्षिक कार्यान्वयन कार्यक्रम के आधार पर कार्यालयों/शाखा कार्यालयों/इकाइयों/प्रशिक्षण केंद्रों के अनुभागों को संपूर्ण कार्य हिंदी या हिंदी-अंग्रेजी द्विभाषा में संपन्न करने हेतु निर्देश जारी करना और अनुपालन सुनिश्चित करना। (वार्षिक कार्यक्रम में निर्धारित अनुपात में या उससे अधिक।)

  [प्रधान कार्यालय एवं अन्य नियंत्रक कार्यालय]

- हिंदी में कार्यसाधक ज्ञान नहीं रखने वाले स्टाफ सदस्यों को गृह मंत्रालय, हिंदी शिक्षण योजना की प्रबोध, प्रवीण, प्राज्ञ, बैंकिंग प्राज्ञ परीक्षाओं के लिए नामित करना (नियमित कक्षाएँ, पत्राचार पाठ्यक्रम, स्वतः प्रयास) या अन्य समान स्तर की परीक्षाओं में उत्तीर्ण होने हेतु पथप्रदर्शित करना।

  [सभी के लिए]

- हिंदी में कार्यसाधक ज्ञान प्राप्त स्टाफ सदस्यों को केंद्रीय हिंदी प्रशिक्षण संस्थान, राजभाषा विभाग की 'पारंगत' परीक्षा के लिए नामित करना।

[सभी के लिए]

- निर्धारित परिभाषा के अनुसार हिंदी में कार्यसाधक ज्ञान/प्रवीणता प्राप्ति संबंधी शैक्षिक योग्यता नहीं रहने पर भी हिंदी ज्ञान रखने पर तत् इच्छुक स्टाफ सदस्यों से कार्यसाधक ज्ञान/प्रवीणता प्राप्ति संबंधी घोषणा-पत्र प्राप्त करना (हिंदी शिक्षण योजना के निर्धारित प्रारूप में)।

[सभी के लिए]

- हिंदी में कार्यसाधक ज्ञान/प्रवीणता प्राप्त स्टाफ सदस्यों को कार्यालयीन कामकाज में नियमित रूप से हिंदी का प्रयोग करने हेतु 'प्रेरक पत्र' जारी करना।

[सभी के लिए]

- राजभाषा विभाग, गृह मंत्रालय एवं संगठन के आंतरिक दिशानिर्देशों के अनुसार अद्यतन हिंदी ज्ञान रोस्टर के आधार पर तिमाही हिंदी कार्यशालाओं एवं पुनश्चर्या हिंदी कार्यशालाओं का आयोजन और अभिलेखों का समुचित रख रखाव। (न्यूनतम चार। हर तिमाही में अनिवार्यत: एक)

[प्रधान कार्यालय एवं नियंत्रक कार्यालय/प्रशिक्षण केंद्र]

- हिंदी कार्यशालाओं में प्रशिक्षित स्टाफ सदस्यों को कार्यालयीन कार्य में नियमित रूप से हिंदी का प्रयोग करने हेतु (प्रशिक्षण के तुरंत पश्चात् अनिवार्यत: तथा तत्पश्चात् त्रैमासिक अंतरालों पर) आयोजक कार्यालयों द्वारा व्यक्तिश: अभिप्रेरक पत्र जारी करना और अभिलेख बनाए रखना।

[प्रधान कार्यालय एवं सभी संबंधित नियंत्रक कार्यालयों के लिए]

- सभी स्टाफ सदस्यों को कंप्यूटर पर हिंदी टंकण प्रशिक्षण (यूनिकोड) और अंग्रेजी आशुलिपिकों को हिंदी आशुलिपि प्रशिक्षण उपलब्ध कराना (नियमित कक्षाएँ/पत्राचार पाठ्यक्रम/स्वत: प्रयास)।

[प्रधान कार्यालय एवं सभी संबंधित नियंत्रक कार्यालय/प्रशिक्षण केंद्र]

- प्रशिक्षण केंद्रों द्वारा चलाए जाने वाले संगठन के सामान्य स्वरूप के सभी प्रशिक्षण कार्यक्रमों तथा नये भर्ती स्टाफ सदस्यों के उन्मुखता कार्यक्रमों, गहन प्रशिक्षण कार्यक्रमों में 'राजभाषा नीति एवं कार्यान्वयन' पर एक सत्र अनिवार्य रूप से रखना होगा।

[प्रशिक्षण केंद्र]

- सभी कार्यालयों/शाखा कार्यालयों/इकाइयों/प्रशिक्षण केंद्रों में उपलब्ध कंप्यूटरों में यूनिकोड एवं सीबीएस आधारित हिंदी सॉफ्टवेयर सक्रिय/उपलब्ध कराने की व्यवस्था करना। प्रशिक्षण केंद्रों द्वारा चलाए जाने वाले कंप्यूटर प्रशिक्षण कार्यक्रमों में ऐसी हिंदी सॉफ्टवेयरों के प्रयोग संबंधी सत्र संचालन सुनिश्चित करने के अतिरिक्त डेस्क मार्गदर्शन भी उपलब्ध कराना होगा।

[प्रधान कार्यालय, नियंत्रक कार्यालय, प्रशिक्षण केंद्र]

- राजभाषा अधिकारियों द्वारा अपने क्षेत्राधीन कार्यालयों/शाखा कार्यालयों/इकाइयों/प्रशिक्षण केंद्रों के स्टाफ सदस्यों को हिंदी सॉफ्टवेयरों को प्रयोग करने संबंधी मार्गदर्शन उपलब्ध कराए जाने के अतिरिक्त सभी कंप्यूटरों में इन सॉफ्टवेयरों की सक्रियता (एक्टिवेशन) सुनिश्चित करनी होगी।

[प्रधान कार्यालय एवं नियंत्रक कार्यालय, प्रशिक्षण केंद्र]

- प्रशिक्षण केंद्रों और नियंत्रक कार्यालयों द्वारा तैयार की गई प्रशिक्षण संबंधी सहायक सामग्री हिंदी-अंग्रेजी द्विभाषा में उपलब्ध होना।
- संकाय सदस्यों द्वारा प्रशिक्षण सत्र से संबंधित व्याख्यान हिंदी या हिंदी-अंग्रेजी मिली-जुली भाषा में दिया जाना सुनिश्चित करना।
- सभी प्रकार के प्रशिक्षण कार्यक्रमों के लिए वार्षिक कार्यक्रम के अंतर्गत क्षेत्रवार निर्धारित लक्ष्यों के अनुसार अनिवार्यतः हिंदी माध्यम में संचालित करते हुए शेष कार्यक्रमों का भी यथासंभव हिंदी या मिली-जुली माध्यम में आयोजन हो, यह सुनिश्चित करना।
- प्रशिक्षण संबंधी दृश्य-श्रवण प्रदर्शन भी हिंदी या द्विभाषा में होना।
- ऑनलाइन लर्निंग संबंधी सभी प्रकार की प्रशिक्षण सामग्री द्विभाषा में उपलब्ध कराना।
- प्रशिक्षण संबंधी नामांकन एवं कार्यमुक्ति पत्र/ज्ञापन द्विभाषा में जारी करना।

[प्रशिक्षण केंद्र एवं नियंत्रक कार्यालय]

- नगर राजभाषा कार्यान्वयन समिति की अर्द्धवार्षिक समीक्षा बैठकों में सदस्य कार्यालय/शाखा कार्यालय/इकाई प्रधान की उपस्थिति सुनिश्चित करना। समिति के अन्य भाषायी कार्यकलापों में सदस्य कार्यालय की सक्रिय सहभागिता सुनिश्चित करना। समिति के संयोजक कार्यालय को सदस्य कार्यालय संबंधी अर्द्धवार्षिक हिंदी प्रगति रिपोर्ट समय पर प्रस्तुत करना। अर्द्धवार्षिक समीक्षा बैठक के कार्यवृत्त में दिये गए दिशानिर्देशों तथा संयोजक कार्यालय से प्राप्त अन्य दिशानिर्देशों का समय पर अनुपालन सुनिश्चित करना।

[टॉलिक के अपने सभी सदस्य कार्यालय/शाखा कार्यालय/इकाई]

- नगर राजभाषा कार्यान्वयन समिति का संयोजन कार्य संभालने वाले कार्यालयों को तत्संबंधी दिशानिर्देशों का पूर्ण अनुपालन सुनिश्चित करते हुए समिति को सक्रिय बनाए रखना।

[टॉलिक के अपने संयोजक कार्यालय]

- गृह मंत्रालय-राजभाषा विभाग एवं अपने संगठन से संबंधित मंत्रालय के राजभाषा विभाग से समय-समय पर प्राप्त होने वाले दिशानिर्देशों से नियंत्रणाधीन कार्यालयों एवं उनके माध्यम से शाखा कार्यालयों/इकाइयों/प्रशिक्षण केंद्रों को अवगत कराना और अनुपालन सुनिश्चित करने हेतु उचित दिशानिर्देश जारी करना तथा अनुवर्ती कार्रवाई करना।

[प्रधान कार्यालय]

- प्रधान कार्यालय, क्षेत्रीय कार्यान्वयन कार्यालय, नगर राजभाषा कार्यान्वयन समितियों से प्राप्त राजभाषा कार्यान्वयन संबंधी दिशानिर्देशों को अधीनस्थ कार्यालयों/शाखा कार्यालयों/इकाइयों/प्रशिक्षण केंद्रों में परिचालित करना और अनुपालन सुनिश्चित करना।

[नियंत्रक कार्यालय]

- संगठन से संबंधित मंत्रालय के राजभाषा विभाग द्वारा आयोजित त्रैमासिक राजभाषा समीक्षा बैठकों में प्रधान कार्यालय के राजभाषा विभाग के तत्काल विशेषज्ञ प्रभारी तथा राजभाषा विभाग के वरिष्ठतम कार्यपालक की उपस्थिति सुनिश्चित करने के अतिरिक्त बैठकों में लिये गए अपने से संबंधित निर्णयों का अनुपालन सुनिश्चित करना।

[प्रधान कार्यालय]

- संगठन से संबंधित मंत्रालय के प्रशिक्षण समन्वय समिति की तिमाही या छमाही (जैसी भी स्थिति हो) बैठकों में नैगम प्रशिक्षण केंद्र के प्राचार्य की उपस्थिति सुनिश्चित करने के अतिरिक्त लिये गए निर्णयों का अनुपालन सुनिश्चित करना।

[कार्पोरेट प्रशिक्षण केंद्र]

- गृह मंत्रालय, राजभाषा विभाग द्वारा आयोजित राष्ट्रीय स्तर हिंदी दिवस एवं अखिल भारतीय राजभाषा सम्मेलनों में उच्च पदाधिकारियों व राजाभाषा स्टाफ सदस्यों को प्रतिनियुक्त किए जाने के संबंध में राजभाषा विभाग से प्राप्त अर्द्ध शासकीय पत्रों, ज्ञापनों के आधार पर आवश्यक कार्रवाई सुनिश्चित करना।

  प्रधान कार्यालय द्वारा अपने नियंत्रक कार्यालयों को प्रतिनियुक्ति संबंधी अधिकारों का विकेंद्रीकरण किए जाने पर भी विचार किया जा सकता है।

[प्रधान कार्यालय]

- प्रधान कार्यालय द्वारा आयोजित किये जाने वाले वार्षिक राजभाषा सम्मेलनों में संगठन के समस्त राजभाषा अधिकारियों की उपस्थिति सुनिश्चित करने के अतिरिक्त लिये गए निर्णयों का अनुपालन सुनिश्चित करना।

[प्रधान कार्यालय]

- प्रधान कार्यालय के अतिरिक्त क्षेत्रीय कार्यालयों, सर्किल/अंचल कार्यालयों में अपने अनुभाग प्रधानों एवं स्थानीय इकाई प्रधानों के लिए अल्पावधि वार्षिक राजभाषा संगोष्ठियों का आयोजन करना (संगठन के आंतरिक दिशानिर्देशों के आधार पर)।

[सभी संबंधित नियंत्रक कार्यालय]

- स्थानीय शहर में कार्यरत कार्यपालकों के लिए अल्पावधि राजभाषा संगोष्ठी का आयोजन। (आंतरिक दिशानिर्देशों के आधार पर)

[प्रधान कार्यालय एवं अन्य नियंत्रक कार्यालय]

- राजभाषा अधिनियम-1963 की धारा-3(3) के अंतर्गत विनिर्दिष्ट सभी प्रलेखों को द्विभाषा में जारी होना सुनिश्चित करना।

[सभी के लिए]

- गृह मंत्रालय, राजभाषा विभाग के वार्षिक कार्यक्रम के आधार पर मूल हिंदी पत्राचार एवं टिप्पण लेखन में क्षेत्रवार लक्ष्य हासिल करने में हिंदी या द्विभाषा में प्राप्त पत्रों का उत्तर हिंदी या द्विभाषा में दिया जाना सुनिश्चित करने में विशेष ध्यान देनां।

[सभी के लिए]

- तिमाही हिंदी प्रगति रिपोर्ट एवं संसदीय राजभाषा समिति की प्रश्नावली में समाविष्ट मद के आधार पर 'क' और 'ख' क्षेत्र से अंग्रेजी में प्राप्त पत्रों का उत्तर हिंदी या द्विभाषा में देने का प्रयास करना।

[सभी के लिए]

- संसदीय राजभाषा समिति की निरीक्षण प्रश्नावली एवं अन्य आवश्यक रिपोर्टों के अंतर्गत दर्शाने हेतु हिंदी (सुविधानुसार बोलचाल की हिंदी या हिंदी-अंग्रेजी मिली-जुली भाषा) में डिक्टेशन देने हेतु कार्यपालक व अन्य पर्यवेक्षी पदाधिकारियों को अभिप्रेरित एवं पथप्रदर्शित करना तथा हिंदी में डिक्टेशन देने वाले पदाधिकारियों का उससे संबंधित ब्योरा अभिलेखित करते हुए आंतरिक व्यवस्था के अनुसार पुरस्कार/प्रशंसा पत्र प्रदान करना।

[प्रधान कार्यालय एवं नियंत्रक कार्यालय]

- हिंदी पुस्तकालय का समुचित रखरखाव एवं आबंटित वार्षिक बजट का पूर्ण उपयोग सुनिश्चित करना। वित्तीय वर्ष के दौरान खरीदी गई अंग्रेजी पुस्तकों से संबंधित कुल व्यय में से राजभाषा विभाग के नवीनतम वार्षिक कार्यक्रम में निर्धारित व्यय लक्ष्य के अनुरूप हिंदी पुस्तकों की खरीद (संप्रति 50%)।
  [डिजिटल सामग्री, यथा : ई-पुस्तक, सीडी, डीवीडी, पेनड्राइव तथा अंग्रेजी एवं क्षेत्रीय भाषाओं से हिंदी में अनुवाद पर कृत व्यय सहित]

नोट : पुस्तकालय व्यय में पत्र-पत्रिकाओं और मानक संदर्भ पुस्तकों को शामिल नहीं करना होगा।

[सभी के लिए]

- हिंदी समाचार पत्र एवं पत्रिका खरीदना। (अपने संगठन संबंधी मुख्यालय के राजभाषा विभाग के दिशानिर्देशों के आधार पर।)

[सभी के लिए]

- संगठन द्वारा जारी की जाने वाली गृह पत्रिकाओं/बुलेटिनों के अंग्रेजी पाठ की तुलना में न्यूयनतम 50% हिंदी पाठ होना सुनिश्चित करना। (संप्रति : यह लक्ष्य 50% है।)

[सभी के लिए]

- आंतरिक दिशानिर्देशों के अनुसार केवल हिंदी में गृह पत्रिकाओं/बुलेटिनों को जारी करना।

[सभी नियंत्रक कार्यालय]

- संगठन की गृह पत्रिकाओं/बुलेटिनों में प्रकाशनार्थ उपयुक्त रचनाएँ प्रेषित करने हेतु स्टाफ सदस्यों को प्रोत्साहित करना। इसके अतिरिक्त गृह मंत्रालय,

राजभाषा विभाग की 'राजभाषा भारती' एवं अन्य प्रमुख पत्रिकाओं में प्रकाशनार्थ रचनाएँ प्रेषित करने हेतु स्टाफ सदस्यों को अभिप्रेरित करना।

[प्रधान कार्यालय एवं सभी नियंत्रक कार्यालय]

- संसदीय राजभाषा समिति, क्षेत्रीय कार्यान्वयन कार्यालय—गृह मंत्रालय, संगठन से संबंधित मंत्रालय के राजभाषा विभाग, नगर राजभाषा कार्यान्वयन समिति, आंतरिक निरीक्षण विभाग इत्यादि द्वारा किये जाने वाले राजभाषायी निरीक्षणों के अवसर पर अपेक्षित जानकारी उपलब्ध कराने हेतु राजभाषा कार्यान्वयन संबंधी सभी अभिलेखों को समय-समय पर अद्यतन करना तथा निरीक्षणों में पाई गई अनियमितताओं (यदि हों) का तत्काल परिशोधन सुनिश्चित करना।

[सभी के लिए]

- प्रधान कार्यालय के राजभाषा विभाग द्वारा अपने संगठन के नियंत्रक कार्यालयों एवं प्रशिक्षण केंद्रों तथा नियंत्रक कार्यालय के राजभाषा अधिकारियों द्वारा अपने क्षेत्राधीन कार्यालयों/शाखा कार्यालयों/इकाइयों/प्रशिक्षण केंद्रों का प्रति वर्ष राजभाषायी निरीक्षण किया जाना। (राजभाषा विभाग के नवीनतम वार्षिक कार्यक्रम में प्रस्तुत लक्ष्य के अनुरूप। संप्रति न्यूनतम 25%। इसी न्यूनतम अनुपात में मुख्यालय एवं नियंत्रक कार्यालयों के विभागों/प्रभागों/अनुभागों का राजभाषायी निरीक्षण सुनिश्चित किया जाना।) राजभाषा प्रभारियों/राजभाषा अधिकारियों द्वारा यह निरीक्षण संपन्न किया जा सकता है। इससे अधिक मात्रा में निरीक्षण संपन्न कराने में संगठन स्वतंत्र है।
- नियंत्रक कार्यालयों के प्रमुखों एवं अन्य पदाधिकारियों द्वारा अपने क्षेत्राधीन कार्यालयों/शाखा कार्यालयों/इकाइयों के संदर्शन के अवसर पर सामान्य कार्य व्यवहार के अतिरिक्त राजभाषा कार्यान्वयन संबंधी मुख्य बिंदुओं पर भी ध्यान दिया जाना। (राजभाषा निरीक्षण संबंधी संक्षेप प्रश्नावली के आधार पर जिसे संगठन के मुख्यालय के राजभाषा विभाग द्वारा बनाया जा सकता है।)
- निरीक्षण से संबंधित अभिलेखों का अनुरक्षण करते हुए पाई गई अनियमितताओं का समय पर परिशोधन करना-कराना।

[प्रधान कार्यालय एवं नियंत्रक कार्यालय]

- संगठन की वेबसाइट की संपूर्ण सामग्री हिंदी-अंग्रेजी द्विभाषा में या आवश्यकतानुसार क्षेत्रीय भाषा-हिंदी-अंग्रेजी—त्रिभाषा में उपलब्ध कराना सुनिश्चित करना।

[प्रधान कार्यालय]

- सभी लेखन सामग्री, मुद्रण सामग्री, सहायक सामग्री, पत्र शीर्ष, नागरिक चार्टर, प्रचार सामग्री, बैनर, साइन बोर्ड, नाम बोर्ड, होर्डिंग, रबड़ की मोहर, सील इत्यादि हिंदी-अंग्रेजी द्विभाषा या क्षेत्रीय भाषा-हिंदी-अंग्रेजी—त्रिभाषा में प्रदर्शित होना/उपलब्ध होना सुनिश्चित करना। (स्थानीय आवश्यकताओं के

आधार पर अमुक लेखन/प्रदर्शन सामग्री में केवल स्थानीय भाषा का प्रयोग किया जा सकता है। साइन बोर्ड त्रिभाषा में प्रदर्शित होना अनिवार्य है।)

[सभी के लिए]

- कार्यालय आदेश, ज्ञापन, परिपत्र, औद्योगिक संबंधी नियम, कानूनी मामले, पेंशन नियमावली, शिकायत, अभ्यावेदन, विज्ञापन, करार, विपणन सामग्री, बोर्ड संकल्प, मोबाइल बैंकिंग, इंटरनेट बैंकिंग, वार्षिक रिपोर्ट, वार्षिक आम बैठक व असाधारण आम बैठक की नियमावली/रिपोर्ट इत्यादि का हिंदी एवं अंग्रेजी अनुवाद सुनिश्चित करना। (द्विभाषा)

[प्रधान कार्यालय]

- मैनुअल, प्रक्रिया साहित्य, नियमावली, करार एवं संहिताओं को द्विभाषा में उपलब्ध होना सुनिश्चित कराना।

[प्रधान कार्यालय]

- ब्रोशर, दिशानिर्देश पुस्तिकाएँ, प्रचार-प्रसार पुस्तिकाएँ, प्रपत्र, विवरण, इत्यादि द्विभाषा-त्रिभाषा में उपलब्ध होना सुनिश्चित करना।

[प्रधान कार्यालय एवं अन्य नियंत्रक कार्यालय]

- मुद्रण/प्रदर्शन सामग्री का हिंदी फॉन्ट साइज अंग्रेजी फॉन्ट साइज के बराबर हो या उससे अधिक हो।

[सभी के लिए]

- सभी फाइलों/सेवा अभिलेखों/रजिस्टरों/लेजरों (भौतिक या सॉफ्ट प्रति) के शीर्ष, उपशीर्ष, स्तंभ इत्यादि द्विभाषा में उपलब्ध होना और उनमें अंकित प्रविष्टियाँ, अभ्युक्तियाँ इत्यादि हिंदी या द्विभाषा में होना सुनिश्चित करना ('क' क्षेत्र में प्रविष्टियाँ पूर्णत: और अन्य क्षेत्रों में यथासाध्य)।

[सभी के लिए]

- एचआरएमएस प्रोग्रामिंग में उपलब्ध सभी पत्र, प्रपत्र, बिल, पर्चियाँ, आवेदन, मसौदा द्विभाषा में उपलब्ध होना सुनिश्चित करना।

[प्रधान कार्यालय]

- एचआरएमएस के जरिये ऑनलाइन प्रस्तुत की जाने वाली सूचनाओं में हिंदी या द्विभाषा का प्रयोग करने हेतु स्टाफ सदस्यों को पथप्रदर्शित करना और हिंदी का प्रयोग सुनिश्चित करना।

[प्रधान कार्यालय एवं सभी नियंत्रक कार्यालय]

- पत्र-पत्रिकाओं में प्रकाशित किये जाने वाले विज्ञापनों, सूचनाओं, प्रचार-सामग्री में द्विभाषा-त्रिभाषा सुनिश्चित करना।

[सभी के लिए]

- राजभाषा स्टाफ पदस्थ कार्यालयों/प्रशिक्षण केंद्रों को छोड़कर शेष सभी कार्यालयों/शाखा कार्यालयों/इकाइयों/प्रशिक्षण केंद्रों में राजभाषा हिंदी का सुचारु कार्यान्वयन हेतु हिंदी का पर्याप्त ज्ञान रखने वाले किसी एक अधिकारी या लिपिक को तत्संबंधी अतिरिक्त कार्यभार संभालने हेतु हिंदी समन्वयक/

सहूलियतकार के रूप में नामित करना। (यह अतिरिक्त पदनाम अपनी इच्छा के अनुसार दिया जा सकता है।)

- प्रति वर्ष हिंदी समन्वयकों की सूची का अद्यतन करना और इस संबंधी कृत कार्रवाई की जानकारी से (सूची सहित) अपने प्रधान कार्यालय को अवगत कराना।

[प्रधान कार्यालय एवं अन्य नियंत्रक कार्यालय]

- राजभाषा विभाग, गृह मंत्रालय द्वारा जारी वार्षिक कार्यक्रम, राजभाषा कार्यान्वयन संबंधी आंतरिक अद्यतन दिशानिर्देश एवं आंतरिक कामकाज में हिंदी के प्रयोग से अवगत कराने के लिए वर्ष में एक बार नियंत्रक कार्यालयों द्वारा अपने क्षेत्राधीन हिंदी/राजभाषा समन्वयकों के लिए विशेष रूप से जून तिमाही में राजभाषा संगोष्ठी आयोजित करने का प्रयास किया जाना (संगठन के आंतरिक दिशानिर्देशों के आधार पर)।

[सभी नियंत्रक कार्यालय]

- संगठन के आंतरिक दिशानिर्देशों के अनुरूप हिंदी दिवस, पखवाड़ा, माह का सार्थक आयोजन सुनिश्चित करना।

[प्रधान कार्यालय, नियंत्रक कार्यालय, प्रशिक्षण केंद्र एवं चयनित शाखा कार्यालय/इकाई]

- संगठन की आंतरिक वार्षिक राजभाषा कार्य योजना/दिशानिर्देशों के अनुसार अथवा कार्पोरेट सामाजिक दायित्व गतिविधियों के अंतर्गत स्वतंत्रता दिवस, गणतंत्र दिवस, बाल दिवस, शिक्षक दिवस, सतर्कता जागृति सप्ताह, विश्व हिंदी दिवस, मातृभाषा दिवस, संगठन का स्थापना दिवस इत्यादि अवसरों पर स्कूल/कॉलेज विद्यार्थियों के लिए तथा चैरिटी संस्थाओं में रोचक एवं आकर्षक हिंदी प्रतियोगिताओं का आयोजन करना।

[प्रधान कार्यालय एवं नियंत्रक कार्यालय]

- संगठन स्तर विभिन्न प्रकार की वार्षिक राजभाषा शील्ड प्रतियोगिताओं, कर्मचारी वार्षिक राजभाषा निष्पादन प्रतियोगिताओं का आयोजन सुनिश्चित करना।

[प्रधान कार्यालय]

- संगठन के आंतरिक दिशानिर्देशों के अनुसार शाखा कार्यालय/इकाई स्तर राजभाषा शील्ड प्रतियोगिताओं एवं अन्य राजभाषा निष्पादन प्रतियोगिताओं का आयोजन सुनिश्चित करना।

[सभी संबंधित नियंत्रक कार्यालय]

- राजभाषा कीर्ति पुरस्कार और नराकास राजभाषा सम्मान (संगठन के राजभाषा कार्यान्वयन, संगठन में हिंदी गृह पत्रिकाओं का प्रकाशन, टॉलिक के राजभाषा कार्यान्वयन के लिए पृथक् से) हेतु वार्षिक प्रविष्टियों को राजभाषा विभाग-गृह मंत्रालय, नई दिल्ली को प्रेषित करने के अतिरिक्त संगठन संबंधी मंत्रालय के राजभाषा विभाग द्वारा आयोजित वार्षिक राजभाषा निष्पादन प्रतियोगिताओं के लिए, स्वैच्छिक हिंदी संस्थाओं द्वारा आयोजित राजभाषा निष्पादन व पत्रिका प्रतियोगिताओं के लिए प्रतियोगिता प्रविष्टियों को समय पर प्रस्तुत करना।

[प्रधान कार्यालय एवं टॉलिक के संयोजक कार्यालय]

- वार्षिक क्षेत्रीय राजभाषा शील्ड (क्षेत्रीय कार्यान्वयन कार्यालय, राजभाषा विभाग-गृह मंत्रालय), टॉलिक राजभाषा शील्ड, राज्य स्तरीय बैंकर्स समिति राजभाषा शील्ड (यह राष्ट्रीयकृत बैंक एवं वित्तीय संस्थाओं के लिए) इत्यादि के लिए संबंधित कार्यालयों को प्रतियोगिता प्रविष्टियाँ समय पर प्रेषित करना।

  [नियंत्रक कार्यालय, टॉलिक के संयोजक कार्यालय एवं टॉलिक के सभी सदस्य कार्यालय]

- नकद प्रोत्साहनयुक्त कार्यालयीन कार्य में हिंदी प्रयोग संबंधी प्रतियोगिताओं एवं हिंदी में मूल पुस्तक लेखन योजना में भाग लेने हेतु स्टाफ सदस्यों को प्रोत्साहित करना।

  [सभी के लिए]

- अन्य संगठनों द्वारा आयोजित क्षेत्रीय एवं राष्ट्रीय स्तर हिंदी प्रतियोगिताओं में भाग लेने हेतु स्टाफ सदस्यों को प्रोत्साहित करना।

  [प्रधान कार्यालय]

- सुविधानुसार राष्ट्रीय स्तर अंतर संगठनीय हिंदी प्रतियोगिताओं एवं राजभाषा संगोष्ठियों को आयोजित करने का प्रयास करना।

  [प्रधान कार्यालय]

- कार्यालय परिसर में समुचित स्थान पर अंग्रेजी एवं उसके समानार्थी हिंदी शब्द तथा सुविधानुसार हिंदी में आदर्श चिंतन की पंक्तियाँ प्रदर्शित करना, सुनिश्चित करना। (मैनुअल बोर्ड या डिजिटल स्क्रीन जैसी भी सुविधा हो।)

  [सभी के लिए]

- उपस्थिति रजिस्टर हिंदी-अंग्रेजी द्विभाषा में उपलब्ध हो।

  [सभी के लिए]

- आंतरिक निर्णय के आधार पर 'राजभाषा पोर्टल' उपलब्ध कराना।

  [प्रधान कार्यालय]

- कार्यालय/शाखा कार्यालय/इकाई प्रधानों के लिए आयोजित आंतरिक कार्य निष्पादन से संबंधित समीक्षा बैठकों/कार्यनीति बैठकों में राजभाषा अधिकारी द्वारा राजभाषा कार्यान्वयन संबंधी अपेक्षाओं से अवगत कराया जाना।

  [सभी नियंत्रक कार्यालय]

- हिंदी और क्षेत्रीय भाषाओं संबंधी अल्पावधि वार्तालाप मार्गदर्शन कार्यक्रमों का आयोजन (आंतरिक दिशानिर्देशों के अनुसार)।

  [प्रधान कार्यालय, अन्य नियंत्रक कार्यालय एवं प्रशिक्षण केंद्र]

- राजभाषा स्टाफ सदस्यों के लिए हिंदी अनुवाद प्रशिक्षण कार्यक्रमों का आयोजन करना और केंद्रीय अनुवाद ब्यूरो के प्रशिक्षण कार्यक्रमों में नामित करना।

  [प्रधान कार्यालय]

- राजभाषा सम्मेलनों/संगोष्ठियों एवं संसदीय राजभाषा समिति व उच्च स्तरीय अन्य निरीक्षणों के अवसर पर रखी जाने वाली 'राजभाषा प्रदर्शनी' में प्रदर्शित करने हेतु हिंदी समाचार पत्र/पत्रिकाओं में हिंदी, उर्दू एवं अन्य क्षेत्रीय भाषाओं में प्रकाशित प्रेस विज्ञप्ति/विज्ञापन/सूचनाएँ इत्यादि के पेपर कतरन, प्रचार

सामग्री संबंधी हिंदी या क्षेत्रीय भाषा में बनाए गए पोस्टर, पैंफ्लेट, ब्रोशर इत्यादि की प्रतियाँ, विशेष गतिविधियों संबंधी तस्वीर, नवीनतम हिंदी/द्विभाषा गृह पत्रिकाओं/बुलेटिनों की प्रतियाँ, द्विभाषा/हिंदी/क्षेत्रीय भाषा में मुद्रित प्रपत्रों की प्रतियाँ, हिंदी या द्विभाषा में बनाए गए सामान्य बैठकों के कार्यवृत्त की प्रतियाँ इत्यादि राजभाषा अनुभाग में उपलब्ध होना सुनिश्चित करना।

[प्रधान कार्यालय एवं अन्य नियंत्रक कार्यालय]

- संसदीय राजभाषा समिति एवं अन्य उच्च स्तरीय बाहरी निरीक्षण संबंधी भरी गई प्रश्नावली का सत्यापन एवं पथप्रदर्शन।

[प्रधान कार्यालय]

- राजभाषा कार्यान्वयन संबंधी सभी फाइलों, रजिस्टरों एवं अभिलेखों का सुरक्षित रखरखाव।

[सभी के लिए]

- राजभाषा कार्यान्वयन से संबंधित जांच बिंदुओं पर निगरानी सुनिश्चित करना।

[सभी के लिए]

राजभाषा अधिनियम, नियम एवं राजभाषा प्रयोग संबंधी संवैधानिक अनिवार्यताओं का पूर्ण अनुपालन सुनिश्चित करने की जिम्मेदारी संगठन के समस्त कार्यालयों, शाखा कार्यालयों/इकाइयों एवं प्रशिक्षण केंद्रों पर होगी।

राजभाषा कार्यान्वयन के पर्यवेक्षण से जुड़े तत्काल उच्च कार्यपालक की जिम्मेदारियाँ

प्रधान कार्यालय स्तर पर

- अपने संगठन से जुड़े मंत्रालय के राजभाषा विभाग/गृह मंत्रालय के राजभाषा विभाग/क्षेत्रीय कार्यान्वयन कार्यालय/केंद्रीय हिंदी प्रशिक्षण संस्थान/हिंदी शिक्षण योजना/केंद्रीय अनुवाद ब्यूरो/केंद्रीय हिंदी निदेशालय/नगर राजभाषा कार्यान्वयन समिति/भारतीय रिजर्व बैंक/अन्य सरकारी संगठन/हिंदी प्रचार से जुड़े संगठन इत्यादि के साथ संपन्न किये जाने वाले पत्राचार का अनुश्रवण करना।
- नियंत्रणाधीन पर्यवेक्षी प्रशासनिक कार्यालयों/प्रशिक्षण केंद्रों की हिंदी के प्रगामी प्रयोग संबंधी मासिक/त्रैमासिक/वार्षिक प्रगति रिपोर्टों की ससमय प्रस्तुति व प्राप्ति पर ध्यान देना।
- राजभाषा कार्यान्वयन संबंधी सरकार की उच्च स्तरीय समीक्षा बैठकों में संबंधित पदाधिकारियों की उपस्थिति सुनिश्चित करना।
- नराकास की गतिविधियों में सक्रिय सहभागिता, बैठकों में उपस्थिति एवं ससमय रिपोर्टिंग सुनिश्चित करना।
- संगठन के समस्त कार्यालयों/शाखा कार्यालयों/इकाइयों में त्रैमासिक राजभाषा कार्यान्वयन समितियों का ससमय आयोजन सुनिश्चित करना।
- गृह मंत्रालय के वार्षिक राजभाषा कार्यक्रम एवं आंतरिक वार्षिक राजभाषा कार्यक्रम के अनुसार सेवाकालीन हिंदी प्रशिक्षण/राजभाषायी निरीक्षण/प्रचलित हिंदी सॉफ्टवेयरों का अनुप्रयोग/पत्राचार एवं आंतरिक कामकाज में हिंदी का प्रयोग/उच्च स्तरीय राजभाषा सम्मेलनों/संगोष्ठियों का सार्थक आयोजन इत्यादि गतिविधियों का अनुश्रवण।
- हिंदी व द्विभाषा गृह पत्रिकाओं/बुलेटिनों/सहायक साहित्य का प्रकाशन/राजभाषा पोर्टल का अद्यतन/राजभाषा शील्ड व निष्पादन प्रतियोगिताओं का आयोजन/अखिल भारतीय अंतर संगठन राजभाषा प्रतियोगिताओं का आयोजन इत्यादि गतिविधियों का पर्यवेक्षण।
- राजभाषा कार्यान्वयन हेतु आबंटित बजटों का सदुपयोग सुनिश्चित करना।
- धारा-3 (3) के प्रलेख, नियम व विनियम, पेंशन नियमावली, वैधानिक व औद्योगिक संबंध मामले, उत्पाद एवं योजनाएँ, प्रदर्शन सामग्री, बोर्ड संकल्प,

वेबसाइट सामग्री, प्रशिक्षण हैंडाउट, वार्षिक आम बैठक, असाधारण आम बैठक (शेयरधारक संबंधी) की नियमावली, वार्षिक रिपोर्ट, अनुदेश पुस्तिकाएँ, जनसंपर्क से जुड़ी सामग्री, संसदीय राजभाषा समितियों की निरीक्षण प्रश्नावली, संगठन के लेखन-सामग्री विभाग द्वारा मुद्रित सामग्री इत्यादि में द्विभाषा और आवश्यकतानुसार त्रिभाषा की उपलब्धता सुनिश्चित करना।

- अपनी अध्यक्षता में आयोजित वरिष्ठ अधिकारियों की बैठकों में कार्यालयीन कामकाज में हिंदी का प्रयोग संबंधी प्रगति की भी समीक्षा करना।
- प्रति वर्ष राजभाषा विभाग द्वारा जारी किए जानेवाले वार्षिक कार्यक्रम से अवगत होना और अमल कराना।
- अपने दैनिक कार्यालयीन कामकाज में स्वयं हिंदी का प्रयोग करते हुए, नवोन्मेषी गतिविधियों को प्रोत्साहित करते हुए, समूचे संगठन में राजभाषा अधिनियम एवं नियमों का अनुपालन सुनिश्चित करते हुए अधीनस्थ कर्मियों के लिए रोलमॉडल बनना।

राजभाषा समन्वयक की परिकल्पना

परिचय

सामान्यतः नियंत्रणाधीन शाखा कार्यालयों/इकाइयों में कर्मचारियों की संख्या सीमित होने के कारण यहाँ राजभाषा अधिकारी व लिपिक की नियुक्ति नहीं की जाती है। नियंत्रक कार्यालय के राजभाषा अनुभाग के मार्गदर्शन/पर्यवेक्षण में राजभाषा कार्यान्वयन संबंधी अपेक्षित कार्रवाई संपन्न कराने का प्रयास किया जाता है। इस प्रथा में नियमित मार्गदर्शन/पर्यवेक्षण की कमी के कारण स्वभावतः अपेक्षित परिणाम मिल नहीं पाते हैं। इस स्थिति से उभरकर आने के लिए और संपूर्ण संगठन में प्रभावी राजभाषा कार्यान्वयन सुनिश्चित करने के लिए विशेषज्ञ राजभाषा पद अपदस्थ सभी शाखा कार्यालयों/इकाइयों में हिंदी ज्ञान रखनेवाले किसी एक कर्मचारी को पहचानकर राजभाषा संबंधी कार्य संभालने के अतिरिक्त कार्यभार सौंपने की प्रथा है और परिणाम भी संतोषजनक हैं।

चयन प्रक्रिया

- शाखा कार्यालय/इकाई में उपलब्ध हिंदी ज्ञान रोस्टर के आधार पर हिंदी में कार्यसाधक/प्रवीणता-प्राप्त अधिकारी या लिपिक को 'राजभाषा समन्वयक' के रूप में चयन करने की जिम्मेदारी शाखा कार्यालय/इकाई प्रधान को सौंपनी होगी। मिलनसार कर्मचारी को यह जिम्मेदारी सौंपने का प्रयास करना होगा।
- वित्तीय वर्ष के प्रथम माह में हर वर्ष नियंत्रक कार्यालय द्वारा अधीनस्थ शाखा कार्यालयों/इकाइयों से राजभाषा समन्वयकों की अद्यतन सूची प्राप्त करनी होगी। शाखा कार्यालय/इकाई से निम्न टेबुल में अपेक्षित जानकारी प्राप्त की जा सकती है।

राजभाषा समन्वयक के रूप में चयनित कर्मचारी का नाम	पदनाम (अधिकारी या लिपिक)	हिंदी ज्ञान संबंधी जानकारी (अकादमिक/ हिंदी शिक्षण योजना/ प्रचार सभा/अन्य/घोषणा पत्र के जरिये)
1	2	3

- अधिकारी या लिपिक किसी को भी राजभाषा समन्वयक के रूप में चुना जा सकता है। आंतरिक सहूलियत के अनुसार निर्णय लिया जा सकता है।
- एकरूपता बनाने के उद्देश्य से संगठन द्वारा केवल लिपिक वर्ग या केवल अधिकारी वर्ग को ही राजभाषा समन्वयक की जिम्मेदारी सौंपी जा सकती है।
- शाखा कार्यालय/इकाई के प्रधान को 'राजभाषा समन्वयक' की जिम्मेदारी सौंपना उचित नहीं है।
- 'राजभाषा समन्वयक' नाम से ही संबोधित करना जरूरी नहीं है। अपने इच्छानुसार 'राजभाषा सहूलितयकार, राजभाषा संपर्क अधिकारी, राजभाषा संपर्क लिपिक' इत्यादि नाम दिये जा सकते हैं।
- कार्यान्वयन की सहूलियत की दृष्टि से की जाने वाली यह एक आंतरिक व्यवस्था है।

राजभाषा समन्वयक को कैसे सक्षम बनाया जा सकता है?

- वित्तीय वर्षांत के प्रारंभ में हर एक शाखा कार्यालय/इकाई से राजभाषा समन्वयक की अद्यतन जानकारी प्राप्त कर नियंत्रक कार्यालय द्वारा समेकित सूची तैयार करनी होगी।
- हर वर्ष वित्तीय वर्ष के द्वितीय माह में (जून तिमाही) एक दिवसीय 'राजभाषा समन्वयक संगोष्ठी' आयोजित करने की प्रथा प्रारंभ करनी होगी। इस संगोष्ठी में निम्न जानकारी से अवगत कराने का प्रयास करना होगा।
    - (i) राजभाषा नीति एवं वार्षिक कार्यक्रम (अतिथि वक्ता को यह सत्र सौंपने का प्रयास हो),
    - (i) राजभाषा समन्वयकों की भूमिका एवं राजभाषा कार्यान्वयन के संबंध में आंतरिक दिशानिर्देश/जारी परिपत्र,
    - (iii) हिंदी सॉफ्टवेयर एवं कंप्यूटर परिचालन,
    - (iv) नेमी कार्य एवं आंतरिक कामकाज में हिंदी का प्रयोग,
    - (v) रिपोर्टिंग प्रणाली (ऑनलाइन सहित)।
- सत्र संचालन संबंधी सहायक सामग्री (हैंड आउट) एक पुस्तिका के रूप में उपलब्ध कराने का प्रयास करना होगा।
- संगोष्ठी का उद्घाटन नियंत्रक कार्यालय के प्रधान या उनकी अनिवार्य अनुपस्थिति में अगले उच्चतम अधिकारी द्वारा किया जाना प्रेरणादायक होगा।

राजभाषा समन्वयक को विशेष प्रोत्साहन

- ₹1000 तक (या संस्था के निर्णयानुसार) मासिक नकद मानदेय प्रदान करने की पहल की जा सकती है। क्योंकि उन्हें अपने दैनिक कार्यालयीन कार्य के अतिरिक्त राजभाषा कार्यान्वयन संबंधी कार्य भी संभालना होगा।

इस प्रकार की अतिरिक्त प्रोत्साहन की व्यवस्था से राजभाषा समन्वयक स्वयं को उत्तरदायी समझेगा।

- नकद प्रोत्साहन व्यवस्था को लागू करने के पक्ष में अमुक शाखा/इकाई में एक से अधिक कर्मचारी राजभाषा समन्वयक कार्यभार संभालने के इच्छुक होने पर हिंदी में शैक्षिक योग्यता, कार्य अनुभव, वरीयता इत्यादि को प्राथमिकता देते हुए वर्ष में एक बार आवर्तन के आधार पर परिवर्तन किया जा सकता है।

कार्यक्षेत्र एवं जिम्मेदारियाँ

- अपने संगठन की आंतरिक वार्षिक राजभाषा कार्य योजना एवं अन्य दिशानिर्देश तथा गृह मंत्रालय, राजभाषा विभाग के वार्षिक कार्यक्रम के अनुसार अपने शाखा कार्यालय/इकाई में हिंदी प्रयोग के संबंध में यथासंभव योगदान करने की अपेक्षा की जाती है। राजभाषा कार्यान्वयन संबंधी दिशानिर्देशों की जानकारी रखने की आवश्यकता है।
- राजभाषा कार्यान्वयन से जुड़ी निम्न फाइलों का अनुरक्षण करना होगा :
  (i) *राजभाषा दिशानिर्देश :* नियंत्रक कार्यालय से प्राप्त परिपत्र/आदेश/विशेष पत्र/आंतरिक वार्षिक कार्य योजना/राजभाषा विभाग का वार्षिक कार्यक्रम इत्यादि हेतु।
  (ii) *तिमाही हिंदी प्रगति रिपोर्ट :* तिमाहीवार रिपोर्ट, नियंत्रक कार्यालय से प्राप्त समीक्षा पत्र, कृत कार्रवाई पत्र, संबंधित अन्य पत्राचार।
  (iii) *राजभाषा कार्यान्वयन समिति की बैठकें :* इस संबंध में नियंत्रक कार्यालय से प्राप्त परिपत्र, कार्यसूची, कार्यवृत्त, नियंत्रक कार्यालय के समीक्षा पत्र, कृत कार्रवाई पत्र, संबंधित अन्य पत्राचार।
  (iv) *टॉलिक* (नगर राजभाषा कार्यान्वयन समिति) : नियंत्रक कार्यालय एवं टॉलिक संयोजक कार्यालय से प्राप्त टॉलिक संबंधी परिपत्र/पत्र/दिशानिर्देश, टॉलिक अर्द्धवार्षिक प्रगति रिपोर्ट की प्रतियाँ, टॉलिक समीक्षा बैठक के कार्यवृत्त, टॉलिक की गतिविधियों, प्रतियोगिताओं इत्यादि संबंधी प्रतियाँ आदि।
  (v) *राजभाषा सामान्य पत्राचार :* उपर्युक्त को छोड़कर राजभाषा कार्यान्वयन संबंधी अन्य पत्राचार, यथा : हिंदी दिवस प्रतियोगिताएँ, अन्य हिंदी प्रतियोगिताएँ, हिंदी गतिविधियाँ, हिंदी पुस्तकालय, राजभाषा निरीक्षण, हिंदी प्रशिक्षण, परीक्षाएँ, हिंदी ज्ञान रोस्टर, हिंदी प्रयोग संबंधी कर्मचारियों को जारी आदेश, अधिसूचना पत्राचार, समाचार-पत्रों में प्रकाशित शाखा कार्यालय/इकाई संबंधी सूचना, हिंदी सॉफ्टवेयर, राजभाषा कार्यान्वयन संबंधी व्यय, हिंदी या द्विभाषा प्रपत्र एवं अन्य विविध पत्राचार।

इनके अतिरिक्त आवश्यकतानुसार अन्य कोई फाइल/रजिस्टर।

- कार्यान्वयन संबंधी महत्त्वपूर्ण अनिवार्यताओं से एवं नियंत्रक कार्यालय/टॉलिक संयोजक कार्यालय से प्राप्त आवश्यक दिशानिर्देशों से शाखा कार्यालय/इकाई के सहकर्मियों को अवगत कराना।

- नियंत्रक कार्यालय से प्राप्त शब्द सूची या शब्दावली पुस्तकों के आधार पर प्रति दिन क्षेत्रीय भाषा एवं उसके समानार्थ हिंदी तथा अंग्रेजी शब्द का प्रदर्शन। [उपलब्ध संसाधनों का उपयोग करते हुए, यथा : डिजिटल स्क्रीन पर/बोर्ड पर या मुद्रित शीट इत्यादि।]
- उपस्थिति रजिस्टर में नाम हिंदी या आवश्यकतानुसार द्विभाषा में लिखना या टंकित सूची चिपकाना।
- यूनिकोड का प्रयोग करते हुए कंप्यूटर पर इंस्क्रिप्ट हिंदी टंकण सीखना एवं उसका प्रयोग स्वयं करना तथा सहकर्मियों को सिखाना।

    यूनिकोड एक्टिवेशन एवं स्क्रिप्ट मैजिक या संस्थागत अन्य प्रकार की हिंदी सॉफ्टवेयरों के इंस्टालेशन एवं परिचालन से परिचित होना एवं प्रयोग करना। वाइस टाइपिंग, ऑटो ट्रांसलेशन इत्यादि नवीनतम सुविधाओं से भी परिचित हों।
- कंप्यूटर में उपलब्ध कराए गए प्रपत्रों, नेमी पत्रों, विवरणों इत्यादि को हिंदी या द्विभाषा में भरने की आदत डालना और सहकर्मियों को पथप्रदर्शन करना। हाथ से लिखने के संदर्भ में भी हिंदी या द्विभाषा का प्रयोग करना।
- एचआरएमएस (मानव संसाधन प्रबंधन प्रणाली) प्रोग्राम/एप्लिकेशन प्रयुक्त संगठनों में कर्मचारी अपने कंप्यूटर में ही मानव संसाधन/कार्मिक मामलों संबंधी कई प्रपत्र/विवरण/आवेदन हिंदी या द्विभाषा में भर सकेंगे। इन सभी विषयों से राजभाषा समन्वयक परिचित होना और सहकर्मियों को पथप्रदर्शन करना।
- मुख्यालय एवं नियंत्रक कार्यालय से आपूर्ति की गई हिंदी पुस्तकों, शाखा कार्यालय/इकाई द्वारा खरीदी गई हिंदी पुस्तकों तथा पहले से ही उपलब्ध हिंदी पुस्तकों का सुरक्षित अनुरक्षण, रजिस्टर बनाए रखना तथा सहकर्मियों को परिचालित करना।
- संगठन में प्रचलित आंतरिक दिशानिर्देशों के अनुसार हिंदी समाचार-पत्र एवं पत्रिका खरीदने में रुचि लेना।
- शाखा कार्यालय में प्रयोग की जाने वाली फाइलों एवं रजिस्टरों के शीर्षक/विषय हिंदी में सहकर्मियों से लिखवाना या टंकित पर्ची चिपकाना।

    [जरूरतानुसार अनुवाद के लिए नियंत्रक कार्यालय का सहयोग प्राप्त करना होगा।]
- राजभाषा समन्वयक को राजभाषा कार्यान्वयन समिति के सदस्य सचिव की भूमिका निभानी होगी। शाखा कार्यालय/इकाई की त्रैमासिक राजभाषा कार्यान्वयन समिति की बैठक का ससमय आयोजन की व्यवस्था करना और कार्यवृत्त तैयार कर नियंत्रक कार्यालय को प्रेषित करना तथा बैठक में लिये गए निर्णयों का अनुपालन सुनिश्चित करना।
- शाखा कार्यालय/इकाई प्रधान के साथ स्थानीय टॉलिक (नगर राजभाषा कार्यान्वयन समिति) की छमाही समीक्षा बैठकों में भाग लेना। टॉलिक संयोजक

कार्यालय को समय पर हिंदी प्रगति रिपोर्ट प्रस्तुत करना। टॉलिक की सभी गतिविधियों में शाखा कार्यालय/इकाई की सहभागिता सुनिश्चित करना।

- नियंत्रक कार्यालय को तिमाही हिंदी प्रगति रिपोर्ट की ससमय प्रस्तुति।
- हिंदी या द्विभाषा में प्राप्त पत्र एवं उत्तरित पत्रों का रजिस्टर बनाए रखना/अभिलेख रखना।
- कर्मचारियों का हिंदी ज्ञान रोस्टर तैयार करना और समय-समय पर अद्यतन करना।
- नियंत्रक कार्यालय के मार्गदर्शन से हिंदी में प्रवीणता प्राप्त कर्मियों को शाखा कार्यालय/इकाई प्रधान के हस्ताक्षर से हिंदी का अधिकाधिक प्रयोग करने संबंधी आदेश जारी करना। (अधिसूचित होने पर अनिवार्यत:)
- शाखा कार्यालय के राजभाषा निरीक्षणों के अवसर पर अपेक्षित जानकारी प्रस्तुत करना, अभिलेख उपलब्ध कराना।
- शाखा कार्यालय परिसर में प्रदर्शित सभी बोर्ड, बैनर, पोस्टर आदि द्विभाषा या त्रिभाषा में होना सुनिश्चित करना। यदि कोई अनियमितता पाए जाने पर शाखा कार्यालय/इकाई प्रधान और आवश्यकतानुसार नियंत्रक कार्यालय के राजभाषा अनुभाग के ध्यान में लाना।
- शाखा कार्यालय स्तर पर मुद्रित सभी सामग्री द्विभाषा/त्रिभाषा या आवश्यकतानुसार केवल हिंदी या क्षेत्रीय भाषा में होना सुनिश्चित करना (विजिटिंग कार्ड, पत्रशीर्ष, निमंत्रण पत्र सहित)। रबड़ की मुहर एवं सील द्विभाषा-त्रिभाषा में होना सुनिश्चित करना।
- नियंत्रक कार्यालय द्वारा राजभाषा समन्वयकों के लिए आयोजित संगोष्ठियों और अन्य मार्गदर्शन कार्यक्रमों में अवश्य भाग लेना।
- राजभाषा फाइल और अभिलेखों का स्वस्थ अनुरक्षण।
- आवश्यकतानुसार राजभाषा प्रयोग संबंधी अन्य कोई कार्य होने पर संपन्न करना।

राजभाषा फाइल, रजिस्टर एवं अन्य अभिलेखों का अनुरक्षण

परिचय

कार्यालयों में फाइलों एवं अन्य अभिलेखों का अनुरक्षण महत्त्वपूर्ण स्थान रखता है। आंतरिक नियंत्रण व्यवस्था का यह एक महत्त्वपूर्ण अंग है। शरीर के लिए वस्त्र जिस प्रकार कवच बन जाते हैं, उसी प्रकार कार्यालयीन कागजातों के लिए फाइल रक्षक बन जाती हैं।

- सामान्यत: कार्यालयीन अभिलेख नेमी, महत्त्वपूर्ण, अति महत्त्वपूर्ण एवं गोपनीय स्वरूप के होते हैं। अति महत्त्वपूर्ण एवं गोपनीय अभिलेखों को पृथक् तालायुक्त अलमारी या रैक में सुरक्षित रखने की व्यवस्था होती है। शेष अभिलेख, फाइल अन्य जगह रखी जाती हैं।
- अभिलेख स्थायी और अस्थायी होते हैं। कार्य स्वरूप के अनुसार फाइलों/अभिलेखों को अल्पावधि, दीर्घावधि एवं स्थायी श्रेणी में रखा जाता है।
- जिन अभिलेखों को पुन: संदर्भित करने की आवश्यकता नहीं होती है, उन्हें सक्षम प्राधिकारी के अनुमोदन (कार्यालय टिप्पणी द्वारा) से नष्ट किये जाते हैं। जिन्हें सरकारी दिशानिर्देशों एवं आंतरिक दिशानिर्देशों के अनुसार निश्चित अवधि के लिए अनुरक्षित करना अनिवार्य है, उन्हें तत् अवधि के पश्चात् सक्षम प्राधिकारी के अनुमोदन (कार्यालय टिप्पणी द्वारा) से नष्ट किया जाता है या आवश्यकता आधारित फाइलों को कार्यालय के पुराने अभिलेख कक्ष में भेजा जाता है। स्थायी अभिलेख स्थायी रूप से सुरक्षित किये जाते हैं जिनकी आवश्यकता कभी न कभी हो सकती है। इस प्रकार की फाइलों में राजभाषा स्टाफ की वैयक्तिक फाइल, संसदीय राजभाषा समिति निरीक्षण, संगठन संबंधी मंत्रालय के राजभाषा विभाग का पत्राचार, गृह मंत्रालय-राजभाषा विभाग का पत्राचार, मुख्यालय के राजभाषा विभाग के परिपत्र एवं दिशानिर्देश, मुख्यालय की कार्यालय टिप्पणियाँ, स्थापना, निविदा एवं बजट संबंधी पत्राचार इत्यादि शामिल हैं। हिंदी पुस्तकालय रजिस्टर (खरीद/वितरण), स्थापना रजिस्टर (बजट/अदायगी), आयकर रजिस्टर, निविदा रजिस्टर स्थायी श्रेणी के होते हैं।

राजभाषा सहूलियतकार द्वारा अभिलेखों का अनुरक्षण

फाइल अनुरक्षण में एकरूपता :

- संगठन के मुख्यालय के अधीन कार्यरत सभी नियंत्रक कार्यालयों में राजभाषा कार्य प्रक्रिया लगभग एक समान होती है। अत: नियंत्रक कार्यालयों द्वारा अनुरक्षित फाइल शीर्षक सूची एवं फाइल नंबर में एकरूपता होना सुविधाजनक होगा। इससे संगठन में कार्यरत राजभाषा अधिकारी का स्थानांतरण एक नियंत्रक कार्यालय से दूसरे नियंत्रक कार्यालय में होने पर उन्हें ढूंढ़ने में दिक्कत नहीं होगी। अक्सर पाया जाता है कि एक ही संगठन के अलग-अलग नियंत्रक कार्यालयों में अलग-अलग फाइल सूची बनाई रखी जाती है। उदाहरण के लिए : राजभाषा कार्यान्वयन समिति की फाइल के संदर्भ में शीर्षक के रूप में 'राजभाषा कार्यान्वयन समिति की बैठक (अंचल कार्यालय)' लिखकर उस फाइल की संख्या 5 दी जाने पर हर अंचल कार्यालय में राजभाषा कार्यान्वयन समिति की बैठकों से संबंधित फाइल पर शीर्षक एवं फाइल संख्या वही हो।
- फाइल अनुरक्षण में एकरूपता बनाए रखने के लिए मुख्यालय के राजभाषा विभाग के स्तर पर 'संख्यायुक्त फाइल शीर्षक सूची' बनाकर उचित दिशानिर्देशों के साथ अपने अधीनस्थ सभी नियंत्रक कार्यालयों को परिपत्र के माध्यम से प्रेषित करने की चेष्टा करनी होगी।
- सामान्यत: नियंत्रक कार्यालयों में निम्न प्रकार की राजभाषा फाइल बनाई/रखी जाती हैं।

[संगठनों द्वारा अपने कार्यस्वरूप के अनुरूप फाइलें खोली जाती हैं। अत: यहाँ दी गई सूची को ही मानक नहीं माना जा सकता है।]

फाइल संख्या एवं शीर्षक

फाइल सं.   शीर्षक

1 मुख्यालय राजभाषा विभाग के परिपत्र

2 ...कार्यालय, राजभाषा अनुभाग के परिपत्र
[नियंत्रक कार्यालय के नाम का उल्लेख हो]

3 ...कार्यालय के अन्य अनुभागों के परिपत्रों की प्रतियाँ
[नियंत्रक कार्यालय के नाम का उल्लेख हो]

4 गृह मंत्रालय, राजभाषा विभाग के वार्षिक कार्यक्रम की प्रतियाँ एवं पत्राचार

5 आंतरिक वार्षिक राजभाषा कार्य योजना की प्रतियाँ एवं पत्राचार

6 गृह मंत्रालय, राजभाषा विभाग के ज्ञापन/परिपत्र
[राजभाषा विभाग, दिल्ली, क्षेत्रीय कार्यान्वयन कार्यालय, हिंदी शिक्षण योजना, केंद्रीय अनुवाद ब्यूरो आदि से संबंधित]

7 कार्यालय टिप्पणियों की मूल प्रतियाँ

8 क्षेत्रीय कार्यान्वयन कार्यालय, राजभाषा विभाग, गृह मंत्रालय का पत्राचार

9 ...के राजभाषा विभाग संबंधी पत्राचार
[संगठन से संबंधित मंत्रालय का उल्लेख हो। यह पत्राचार अपने मुख्यालय से प्राप्त पत्राचार पर आधारित होता है।]

10 नियंत्रक कार्यालय एवं राजभाषा अधिकारी की राजभाषा कार्यान्वयन संबंधी जिम्मेदारियों की प्रतियाँ

11 नगर राजभाषा कार्यान्वयन समिति संबंधी परिपत्र एवं दिशानिर्देश

12 नगर राजभाषा कार्यान्वयन समिति संबंधी रिपोर्ट एवं पत्राचार

13 संसदीय राजभाषा समिति निरीक्षण

14 उच्च स्तरीय राजभाषायी निरीक्षण
[(राजभाषा विभाग, नई दिल्ली, क्षेत्रीय कार्यान्वयन कार्यालय,...मंत्रालय के राजभाषा विभाग का निरीक्षण (संबंधित मंत्रालय का नाम उल्लेख करना होगा।)]

15 आंतरिक राजभाषा निरीक्षण संबंधी दिशानिर्देश एवं सामान्य पत्राचार

16 मुख्यालय के राजभाषा विभाग द्वारा निरीक्षण

17 कार्यालय के राजभाषा अधिकारी द्वारा शाखा कार्यालयों/इकाइयों का निरीक्षण

18 आंतरिक निरीक्षकों द्वारा वार्षिक राजभाषा निरीक्षण

19 ...कार्यालय की राजभाषा कार्यान्वयन समिति की बैठक
[संबंधित कार्यालय के नाम का उल्लेख हो]

20 शाखा कार्यालयों/इकाइयों में राजभाषा कार्यान्वयन समिति की बैठकें

21 मासिक हिंदी प्रगति रिपोर्ट

22 कार्यालय की तिमाही हिंदी प्रगति रिपोर्ट

23 शाखा कार्यालयों/इकाइयों की तिमाही हिंदी प्रगति रिपोर्ट

24 अंतर्सेवा हिंदी प्रशिक्षण (प्रबोध, प्रवीण, प्राज्ञ, पारंगत)

25 अंतर्सेवा हिंदी प्रशिक्षण (टंकण, आशुलिपि, अनुवाद आदि)

26 हिंदी ज्ञान रोस्टर

27 हिंदी कार्यशाला

28 डेस्क एवं शाखा कार्यालय/इकाई स्तर अल्पावधि मार्गदर्शन

29 मार्गदर्शन कार्यक्रम (प्रांतीय भाषा कार्यक्रम, आपसी संवाद कार्यक्रम इत्यादि)

30 सहायक सामग्री (हैंडआउट की प्रतियाँ)

31 पॉवर प्वाइंट की प्रतियाँ (पीपीटी)

32 अनुवाद

33 रबड़ की मुहर/नाम बोर्ड/पत्र शीर्ष/विजिटिंग कार्ड/निमंत्रण पत्र

34 इलेक्ट्रॉनिक उपकरण एवं सॉफ्टवेयर

35 मुख्यालय स्तर राजभाषा शील्ड/उत्तम निष्पादन प्रतियोगिताएँ

36 शाखा कार्यालय/इकाई स्तर राजभाषा शील्ड/उत्तम निष्पादन प्रतियोगिताएँ

37 आंतरिक प्रोत्साहन योजनाएँ
38 राजभाषा नियम-10(4) के अंतर्गत अधिसूचना
39 राजभाषा नियम-8(4) के अंतर्गत कार्यालय आदेश जारी करना
40 हिंदी पुस्तकालय
41 विविध पुस्तक प्रकाशन की प्रतियाँ
42 हिंदी दिवस समारोह
43 हिंदी दिवस प्रतियोगिता प्रविष्टियाँ
44 राजभाषा प्रयोग संबंधी विशेष अभियान
45 राजभाषा संगोष्ठी/सम्मेलन
46 राजभाषा समन्वयक पत्राचार
47 मॉडल शाखा कार्यालय/इकाई
48 राजभाषा न्यूज बुलेटिन/पत्रिकाएँ
49 शीर्षस्थ प्रशासनिक बैठकों की कार्यसूची एवं कार्यवृत्त की प्रतियाँ (हिंदी/द्विभाषा)
50 राजभाषा प्रचार-प्रसार सामग्री की प्रतियाँ (पत्र-पत्रिकाओं में हिंदी में प्रकाशित कतरन, पैंफ्लेट, पोस्टर आदि)
51 विशेष हिंदी प्रतियोगिताएँ (विद्यालयों/चैरिटी संस्थाओं आदि में जागरूकता/स्वतंत्रता/गणतंत्र/योग/महिला/बाल/पर्यावरण दिवस इत्यादि के अवसर पर)
52 हिंदी/द्विभाषा प्रपत्रों की नमूना प्रतियाँ
53 पुराने अभिलेख संबंधी पत्राचार
54 राजभाषा बजट संबंधी पत्राचार
55 हिंदी गृह पत्रिकाओं की प्रतियाँ (डाक फाइल में)

- उपर्युक्त प्रकार की फाइलों के अतिरिक्त आंतरिक आवश्यकताओं के अनुरूप फाइलें खोलनी होंगी। जरूरी नहीं कि उपर्युक्त शीर्षकों को ज्यों का त्यों अपनाएँ। अपने सुविधानुसार फाइल शीर्षक एवं एकरूप फाइल संख्या दी जा सकती हैं।
- सामान्यत: शाखा कार्यालयों/इकाइयों में अनुरक्षण की जाने वाली फाइलें कम होती हैं। अत: इनके अनुरक्षण में एकरूपता बनाए रखने की आवश्यकता महसूस नहीं होती है।
- मुख्यालय या प्रधान कार्यालय के राजभाषा विभाग के संदर्भ में उपर्युक्त प्रकार के अनिवार्य फाइलों के अतिरिक्त नियंत्रक कार्यालयवार, प्रशिक्षण केंद्रवार फाइलें बनाई-रखी जाती हैं। इनके अलावा संबंधित मंत्रालय के राजभाषा विभाग, गृह मंत्रालय के राजभाषा विभाग, स्वैच्छिक हिंदी संस्थाएँ, अखिल भारतीय राजभाषा संगोष्ठियाँ, अखिल भारतीय हिंदी प्रतियोगिताएँ, विभिन्न संगठनों के साथ पत्राचार, विभिन्न संगठनों की हिंदी पत्रिकाएँ (डाक फाइल में), वेबसाइट इत्यादि पृथक् फाइलों का अनुरक्षण किया जाता है।

अन्य सावधानियाँ

- पत्राचार एवं कार्यालय टिप्पणियों के संदर्भ में दी जाने वाली पत्र-संख्या और टिप्पणी-संख्या में फाइल नंबर का उल्लेख हो (उदाहरण के लिए पत्र सं. 115/आंका/राभाआ/2023/फा-10)। इस पद्धति से कागजातों को संबंधित फाइल में फाइल करने और फाइल निकालने में सुविधा होगी।
- हर फाइल के शीर्षक के नीचे फाइल खोली गई तारीख अंकित हो। फाइल बंद करते समय बंद तारीख भी अंकित हो।
- फाइल को ज्यादा मोटा न बनाएँ। अपेक्षित संदर्भों में आवश्यक कागजातों का संदर्भ लेने हेतु उच्च पदाधिकारियों के सम्मुख मोटी फाइल प्रस्तुत करना असुविधाजनक होगा।
- कार्यालय टिप्पणी की मूल प्रतियाँ 'कार्यालय टिप्पणी फाइल' में फाइल करने के अतिरिक्त उसकी एक जेरॉक्स प्रति तत्काल संदर्भ हेतु तत् विषयक पत्राचार फाइल में भी फाइल करनी होगी। यथा : राजभाषा कार्यान्वयन समिति से संबंधित कोई कार्यालय टिप्पणी होने पर उसकी मूल प्रति को कार्यालय टिप्पणी फाइल में फाइल करने के अतिरिक्त राजभाषा कार्यान्वयन समिति की फाइल में जेरॉक्स प्रति भी डालनी होगी। तत्काल संदर्भ के लिए इस पद्धति से सुविधा होगी।
- फाइलों एवं रजिस्टरों का स्वस्थ अनुरक्षण हो। फाइल/रजिस्टर का कवर कटा-फटा और गंदा न हो।
- कागजातों का फाइलिंग तारीखवार हो।
- फाइल सूची को कंप्यूटर में सॉफ्ट प्रति में सुरक्षित रखने के अतिरिक्त उसकी एक प्रति बंद पारदर्शी कवर या लैमिनेट कवर में तत्काल संदर्भ हेतु राजभाषा सहूलियतकार के डेस्क में उपलब्ध हो। इसकी एक प्रति को फाइल अलमारी में चिपकाया जा सकता है।

सक्षम प्राधिकारी को कार्यालयीन कागजात प्रस्तुत करने की पद्धति

कार्यालय टिप्पणी के जरिये

- कोई भी कार्यालयीन कार्य संपन्न करने के लिए संगठन की आंतरिक कार्य प्रणाली का पालन करना पड़ता है। कुछेक कार्य स्थायी कार्य होते हैं जिनके संबंध में स्थायी दिशानिर्देश जारी हुए होते हैं, यथा : हिंदी दिवस का आयोजन, हिंदी कार्यशालाओं का आयोजन, हिंदी पुस्तकों की खरीद, अंतर्सेवा हिंदी परीक्षाओं में नामांकन, राजभाषा नियम-10(4) के अंतर्गत अधिसूचित कराना, राजभाषा अधिकारी द्वारा राजभाषायी निरीक्षण, राजभाषा कार्यान्वयन समिति की बैठकों का आयोजन इत्यादि। इस प्रकार के मामलों में नियंत्रक कार्यालयों को अपने मुख्यालय से प्रति वर्ष संपर्क करने की आवश्यकता नहीं होगी (विशेष अनुमोदन संबंधी संदर्भों को छोड़कर)। तथापि कोई स्थायी गतिविधि संपन्न करते समय संबंधित मुख्यालय या संबंधित नियंत्रक कार्यालय द्वारा पहले ही जारी किये गए दिशानिर्देशों का उल्लेख करते हुए कार्यालय टिप्पणी के माध्यम से अपने सक्षम प्राधिकारी का औपचारिक अनुमोदन प्राप्त करने की आवश्यकता होगी। उच्च नियंत्रक कार्यालय के दिशानिर्देश होने के कारण संबंधित कार्यालय के सक्षम प्राधिकारी द्वारा मना नहीं किया जाएगा। कार्यक्रम का स्वस्थ आयोजन एवं समय परिवर्तन इत्यादि के संबंध में वे केवल सुझाव दे पाएँगे।
- राजभाषा सहूलियतकार के लिए जरूरी है कि अमुक गतिविधि के आयोजन के संबंध में उच्च नियंत्रक कार्यालय के दिशानिर्देश होने पर भी अपने सक्षम-प्राधिकारी से औपचारिक अनुमोदन प्राप्त किये बिना कार्य संपन्न न करें।
- हिंदी के प्रगामी प्रयोग संबंधी कुछेक गतिविधियों के लिए पत्र या परिपत्र के रूप में स्थायी दिशानिर्देश उपलब्ध नहीं होंगे। यथा : हिंदी प्रयोग संबंधी विशेष संदेश/प्रकाशन/प्रचार सामग्री, विशेष राजभाषा संगोष्ठियाँ, अंतर संगठन स्तर प्रतियोगिताएँ, टॉलिक की गतिविधियाँ, विशेष मार्गदर्शन कार्यक्रम, हिंदी सॉफ्टवेयर की खरीद, उपलब्ध पुस्तकालय बजट के अतिरिक्त सहायक सामग्री की खरीद इत्यादि अनेक संदर्भों में संगठन में प्रचलित आंतरिक दिशानिर्देशों के अनुसार मुख्यालय के राजभाषा विभाग से या तत्काल उच्च नियंत्रक कार्यालय से या विवेकाधिकार होने पर अपने कार्यालय प्रधान से लिखित रूप में पूर्व अनुमोदन प्राप्त करना होगा।

सावधानियाँ

- कार्यालय टिप्पणी की प्रस्तुति उद्देश्योन्मुख हो। संक्षेप में आशय की पृष्ठभूमि देते हुए अपेक्षाओं, अनिवार्यताओं से अवगत कराना होगा। प्रस्तावित कार्यक्रम या उद्देश्य को बिंदुवार या अनुच्छेदवार अवगत कराना होगा। संगठन की छवि बढ़ाने से संबंधित गतिविधियों के आयोजनार्थ अन्य संगठनों में संपन्न सफल गतिविधियों के उदाहरण देने का प्रयास किया जा सकता है।
- प्रचलित आंतरिक दिशानिर्देशों, नवीनतम दिशानिर्देशों या सरकारी दिशानिर्देशों के आधार पर प्रस्तुत कार्यालय टिप्पणियों में उससे संबंधित परिपत्र/पत्र/ज्ञापन इत्यादि का उल्लेख अवश्य करना होगा (संख्या एवं दिनांक सहित)। संबंधित फाइल के साथ अनुमोदनार्थ कार्यालय टिप्पणी प्रस्तुत की जाने पर संदर्भित परिपत्र/पत्र/ज्ञापन की फोलियो संख्या का भी उल्लेख करना होगा। इसके अतिरिक्त फाइल किये गए संदर्भित कागजातों में फ्लैग लगाकर उन पर फोलियो संख्या अंकित करनी होगी। इससे संबंधित जानकारी को तत्काल पढ़ने में सक्षम प्राधिकारी को सुविधा होगी।
- कार्यालय टिप्पणी के साथ फाइल प्रस्तुत न की जाने के संदर्भ में अर्थात् केवल फोल्डर में टिप्पणी का मसौदा प्रस्तुत किये जाने के संदर्भ में यदि किन्हीं दिशानिर्देशों को संदर्भित किये जाने की स्थिति में उससे संबंधित पत्र/परिपत्र/ज्ञापन की प्रतियों को कार्यालय टिप्पणी के साथ रखना जरूरी है। टिप्पणी के साथ रखे गए समर्थन कागजात एक से अधिक होने पर सक्षम प्राधिकारी का ध्यान आकर्षित करने के लिए संबंधित मुख्य पंक्तियों को हाइलाइटर से हाइलाइट करने के अतिरिक्त तत् पृष्ठों पर फ्लैग भी रखने होंगे।
- कार्यालय टिप्पणी की भाषा सरल, स्पष्ट और संदिग्ध रहित हो।
- सक्षम प्राधिकारी को हिंदी में प्रवीणता न होने पर टिप्पणी द्विभाषा में प्रस्तुत करनी होगी।
- सक्षम प्राधिकारी के सुविधार्थ टिप्पणी के अंत में निम्न प्रकार के वाक्यांशों का उल्लेख करना उचित होगा। यथा : 'आदेशों के लिए प्रस्तुत, अनुमोदन के लिए प्रस्तुत, मंजूरी हेतु प्रस्तुत, स्वीकृति हेतु प्रस्तुत, अवलोकनार्थ प्रस्तुत, सूचनार्थ प्रस्तुत' इत्यादि।

लघु टिप्पणी के जरिये

- प्राप्त दिशानिर्देश व पत्राचार के आधार पर कार्यालय टिप्पणी का विस्तृत मसौदा तैयार करने की आवश्यकता न होने के संदर्भ में अर्थात् प्राप्त परिपत्र/पत्र/ज्ञापन इत्यादि के अंतिम पृष्ठ या हाशिये में ही दो या तीन पंक्तियाँ लिखकर सक्षम प्राधिकारी को प्रस्तुत करना पर्याप्त समझे जाने पर लघु

टिप्पणी प्रस्तुत करने की प्रक्रिया अपनाई जाती है। ऐसे संदर्भों में तत् पत्राचार में निहित दिशानिर्देशों की प्रमुख जानकारी को हाइलाइट करना होगा। इससे समय की बचत होगी। सामान्यतः सूचनार्थ, अवलोकनार्थ प्राप्त दिशानिर्देशों के लिए तथा नेमी प्रकार के अनुमोदनों के लिए पत्राचार की मूल प्रतियों पर लघु टिप्पणी प्रस्तुत करने का प्रयास किया जाता है।

संगठन के उच्च प्रबंधन वर्ग के सम्मुख प्रस्तुत किये जाने वाले कागजातों के संदर्भ में सामान्यतः यह प्रक्रिया नहीं अपनाई जाती है। यथा : अध्यक्ष, प्रबंध निदेशक, मुख्य कार्यकारी अधिकारी, कार्यकारी निदेशक, सचिव, संयुक्त सचिव, महानिदेशक आदि के संदर्भ में।

- कार्यालय टिप्पणी पर अंकित सक्षम प्राधिकारी के टिप्पण (नोटिंग) के आधार पर भावी कार्रवाई की जाती है।

तत्काल संदर्भार्थ नियंत्रक कार्यालयों द्वारा राजभाषा कार्यान्वयन संबंधी मदों का अभिलेख बनाए रखा जाना

परिचय

उच्च स्तरीय राजभाषायी निरीक्षण प्रश्नावलियों में, प्रधान कार्यालय/मुख्यालय की उपस्थिति दर्ज की जाने वाली मंत्रालय स्तर की त्रैमासिक राजभाषा समीक्षा बैठकों संबंधी रिपोर्टों में सूचना प्रस्तुत करने के लिए, संसद सत्रों के अवसर पर पूछे जाने वाले तारांकित प्रश्नों का तत्काल समाधान उपलब्ध कराने के लिए, आरटीआई पूछताछों का समाधान देने के लिए, अपनी ही संस्था की त्रैमासिक/वार्षिक समग्र निष्पादन रिपोर्ट/निदेशक मंडल की रिपोर्ट आदि में राजभाषा का निष्पादन भी शामिल करने हेतु संस्था के प्रधान कार्यालयों एवं अन्य नियंत्रक कार्यालयों के राजभाषा अनुभागों में तिमाही हिंदी प्रगति रिपोर्ट संबंधी जानकारी के अतिरिक्त कार्यान्वयन संबंधी अन्य महत्त्वपूर्ण मदों की अद्यतन सूचना भी उपलब्ध होने की आवश्यकता है।

प्रधान कार्यालय/मुख्यालय स्तर पर कार्रवाई

तिमाही हिंदी प्रगति रिपोर्ट भाग-I में उपलब्ध कार्यान्वयन मदों को छोड़कर रिपोर्ट के भाग-II प्रपत्र के कुछ आवश्यक मदों एवं संसदीय राजभाषा समिति की निरीक्षण प्रश्नावली से जुड़े कुछ महत्त्वपूर्ण मदों को जोड़कर प्रधान कार्यालय के राजभाषा विभाग को मदवार एवं स्तंभवार फॉर्मेट बनाना होगा। यह फॉर्मेट प्रधान कार्यालय सहित सभी संबंधित नियंत्रक कार्यालयों के लिए लागू हो। निर्धारित प्रपत्र में माहवार या तिमाहीवार (तिमाहीवार सुविधाजनक हो सकता है), इस प्रकार की सूचना प्राप्त कर अभिलेखित करने की पहल की जा सकती है। मासिक हो या त्रैमासिक (जो तय किया गया हो), उसकी अनुवर्ती माह की 15वीं तारीख तक सूचना प्राप्त कर तत्मदवार सूचना का समेकन कर अभिलेखों का अद्यतन करना होगा। प्रधान कार्यालय के राजभाषा विभाग को चाहिए कि वह अपने विभाग सहित समस्त विभागों से सूचना प्राप्त कर कार्यालय की वैयक्तिक रिपोर्ट तैयार करें तथा अपने समस्त नियंत्रक कार्यालयों से एवं नैगम प्रशिक्षण केंद्र से प्राप्त रिपोर्टों के साथ अपनी वैयक्तिक रिपोर्ट भी शामिल कर समेकन करें। इस प्रकार अपनी संस्था की राजभाषा निष्पादन संबंधी समग्र अद्यतन सूचना राजभाषा विभाग में तत्काल उपलब्ध होने की पद्धति अपनानी होगी। एकत्रित सूचना का अभिलेख विशेषतः सॉफ्ट प्रति में हो।

नियंत्रक कार्यालयों से भी अपेक्षित सूचना सॉफ्ट प्रति में ही प्राप्त की जा सकती है। भरे गये प्रपत्र की मूल प्रति पर सक्षम प्राधिकारी के हस्ताक्षर अवश्य लेने होंगे।

परिकल्पित प्रपत्र संलग्न करते हुए स्पष्ट मार्गदर्शन के साथ सभी नियंत्रक कार्यालयों एवं नैगम प्रशिक्षण केंद्र को सक्षम प्राधिकारी के हस्ताक्षरयुक्त परिपत्र जारी करना होगा।

नोट : अपनी संस्था/संगठन में इस प्रकार की सूचना पृथक् से प्राप्त करने की परंपरा प्रचलित न होने पर इसे प्रारंभ करने के लिए सक्षम प्राधिकारी का लिखित पूर्वानुमोदन प्राप्त करना उचित होगा। इस प्रपत्र को संगठन की सूचना प्रबंधन प्रणाली में शामिल कराने की पहल की जा सकती है।

नियंत्रक कार्यालय स्तर पर

प्रधान कार्यालय द्वारा उपलब्ध कराए गए प्रपत्र के आधार पर अपने राजभाषा अनुभाग सहित कार्यालय के अन्य अनुभागों से निर्धारित समयावधि के अनुसार रिपोर्ट प्राप्त कर एवं समेकन कर अपने कार्यालय की वैयक्तिक रिपोर्ट बनानी होगी। इसके अतिरिक्त अपने नियंत्रणाधीन शाखा कार्यालयों/इकाइयों से उनके लिए लागू मदों संबंधी जानकारी समय पर प्राप्त कर अपने कार्यालय की वैयक्तिक रिपोर्ट को शामिल कर समेकन करना होगा। इस समेकित सूचना को अपने प्रधान कार्यालय के राजभाषा विभाग को अग्रेषित करना होगा। अपने कार्यालय की वैयक्तिक रिपोर्ट एवं समस्त क्षेत्र की (अंचल/सर्किल यथालागू) की समेकित सूचना राजभाषा अनुभाग में विशेषत: सॉफ्ट प्रति के रूप में उपलब्ध हो। प्रधान कार्यालय से प्राप्त परिपत्र के आधार पर निर्धारित प्रपत्र संलग्न करते हुए क्षेत्राधीन शाखा कार्यालयों/इकाइयों को पृथक् परिपत्र के जरिये रिपोर्टिंग प्रक्रिया से अवगत कराना होगा। इनसे भी सॉफ्ट प्रति में सूचना प्राप्त करने के प्रयास करने होंगे। मूल प्रति सक्षम प्राधिकारी द्वारा हस्ताक्षरित हो। यह कार्य संपन्न होने में शाखा कार्यालय/इकाई के हिंदी समन्वयक का सहयोग प्राप्त करना होगा

नैगम/कार्पोरेट प्रशिक्षण केंद्र स्तर पर

कॉर्पोरेट प्रशिक्षण केंद्र को यह उत्तरदायित्व सौंपा जा सकता है कि वह अपने केंद्र की वैयक्तिक रिपोर्ट तैयार करने के अतिरिक्त अपने नियंत्रणाधीन सभी प्रशिक्षण केंद्रों से निर्धारित प्रपत्र में अपेक्षित सूचना प्राप्त कर अपनी वैयक्तिक रिपोर्ट के साथ जोड़कर उसका समेकन करें और तत् समेकित रिपोर्ट को प्रधान कार्यालय के राजभाषा विभाग को प्रेषित करें। कॉर्पोरेट प्रशिक्षण केंद्र में इस जानकारी का सुरक्षित अभिलेखन हो। नियंत्रणाधीन प्रशिक्षण केंद्रों को आवश्यक मार्गदर्शन उपलब्ध कराना होगा।

राजभाषा कार्यान्वयन संबंधी निम्न सूचित जानकारी मंगवाने हेतु नमूना प्रपत्र

1. हिंदी में कार्यसाधक ज्ञान संबंधी प्रशिक्षण :

हिंदी शिक्षण योजना के स्थानीय केंद्रों द्वारा/ऑनलाइन द्वारा लीला प्रबोध, प्रवीण, प्राज्ञ/केंद्रीय हिंदी प्रशिक्षण संस्थान पत्राचार पाठ्यक्रम द्वारा/आंतरिक प्रशिक्षण व्यवस्था द्वारा/स्वत: प्रयासों द्वारा :

(ए) कुल कार्यपालक, अधिकारी एवं लिपिक तथा प्रशिक्षणार्थ शेष कार्यपालक, अधिकारी एवं लिपिक। (पृथक् से)

(बी) उनमें से प्रशिक्षणाधीन कार्यपालक, अधिकारी एवं लिपिक

[नियमित कक्षाओं से जुड़े प्रशिक्षण से कार्यपालकों को छूट दी जा सकती है। लेकिन अन्य पद्धतियाँ अपनानी होंगी या घोषणा पत्र लेना होगा।]

2. हिंदी में पारंगत संबंधी प्रशिक्षण :

(ए) हिंदी में कार्यसाधक ज्ञान रखने वाले कुल कार्यपालक, अधिकारी एवं लिपिक। (पृथक् से)

(बी) उनमें से हिंदी शिक्षण योजना की पारंगत या इस स्तर के आंतरिक प्रशिक्षण (जिसे हिंदी शिक्षण योजना की स्वीकृति प्राप्ति हुई हो) पाने वाले कार्यपालक, अधिकारी एवं लिपिक।

[नियमित कक्षाओं से जुड़े प्रशिक्षण से कार्यपालकों को छूट दी जा सकती है। लेकिन अन्य पद्धतियाँ अपनानी होंगी या घोषणा-पत्र लेना होगा।]

3. दैनिक कार्यालयीन कार्य में हिंदी का लिखित प्रयोग :

(ए) कुल कार्यपालक, अधिकारी एवं लिपिक। (पृथक् से)

(बी) हिंदी का प्रयोग करने वाले कार्यपालक (हिंदी में टिप्पण लेखन) अधिकारी एवं लिपिक (सभी प्रकार के कार्य)

[कार्य की मात्रा प्रतिशतता में दर्शानी होगी]

(i) 25% तक (ii) 26 से 50% तक (iii) 51 से 75% तक (iv) 76% से अधिक (v) 100%

(सी) हिंदी में डिक्टेशन देने वाले कार्यपालकों एवं अधिकारियों की संख्या। (पृथक् से)

(डी) इनसे दी गई हिंदी डिक्टेशन की प्रतिशतता :

(i) 25% तक (ii) 26 से 50% तक (iii) 51 से 75% तक (iv) 76% से अधिक (v) 100%

[हिंदी जानने वाले आशुलिपिकों को ही नहीं, अन्य स्टाफ सदस्यों को दी जाने वाली डिक्टेशन को भी गिनती में लिया जा सकता है।]

4. हिंदी आशुलिपि प्रशिक्षण :

हिंदी शिक्षण योजना की नियमित कक्षाएँ/आंतरिक प्रशिक्षण/स्वत: प्रयास :

(ए) कुल हिंदी विशेषज्ञ आशुलिपिक एवं कुल अंग्रेजी आशुलिपिक (पृथक् से)

(बी) हिंदी आशुलिपि प्रशिक्षणार्थ शेष अंग्रेजी आशुलिपिक

(सी) हिंदी आशुलिपि प्रशिक्षणाधीन अंग्रेजी आशुलिपिक

(डी) इनके द्वारा ली गई कुल डिक्टेशनों में से हिंदी में ली गई डिक्टेशन की प्रतिशतता :

(i) 25% तक (ii) 26 से 50% तक (iii) 51 से 75% तक (iv) 76% से अधिक (v) 100%

5. लिपिक सह-टंकक द्वारा हिंदी में टंकण कार्य (कंप्यूटर पर) :

हिंदी शिक्षण योजना की नियमित कक्षाएँ/आंतरिक प्रशिक्षण व मार्गदर्शन/स्वतः प्रयास द्वारा :

(ए) कुल लिपिक सह-टंकक
(बी) इनमें से हिंदी टंकण में प्रशिक्षित/हिंदी टंकण ज्ञान रखने वालों की संख्या
(सी) प्रशिक्षणाधीन टंकक सह-लिपिक
(डी) इनके कुल टंकण कार्य में से हिंदी टंकण कार्य की प्रतिशतता :
(i) 25% तक (ii) 26 से 50% तक (iii) 51 से 75% तक (iv) 76% से अधिक (v) 100%

6. हिंदी टंकण ज्ञान (कंप्यूटर/लैपटॉप में) :

(ए) कुल कार्यपालक, अधिकारी, लिपिक। (पृथक् से)
(बी) हिंदी टंकण ज्ञान रखने वाले कार्यपालक, अधिकारी, लिपिक
(सी) इनके द्वारा कृत कुल टंकण कार्य में से हिंदी टंकण कार्य की प्रतिशतताः
(i) 25% तक (ii) 26 से 50% तक (iii) 51 से 75% तक (iv) 76% से अधिक (v) 100%

7. राजभाषा नियम-10(4) के अंतर्गत अधिसूचना :

(ए) कुल कार्यालय/शाखा कार्यालय/इकाई
(बी) अधिसूचनार्थ शेष कार्यालय/शाखा कार्यालय/इकाई
(सी) आलोच्य अवधि के दौरान अधिसूचित कार्यालय/शाखा कार्यालय/इकाई

8. राजभाषा नियम-8(4) के अंतर्गत आदेश जारी करना :

(ए) हिंदी में प्रवीणता-प्राप्त कुल अधिकारी (कार्यपालक सहित)
(बी) हिंदी में प्रवीणता-प्राप्त कुल लिपिक
(सी) हिंदी में संपूर्ण कार्य करने हेतु आलोच्य वित्तीय वर्ष के दौरान (रिपोर्टिंग अवधि तक) जारी किये गए व्यक्तिशः आदेशों की संख्या। (पृथक् से)।

9. हिंदी कार्यशालाओं में प्रशिक्षित स्टाफ सदस्यों को पत्र :

(ए) आलोच्य अवधि में हिंदी कार्यशालाओं में प्रशिक्षित कुल अधिकारी एवं लिपिक। (पृथक् से)
(बी) उनमें से दैनिक कार्यालयीन कार्य में हिंदी का नियमित प्रयोग करने हेतु कितने अधिकारियों व लिपिकों को व्यक्तिशः पत्र जारी किये गए हैं। (पृथक् से)।

10. सामान्य प्रशिक्षण कार्यक्रमों का ब्योरा (केवल प्रशिक्षण केंद्रों के लिए) :

(ए) संबंधित अवधि में आयोजित कुल प्रशिक्षण कार्यक्रम

(बी) हिंदी माध्यम में, हिंदी-अंग्रेजी मिली-जुली माध्यम में, केवल अंग्रेजी माध्यम में आयोजित प्रशिक्षण कार्यक्रमों की संख्या। (पृथक् से)।

11. कंप्यूटर/लैपटॉप से संबंधित ब्योरा :

(ए) उपयोग किये जाने वाले कुल कंप्यूटर एवं लैपटॉप

(बी) यूनिकोड एवं आवश्यकतानुसार सीबीएस से जुड़ी हिंदी सॉफ्टवेयर सक्रिय किये गए कंप्यूटर एवं लैपटॉप।

12. राजभाषा निरीक्षण :

आलोच्य अवधि के दौरान नियंत्रक कार्यालय के उच्च पदाधिकारियों, आंतरिक निरीक्षकों एवं राजभाषा अधिकारियों द्वारा निरीक्षित शाखा कार्यालयों/इकाइयों एवं अनुभागों की संख्या। (पृथक् से)

13. पत्रिकाओं/बुलेटिनों का प्रकाशन :

(ए) आलोच्य अवधि के दौरान प्रकाशित कुल पत्रिकाएँ एवं बुलेटिन। (पृथक् से)

(बी) उनमें से हिंदी/द्विभाषा/त्रिभाषा और केवल अंग्रेजी में प्रकाशित (पृथक् से)।

14. पुस्तक/सीडी/वीडियो की खरीद :

(ए) आलोच्य अवधि के दौरान खरीदी गई पुस्तक/सीडी/वीडियो पर कृत कुल व्यय

(बी) उनमें से हिंदी पुस्तकों/हिंदी पाठयुक्त द्विभाषी पुस्तकों, सीडी, वीडियो पर कृत व्यय।

15. महत्त्वपूर्ण बैंठकों का ब्योरा :

(ए) आलोच्य अवधि के दौरान आयोजित प्रमुख बैठकों की संख्या (शाखा कार्यालय/इकाई प्रधान बैठक, ग्राहक सेवा समिति बैठक, सुरक्षा समिति बैठक, अन्य उच्च स्तरीय समीक्षा बैठक आदि)

(बी) उनमें से कितनी बैठकों की कार्यसूची एवं कार्यवृत्त हिंदी या द्विभाषा में बनाए गए हैं।

16. प्रोत्साहन योजनाओं में सहभागिता :

कार्यालयीन कार्य में हिंदी का लिखित प्रयोग एवं कंप्यूटर पर हिंदी टंकण कार्य संबंधी आंतरिक प्रोत्साहन योजनाओं में भाग लेने वाले अधिकारियों एवं लिपिकों की संख्या। (पृथक् से)।

17. टॉलिक का ब्योरा :

सदस्य कार्यालयों/सदस्य शाखा कार्यालयों/इकाइयों के लिए :

(ए) आलोच्य अवधि के दौरान यदि टॉलिक की अर्द्धवार्षिक समीक्षा बैठक आयोजित की गई तो क्या उसमें कार्यालय प्रधान ने भाग लिया?

(बी) क्या टॉलिक द्वारा आयोजित सभी गतिविधियों में सहभागिता सुनिश्चित की गई? ब्योरा दें।

18. विज्ञापन और प्रचार-प्रसार पर किया गया व्यय :

(ए) अखबारों, पत्रिकाओं, पैंफ्लेटों (प्रिंट मीडिया) आदि के माध्यम से विज्ञापन एवं प्रचार पर आलोच्य अवधि में कृत कुल व्यय में से हिंदी (द्विभाषा सहित), अन्य भाषाओं एवं अंग्रेजी विज्ञापन व प्रचार पर कृत व्यय। (पृथक् से)

(बी) आलोच्य अवधि के दौरान इलेक्ट्रॉनिक (टीवी/फिल्म/रेडियो) माध्यम से विज्ञापन और प्रचार पर कुल व्यय में से हिंदी (द्विभाषा सहित), अन्य भाषाओं एवं अंग्रेजी के विज्ञापन व प्रचार पर कृत व्यय। (पृथक् से)

(सी) बैनर, होर्डिंग, फ्लेक्सी इत्यादि के प्रदर्शन पर रिपोर्टिंग अवधि के दौरान कृत कुल व्यय में से हिंदी (द्विभाषा सहित), अन्य भाषाओं एवं अंग्रेजी पर कृत व्यय। (पृथक् से)।

नोट : (i) अन्य कुछ आवश्यक जानकारी तिमाही हिंदी प्रगति रिपोर्ट के भाग-I एवं II तथा आंतरिक सूचना प्रणाली के आधार पर प्राप्त की गई अन्य रिपोर्टों से ली जा सकती है।

(ii) कार्यान्वयन संबंधी नवीनतम अपेक्षाओं के अनुरूप सूचनाएँ प्राप्त कर अभिलेख बनाए रखना सुविधाजनक होगा।

सेवाकालीन हिंदी प्रशिक्षण एवं परीक्षाएँ

परिचय

शिक्षण द्वारा समग्र ज्ञान का विकास होता है और प्रशिक्षण द्वारा विशिष्ट क्षेत्र संबंधी ज्ञान का विकास होता है जिससे कार्यकुशलता बढ़ती है।

हिंदी को संघ की राजभाषा बनाए जाने के पश्चात् केंद्र सरकार एवं उसके अधीनस्थ कार्यालयों में कार्यरत कर्मचारियों को कार्यालयीन कार्य में राजभाषा का प्रयोग करने में सक्षम बनाने के उद्देश्य से आवश्यक प्रशिक्षण व मार्गदर्शन उपलब्ध कराने हेतु शिक्षा मंत्रालय के अधीन 1952 में हिंदी शिक्षण योजना की स्थापना की गई। कर्मचारियों को अंतर्सेवा प्रशिक्षण की सुविधाएँ उपलब्ध कराने हेतु यह जिम्मेदारी गृह मंत्रालय को सौंपे जाने के पश्चात् हिंदी शिक्षण योजना के माध्यम से अक्तूबर, 1955 से कार्यालयीन समय पर ही कर्मचारियों के लिए हिंदी कक्षाएँ चलाने की प्रथा प्रारंभ कराई गई।

श्री बी.जी. खेर की अध्यक्षता में 7 जून, 1955 को गठित राजभाषा आयोग के प्रतिवेदन के आधार पर संसदीय समिति द्वारा 8 फरवरी, 1959 को राष्ट्रपति को प्रस्तुत सिफारिशों के परिप्रेक्ष्य में राष्ट्रपति द्वारा 27 अप्रैल, 1960 को जारी किये गए राजभाषा प्रयोग संबंधी आदेश के अंतर्गत सेवाकालीन हिंदी भाषा, हिंदी टंकण तथा हिंदी आशुलिपि प्रशिक्षण अनिवार्य कर दिया गया।

केंद्र सरकार के सभी मंत्रालयों/विभागों एवं उनके संबद्ध व अधीनस्थ कार्यालयों, उपक्रमों, निगमों, बोर्डों, राष्ट्रीयकृत बैंकों व बीमा कंपनियों में राजभाषा हिंदी का प्रयोग सुनिश्चित करने के लिए गृह मंत्रालय के अंतर्गत जून, 1975 में राजभाषा विभाग की स्थापना की गई तथा हिंदी शिक्षण योजना को राजभाषा विभाग के अधीन लाया गया।

कर्मचारियों को हिंदी का कार्यसाधक ज्ञान, प्रवीणता उपलब्ध कराने के अतिरिक्त टेक्नोलॉजी की विकसित वर्तमान परिस्थितियों में अंग्रेजी टंकक सहित अन्य सभी स्टाफ सदस्यों को कंप्यूटर पर हिंदी टंकण प्रशिक्षण उपलब्ध करने हेतु और अंग्रेजी आशुलिपिकों को हिंदी आशुलिपि में प्रशिक्षित कराने के उद्देश्य से 31 अगस्त 1985 को दिल्ली में स्थापित केंद्रीय हिंदी प्रशिक्षण संस्थान तथा उसके दायरे में लाए गए हिंदी शिक्षण योजना केंद्रों द्वारा प्रबोध, प्रवीण, प्राज्ञ, बैंकिंग प्राज्ञ, पारंगत, हिंदी शब्द संसाधन, हिंदी आशुलिपि के अल्पावधि, दीर्घावधि (गहन) प्रशिक्षण कार्यक्रमों, नियमित कक्षाओं तथा कार्यशालाओं को संचालित करने के अतिरिक्त पत्राचार पाठ्यक्रम एवं दृश्य-श्रवण उपकरणों के माध्यम से भी प्रशिक्षण प्राप्त करने की सुविधा उपलब्ध कराई गई है।

केंद्रीय हिंदी प्रशिक्षण संस्थान द्वारा चलाए जाने वाले प्रशिक्षण कार्यक्रम

गहन भाषा प्रशिक्षण कार्यक्रम :

- प्रबोध—25 कार्य दिवस, प्रवीण—20 कार्य दिवस, प्राज्ञ/बैंकिंग प्राज्ञ—15 कार्य दिवस तथा पारंगत—20 कार्य दिवस।

अल्पकालिक प्रशिक्षण कार्यक्रम :

- भाषा प्रशिक्षण संबंधी प्रति पाठ्यक्रम के लिए पांच दिन।

कार्यशालाएँ :

- भाषा प्रशिक्षण संबंधी प्रति पाठ्यक्रम के लिए पांच दिवसीय कार्यशालाओं का संचालन।

पत्राचार प्रशिक्षण :

- प्रबोध, प्रवीण, प्राज्ञ के लिए एक वर्ष (जुलाई से मई) की अवधि के लिए पत्राचार पाठ्यक्रम की सुविधा।
  [बैंकिंग प्राज्ञ एवं पारंगत के लिए यह सुविधा उपलब्ध नहीं है।]

हिंदी शब्द संसाधन (कंप्यूटर पर हिंदी टंकण प्रशिक्षण)

नियमित कक्षाएँ :

- 40 कार्य दिवस।

हिंदी आशुलिपि प्रशिक्षण :

- 80 कार्य दिवस की नियमित कक्षाएँ।

हिंदी शिक्षण योजना द्वारा चलाए जाने वाले प्रशिक्षण कार्यक्रम

हिंदी भाषा प्रशिक्षण—नियमित कक्षाएँ :

- प्रबोध, प्रवीण, प्राज्ञ, बैंकिंग प्राज्ञ एवं पारंगत पाठ्यक्रम की प्रत्येक परीक्षा के लिए जनवरी से मई तक तथा जुलाई से नवंबर तक (दो सत्र)। पांच माह की अवधि के लिए प्रति दिन उपस्थिति हेतु एक घंटे की तथा एकांतर दिवस (अल्टरनेट दिन) उपस्थिति हेतु दो घंटे की कक्षाएँ चलाई जाएँगी।

हिंदी शब्द संसाधन (कंप्यूटर पर हिंदी टंकण) :

- प्रशिक्षण की अवधि फरवरी से जुलाई तक तथा अगस्त से जनवरी तक छह माह के लिए होगी। प्रति दिन एक घंटे के लिए कक्षाएँ चलाई जाएँगी। (एकांतर दिवस प्रशिक्षण की सुविधा संप्रति उपलब्ध नहीं है।)

हिंदी आशुलिपि प्रशिक्षण :

- इसकी अवधि फरवरी से जनवरी तक प्रति दिन एक घंटे के लिए एक वर्ष की होगी।
  [एकांतर दिवस प्रशिक्षण की सुविधा संप्रति उपलब्ध नहीं है।]

केंद्रीय हिंदी प्रशिक्षण संस्थान के उप-संस्थान :

- संप्रति मुंबई, कोलकाता, बेंगलुरु, चेन्नई और हैदराबाद में इस संस्थान के पांच उप-संस्थान कार्यरत हैं। संस्थान का मुख्यालय दिल्ली में है।

हिंदी शिक्षण योजना के क्षेत्रवार मुख्यालय एवं उप-केंद्र :

- संप्रति दिल्ली, मुंबई, कोलकाता, चेन्नई और गुवाहाटी में शिक्षण योजना के क्षेत्रीय केंद्र कार्यरत हैं। देश के विभिन्न क्षेत्रों में प्रशिक्षण की सुविधा उपलब्ध कराने हेतु पूर्णकालिक प्रशिक्षण केंद्रों के अतिरिक्त अंशकालिक प्रशिक्षण केंद्रों की व्यवस्था भी की गई है। पूर्णकालिक प्रशिक्षण केंद्रों के पते एवं संपर्क सूत्र के लिए वेबसाइट chti.rajbhasha.gov.in का संदर्भ लिया जा सकता है।

परीक्षाओं का आयोजन कब किया जाता है :

- प्रबोध, प्रवीण, प्राज्ञ, बैंकिंग प्राज्ञ तथा पारंगत परीक्षाओं का आयोजन वर्ष में दो बार अर्थात् मई और नवंबर में किया जाता है। इसी प्रकार कंप्यूटर पर हिंदी टंकण परीक्षा का आयोजन प्रति वर्ष जनवरी और जुलाई माह में होगा।
- हिंदी आशुलिपि परीक्षा का आयोजन जुलाई माह में वर्ष में एक बार ही होगा।

पात्रता

प्रबोध परीक्षा के लिए :

- तेलुगु, तमिल, कन्नड़, मलयालम, मणिपुरी, मिजो और अंग्रेजी भाषा-भाषी अधिकारी तथा लिपिक जिन्हें प्राथमिक स्तर का हिंदी ज्ञान नहीं है अर्थात् पांचवीं कक्षा में हिंदी को एक विषय के रूप में नहीं पढ़ा है।
- इसके अतिरिक्त ऐसे अधिनस्थ स्टाफ सदस्य भी पात्र हैं जिन्हें पत्राचार करने या टिप्पणियाँ लिखने की आवश्यकता नहीं है, यथा : परिचर, ड्राइवर, इलेक्ट्रीशियन, टेलीफोन ऑपरेटर, पोस्टमैन, रिकॉर्ड सार्टर, फिटर इत्यादि।

प्रवीण परीक्षा के लिए :

- प्रबोध परीक्षा में उत्तीर्ण स्टाफ सदस्य (उपर्युक्त अधीनस्थ स्टाफ सदस्यों को छोड़कर) तथा ओड़िया, बंगला, असमिया, बोडो, मराठी, गुजराती, सिंधी, मैथिली, संथाली, डोगरी और नेपाली भाषा-भाषी के अधिकारी और लिपिक जिन्हें माध्यमिक स्तर तक का हिंदी ज्ञान नहीं है अर्थात् आठवीं कक्षा में हिंदी को एक विषय के रूप में नहीं पढ़ा है।
- इसके अतिरिक्त वैज्ञानिक, डॉक्टर, नर्स, कंपाउंडर, प्रयोगशाला व कार्यशाला पर्यवेक्षी जिन्हें पूर्णत: प्रशासनिक कार्य करने की आवश्यकता न होने पर भी पत्र-व्यवहार और रिपोर्ट आदि बनानी पड़ती है।

प्राज्ञ या बैंकिंग प्राज्ञ परीक्षा के लिए :

- प्रवीण परीक्षा में उत्तीर्ण स्टाफ सदस्य (प्रवीण परीक्षा में पात्रता के अंतर्गत उल्लेखित उपर्युक्त विशेष वर्ग को छोड़कर) और पंजाबी, उर्दू, कश्मीरी तथा

पश्तो भाषा-भाषी जिन्हें मैट्रिक स्तर की हिंदी का ज्ञान नहीं है अर्थात् दसवीं कक्षा में हिंदी को एक विषय के रूप में नहीं पढ़ा है।

पारंगत परीक्षा के लिए :

- हिंदी में कार्यसाधक ज्ञान प्राप्त सभी अधिकारी/लिपिक वर्ग के कर्मचारी इस परीक्षा के पात्र हैं।

कंप्यूटर पर हिंदी टंकण परीक्षा (शब्द संसाधन) हेतु :

- अंग्रेजी टंकक या लिपिक सह-टंकक के रूप में भर्ती कर्मचारी पात्र होंगे। [आज के तकनीकी युग में सभी स्टाफ सदस्यों को कंप्यूटर का परिचालन करना अनिवार्य हो गया है। कंप्यूटर पर हिंदी में टंकण कार्य करने हेतु मार्गदर्शन कार्यक्रमों के माध्यम से तत्संबंधी परिचालन का ज्ञान हासिल करना जरूरी हो गया है। लेकिन अंग्रेजी टंकक या लिपिक सह-टंकक के रूप में भर्ती न होने पर उन्हें हिंदी शिक्षण योजना की हिंदी शब्द संसाधन परीक्षा में उत्तीर्ण होना अनिवार्य नहीं है और तत्संबंधी प्रोत्साहन के लिए भी पात्र नहीं होंगे।]

हिंदी आशुलिपि परीक्षा के लिए :

- सभी अंग्रेजी आशुलिपिक पात्र हैं।

नोट : (i) अखिल भारतीय सेवाओं के गैर हिंदी मातृभाषी अधिकारी जिन्हें ऐसे राज्य आबंटित किये जाते हैं जिनकी राजभाषा हिंदी नहीं है और भारतीय संघ से संबंधित कार्य कर रहे हैं, भी पात्रता के आधार पर प्रबोध, प्रवीण, प्राज्ञ परीक्षाएँ उत्तीर्ण कर पात्र नकद प्रोत्साहन प्राप्त कर सकते हैं। प्रशिक्षण की अनिवार्यता एवं पात्रता (अकादमिक हिंदी योग्यताएँ आदि) के संबंध में केंद्र सरकार के कर्मचारियों के लिए लागू सभी शर्त इन्हें भी लागू होंगी। (का.ज्ञा.सं. 15/11/71-हि-1 दि. 11.10.1971)

लाल बहादुर शास्त्री प्राशसनिक-अकादमी, मसूरी में हिंदी प्रशिक्षण प्राप्त अखिल भारतीय सेवाओं के अधिकारी प्राज्ञ परीक्षा के लिए पात्र होंगे क्योंकि इस प्रशिक्षण का हिंदी ज्ञान स्तर प्राज्ञ या मैट्रिक स्तर से कम है। पात्रता के आधार पर प्राज्ञ उत्तीर्ण अधिकारी पात्र नकद प्रोत्साहन के लिए पात्र होंगे। सेवाकालीन प्रशिक्षण की अनिवार्यता एवं प्राज्ञ परीक्षा हेतु पात्रता (अकादमिक हिंदी योग्यताएँ आदि) संबंधी शर्ते वही रहेंगी जो केंद्र सरकार के कर्मचारियों के लिए निर्धारित हैं। (का.ज्ञा.सं. 21034/34/87-राभा (घ) दि. 12.12.1988)

(ii) इन पाठ्यक्रों में प्रवेश के लिए कोई आयु सीमा का प्रतिबंध नहीं है।

(iii) अस्थायी कर्मी इन परीक्षाओं के लिए पात्र नहीं होंगे।

(iv) शैक्षिक पात्रता के आधार पर जिन स्टाफ सदस्यों को श्रेणी घ से श्रेणी ग में लाया गया है उन्हें तदनुसार हिंदी भाषा का प्रशिक्षण दिया जाना होगा।

हिंदी शिक्षण योजना के अंतर्गत प्रशिक्षणार्थ केंद्र सरकार और उससे जुड़े कार्यालयों के स्टाफ सदस्यों का वर्गीकरण उनकी मातृभाषा के आधार पर निम्न प्रकार किया गया है

श्रेणी 'क' : हिंदी मातृभाषी और हिंदी की अच्छी जानकारी रखते हैं। इन्हें प्रशिक्षण की आवश्यकता नहीं है।

श्रेणी 'ख' : जिनकी मातृभाषा उर्दू, पंजाबी, कश्मीरी, पश्तो या अन्य सहबद्ध भाषाएँ हैं।

श्रेणी 'ग' : जिनकी मातृभाषा मराठी, गुजराती, बंगला, ओड़िया, असमिया, सिंधी, नेपाली और अन्य सहबद्ध भाषाएँ हैं।

श्रेणी 'घ' : जिनकी मातृभाषा कोई दक्षिण भारतीय भाषा, मिजो, मणिपुरी या अंग्रेजी।

[**संदर्भ** : राजभाषा हिंदी के प्रशिक्षण संबंधी आदेशों पर आधारित केंद्रीय हिंदी प्रशिक्षण-संस्थान की नियम पुस्तक, जनवरी-2000]

मैट्रिक/10वी कक्षा में हिंदी को एक विषय के रूप में लेकर उत्तीर्ण उपर्युक्त किसी भी श्रेणी के स्टाफ सदस्य प्रबोध, प्रवीण, प्राज्ञ पाठ्यक्रम के लिए पात्र नहीं होंगे। 'पात्रता' उप शीर्ष के अंतर्गत उल्लेखित परीक्षावार हिंदी ज्ञान स्तर के आधार पर इन श्रेणियों के स्टाफ सदस्य प्रशिक्षण व परीक्षाओं के लिए पात्र होंगे।

परीक्षा आवेदन प्रस्तुत करने की प्रक्रिया

- प्रबोध, प्रवीण, प्राज्ञ, बैंकिंग प्राज्ञ एवं पारंगत परीक्षा के लिए परीक्षा आवेदन ऑनलाइन प्रस्तुत करने की अंतिम तारीख मई सत्र के लिए 15 फरवरी और नवंबर सत्र के लिए 16 अगस्त है।
- हिंदी शब्द संसाधन (कंप्यूटर पर टंकण) परीक्षा संबंधी आवेदन पत्र ऑनलाइन प्रस्तुत करने की अंतिम तारीख जुलाई सत्र के लिए 15 मार्च और फरवरी सत्र के लिए 15 अक्तूबर है।
- हिंदी आशुलिपि परीक्षा आवेदन पत्र ऑनलाइन प्रस्तुत करने की अंतिम तारीख 15 मार्च है।

  (आवेदन पत्र प्रस्तुत करने की समयावधि संबंधी परिवर्तनों पर ध्यान देना होगा।)
- हिंदी शिक्षण योजना की नियमित कक्षाओं (प्रबोध/प्रवीण/प्राज्ञ/पारंगत/ हिंदी टंकण/हिंदी आशुलिपि) में उपस्थित होने वाले परीक्षार्थियों के परीक्षा आवेदन पत्र तत् केंद्र द्वारा ही 'परीक्षा प्रणाली' के अंतर्गत ऑनलाइन फीड कर उप निदेशक, परीक्षा स्कंध, नई दिल्ली को उपलब्ध करवाये जाते हैं। इन्हें यह प्रक्रिया संपन्न करने के लिए संबंधित कार्यालयों द्वारा विधिवत अग्रेषित परीक्षार्थियों के भौतिक आवेदन पत्र प्राप्त किये जाते हैं।

  प्राइवेट अभ्यर्थियों को भी अपने भौतिक परीक्षा आवेदन पत्रों को अपने कार्यालय द्वारा अग्रेषित कराकर अपने कार्यक्षेत्र के हिंदी शिक्षण योजना केंद्र को पहुँचाना होगा। परीक्षार्थी को परीक्षा शुल्क ऑनलाइन भरकर (जिन्हें लागू है) उसके स्क्रीन शॉट या प्रिंटआउट को आवेदन पत्र के साथ संलग्न करना होगा। इस संबंधी ब्योरा आवेदन पत्र में भी भरना होगा। हिंदी शिक्षण योजना केंद्र द्वारा 'परीक्षा प्रणाली' के अंतर्गत उन्हें ऑनलाइन फीड कर परीक्षा स्कंध; नई दिल्ली को उपलब्ध करवाये जाते हैं। [अधीनस्थ शाखा कार्यालयों/इकाइयों की सुविधा हेतु सामान्यत: संबंधित नियंत्रक कार्यालयों के राजभाषा अनुभागों द्वारा अपने

कर्मचारियों के भौतिक परीक्षा आवेदन पत्र प्राप्त कर हिंदी शिक्षण योजना केंद्र को प्रस्तुत किए जाते हैं। इस संबंधी प्रक्रियागत परिवर्तनों पर ध्यान देना होगा।]

परीक्षा शुल्क की अदायगी

- केंद्र सरकार के कार्यालयों में कार्यरत स्टाफ सदस्यों को छोड़कर केंद्र सरकार के उपक्रमों, राष्ट्रीयकृत बैंकों, बीमा कंपनियों, सांविधिक निकायों, बोर्डों के नियमित या प्राइवेट परीक्षार्थियों को ₹100/- प्रति परीक्षा हेतु शुल्क भरना होगा। पारंगत परीक्षा निःशुल्क है।

[संदर्भ : का.ज्ञा.सं. 21034/52/2010 राभा (प्र) दि. 14.12.2010] शुल्क राशि संबंधी भावी संशोधनों पर ध्यान देना होगा।

- उप निदेशक (परीक्षा), हिंदी शिक्षण योजना, नई दिल्ली के नाम पर मांग ड्राफ्ट (डीडी) आहरित करना होगा या ऑनलाइन द्वारा भुगतान करना होगा।
- परीक्षा आवेदन पत्र सहित मांग ड्राफ्ट का ब्योरा 'परीक्षा प्रणाली' में भरा जाना अति आवश्यक है।
- भारतीय स्टेट बैंक की वेबसाइट www.onlinesbi.com पर परीक्षा शुल्क ऑनलाइन भरा जा सकता है। इसका ब्योरा 'परीक्षा प्रणाली' में भरा जाना आवश्यक है।

पूरक परीक्षा

- यदि कोई स्टाफ सदस्य किसी परीक्षा के किसी प्रश्न पत्र में उत्तीर्ण नहीं होने पर तत्काल अगले सत्र की परीक्षा में अनुत्तीर्ण प्रश्न पत्र संबंधी परीक्षा पुनः लिख सकते हैं। परीक्षा आवेदन पत्र में पूर्व लिखित परीक्षा का अनुक्रमांक एवं ₹10/- का मांग ड्राफ्ट देना होगा।
- तत्काल अगले सत्र में आयोजित की जाने वाली परीक्षा में पिछले सत्र में अनुत्तीर्ण प्रश्न पत्र संबंधी परीक्षा में पुनः उत्तीर्ण नहीं होने पर अनुत्तीर्ण पाठ्यक्रम संबंधी सभी प्रश्नपत्रों के लिए परीक्षा देनी होगी।

नोट : संबंधित सेवाकालीन प्रशिक्षण हेतु नामित करने के पहले या संबंधित परीक्षा आवेदन पत्र अग्रेषित करने के पूर्व कर्मचारी से यह आश्वासन पत्र लेना उचित होगा कि 'हिंदी ज्ञान संबंधी शैक्षिक योग्यताओं के संबंध में हिंदी ज्ञान रोस्टर के अंतर्गत मेरे द्वारा प्रस्तुत जानकारी सही है। गलत पाए जाने पर मुझे प्रदान की गई प्रशिक्षण/परीक्षा/प्रोत्साहन संबंधी सभी प्रकार की रकम संस्था को वापस की जाएगी।'

परीक्षा प्रश्नपत्र एवं उत्तीर्णता अंक

- प्रबोध, प्रवीण, प्राज्ञ, बैंकिंग प्राज्ञ तथा पारंगत के लिए 100 अंक के दो प्रश्न-पत्र होंगे। हर पाठ्यक्रम के हर प्रश्नपत्र में न्यूनतम 35 अंक प्राप्त करना अनिवार्य है।
- कोई परीक्षार्थी किसी एक प्रश्न पत्र में उत्तीर्ण न होने पर संपूर्ण परीक्षा में अनुत्तीर्ण न मानते हुए केवल उसी प्रश्न पत्र में अनुत्तीर्ण घोषित किया जाएगा जिसे पुनः उत्तीर्ण करना होगा।

- पत्राचार माध्यम से प्रबोध, प्रवीण, प्राज्ञ परीक्षाओं में उपस्थित होने वाले परीक्षार्थी के आतंरिक मूल्यांकन संबंधी उत्तर पत्र (रेसपांस शीट) समय पर प्राप्त न होने पर उन्हें अनुत्तीर्ण घोषित न कर प्रश्न पत्र-III की मौखिक परीक्षा ली जाएगी।

[**संदर्भ :** उप निदेशक (परीक्षा), हिंदी विभाग योजना, नई दिल्ली का पत्र सं. 15/2/2016 उ.नि. (परीक्षा)/1022 दि. 9.5.2016]

आंतरिक मूल्यांकन

- हिंदी शिक्षण योजना केंद्र द्वारा चलाई जाने वाली कक्षाओं में उपस्थित परीक्षार्थियों को आंतरिक मूल्यांकन के आधार पर भी पृथक् से अंक दिये जाएँगे। इसके लिए आबंटित 100 अंकों में से न्यूनतम 35 अंक प्राप्त करना अनिवार्य है। पठन, उच्चारण, वार्तालाप आदि के आधार पर मूल्यांकन होगा। (इनको मौखिक परीक्षा नहीं होगी।)

मौखिक परीक्षा

- स्वतः प्रयासों के माध्यम से परीक्षा में उपस्थित होने वाले स्टाफ सदस्यों के लिए 100 अंकों की मौखिक परीक्षा होगी (पठन, उच्चारण और वार्तालाप)। इसमें न्यूनतम 35 अंक प्राप्त करना जरूरी है।

पाठ्य पुस्तकें

प्रबोध : 1. प्रबोध पाठमाला, 2. प्रबोध अभ्यास पुस्तिका।
प्रवीण : 1. प्रवीण पाठमाला, 2. प्रवीण अभ्यास पुस्तिका।
प्राज्ञ : 1. प्राज्ञ पाठमाला (कार्यालयीन हिंदी), 2. प्राज्ञ अभ्यास पुस्तिका।
बैंकिंग प्राज्ञ : बैंकिंग प्राज्ञ पाठमाला।
पारंगत : 1. पारंगत पाठमाला, 2. पारंगत अभ्यास पुस्तिका।

पाठ्य पुस्तकों की उपलब्धता

- केंद्र सरकार एवं उसके अधीनस्थ सभी संगठनों/उपक्रमों इत्यादि के स्टाफ सदस्यों के उपयोगार्थ उनकी आवश्यकता आधारित मांग पर कार्यक्षेत्र संबंधी हिंदी शिक्षण योजना केंद्र द्वारा प्रबोध, प्रवीण, प्राज्ञ एवं पारंगत की पुस्तकें मुफ्त में उपलब्ध कराई जाएँगी। स्टाफ सदस्य परीक्षा में उत्तीर्ण होने के पश्चात् उनसे पुस्तकें वापस लेकर अगले सत्र के अपने कर्मचारियों को आपूर्ति करने की चेष्टा करनी होगी। (अभ्यास पुस्तिकाओं को छोड़कर)
- बैंकिंग प्राज्ञ केवल राष्ट्रीयकृत बैंकों/वित्तीय संस्थाओं के लिए लागू है जिसे अंकित मूल्य पर खरीदा जाएगा। यह केंद्रीय हिंदी संस्थान, आगरा में उपलब्ध होगी।
- हिंदी शब्द संसाधन (टंकण) और हिंदी आशुलिपि की मुद्रित पाठ्य पुस्तकों को अब हिंदी शिक्षण योजना केंद्र द्वारा उपलब्ध नहीं कराया जा रहा है। अतः इन्हें आवश्यकतानुसार बाजार से खरीदना होगा। लेकिन हिंदी शिक्षण योजना और केंद्रीय हिंदी प्रशिक्षण संस्थान की वेबसाइट chti.rajbhasha.gov.in में

प्रबोध, प्रवीण, प्राज्ञ, पारंगत, हिंदी टंकण एवं हिंदी आशुलिपि संबंधी मार्गदर्शन सामग्री उपलब्ध होगी। (onedrive.live.com में भी उपलब्ध है।)

निम्न पते से मूल्य आधारित पाठ्य पुस्तकें खरीदी जा सकती हैं : सहायक नियंत्रक (आपूर्ति), प्रकाशन विभाग, भारत सरकार, सिविल लाइन्स, पुराना सचिवालय, दिल्ली-110 054 (फोन नं. 011-23819689)।

नोट : प्रत्येक कार्यालय द्वारा पाठ्य पुस्तकों के पृथक् रजिस्टर में क्रमांकयुक्त अभिलेख रखने के अतिरिक्त जारी रजिस्टर भी बनाए रखना होगा।

प्रवेश पत्र

- उप निदेशक (परीक्षा), हिंदी शिक्षण योजना, नई दिल्ली द्वारा 'परीक्षा प्रणाली' में पर्याप्त समय पूर्व अपलोड किये जाएँगे। इन्हें संबंधित हिंदी शिक्षण योजना केंद्रों द्वारा डाउनलोड कर ई-मेल द्वारा संबंधित कर्मचारियों या उनके नियंत्रक कार्यालयों को पहुँचाए जाएँगे। नियंत्रक कार्यालयों को अग्रेषित किये जाने के संदर्भ में उन्हें अपने संबंधित कर्मचारियों को ई-मेल या अन्य पद्धतियों द्वारा बिना विलंब प्रवेश पत्र पहुँचाने होंगे।

परीक्षा शुल्क की प्रतिपूर्ति

- केंद्र सरकार के अधीनस्थ कार्यालयों/संगठनों/उपक्रमों/निकायों/राष्ट्रीयकृत बैंकों/वित्तीय संस्थाओं/बीमा कंपनियों इत्यादि में कार्यरत परीक्षार्थियों को परीक्षा में उपस्थित होने के पश्चात् तत्संबंधी उपस्थिति प्रमाणन प्रस्तुत करने पर संबंधित संगठनों द्वारा ही परीक्षा शुल्क की प्रतिपूर्ति की जाएगी। इन संस्थाओं के परीक्षार्थियों को अग्रिम रूप से शुल्क भरना होगा। लेकिन पूरक परीक्षा शुल्क परीक्षार्थी को ही वहन करना होगा; अर्थात् पूरक परीक्षा शुल्क की प्रतिपूर्ति नहीं होगी। केंद्रीय सरकारी कार्यालयों में कार्यरत कर्मचारियों को ये शर्तें लागू नहीं होंगी; अर्थात् उन्हें अग्रिम रूप से शुल्क भरने की आवश्यकता नहीं होगी। कार्यरत कार्यालय द्वारा शुल्क भरी जाएगी।

नोट : व्यक्तिगत कारणों पर परीक्षा में उपस्थित नहीं होना या देर से पहुँचने पर परीक्षा प्रबंधन द्वारा अनुमति नहीं दी जाना, इत्यादि संदर्भों में परीक्षा शुल्क/पूरक परीक्षा शुल्क की प्रतिपूर्ति नहीं होगी या संस्था द्वारा अग्रिम रूप से भरी गई शुल्क वसूल की जाएगी। लेकिन आकस्मिक कार्यालयीन आवश्यकताओं पर प्रबंधन द्वारा छूट दी जाने के संदर्भ में या स्वयं बीमार पड़ जाने के संदर्भ में उपर्युक्त शर्तें लागू नहीं होंगी।

परीक्षा उत्तीर्ण होने पर नकद प्रोत्साहन/एकमुश्त पुरस्कार/वैयक्तिक वेतन

- हिंदी शिक्षण योजना द्वारा निर्धारित परीक्षावार नकद प्रोत्साहन राशि का एवं पात्र कर्मियों को एकमुश्त पुरस्कार राशि का भुगतान संबंधित संगठनों द्वारा ही किया जाना है। (कक्षाओं में उपस्थिति/निजी प्रयास/प्राप्त अंकों के आधार पर) पत्राचार पाठ्यक्रम को भी 'निजी प्रयास' के अंतर्गत लिया जाता है।

- हिंदी शिक्षण योजना द्वारा निर्धारित पाठ्यक्रमवार नकद प्रोत्साहन राशि/एकमुश्त पुरस्कार राशि में कमी न करते हुए किसी भी संगठन द्वारा अपने संबंधित मंत्रालय के निर्देशानुसार या संगठन के आंतरिक निर्णय के आधार पर नकद प्रोत्साहन राशि बढ़ाई जा सकती है।
- केंद्र सरकार के अधिकारियों/कर्मचारियों को प्रबोध/प्रवीण/प्राज्ञ परीक्षा में से जो भी परीक्षा, संबंधित परीक्षार्थी के लिए अंतिम परीक्षा निर्धारित की गई है, उस परीक्षा को उत्तीर्ण करने पर 12 माह की अवधि के लिए एक वेतनवृद्धि की बराबर राशि का वैयक्तिक वेतन दिया जाता है। (परिचर, ड्राइवर, इलेक्ट्रीशियन, टेलीफोन आपरेटर, पोस्टमैन, रिकार्ड सार्टर, फिटर आदि की अंतिम उत्तीर्णता परीक्षा प्रबोध और वैज्ञानिक, डाक्टर, नर्स, कंपाउंडर, प्रयोगशाला व कार्यशाला पर्यवेक्षी की अंतिम उत्तीर्णता परीक्षा प्रवीण है।) अंतिम परीक्षा प्रवीण तय कर्मियों के संदर्भ में अराजपत्रित कर्मचारियों को न्यूनतम 55% अंक प्राप्त करने पर और राजपत्रित अधिकारियों को न्यूनतम 60% अंक प्राप्त करने पर ही वैयिक्तक वेतन दिया जाता है।
- हिंदी शिक्षण योजना की हिंदी टंकण एवं हिंदी आशुलिपि परीक्षा उत्तीर्ण केंद्र सरकार के अंग्रेजी टंककों एवं आशुलिपिकों को भी निश्चित अवधि के लिए वैयक्तिक वेतनवृद्धि प्रदान की जाती है; यथा हिंदी टंककों और हिंदी टंकण परीक्षा के लिए पात्र अराजपत्रित कर्मचारियों को एक वेतनवृद्धि के बराबर 12 महीने की अवधि के लिए वैयक्तिक वेतन दिया जाता है।

  निजी प्रयासों से हिंदी टंकण में उत्तीर्ण पात्र कोई कर्मचारी न्यूनतम 90% अंक प्राप्त करने पर उपर्युक्त प्रकार की वेतनवृद्धि एवं पात्र होने पर एकमुश्त राशि तथा इनके अतिरिक्त नकद पुरस्कार पाने के भी हकदार होंगे।

  हिंदी आशुलिपि परीक्षा में उत्तीर्ण अंग्रेजी आशुलिपिकों (राजपत्रित व अराजपत्रित) को जिनकी मातृभाषा हिंदी नहीं है उन्हें दो वेतनवृद्धियों के बराबर तथा दूसरे वर्ष में पहली वेतनवृद्धि को मिला दिए जाने पर केवल एक वेतनवृद्धि के बराबर वैयक्तिक वेतन दिया जाता है। (यह सुविधा प्राप्त करने के लिए केवल राजपत्रित आशुलिपिक को 90% अंक प्राप्त करना होगा।) इस प्रकार के वैयक्तिक वेतन पर महंगाई भत्ता नहीं दिया जाएगा।

नोट : एकमुश्त पुरस्कार केंद्र सरकार के प्रचालन (आपरेटिंग) कर्मचारियों और इनके अतिरिक्त उन्हीं कर्मचारियों को दिये जाते हैं जो ऐसे स्थानों पर तैनात हैं जहाँ हिंदी शिक्षण योजना के प्रशिक्षण केंद्र नहीं है अथवा जहाँ संबंधित पाठ्यक्रम के प्रशिक्षण की व्यवस्था नहीं है।

पाठ्यक्रमवार नकद प्रोत्साहन राशि/वैयक्तिक वेतन वृद्धि इत्यादि की मंजूरी के समय पात्रता संबंधी राजभाषा विभाग, गृह-मंत्रालय एवं अपने संगठन के प्रचलित आंतरिक दिशानिर्देशों पर ध्यान देना होगा।

[**संदर्भ** : राजभाषा विभाग के का.ज्ञा.सं. 12014/2/76—राभा (डी), दि. 2.9.1976, 12016/2/78—राभा (डी), दि. 10.1.1979, 12011/5/83—राभा

(ध), दि. 29.10.1984 और केंद्रीय हिंदी प्रशिक्षण संस्थान की राजभाषा हिंदी के प्रशिक्षण संबंधी आदेशों पर आधारित नियम पुस्तक, जनवरी-2000 व पत्र सं. 19015/1/2016-441/के हि प्र स/4155-5155 दि. 13.5.2016]

आयकर से छूट

- हिंदी शिक्षण योजना की प्रबोध, प्रवीण, प्राज्ञ, हिंदी टंकण और हिंदी आशुलिपि की परीक्षाएँ उत्तीर्ण करने पर प्रोत्साहन के रूप में नकद पुरस्कार प्रदान किये जाते हैं। ये पुरस्कार कर्मचारी की नियमित आय के स्रोत नहीं हैं। अत: आयकर अधिनियम 1961 की धारा 10(3) के अधीन इन पुरस्कारों से प्राप्त राशि पर कर लगने से छूट होगी और कर्मचारी की कुल कर योग्य आय में यह राशि शामिल नहीं की जाएगी।। (आयकर विभाग का का.ज्ञा. सं. 24/18/87—आईटी/ए.आई. दि. 31.3.1987)

[**संदर्भ** : केंद्रीय हिंदी प्रशिक्षण संस्थान की राजभाषा हिंदी के प्रशिक्षण संबंधी आदेशों पर आधारित नियम पुस्तक जनवरी-2000। वर्ष 2015 से प्रारंभ की गई पारंगत परीक्षा के लिए भी यही शर्त लागू होगी।]

प्रोत्साहन राशि का दावा व मंजूरी में सावधानी

- परीक्षा में उत्तीर्ण कर्मचारी प्राप्त परिणाम सूची या प्रमाणपत्र या कार्यरत संगठन से अपने नाम पर प्राप्त सूचना के आधार पर संगठन स्तर पर उपलब्ध कराए गए प्रपत्र में उचित माध्यम द्वारा अग्रेषित कराते हुए पात्र अग्रिम वेतन वृद्धि या नकद प्रोत्साहन राशि का दावा कर सकते हैं।
- सामान्यत: नियंत्रक कार्यालय के कार्मिक अनुभाग या स्थापना अनुभाग द्वारा प्रोत्साहन राशि की मंजूरी प्रदान की जाती है। यदि कोई स्पष्टीकरण या जानकारी की जरूरत होने पर मंजूरी अनुभाग द्वारा अपने राजभाषा अनुभाग/राजभाषा प्रभारी अधिकारी की टिप्पणी मांगी जाती है।
- पात्र नकद प्रोत्साहन/एकमुश्त पुरस्कार राशि/वैयक्तिक वेतन इत्यादि प्रदान करने से पूर्व संबंधित कर्मचारी से इस आशय का भी घोषणा-पत्र प्राप्त करना उचित होगा कि 'राजभाषा नीति के अनुसार कार्यालयीन काम में हिंदी का यथासंभव प्रयोग करूंगा।' (पात्र अंतिम उत्तीर्णता परीक्षा यानी प्रवीण या प्राज्ञ परीक्षा उत्तीर्ण होने पर। प्रबोध के लिए आवश्यक नहीं है। हिंदी टंकण/आशुलिपि परीक्षा उत्तीर्ण कर्मियों से भी तत् आशय का घोषणा पत्र लेना उचित होगा।) यह शर्त संगठन के आंतरिक निर्णय पर निर्भर होगी।

मंजूरी सूचना की उपलब्धता

- प्रोत्साहन राशि की मंजूरी कार्यालय के अन्य अनुभागों व संबंधित शाखा कार्यालयों/इकाइयों द्वारा की जाने पर भी तत्संबंधी परीक्षावार एवं सत्रवार सूचना तत्काल संदर्भ हेतु राजभाषा अनुभाग में भी उपलब्ध हो। राजभाषायी निरीक्षणों के अवसर पर या अपने उच्च नियंत्रक कार्यालय द्वारा पूछे जाने

पर या प्रधान कार्यालय के संदर्भ में संगठन से संबंधित मंत्रालय के राजभाषा विभाग को या संसद अधिवेशनों के अवसर पर 'तारांकित' प्रश्नों के संदर्भ में तत्काल उत्तर प्रस्तुत करने में सुविधा होगी।

[राजभाषा अनुभाग को चाहिए कि वह कार्यालय/इकाई के संबंधित मंजूरी अनुभागों से आवश्यक सूचना प्राप्त कर तत्संबंधी अद्यतन अभिलेख बनाए रखें।]

नियमित कक्षाओं में नामांकन की प्रक्रिया

- विभिन्न संगठनों/संस्थाओं के नियंत्रक कार्यालयों को क्षेत्र स्तरीय हिंदी शिक्षण योजना केंद्रों द्वारा सीधे तथा इसके अतिरिक्त संबंधित नगर राजभाषा कार्यान्वयन समितियों के माध्यम से मई और नवंबर सत्रों के लिए पर्याप्त समय पूर्व परिपत्र भिजवाया जाता है। (मई सत्र के लिए 1 जनवरी से और नवंबर सत्र के लिए 1 जुलाई से कक्षाएँ प्रारंभ की जाती हैं।)
- केंद्रीय हिंदी प्रशिक्षण संस्थान द्वारा भी विभिन्न संगठनों/संस्थाओं के मुख्यालयों को इस आशय का परिपत्र भेजा जाता है। इसके आधार पर मुख्यालय एवं नियंत्रक कार्यालयों द्वारा अपने क्षेत्राधीन कार्यालयों/शाखा कार्यालयों/इकाइयों को सेवाकालीन प्रशिक्षण के संबंध में अपने संगठन में प्रचलित दिशानिर्देशों को भी शामिल करते हुए सरकारी दिशानिर्देशों का परिचालन कर कृत कार्रवाई का अनुश्रवण किया जाना होगा।

पात्र स्टाफ सदस्यों का चयन

- कार्यालय/शाखा कार्यालय/इकाई में उपलब्ध नवीनतम हिंदी ज्ञान रोस्टर या संगठन के एचआरएमएस द्वारा उपलब्ध कराए गए हिंदी ज्ञान संबंधी अद्यतन ब्योरे के आधार पर पात्र स्टाफ सदस्यों को प्रशिक्षण संबंधी कक्षाओं/परीक्षाओं के लिए नामित करने की आवश्यकता है। (नामांकन के समय पर संबंधित कर्मचारी से हिंदी ज्ञान संबंधी प्रपत्र में अद्यतन ब्योरा प्राप्त करना भी उचित होगा।)

कक्षाओं में नामांकन

- कार्यालय/शाखा कार्यालय/इकाई में कार्यरत स्टाफ सदस्यों में से हिंदी का कार्यसाधक ज्ञान/प्रवीणता प्राप्त करने हेतु शेष स्टाफ सदस्यों की संख्या को ध्यान में रखते हुए हिंदी शिक्षण योजना केंद्र की नियमित कक्षाओं में उपस्थित होने के लिए कार्यालयीन सुविधा के अनुसार नामित करना होगा। दैनिक कार्यालयीन कार्य में बाधा उत्पन्न न होने हेतु अलग-अलग सत्रों के लिए स्टाफ सदस्यों का नामांकन किया जा सकता है।
- कोई कार्यालय या संगठन अमुक सत्र की नियमित कक्षाओं में अधिक संख्या में अपने स्टाफ सदस्यों को प्रतिनियुक्त करना चाहने पर भी कार्यभार एवं समयाभाव के कारण असमर्थ होने की स्थिति में अपने कार्यालय के परिसर में ही कक्षाएँ चलाने की व्यवस्था करने के इच्छुक होने पर पर्याप्त समय पूर्व तत्संबंधी प्रस्ताव नजदीकी हिंदी शिक्षण योजना केंद्र को भेज सकता है। इस प्रकार के

अंशकालिक प्रशिक्षण केंद्र प्रारंभ करने के लिए प्रत्येक परीक्षा के लिए 15-20 सदस्यों का नामांकन जरूरी है। अन्य संस्थाओं के स्टाफ सदस्यों को भी इस प्रकार के अंशकालिक प्रशिक्षण केंद्र में प्रशिक्षण प्राप्त करने हेतु बुलाया जा सकता है। अन्यथा अपने कर्मचारियों को इस प्रकार के नज़दीकी अंशकालिक प्रशिक्षण केंद्र में चलाई जाने वाली कक्षाओं में भाग लेने हेतु भेजा जा सकता है। अमुक संस्था के इस प्रस्ताव पर हिंदी शिक्षण योजना केंद्र सहमत होने पर उसके द्वारा अपने हिंदी प्राध्यापक की नियमित सेवाएँ उपलब्ध कराई जाएँगी।

- राजभाषा विभाग, गृह मंत्रालय के निर्देशानुसार हिंदी कक्षाओं के लिए नामित स्टाफ सदस्यों को नियमित रूप से कक्षाओं में उपस्थित होना तथा नामित परीक्षाओं में उपस्थित होना अनिवार्य है।

[**संदर्भ :** राजभाषा विभाग का ज्ञापन सं. 12014/1/74—हिंदी, दि. 19.2.1976 तथा 12044/1/74—राभा (घ), दि. 11.3.1985]

- यदि कोई स्टाफ सदस्य नियमित कक्षाओं में उपस्थित होने के बजाय स्वत: प्रयासों से या पत्राचार पाठ्यक्रम के माध्यम से परीक्षाएँ लिखना चाहेंगे तो उचित पथप्रदर्शन करते हुए एवं मार्गदर्शन सामग्री उपलब्ध कराते हुए उन्हें प्रोत्साहित करना होगा।
- कुछ संस्थाओं द्वारा परीक्षाओं के लिए नामित अपने स्टाफ सदस्यों के लाभार्थ (जो निजी प्रयासों से उपस्थित होते हैं) प्रत्येक पाठ्यक्रम के लिए एक सप्ताह के पूर्ण दिवसीय मार्गदर्शन कार्यक्रमों का आयोजन किया जाता है। इन कार्यक्रमों में अपने क्षेत्राधिकार के कार्यालयों/शाखा कार्यालयों/इकाइयों से नामित सदस्यों को बुलाया जाता है। अपने राजभाषा अधिकारी द्वारा या मानदेय के आधार पर बाहरी शिक्षकों को बुलाकर इनका संचालन किया जाता है। अमुक संगठन की इच्छा पर यह निर्भर होता है।
- अपने स्थानीय कर्मियों के लिए कक्षाएँ चलाई जाने के संदर्भ में सामान्यत: कार्यालय समापन समय के पूर्व प्रति दिन एक घंटे के लिए कक्षाएँ चलाने की आंतरिक व्यवस्था की जाती है। इस प्रक्रिया में हर पाठ्यक्रम के लिए एकांतर सप्ताह का समय आबंटित किया जा सकता है या आवर्तन के आधार पर प्रत्येक पाठ्यक्रम के लिए 2 या 3 दिन का समय आबंटित किया जा सकता है। (यह कोई अनिवार्य पद्धति नहीं है। केवल वैकल्पिक आंतरिक व्यवस्था है।)
- प्रशिक्षणार्थ शेष स्टाफ सदस्यों को हर सत्र में किसी भी एक पद्धति द्वारा परीक्षाओं के लिए नामित करना अनिवार्य है।

नोट : पूर्णकालिक और अंशकालिक प्रशिक्षण केंद्रों की जानकारी स्थानीय/नजदीकी हिंदी शिक्षण योजना केंद्र से प्राप्त की जा सकती है।

लीला-राजभाषा

[LILA—Learn Indian Languages through Artificial Intelligence]

- राजभाषा विभाग, गृह मंत्रालय के प्रायोजन से सी-डैक, पुणे द्वारा प्रबोध, प्रवीण, प्राज्ञ पाठ्यक्रम के प्रशिक्षणार्थ विकसित की गई एक सरल एवं रोचक

ऑनलाइन प्रशिक्षण सॉफ्टवेयर है। दृश्य-श्रवण सुविधा के जरिये हिंदी का उच्चारण, वाचन एवं लेखन प्रक्रिया से अवगत कराने की यह एक सरल पद्धति है। हिंदीतर भाषी अपनी मातृभाषा में हिंदी सीखने की यह एक उत्तम निःशुल्क सुविधा है। संप्रति : यह ऑनलाइन प्रशिक्षण की सुविधा तमिल, तेलुगु, कन्नड़, मलयालम, मराठी, गुजराती, पंजाबी, कश्मीरी, ओड़िया, बंगला, असमिया, बोड़ो, मणिपुरी, नेपाली, अंग्रेजी में उपलब्ध है। कर्मचारी अपनी मातृभाषा में इन पाठ्यक्रमों का प्रशिक्षण पाने हेतु http://lilappp.cdac.in/newhome.asp लिंक का प्रयोग कर सकते हैं। राजभाषा विभाग की बेवसाइट http://rajbhasha.gov.in में भी यह सुविधा उपलब्ध है।

व्यक्तिगत पाठ्यक्रम

- प्रचलित प्रशिक्षण विधाओं को अपनाने के अतिरिक्त कुछ संगठनों द्वारा प्रबोध/प्रवीण/प्राज्ञ स्तर के आंतरिक पाठ्यक्रम स्वयं तैयार करवाकर अपने स्टाफ सदस्यों को कार्यसाधक ज्ञान उपलब्ध कराने की प्रक्रिया अपनाई जाती है। इससे अपनी आंतरिक कार्यालयीन सुविधा के अनुरूप प्रशिक्षणार्थियों को मार्गदर्शन उपलब्ध कराया जाता है। प्राज्ञ स्तर की अंतिम परीक्षा उत्तीर्ण होने के बाद तत् कर्मचारियों को कार्यसाधक ज्ञान घोषित कर प्रमाणपत्र जारी किये जाते हैं और नकद प्रोत्साहन राशि भी प्रदान की जाती है। इस प्रक्रिया से आंतरिक स्तर पर अधिसंख्यक कर्मियों को प्रशिक्षित करने की सहूलियत मिलती है। लेकिन यह पद्धति अपनाने के लिए गृह मंत्रालय, राजभाषा विभाग से प्रस्तावित पाठ्यक्रमों के लिए **पूर्वानुमोदन** प्राप्त करना होगा।

बैंकिंग उन्मुख हिंदी

- यह परीक्षा भारतीय बैंकर्स संस्थान (इंडियन इंस्टीट्यूट ऑफ बैंकर्स) द्वारा वर्ष में दो बार अर्थात् जून और नवंबर में आयोजित की जाती है। बैंक एवं वित्तीय संस्थाओं में कार्यरत हिंदी में कार्यसाधक ज्ञान प्राप्त स्टाफ सदस्य जो भारतीय बैंकर्स संस्थान के सदस्य हैं, इसे लिख सकते हैं। परीक्षोपरांत संबंधित संगठन द्वारा परीक्षा शुल्क की प्रतिपूर्ति (एक ही बार) की जाने के अतिरिक्त परीक्षा उत्तीर्ण होने पर भारतीय बैंक संगठन (आईबीए) द्वारा निर्धारित नकद प्रोत्साहन राशि भी प्रदान की जाएगी। भारतीय बैंकर्स संस्थान द्वारा उत्तीर्णता प्रमाणपत्र प्रदान किया जाएगा।

ऑन ड्यूटी

- हिंदी शब्द संसाधन, हिंदी आशुलिपि, हिंदी का कार्यसाधक ज्ञान, प्रवीणता संबंधी सेवाकालीन हिंदी प्रशिक्षण कार्यक्रमों, संपर्क कार्यक्रमों व परीक्षाओं में आधिकारिक रूप से नामित कर्मचारियों की उपस्थिति संबंधी अवधि को 'ड्यूटी अवधि' मानी जाएगी।

- पात्र दूरी के आधार पर सवारी व्यय और पूर्ण दिवसीय होने पर भोजन भत्ता भी दिया जाता है।
- बैंकिंग उन्मुख हिंदी परीक्षा के लिए सेवाकालीन प्रशिक्षण का आधिकारिक प्रावधान नहीं है। लेकिन परीक्षा लिखने हेतु 'ऑन ड्यूटी' भेजा जाता है।

[**संदर्भ** : राजभाषा विभाग का का.ज्ञा. सं. 1116/16/88—राभा, (डी), दि. 20.4.1979 कक्षाओं में उपस्थित पर यात्रा व्यय की प्रतिपूर्ति।]

परीक्षा परिणाम की सूचना

केंद्रीय हिंदी प्रशिक्षण संस्थान की बेवसाइट http://chti.rajbhasha.gov.in में 'परीक्षा परिणाम' स्तंभ के अंतर्गत परिणाम उपलब्ध कराये जाते हैं। इसके अतिरिक्त, संस्थान द्वारा सभी प्रशिक्षण केंद्रों/उप केंद्रों को लिखित सूचना दी जाती है।

उत्तर पत्रों का पुनः प्राक्कलन (री-टोटलिंग)

परीक्षा परिणाम घोषित किये जाने के 60 दिन के भीतर परीक्षार्थी के अनुरोध पर अपनी अपेक्षित उत्तर पुस्तिकाओं (आन्सर शीट्स) का पुनः प्राक्कलन किया जाएगा। इससे संबंधित तय शुल्क का स्वयं वहन करना होगा।

[**संदर्भ** : राजभाषा विभाग का कार्यालय ज्ञापन सं. 21034/35/2007—राभा (प्र), दि. 16.9.2007]

परीक्षा प्रमाणपत्रों का अभिलेखन एवं वितरण

- सामान्यतः परीक्षा परिणाम घोषित किये जाने के पश्चात् दो महीनों के भीतर हिंदी शिक्षण योजना केंद्र, नई दिल्ली से विभिन्न क्षेत्रों में स्थित अपने शिक्षण केंद्रों को उत्तीर्ण कर्मियों के प्रमाणपत्र डाक द्वारा प्रेषित किये जाते हैं। क्षेत्रवार केंद्रों द्वारा संबंधित संगठनों के नियंत्रक कार्यालयों को प्रमाणपत्रों का वितरण किया जाता है।

प्रमाणपत्र प्राप्तकर्ता कार्यालय द्वारा की जाने वाली कार्रवाई

- उत्तीर्ण कर्मचारियों के सूचीयुक्त प्रावरण पत्र के साथ प्राप्त प्रमाणपत्रों में अंकित नाम, उत्तीर्ण परीक्षा का नाम, पता इत्यादि का सत्यापन करना होगा। तत्पश्चात् उत्तीर्ण कर्मचारियों की सूचना हिंदी ज्ञान संबंधी रोस्टर और एचएएम प्रणाली में अभिलेखित करानी होगी।

संबंधित कर्मचारियों को प्रमाणपत्र पहुँचाने में निम्न पद्धति अपनाई जा सकती है

- संबंधित कार्यालय में कार्यरत कर्मचारियों को पावती के प्रमाणन में उनके हस्ताक्षर लेकर प्रमाणपत्र जारी करना।
- क्षेत्राधीन कार्यालय/शाखा कार्यालय/इकाई प्रधान को प्रमाणपत्र प्रेषित करते हुए संबंधित कर्मचारियों को सौंपने की सूचना देना।
- संबंधित कर्मचारियों के नाम पर प्रमाणपत्र सीधे प्रेषित करना।
- कार्यालय/शाखा कार्यालय/इकाई की तिमाही कार्यान्वयन समिति की बैठक में या आंतरिक बैठकों/समारोहों के अवसर पर प्रदान किया जाना।

नोट : प्राप्तकर्ता कार्यालय को चाहिए कि वह प्राप्त सभी प्रमाणपत्रों की एक फोटो प्रति संबंधित फाइल में सुरक्षित रखे।

मान्यता प्राप्त स्वयंसेवी संस्थाओं/अन्य निजी शैक्षणिक संस्थाओं द्वारा चलाई जाने वाली हिंदी परीक्षाओं में उत्तीर्णता

- कोई सेवारत कर्मचारी किसी स्वयंसेवी हिंदी संगठन आदि से प्रबोध, प्रवीण, प्राज्ञ स्तर की परीक्षा उत्तीर्ण होने पर पात्रता के अनुसार नकद प्रोत्साहन राशि प्राप्त करने के लिए पात्र होंगे। हिंदी शिक्षण योजना द्वारा आयोजित परीक्षाओं या स्वैच्छिक हिंदी सेवा संस्थाओं द्वारा आयोजित समान स्तर की परीक्षाओं में उत्तीर्ण होने पर पात्र नकद प्रोत्साहन राशि का दावा किया जा सकता है। लेकिन दोनों में से केवल किसी एक संस्था द्वारा आयोजित परीक्षाओं में उत्तीर्ण पाठ्यक्रम के लिए ही पात्र होंगे।

नोट : इस संबंधी अन्य कोई जानकारी हेतु अपने मुख्यालय या हिंदी शिक्षण योजना केंद्र से संपर्क करना होगा।

मान्यता-प्राप्त शैक्षणिक संस्थाओं द्वारा चलाए जाने वाले हिंदी पाठ्यक्रमों की सूची

संस्था का नाम	प्राथमिक स्तर (प्रबोध)	माध्यमिक स्तर (प्रवीण)	मैट्रिक स्तर (प्राज्ञ)
दक्षिण भारत हिंदी प्रचार सभा	मध्यमा	राष्ट्रभाषा	प्रवेशिका
हैदराबाद हिंदी प्रचार सभा	मध्यमा	उत्तमा	विशारद
केरल हिंदी प्रचार सभा, तिरुवनंतपुरम	दूसरी	राष्ट्रभाषा	प्रवेश
हिंदुस्तानी प्रचार सभा, मुंबई	-	-	तीसरी
राष्ट्रभाषा प्रचार समिति, वर्धा	प्रारंभिक	प्रवेश	परिचय
असम राष्ट्रभाषा प्रचार समिति, गुवाहाटी	प्रथमा	प्रवेशिका	प्रबोध
कर्नाटक महिला हिंदी सेवा समिति, बेंगलुरु	प्रथमा	मध्यमा	उत्तमा
सौराष्ट्र हिंदी प्रचार समिति, राजकोट	पहली	दूसरी	तीसरी
मैसूर रियासत हिंदी प्रचार समिति, बेंगलुरु	-	-	राजभाषा प्रवेश
हिंदी प्रचार परिषद्, बेंगलुरु	प्रथमा	मध्यमा	प्रवेश
मणिपुर हिंदी परिषद्, इंफाल	-	-	प्रबोध

ओडिसा राष्ट्रभाषा परिषद्, पुरी	-	-	विनोद
हिंदी विद्यापीठ, देवघर	-	हिंदीविद्	प्रवेशिका
बंबई हिंदी विद्यापीठ, मुंबई	प्रथमा	मध्यमा	उत्तमा
गुजरात विद्यापीठ, अहमदाबाद	पहली	दूसरी	तीसरी
महाराष्ट्र राष्ट्रभाषा सभा, पुणे	प्रवेशिका	सुबोध	प्रबोध
हिंदी साहित्य सम्मेलन, इलाहाबाद	-	-	प्रथमा
इनके अतिरिक्त केंद्र सरकार द्वारा गठित केंद्रीय हिंदी निदेशालय, नई दिल्ली के पाठ्यक्रम	-	प्रवेश	परिचय

नोट : (i) उपर्युक्त पाठ्यक्रमों को केवल प्रोत्साहन राशि की पात्रता हेतु हिंदी शिक्षण योजना के प्रबोध, प्रवीण, प्राज्ञ पाठ्यक्रमों का समकक्ष माना जाता है। अन्य शैक्षिक उद्देश्यों के लिए नहीं। निजी प्रयासों से इनकी पढ़ाई की जा सकती है लेकिन ऑन ड्यूटी अनुमत नहीं है।

(ii) प्रोत्साहन राशि हेतु पात्र विभिन्न शैक्षिक संस्थाओं की पाठ्यक्रम संबंधी अद्यतन सूची नियंत्रक कार्यालयों के राजभाषा अनुभागों में उपलब्ध हो। इस संबंध में मुख्यालय के राजभाषा विभाग को विशेष ध्यान देने की आवश्यकता होगी। संशोधित जानकारी प्राप्त करने में गृह मंत्रालय से संपर्क करना होगा। राजभाषा विभाग की साइट का भी संदर्भ लेना होगा।

(iii) सेवाकालीन प्रशिक्षण संबंधी सरकार की पर्याप्त सुविधाएँ उपलब्ध होने के कारण गैर-सरकारी संस्थाओं द्वारा आयोजित किये जाने वाले शुल्क आधारित प्रशिक्षण कार्यक्रमों/कार्यशालाओं में कर्मचारियों को नामित करने की आवश्यकता नहीं है।

[संदर्भ : राजभाषा विभाग का का.ज्ञा.सं. 12019/04/2016—राभा (शिका), अन्य शिकायत-4, दि. 14.10.2016]

नोट : सेवाकालीन प्रशिक्षण संबंधी सरकार के नवीनतम संशोधनों से अवगत होते हुए तदनुसार पथप्रदर्शन करना होगा एवं कार्रवाई संपन्न करनी होगी।

हिंदी कार्यशालाएँ

परिचय

सेवारत कर्मचारियों को कार्यालयीन कार्य में हिंदी का प्रयोग करने में सक्षम बनाने के उद्देश्य से राजभाषा विभाग-गृह मंत्रालय द्वारा वर्ष 1974 में हिंदी कार्यशालाओं के आयोजन संबंधी दिशानिर्देश जारी किये गये हैं। (का.ज्ञा.सं. 13022/3/73 दि. 3.5.1974)

संसदीय राजभाषा समिति के प्रतिवेदन के तीसरे खंड एवं चौथे खंड में राष्ट्रपति द्वारा जारी आदेशों के अनुसार केंद्र सरकारी एवं उसके अधीनस्थ संगठनों में कार्यरत कर्मचारियों के लिए हिंदी कार्यशालाओं का आयोजन करना अनिवार्य है। राष्ट्रपति के आदेशों के अनुसरण में गृह मंत्रालय के राजभाषा विभाग द्वारा कार्यालय ज्ञापन संख्या : 1402/5/91—राभा (घ), दि. 31.12.1991 एवं 20.4.1992 के जरिये कार्यशालाओं के स्वस्थ आयोजन के संबंध में सभी मंत्रालयों को उचित दिशानिर्देश जारी किये गए हैं जिन्हें सभी मंत्रालयों द्वारा अपने क्षेत्राधीन संगठनों के मुख्यालयों को प्रेषित किया गया है।

दैनिक कार्य में हिंदी का प्रयोग आश्वस्त करने के उद्देश्य से नियमित अंतराल पर हिंदी कार्यशालाओं का आयोजन किया जाता है। कर्मचारी हिंदी भाषा का ज्ञान रखने पर भी, व्यावहारिक हिंदी का ज्ञान रखना जरूरी हो जाता है। हिंदी प्रयोग करने का झिझक दूर करने में तथा हिंदी में मसौदे आदि लिखने में कार्यशालाएँ मददगार साबित होती हैं। हिंदी कार्यशालाएँ तीन प्रकार की होती हैं : (1) हिंदी उन्मुखता कार्यक्रम, (2) प्रयोजनमूलक हिंदी कार्यक्रम, (3) पुनश्चर्या कार्यक्रम। (जरूरी नहीं कि कार्यशालाओं के शीर्षक यही हों।)

हिंदी उन्मुखता कार्यक्रम

हिंदी में कार्यसाधक ज्ञान न रखने वाले स्टाफ सदस्यों को इन कार्यशालाओं में नामित किया जाता है। इनमें हिंदी भाषा की आधारभूत जानकारी उपलब्ध कराई जाती है, यथा : अक्षर ज्ञान, लेखन व वाचन अभ्यास, वाक्य निर्माण, श्रुतलेखन, आशुभाषण पर व्यावहारिक ज्ञान आदि। अभ्यास पर विशेष ध्यान दिया जाता है। राजभाषा नीति पर एक अनिवार्य सत्र रखा जाता है।

'हिंदी का कार्यसाधक ज्ञान' संबंधी प्रचलित परिभाषा के आधार पर जहाँ राज्य सरकारी स्कूलों में दसवीं कक्षा तक हिंदी को एक विषय के रूप में पढ़ना अनिवार्य नहीं है, उन राज्यों के कुछेक कर्मचारियों तथा चतुर्थ श्रेणी के कुछेक वर्गों के कर्मचारियों

को छोड़कर शेष सभी कर्मचारी हिंदी के कार्यसाधक ज्ञान की श्रेणी में आते हैं क्योंकि कई राज्यों की प्रचलित शिक्षा नीति के अनुसार विद्यार्थियों को दसवीं कक्षा तक हिंदी को एक विषय के रूप में पढ़ना अनिवार्य हो जाता है।

अतः उन्मुखता कार्यक्रम हेतु पात्र कर्मचारियों की संख्या बहुत कम होती है।

प्रयोजनमूलक हिंदी कार्यशाला

हिंदी में कार्यसाधक ज्ञान/प्रवीणता प्राप्त अधिकारी एवं लिपिक वर्ग के कर्मियों के लिए प्रयोजनमूलक हिंदी कार्यशालाओं का आयोजन किया जाता है। इसके अतिरिक्त हिंदी उन्मुखता कार्यक्रम में प्रशिक्षित कर्मियों को भी इन कार्यशालाओं में नामित किया जाता है। चतुर्थ श्रेणी के कर्मचारियों को (परिचर आदि) इस कार्यशाला में नामित करने की आवश्यकता नहीं है।

दैनिक कार्यालयीन काम में हिंदी का सुलभतर प्रयोग करने के संबंध में प्रयोजनमूलक हिंदी कार्यशालाओं के माध्यम से पथप्रदर्शन किया जाता है। इनमें विशेषतः 'राजभाषा नीति, सरल हिंदी व्याकरण, शब्दावली, शासकीय पत्र/टिप्पणी संबंधी मसौदा लेखन, अनुवाद, आंतरिक कामकाज में हिंदी का प्रयोग, रिपोर्टिंग प्रणाली, यूनिकोड के प्रयोग से कंप्यूटर पर हिंदी टंकण, अनुवाद/टंकण/ऑनलाइन रिपोर्टिंग/समेकन संबंधी नवीनतम तकनीकी टूल्स' विषयों पर सत्र संचालन होता है।

पुनश्चर्या कार्यशाला

प्रयोजनमूलक हिंदी कार्यशालाओं का ही एक व्यवस्थित रूप है। इसे उन्नत हिंदी कार्यशाला भी माना जा सकता है। इसमें प्रयोजनमूलक हिंदी कार्यशाला में पढ़ाए गए अधिकतर सत्रों की पुनरावृत्ति होगी। लेकिन पढ़ाने का और अभ्यास कराने का स्तर अधिक होगा। प्रयोजनमूलक हिंदी कार्यशाला में उपस्थित कर्मियों को पुनश्चर्या हिंदी कार्यशाला में नामित किया जाता है। दैनिक कार्यालयीन काम में हिंदी के प्रयोग में महसूस की जाने वाली भाषायी कठिनाइयों, शंकाओं को दूर करने के लिए, कार्यान्वयन संबंधी नवीनतम दिशानिर्देशों से अवगत कराने के लिए पुनश्चर्या कार्यशालाओं का आयोजन किया जाता है।

इनमें व्यावहारिक ज्ञान एवं अभ्यासों पर अधिक ध्यान दिया जाता है। हिंदी और तकनीकी संबंधी नवीनतम विधाओं से अवगत कराया जाता है। प्रशिक्षणार्थियों द्वारा व्यावहारिक अभ्यास कराकर त्रुटियों का निराकरण किया जाता है ताकि वे हिंदी के प्रयोग में निर्बोझ का अनुभव कर सकें। अमुक संगठन की बदलती कार्यालयीन आवश्यकताओं एवं विकसित टेक्नोलॉजी में हिंदी प्रयोग के आधार पर इस प्रकार की संवर्द्धन कार्यशालाओं में कर्मचारियों को पुनः नामित किया जा सकता है।

कार्यशालाओं की अवधि

पूर्व में प्रत्येक कार्यशाला की अवधि एक सप्ताह की होती थी। कालांतर में अवधि घटाकर तीन दिवसीय और बाद में दो दिवसीय किया गया। अब इसे न्यूनतम एक

दिया गया। इसका कारण आज के कर्मचारी पूर्व की तुलना में बोलचाल हिंदी का पर्याप्त ज्ञान रखना तथा बढ़ती हुई कार्यालयीन व्यस्तता। न्यूनतम एक पूर्ण दिवसीय कार्यक्रम हो। यह आधा दिन में समाप्त न हो। कोई भी संस्था अपनी सुविधानुसार एवं कार्य स्वरूप के आधार पर कार्यशाला की अवधि बढ़ाने में स्वतंत्र है।

आवधिकता

राजभाषा विभाग, गृह मंत्रालय के प्रचलित दिशानिर्देशों के अनुसार प्रति तिमाही में न्यूनतम एक कार्यशाला का आयोजन होना अनिवार्य है।

श्रेणीवार आयोजन

सामान्यत: लिपिक और अधिकारी वर्ग के लिए पृथक् से कार्यशालाओं का आयोजन किया जाता है। श्रेणी के अनुरूप विषय प्रवर्तन में थोड़ा-बहुत अंतर होगा। कहीं-कहीं देखा जाता है कि अधिकारी और लिपिक वर्ग के लिए संयुक्त रूप से कार्यशालाओं का आयोजन किया जाता है जो आदर्श पद्धति नहीं है।

नामांकन प्रक्रिया

स्टाफ सदस्यों का अद्यतन हिंदी ज्ञान रोस्टर/एचआरएमएस में उपलब्ध प्रशिक्षण रोस्टर के आधार पर हिंदी कार्यशालाओं में प्रशिक्षणार्थ शेष स्टाफ सदस्यों को नामित किया जाता है। संगठन की आंतरिक व्यवस्था के आधार पर अपने प्रशिक्षण केंद्रों द्वारा या क्षेत्रावार प्रशासनिक/नियंत्रक कार्यालयों द्वारा हिंदी कार्यशालाओं का आयोजन किया जाता है। जहाँ तक हिंदी कार्यशालाओं में कर्मियों का नामांकन है, राजभाषा अनुभाग द्वारा अनुरक्षित हिंदी ज्ञान रोस्टर के आधार पर या एचआरएमएस में उपलब्ध अद्यतन प्रशिक्षण रोस्टर के आधार पर पात्र कर्मचारियों की सूची बनाई जाती है।

इसके अतिरिक्त प्रशासनिक असुविधाओं से बचने के लिए अमुक कार्यालय/शाखा कार्यालय/इकाई में उपलब्ध मानव शक्ति के आधार पर नामांकन सुनिश्चित करने के उद्देश्य से राजभाषा अनुभाग के लिए यह जरूरी है कि वह मानव संसाधन/कार्मिक अनुभाग से तालमेल बनाए रखे। राजभाषा अनुभाग द्वारा बनाई गई नामांकन सूची को संबंधित मानव संसाधन विकास अनुभाग या प्रशिक्षण केंद्र (जैसी भी स्थिति हो) को पर्याप्त समय पूर्व (कम से कम एक माह पूर्व) उपलब्ध कराना होगा ताकि उनके द्वारा संबंधित कर्मचारियों को नामांकन पत्र ससमय जारी किये जा सकें। राजभाषा अनुभाग द्वारा नामांकन पत्र जारी नहीं किये जाते हैं (अपने प्रबंधन द्वारा दिये गए विशेष अधिकारों संबंधी संदर्भों को छोड़कर)।

नामांकन पत्र की प्रति संबंधित प्रशिक्षण केंद्र/मानव संसाधन विकास अनुभाग/नियंत्रक कार्यालय के राजभाषा अनुभाग जैसी भी स्थिति हो, को भेजनी होगी।

प्रत्येक कार्यशाला के लिए कम से कम 25 कर्मचारियों का नामांकन होना आदर्श पद्धति (कार्यक्षेत्र में कार्यरत कर्मचारियों की संख्या के आधार पर) है।

प्रयोजनमूलक कार्यशाला में उपस्थित स्टाफ सदस्यों को पुनश्चर्या कार्यशाला में नामित करना होगा।

यदि किसी संस्था में पुनश्चर्या कार्यशाला आयोजित करने की पद्धति न होने पर आवश्यकतानुसार प्रयोजनमूलक हिंदी कार्यशाला में पुन: नामित किया जा सकता है।

संगठन के समस्त कार्मिकों को दो वर्ष में कम से कम एक बार पुन: प्रशिक्षित किये जाने की अपेक्षा की जाती है।

[**संदर्भ** : 12019/81/2015—राभा (का-2) पार्ट-2, दि. 29.02.2016]

राजभाषा विभाग द्वारा जारी तिमाही हिंदी प्रगति रिपोर्ट के भाग-I में 'हिंदी कार्यशाला' बिंदु के अंतर्गत इस आवश्यकता का उल्लेख किया हुआ रहता है।

विशेष नामांकन

महिला दिवस के अवसर पर या अन्य संदर्भों में केवल महिला कर्मियों के लिए तथा नये भर्ती कर्मियों, विशेषज्ञ कर्मियों के लिए पृथक् से हिंदी कार्यशालाओं का आयोजन करने का प्रयास किया जा सकता है।

[कार्यशालाओं के आयोजन संबंधी न्यूनतम संख्या के अंदर ही इन्हें गिना जा सकता है।]

अन्य सावधानियाँ

- यह सुनिश्चित करना होगा कि नामित कर्मियों में से कम से कम 80% कर्मचारी उपस्थित रहें।
- तिमाही समाप्ति के अंतिम दिनों में कार्यशाला का आयोजन न हो। विशेषत: तिमाही के प्रथम या द्वितीय माह में इनका आयोजन हो।
- अल्पावधि हिंदी कार्यशालाओं में अर्थात् एक दिवसीय कार्यशालाओं में संगठन से जुड़े अन्य सामान्य सत्रों को जगह नहीं देनी होगी।
- व्यावहारिक अभ्यासों पर विशेष ध्यान देना होगा।
- प्रशिक्षणोपरांत, उपस्थित कर्मचारियों की जानकारी तत्काल हिंदी ज्ञान रोस्टर/प्रशिक्षण रोस्टर में दर्ज करनी होगी।
- हिंदी कार्यशाला के लिए तय अवधि में अमुक कार्यालय/शाखा कार्यालय/इकाई द्वारा सामान्य स्वरूप के प्रशिक्षण कार्यक्रम के लिए कर्मचारियों को नामित किये जाने के संदर्भ में तत् कार्यालय/शाखा/इकाई से तत् अवधि की हिंदी कार्यशाला हेतु कर्मचारियों का चयन न करना बेहतर होगा। यह स्थिति उत्पन्न न होने हेतु संबंधित प्रशिक्षण केंद्र/कार्मिक अनुभाग/मानव संसाधन अनुभाग से राजभाषा अनुभाग को तालमेल बनाए रखना होगा।
- नियंत्रक कार्यालय के संबंधित अनुभाग द्वारा नामांकन पत्र जारी किये जाने के पश्चात् राजभाषा अनुभाग को अंकित प्रति के आधार पर राजभाषा सहूलियतकार को चाहिए कि वे नामित कर्मचारी एवं संबंधित कार्यालय प्रधान से संपर्क में रहते हुए उपस्थिति सुनिश्चित करने की पहल करें।

- मोबाइल का प्रयोग न हो, आपसी फिजूल बातचीत न हो, संकाय के वक्तव्य के समय पाठ्य सामग्री का पठन न करें, इत्यादि बातों से कार्यशाला के प्रारंभ में ही प्रतिभागियों को स्पष्ट रूप से अवगत कराना होगा।
- संस्था के दिशानिर्देशों के अनुसार 'पोशाक कोड' का पालन हो।
- कार्य समय का पूर्ण पालन हो।

नोट : भौतिक कार्यशाला आयोजित नहीं कर पाने की अनिवार्य स्थिति में ई-कार्यशाला की व्यवस्था करनी होगी। लेकिन तिमाहीवार आयोजन में कभी चूक न हो।

संकाय मानदेय

- गृह मंत्रालय के राजभाषा विभाग या संबंधित संगठनों के मंत्रालयों के राजभाषा विभागों या वैयक्तिक संगठनों द्वारा निर्धारित मानदंडों के आधार पर मानदेय की अदायगी की जाती है। मानदेय की अदायगी के संबंध में सामान्यतः गृह मंत्रालय, राजभाषा विभाग के मानदंडों को आधार मानते हुए अमुक संस्था द्वारा अपने आंतरिक निर्णयों के आधार पर वेतनमानवार/पदमनामवार पदों को ध्यान में रखते हुए परिवर्तन किया जाता है। अतः मानदेय की व्यवस्था में एकरूपता दिखाई नहीं देती। अमुक संस्था को इस बात पर ध्यान देने की आवश्यकता होगी कि उसके द्वारा सेवारत कर्मियों और अतिथि संकाय को दी जाने वाली मानदेय राशि गृह मंत्रालय, राजभाषा विभाग द्वारा निर्धारित राशि से कम न हो।

किन्हें अतिथि संकाय के रूप में बुलाया जा सकता है

- कार्यशालाओं में नामित कर्मचारी वर्ग/श्रेणी के आधार पर अतिथि संकाय को चुनना होगा। लिपिक वर्ग या वेतनमान श्रेणी-I के कर्मियों के लिए न्यूनतम वेतनमान-I के अधिकारी को अतिथि संकाय के रूप में आमंत्रित किया जा सकता है। वेतनमान II या III के समूह के लिए कम से कम तत् वेतनमान के राजभाषा अधिकारी को आमंत्रित करने का प्रयास करना होगा। कार्यपालक वर्ग हेतु कार्यपालक श्रेणी के राजभाषा वर्ग के पदाधिकारी को आमंत्रित करना अच्छा रहेगा। स्थानीय उपलब्धता के आधार पर विशेष मामलों में व्यक्तिक्रम अनिवार्य हो सकता है। (निजी विषय विशेषज्ञों/कुशल व्यक्तियों को आमंत्रित किये जाने पर इन बातों पर ध्यान देने की आवश्यकता नहीं होगी।) इस बात पर ध्यान देना होगा कि आमंत्रित अतिथि संकाय विषय विशेषज्ञ एवं अच्छे वक्ता है। शैक्षिक योग्यता, अनुभव और वक्तव्य कौशल को प्राथमिकता देनी होगी। अच्छे वक्ताओं का पर्याप्त विकल्प होने पर पुनरावृत्ति दूर की जा सकती है।
- कार्यशाला का प्रारंभिक सत्र 'राजभाषा नीति' विषय पर ही हो। इस सत्र हेतु राजभाषा कार्यान्वयन के क्षेत्र में अनुभवी व्यक्तियों को अतिथि संकाय के रूप में आमंत्रित करने का प्रयास करना होगा।

यदि संयोगवश क्षेत्रीय कार्यान्वयन कार्यालय, राजभाषा विभाग, गृह मंत्रालय के पदाधिकारी कार्यालयीन दौरे पर तत् शहर में पधारने के संदर्भ में कार्यशाला संबंधी 'राजभाषा नीति' सत्र के लिए अतिथि वक्ता के रूप में उन्हें आमंत्रित करने की चेष्टा करना लाभदायक होगा।

स्थानीय उपलब्धता या कथित संदर्भों (संयोगवश) के आधार पर केंद्रीय हिंदी प्रशिक्षण संस्थान, हिंदी शिक्षण योजना, केंद्रीय अनुवाद ब्यूरो, केंद्रीय हिंदी संस्थान, केंद्रीय हिंदी निदेशालय के पदाधिकारियों को अतिथि संकाय के रूप में आमंत्रित करने का प्रयास किया जा सकता है। विशेषकर उच्च पदाधिकारियों के लिए आयोजित हिंदी कार्यशालाओं के प्रारंभिक सत्र के लिए या सुविधानुसार अन्य किसी सत्र के लिए इन संस्थाओं के पदाधिकारियों को आमंत्रित करने का प्रयास किया जाना स्तरीय होगा।

- अनिवार्य संदर्भों को छोड़कर परिविक्षाधीन राजभाषा अधिकारियों को अतिथि संकाय के रूप में आमंत्रित करने का प्रयास नहीं करना बेहतर होगा।
- लिपिक वर्ग के कर्मियों को अतिथि संकाय के रूप में आमंत्रित करने का प्रयास नहीं किया जाए, चाहे काफी अनुभवी भी क्यों न हो।

मानदेय अदायगी की प्रक्रिया

- बैंक चेक/मांग ड्राफ्ट/खाते में जमा करने के जरिये मानदेय रकम अदा की जा सकती है। यदि नकद के रूप में दिये जाने पर उस रकम की हस्ताक्षरयुक्त रसीद प्राप्त करना जरूरी है।
- नकद या चेक सौंपने के संदर्भ में संस्था के लिफाफे में संकाय का नाम, उनकी संस्था का नाम आदि अंकित कर सौंपना सम्मानजनक होगा।

सहायक सामग्री (हैंडआउट्स)

सरल एवं सटीक मार्गदर्शन सामग्री उपलब्ध कराना प्रशिक्षण प्रक्रिया का प्रमुख अंग है। समयसारणी में समाविष्ट सत्रों के आधार पर मार्गदर्शन सामग्री तैयार की जाती है। तकनीकी स्वरूप की जानकारी यथा : कंप्यूटर पर हिंदी का प्रयोग, हिंदी और तकनीकी संबंधी नवीनतम टूल्स इत्यादि में हिंदी का प्रयोग संबंधी सामग्री द्विभाषा में तैयार करना बेहतर है। अन्य सत्रों के लिए केवल हिंदी में सामग्री तैयार की जा सकती है। कठिन हिंदी शब्दों का कोष्ठक में अंग्रेजी अनुवाद उपलब्ध करने की चेष्टा करनी होगी।

सामग्री की तैयारी में नैगम पहल

अमुक संगठन के विभिन्न केंद्रों द्वारा चलाई जाने वाली हिंदी कार्यशालाओं संबंधी पाठ्य सामग्री में एकरूपता बनाए रखते हुए ज्ञानवर्द्धक बनाने हेतु तत् संगठन के मुख्यालय के राजभाषा विभाग एवं कार्पोरेट प्रशिक्षण केंद्र के राजभाषा अनुभाग को पहल करनी होगी।

संगठन में कार्यरत राजभाषा विशेषज्ञ अधिकारियों के सहयोग से यह कार्य संपन्न कराया जा सकता है।

अमुक राजभाषा अधिकारी का हिंदी ज्ञान स्तर, कार्यकुशलता, वक्तव्य कौशल, सेवा अनुभव के आधार पर एवं अमुक विषय पर उनकी रुचि को ध्यान में रखते हुए पाठ्य सामग्री बनाने की जिम्मेदारी सौंपनी होगी। इस प्रकार तैयार करवाई गई सभी सत्रों की पाठ्य सामग्री की एक पुस्तिका बनानी होगी। यह सामग्री स्पाइरल रूप में या मुद्रित रूप में हो सकती है। कार्यबल के आधार पर मुख्यालय स्तर पर पर्याप्त प्रतियाँ तैयार करवाकर उन्हें अधीनस्थ प्रशिक्षण केंद्रों/प्रशासनिक कार्यालयों को आपूरित कराया जा सकता है। अन्यथा सामग्री की सॉफ्ट प्रति उपलब्ध कराकर आवश्यकतानुसार पर्याप्त स्पाइरल प्रतियाँ बनवाने हेतु प्रशिक्षण केंद्रों/नियंत्रक कार्यालयों को जिम्मेदारी सौंपी जा सकती है। यह पद्धति आदर्श पद्धति होगी जिससे मुद्रण एवं यातायात व्यय कम किया जा सकता है।

पीपीटी (पॉवर प्वाइंट प्रजेंटेशन)

प्रतिभागियों का ध्यान आकर्षित करने में पीपीटी एक सशक्त माध्यम बन गया है। व्याख्यान की मुख्य बिंदुओं को संक्षिप्त पंक्तियों में पर्दे पर प्रदर्शित कर उनके आधार पर विषयवस्तु से अवगत कराने का प्रयास किया जाता है।

सामान्यत: सत्र संबंधी पाठ्य सामग्री के आधार पर ही पीपीटी बनाई जाती है। पाठ्य सामग्री तैयारकर्ता अधिकारी को ही तत्संबंधी पीपीटी तैयार करने का काम भी सौंपा जाना प्रभावी होगा। विभिन्न केंद्रों/कार्यालयों को उपलब्ध कराई गई पाठ्य सामग्री के आधार पर व्याख्यान देने वाले राजभाषा अधिकारी या संकाय स्वयं पीपीटी तैयार करने में भी स्वतंत्र हों। इससे उन्हें अपनी नवोन्मेषिता जोड़ने में सहूलियत होगी। पीपीटी में आवश्यकतानुसार विषय आधारित दृश्य-श्रवण क्लिप्पिंग को स्थान दिया जा सकता है।

अभ्यासों पर विशेष ध्यान

सत्र संबंधी पाठ्य सामग्री के अंत में सैद्धांतिक पक्ष को व्यवहार में लाने के लिए प्रतिभागियों से अभ्यास कराने हेतु रिक्त स्थानयुक्त प्रश्न देने की आवश्यकता होगी। आवश्यक संदर्भों में उत्तरयुक्त नमूने प्रश्न देने होंगे। व्याख्यान के पश्चात तत् सत्रावधि में ही प्रतिभागियों से अभ्यास कराना परिणामदायक रहेगा।

राजभाषा विभाग के दिशानिर्देशों के अनुसार सत्र के दो-तिहाई समय अभ्यास करवाने के लिए लगाना होगा।

सामग्री की तैयारी में पूर्वोपाय

यह करें :

- आबंटित विषय पर संपूर्ण ज्ञान हासिल करने हेतु तत्संबंधी विविध पाठ्य सामग्री/मार्गदर्शन पुस्तकों एवं पत्रिकाओं का संदर्भ लेना होगा।

- अन्य संगठनों के संदर्भ साहित्य को भी पढ़ने का प्रयास करना होगा।
- वेबसाइट, यूट्यूब आदि में उपलब्ध सामग्री को पढ़ें/व्याख्यान सुनें।
- अच्छे वक्ताओं के व्याख्यान सत्रों में उपस्थित होने का प्रयास करें।
- अपने सहकर्मियों एवं अन्य संगठनों के राजभाषा मित्रों के साथ आपसी चर्चा के दौरान व्यक्त सटीक विचारों को शामिल करें।
- अपने पूर्व वक्तव्यों के आधार पर परिष्कृत जानकारी को शामिल करें।
- विषय से संबंधित अपने नवोन्मेषी विचारों को समाविष्ट करें।
- राजभाषा विभाग, गृह मंत्रालय एवं संबंधित मंत्रालय के राजभाषा विभाग के ज्ञापनों/आदेशों/परिपत्रों का संदर्भ लें।
- वार्षिक राजभाषा कार्यक्रम, राजभाषा नियम, अधिनियम, राष्ट्रपति आदेश, संकल्प, संविधान में समाविष्ट अनुच्छेदों का आवश्यकतानुसार संदर्भ लें।
- अपनी संस्था में उपलब्ध पूर्व मार्गदर्शन सामग्री का संदर्भ लें।
- संगत विषय संबंधी प्रकाशनों का संदर्भ लें।

यह न करें :

- अन्य आलेखकारों के आलेखों में अपने या अपनी संस्था का नाम प्रतिस्थापित करना।
- अन्य संगठनों की पाठ्य सामग्री में अपने संगठन का नाम प्रतिस्थापित करना।
- पत्रिकाओं/पुस्तकों में प्रकाशित एवं वेबसाइट आदि में उपलब्ध आलेखों का हूबहू नकल करना।

नोट : यदि अन्यों के किसी आलेख का हूबहू लेने के संदर्भ में आलेख के नीचे स्रोत का उल्लेख कर आलेखकारों/प्रकाशनों का ब्योरा अवश्य देना होगा।

समय सारणी में सामान्यतः समाविष्ट किये जाने वाले विषय

हिंदी उन्मुखता कार्यशाला—राजभाषा नीति एवं वार्षिक राजभाषा कार्यक्रम, अक्षर ज्ञान व वाक्य अभ्यास, वाचन अभ्यास, सरल व्यावहारिक व्याकरण एवं अभ्यास, बोलचाल की भाषा एवं मौखिक अभ्यास, सामान्य शब्दावली, कंप्यूटर/मोबाइल पर हिंदी टंकण, हिंदी में आपसी बातचीत अभ्यास, सरल प्रतियोगिता आदि।

प्रयोजनमूलक हिंदी कार्यशाला : राजभाषा नीति एवं वार्षिक कार्यक्रम, व्यावहारिक हिंदी व्याकरण एवं अभ्यास, शब्दावली एवं अभ्यास, आंतरिक कामकाज में हिंदी का प्रयोग एवं अभ्यास, पत्राचार एवं अभ्यास, टिप्पणी व टिप्पण लेखन एवं अभ्यास, राजभाषा प्रगति की रिपोर्टिंग प्रणाली, सरल वाक्य अभ्यास, आशुभाषण अभ्यास, सेवाकालीन हिंदी प्रशिक्षण एवं प्रोत्साहन योजनाएँ, हिंदी और तकनीकी संबंधी नवीनतम टूल्स (टंकण/अनुवाद), समूह परिचर्चा, समय सारिणी के आधार पर प्रतियोगिता इत्यादि।

पुनश्चर्या हिंदी कार्यशाला : प्रयोजनमूलक हिंदी कार्यशाला के ही सत्र लगभग इसमें भी लिये जाते हैं। लेकिन पढ़ाने का और अभ्यासों का वर्द्धित स्तर होगा। सरल

अनुवाद, राजभाषा के प्रयोग में कर्मचारियों का दायित्व, ग्राहक संपर्क कार्य में हिंदी का प्रयोग इत्यादि अन्य सत्र जोड़े जा सकते हैं। इसमें व्यावहारिक अभ्यासों पर अधिक ध्यान दिया जाता है।

शिविर हिंदी कार्यशाला : दूरस्थ शाखाओं/कार्यालयों में कार्यरत स्टाफ सदस्यों की सुविधा हेतु, सहभागिता बढ़ाने हेतु तथा स्थापना व्यय कम करने के उद्देश्य से मुख्यालय/नियंत्रक कार्यालय स्थित शहरों/प्रशिक्षण केंद्रों में कार्यशालाओं का आयोजन करने के अतिरिक्त अपने क्षेत्राधीन सुविधायुक्त अन्य शहरों में वहाँ स्थित अपने किसी कार्यालय/शाखा कार्यालय के सहयोग से शिविर कार्यक्रमों का आयोजन किया जा सकता है। बड़े संगठनों में यह पद्धति अपनाने की आवश्यकता होती है।

नामांकन/पत्राचार/संकाय/समन्वयन आदि की व्यवस्था करने की जिम्मेदारी आयोजक कार्यालय/प्रशिक्षण केंद्र की होती है।

नोट : समय-सारणी में कार्यक्रम समन्वयक का नाम एवं पदनाम तथा संकाय, सह-संकाय एवं अतिथि संकाय का ब्योरा भी समाविष्ट हो।

प्रतिपुष्टि (फीडबैक)

समाविष्ट सत्रों की प्रासंगिकता, प्रशिक्षण पद्धति, व्याख्यान की गुणवत्ता, पाठ्यसामग्री की पर्याप्तता एवं गुणवत्ता, शंकाओं का समाधान, समय पालन, उपलब्ध कराई गई सुविधाएँ, नवोन्मेषी अभ्यास एवं अभ्यास कराने की प्रक्रिया, तकनीकी साधनों का प्रयोग, समाविष्ट अन्य रोचक गतिविधियाँ, सुधार हेतु सुझाव इत्यादि पर प्रतिभागियों के विचार जानने के लिए कार्यक्रम के अंत में हर प्रतिभागी से फीडबैक लेना अति आवश्यक है।

संगठन के अपने प्रशिक्षण केंद्रों में फीडबैक प्रपत्र उपलब्ध होते हैं। यह प्रपत्र हिंदी या द्विभाषा में होना अनिवार्य है। फीडबैक के माध्यम से प्राप्त संगत/महत्त्वपूर्ण सुझावों को अमल करने की सार्थक पहल करनी होगी। (विद्यमान विसंगतियों की भावी कार्यक्रमों में पुनरावृत्ति न हो, इस बात पर विशेष ध्यान देना होगा।)

प्रतियोगिता का आयोजन कैसे हो?

- समय-सारणी में समाविष्ट हर सत्र पर प्रतिभागी का ध्यान आकर्षित करने के उद्देश्य से कार्यशाला के अंतिम सत्र में प्रतियोगिता आयोजित की जाती है। समय-सारणी में प्रतियोगिता आयोजन संबंधी जानकारी समाविष्ट हो और प्रतिभागी सतर्क रहने हेतु उद्घाटन सत्र में ही इस आयोजन की जानकारी उन्हें मिले। समय-सारणी में समाविष्ट सत्रों पर प्रश्न पूछे जाते हैं। सुनिश्चित कर लेना होगा कि पूछे जाने वाले प्रश्नों संबंधी जानकारी पर संकायों द्वारा अपने सत्रों में अवश्य प्रकाश डाला जाता है/डाला गया है। प्रतियोगिता अवधि 30 मिनट तक सीमित रखी जा सकती है। प्रश्नपत्र में बहुविकल्पीय प्रश्न, रिक्त स्थान भरना, जोड़ना—इस प्रकार के प्रश्न हों। इससे परिणाम तत्काल घोषित करने में सुविधा होगी।

- विजेताओं को प्रोत्साहन स्वरूप आकर्षक ज्ञापिका या नकद पुरस्कार एवं प्रमाणपत्र प्रदान किये जा सकते हैं।

सहभागिता प्रमाणपत्र

जरूरी नहीं कि सहभागिता प्रमाणपत्र अवश्य दिये जाएँ। कार्यमुक्ति पत्र अपने आप में सहभागिता का सूचक है। फिर भी राजभाषा के प्रभावी प्रयोग संबंधी गतिविधि होने के नाते प्रोत्साहन के तौर पर समापन सत्र में किसी उच्च पदाधिकारी के हाथों से प्रतिभागियों को आकर्षक सहभागिता प्रमाणपत्र (रंगीन मुद्रित या प्रिंटआउट) प्रदान करने का प्रयास किया जा सकता है।

राजभाषा संबंधी निरीक्षणों/प्रदर्शिनियों में इन्हें दर्शाया जा सकता है।

उद्घाटन एवं समापन

- कार्यालय प्रमुख या राजभाषा कार्यान्वयन से जुड़े प्रभारी उच्च पदाधिकारी/कार्यपालक के प्रेरक संदेश से कार्यशाला का उद्घाटन किया जाना प्रेरणादायक होगा। उसी प्रकार समापन सत्र में भी अल्पावधि के लिए किसी एक उच्च पदाधिकारी की उपस्थिति हो और प्रतिभागियों को उनके शुभाशीष मिले। सहभागिता प्रमाणपत्र भी (यदि हों) उनके हाथों से ही दिलाए जाएँ।
- उद्घाटन सत्र संक्षेप हो। परिचय वक्तव्य में राजभाषा अधिकारी/सहूलियतकार कम समय लें। इस संक्षेप वक्तव्य में कार्यशाला आयोजित करने का मुख्य उद्देश्य, मंचासीन पदाधिकारियों का संक्षेप परिचय हो। साथ ही प्रतिभागियों से अपना संक्षेप परिचय लेना होगा (यथा : नाम, पदनाम, कार्यस्थल)। ध्यान रखना होगा कि आरंभिक सत्र प्रारंभ होने में कोई विलंब न हो।
- केवल मंच पर आसीन संस्था के प्रमुख पदाधिकारी/विशेष अतिथि को ही संक्षेप में शुभ संदेश देने का अवसर देना उचित होगा।
- फीडबैक लेने के अतिरिक्त समापन सत्र में प्रतिभागियों को कार्यशाला संबंधी अपने विचार संक्षेप में व्यक्त करने का अवसर देना होगा और महत्त्वपूर्ण सुझावों को अभिलेखित कर यथासंभव अमल करने का प्रयास करना होगा।
- तिमाहीवार नेमी प्रकार की कार्यशालाएँ होने के कारण औपचारिकताओं पर ज्यादा ध्यान न देते हुए कार्यशाला के सहूलियतकार/राजभाषा अधिकारी ही संक्षेप में शुरुआती स्वागत कर और समापन में धन्यवाद अर्पित कर सकते हैं।

संकाय परिचय

- कार्यक्रम के समन्वयक/सहूलियतकार को चाहिए कि वे व्याख्यान कक्ष में प्रवेश करने के पश्चात् औपचारिक उद्घाटन के पूर्व प्रतिभागियों को संक्षेप

में अपना स्व परिचय दें। सहूलियतकार को चाहिए कि वे हर सत्र के प्रारंभ में तत्संबंधी संकाय का संक्षिप्त परिचय दें। (संकाय की पुनरावृत्ति होने पर परिचय की पुनरावृति न हो)। उसी प्रकार सत्र के समापन में अति संक्षेप में धन्यवाद अर्पण भी हो। विशेषकर अतिथि संकाय के संदर्भ में यह औपचारिकता निभाना न भूलें।

- कहीं-कहीं देखा जाता है कि मंच पर हिंदी में बात करने की झिझक दूर कराने के मकसद से कुछेक प्रतिभागियों को संकाय का परिचय कराने/धन्यवाद दिलाने का काम सौंपा जाता है। लेकिन यह उचित पद्धति नहीं है। आकर्षक ढंग से परिचय कराना/धन्यवाद देना भी एक कला है। प्रतिभागियों को लगे कि उन्हें एक विषय विशेषज्ञ पढ़ाने आए हैं। संकाय को लगे कि उनकी योग्यता और अनुभव का समुचित परिचय कराया गया है और ज्ञापित धन्यवाद अपने व्याख्यान के अनुरूप है।
- सहूलियतकार को चाहिए कि आमंत्रित संकाय का प्रोफाइल पर्याप्त समय पूर्व प्राप्त करें और उसके आधार पर परिचय कराने हेतु मुख्य अंश ले लें। कार्यक्रम स्थल पहुँचने के बाद संकाय से कुछ जानकारी प्राप्त कर परिचय कराने का प्रयास करना प्रभावी नहीं होगा। अग्रिम रूप से प्राप्त प्रोफाइल की प्रति को कार्यशाला फाइल में सुरक्षित रखें ताकि पुनः आमंत्रण के संदर्भ में उसका प्रयोग किया जा सके।

प्रशिक्षण ग्रहण रिपोर्ट

- कार्यक्रम के उद्घाटन से पूर्व प्रतिभागियों से कार्य ग्रहण रिपोर्ट लेनी पड़ती है। उपस्थिति का यह एक अभिलेख होता है। इससे हर प्रतिभागी पर कृत प्रशिक्षण व्यय का (यात्रा भत्ता/किराया भत्ता/आवास व्यय) पता लग जाता है। हर संगठन के प्रशिक्षण केंद्र/मानव संसाधन विकास विभाग में प्रशिक्षण ग्रहण रिपोर्ट का प्रपत्र उपलब्ध होता है। नियंत्रक कार्यालयों द्वारा हिंदी कार्यशालाओं का आयोजन किये जाने के संदर्भ में अपने प्रशिक्षण केंद्र/एचआरडी से यह प्रपत्र प्राप्त किया जा सकता है।
- संगठन के आंतरिक दिशानिर्देशों के अनुसार नियंत्रक कार्यालय द्वारा प्राप्त की गई प्रशिक्षण ग्राहण रिपोर्टों को अपने मानव संसाधन विभाग को सौंपना होगा। अपने राजभाषा अनुभाग में भी इनकी एक जेरॉक्स प्रति हो। जरूरी नहीं कि हर संगठन में यही प्रक्रिया हो। अपने संगठन की प्रचलित आंतरिक प्रक्रिया का पालन करना होगा।

उपस्थिति रजिस्टर

- कार्यशाला में उपस्थिति दर्ज करने हेतु पृथक् रजिस्टर बनाई रखनी होगी। शीर्षक में कार्यशाला का नाम (उन्मुखता/प्रयोजनमूलक/पुनश्चर्या/शिविर इत्यादि), प्रशिक्षण स्थल, तारीख (अवधि) का अंकन हो। रजिस्टर में प्रतिभागियों

की जानकारी स्तंभवार ली जाती है, यथा : क्रम संख्या, प्रतिभागी का नाम, पदनाम, कार्यस्थल तथा हस्ताक्षर। अंत में उपस्थिति की पुष्टि करते हुए कार्यक्रम सहूलियतकार के हस्ताक्षर हों।

कार्यमुक्ति पत्र

- उपस्थिति रजिस्टर के आधार पर सभी उपस्थितों के नाम शामिल करते हुए कार्यमुक्ति पत्र (हिंदी या द्विभाषा में) तैयार किया जाता है। समापन सत्र में या समापन सत्र के तत्काल पश्चात् प्रतिभागियों को कार्यमुक्ति पत्र सौंपा जाता है (कार्यालय प्रति में प्राप्तिसूचक हस्ताक्षर लेते हुए)। इसकी प्रति प्रतिभागी कार्यालय के मानव संसाधन अनुभाग को तथा संबंधित नियंत्रक कार्यालय व प्रधान कार्यालय के राजभाषा विभाग एवं कार्पोरेट प्रशिक्षण केंद्र को भेजी जाती है।
- सामान्यत: कार्यक्रम समन्वयक/सहूलियतकार के हस्ताक्षर से कार्यमुक्ति पत्र जारी किया जाता है। अन्यथा प्रशिक्षण केंद्र के संदर्भ में प्राचार्य और नियंत्रक कार्यालय के संदर्भ में राजभाषा अनुभाग के प्रभारी कार्यपालक के हस्ताक्षर लिये जाते हैं। शिविर कार्यक्रम के संदर्भ में समन्वयक/सहूलियतकार को ही हस्ताक्षर करना होगा।

कार्यक्रम की पूर्व तैयारी

- मुख्यालय द्वारा हिंदी कार्यशालाओं का आयोजन किये जाने के संदर्भ में राजभाषा विभाग, गृह मंत्रालय द्वारा समय-समय पर जारी कार्यालय ज्ञापनों, संसदीय राजभाषा समिति के दिशानिर्देशों (निरीक्षण प्रश्नावली के आधार पर) राष्ट्रपति आदेशों के तीसरे खंड के दिशानिर्देशों इत्यादि का उल्लेख करते हुए पर्याप्त समय पूर्व कार्यालय टिप्पणी के माध्यम से तिमाहीवार कार्यशालाओं के आयोजन संबंधी अनुमोदन प्राप्त करना होगा।
- अधीनस्थ नियंत्रक कार्यालयों के संदर्भ में अपने मुख्यालय/प्रधान कार्यालय द्वारा समय-समय पर जारी नवीनतम दिशानिर्देशों एवं आंतरिक वार्षिक राजभाषा कार्यक्रम तथा अन्य दिशानिर्देशों के आधार पर राजभाषा अनुभाग द्वारा अपने सक्षम उच्च प्राधिकारी को कार्यालय टिप्पणी प्रस्तुत की जानी होगी। इस टिप्पणी में कार्यशाला आयोजन की आवश्यकता एवं अनिवार्यता, प्रस्तावित अवधि, अनुमानित व्यय (जलपान, बैनर, संकाय मानदेय, प्रतियोगिता पुरस्कार इत्यादि) से अवगत कराना होगा। नामित कर्मचारियों की सूची भी संलग्न करनी होगी। (राजभाषा अधिकारी/प्रभारी के हस्ताक्षर से राजभाषा अनुभाग के तत्काल प्रभारी उच्च पदाधिकारी के माध्यम से सक्षम प्राधिकारी को कार्यालय टिप्पणी प्रस्तुत करनी होगी।) नामांकन पत्र जारी करने हेतु अनुमोदित कार्यालय टिप्पणी की प्रति अपने कार्यालय के मानव संसाधन अनुभाग को सौंपनी होगी। यदि मानव संसाधन अनुभाग द्वारा राजभाषा अनुभाग को ही

नामांकन पत्र जारी करने की जिम्मेदारी सौंपी जाने की स्थिति में तदनुसार कार्रवाई करनी होगी।

- प्रशिक्षण केंद्रों के संदर्भ में अपने वार्षिक प्रशिक्षण शेड्यूल के अनुसार कार्यशाला आयोजित करने की कार्यविधि संपन्न की जाती है।

प्रशिक्षणोपरांत कार्रवाई/रिपोर्टिंग प्रणाली

- नियंत्रक कार्यालयों द्वारा कार्यशाला का आयोजन किये जाने के संदर्भ में आयोजित सत्र, उपस्थिति, व्यय की मदवार जानकारी देते हुए समन्वयक/सहूलियतकार द्वारा कार्यालय टिप्पणी के माध्यम से सक्षम प्राधिकारी के अवलोकनार्थ रिपोर्ट प्रस्तुत की जाती है। यदि किसी कारणवश आबंटित बजट/अनुमोदित बजट की तुलना में कृत व्यय अधिक होने के संदर्भ में उसके अनुमोदनार्थ सक्षम प्राधिकारी को कार्यालय टिप्पणी प्रस्तुत करना जरूरी है। अन्यथा आंतरिक व्यवस्था के अनुसार उच्च नियंत्रक कार्यालय से अनुमोदन प्राप्त करने की आवश्यकता होगी।
- प्रशिक्षण केंद्रों के संदर्भ में यह स्थिति उत्पन्न नहीं होगी। क्योंकि वहाँ वार्षिक प्रशिक्षण कैलेंडर के अनुसार कार्यक्रम चलाए जाते हैं।
- नियंत्रक कार्यालय के संदर्भ में समय-सारणी में समाविष्ट सत्र, आमंत्रित संकाय, आपूरित प्रशिक्षण सामग्री, आबंटित बजट एवं कृत व्यय की जानकारी देते हुए अपने प्रधान कार्यालय, अन्य उच्च नियंत्रक कार्यालय(अंचल, सर्किल कार्यालय इत्यादि), कार्पोरेट प्रशिक्षण केंद्र एवं अपने कार्यालय के मानव संसाधन अनुभाग को कार्यशाला रिपोर्ट भेजनी होगी। इसके साथ कार्यमुक्ति पत्र की प्रति, समय सारणी की प्रति, समाचार पत्र कतरन (यदि किसी समाचार पत्र में प्रकाशित किये जाने पर) फोटो आदि संलग्न कर भेजने होंगे।
- संबंधित क्षेत्रीय कार्यान्वयन कार्यालय, राजभाषा विभाग एवं टॉलिक संयोजक कार्यालय को भी रिपोर्ट की प्रति भेजी जा सकती है। लेकिन बाहरी संस्थाओं को प्रेषित करते समय व्यय संबंधी एवं अन्य निजी जानकारी प्रस्तुत करने की आवश्यकता नहीं है; अर्थात् मूल रिपोर्ट में आवश्यक संशोधन कर भेजनी होगी।
- रिपोर्ट की प्रति कार्यशाला फाइल में अवश्य उपलब्ध हो।

प्रशिक्षणोपरांत प्रेरक पत्र/मौखिक संपर्क

- कार्यशाला के आयोजन के पश्चात् विशेषत: एक सप्ताह के भीतर प्रशिक्षित कर्मचारी के नाम पर दैनिक कार्यालयीन कार्य में हिंदी का यथासंभव प्रयोग करने हेतु पथप्रदर्शनयुक्त अभिप्रेरक पत्र जारी करना जरूरी है। शाखा प्रधान को इस पत्र की प्रति इस उल्लेख के साथ अंकित हो कि 'कार्यशाला में प्रशिक्षित श्री/सुश्री... ...को हिंदी का अधिकाधिक प्रयोग करने हेतु अभिप्रेरित किया जाए।'

- इसके अतिरिक्त राजभाषा सहूलियतकार को चाहिए कि वे नियमित अंतरालों पर प्रशिक्षित कर्मचारी से मौखिक संपर्क में रहते हुए हिंदी के प्रयोग में उनके दैनिक योगदान का पता करें और पथप्रदर्शन करें।
- राजभाषा निरीक्षणों में प्रेरक/पथप्रदर्शन पत्रों की जारी संबंधी जानकारी की पूछताछ की जाती है। अत: अभिलेखों को सुरक्षित रखना भी जरूरी है।
- हिंदी कार्यशालाओं के आयोजन के संबंध में राजभाषा विभाग, गृह मंत्रालय के का.ज्ञा.सं. 12019/81/2015—राभा (का-2), दि. 29.2.2016 एवं 12019/81/2015—राभा (का), दि. 16.6.2016 तथा अपने आंतरिक निर्णयों व भावी संशोधनों पर ध्यान देना होगा।

राजभाषा अधिनियम-1963 की धारा-3(3)

परिचय

संविधान के अनुच्छेद-343 के प्रावधानों के अनुसार संघ सरकारी कार्यालयों के सभी प्रकार के शासकीय कार्यों के लिए 26 जनवरी, 1965 तक अंग्रेजी का प्रयोग जारी रहेगा। इस अवधि के दौरान किन्हीं विशेष प्रयोजनों के लिए हिंदी का प्रयोग करने के संबंध में राष्ट्रपति को आदेश जारी करने के अधिकार दिये गए हैं।

इस अनुच्छेद के अंतर्गत दी गई 15 वर्ष की अवधि (26 जनवरी, 1950 से 26 जनवरी, 1965) समाप्त होने से पहले शासकीय कार्य में राजभाषा का प्रयोग करने में कर्मचारियों की क्षमता और विचारों का जायजा लेने के पश्चात् (राजभाषा आयोग का सर्वेक्षण एवं उस पर संसदीय समिति की सिफारिशों तथा अन्य अध्ययनों के आधार पर) अंग्रेजी एवं राजभाषा हिंदी के प्रयोग के संबंध में संसद के दोनों सदनों द्वारा 10 मई, 1963 को एक अधिनियम पारित किया गया। इस अधिनियम की धारा-3 के अंतर्गत प्रावधान किया गया था कि 26 जनवरी, 1965 के बाद भी 10 वर्ष तक पूर्व की तरह शासकीय प्रयोजनों के लिए अंग्रेजी का प्रयोग जारी रहने के अतिरिक्त जिन राज्यों ने हिंदी को अपने राज्य की राजभाषा के रूप में नहीं अपनाया है, उनके साथ केंद्र सरकार एवं हिंदी-भाषी राज्य सरकारों का पत्राचार अंग्रेजी में होगा। इनके द्वारा तत् राज्यों के साथ हिंदी में पत्राचार किये जाने के संदर्भ में उसका अंग्रेजी पाठ संलग्न किया जाना अनिवार्य है।

इसके अतिरिक्त शासकीय कामकाज संबंधी कुछेक महत्त्वपूर्ण कागजातों/प्रलेखों में अंग्रेजी के अतिरिक्त हिंदी का अनिवार्य प्रयोग सुनिश्चित करने के संकल्प से अधिनियम की धारा-3 की उपधारा (3) के अंतर्गत निम्नलिखित कागजात शामिल किये गए हैं :

1. सामान्य आदेश 2. अधिसूचनाएँ 3. प्रेस विज्ञप्तियाँ 4. संविदाएँ 5. करार 6. अनुज्ञप्तियाँ 7. अनुज्ञा पत्र 8. निविदा प्रारूप 9. सूचनाएँ 10. संकल्प 11. नियम 12. संसद के किसी सदन या दोनों सदनों के समक्ष प्रस्तुत किए जाने वाले सरकारी कागजात 13. संसद के किसी सदन या दोनों सदनों के समक्ष प्रस्तुत किये जाने वाले प्रतिवेदन 14. प्रशासनिक तथा अन्य प्रतिवेदन। राजभाषा अधिनियम-1963 की धारा-3 के माध्यम से शासकीय कामकाज में अतिरिक्त 10 वर्षों के लिए अंग्रेजी का प्रयोग यथावत् जारी रखे जाने की छूट दी जाने पर भी उपधारा (3) के अंतर्गत विनिर्दिष्ट कागजातों के लिए अंग्रेजी के साथ-साथ हिंदी का अनिवार्य प्रयोग निश्चित किया जाना राजभाषा प्रयोग को बढ़ावा देने का एक स्वस्थ निर्णय है। धारा-3 (3) के कई

कागजात, यथा : अधिसूचनाएँ, प्रेस विज्ञप्तियाँ, अनुज्ञा पत्र, अनुज्ञप्तियाँ, निविदा फार्म, सूचनाएँ (जनसंपर्क से जुड़े रहने के कारण) तथा संसद के समक्ष रखे जाने वाले बहुत सारे कागजात (जनहित चर्चा से जुड़े रहने के कारण) को राजभाषा हिंदी में भी जारी कराने का निर्णय लिया गया। हर स्तर के राजभाषायी निरीक्षणों में धारा-3 (3) के अंतर्गत जारी किये गए प्रलेखों की भौतिक जांच करने पर ध्यान दिया जाता है। अत: कार्यरत कार्यालय सहित क्षेत्राधीन समस्त कार्यालयों/शाखा कार्यालयों/इकाइयों द्वारा धारा-3 (3) के अंतर्गत जारी किये जाने वाले सभी कागजातों में हिंदी और अंग्रेजी सुनिश्चित किया जाना तत् संगठन में नियुक्त सभी राजभाषा स्टाफ सदस्यों का प्रमुख कर्तव्य बनता है।

देश ही नहीं, विदेश स्थित भारत सरकार के मंत्रालयों/विभागों के सभी संबद्ध/अधीनस्थ कार्यालयों/उपक्रमों में भी हिंदी अनुवाद की समुचित व्यवस्था करते हुए अधिनियम की धारा-3 (3) का अनुपालन सुनिश्चित करना होगा।

[संदर्भ : संसदीय राजभाषा समिति के प्रतिवेदन के प्रथम खंड के अंतर्गत की गई सिफारिशों पर राष्ट्रपति का आदेश एवं राजभाषा विभाग, गृह मंत्रालय का संकल्प सं. 12019/10/91—राभा (भा), दि. 28.11.1992]

इनके अतिरिक्त धारा-3 (3) का अनुपालन एवं सामान्य पत्रादि के प्रेषण के संबंध में राजभाषा विभाग के का.ज्ञा.सं. 14011/01/2016—राभा (नीति), दि. 29.1.2016 का संदर्भ लिया जा सकता है।

कार्यालयीन कामकाज संबंधी मसौदों को मूलत: अंग्रेजी में बनाने की आदत से (हिंदी मातृभाषी सहित) राजभाषा अनुभागों से तत् मसौदों का हिंदी अनुवाद प्राप्त करने का अभ्यस्त हो गए हैं। इस स्थिति से बाहर आकर शासकीय कामकाज संबंधी विभिन्न मसौदों को मूलत: हिंदी में तैयार कर उन्हें अंग्रेजी में अनूदित करने हेतु गृह मंत्रालय के राजभाषा विभाग तथा संसदीय राजभाषा समिति के माननीय सदस्यों द्वारा निर्देश दिये जाते हैं।

धारा-3 (3) के प्रलेखों का द्विभाषा क्रम कैसे हो

- चाहे टंकित हो या मुद्रित, पृष्ठ की बाईं ओर हिंदी तथा दाईं ओर अंग्रेजी हो (आधा भाग वर्टिकल में)। इस पद्धति को प्राथमिकता देनी होगी। (डिग्लॉट रूप)
- पृष्ठ पर अनुच्छेदवार प्रस्तुति में पहले अनुच्छेद में हिंदी हो तथा उसका अंग्रेजी पाठ तुरंत बाद के अनुच्छेद में हो। अन्यथा :
- पृष्ठ की एक ओर पूर्णत: हिंदी हो और उसकी दूसरी ओर (पीछे भाग) पूर्णत: अंग्रेजी हो।

एक से अधिक पृष्ठों का मसौदा होने पर भी उपर्युक्त क्रम का ही पालन करना होगा।

- सजिल्द या स्पाइरल इत्यादि पुस्तकों/पुस्तिकाओं के संदर्भ में पढ़ते समय दाईं ओर हिंदी हो तथा बाईं ओर समानांतर में तत् पृष्ठ का अंग्रेजी पाठ हो। [संसदीय राजभाषा समिति की प्रश्नावली में यही पद्धति अपनाई जाती है।]

- कहीं-कहीं यह भी देखा जाता है कि एक से अधिक पृष्ठों का मसौदा होने पर अंग्रेजी एवं हिंदी पाठ पृथक् से टंकित या मुद्रित कराकर संबद्ध (अटैच) किये जाते हैं। यह पद्धति स्वीकार्य नहीं है और प्रोत्साहित भी नहीं करना होगा।

राजभाषा स्टाफ सदस्यों द्वारा ध्यान दी जाने वाली बातें

- हर कार्यालय/शाखा कार्यालय/इकाई/विभाग में धारा-3 (3) के अंतर्गत जारी किये गए प्रलेखों का विषय एवं जारी तारीख का अंकन करने संबंधी रजिस्टर का अनुरक्षण अवश्य हो (भौतिक रजिस्टर या सॉफ्ट प्रति के रूप में)।
- अपेक्षित द्विभाषा क्रम में कागजातों की जारी एक साथ हो (भौतिक प्रति में या सॉफ्ट प्रति के रूप में)।
- नियंत्रक कार्यालयों द्वारा अपने अधीनस्थ समस्त कार्यालयों/शाखा कार्यालयों/इकाइयों को एक साथ परिचालित किये जाने वाले परिपत्रों/कार्यालय ज्ञापनों का क्रमांक अंकित करने संबंधी रजिस्टर का अनुरक्षण सामान्यतः तत् कार्यालयों के राजभाषा अनुभागों द्वारा किया जाता है। इससे राजभाषा अनुभाग को नियमानुपालन का अनुश्रवण करने में सुविधाजनक होगा।
- कार्यालय/शाखा कार्यालय/इकाईवार एवं अनुभागवार धारा-3 (3) की एक पृथक् फाइल हो जिसमें जारी किये गए कागजातों की एक-एक प्रति अवश्य उपलब्ध हों।
- नियंत्रक कार्यालयों द्वारा धारा-3 (3) का महत्त्व एवं अनुपालन की गंभीरता से समय-समय पर परिपत्रों के माध्यम से सभी संबंधितों के ध्यान में लाए जाने की आवश्यकता होगी।
- राजभाषायी निरीक्षणों में धारा-3 (3) के कागजातों की भौतिक जांच की जाती है।
- राजभाषा अधिनियम-1963 की धारा-3 (3) एवं राजभाषा नियम-6 के महत्त्व से कार्यालय/शाखा कार्यालय/इकाई/विभाग प्रधान या हस्ताक्षरकर्ता प्राधिकारी पूर्णतः परिचित हों। उन्हें पथप्रदर्शित करना भी राजभाषा स्टाफ सदस्यों की जिम्मेदारी बनती है।

नोट : राजभाषा नियम-1976 के नियम-6 के अनुसार हस्ताक्षर करने वाले पदाधिकारियों को यह सुनिश्चित कर लेना अनिवार्य है कि धारा-3 (3) से संबंधित सभी दस्तावेज, कागजात हिंदी और अंग्रेजी, दोनों भाषाओं में तैयार किये जाते हैं, निष्पादित किये जाते हैं और जारी किये जाते हैं।

- प्रलेखों के हिंदी एवं अंग्रेजी पाठ में कोई संदिग्धता न हो। अनुवाद सरल और सहज हो।
- समाचार पत्र-पत्रिकाओं में जारी प्रेस विज्ञप्तियाँ द्विभाषा में हों। अंग्रेजी पत्र-पत्रिकाओं में द्विभाषा में प्रेस विज्ञप्तियाँ दी जा सकती हैं। यदि इनमें केवल

अंग्रेजी में प्रेस विज्ञप्तियाँ (विज्ञापन/सूचनाएँ/अधिसूचनाएँ आदि) जारी की जाने पर उनका हिंदी पाठ हिंदी पत्र-पत्रिकाओं में जारी कराना अनिवार्य है।

- हिंदी पत्र-पत्रिकाओं में केवल अंग्रेजी में प्रेस विज्ञप्तियाँ जारी कराना मना है।
- हिंदी कार्यशालाओं एवं अन्य राजभाषा मार्गदर्शन कार्यक्रमों तथा डेस्क मार्गदर्शन कार्यक्रमों में धारा-3 (3) का महत्त्व, प्रलेखों का अनुरक्षण, मासिक/त्रैमासिक हिंदी प्रगति रिपोटों तथा राजभाषायी निरीक्षण प्रश्नावली में इनकी रिपोर्टिंग प्रक्रिया से अवगत कराने की आवश्यकता होगी।
- त्रैमासिक राजभाषा कार्यान्वयन समिति एवं नगर राजभाषा कार्यान्वयन समिति की बैठकों में इस मद के अनुपालन पर चर्चा हो और सभी सदस्य इस मद के महत्त्व से परिचित हों।

प्रलेखवार कागजात संबंधी मार्गदर्शन

सामान्य आदेश :

- विभागीय प्रयोग के लिए जारी किये जाने वाले सभी प्रकार के स्थायी आदेश, अनुदेश एवं निर्णय।
- ऐसे सभी आदेश, अनुदेश, पत्र, ज्ञापन, नोटिस जो कर्मचारी समूह के लिए हों।
- विभागीय प्रयोग या सरकारी कर्मचारियों के लिए जारी किये जाने वाले परिपत्र।

[संदर्भ : राजभाषा विभाग, गृह मंत्रालय का ज्ञापन सं. 1/14034/3/88—राभा (क-1), दिनांक 30 मई, 1988 तथा संसदीय राजभाषा समिति की प्रश्नावली का अनुबंध-II]

अधिसूचनाएँ :

- सार्वजनिकों या अमुक वर्ग की सार्वजनिक सूचना हेतु किसी कार्यालय/संस्था द्वारा भारत सरकार के राजपत्र में अधिसूचनाएँ प्रकाशित करवाई जाती हैं। संस्था के मुख्यालय द्वारा यह कार्य संपन्न कराया जाता है।

प्रेस विज्ञप्तियाँ :

- समाचार पत्र-पत्रिकाओं या अन्य प्रकाशन माध्यमों के जरिये जनता या किसी विशिष्ट समुदाय की जानकारी हेतु आधिकारिक सूचनाएँ पहुँचाई जाने की विधि है। समाचार माध्यमों में प्रकाशित कराई जाने वाली किसी प्रकार की आधिकारिक घोषणाएँ, रिपोर्ट इसी कोटि में आती हैं।

संविदाएँ :

- किसी एक कार्य प्रणाली के मामले में विभिन्न पक्षकारों या संस्थाओं के बीच आधिकारिक तौर पर किये जाने वाले करार को संविदा कहा जाता है जो कानूनी संरक्षणबद्ध होती हैं।

करार :

- दो या उससे अधिक पक्षकारों, संगठनों के बीच वस्तुएँ, सेवाएँ, वचन या मुद्रा विनिमय संबंधी आधिकारिक समझौते करार होते हैं। शासकीय नियमों के अनुसार किये जाने वाले इस प्रकार के समझौतों को कानूनी संरक्षण उपलब्ध होता है।

अनुज्ञप्ति (लाइसेंस) :

- किसी एक गतिविधि चलाने हेतु, विशिष्ट वस्तु व उपकरण खरीदने या रखने हेतु आधिकारिक रूप से प्राप्त की गई अनुमति या दी गई अनुमति।

अनुज्ञा पत्र (परमिट) :

- निश्चित और सीमित अवधि के लिए कोई कार्य संपन्न करने हेतु या गतिविधि चलाने हेतु आधिकारिक तौर पर दिये जाने वाले पत्र।

निविदा प्रारूप :

- किसी एक अपेक्षित आधिकारिक परियोजना का कार्य संपन्न करने की लिखित समझौता करने हेतु या किसी वस्तु-संपत्ति की बिक्री-खरीदी हेतु लिखित समझौता करने हेतु तत्संबंधी नियम व शर्तों का विस्तृत ब्योरा एक आधिकारिक सूचना के माध्यम से समाचार पत्र-पत्रिकाओं, वेबसाइट और अन्य प्रचार माध्यमों के जरिये प्रत्याशी समुदाय व सार्वजनिकों को उपलब्ध कराए जाने की प्रक्रिया।

सूचनाएँ :

- कर्मचारी समूहों, ग्राहक समूहों, सार्वजनिकों (जनता) को दी जाने वाली सूचनाएँ इस श्रेणी के अंतर्गत आती हैं।

संकल्प :

- संगठनोपयोगी महत्त्वपूर्ण नीतिगत एवं संदर्भानुकूल निर्णय लेने हेतु उच्चतम आधिकारिक मंच द्वारा विशेषत: संस्था के निदेशक मंडल की बैठकों में बहुमत से लिये जाने वाले निर्णय जिनका लिखित अनुमोदन प्राप्त किया जाता है। इस श्रेणी में सरकार के अपेक्षित मंत्रालयों, संगठनों इत्यादि को विचारार्थ/अवलोकनार्थ/अनुमोदनार्थ भेजे जाने वाले निर्णय भी होते हैं।

नोट : उच्च स्तर पर लिये जाने वाले इस प्रकार के संकल्पों के हिंदी या अंग्रेजी अनुवाद कार्य में अनुवादक एवं अनुवाद अनुभाग को गोपनीयता बनाए रखने की नितांत आवश्यकता है।

नियम :

- संस्था के विविध कार्य-प्रणाली संबंधी विधियाँ व दिशानिर्देश होते हैं जो आंतरिक परिचालन स्वरूप तथा आवश्यकतानुसार सार्वजनिक परिचालन स्वरूप के होते हैं। आवश्यकतानुसार इनका पुस्तिका/पुस्तक रूप भी दिया जाता है। यह कार्य मुख्यालय स्तर पर संपन्न होता है। अन्यथा मुख्यालय के अनुमोदन से अधीनस्थ कार्यालयों द्वारा संपन्न किया जाता है।

संसद सदन के समक्ष प्रस्तुत किये जाने वाले कागजात :

- संसद की अपेक्षा पर शासकीय पत्रों/विवरणियों के माध्यम से प्रस्तुत की जाने वाली महत्त्वपूर्ण जानकारी जो प्रतिवेदन स्वरूप की न हो।

संसद सदन के समक्ष प्रस्तुत किये जाने वाले प्रतिवेदन (रिपोर्ट) *:*

- गतिविधियों/कार्य प्रणालियों/योजनाओं/श्रमिक मामलों/निर्माणात्मक कार्यों इत्यादि के संबंध में संसद द्वारा मांगे गए ब्योरे को संबंधित संस्थाओं द्वारा प्रतिवेदन के रूप में प्रस्तुत किया जाता है। महत्त्वपूर्ण आयोगों-समितियों के सर्वेक्षण एवं अध्ययन संबंधी जानकारी व सिफारिशों को जरूरतानुसार प्रतिवेदन के रूप में संसद के समक्ष प्रस्तुत किया जाता है।

प्रशासनिक तथा अन्य रिपोर्ट :

- आंतरिक और बाहरी उच्चतर केंद्र सरकारी एवं उससे संबंधित कार्यालय को भेजी जाने वाली सभी प्रकार की प्रशासनिक रिपोर्ट तथा सभी संबंधितों को परिचालित की जाने वाली एवं जनता के लिए जारी की जाने वाली रिपोर्ट।

राजभाषा नियम-10 (4) के अंतर्गत अधिसूचित किया जाना तथा 8(4) के अंतर्गत विनिर्दिष्ट किया जाना

राजभाषा नियम-10 (4) के अंतर्गत अधिसूचित किया जाना

भारत के राजपत्र में अमुक वर्ग की सार्वजनिक सूचना हेतु प्रकाशित की जाने वाली विशिष्ट जानकारी को अधिसूचना माना जाता है।

अधिसूचित कराने की प्रक्रिया

- राजभाषा नियम-10 के अंतर्गत हिंदी में कार्यसाधक ज्ञान की परिभाषा से अवगत कराया गया है। राजभाषा नियम-10(4) के अंतर्गत केंद्र सरकार और उससे संबद्ध/अधीनस्थ कार्यालयों तथा उपक्रमों, निगमों, बोर्डों, निकायों, राष्ट्रीय कृत बैंकों, बीमा कंपनियों को भारत के राजपत्र में अधिसूचित कराने के निर्देश हैं। इन निर्देशों के अनुसार किसी भी कार्यालय/इकाई में कार्यरत कुल स्टाफ सदस्यों में से 80% स्टाफ सदस्यों को हिंदी का कार्यसाधक प्राप्त होने पर (लिपिक एवं अधिकारी वर्ग को मिलाकर) तत् कार्यालय को तत्काल अधिसूचित कराना अनिवार्य है।

तत्काल नियंत्रक कार्यालय के स्तर पर कार्रवाई

- कार्यालय/शाखा कार्यालय/इकाई में उपलब्ध हिंदी ज्ञान संबंधी अद्यतन रोस्टर के आधार पर अधिसूचित कराने की प्रक्रिया प्रारंभ करनी होगी।
- कार्यालय के राजभाषा अनुभाग में अपने कार्यालय सहित नियंत्रणाधीन सभी कार्यालयों/शाखा कार्यालयों/इकाइयों के हिंदी ज्ञान संबंधी अद्यतन रोस्टर की सॉफ्ट/भौतिक प्रति अवश्य उपलब्ध हो। इनके आधार पर ही पहले ही अधिसूचित कार्यालयों को छोड़कर शेष पात्र कार्यालय/इकाई प्रधानों को परिपत्र के माध्यम से या कार्यालयवार पत्रों के माध्यम से निर्देश देने होंगे कि 'संलग्न निर्धारित प्रपत्र में दि... ...तक उचित सिफारिशों के साथ अपेक्षित सूचना अपने नियंत्रक कार्यालय को प्रेषित करें।' प्रपत्र में निम्न प्रकार की जानकारी प्राप्त करनी होगी।

प्रपत्र

राजभाषा नियम-1976 के नियम-10(4) के अंतर्गत कार्यालयों/शाखा कार्यालयों/इकाइयों को अधिसूचित कराना

1. कार्यालय/शाखा कार्यालय/इकाई का नाम :
2. कार्यालय/शाखा कार्यालय/इकाई की कूट संख्या (यदि हो) :
3. स्टाफ सदस्यों के हिंदी ज्ञान की स्थिति :

वर्ग	कुल संख्या	हिंदी में कार्यसाधक ज्ञान की संख्या	हिंदी में प्रवीणता की संख्या
अधिकारी			
लिपिक			
सकल कुल			

4. कार्यसाधक ज्ञान की प्रतिशतता :
[हिंदी में कार्यसाधक ज्ञान एवं प्रवीणता प्राप्त अधिकारियों एवं लिपिकों की कुल संख्या ÷ अधिकारियों एवं लिपिकों की कुल संख्या]
5. कार्यालय/शाखा कार्यालय/इकाई की सिफारिशें :

दिनांक : कार्यालय प्रमुख के हस्ताक्षर
स्थान : नाम
पदनाम
(कार्यालय मुहर)

[अपनी आवश्यकता के अनुसार इस प्रपत्र का परिवर्तन करने में संस्थाएँ-स्वतंत्र हैं।]

- उपर्युक्त प्रपत्र के अतिरिक्त पृथक् पृष्ठ पर कार्यालय/शाखा कार्यालय/इकाई का पूर्ण पता हिंदी-अंग्रेजी डिग्लाट रूप में प्राप्त करना होगा।
- राजभाषा अनुभाग द्वारा प्राप्त की गई कार्यालय/शाखा कार्यालय/इकाईवार जानकारी का सत्यापन किये जाने के पश्चात् (कार्यसाधक ज्ञान की प्रतिशतता 80% से कम न हो) पात्र कार्यालयों/शाखा कार्यालयों/इकाइयों को अधिसूचित कराने के लिए प्रधान कार्यालय को अग्रेषित करने हेतु कार्यालय टिप्पणी के माध्यम से अपने कार्यालय प्रमुख या सक्षम प्राधिकारी का अनुमोदन प्राप्त करना होगा। इसके पश्चात् कार्यालयों/शाखा कार्यालयों/इकाइयों से प्राप्त द्विभाषिक पते की समेकित टंकित सूची की प्रति एवं वर्ड फाइल में सॉफ्ट प्रति डिग्लाट रूप में बनाकर उचित सिफारिशयुक्त प्रावरण पत्र के साथ उचित माध्यम द्वारा (आंतरिक व्यवस्था के अनुसार अंचल/सर्किल इत्यादि कार्यालयों के माध्यम से) अपने प्रधान कार्यालय के

राजभाषा विभाग को अग्रेषित करना होगा। प्रावरण पत्र के साथ कार्यालयों/शाखा कार्यालयों/इकाइयों से प्राप्त हिंदी ज्ञान संबंधी स्टाफ ब्योरे प्रपत्रों को अग्रेषित करने की आवश्यकता नहीं है।

प्रधान कार्यालय, संबंधित मंत्रालय, गृह मंत्रालय एवं नियंत्रक कार्यालय स्तर पर कार्रवाई

- संगठन के विभिन्न नियंत्रक कार्यालयों से वर्ड फाइल में प्राप्त कार्यालयों/शाखा कार्यालयों/इकाइयों की पते-सूची के आधार पर प्रधान कार्यालय द्वारा त्रुटि रहित समेकित सूची बनाकर कार्यालय नोट के माध्यम से अपने राजभाषा विभाग के सक्षम प्राधिकारी का अनुमोदन प्राप्त कर उचित प्रावरण पत्र के साथ टंकित पते सूची (टंकित दो मूल प्रतियों के साथ वर्ड फाइल में उसकी सॉफ्ट प्रति सहित पेनड्राइव/ई-मेल के जरिये) संलग्न कर उसे संगठन से संबंधित मंत्रालय के राजभाषा विभाग को डाक द्वारा भेजा जाएगा।

[नियंत्रक कार्यालयों से प्राप्त कागजों को अग्रेषित करने की आवश्यकता नहीं है।]

- पते सूची की मूल प्रतियों के अंत में सक्षम प्राधिकारी के हस्ताक्षर, पदनाम एवं मुहर अंकित हों।
- इस प्रकार संगठन के प्रधान कार्यालयों द्वारा भेजे गए अधिसूचना संबंधी पत्राचार का संबंधित मंत्रालय के राजभाषा विभाग द्वारा विधिवत् अवलोकन किये जाने के पश्चात् क्रम में पाए जाने पर उनके द्वारा अपनी सिफारिशों के साथ राजभाषा विभाग, गृह मंत्रालय, नई दिल्ली को अग्रेषित किया जाता है।
- राजभाषा प्रोन्नति का उत्तरदायित्व संभालने वाले अंतिम प्राधिकरण यानी गृह मंत्रालय के राजभाषा विभाग द्वारा इस प्रकार विभिन्न मंत्रालयों के राजभाषा विभागों से प्राप्त संस्थावार कार्यालयों की सूचियों को उचित प्रक्रिया के जरिये भारत के राजपत्र में प्रकाशनार्थ पहुँचाया जाता है।
- राजपत्र में प्रकाशित होने पर तत् प्रकाशन तिथि से अमुक कार्यालय/शाखा कार्यालय/इकाई को राजभाषा नियम-10(4) के अंतर्गत अधिसूचित माना जाता है।
- उपर्युक्त प्रकार अधिसूचना की प्रक्रिया संपन्न होने के पश्चात् गृह मंत्रालय के राजभाषा विभाग द्वारा वापसी कार्रवाई में राजपत्र में अधिसूचित हो जाने से संबंधित सूचना को उचित माध्यम द्वारा (संगठन से संबंधित मंत्रालय के राजभाषा विभाग के जरिये) अमुक संगठन के मुख्यालय को पहुँचाया जाता है।
- इस प्रकार प्राप्त की गई अधिसूचना संबंधी जानकारी का मुख्यालय के राजभाषा विभाग द्वारा रजिस्टर में या सॉफ्ट प्रति में अभिलेखन कर सभी संबंधित नियंत्रक कार्यालयों को पृथक् से या आम परिपत्र के जरिये सूचित किया जाता है।

- मुख्यालय के अधीन कार्यरत संबंधित नियंत्रक कार्यालयों के राजभाषा अनुभागों में भी रजिस्टर में या सॉफ्ट प्रति के रूप में अधिसूचित कार्यालयों/शाखा कार्यालयों/इकाइयों के ब्योरे का अंकन किया जाता है। (सॉफ्ट प्रति बनाई जाने पर भी भौतिक रजिस्टर बनाए रखना उचित है।) इसके पश्चात् नियंत्रक कार्यालयों द्वारा अपने नियंत्रणाधीन संबंधित कार्यालयों/शाखा कार्यालयों/इकाइयों को अधिसूचना संबंधी जानकारी से उचित दिशानिर्देश एवं मार्गदर्शन के साथ अवगत कराया जाता है।

अधिसूचना रद्द कराना (डी-नोटिफिकेशन)

- यदि किसी कारणवश (कर्मचारियों के स्थानांतरण, सेवानिवृत्ति, नई भर्ती आदि) राजभाषा नियम-10(4) के अंतर्गत अधिसूचित किसी कार्यालय/शाखा कार्यालय/इकाई में कार्यरत कुल कर्मचारियों की तुलना में हिंदी का कार्यसाधक ज्ञान प्राप्त कर्मचारियों की संख्या (प्रवीणता प्राप्त कर्मी सहित) 80% से घट जाने पर उसे राजपत्र में डीनोटिफाइ कराना होगा कि 'अमुक तारीख से......कार्यालय अधिसूचित कार्यालय की श्रेणी में नहीं रहेगा।'
- अधिसूचित कराने हेतु जो प्रक्रिया अपनाई जाती है, वही प्रक्रिया अधिसूचना रद्द कराने के लिए भी लागू होगी।

नोट : प्रबंधन को ध्यान देना होगा कि अधिसूचित कार्यालय की अधिसूचना रद्द कराने की स्थिति उत्पन्न न हो। इसके लिए निम्न उपाय अपनाए जा सकते हैं :

(i) स्थानांतरित कर्मचारियों के स्थान पर हिंदी का कार्यसाधक ज्ञान व प्रवीणता रखने वाले कर्मचारियों को ही तैनात करने के प्रयास हों।

(ii) कार्यसाधक ज्ञान न प्राप्त कर्मचारियों को कार्यसाधक ज्ञान उपलब्ध कराने की शीघ्र पहल करनी होगी।

अधिसूचित कार्यालयों के साथ पत्राचार

- राजभाषा नियम-10 (4) के अंतर्गत अधिसूचित कार्यालयों/शाखा कार्यालयों/इकाइयों को पत्रादि हिंदी में संबोधित किये जाने पर दूसरी भाषा में उनका अनुवाद उपलब्ध कराने की अपेक्षा नहीं की जाएगी। (राजभाषा नियम-4 के अनुसार)
- निर्धारित लक्ष्य के अनुसार पत्राचार आदि में हिंद या द्विभाषा का प्रयोग हो। लक्ष्य से अधिक होना प्रशंसनीय होगा।

हिंदी का कार्यसाधक ज्ञान प्राप्त स्टाफ सदस्यों द्वारा अंग्रेजी अनुवाद की मांग

- हिंदी का कार्यसाधक ज्ञान प्राप्त स्टाफ सदस्य द्वारा हिंदी में प्रस्तुत किसी कागजात अथवा दस्तावेज के अंग्रेजी अनुवाद की मांग तभी की जा सकती है जब वह विधि/तकनीकी स्वरूप का हो। किसी संदिग्धता में प्रलेख स्वरूप का निर्धारण तत् कार्यालय प्रमुख द्वारा किया जाएगा। [राजभाषा नियम-8(2) के अनुसार]

राजभाषा नियम-8 (4) के अंतर्गत विनिर्दिष्ट किया जाना

- राजभाषा नियम-10(4) के अंतर्गत अधिसूचित कार्यालयों/शाखा कार्यालयों/इकाइयों को राजभाषा नियम-8(4) के अंतर्गत विनिर्दिष्ट करने के लिए कोई विशेष प्रक्रिया नहीं है।
- विनिर्दिष्ट करने का आशय अधिसूचित कार्यालयों/शाखा कार्यालयों/इकाइयों में कार्यरत हिंदी में प्रवीणता प्राप्त अधिकारी वर्ग और लिपिक वर्ग के कर्मचारियों को कार्यालयीन कार्य में विनिर्दिष्ट मदों में हिंदी का अनिवार्य प्रयोग करने हेतु अपने कार्यालय प्रधान के हस्ताक्षर से व्यक्तिशः आदेश जारी किया जाना है।
- राजभाषा विभाग, गृह मंत्रालय के कार्यालय ज्ञापन सं. 1/14013/9/87—राभा (क-1), दि. 23.11.1987 के अंतर्गत दिये गए निर्देशों के अनुसार राजभाषा नियम 10(4) के अंतर्गत अधिसूचित कार्यालयों/शाखा कार्यालयों/इकाइयों में कार्यरत हिंदी में प्रवीणता प्राप्त सभी कर्मचारियों द्वारा दि. 1.4.1988 से निम्नलिखित उद्देश्यों के लिए हिंदी का अनिवार्य प्रयोग किये जाने हेतु व्यक्तिशः आदेश जारी करने होंगे :

  (i) 'क' और 'ख' क्षेत्र की राज्य सरकारों या संघ राज्य क्षेत्र के प्रशासन और इन क्षेत्रों में स्थित केंद्र सरकार के कार्यालयों, उपक्रमों आदि और गैर-सरकारी व्यक्तियों को भेजे जाने वाले पत्रादि।

  (ii) हिंदी में प्राप्त सभी पत्रों का उत्तर हिंदी में देना।

  (iii) हिंदी में हस्ताक्षरित अपीलों, आवेदनों और अभ्यावेदनों का उत्तर हिंदी में देना।

  (iv) टिप्पण, प्रारूपण अन्य कोई कार्य जिसमें हिंदी का प्रयोग किया जाना आवश्यक है (राजभाषा अधिनियम, नियमों, नवीनतम दिशानिर्देशों को ध्यान में रखते हुए)।

नोट : (i) जैसे पहले कहा जा चुका है, 'ग' क्षेत्र के साथ किये जाने वाले संव्यवहारों में द्विभाषा का प्रयोग अनिवार्य है। 'ग' क्षेत्र के अंतर्गत भी द्विभाषा सूत्र का पालन करना होगा।

(ii) 'ग' क्षेत्र के अंतर्गत अपने कार्यालयों के आंतरिक कामकाज में प्रवीणता प्राप्त कर्मचारियों या अन्य कर्मचारियों द्वारा केवल हिंदी का भी प्रयोग किया जा सकता है। लेकिन तकनीकी, विधि इत्यादि कठिन स्वरूप की विषयवस्तु होने पर कार्यसाधक ज्ञान प्राप्त या कार्यसाधक ज्ञान न प्राप्त कर्मियों द्वारा अंग्रेजी पाठ की मांग की जा जाने पर मसौदाकर्ता द्वारा उपलब्ध कराना पड़ेगा। विषयवस्तु तकनीकी या कानूनी स्वरूप का न होने पर भी लिखावट में अस्पष्टता या प्रस्तुति में संदिग्धता होने पर प्राप्तकर्ता कर्मियों द्वारा पूछे जाने पर मसौदाकर्ता द्वारा उसका अंग्रेजी पाठ उपलब्ध कराया जाना सुगमता का परिचायक होगा।

व्यक्तिशः आदेशों में संगठन के कार्य स्वरूप के अनुरूप विनिर्दिष्ट विषयों का उल्लेखन

- सामान्यतः संगठन से संबंधित मंत्रालय के राजभाषा विभाग द्वारा उसके पर्यवेक्षाधीन सभी संगठनों के मुख्यालयों के राजभाषा विभागों को अधिसूचित कार्यालयों/शाखा कार्यालयों/इकाइयों में हिंदी का प्रयोग सुनिश्चित कराने हेतु कतिपय विनिर्दिष्ट मदों की सूचना उपलब्ध कराई जाती है। इन मदों को समाविष्ट करते हुए अधिसूचित कार्यालयों/शाखा कार्यालयों/इकाइयों में कार्यरत हिंदी में प्रवीणता प्राप्त कर्मचारियों को कार्यालय प्रमुख के हस्ताक्षर से आदेश जारी करवाए जाते हैं।
- संगठन के संबंधित मंत्रालय से उपर्युक्त अनुसार कोई दिशानिर्देश या मार्गदर्शन प्राप्त न होने के संदर्भ में गृह मंत्रालय, राजभाषा विभाग द्वारा सूचित की गई मदों को अनिवार्यतः समाविष्ट करते हुए अपने संगठन के कार्यस्वरूप के अनुसार अन्य आवश्यक मदों को भी समाविष्ट करते हुए आदेश जारी करने होंगे।
- राजभाषा विभाग, गृह मंत्रालय द्वारा जारी किये जाने वाले वार्षिक कार्यक्रम में; अधिसूचित बैंक शाखाओं के निम्निलिखित कार्यकलापों, संव्यवहारों में हिंदी का अनिवार्य प्रयोग सुनिश्चित करने की सलाह दी जाती है। अतः संबंधित बैंक शाखओं के प्रधानों द्वारा जारी किये जाने वाले व्यक्तिशः आदेशों में अन्य मदों के अतिरिक्त इन्हें भी शामिल करना होगा :

  > 'ग्राहकों द्वारा हिंदी में भरे गए आवेदनों और ग्राहकों की सहमति से अंग्रेजी में भरे गए आवेदनों पर जारी किये जाने वाले मांगड्राफ्ट, भुगतानादेश, क्रेडिट कार्ड, डेबिट कार्ड, सभी प्रकार की सूचियाँ, विवरणियाँ, सावधि जमा रसीद, चेकबुक संबंधी पत्राचार, दैनिक बही, मास्टर रोल, प्रेक्षण बही, पासबुक, लॉग बुक में प्रविष्टियाँ, प्राथमिकता प्राप्त क्षेत्र, सुरक्षा एवं ग्राहक सेवा संबंधी कार्य, नये खाते खोलना, लिफाफों पर पते लिखना, कर्मचारियों के यात्रा भत्ते, अवकाश, भविष्य निधि, आवास निर्माण अग्रिम, कर्मचारियों के लिए चिकित्सा सुविधाओं संबंधी कार्य, बैठकों की कार्यसूची, कार्यवृत्त आदि।'

[अधिसूचित बैंक शाखाओं में इन मदों के अंतर्गत हिंदी का प्रयोग करना अनिवार्य होने के कारण, प्रवीणता प्राप्त कर्मियों को लिखितादेश जारी करने के अतिरिक्त हिंदी का कार्यसाधक ज्ञान प्राप्त कर्मचारियों को भी अभिप्रेरक पत्र जारी कर राजभाषा नियमों के अनुपालन की अनिवार्यता से अवगत कराकर हिंदी का प्रयोग सुनिश्चित करना उचित होगा। हिंदी का कार्यसाधक ज्ञान रखने वाले कर्मी भी कार्यालयीन कार्य में हिंदी का प्रयोग करने में बाध्य हैं।]

व्यक्तिशः आदेश जारी करने में अपनाए जाने वाले अन्य कुछ उपाय

- पावती स्वरूप आदेश पत्र की कार्यालय प्रति पर संबंधित स्टाफ सदस्य के हस्ताक्षर प्राप्त कर संबंधित फाइल में सुरक्षित रखना जरूरी है। अन्यथा प्रत्येक

कार्यालय/शाखा कार्यालय/इकाई द्वारा प्रवीणता प्राप्त अपने कर्मचारियों के नाम, पदनाम, कार्यालय, हस्ताक्षर संबंधी स्तंभयुक्त पावती शीट में सभी संबंधितों के हस्ताक्षर प्राप्त कर उसे सुरक्षित रखा जा सकता है।

- अधिसूचित कार्यालयों/शाखा कार्यालयों/इकाइयों में कार्यरत हिंदी में प्रवीणता प्राप्त कर्मचारियों को आदेश पत्र जारी किये जाने के पश्चात् हर वर्ष उन्हें पुनः आदेश जारी किये जाने संबंधी कोई दिशानिर्देश नहीं हैं। लेकिन कर्मचारियों का दूसरे कार्यालयों में स्थानांतरण होने पर स्थानांतरिती कार्यालय द्वारा तत् कर्मचारियों को व्यक्तिशः आदेश जारी किया जाना उचित होगा। इससे उच्चस्तरीय राजभाषायी निरीक्षणों में इस आशय संबंधी अद्यतन अभिलेख उपलब्ध कराने में सुविधा होगी।
- अधिसूचित कार्यालयों/शाखा कार्यालयों/इकाइयों में कार्यरत हिंदी में प्रवीणता प्राप्त कर्मचारियों को हिंदी का प्रयोग किये जाने संबंधी आदेश हर वर्ष जारी करने से परिणामदायी होगा। इससे कर्मचारी सचेत होंगे और अभिलेखों का अद्यतन होगा। नियंत्रक कार्यालयों के राजभाषा अनुभागों द्वारा इस संबंधी आंतरिक निर्णय लेने की पहल करनी होगी।
- संसदीय राजभाषा समिति के निरीक्षणों के अवसर पर निरीक्षण प्रश्नावली के साथ इस प्रकार जारी आदेश पत्रों की कुछेक जेरॉक्स प्रतियाँ संलग्न करनी होंगी। (संबंधित फाइल में सभी आदेश पत्र उपलब्ध हों।)
- नियंत्रणाधीन शाखा कार्यालयों/इकाइयों/छोटी इकाइयों की सुविधा हेतु नियंत्रक कार्यालय के राजभाषा अनुभाग द्वारा संबंधित स्टाफ सदस्यों के नाम पर (शाखा कार्यालय/इकाई के पत्र शीर्ष/कंप्यूटर प्रति पर) व्यक्तिशः आदेश पत्र बनाकर उन्हें वहाँ प्रेषित करने की पहल की जा सकती है। तत् कार्यालय/इकाई प्रमुख को सूचित करना होगा कि आदेश पत्रों पर स्वयं हस्ताक्षर कर संबंधितों को जारी करें और पावतीयुक्त कार्यालय प्रति सुरक्षित रखें।

मूल पत्राचार में हिंदी का प्रयोग

राजभाषा नियम-1976 के नियम-4 के अनुसार संघ सरकारी कार्यालयों/अधीनस्थ कार्यालयों/उपक्रमों इत्यादि द्वारा अपने कार्यालयीन कामकाज संबंधी पत्र-व्यवहार में राजभाषा विभाग, गृह मंत्रालय के वार्षिक कार्यक्रम में निर्धारित क्षेत्रवार लक्ष्यों के अनुरूप हिंदी का प्रयोग सुनिश्चित किया जाना अनिवार्य है।

मूल पत्राचार

मूल पत्राचार का आशय; अमुक कार्यालय/इकाई द्वारा बनाए जाने वाले पत्र जो अपनी संस्था के अन्य कार्यालयों/इकाइयों और संस्थेतर कार्यालयों/इकाइयों को भेजे जाते हैं। किसी कार्यालय/इकाई के अपने अनुभागों/विभागों के बीच का पत्र-व्यवहार सामान्यत: अंतर विभागीय ज्ञापन के माध्यम से होता है। लेकिन अंतर विभागीय ज्ञापन के बजाय विभागों के बीच पत्र प्रारूप का प्रयोग किये जाने पर जारी विभाग को तत् पत्रों को मूल पत्राचार में लेना होगा।

कार्यालयीन कामकाज में पत्र-व्यवहार महत्त्वपूर्ण अंग है। सूचनाओं का आदान-प्रदान अधिकांशत: पत्रों के माध्यम से होता है। इस असरदार माध्यम में हिंदी का अधिकाधिक प्रयोग सुनिश्चित करने के लिए वार्षिक कार्यक्रम के अंतर्गत लक्ष्य तय किये जाते हैं।

पत्राचार हिंदी या हिंदी-अंग्रेजी द्विभाषा में

राजभाषा नियम-4 के अनुसार 'क' से 'ख' और 'ग' क्षेत्रों को कार्यालयीन पत्र केवल हिंदी में न भेजते हुए उसके साथ अंग्रेजी पाठ भी भेजने की आवश्यकता है। 'ख' क्षेत्र से 'ग' क्षेत्र को पत्र जारी करते समय या 'ग' क्षेत्र के अंतर्गत होने वाले पत्र-व्यवहार में भी यही नीति अपनानी होगी। हिंदीतर राज्य सरकार जो हिंदी में पत्राचार स्वीकार किये जाने के संबंध में स्वैच्छिक और आधिकारिक रूप से आगे आए हैं, उनके साथ पत्राचार केवल हिंदी में भी किया जा सकता है। नियमों के विरुद्ध पत्र केवल हिंदी में जारी किये जाने पर प्राप्तकर्ता कार्यालय/इकाई द्वारा उसका अंग्रेजी पाठ मांगे जाने पर जारीकर्ता कार्यालय को तत् अपेक्षा पूरी करनी होगी। लेकिन यह अवसर न देते हुए हिंदी में पत्र जारी किये जाने पर उसके साथ अंग्रेजी पाठ अवश्य संलग्न करना होगा।

नोट : 1. 'क' और 'ख' क्षेत्र से 'ग' क्षेत्र को भेजे जाने वाले पत्र और 'ग' क्षेत्राधीन पत्राचार द्विभाषा में होना सर्वथा उचित है।

[नेमी प्रकार के पत्र, यथा : सामान्य प्रावरण पत्र, स्मरण पत्र, पावती इत्यादि दो-तीन वाक्यों के पत्र केवल हिंदी में जारी करने पर दिक्कत नहीं हो सकती है।]

2. राजभाषा अनुभागों/प्रभागों/विभागों के साथ कृत पत्राचार अपवाद होगा; अर्थात् इन्हें केवल हिंदी में पत्र भेजे जा सकते हैं। लेकिन इन विभागों द्वारा कृत पत्राचार के संदर्भ में लागू नियमों का पालन किया जाना होगा।

राजभाषायी निरीक्षण-हिंदी पत्राचार

आंतरिक हो या बाहरी, हर राजभाषायी निरीक्षण में पत्राचार में हिंदी के प्रयोग की स्थिति पर विशेष ध्यान दिया जाता है। पत्राचार में हिंदी का अधिकाधिक प्रयोग होने से निरीक्षण में इसका प्रभावी असर रहेगा और निरीक्षित कार्यालय प्रशंसा का पात्र बनेगा।

पत्राचार में हिंदी का प्रयोग बढ़ाने के उपाय

जागरूकता : पत्र, परिपत्र या अन्य तरीकों के माध्यम से क्षेत्राधीन सभी कर्मचारियों को राजभाषा विभाग के नवीनतम वार्षिक कार्यक्रम के लक्ष्यों, राजभाषा नीति को अमल करने की आवश्यकता, कार्यालय/इकाई प्रधान की विशेष जिम्मेदारी (राजभाषा नियम-12) एवं सभी कर्मचारियों के उत्तरदायित्व के संबंध में समय-समय पर अवगत कराते रहना होगा। मूल पत्राचार की परिभाषा से भी उन्हें अवगत कराना होगा।

राजभाषा कार्यान्वयन समिति की बैठकों में समीक्षा

हर कार्यालय/इकाई की राजभाषा कार्यान्वयन समिति की तिमाही बैठक में पत्राचार में हिंदी के प्रयोग संबंधी विद्यमान स्थिति, भावी उपाय, अध्यक्ष एवं सदस्यों की विशेष जिम्मेदारी व योगदान पर सार्थक चर्चा हो और उसे कार्यवृत्त में अभिलेखित कर सभी संबंधितों को लिखित निर्देश सहित उचित मार्गदर्शन उपलब्ध कराना होगा।

सहायक सामग्री एवं मार्गदर्शन

संस्था के कार्य स्वरूप के अनुसार अक्सर प्रयुक्त शब्दों की अंग्रेजी-हिंदी सूची, पत्राचार में प्रयुक्त वाक्यांश, नेमी प्रकार के पत्र नमूने (सामान्य प्रावरण पत्र, रिपोर्ट या अन्य सूचनाओं को संलग्न करते हुए भेजे जाने वाले प्रावरण पत्र, प्राप्ति सूचना, अंतरिम उत्तर इत्यादि) को पुस्तिका/डेस्क पुस्तिका के रूप में कार्यालयों/शाखा कार्यालयों/इकाइयों के हर अनुभाग को उपलब्ध कराना होगा। संस्था के आंतरिक राजभाषा पोर्टल में यह सामग्री अवश्य उपलब्ध हो और सभी कर्मचारियों को पता हो कि पत्राचार में हिंदी का प्रयोग संबंधी सहायक जानकारी राजभाषा पोर्टल में उपलब्ध है। राजभाषा पोर्टल से आवश्यक जानकारी ढूंढ़ने का तरीका भी उन्हें पता चले।

नियमित अंतरालों पर आयोजित हिंदी कार्यशालाओं में अभ्यासयुक्त प्रशिक्षण उपलब्ध करने के अतिरिक्त सभी कर्मचारियों को अपने डेस्क पर भी मार्गदर्शन उपलब्ध कराने के उपाय अपनाने होंगे। राजभाषा अधिकारी पदस्थ कार्यालयों में कर्मचारियों की सुविधा के अनुसार उनके द्वारा डेस्क मार्गदर्शन उपलब्ध कराया जाना होगा। स्थानीय शाखा कार्यालयों/इकाइयों में भी राजभाषा अधिकारी द्वारा यही पद्धति अपनाई जाने के उपाय अपनाने होंगे। शाखा कार्यालयों/इकाइयों की संख्या अधिक होने पर डेस्क प्रशिक्षण

उपलब्ध कराना संभव नहीं होने पर अंतर शाखा कार्यालय/इकाई लघु मार्गदर्शन कार्यक्रमों का आयोजन कर पथप्रदर्शित करना होगा। इनका आयोजन शाखा कार्यालयों/इकाइयों के सुविधानुसार वहाँ कार्यरत सभी कर्मियों हेतु एक घंटे के लिए हो। विशेषत:अपराह्न कार्य समय समापन के तत्काल पूर्व हो। इनके आयोजन में शाखा कार्यालयों/इकाइयों के राजभाषा समन्वयक का सहयोग प्राप्त करना होगा। मुख्यालय से बाहर स्थित शाखा कार्यालयों/इकाइयों में राजभाषायी निरीक्षण के दौरान राजभाषा अधिकारी द्वारा लघु मार्गदर्शन कार्यक्रम के जरिये वहाँ कार्यरत सभी कर्मचारियों को पथप्रदर्शित किया जाना होगा। इसके अतिरिक्त शाखा कार्यालय/इकाई के राजभाषा समन्वयक द्वारा अपने सहकर्मियों को आवश्यकतानुसार डेस्क मार्गदर्शन उपलब्ध कराए जाने के लिए उन्हें सक्षम बनाने के प्रयास किये जा सकते हैं। राजभाषा अधिकारी की यह भी जिम्मेदारी होगी कि वे हिंदी कार्यशालाओं में प्रशिक्षित, हिंदी प्रतियोगिताओं में उपस्थित, हिंदी के प्रयोग में रुचि रखने वाले कर्मचारियों की सूची बनाकर फोन, ई-मेल या अन्य आंतरिक संपर्क माध्यमों द्वारा समय-समय पर संपर्क करते हुए, मौखिक वार्तालाप के ज़रिये उन्हें अभिप्रेरित करना होगा।।

हिंदी प्रयोग संबंधी नवीनतम टेक्नोलॉजी से परिचित एवं अभ्यस्त हो जाना

हर कर्मचारी कंप्यूटर पर अंग्रेजी में टंकण कार्य करने का अभ्यस्त हो जाने के कारण उन्हें हिंदी में टंकण करने में सक्षम बनाने में प्राथमिकता देना अत्यंत आवश्यक है। तभी वे पत्रों का मसौदा हिंदी में तैयार करने में रुचि लेंगे। हिंदी में यूनिकोड टंकण से अभ्यस्त होने के लिए कीबोर्ड के अक्षरयुक्त प्रिंट एवं टंकण करने की सुलभ पद्धति का बिंदुवार मार्गदर्शन शीट सभी कर्मचारियों को उपलब्ध कराना होगा (अधिमानत: इन्स्क्रिप्ट)। इसके अतिरिक्त आंतरिक राजभाषा पोर्टल में यह मार्गदर्शन सामग्री उपलब्ध कराकर स्वयं हिंदी टंकण का अभ्यास करने के लिए निर्देश देने होंगे। शत-प्रतिशत लक्ष्य पूर्ति हेतु कार्यालय/इकाई प्रधान को पर्यवेक्षण करने की जिम्मेदारी सौंपनी होगी। निर्धारित समय के पश्चात् सभी कर्मचारियों से इस आशय के पत्र लेने होंगे कि 'कंप्यूटर पर हिंदी टंकण कार्य से अभ्यस्त हो चुके हैं।' इस कार्य में राजभाषा समन्वयक का सहयोग भी लेना होगा।

टंकण की नवीनतम सुविधा 'वॉइस टाइपिंग', जो आसान और सरल महसूस किया जाता है, उसका भी मार्गदर्शन उपलब्ध कराना होगा, जैसे—ऐप का डाउनलोड करना, कीबोर्ड को हिंदी टाइपिंग मोड में रखा जाना, वाचन में उच्चारण की स्पष्टता, मोबाइल के संदर्भ में विशेषत:'डॉक्स' में यह कार्य संपन्न किया जाना, वॉइस टाइपिंग के पश्चात् टंकण प्रतियों को अनिवार्यत: ठीक किया जाना, इंटरनेट की सुविधा उपलब्ध होना इत्यादि। मार्गदर्शन सामग्री, राजभाषा पोर्टल, लघु मार्गदर्शन कार्यक्रमों के माध्यम से पथप्रदर्शित करना होगा।

पत्र का मसौदा मूलत: अंग्रेजी में बनाए जाने के संदर्भ में उसे हिंदी में अनूदित करने की क्षमता बढ़ाने के सरल उपाय अपनाने होंगे। सहायक सामग्री उपलब्ध कराने के अतिरिक्त राजभाषा विभाग, गृह मंत्रालय का कंठस्थ, गूगल/माइक्रोसॉफ्ट

ट्रांसलेट या अन्य नवीनतम ट्रांसलेट टूल का सहारा लेने हेतु पर्याप्त मार्गदर्शन उपलब्ध कराना होगा।

नोट : इनके प्रयोग से अनुवाद करने पर अनुवाद की त्रुटियाँ अधिक मात्रा में पाई जाती हैं। अत: मशीन अनुवाद पर पूर्ण भरोसा किये बिना अनूदित सामग्री का सत्यापन कर प्रस्तुत करना अत्यंत आवश्यक है, अन्यथा अर्थ का अनर्थ हो सकता है। मशीन अनुवाद से कुछ हद तक ही सहारा मिल सकता है।

हिंदीतर-भाषी कर्मचारियों द्वारा हिंदी में पत्राचार

हिंदीतर-भाषी कर्मियों को सरल एवं सामान्य स्वरूप के पत्राचार में हिंदी का प्रयोग करना सुविधाजनक होगा। अत: उन्हें अपने अनुभाग के तत् स्वरूप के पत्राचार में अनिवार्यत: हिंदी का प्रयोग करने हेतु प्रोत्साहित करने के उपाय अपनाने होंगे। लंबे पत्र, विधि/तकनीकी स्वरूप के पत्र हिंदी या द्विभाषा में बनाना संभव नहीं होने पर निर्धारित लक्ष्य हासिल करने हेतु अन्य स्वरूप के पत्राचार में हिंदी का प्रयोग करने हेतु कर्मचारियों को अभिप्रेरित करने में राजभाषा अधिकारी को विभिन्न संपर्क सूत्रों/मार्गदर्शन सूत्रों का प्रयोग करना होगा।

उच्च पदाधिकारियों का प्रोत्साहन

पाया जाता है कि अधीनस्थ कर्मचारियों द्वारा हिंदी का प्रयोग किये जाने पर अपने कुछेक प्रभारियों द्वारा प्रोत्साहित किये जाने के बजाय निरुत्साहित किया जाता है। राजभाषा नीति को अमल कराने में यह रवैया सबसे घातक साबित होता है। अत: राजभाषा अधिकारी को चाहिए कि वे पर्यवेक्षी पदाधिकारियों के साथ संपर्क बनाए रखें, पथप्रदर्शित करते रहें, कार्यान्वयन की गंभीरता से अवगत कराते रहें। राजभाषा नियम-12, वार्षिक निष्पादन रिपोर्टों में राजभाषा प्रयोग संबंधी व्यक्तिगत निष्पादन दर्शाने की आवश्यकता, राजभाषा नीति को अमल कराने में अपना दायित्व, हिंदी के प्रयोग में अपने स्वयं का योगदान, अनुभागवार/विभागवार आवधिक हिंदी प्रगति रिपोर्टों में निष्पादन की प्रस्तुति इत्यादि से अवगत कराने की सार्थक चेष्टा करें। इस अंश पर राजभाषा कार्यान्वयन समिति की बैठकों में अवश्य चर्चा हो। अपने अधीनस्थ कर्मचारियों से दैनिक कार्यालयीन कार्य में हिंदी का प्रयोग कराने हेतु, हिंदी का प्रयोग करने वाले कर्मचारियों को प्रोत्साहित करने हेतु कार्यालय प्रधान के हस्ताक्षर से पर्यवेक्षी पदाधिकारियों को उनके नाम पर पत्र जारी करने होंगे।

प्रोत्साहन योजनाएँ/प्रतियोगिताएँ

कार्यालयीन कार्य में हिंदी का अधिकाधिक प्रयोग करने के लिए प्रोत्साहित करने हेतु अपनी संस्था द्वारा लागू की जाने वाली प्रोत्साहन योजनाओं की जानकारी हर कर्मचारी को पहुँचे। अपने निष्पादन की रिपोर्ट करने एवं प्रोत्साहन राशि का दावा करने की प्रक्रिया से कर्मचारियों को अवगत कराने पर ध्यान देना होगा। राजभाषा अधिकारी इस संबंधी जानकारी से स्वयं समृद्ध हों। पत्राचार में हिंदी का अधिक प्रयोग करने वाले कर्मचारियों को पहचान कर

वार्षिक आधार पर या आंतरिक निर्णयों के आधार पर क्षेत्र/अंचल प्रधान के हस्ताक्षर से प्रशस्ति पत्र जारी कर प्रोत्साहित करना होगा। कार्यालय/शाखा कार्यालय/इकाई की राजभाषा कार्यान्वयन समिति की त्रैमासिक बैठकों के अवसर पर पत्राचार में हिंदी का अधिकाधिक प्रयोग करने वाले कर्मचारियों को समिति के अध्यक्ष के शुभहस्ते प्रशस्ति पत्र प्रदान करवाने की पहल की जा सकती है (पत्राचार में हिंदी के प्रयोग के संबंध में कर्मचारियों द्वारा पूर्व तिमाही में कृत कार्य के अभिलेखों के आधार पर)। अपनी वार्षिक निष्पादन रिपोर्ट में दर्शाने में, पदोन्नति प्रक्रिया में इन प्रथाओं से कर्मचारियों को लाभ होगा।

इसके अतिरिक्त पत्र-व्यवहार में हिंदी प्रयोग संबंधी प्रतियोगिताओं का आयोजन करते हुए विजेताओं को पुरस्कार एवं श्रेष्ठता प्रमाणपत्र प्रदान करने के प्रयास करने होंगे। अपनी संस्था के पत्राचार स्वरूप से संबंधित पत्र, यथा : शासकीय पत्र, स्मरण पत्र, पावती, अंतरिम उत्तर के संबंध में प्रश्न देकर पत्र बनाने के लिए कहना होगा (क्षेत्राधीन सभी कर्मियों के लिए ऑनलाइन प्रतियोगिता या अन्य पद्धतियों द्वारा)।

अंतर वैयक्तिक संबंध

अधिकाधिक पत्राचार में हिंदी का प्रयोग कराने के संबंध में कर्मचारियों/पर्यवेक्षी पदाधिकारियों/उच्च पदाधिकारियों के साथ राजभाषा अधिकारी के सत्संबंधों की अहम् भूमिका होती है। राजभाषा अधिकारी का प्रेरक वार्तालाप, मार्गदर्शन, आपसी संपर्क परिणामप्रद साबित होंगे।

अभिलेखन एवं रिपोर्टिंग

हिंदी के प्रगामी प्रयोग के अभिलेखन एवं रिपोर्टिंग प्रक्रिया के संबंध में अपने कार्यालय सहित क्षेत्राधीन समस्त इकाइयों को परिपत्र के जरिये इस प्रकार पथप्रदर्शित करना होगा कि 'पत्र विषय सूची पुस्तक' (लेटर इंडेक्स) में दर्ज जानकारी के बगल में कोष्ठक में 'हिं' या 'अं' अंकन हो। '(हिं—हिंदी/अं—अंग्रेजी) या 'H' व 'E' का अंकन हो। इससे मासिक रिपोर्टों में या त्रैमासिक रिपोर्टों में मूल पत्राचार मद के अंतर्गत हिंदी या अंग्रेजी में प्रेषित पत्रों की स्पष्ट जानकारी उपलब्ध कराने में सुविधा होगी। इस अभिलेखन पद्धति से हर कर्मचारी परिचित हों। इस संदर्भ में भी राजभाषा अधिकारी को सक्रिय भूमिका निभानी होगी।

संदर्भवश सूचनार्थ

1. हिंदी या द्विभाषा में प्राप्त पत्रों (ई-मेल के रूप में प्राप्त हिंदी पत्र सहित) को 'हिंदी में प्राप्त पत्र' मानते हुए प्राप्तकर्ता कार्यालय द्वारा उनका उत्तर हिंदी या द्विभाषा में देने की आवश्यकता होगी।
2. यदि कोई आवेदन, अपील, अभ्यावेदन का प्रारूप अंग्रेजी में होने पर भी हिंदी में हस्ताक्षर किये जाने पर (हस्ताक्षर की हिंदी भाषा पढ़ पाने पर) तत् आवेदनों, अपीलों, अभ्यावेदनों का उत्तर हिंदी में देना अनिवार्य है। (राजभाषा नियम-1976 का नियम-7)

कुछ लोग हिंदी लिख नहीं पाने पर भी हस्ताक्षर कर पाते हैं और पढ़ पाते हैं। इन व्यक्तियों के आवेदन, अभ्यावेदन, अपील अन्य व्यक्ति द्वारा अंग्रेजी में लिखे जाने के संदर्भ में और उन पर आवेदक द्वारा हिंदी में हस्ताक्षर किये जाने पर उनके उत्तर हिंदी में दिये जाने से तत् आवेदक पुनः दूसरों की सहायता लिये बिना स्वयं पढ़ सके। इसका आशय यही है।

3. वास्तव में हस्ताक्षर के लिए कोई भाषा नहीं है। हस्ताक्षर लकीर के रूप में, डॉट के रूप में, डिजाइन की तरह भी पाए जाते हैं। यदि हस्ताक्षर के अक्षर पढ़ पाने पर कहा जा सकता है कि वह हस्ताक्षर अमुक भाषा में है। हस्ताक्षर अमुक प्रारूप को प्राधिकृत करने का अंकन होता है। इसके लिए कोई निर्धारित भाषा नहीं है।
4. हिंदी के प्रयोग पर हस्ताक्षरकर्ता प्राधिकारियों का ध्यान आकर्षित करने के लिए/प्रोत्साहित करने के लिए एवं इससे अपने अधीनस्थ कार्मिक भी अभिप्रेरित होने के लिए सामान्य स्वरूप के पत्राचार में हिंदी में हस्ताक्षर करने के लिए अनुरोध किया जाता है।

आंतरिक कामकाज में हिंदी का प्रयोग

'परोपकार घर से प्रारंभ होता है।'—यह उक्ति आंतरिक कामकाज में हिंदी के प्रयोग के लिए भी लागू होती है। कार्यालय के आंतरिक प्रशासनिक कार्य में हिंदी का प्रयोग किया जाना राजभाषा कार्यान्वयन का महत्त्वपूर्ण कदम है।

आंतरिक कामकाज : 'अनुभागों/विभागों द्वारा अपने कार्यालय के अंतर्गत ही कार्यालयीन अपेक्षाओं, कर्मचारियों की आवश्यकताओं को निपटाने के लिए कृत कार्रवाई जिस पर पर्यवेक्षी पदाधिकारियों का अनुमोदन या मंजूरी प्राप्त की जाती है या सूचनार्थ होने पर उनके ध्यान में लाया जाता है। आंतरिक कामकाज संबंधी कागजातों को कार्यालय से बाहर भेजने की आवश्यकता नहीं होगी। इनका अभिलेखन/फाइलिंग संबंधित अनुभागों में होता है।'

- निम्न स्वरूप की कार्रवाई या कागजातों को आंतरिक कामकाज के अंतर्गत लिया जा सकता है :

  'अनुमोदनार्थ/मंजूरी हेतु/सूचनार्थ उच्च प्राधिकारी को प्रस्तुत कार्यालय टिप्पणियाँ, कार्यालय टिप्पणियों पर पर्यवेक्षी पदाधिकारियों/सक्षम प्राधिकारियों द्वारा प्रस्तुत अभ्युक्तियाँ व नोटिंग (मंजूर, अनुमोदित, देख लिया, चर्चा करें, शीघ्र कार्रवाई करें इत्यादि जो कार्यालय टिप्पणी की विषयवस्तु पर आधारित होते हैं), रजिस्टरों/सेवा अभिलेखों में प्रविष्टियाँ, छुट्टी मंजूरी आवेदन, बिलों की मंजूरी संबंधी वाउचर/पर्चियाँ, रकम अंतरण संबंधी पर्चियाँ, फाइलों व रजिस्टरों पर शीर्षक, लेखा विवरण, कर्मचारियों के अपने यात्रा-बिल, विभिन्न प्रकार के प्रपत्र (फॉर्म/फॉर्मेट), पत्रों पर हाशिया टिप्पण (मार्जिन नोटिंग) इत्यादि।
- संसदीय राजभाषा समिति, राजभाषा विभाग, गृह मंत्रालय, अपने संगठन से संबंधित मंत्रालय के राजभाषा विभाग एवं अन्य उच्च स्तरीय राजभाषा निरीक्षणों में आंतरिक कामकाज में हिंदी के प्रयोग पर विशेष ध्यान दिया जाता है। इनके द्वारा निरीक्षणाधीन कार्यालय के विभिन्न अनुभागों में जाकर आंतरिक कामकाज संबंधी मदों में हिंदी प्रयोग का भौतिक सत्यापन करने की चेष्टा की जाती है। (संसदीय राजभाषा समिति को छोड़कर)
- लगभग सभी सरकारी संगठनों द्वारा मानव संसाधन प्रबंधन प्रणाली (एचआरएमएस) अपनाई जाती है। आंतरिक कार्य प्रणाली संबंधी विविध सूचनाएँ/आवेदन/बिल/दौरा कार्यक्रम/निष्पादन रिपोर्ट/आंतरिक ज्ञापन,

आदेश/प्रशिक्षण नामांकन/प्रतिनियुक्ति/आवधिक विवरण/पदोन्नति प्रक्रिया संबंधी जानकारियाँ/सेवा अभिलेख से संबंधित गैर-गोपनीय जानकारियाँ इत्यादि कई प्रकार का कार्य संचालन इस प्रणाली के अंतर्गत ऑनलाइन संपन्न होता है। इस एचआरएमएस प्रणाली में द्विभाषा की सुविधा होती है। अतः इस प्रणाली में समाविष्ट आंतरिक कामकाज संबंधी मदों के अंतर्गत हिंदी या द्विभाषा का प्रयोग किये जाने पर ही हिंदी प्रयोग की प्रमात्रा दिखेगी।

- सभी कर्मचारी हिंदी टंकण से अभ्यस्त होने पर ही एचआरएमएस के जरिये अपने आवेदनों/बिलों इत्यादि को हिंदी/द्विभाषा में प्रस्तुत करने के अतिरिक्त दैनिक कार्यालयीन कार्य संबंधी विविध विधाओं में हिंदी का प्रयोग कर पाएँगे।
- एचआरएमएस प्रणाली में दैनिक आधार पर हिंदी का प्रयोग करने हेतु कर्मचारियों को मार्गदर्शन उपलब्ध कराने/सचेत करने में राजभाषा अधिकारी की अहम् भूमिका होती है। हर एक कर्मचारी के अपने कंप्यूटर में कृत आंतरिक कामकाज संबंधी मदों में हिंदी दिखना हो तो राजभाषा अधिकारी को विभिन्न उपाय अपनाने होंगे। लघु मार्गदर्शन कार्यक्रमों का आयोजन, अनुभाग/इकाईवार अनुश्रवण, सहायक सामग्री की उपलब्धता, कर्मचारियों से संपर्क बनाए रखना, प्रगति रिपोर्टों की समीक्षा इत्यादि मददगार साबित होंगे।

नोट : नकद जमा, नकद भुगतान, जमा रसीद, मांग ड्राफ्ट इत्यादि वित्तीय संव्यवहार से जुड़े मामलों में प्रयुक्त हिंदी में कोई संदेह होने पर वहाँ हिंदी के साथ अंग्रेजी का प्रयोग करना जरूरी है; अर्थात् हिंदी-अंग्रेजी द्विभाषा का प्रयोग करना उचित है। राजभाषा अधिकारी द्वारा इस सूचना से कर्मचारियों को अवगत कराया जाना आवश्यक है।

- हर कर्मचारी को हर दिन अपने द्वारा कृत/निपटाया गया आंतरिक कार्य एवं उसमें कृत हिंदी प्रयोग संबंधी ब्योरे को एक पृथक् रजिस्टर में या सॉफ्ट प्रति में संक्षेप में दर्ज करना होगा (तारीख : निपटाए गए कुल कागजात : हिंदी/द्विभाषा में निपटाए गए कागजात :)। अनुभागवार भी इस रजिस्टर का अनुरक्षण किया जा सकता है। इन अभिलेखों के आधार पर अपेक्षित रिपोर्टों में सूचना प्रस्तुत करना सुविधाजनक होगा।

[राजभाषायी निरीक्षण, हिंदी का प्रयोग बढ़ाने के उपाय, जागरूकता, राजभाषा कार्यान्वयन समिति की बैठकों में चर्चा, सहायक सामग्री एवं मार्गदर्शन, नवीनतम टेक्नोलॉजी से परिचित कराना, हिंदी भाषेतर कर्मचारियों द्वारा हिंदी का प्रयोग, उच्च पदाधिकारियों का प्रोत्साहन, प्रोत्साहन योजनाएँ, प्रतियोगिताएँ, अंतर वैयक्तिक संबंध इत्यादि के संबंध में 'मूल पत्राचार में हिंदी का प्रयोग' अध्याय में वर्णित जानकारी आंतरिक कामकाज में हिंदी का प्रयोग बढ़ाने के संदर्भ में भी सहायक होगी।]

हिंदी प्रगति रिपोर्ट

[भाग-I (त्रैमासिक)/भाग-II (वार्षिक)]

परिचय

राजभाषा कार्यान्वयन संबंधी प्रगति को दर्शाने वाली यह एक अत्यंत महत्त्वपूर्ण रिपोर्ट है। राजभाषा विभाग, गृह मंत्रालय द्वारा इस रिपोर्ट का प्रारूप तैयार किया जाता है। केंद्र सरकार के मंत्रालयों/विभागों/संबद्ध एवं अधीनस्थ कार्यालयों/सार्वजनिक क्षेत्र के उपक्रमों/स्वायत्त निकायों/राष्ट्रीयकृत बैंकों/वित्तीय संस्थाओं आदि को अनिवार्यतः बिना कोई परिवर्तन इसी प्रपत्र का प्रयोग करना पड़ता है। राजभाषा विभाग द्वारा परिकल्पित यह एक आधारभूत रिपोर्ट है जिसके माध्यम से अमुक कार्यालय/संस्था के राजभाषा कार्यान्वयन संबंधी निष्पादन का जायजा लिया जाता है।

- रिपोर्ट के प्रपत्र भाग-I में त्रैमासिक आधार पर और भाग-II में वार्षिक आधार पर राजभाषा कार्यान्वयन से संबंधित प्रगति की सूचना गृह मंत्रालय के राजभाषा विभाग को प्रस्तुत की जाती है। इनके साथ रिपोर्ट में प्रस्तुत सूचनाओं की सत्यता के प्रमाणन में राजभाषा विभाग द्वारा निर्धारित प्रमाणपत्र भी प्रस्तुत किया जाता है।

  राजभाषायी निरीक्षण प्रश्नावलियों और राजभाषा पुरस्कार संबंधी वार्षिक प्रतियोगिता प्रविष्टियों को भरने में तथा संगठन की राजभाषा कार्य निष्पादन रिपोर्टों की तैयारी में तिमाही एवं वार्षिक हिंदी प्रगति रिपोर्टों से ही मूलभूत सूचना प्राप्त की जाती है।
- राजभाषा कार्यान्वयन संबंधी राष्ट्रपति के आदेश, राजभाषा अधिनियम, राजभाषा नियम, राजभाषा विभाग के वार्षिक कार्यक्रम, राजभाषा विभाग द्वारा समय-समय पर लिये गए नीतिगत निर्णयों के आधार पर प्रगति रिपोर्ट प्रपत्र के इन दो भागों के अंतर्गत कार्यान्वयन मदें शामिल की जाती हैं। नवीनतम संशोधनों/परिवर्तनों/आवश्यकताओं के अनुरूप राजभाषा विभाग द्वारा समय-समय पर अपेक्षित परिवर्तन किये जाते हैं।
- त्रैमासिक और वार्षिक आधार पर रिपोर्ट की गई राजभाषा कार्यान्वयन संबंधी सूचना को तत् अवधि की स्थायी सूचना मानी जाती है और गृह मंत्रालय के राजभाषा विभाग में नियंत्रक कार्यालयवार (मुख्यालय/प्रधान कार्यालय सहित) अभिलेखित हो जाती है।

रिपोर्टिंग प्रक्रिया (आंतरिक एवं राजभाषा विभाग को)

- अमुक संगठन की आंतरिक संगठनात्मक संरचना के आधार पर रिपोर्टिंग प्रणाली आधारित होती है।

रिपोर्टों का समेकन एवं प्रेषण

साधारणतया मुख्यालय के नियंत्रणाधीन नियंत्रक कार्यालयों द्वारा अपने कार्य क्षेत्र के कार्यालयों/शाखा कार्यालयों/इकाइयों/प्रशिक्षण केंद्रों आदि से ऑनलाइन द्वारा या अन्य आंतरिक माध्यमों द्वारा तय तारीख के अंदर प्रगति रिपोर्ट के भाग-I (तिमाही आधार पर) एवं भाग-II (वार्षिक आधार पर) प्राप्त कर अपने स्तर पर उनका समेकन किया जाता है। ऑनलाइन प्रोग्रामिंग के जरिये अपनी विभिन्न इकाइयों से रिपोर्ट प्राप्त होने पर उनका समेकन अपने-आप हो जाता है। इस समेकन की तालिका में संबंधित नियंत्रक कार्यालय की वैयक्तिक रिपोर्ट को भी जोड़ना नहीं भूलना होगा। इस प्रकार बन गई समेकित रिपोर्ट की मूल प्रति (प्रिंटआउट) पर नियंत्रक कार्यालय के प्रधान (रा.भा.का.स. के अध्यक्ष) के हस्ताक्षर लेने के पश्चात् उसे अपने तत्काल उच्च नियंत्रक कार्यालय को ऑनलाइन प्रेषित करना होगा। यदि बीच में एक और नियंत्रक कार्यालय की व्यवस्था नहीं होने पर सीधे प्रधान कार्यालय के राजभाषा विभाग को रिपोर्ट भेजनी पड़ेगी। तत्काल नियंत्रक कार्यालय एवं प्रधान कार्यालय के बीच एक और नियंत्रक कार्यालय की व्यवस्था होने पर, यथा : क्षेत्रीय कार्यालय और प्रधान कार्यालय के बीच अंचल कार्यालय की व्यवस्था होने पर उसके द्वारा अंचलाधीन समस्त क्षेत्रीय कार्यालयों से प्राप्त समेकित रिपोर्टों के साथ अपने अंचल कार्यालय की वैयक्तिक रिपोर्ट जोड़कर (समेकन कर) तत्संबंधी समेकित रिपोर्ट प्रधान कार्यालय को भेजी जाएगी। रिपोर्टिंग प्रक्रिया के ऑनलाइन प्रोग्रामिंग में समेकन अपने-आप संपन्न हो जाता है।

[उदाहरण के लिए शाखा कार्यालय/इकाई की वैयक्तिक रिपोर्ट अपने तत्काल नियंत्रक कार्यालय (यथा : क्षेत्रीय कार्यालय/मंडल कार्यालय आदि) को और इनके द्वारा अपने क्षेत्र की समेकित रिपोर्ट एवं अपने कार्यालय की वैयक्तिक रिपोर्ट अपने तत्काल नियंत्रक कार्यालय (अंचल कार्यालय/सर्किल कार्यालय आदि) को और इन कार्यालयों द्वारा अपने अंचलाधीन सभी नियंत्रक कार्यालयों की समेकित रिपोर्ट एवं अपने कार्यालय की वैयक्तिक रिपोर्ट अपने प्रधान कार्यालय के राजभाषा विभाग को भेजी जाएगी।]

नोट : केंद्र सरकार के मंत्रालय के विभागों/कार्यालयों/उपक्रमों/निकायों आदि संबंधी प्रपत्र तथा राष्ट्रीयकृत बैंकों/वित्तीय संस्थाओं के प्रपत्र अलग-अलग होते हैं। राष्ट्रीयकृत बैंक/वित्तीय संस्थाओं संबंधी प्रपत्र के भाग-I में 'हिंदी सलाहकार समिति की बैठक के आयोजन' संबंधी मद के स्थान पर 'कामकाज में हिंदी का प्रयोग' मद प्रतिस्थापित किया गया है जो वित्तीय संव्यवहारों से संबंधित है। भाग-II के प्रपत्र में कोई अंतर नहीं है।

नियंत्रक कार्यालय स्तर पर अपनी वैयक्तिक रिपोर्ट तैयार करने की प्रक्रिया

- जिस प्रकार अपने नियंत्रणाधीन शाखा कार्यालयों/इकाइयों/प्रशिक्षण केंद्रों से प्रगति रिपोर्ट प्राप्त की जाती है, उसी प्रकार अपने कार्यालय के विभिन्न अनुभागों से निर्धारित प्रपत्र में समय पर रिपोर्ट प्राप्त करनी होगी। अनुभागों द्वारा भी शाखा कार्यालयों/इकाइयों की तरह अपनी रिपोर्ट राजभाषा अनुभाग को ऑनलाइन प्रस्तुत की जा सकती है। इसका प्रोग्रामिंग करवाया जा सकता है। राजभाषा अनुभाग द्वारा अपने अनुभाग की रिपोर्ट अलग से तैयार कर अन्य अनुभागों से प्राप्त रिपोर्टों के साथ जोड़कर कार्यालय की वैयक्तिक रिपोर्ट बनाई जाएगी।

[यदि अनुभागों की संख्या कम रहने पर उनसे भौतिक रिपोर्ट प्राप्त कर राजभाषा अनुभाग द्वारा उनका समेकन किया जा सकता है।]

प्रधान कार्यालय के अधीनस्थ नियंत्रक कार्यालयों द्वारा गृह मंत्रालय, राजभाषा विभाग को रिपोर्टिंग

- नियंत्रक कार्यालयों (अंचल/मंडल/क्षेत्रीय) द्वारा हिंदी प्रगति की अपनी वैयक्तिक रिपोर्ट (भाग-I और II) को गृह मंत्रालय, राजभाषा विभाग के संबंधित क्षेत्रीय कार्यान्वयन कार्यालय को ऑनलाइन द्वारा समय पर प्रेषित की जाने की आवश्यकता है। संबंधित क्षेत्रीय कार्यान्वयन कार्यालय को समेकित रिपोर्ट भेजने की आवश्यकता नहीं होगी। (www.rajbhasha.nic.in)

नोट : 1. ऑनलाइन रिपोर्टिंग संबंधी आईडी और पासवर्ड संबंधित क्षेत्रीय कार्यान्वयन कार्यालय द्वारा उपलब्ध कराए जाएँगे। राजभाषा अनुभाग और कार्यालय प्रधान के लिए पृथक् आईडी एवं पासवर्ड का आबंटन होगा।

2. नियंत्रक कार्यालय के राजभाषा अनुभाग द्वारा बनाई गई वैयक्तिक रिपोर्ट का आबंटित आईडी/पासवर्ड का प्रयोग करते हुए कार्यालय प्रधान द्वारा सत्यापन किये जाने के पश्चात् उनके द्वारा क्षेत्रीय कार्यान्वयन कार्यालय को ऑनलाइन सबमिट की जाती है।

इस प्रक्रिया में कार्यालय प्रधान द्वारा तकनीकी सहयोग की अपेक्षा की जाने पर संबंधित राजभाषा अधिकारी द्वारा उपलब्ध कराई जाती है; अर्थात् रिपोर्ट के सत्यापन एवं प्रेषण के समय पर राजभाषा अधिकारी कार्यालय प्रधान के पास रहेंगे। कार्यालय प्रधान व्यस्त रहने पर उनकी सहमति से संबंधित राजभाषा अधिकारी को पासवर्ड का प्रयोग कर रिपोर्ट का ऑनलाइन प्रेषण करने की चेष्टा करनी होगी। लेकिन ऐसे संदर्भों में ऑनलाइन प्रेषण के पूर्व संबंधित रिपोर्टों की मूल प्रतियों पर कार्यालय प्रधान के हस्ताक्षर लेना अनिवार्य है और हस्ताक्षरित रिपोर्ट के अनुसार आंकड़ों/जानकारी को हूबहू शामिल करना (फीड करना) जरूरी है।

नोट : नियंत्रणाधीन शाखा कार्यालयों/इकाइयों को अपनी हिंदी प्रगति रिपोर्ट क्षेत्रीय कार्यान्वयन कार्यालय को प्रेषित करने की आवश्यकता नहीं है।

प्रधान कार्यालय स्तर पर रिपोर्टिंग की प्रक्रिया

[क्षेत्रीय कार्यान्वयन कार्यालय एवं संबंधित मंत्रालय के मुख्यालय को]

- प्रधान कार्यालय के राजभाषा विभाग द्वारा कार्यालय के विभिन्न विभागों से त्रैमासिक आधार पर भाग-I में तथा वार्षिक आधार पर भाग-II में हिंदी प्रगति रिपोर्ट मंगवाई जाती है। राजभाषा विभाग की अपनी रिपोर्ट भी इन्हीं प्रपत्रों में तैयार की जाती है। अन्य विभागों से प्राप्त रिपोर्टों के साथ राजभाषा विभाग की अपनी रिपोर्ट भी जोड़कर प्रधान कार्यालय की वैयक्तिक रिपोर्ट का समेकन किया जाता है। ऑनलाइन प्रोग्रामिंग के माध्यम से ही रिपोर्टों को प्राप्त करने की पहल करनी होगी। इससे पारदर्शिता बनाए रखे जाने के अतिरिक्त समेकन में सुविधाजनक भी होगा।
- प्रधान कार्यालय द्वारा अपनी वैयक्तिक रिपोर्ट संबंधित क्षेत्रीय कार्यान्वयन कार्यालय को ऑनलाइन रिपोर्टिंग के जरिये निर्धारित समय के भीतर उपलब्ध कराई जाएगी।

  इसके अतिरिक्त प्रधान कार्यालय द्वारा अपनी वैयक्तिक हिंदी प्रगति रिपोर्ट की स्कैन प्रति को ई-मेल या अन्य ऑनलाइन व्यवस्था के जरिये अपने संगठन से संबंधित मंत्रालय के मुख्यालय के राजभाषा विभाग को समय पर पहुँचाने की आवश्यकता होती है। पर्याप्त समय होने पर स्कैन प्रति के बजाय रिपोर्ट की मूल प्रति ही डाक/वाहक सेवा द्वारा पहुँचाई जा सकती है।

[संबंधित मंत्रालय के राजभाषा विभाग को रिपोर्ट की प्रेषण प्रक्रिया के संबंध में उनके प्रचलित दिशानिर्देशों पर ध्यान देना होगा।]

नोट :

1. सभी नियंत्रक कार्यालयों को जिन्हें अपने नियंत्रणाधीन इकाइयों से हिंदी प्रगति रिपोर्ट प्राप्त करनी पड़ती है, उन्हें अपनी वैयक्तिक हिंदी प्रगति रिपोर्ट भी बनाकर समेकन रिपोर्ट में शामिल करने के अतिरिक्त उसे पृथक् से अपने उच्च नियंत्रक कार्यालय को प्रेषित करने की आवश्यकता होती है; अर्थात् समेकित रिपोर्ट (जिसमें वैयक्तिक रिपोर्ट की सूचनाएँ भी शामिल होंगी) तथा वैयक्तिक रिपोर्ट, दोनों प्रेषित करनी होंगी।
2. क्षेत्रीय कार्यान्वयन कार्यालय, राजभाषा विभाग, गृह मंत्रालय को हिंदी प्रगति रिपोर्ट के ऑनलाइन प्रेषण का संक्षिप्त चित्रण इस प्रकार है :
   (i) क्षेत्रीय कार्यालय/मंडल कार्यालय/इस स्वरूप के कार्यालय द्वारा केवल अपनी वैयक्तिक रिपोर्ट भेजी जाएगी।
   (ii) अंचल कार्यालय/सर्किल कार्यालय/इस स्वरूप के कार्यालय द्वारा केवल अपनी वैयक्तिक रिपोर्ट भेजी जाएगी।
   (iii) प्रधान कार्यालय द्वारा केवल अपनी वैयक्तिक रिपोर्ट भेजी जाएगी।
3. रिपोर्टिंग प्रणाली प्रक्रिया एवं मार्गदर्शन हेतु राजभाषा विभाग की वेबसाइट rajbhasha.gov.in या rajbhasha.nic.in के अंतर्गत प्रपत्र के भाग-I व II के अतिरिक्त प्रमाणपत्र अपलोड करने की प्रक्रिया, वार्षिक मूल्यांकन

रिपोर्ट, प्रोफार्मा (इसे प्रेषित करने की आवश्यकता के संबंध में संबंधित क्षेत्रीय कार्यान्वयन कार्यालय से संपर्क करना होगा), राजभाषा कीर्ति पुरस्कार, टॉलिक पुरस्कार संबंधी अंक तालिका, उपयोगकर्ता पुस्तिका संबंधी ब्योरा एवं मार्गदर्शन उपलब्ध है।

4. राजभाषा विभाग के वेब एप्लिकेशन तिमाही प्रणाली.राजभाषा.सरकार.भारत (rajbhasha.gov.in) में संबंधित कार्यालयों को अपनी तिमाही हिंदी प्रगति रिपोर्ट राजभाषा विभाग को 30 अप्रैल तक अपलोड करनी होगी।
5. संगठन के मुख्यालयों को उपर्युक्त लिंक से राजभाषा विभाग द्वारा उपलब्ध कराये गए यूजर आईडी में 30 अप्रैल तक वित्तीय वर्षाधारित अपनी वैयक्तिक वार्षिक मूल्यांकन रिपोर्ट एवं संपूर्ण संगठन की 'क', 'ख', 'ग' क्षेत्रवार समेकित वार्षिक मूल्यांकन रिपोर्ट राजभाषा विभाग, गृह मंत्रालय को भेजनी होगी।
6. उपर्युक्त रिपोर्टों की अपलोडिंग में कोई समस्या उत्पन्न होने पर support-rajbhasha@gov.in को ई-मेल भेजकर समाधान प्राप्त किया जा सकता है।
7. राजभाषा विभाग द्वारा रिपोर्टिंग प्रक्रिया और तय समय में कोई संशोधन/परिवर्तन किये जाने पर तदनुसार कार्रवाई करनी होगी।

टॉलिक को रिपोर्टिंग

टॉलिक की अर्द्धवार्षिक समीक्षा बैठक के अवसर पर टॉलिक द्वारा निर्धारित प्रगति रिपोर्ट प्रपत्र में सदस्य कार्यालयों/इकाइयों द्वारा बैठक के पूर्व की दो तिमाहियों की समेकित रिपोर्ट संयोजक कार्यालय को समय पर प्रस्तुत की जाने की आवश्यकता होती है।

हिंदी प्रगति रिपोर्ट का मदवार निष्पादन एवं भरे जाने संबंधी मार्गदर्शन

- कर्मचारी अपने कार्यालयीन कार्य में नियमित रूप से हिंदी का प्रयोग करने पर ही रिपोर्ट में उत्तम निष्पादन दर्शाना संभव हो पाता है। नियमित रूप से हिंदी का प्रयोग सुनिश्चित करने में राजभाषा अधिकारी की सक्रियता एवं भावी सोच मदद करेगी।
- हिंदी कार्यशालाओं में उपस्थित कर्मचारियों को पथप्रदर्शित करने के अतिरिक्त नियंत्रणाधीन समस्त कार्यालयों/शाखा कार्यालयों/इकाइयों के स्टाफ सदस्यों को नेमी कार्य में हिंदी का नियमित प्रयोग के संबंध में समय-समय पर 'ऑनलाइन डेस्क मार्गदर्शन' उपलब्ध कराने की विशेष प्रक्रिया अपनानी होगी। आंतरिक राजभाषा पोर्टल में उपलब्ध कराई गई सहायक सामग्री से अवगत कराना होगा। अन्यथा सहायक सामग्री की सॉफ्ट प्रतियाँ उपलब्ध कराने की अन्य पद्धतियाँ अपनानी होंगी।

- हिंदी समन्वयकों, हिंदी कार्यशालाओं में उपस्थित कर्मचारियों, हिंदी प्रतियोगिताओं एवं प्रोत्साहन योजनाओं में भाग लेने वाले कर्मचारियों तथा हिंदी के प्रयोग में रुचि रखने वाले कर्मचारियों से संपर्क में रहते हुए उन्हें प्रोत्साहित करना होगा।

रिपोर्ट के भाग-I की विभिन्न मदों के संदर्भ में

राजभाषा अधिनियम-1963 की धारा-3 (3)

- इस मद के अंतर्गत शामिल किये गए सभी प्रलेखों की परिभाषा से राजभाषा अधिकारी पूर्णत: परिचित हों और इनमें अंग्रेजी के अतिरिक्त हिंदी का अनिवार्य प्रयोग के संबंध में समय-समय पर समस्त पर्यवेक्षी पदाधिकारियों के ध्यान में लाना होगा। इन प्रलेखों पर हस्ताक्षरकर्ता प्राधिकारी की जिम्मेदारी से अवगत कराना होगा।

[इस पुस्तक के 'राजभाषा अधिनियम-1963 की धारा-3(3)' के अध्याय में विस्तृत जानकारी उपलब्ध है।]

हिंदी में प्राप्त पत्रों की स्थिति

- हिंदी या द्विभाषा में प्राप्त पत्रों के उत्तर हिंदी या द्विभाषा में देने की अनिवार्यता और समस्त कार्यालयों/शाखा कार्यालयों/इकाइयों में प्राप्त इन पत्रों का अनुभागवार अभिलेखन की आवश्यकता से समस्त कर्मचारियों को अवगत कराने की चेष्टा करनी होगी। परिपत्रों/पत्रों के माध्यम से समय-समय पर इस आशय से संबंधित स्पष्ट मार्गदर्शन उपलब्ध कराना होगा।

अंग्रेजी में प्राप्त पत्रों के उत्तर हिंदी में दिये जाने की स्थिति

[केवल 'क' और 'ख' क्षेत्रों में स्थित कार्यालयों के लिए]

- 'क' और 'ख' क्षेत्रों के लिए मूल पत्राचार में निर्धारित लक्ष्य क्रमशः 100% और 90% होने के कारण यहाँ के अपने क्षेत्राधीन कार्यालयों/शाखा कार्यालयों/इकाइयों से अधिकाधिक पत्र हिंदी में प्रेषित करने की आवश्यकता होती है; अर्थात् यहाँ पत्राचार अंग्रेजी में बहुत कम होना चाहिए। सामान्यत: इन दोनों क्षेत्रों के अंतर्गत कार्यरत कार्यालयों/शाखा कार्यालयों/इकाइयों को प्राप्त होने वाले पत्रों में अंग्रेजी पत्रों की संख्या कम ही होती है। 'क' क्षेत्र स्थित राज्य सरकारी कार्यालयों/व्यक्तियों से अंग्रेजी में प्राप्त होने वाले पत्रों की संख्या भी कम ही होगी। 'क' और 'ख' क्षेत्र क्रमशः हिंदी एवं हिंदी भाषा से प्रभावित क्षेत्र होने के कारण राजभाषा विभाग, गृह मंत्रालय के का.ज्ञा. सं. 14034/15/87—राभा (क-1), दि. 26.2.1988 के आधार पर यहाँ के कार्यालय/शाखा कार्यालय/इकाई द्वारा अंग्रेजी में

प्राप्त पत्रों का भी हिंदी या क्षेत्र आवश्यकतानुसार द्विभाषा में उत्तर दिये जाने के प्रयास किये जाने होंगे।

- 'ग' क्षेत्र के लिए यह शर्त अनिवार्य न होने पर भी संसदीय राजभाषा समिति एवं अन्य उच्च स्तरीय राजभाषा निरीक्षणों में यह अपेक्षा की जाती है कि 'ग' क्षेत्र में कार्यरत कार्यालयों/शाखा कार्यालयों/इकाइयों द्वारा भी अंग्रेजी में प्राप्त पत्रों को हिंदी भाषा में उत्तर देने के प्रयास किये जाएँ जो एक अतिरिक्त उपलब्धि होगी। लेकिन दबाव नहीं डाला जा सकेगा।

भेजे गए मूल पत्रों का ब्योरा

- यह मूल पत्राचार से संबंधित मद है। भाषायी क्षेत्रवार निर्धारित वार्षिक लक्ष्यों के अनुसार कार्यालयीन पत्र-व्यवहार में नियमित रूप से हिंदी का प्रयोग करना ही है। नेमी प्रकार के पत्राचार संबंधी नमूने यथा सामान्य प्रावरण पत्र, स्मरण-पत्र, प्राप्ति सूचना, अंतरिम उत्तर इत्यादि आंतरिक राजभाषा पोर्टल तथा हर कर्मचारी के कंप्यूटर में उपलब्ध हों। विशेषकर हिंदीतर भाषियों को इस सहायक सामग्री से मदद मिलेगी। कर्मचारियों को इस प्रकार की सहायक सामग्री, शब्दावली, द्विभाषा/त्रिभाषा कोश उपलब्ध कराने में राजभाषा अधिकारी को तत्पर रहना होगा। हिंदी के अत्यधिक प्रयोग संबंधी आंतरिक प्रोत्साहन योजनाओं की जानकारी सभी कर्मचारियों के ध्यान में लानी होगी।

नोट : हिंदी में प्राप्त पत्रों के संदर्भ में हिंदी में उत्तरित पत्र, अंग्रेजी में प्राप्त पत्रों के संदर्भ में हिंदी में उत्तरित पत्र ('क' और 'ख' क्षेत्र के संदर्भ में) को मूल पत्राचार की गिनती में नहीं लेना होगा। क्योंकि इनकी सूचना रिपोर्ट के प्रपत्र में तत्संबंधी मद के अंतर्गत पृथक् से उपलब्ध कराई जाती है।

['मूल पत्राचार में हिंदी का प्रयोग' अध्याय में व्यापक जानकारी उपलब्ध है।]

फाइलों/दस्तावेजों पर लिखी गई टिप्पणियाँ

- किसी एक कार्य को संपन्न करने के लिए सक्षम प्राधिकारी का अनुमोदन, सुझाव, सलाह, मंजूरी की आवश्यकता होने पर तत्कार्य संबंधी विषयवस्तु की स्पष्ट जानकारी प्रस्तुत करते हुए मसौदा तैयार कर उचित माध्यम से प्रस्तुत किया जाता है। इस प्रकार प्रस्तुत टिप्पणी पर सक्षम प्राधिकारी द्वारा दिये गए टिप्पण या अभियुक्ति के आधार पर भावी कार्रवाई संपन्न की जाती है। इस प्रकार की टिप्पणियाँ पृथक् से प्रस्तुत करने के अतिरिक्त कुछेक संदर्भों में प्राप्त मूल पत्र पर ही हाशिए में या उसके पृष्ठ भाग पर हाथ से लिखकर भी सक्षम प्राधिकारी को प्रस्तुत की जाती हैं। इस प्रकार की मार्जिन टिप्पणी या पृष्ठभाग पर लिखी गई टिप्पणी को भी गिनती में लिया जा सकता है (पंक्तियों के आधार पर आधा पृष्ठ या पूरा पृष्ठ के रूप में)।

- कर्मचारियों को हिंदी टंकण से अभ्यस्त कराकर (वायस टाइपिंग और गूगल/माइक्रोसॉफ्ट ट्रांसलेट का प्रयोग एवं त्रुटियों को शुद्ध करने के बारे में भी पथप्रदर्शित करना होगा) अधिकाधिक टिप्पणियाँ हिंदी या द्विभाषा में टंकित कर प्रस्तुत करने के लिए विविध मार्गदर्शन पद्धतियों के जरिये अवगत कराना होगा। टिप्पणियों के मसौदे में सामान्यत: प्रयुक्त वाक्यांश एवं शब्दावली उपलब्ध कराने की चेष्टा करनी होगी।

  मूल पत्राचार के लिए वार्षिक कार्यक्रम में निर्धारित लक्ष्य के अनुपात में हिंदी/द्विभाषा में टिप्पणियाँ प्रस्तुत की जाएँ, यह सराहनीय होगा (लेकिन इनके लिए निर्धारित लक्ष्य से कम न हो)। इनका अभिलेख बनाए रखते हुए रिपोर्ट करने के लिए सभी शाखा कार्यालयों/इकाइयों/प्रशासनिक कार्यालयों के विभिन्न अनुभागों को उचित मार्गदर्शन उपलब्ध कराना होगा।

हिंदी कार्यशालाएँ

- अधिकारियों, कर्मचारियों के नामांकन एवं उपस्थिति सुनिश्चित करने पर राजभाषा अधिकारी को विशेष ध्यान देना होगा।। अद्यतन रोस्टर के आधार पर पात्र स्टाफ सदस्यों की सूची तैयार कर उसे एचआरएमएस या कार्मिक अनुभाग को नामांकन पत्र जारी करने हेतु ससमय उपलब्ध कराना होगा। कहीं-कहीं नामांकन पत्र जारी करने, अनुवर्ती कार्रवाई करने इत्यादि की जिम्मेदारी राजभाषा अनुभाग को सौंपी जाती है। संबंधित कर्मचारी प्रशिक्षण महाविद्यालयों द्वारा हिंदी कार्यशालाओं का आयोजन किये जाने पर नामांकन एवं उपस्थिति सुनिश्चित करने में नियंत्रक कार्यालय के राजभाषा अनुभाग को उचित पहल करनी होगी।
- देखना होगा कि वर्ष के दौरान आयोजित कार्यशालाओं में नियंत्रणाधीन सभी शाखा कार्यालयों/इकाइयों एवं प्रशासनिक कार्यालयों में कार्यरत कर्मचारियों का प्रतिनिधित्व (नामांकन) सुनिश्चित किया गया है। नामांकन की संख्या न्यूनतम 25 और उपस्थिति 80 प्रतिशत से कम न होना आदर्श माना जाता है (अमुक क्षेत्र व कार्यालय के कर्मचारियों की कुल संख्या एवं प्रशिक्षणार्थ शेष कर्मचारियों की संख्या पर निर्भर होगा)। पूर्ण उपस्थिति सुनिश्चित करने के लिए नामित स्टाफ सदस्य और उनके कार्यालय/अनुभाग प्रधान तथा संबंधित हिंदी समन्वयक से संपर्क करना होगा। कार्य निष्पादन के अंकन में उपस्थिति पर विशेष ध्यान दिया जाता है। हर तिमाही में न्यूनतम एक पूर्ण दिवसीय कार्यशाला का आयोजन करना जरूरी है।
- नामांकन और उपस्थिति के अभिलेख संबंधित नियंत्रक कार्यालय के राजभाषा अनुभाग में उपलब्ध होंगे। अत: इन अभिलेखों के आधार पर शाखा कार्यालय/इकाई से प्राप्त तिमाही हिंदी प्रगति रिपोर्टों के अंतर्गत प्रस्तुत उपस्थिति संबंधी आंकड़ों की प्रतिजांच करनी होगी। समेकन में अंतर पाए जाने की स्थिति में राजभाषा अनुभाग में उपलब्ध अभिलेखों

के अनुसार सूचना प्रस्तुत करनी होगी। (ऑनलाइन रिपोर्टिंग के संबंध में संबंधित इकाई से ही परिशोधन कराना होगा।)

टॉलिक या अन्य संगठनों द्वारा आयोजित संयुक्त हिंदी कार्यशालाओं में उपस्थित अपने स्टाफ सदस्यों की जानकारी भी शामिल करते हुए पाद-टिप्पणी में तारांकित सूचना दी जा सकती है।

['हिंदी कार्यशाला' संबंधी पृथक् अध्याय में विस्तृत जानकारी उपलब्ध है।]

राजभाषा कार्यान्वयन समिति की बैठकों का आयोजन

- तिमाही समाप्ति के पर्याप्त समय पूर्व नियमित अंतरालों में सभी कार्यालयों/शाखा कार्यालयों/इकाइयों में बैठकों का आयोजन कराने के अतिरिक्त हिंदी/द्विभाषा में कार्यवृत्त प्राप्त करना सुनिश्चित करने का सरल तरीका अपनाना होगा। हर तिमाही में ससमय स्मरण दिलाते हुए शत-प्रतिशत आयोजन सुनिश्चित करना होगा (शाखा कार्यालयों/इकाइयों से तिमाही रिपोर्ट प्राप्त होने के पश्चात् इस मद के अंतर्गत शून्य जानकारी देखकर अनुवर्ती कार्रवाई करने से कोई प्रयोजन नहीं होगा)। शाखा कार्यालय/इकाई स्तर हिंदी समन्वयक/कार्यालय प्रभारी से संपर्क बनाए रखना होगा। छोटे या बड़े सभी कार्यालयों/शाखा कार्यालयों/इकाइयों में समिति गठित होना अनिवार्य है।

['राजभाषा कार्यान्वयन समिति की बैठकों का आयोजन' संबंधी अध्याय में व्यापक मार्गदर्शन उपलब्ध है।]

हिंदी सलाहकार समिति की बैठक का आयोजन
[केवल मंत्रालयों/विभागों के लिए]

- मंत्रालय/विभागीय स्तर पर इस समिति का गठन किया जाता है; अर्थात् मंत्रालय के मुख्यालयों/विभागों के लिए यह मद लागू होगी। अन्य केंद्र सरकारी संगठनों के कार्यालयों/इकाइयों एवं राष्ट्रीयकृत बैंकों/वित्तीय संस्थाओं के लिए यह मद लागू नहीं होगी।

आंतरिक कामकाज में हिंदी का प्रयोग
[राष्ट्रीयकृत बैंकों/वित्तीय संस्थाओं के संदर्भ में]

- आंतरिक कामकाज एवं ग्राहक संव्यवहार संबंधी सभी फार्म यथा वाउचर/ड्राफ्ट/जमा रसीद इत्यादि द्विभाषा में उपलब्ध हों और हिंदी या द्विभाषा में भरे जाएँ।
- नियंत्रक कार्यालयों/शाखाओं द्वारा ऋण ग्रहीताओं को जारी किये जाने वाले ऋण वसूली पत्र हिंदी या द्विभाषी हों। [संबंधित अनुभागों के कंप्यूटरों में इससे संबंधित नमूने पत्रों की सॉफ्ट प्रतियाँ उपलब्ध कराने के प्रयास किये जा सकते हैं।]

- आंतरिक राजभाषा पोर्टल/कर्मचारियों के कंप्यूटर में इस कार्य क्षेत्र से संबंधित शब्दावली एवं वाक्यांश के नमूने उपलब्ध हों। डेस्क मार्गदर्शन कार्यक्रम, ऑनलाइन लघु मार्गदर्शन कार्यक्रम आदि इस दिशा में मदद करेंगे।

तिमाही के दौरान कृत उल्लेखनीय कार्य/उपलब्धियों का संक्षिप्त ब्योरा

[अधिकतम 250 कैरेक्टर]

- इस प्रगति रिपोर्ट के प्रपत्र में उल्लेखित/भरी गई मदों को छोड़कर आलोच्य तिमाही के दौरान हिंदी के प्रागामी प्रयोग के संबंध में कृत विशेष कार्यों, उपलब्धियों एवं प्राप्त पुरस्कारों की जानकारी देनी होगी। यथा : विशेष हिंदी प्रतियोगिताओं, विशेष मार्गदर्शन कार्यक्रमों, ऑनलाइन मार्गदर्शन कार्यक्रमों, वीडियो कॉन्फ्रेंस का आयोजन, सहायक सामग्री—पुस्तकों का प्रकाशन, भाषासेवियों का सम्मान, टॉलिक गतिविधियों का प्रायोजन, सॉफ्टवेयर संबंधी राजभाषा पोर्टल, वेबसाइट, ऑनलाइन पुस्तकालय प्रारंभ किया जाना, राजभाषा बुलेटिन/पत्रिकाओं का प्रकाशन, प्राप्त पुरस्कार, श्रेष्ठता/प्रशंसा पत्र, सम्मान, नवोन्मेषी कार्य इत्यादि की जानकारी अति संक्षेप में अर्थात् 250 कैरेक्टरों में प्रस्तुत करनी होगी।

सत्यता का प्रमाणपत्र

- रिपोर्ट की हर मद में प्रस्तुत जानकारी की सत्यता के प्रमाणन में रिपोर्ट पर हस्ताक्षर किये गए पदाधिकारी को ही राजभाषा विभाग, गृह मंत्रालय द्वारा निर्धारित प्रमाणपत्र पर हस्ताक्षर करने होंगे। इसे भी रिपोर्ट के साथ ऑनलाइन अपलोड करना होगा।

[राजभाषा विभाग, गृह मंत्रालय का का.ज्ञा.सं. 12016/07/2018—राभा (का-2), दि. 10.1.2019]

नोट : 1. रिपोर्ट पर कार्यालय/शाखा कार्यालय/इकाई प्रधान जो राजभाषा कार्यान्वयन समिति के अध्यक्ष हैं, उनके ही हस्ताक्षर लेने होंगे। इसमें कोई व्यतिक्रम न हो। यदि कार्यालय प्रधान छुट्टी पर/मुख्यालय से बाहर रहने पर समयावधि के अभाव में तत्काल निम्न प्रभारी के हस्ताक्षर लेकर रिपोर्ट के प्रावरण पत्र में कारण का उल्लेख करना होगा। हस्ताक्षरकर्ता का पदनाम, फोन नंबर, फैक्स नंबर (यदि हो), ई-मेल नंबर की जानकारी स्पष्टतः प्रस्तुत करनी होगी। रिपोर्ट की मूल प्रति में कार्यालय की द्विभाषा रबड़ की मोहर का भी अंकन हो।

2. रिपोर्ट की किसी मद/स्तंभ को खाली नहीं छोड़ना होगा। कोई मद/स्तंभ अपने कार्यालय/शाखा कार्यालय/इकाई के लिए लागू न होने पर खाली छोड़ने के बजाय मूल प्रति में 'लागू नहीं', दर्शाना होगा। ऑनलाइन रिपोर्टिंग में तत् स्तंभों के अंतर्गत शून्य (0) दर्शाना होगा।

रिपोर्ट के भाग-II की विभिन्न मदों के संदर्भ में

जैसे पहले ही कहा जा चुका है, यह रिपोर्ट वित्तीय वर्ष में एक बार अर्थात् मार्च तिमाही की समाप्ति के बाद नियत तारीख के अंदर रिपोर्ट के भाग-I के साथ प्रस्तुत की जाती है। इसमें 31 मार्च की स्थिति के अनुसार वर्ष के दौरान कृत कार्रवाई की जानकारी प्रस्तुत करनी पड़ती है।

1. *(i)* *क्या कार्यालय राजभाषा नियम-10(4) के अंतर्गत अधिसूचित है?*
यहाँ अपने स्वयं के कार्यालय/शाखा कार्यालय/इकाई की सूचना देनी होगी (वैयक्तिक रिपोर्ट के संदर्भ में)।

(ii) *नियंत्रणाधीन कार्यालयों (यदि हों) की राजभाषा नियम-1976 के नियम-10(4) के अंतर्गत अधिसूचना का ब्योरा*

नियंत्रक कार्यालयों द्वारा समेकित रिपोर्ट तैयार करते समय अधिसूचित अपने क्षेत्राधीन समस्त कार्यालयों/शाखा कार्यालयों/इकाइयों के आंकड़े प्रस्तुत करने होंगे। ऑनलाइन रिपोर्टिंग होने पर अपने-आप समेकन हो जाता है। अतः नियंत्रक कार्यालय में उपलब्ध अभिलेखों से प्रतिजांच करते हुए विसंगति पाए जाने पर तत् इकाई से परिशोधित आंकड़ेयुक्त रिपोर्ट तत्काल पुनः प्राप्त करनी होगी।

नोट : (ए) अद्यतन रोस्टर के आधार पर पात्र सभी कार्यालयों/इकाइयों को इस नियम के अंतर्गत अधिसूचित कराने में कोई लापरवाही न हो।

अधिसूचित कार्यालयों/शाखा कार्यालयों/इकाइयों की अद्यतन सूची अपने प्रधान कार्यालय/मुख्यालय के राजभाषा विभाग द्वारा सभी संबंधितों को समय-समय पर परिचालित की जाती है। नियंत्रक कार्यालयों द्वारा इस अद्यतन जानकारी का अभिलेख बनाया रखना होगा और तदनुसार रिपोर्ट के भाग-II में जानकारी प्रस्तुत करनी होगी।

(बी) गृह मंत्रालय के राजभाषा विभाग द्वारा उचित माध्यम से अधिसूचित कार्यालयों/शाखा कार्यालयों/इकाइयों की आधिकारिक सूचना भिजवाई जाने तक कृत कार्रवाई का निष्पादन दर्शाने हेतु रिपोर्ट के संबंधित स्तंभ के अंतर्गत अधिसूचनार्थ सिफारिश किये गए कार्यालयों/शाखा कार्यालयों/इकाइयों के आंकड़े दर्शाने का प्रयास किया जा सकता है लेकिन मूल प्रति में तारांकन (*) से यह सूचित करना होगा कि 'अधिसूचनार्थ' सिफारिश किये गए हैं। रिपोर्ट के प्रावरण पत्र में इसका उल्लेख करना भी उचित होगा।

[विस्तृत जानकारी हेतु इस पुस्तक के 'नियम-10(4) के अंतर्गत अधिसूचना' संबंधी अध्याय का संदर्भ में लिया जा सकता है।]

2. (i) *अधिकारियों/कर्मचारियों को राजभाषा हिंदी का ज्ञान :* इस मद की उप-मदों के अंतर्गत सूचना प्रस्तुत करने के लिए हर कार्यालय/शाखा कार्यालय/इकाई में स्टाफ सदस्यों के हिंदी ज्ञान संबंधी रोस्टर का अद्यतन करना

अत्यंत आवश्यक है। प्रतिजांच के लिए कुल अधिकारियों/कर्मचारियों के आंकड़े एचआरएमएस/कार्मिक अनुभाग/उपस्थिति रजिस्टर से प्राप्त किये जा सकते हैं। हिंदी में कार्यसाधक ज्ञान/प्रवीणता एवं प्रबोध, प्रवीण, प्राज्ञ, बैंकिंग प्राज्ञ व पारंगत प्रशिक्षण संबंधी जानकारी अद्यतन रोस्टर या इस उद्देश्यार्थ कार्यालय/शाखा कार्यालय/इकाई में बनाए रखे गए अभिलेखों के आधार पर प्रस्तुत करनी होगी। सभी स्टाफ सदस्यों को हिंदी का कार्यसाधक ज्ञान दिलाने की पहल करना राजभाषा अधिकारी की जिम्मेदारी है।

(ii) *हिंदी आशुलिपि/टंकण का ज्ञान :* उपर्युक्त मद संख्या-2(i) के लिए अपनाई जाने वाली प्रक्रिया यहाँ भी अपनानी होगी। आशुलिपिकों को हिंदी आशुलिपि प्रशिक्षण उपलब्ध कराने हेतु विशेष कदम उठाने होंगे। इसी प्रकार सभी टंककों, लिपिक सह-टंककों को एवं कर/पोस्टल सहायकों को यूनिकोड में हिंदी टंकण प्रयोग से अभ्यस्त कराना होगा। इतना ही नहीं, अंग्रेजी आशुलिपिकों से हिंदी आशुलिपि तथा लिपिक सह-टंककों व पोस्टल सहायकों से अपने डेस्क कार्य में हिंदी/द्विभाषा में टंकण का कार्य भी लेना होगा। भौतिक टंकण के अतिरिक्त वॉइस टाइपिंग से भी अभ्यस्त कराना होगा। राजभाषा अधिकारी को इस दिशा में विभिन्न उपाय अपनाने होंगे।

[विस्तृत जानकारी हेतु 'सेवाकालीन हिंदी प्रशिक्षण' अध्याय का संदर्भ लेना होगा।]

(iii) *अनुवाद का ज्ञान :* इस मद के अंतर्गत अंग्रेजी से हिंदी एवं हिंदी से अंग्रेजी में अधिकतर अनुवाद कार्य से जुड़े अधिकारियों और लिपिकों को लेना होगा। इस वर्ग में सामान्यतः राजभाषा अधिकारी, राजभाषा लिपिक, अनुवादक, हिंदी आशुलिपिक, हिंदी टंकक को शामिल किया जा सकता है। इसके अतिरिक्त सामान्य वर्ग के स्टाफ सदस्य जिनसे अनुवाद कार्य लिया जाता है, उन्हें भी शामिल करना होगा। इनका अभिलेख हिंदी ज्ञान संबंधी रोस्टर के अतिरिक्त संबंधित राजभाषा अनुभाग में पृथक् से उपलब्ध होना होगा। इस कोटि के स्टाफ सदस्यों को केंद्रीय अनुवाद ब्यूरो के अनुवाद प्रशिक्षण कार्यक्रमों में, टॉलिक के तत्त्वावधान में आयोजित अनुवाद प्रशिक्षण कार्यक्रमों में या अपने संगठन में केंद्रीय अनुवाद ब्यूरो के अल्पकालिक अनुवाद प्रशिक्षण कार्यक्रमों की व्यवस्था करते हुए प्रशिक्षित कराना होगा।

[**संदर्भ** : राजभाषा विभाग, गृह मंत्रालय का का.ज्ञा. सं. 13011/11/85—राभा (ग), दि. 29.7.1985 तथा का. ज्ञा. सं. 13017/6/87—राभा (ग), दि. 18.11.1987]

3. हिंदी में कंप्यूटर प्रशिक्षण : इस मद के स्तंभ संख्या-1 के अंतर्गत राजभाषा हिंदी का ज्ञान संबंधी स्तंभ-2(i) 'क' के अंतर्गत प्रस्तुत कुल अधिकारियों/कर्मचारियों की संख्या को ही दर्शाना होगा।

अब कंप्यूटर पर काम करने वाले सभी स्टाफ सदस्यों को यूनिकोड में हिंदी में टंकण कार्य करने में भी सक्षम होने की जरूरत है। अत: डेस्क मार्गदर्शन कार्यक्रम, लघु मार्गदर्शन कार्यक्रम, ऑनलाइन मार्गदर्शन कार्यक्रम के जरिये तथा हिंदी कार्यशालाओं में ही नहीं, अन्य कार्यशालाओं/प्रशिक्षण कार्यक्रमों में भी यूनिकोड परिचालन का एक सत्र रखते हुए प्रशिक्षित कराना होगा। वॉइस टाइपिंग से भी परिचित कराना होगा। इनस्क्रिप्ट कीबोर्ड का प्रयोग करते हुए स्वयं प्रशिक्षित होने के लिए सहायक सामग्री उपलब्ध करानी होगी।

शाखा कार्यालयों/इकाइयों के हिंदी समन्वयकों के लिए अभ्यासयुक्त पूर्ण दिवसीय यूनिकोड प्रशिक्षण कार्यक्रम की व्यवस्था करते हुए (प्रशिक्षण केंद्रों में या अन्य जगह) तत् शाखा कार्यालयों/इकाइयों में कार्यरत अन्य कर्मचारियों का पथप्रदर्शन करने के लिए उनकी सेवाएँ उपलब्ध कराने की पहल की जा सकती है।

हिंदी में कार्यसाधक ज्ञान रखने वाले हर कर्मचारी हिंदी टंकण कार्य से परिचित होने की आवश्यकता है। इसके आधार पर इस मद के स्तंभ संख्या-2 के अंतर्गत जानकारी प्रस्तुत करनी होगी। हिंदी टंकण ज्ञान की आवश्यकता से सभी कार्यालयों/शाखा कार्यालयों/इकाइयों में कार्यरत सभी स्टाफ सदस्यों को अवगत कराना होगा। हिंदी टंकण से अभ्यस्त कराना ही नहीं, उनसे दैनिक कार्यालयीन नेमी कार्य में हिंदी टंकण का प्रयोग कराना जरूरी है। तभी इस मद के स्तंभ संख्या-3 के अंतर्गत पर्याप्त आंकड़े दर्शाना संभव हो पाएगा और मूल पत्राचार में हिंदी प्रयोग हेतु क्षेत्रवार निर्धारित लक्ष्य हासिल करना संभव हो पाएगा।

4. कंप्यूटर/लैपटॉप से संबंधित विवरण : वर्तमान में प्रयुक्त सभी कंप्यूटरों/लैपटॉपों में यूनिकोड के प्रयोग से हिंदी के अतिरिक्त कई स्थानीय भाषाओं में काम करने की सुविधा उपलब्ध है। अपेक्षित भाषा का प्रयोग करने के लिए तत्संबंधी इनबिल्ट सॉफ्टवेयर को सक्रिय करने की आवश्यकता होगी। परिपत्र के माध्यम से, राजभाषा पोर्टल के जरिये सॉफ्टवेयर सक्रिय करने संबंधी बिंदुवार जानकारी उपलब्ध करानी होगी। स्टाफ सदस्यों को मार्गदर्शन देने के लिए राजभाषा स्टाफ स्वयं समर्थ होने की सख्त आवश्यकता है। हिंदी समन्वयक को भी समर्थ बनाना होगा। आवश्यकतानुसार आईटी अधिकारियों की सहायता भी ली जा सकती है। प्रयास जो भी हो, अंतिम लक्ष्य यही होना चाहिए कि कार्यालयों/शाखा कार्यालयों/इकाइयों में उपलब्ध सभी कंप्यूटरों/लैपटॉपों में हिंदी सॉफ्टवेयर(यूनिकोड) सक्रिय है। शाखा कार्यालयों/इकाइयों के प्रधानों से इस आशय का प्रमाणपत्र भी प्राप्त किया जा सकता है। राजभाषायी निरीक्षणों में या अन्य अवसरों पर हिंदी साफ्टवेयर सक्रियता की जांच करनी होगी। ध्यान रखना होगा कि अप्रयुक्त कंप्यूटरों/लैपटॉपों को कुल संख्या के स्तंभ में नहीं दर्शाया गया है।

इस मद के स्तंभ संख्या-1 में जो संख्या दर्शायी जाती है, वही संख्या स्तंभ संख्या-2 के अंतर्गत भी हो, अर्थात् कंप्यूटरों और लैपटॉपों की कुल संख्या की समान संख्या में हिंदी सॉफ्टवेयर सक्रिययुक्त कंप्यूटर/लैपटॉप हैं। यहाँ 100% अनुपालन की आवश्यकता है।

5. कोड, मैनुअल, प्रक्रिया साहित्य : राजभाषा नियम-11 तथा संसदीय राजभाषा समिति की सिफारिशों के आधार पर राष्ट्रपति के आदेशों के अनुसार कोड (आचरण

संहिताओं, अनुशासनिक दिशानिर्देशों संबंधी पुस्तिकाएँ), मैनुअल (संगठन के विविध कार्यक्षेत्र संबंधी अनुदेश पुस्तिकाएँ), प्रक्रिया साहित्य (कार्य प्रणाली, वैधानिक प्रक्रिया संबंधी पुस्तिकाएँ) एवं अन्य विशेष नियमावली संबंधी पुस्तिकाएँ द्विभाषा में (डिग्लोट रूप में, यथा : पृष्ठ की बाईं ओर अंग्रेजी तथा दाईं ओर हिंदी पाठ हो जिस प्रकार संसदीय राजभाषा समिति की निरीक्षण प्रश्नावली होती है) तैयार करना या मुद्रित करवाना अनिवार्य है। हिंदी और अंग्रेजी पाठ की अलग-अलग पुस्तिकाएँ नहीं बनानी होंगी। [इस संबंधी स्पष्ट निर्देशों के लिए राजभाषा विभाग, गृह मंत्रालय के का.ज्ञा.सं. 1/14013/05/2011—राभा (नीति), दि. 12.4.2012 का संदर्भ लिया जा सकता है।]

इस स्वरूप की सामग्री की तैयारी प्रधान कार्यालय/मुख्यालय/कॉर्पोरेट कार्यालय द्वारा की जाती है।

[प्रधान कार्यालय एवं नियंत्रक कार्यालयों के राजभाषा अनुभागों के पुस्तकालयों में उपर्युक्त स्वरूप की अद्यतन पुस्तिकाएँ उपलब्ध होनी चाहिए (गोपनीय सूचनाओं संबंधी पुस्तिकाओं को छोड़कर)। राजभाषायी निरीक्षणों/राजभाषा प्रदर्शनियों के अवसर पर इस प्रकार का संग्रहण सहायक सिद्ध होगा।]

मानकीकृत प्रपत्र : संगठन के कार्य व्यवहारों की आवश्यकताओं के अनुरूप समूचे संगठन में प्रयोग करने के उद्देश्य से प्रधान कार्यालय व कॉर्पोरेट कार्यालय द्वारा इस प्रकार के प्रपत्र तैयार किये जाते हैं। अधीनस्थ कार्यालयों/शाखा कार्यालयों/इकाइयों को इस प्रकार के प्रपत्रों में अपनी तरफ से संशोधन/परिवर्तन करने का अधिकार नहीं होगा। संगठन के आंतरिक प्रयोग से संबंधित मानक प्रपत्रों को द्विभाषा में (हिंदी-अंग्रेजी साथ-साथ) तथा जनसंपर्क/ग्राहक संपर्क से जुड़े प्रपत्रों को आवश्यकतानुसार त्रिभाषा में (क्षेत्रीय भाषा-हिंदी-अंग्रेजी में साथ-साथ या प्रारूप विस्तार के अनुरूप हिंदी-अंग्रेजी साथ-साथ तथा क्षेत्रीय भाषा का पृथक् से उपलब्ध कराने की पहल की जाती है)।

अत: इस मद के (क) और (ख) के अंतर्गत उपर्युक्त अनिवार्यता को ध्यान में रखकर जानकारी प्रस्तुत करनी होगी; अर्थात् 'कुल संख्या' संबंधी स्तंभ में प्रस्तुत आंकड़े और 'द्विभाषी' स्तंभ के अंतर्गत प्रस्तुत आंकड़े एक समान हों।

नोट : प्रधान कार्यालय/कॉर्पोरेट कार्यालय स्तर पर कोड, मैनुअल, प्रक्रिया साहित्य, विनियमावली, मानक प्रपत्र बनवाए जाते हैं। अत:प्रधान कार्यालय/कॉर्पोरेट कार्यालय द्वारा यह जानकारी अपनी वैयक्तिक रिपोर्ट में भरी जाती है। अधीनस्थ नियंत्रक कार्यालयों/शाखा कार्यालयों/इकाइयों द्वारा इस मद के अंतर्गत जानकारी प्रस्तुत करने की आवश्यकता नहीं होगी। रिपोर्ट की मूल प्रति में 'प्रधान कार्यालय स्तर पर' या 'मुख्यालय स्तर पर' लिखना होगा। ऑनलाइन रिपोर्टिंग में शून्य (0) दर्शाना होगा।

उपर्युक्त स्वरूप के किसी प्रक्रिया साहित्य को निर्मित/तैयार करने का अधिकार प्रधान कार्यालय द्वारा अधीनस्थ कार्यालयों को दिये जाने पर संबंधित कार्यालयों द्वारा तत्संबंधी सूचना प्रस्तुत की जानी होगी।

[संसदीय राजभाषा समिति की निरीक्षण प्रश्नावली में इस मद संबंधी प्रश्न के अंतर्गत निरीक्षणाधीन कार्यालय/शाखा कार्यालय/इकाई द्वारा प्रधान कार्यालय/मुख्यालय से जानकारी प्राप्त कर भरा जाना होगा।]

6. राजभाषा नियम-1976 के नियम-8(4) के अंतर्गत हिंदी में काम करने हेतु व्यक्तिश: आदेश : अमुक कार्यालय/शाखा कार्यालय/इकाई राजभाषा नियम-10(4)के अंतर्गत अधिसूचित होने के पश्चात् वहाँ कार्यरत स्टाफ सदस्यों में से हिंदी में प्रवीणता प्राप्त स्टाफ सदस्यों को अपना कार्यालयीन कार्य पूर्णत: हिंदी या द्विभाषा में करने हेतु तत् कार्यालय प्रधान के हस्ताक्षर से नाम पर कार्यालय आदेश जारी करने होंगे।

हिंदी में प्रवीणता प्राप्त अधिकारी एवं लिपिक को पूर्ण कार्य हिंदी में संपन्न करने हेतु कार्यालय प्रमुख के हस्ताक्षर से एक बार आदेश जारी किये जाने के पश्चात् पुन: पुन: जारी करने की आवश्यकता नहीं है। हिंदी के प्रयोग में उनके योगदान का अनुश्रवण करने की आवश्यकता होती है। लेकिन स्टाफ सदस्यों का स्थानांतरण, अभिलेखों की अनुपलब्धता इत्यादि को ध्यान में रखकर हर वित्तीय वर्ष के दौरान पात्र स्टाफ सदस्यों को इस आशय के आदेश जारी कराकर अभिलेखों का अद्यतन करना उचित होगा। इससे स्टाफ सदस्यों को अपने दायित्व का बोध भी होगा और संसदीय राजभाषा समिति के निरीक्षण आदि के अवसरों पर सूचना प्रस्तुत करने में सुविधा भी होगी।

7. प्रशिक्षण कार्यक्रम (केवल प्रशिक्षण संस्थानों के लिए) : हिंदी कार्यशालाओं, हिंदी कंप्यूटर प्रशिक्षण कार्यक्रमों को छोड़कर स्टाफ सदस्यों के लाभार्थ अपने संगठन के प्रशिक्षण केंद्रों द्वारा विभिन्न विषयों पर (तकनीकी कार्यक्रम सहित) आयोजित प्रशिक्षण कार्यक्रमों की जानकारी प्रस्तुत करनी होगी। भाषायी क्षेत्रवार परिस्थितियों के अनुसार प्रशिक्षण कार्यक्रमों का माध्यम हिंदी और हिंदी-अंग्रेजी मिली-जुली भाषा में होने की आवश्यकता है। अधीनस्थ कर्मचारियों संबंधी प्रशिक्षण कार्यक्रमों में नामित कर्मचारियों के भाषा ज्ञान को ध्यान में रखकर क्षेत्रीय भाषाओं में व्याख्यान प्रस्तुत करने की अपेक्षा की जाती है। उच्च स्तरीय तकनीकी/विधि स्वरूप के प्रशिक्षण कार्यक्रम में अपवाद स्वरूप अंग्रेजी माध्यम का प्रयोग हो सकता है। लेकिन इस स्वरूप के कार्यक्रमों में भी यथासंभव मिली-जुली भाषा का प्रयोग हो।

[प्रशिक्षण कार्यक्रमों को केवल हिंदी माध्यम में आयोजित किये जाने के संबंध में वार्षिक कार्यक्रम में निर्धारित क्षेत्रवार लक्ष्यों को हासिल करना जरूरी है।]

हिंदी का पर्याप्त ज्ञान रखने वाले अधिकारियों को ही संकाय सदस्य के रूप में चयन करना उचित होगा। अतिथि संकायों को आमंत्रित करते समय पुष्टि कर लेनी होगी कि वे हिंदी या मिली-जुली भाषा में व्याख्यान दे सकते हैं।

नैगम प्रशिक्षण केंद्र के हिंदी संकाय, संबंधित प्रशिक्षण केंद्र के हिंदी संकाय, प्रधान कार्यालय के राजभाषा विभाग तथा नियंत्रक कार्यालयों के राजभाषा अनुभागों को सतर्क रहना होगा कि आबंटित वर्तमान लक्ष्यों के आधार पर 'क' क्षेत्र में 70%, 'ख' क्षेत्र में 60% और 'ग' क्षेत्र में 30% प्रशिक्षण कार्यक्रमों का आयोजन हिंदी माध्यम में होता है (लक्ष्य आबंटन के संबंध में नवीनतम वार्षिक कार्यक्रम का संदर्भ लेना होगा)। ध्यान देना होगा कि शेष कार्यक्रम भी मिली-जुली भाषा में आयोजित किये जाते हैं। इस संबंधी लिखित दिशानिर्देश जारी करने के अतिरिक्त मौखिक संपर्क बनाए रखना होगा।

रिपोर्ट के प्रचलित प्रपत्र के प्रशिक्षण संबंधी इस मद में विभिन्न स्तंभों के अंतर्गत आयोजित कार्यक्रमों की समयावधि घंटों में मांगी गई है। तदनुसार आंकड़ों में सूचना

प्रस्तुत करनी होगी। कुल प्रशिक्षणावधि की तुलना में केवल अंग्रेजी में प्रशिक्षणावधि 'क' क्षेत्र में 'शून्य' तथा अन्य क्षेत्रों में नगण्य/न्यूनतम हो। इस प्रकार का उत्तम निष्पादन हासिल करना होगा।

8. वर्ष के दौरान किये गए राजभाषा संबंधी निरीक्षण : राजभाषा विभाग के वार्षिक कार्यक्रम में आबंटित वर्तमान लक्ष्यों के आधार पर वर्ष के दौरान नियंत्रक कार्यालयों के कुल अनुभागों का न्यूनतम 25% तथा उसी प्रकार संबद्ध/अधीनस्थ कार्यालयों/शाखा कार्यालयों/इकाइयों का न्यूनतम 25% राजभाषायी निरीक्षण संपन्न करने की आवश्यकता है (आबंटित अद्यतन लक्ष्यों की जानकारी हेतु नवीनतम वार्षिक कार्यक्रम का संदर्भ लेना होगा)। वार्षिक कार्यक्रम के अंतर्गत निर्धारित लक्ष्य के मद्देनजर अपने संगठन में प्रचलित निरीक्षण व्यवस्था के अनुरूप निरीक्षण प्रक्रिया पूरी की जानी होगी।

कुछेक संगठनों में आंतरिक सामान्य निरीक्षकों द्वारा राजभाषा का भी निरीक्षण किया जाता है। कुछेक संगठनों में नियंत्रक कार्यालय के अपने राजभाषा अधिकारियों द्वारा निरीक्षण किया जाता है। कहीं-कहीं आंतरिक सामान्य निरीक्षकों तथा राजभाषा अधिकारियों, दोनों द्वारा राजभाषायी निरीक्षण संपन्न किये जाने का प्रावधान है। कुछेक संगठनों द्वारा अपने आंतरिक राजभाषायी निरीक्षणों के लिए शत-प्रतिशत लक्ष्य रखे जाते हैं। ऐसी स्थिति में सामान्य निरीक्षक और राजभाषा अधिकारी, दोनों द्वारा वर्ष के दौरान अपने समस्त अधीनस्थ कार्यालयों/शाखा कार्यालयों/इकाइयों का राजभाषायी निरीक्षण संपन्न किये जाने पर कुल कार्यालयों की तुलना में निरीक्षणों की संख्या दुगना हो जाती है। तब रिपोर्ट में दर्शाए गए आंकड़ों में विरोधाभास होगा। ऐसी स्थिति में रिपोर्ट की मूल प्रति में पादटिप्पणी में स्थिति स्पष्ट करनी होगी। ऑनलाइन रिपोर्ट में अवगत कराना संभव नहीं हो पाएगा लेकिन प्रावरण पत्र में प्रेषिती को वस्तुस्थिति से अवगत कराना होगा।

इसके अतिरिक्त नियंत्रक कार्यालयों के उच्च कार्यपालकों द्वारा भी अपने अधीनस्थ कार्यालयों/शाखा कार्यालयों/इकाइयों के संदर्शन के अवसर पर राजभाषा कार्यान्वयन संबंधी मुख्य मदों की जांच करने की आवश्यकता होती है। लेकिन प्रचलित रिपोर्ट के भाग-II के निरीक्षण से संबंधित मद के अंतर्गत यह जानकारी प्रस्तुत करने का कोई प्रावधान नहीं है। फिर भी इस जानकारी के अद्यतन अभिलेख रखने होंगे क्योंकि संसदीय राजभाषा समिति एवं अन्य उच्च स्तरीय राजभाषायी निरीक्षणों में यह जानकारी पूछी जाती है।

किसी संस्था का विदेश में कोई कार्यालय/शाखा कार्यालय/इकाई स्थापित होने पर संबंधित संस्था के अधिकारियों तथा गृह मंत्रालय के राजभाषा विभाग के अधिकारियों द्वारा संयुक्त रूप से वर्ष में कम से कम एक बार उनका राजभाषा निरीक्षण किया जाना होगा। (अद्यतन सूचना के लिए राजभाषा विभाग के नवीनतम वार्षिक कार्यक्रम का संदर्भ लेना होगा।) संबंधित संस्था के मुख्यालय के प्रमुख के पूर्वानुमोदन से ही यह अपेक्षा पूरी करने की पहल करनी होगी तथापि जब कभी संस्था के उच्च कार्यपालक द्वारा विदेश स्थित अपने कार्यालयों/शाखा कार्यालयों/इकाइयों का संदर्शन किया जाता है, राजभाषा संबंधी अपेक्षित मुख्य मदों के कार्य निष्पादन की भी जांच करनी होगी जिसे राजभाषायी निरीक्षण की गिनती में लिया जा सकता है। मुख्यालय के राजभाषा विभाग द्वारा तारीखवार अभिलेख बनाए रखने होंगे।

नोट : विदेश में स्थित कार्यालयों में राजभाषा निरीक्षण से संबंधित जानकारी को तिमाही रिपोर्ट के भाग-II में प्रस्तुत करने की आवश्यकता नहीं है। क्योंकि यह क्षेत्र 'क', 'ख', 'ग' के अंतर्गत नहीं है। संसदीय राजभाषा निरीक्षणों में तथा अपने संगठन के वार्षिक प्रतिवेदनों में यह जानकारी दर्शाई जा सकती है।

9. पत्रिकाओं आदि का प्रकाशन : संगठन के किसी कार्यालय/शाखा कार्यालय/इकाई द्वारा प्रकाशित की गई पत्रिकाएँ/बुलेटिन आदि अनिवार्यतः द्विभाषा में या त्रिभाषा में हों (मुद्रित/इलेक्ट्रॉनिक/जेरॉक्स आदि)। केवल अंग्रेजी में न हों। केवल हिंदी या केवल क्षेत्रीय भाषा में प्रकाशित कराए जा सकते हैं। द्विभाषा में रहने पर विशेषतः डिग्लोट रूप में (अंग्रेजी पाठ बाईं तरफ और हिंदी पाठ दाईं तरफ) या पहले हिंदी खंड तद्उपरांत अंग्रेजी खंड हो। अंग्रेजी पाठ का अलग अंक और उसके हिंदी पाठ का अलग अंक प्रकाशित करने पर भी उसे द्विभाषा की श्रेणी में नहीं गिना जाएगा। त्रिभाषा में होने पर एक ही अंक में तीनों भाषाओं के अलग-अलग खंड हों (क्षेत्रीय भाषा-हिंदी-अंग्रेजी के क्रम में)। ध्यान देना होगा कि पत्रिका में प्रकाशित हिंदी पाठ अंग्रेजी पाठ से कम न हो। पत्रिका/बुलेटिन में प्रकाशित हिंदी और क्षेत्रीय भाषा की सामग्री अंग्रेजी पाठ का अनुवाद भी हो सकती है या पृथक् विषयवस्तु भी हो सकती है।

[**संदर्भ** : राजभाषा विभाग, गृह मंत्रालय का ज्ञापन सं. 20034/53/92—राभा (अ.वि.), दि. 17.7.1992)]

संगठन के आंतरिक दिशानिर्देशों के अनुसार अनुमत कार्यालयों/शाखा कार्यालयों/इकाइयों को द्विभाषा नियम का पालन करते हुए इनका प्रकाशन करना होगा। अतः यह स्पष्ट है कि इस मद के अंतर्गत 'कुल संख्या' संबंधी स्तंभ में प्रस्तुत सूचना और 'हिंदी स्तंभ' में प्रस्तुत सूचना में कोई अंतर न हो। 'अंग्रेजी' स्तंभ के अंतर्गत 'शून्य' सूचना की अपेक्षा की जाती है। 'द्विभाषा' का पृथक् स्तंभ न होने पर द्विभाषा में प्रकाशित पत्रिकाओं को हिंदी पत्रिकाओं के रूप में गिना जाएगा। रिपोर्टिंग कार्यालय/शाखा कार्यालय/इकाई में इस प्रकार के कोई प्रकाशन होने पर तत् अंकों की प्रतियाँ उपलब्ध हों।

10. हिंदी पुस्तकों की खरीद (सीडी, डीवीडी, डाक्यूमेंट्री, ई-बुक सहित) : यह मद समीक्षाधीन वित्तीय वर्ष के दौरान अमुक कार्यालय/शाखा कार्यालय/इकाई द्वारा खरीदी गई कार्यालयीन उपयोग संबंधी कुल पुस्तकें, सीडी, डीवीडी, डॉक्यूमेंट्री, पेनड्राइव, ई-पुस्तक पर कृत कुल व्यय तथा इस व्यय में से हिंदी या द्विभाषा पुस्तकों, सीडी, डीवीडी, डॉक्यूमेंट्री, पेनड्राइव, ई-पुस्तकों पर कृत व्यय से संबंधित है। प्रचलित दिशानिर्देशों के अनुसार हर कार्यालय/शाखा कार्यालय/इकाई (उनके समस्त अनुभागों सहित) द्वारा इनकी ख़रीद पर कृत व्यय का लिखित अभिलेख बनाया रखना होगा।

सामान्यतः कार्यालय/शाखा कार्यालय/इकाई के स्थापना अनुभाग में इनकी खरीद पर कृत व्यय का ब्योरा मिलेगा। अन्यथा अनुभागवार जानकारी प्राप्त करनी होगी (सामान्यतः विधि अनुभाग, आईटी अनुभाग, विपणन अनुभाग, योजना अनुभाग, कार्यालय प्रधान के सचिवालय और राजभाषा अनुभाग द्वारा अधिकतर पुस्तकें खरीदी जाती हैं।

इन्हें अग्रिम मार्गदर्शन देना होगा)। राजभाषा विभाग के वार्षिक कार्यक्रम के अनुसार हिंदी पुस्तकों आदि पर कृत व्यय का लक्ष्य सभी प्रकार की पुस्तकों की खरीद पर कृत व्यय में से 50% है। (अद्यतन सूचना हेतु नवीनतम वार्षिक कार्यक्रम का संदर्भ लेना होगा।) संसदीय राजभाषा समिति एवं अन्य उच्च स्तरीय निरीक्षणों में इस मद के अनुपालन पर विशेष ध्यान दिया जाता है। अतः सभी स्टाफ सदस्यों को इस बाध्यता की अनिवार्यता से अवगत कराना होगा। संगोष्ठियों/मार्गदर्शन कार्यक्रमों में भी इस आवश्यकता से अवगत कराना होगा।

नोट : (i) पत्र-पत्रिकाओं और संदर्भ पुस्तकों पर कृत व्यय को कथित व्यय में शामिल नहीं करना होगा।

(ii) स्थापना अनुभाग या बिल भुगतान अनुभाग को जांच बिंदु बनानी होगी। 50% का लक्ष्य प्राप्त नहीं किये जाने पर बिल का भुगतान रोक रखने की चेष्टा की जा सकती है।

11. उप सचिव या समकक्ष एवं उनसे उच्च स्तर के अधिकारियों द्वारा हिंदी में कार्य : यह जानकारी उच्चतर कार्यपालकों द्वारा हिंदी में कृत कार्य के संबंध में है। पता कर लेना होगा कि अपनी संस्था में कार्यरत उच्च कार्यपालकों की कौन-सी श्रेणी उप सचिव के समकक्ष होती है। सामान्यतः उपक्रमों में उप महाप्रबंधक स्तर को उप सचिव का समान स्तर माना जाता है। अतः उप महाप्रबंधक एवं उनसे उच्चतर कार्यपालकों की जानकारी दर्शानी होगी। नियंत्रक कार्यालय का प्रधान सहायक महाप्रबंधक स्तर के होने पर भी कार्यालय प्रमुख होने के नाते उनकी सूचना इस मद के अंतर्गत देना उचित होगा। इस स्तर के कार्यपालकों का अधिकतर कार्य टिप्पण लेखन (नोटिंग) स्वरूप का होता है। अतः राजभाषा विभाग के वार्षिक कार्यक्रम में हिंदी में टिप्पण लेखन हेतु क्षेत्रवार निर्धारित लक्ष्य से इनका योगदान कम न हो। मूल पत्राचार के लिए निर्धारित लक्ष्य के समान इनके द्वारा हिंदी का प्रयोग किये जाने से निम्न स्तर के कर्मियों के लिए प्रेरणादायक होगा। अपवादस्वरूप इस श्रेणी के किसी कार्यपालक को हिंदी का कार्यसाधक नहीं होने पर और हिंदी लेखन से अनभिज्ञ होने पर तदनुसार स्तंभवार सूचना प्रस्तुत करनी होगी। सुनिश्चित करना होगा कि इस स्तर के अपने सभी कार्यपालकों ने हिंदी का कार्यसाधक ज्ञान या प्रवीणता प्राप्त कर ली है, अन्यथा इस अपेक्षा की पूर्ति करनी होगी। इस श्रेणी के कार्यपालकों से अनुरोध करना होगा कि वे हिंदी/द्विभाषा में लिखे गए टिप्पणों की संक्षेप सूचना दैनिक आधार पर अपनी डायरी में नोट करें या अपने निजी सचिव से नोट कराएँ, अन्यथा अनुभाग अधिकारियों को सूचित करना होगा कि अपने अनुभाग के पत्राचार में कार्यालय टिप्पणियों पर हिंदी/द्विभाषा में कृत टिप्पणों/अभ्युक्तियों का कार्यपालकवार अभिलेख बनाए रखें। इससे तिमाहीवार जानकारी प्राप्त करने में सुविधा होगी।

12. हिंदी जानने वाले उप सचिव या समकक्ष से नीचे के कार्मिकों द्वारा हिंदी में कार्य (प्रवीणता तथा कार्यसाधक ज्ञान प्राप्त दोनों को मिलाकर) : इस मद के अंतर्गत उपर्युक्त मद संख्या-11 के अंतर्गत प्रस्तुत उच्च कार्यपालकों को छोड़कर संबंधित

अपने कार्यालय/शाखा कार्यालय/इकाई में कार्यरत सभी कर्मचारियों (उप सचिव स्तर के नीचे के सभी अधिकारी एवं लिपिक) की सूचना प्रस्तुत करनी होगी। यहाँ सभी कर्मचारियों की सूचना शामिल होने के कारण हिंदी में इनके कार्य का योगदान राजभाषा विभाग के वार्षिक कार्यक्रम में मूल पत्राचार के लिए निर्धारित क्षेत्रवार लक्ष्यों से कम न हो; अर्थात् रिपोर्ट के भाग-I के मूल पत्राचार मद के अंतर्गत दर्शाए गए हिंदी पत्राचार की प्रतिशतता से कम न हो। इस मद के स्तंभ संख्या 6 (51 से 75% तक), 7 (76% से अधिक) तथा 8 (100%) में विभिन्न अधिकारियों के कार्यनिष्पादन के आधार पर विभाजित करना होगा। स्तंभ संख्या-3, 4, 5 में सूचना 'शून्य' होना आदर्श होगा (अपवाद को छोड़कर अर्थात् कार्यसाधक ज्ञान न प्राप्त कर्मचारी विद्यमान होने पर यहाँ 'शून्य' के बजाय वस्तुस्थिति संबंधी आकड़े देने पड़ेंगे)। हिंदी में इनके कार्य की प्रतिशतता अपेक्षित मात्रा में होने के लिए समय-समय पर पथप्रदर्शन करते हुए सहायक सामग्री उपलब्ध करते हुए अभिप्रेरित करना होगा। उनको अपने दैनिक कार्य के अभिलेख बनाए रखने की प्रणाली अपनानी होगी। इंडेक्स बुक में दर्ज पत्र संदर्भ के साथ कोष्ठक में कर्मचारी का नाम और हिंदी/द्विभाषा का अंकन हो। इससे तिमाहीवार रिपोर्टिंग में सहूलियत होगी।

13. हिंदी के पद : राजभाषा हिंदी के सुचारु कार्यान्वयन एवं संतुष्ट ग्राहक सेवा प्रदान करने के उद्देश्य से आजकल संस्था के सभी नियंत्रक कार्यालयों एवं उनके महत्त्वपूर्ण विभागों में भी राजभाषा अधिकारी पदस्थ किये जा रहे हैं। इनमें आवश्यकतानुसार हिंदी अनुवादकों, टंककों, आशुलिपिकों, सहायकों को भी नियुक्त किया जाता है। नियंत्रक कार्यालयों के अधीन कार्यरत बड़ी इकाइयों में आवश्यकतानुसार हिंदी अनुवादकों, हिंदी लिपिक सह-टंककों, सहायकों की नियुक्ति पर ध्यान दिया जाता है।

सभी क्षेत्रों में संवैधानिक अनिवार्यताओं का अनुपालन सुनिश्चित करने के लिए तथा विशेषकर 'ख' और 'ग' क्षेत्रों के बड़े कार्यालयों/इकाइयों में न्यूनतम 25 कर्मचारी कार्यरत होने पर एक हिंदी अनुवादक और कर्मचारियों की संख्या 25 से अधिक होने पर आवश्यकतानुसार एक से अधिक हिंदी अनुवादकों को नियुक्त करने के संबंध में गृह मंत्रालय के राजभाषा विभाग तथा वित्त मंत्रालय के व्यय विभाग द्वारा कई वर्ष पूर्व उचित निर्देश जारी किये जा चुके हैं।

[**संदर्भ :** राजभाषा विभाग के का.ज्ञा.सं. 13035/3/80—राभा (ग), दि. 27.4.1981 के आलोक में वित्त मंत्रालय के का.ज्ञा.सं. 7 (1)—ई (coord)/84 तथा का.ज्ञा.सं. 10(4)—ई (coord)/85, दि. 18.6.1988। इनके अतिरिक्त राजभाषा विभाग का अन्य का.ज्ञा.सं. 13035/3/88—राभा (ग), दि. 5.4.1989)]

राजभाषा पद भरने का विचार होने पर अधिकारी वर्ग (राजभाषा अधिकारी) की नियुक्ति में प्राथमिकता दी जा सकती है। यह अमुक संस्था के निर्णय पर निर्भर है। अमुक कार्यालय में स्टाफ सदस्यों की संख्या 25 से कम रहने पर भी विशेषकर नियंत्रक/प्रशासनिक कार्यालयों में कार्यान्वयन एवं अनुवाद संबंधी अपेक्षाओं को पूरा करने के लिए उनके द्वारा राजभाषा अधिकारियों/अनुवादकों को नियुक्त किया जाता है क्योंकि

इन्हें नियंत्रक कार्यालय के अतिरिक्त अपने नियंत्रणाधीन शाखा कार्यालयों/इकाइयों का भी अनुश्रवण करना पड़ता है।

कार्यालयों/शाखा कार्यालयों/इकाइयों द्वारा प्रपत्र के इस मद के अंतर्गत अपेक्षित सूचना देनी होगी। पद स्वीकृत होने पर भी रिक्त रहने पर तत्संबंधी सूचना देनी होगी। सूचना प्रस्तुत करने में कोई संदेह होने पर संबंधित नियंत्रक कार्यालय के राजभाषा अनुभाग से या कार्मिक अनुभाग/मानव संसाधन अनुभाग से उसका निराकरण करना होगा। गृह मंत्रालय, राजभाषा विभाग के प्रचलित दिशानिर्देशों में संशोधन इत्यादि संबंधी सूचना अपने संगठन के मुख्यालय के राजभाषा विभाग में उपलब्ध होगी। मानव संसाधन विभाग के निर्णयों के आधार पर संस्था के प्रधान के अनुमोदन से मुख्यालय द्वारा सभी संबंधितों को इस संबंधी अद्यतन सूचना से अवगत कराया जाता है।

14. वेबसाइट : संगठन/संस्था की वेबसाइट पूर्णत: हिंदी-अंग्रेजी द्विभाषा में उपलब्ध होना अनिवार्य है (सभी क्षेत्रों के लिए)। त्रिभाषा में भी वेबसाइट बनवाई जा सकती है। सामग्री के समायोजन में असुविधा होने पर क्षेत्रीय भाषा की वेबसाइट अलग से उपलब्ध कराई जा सकती है। लेकिन हिंदी और अंग्रेजी पाठ की वेबसाइट एक साथ (द्विभाषा में) उपलब्ध होना जरूरी है।

अत: इस मद के 'केवल अंग्रेजी में' या 'आंशिक रूप से द्विभाषी' स्तंभों के अंतर्गत सूचना दर्शाने की स्थिति उत्पन्न न हो। 'पूरी तरह द्विभाषी' स्तंभ के अंतर्गत सकारात्मक सूचना प्रस्तुत करने में संस्था तैयार रहे। वेबसाइट का पता स्पष्टत: देना होगा।

[वेबसाइट में द्विभाषा की अनिवार्यता के संबंध में राजभाषा विभाग, गृह मंत्रालय के का.ज्ञा.सं. 20012/10/2017—राभा (नीति), दि. 9.8.2017 का संदर्भ लिया जा सकता है।]

नोट : (i) यह कार्य मुख्यालय से संबंधित है। अत: मुख्यालय के राजभाषा विभाग द्वारा अपनी वैयक्तिक रिपोर्ट में यह जानकारी प्रस्तुत करनी होगी। शेष नियंत्रक कार्यालयों/शाखा कार्यालयों/इकाइयों द्वारा रिपोर्ट की मूल प्रति में 'प्रधान कार्यालय स्तर पर' अंकित किया जा सकता है। [ऑनलाइन रिपोर्टिंग में 'शून्य (0)' आंकड़े दर्शाने होंगे।]

(ii) यदि किसी संगठन में मुख्यालय के अतिरिक्त अन्य किसी कार्यालय द्वारा आंतरिक वेबसाइट (जो सार्वजनिकों के लिए उपलब्ध नहीं होगी) बनाने का प्रावधान हो तो अपनी वैयक्तिक रिपोर्ट में इसकी जानकारी देनी होगी। यह भी द्विभाषा में होना अनिवार्य है।

15. वर्ष के दौरान राजभाषा नीति के कार्यान्वयन से संबंधित अन्य विशिष्ट उपलब्धियों का संक्षिप्त ब्योरा : यहाँ हिंदी दिवस/सप्ताह/पखवाड़ा/माह आयोजन संबंधी अवधि की सूचना के अतिरिक्त हिंदी या राजभाषा संगोष्ठियों का आयोजन किये जाने पर तत् आयोजन की तारीख तथा चयनित विषय की जानकारी देनी पड़ेगी। इसके अतिरिक्त रिपोर्ट के भाग-I में दर्शाई गई विशिष्ट आयोजन संबंधी सूचना को छोड़कर अन्य कोई विशिष्ट आयोजन होने पर उनकी जानकारी प्रस्तुत करनी होगी। प्रस्तुत जानकारी स्पष्ट और संक्षेप हो।

रिपोर्ट के अंत में कार्यालय/शाखा कार्यालय/इकाई प्रधान के हस्ताक्षर लिये जाने के संबंध में इसी अध्याय में रिपोर्ट के भाग-I के अंत में नोट : 1 के अंतर्गत प्रस्तुत जानकारी का अवलोकन किया जा सकता है।

नोट : (i) रिपोर्ट के किसी भी मद/स्तंभ को खाली नहीं छोड़ना होगा। यदि कोई मद/स्तंभ अपने कार्यालय/शाखा कार्यालय/इकाई के लिए लागू न होने पर खाली छोड़ने के बजाय मूल प्रति में 'लागू नहीं' दर्शाना होगा। ऑनलाइन रिपोर्टिंग में तत्स्तंभों के अंतर्गत शून्य (0) दर्शाना होगा।

ध्यान देना होगा कि अमुक मद के संबंध में कार्य संपन्न किये जाने पर भी अभिलेखन/मार्गदर्शन के अभाव में या लापरवाही से आंकड़े नहीं दर्शाए जाने पर ऑनलाइन रिपोर्टिंग में शून्यांक (0) दर्शाने की स्थिति उत्पन्न होगी। इससे वार्षिक मूल्यांकन में अपने-आप अंक घट जाएँगे।

(ii) रिपोर्ट की हर मद में प्रस्तुत जानकारी की सत्यता के प्रमाणन में रिपोर्ट पर हस्ताक्षर किये गए पदाधिकारी को ही राजभाषा विभाग, गृह मंत्रालय द्वारा निर्धारित प्रमाणपत्र पर हस्ताक्षर करने होंगे।

(iii) संबंधित क्षेत्रीय कार्यान्वयन कार्यालय को मार्च तिमाहांत रिपोर्ट के भाग-I एवं वित्तीय वर्षांत भाग-II एक साथ ऑनलाइन भेजे जाते हैं। अत: इन दोनों के साथ सत्यता प्रमाणपत्र भेजने के बजाय कोष्ठक में भाग-I व II उल्लेख करते हुए एक ही प्रमाणपत्र भेजा सकता है।

(iv) ध्यान देना होगा कि रिपोर्ट में भरे गए आंकड़े असत्य या बड़ा-चढ़ा कर दर्शाए/पाए जाने पर तत् कार्यालय को अगले तीन वर्षों के लिए राजभाषा **पुरस्कार से वंचित** कर दिये जाने के अतिरिक्त अपने नियंत्रक कार्यालय एवं संगठन के मंत्रालय के संज्ञान में लाया जाएगा। रिपोर्ट के साथ संलग्न किये जाने वाले निर्धारित प्रमाणपत्र में इन पंक्तियों का स्पष्ट उल्लेख है।

तिमाही एवं वार्षिक हिंदी प्रगति रिपोर्ट की समीक्षा [भाग I व II]

कृत कार्य में कमियों की ओर ध्यान आकर्षित करने में, अद्यतन दिशानिर्देशों एवं अपेक्षाओं से अवगत कराने में, त्रुटियों की पुनरावृत्ति से बचाने में, उत्तम निष्पादन की प्रशंसा करते हुए स्टाफ सदस्यों को अभिप्रेरित करने में नियंत्रक कार्यालयों द्वारा अपने अधीनस्थ कार्यालयों/शाखा कार्यालयों/इकाइयों से प्राप्त आवधिक रिपोर्टों की सार्थक समीक्षा करना अत्यंत आवश्यक है।

सार्थक समीक्षा कैसे करें?

- देखना होगा कि अपनी संस्था की प्रचलित व्यवस्था के अनुसार ऑनलाइन द्वारा या अन्यथा नियत तारीख तक सभी शाखा कार्यालयों/इकाइयों से हिंदी प्रगति रिपोर्ट प्राप्त होती है। (भाग-I तिमाही वार और भाग-II वार्षिक)

- राजभाषा कार्यान्वयन/रिपोर्टिंग के प्रति लापरवाही बरतने वाले कार्यालयों/शाखा कार्यालयों/इकाइयों के संबंध में विशेष ध्यान देना होगा। अंतिम तारीख तक प्रतीक्षा करने के बजाय पत्र/ई-मेल/आईपी संदेश/मौखिक संपर्क के जरिये अग्रिम रूप से स्मरण दिलाना होगा। यह कार्य करने में राजभाषा अधिकारी स्वयं लापरवाही होने पर परिणाम निराशाजनक होंगे।
- किसी कारणवश अग्रिम रूप से याद नहीं दिलाए जाने पर नियत तारीख के अगले दिन ही चूककर्ता कार्यालयों/शाखा कार्यालयों/इकाइयों से ऑनलाइन पद्धतियों या फोन द्वारा संपर्क कर समेकित रिपोर्ट तैयार करने से पूर्व ही उनकी रिपोर्ट प्राप्त करनी होगी। राजभाषा अधिकारी इस प्रकार सक्रिय न रहने पर समेकन कार्य में दिक्कत होगी। कुछ रिपोर्ट छूट जाएँगी। इसका बुरा असर समग्र निष्पादन पर होगा और राजभाषायी निरीक्षणों में आपत्ति उठाई जाएगी।
- राजभाषा अधिकारी के मन में यह भावना न हो कि 'रिपोर्टों को समय पर प्रेषित करने की जिम्मेदारी संबंधित कार्यालय/शाखा कार्यालय/इकाई प्रधान की है। अत: हम क्यों बार-बार याद दिलाएँ।' इस प्रकार की सोच से समेकन कार्य संपन्न होने के पश्चात् आराम से समीक्षा पत्र में 'रिपोर्ट समय पर प्राप्त नहीं हुई या रिपोर्ट अभी तक नहीं मिली, शीघ्र भेजें' लिखने पर भी क्षति पूरी नहीं होगी। देखना होगा कि रिपोर्टों के प्रेषण में अक्सर चूक करने वाले कार्यालयों/शाखा कार्यालयों/इकाइयों के प्रधानों से नियंत्रक कार्यालय के उच्च कार्यपालक फोन पर बात करें। इसके अतिरिक्त कार्यालय प्रमुख द्वारा हस्ताक्षरित अर्द्ध सरकारी पत्र उन्हें मिले। नियत तारीख तक सभी से रिपोर्ट प्राप्त करने की जिम्मेदारी राजभाषा अधिकारी पर है।
- अधीनस्थ कार्यालयों/शाखा कार्यालयों/इकाइयों से प्राप्त प्रगति रिपोर्टों की समीक्षा में विलंब न हो। प्राप्त दिन को ही या अगले दिन भाग-I (प्रति तिमाही) और भाग-II (वार्षिक) की पृथक् समीक्षा करनी होगी। इससे रिपोर्टिंग में कहीं त्रुटि होने पर समेकन कार्य से पहले ही संशोधित रिपोर्ट प्राप्त की जा सकती है। इससे प्रेषक कार्यालय/इकाई महसूस करेंगे कि रिपोर्ट के हर मद के कार्य निष्पादन पर नियंत्रक कार्यालय द्वारा उचित ध्यान दिया जा रहा है। प्राप्त रिपोर्टों को समय पर न पढ़ने पर समेकन कार्य में दिक्कत होगी और विलंब समीक्षा असरदार भी नहीं होगी। संसदीय राजभाषा समिति की निरीक्षण संबंधी प्रश्नावली के साथ निरीक्षणावधि से संबंधित नवीनतम समीक्षा पत्र की प्रति भी संलग्न करनी पड़ती है। अत: समीक्षा करने में चूक न हो। यह कमी राजभाषा अधिकारी के लिए भारी पड़ेगी। सभी रिपोर्टों को जमा कर एक साथ समीक्षा करने की आदत नहीं डालनी होगी।
- राजभाषा अधिकारी के हस्ताक्षर से समीक्षा पत्र नहीं भेजने होंगे। इन पर संबंधित उच्च कार्यपालक के हस्ताक्षर हों।
- समीक्षा पत्र की कार्यालय प्रति संबंधित मूल रिपोर्ट के साथ ही फाइल में मिले। ऑनलाइन रिपोर्टिंग की पद्धति में यदि किसी संगठन में संबंधित इकाइयों से

रिपोर्ट की मूल प्रति प्राप्त करने का प्रावधान न होने पर समस्त इकाइयों की समेकन रिपोर्ट की प्रति समीक्षा फाइल में भी उपलब्ध हो।

- समीक्षा पत्र भेजना ही नहीं, परिशोधन की आवश्यकता होने पर ससमय अनुवर्ती कार्रवाई कर अपेक्षित सूचना प्राप्त करनी होगी। यह अत्यंत आवश्यक है। तभी भावी रिपोर्ट त्रुटि रहित होगी।
- संसदीय राजभाषा समिति की निरीक्षण प्रश्नावली की विभिन्न मदों के अंतर्गत मांगी गई जानकारी को ध्यान में रखकर उचित मार्गदर्शन देने के अतिरिक्त सख्त हिदायतें भी देते हुए रिपोर्ट के भाग-I और भाग-II की समीक्षा करनी होगी।
- नियंत्रक कार्यालय की तिमाही राजभाषा कार्यान्वयन समिति की बैठकों में नियंत्रणाधीन कार्यालयों/शाखा कार्यालयों/इकाइयों की गत तिमाही रिपोर्टों के आधार पर गैर निष्पादन और निष्पादन की समीक्षा भी हो और भावी समीक्षा में समिति के दिशानिर्देशों/निर्णयों का उल्लेख हो।
- विशेषकर 'ग' क्षेत्र में जारी समीक्षा पत्र द्विभाषा में हों।
- हर तिमाही में हर मद के लिए रटी-रटाई समीक्षा न हो। यथा : रिपोर्ट समय पर भेजें, धारा-3(3) का अनुपालन करें, प्राप्त हिंदी पत्रों का उत्तर हिंदी में ही दें, अंग्रेजी में प्राप्त पत्रों का भी हिंदी में उत्तर दें, मूल पत्राचार में हिंदी का अधिकाधिक प्रयोग करें, कार्यालय टिप्पण हिंदी में लिखें, कर्मचारियों को हिंदी कार्यशाला में नामित करें, राजभाषा कार्यान्वयन समिति की बैठकों का समय पर आयोजन करें, पात्र शाखा कार्यालयों/इकाइयों को नियम-10(4) के अंतर्गत अधिसूचित कराएँ, प्रशिक्षण के लिए शेष कर्मचारियों को प्रशिक्षित कराएँ, सभी स्टाफ सदस्य हिंदी का प्रयोग करें, आदि-आदि। इस प्रकार के नेमी वाक्यों को शामिल कर एक सामान्य समीक्षा पत्र एक बार बनाकर उसी का हर तिमाही में प्रयोग किया जाता है। इस प्रकार की समीक्षा पुनः-पुनः होने पर केवल खानापूर्ति होगी लेकिन असरदार नहीं होगी। इस प्रकार एक ही स्वरूप की समीक्षा बार-बार मिलने पर प्राप्तकर्ता द्वारा उसे बिना पढ़े फाइल किया जाता है।

अतः रिपोर्ट की विभिन्न मदों के अंतर्गत प्रस्तुत सूचना के आधार पर संगत समीक्षा हो। इससे रिपोर्टिंग पद्धति तथा गंभीरता से प्राप्तकर्ता अवगत हो सकेंगे और सही रिपोर्टिंग कर सकेंगे। यथा :

भाग-I

धारा-3 (3)

धारा-3 (3) के अंतर्गत कोई व्यक्तिक्रम होने पर अर्थात् केवल अंग्रेजी में कोई प्रलेख जारी किये जाने पर या इस मद के हर स्तंभ में शून्य जानकारी दी जाने पर इसके शत-प्रतिशत अनुपालन की अनिवार्यता, प्रलेखों की सूची, अभिलेख बनाए रखने एवं उचित रिपोर्टिंग इत्यादि संबंधी जानकारी से अवगत कराना होगा :

हिंदी में प्राप्त पत्र : हिंदी में प्राप्त पत्रों (ई-मेल के रूप में हिंदी में प्राप्त पत्र सहित) का कहीं अंग्रेजी में उत्तर दिये जाने पर गंभीरता से लेना होगा तथा राजभाषा नियम-5 से एवं हिंदी में ही उत्तरित किये जाने के आशय से अवगत कराना होगा।

अंग्रेजी में प्राप्त पत्रों के उत्तर : 'क' और 'ख' क्षेत्र में अंग्रेजी में प्राप्त पत्रों का यथासंभव हिंदी में उत्तर दिये जाने के संबंध में भाषायी क्षेत्रवार आवश्यकताओं, संसदीय राजभाषा समिति की अपेक्षाओं से अवगत कराना होगा। 'ग' क्षेत्र में भी अंग्रेजी में प्राप्त पत्रों के उत्तर हिंदी या द्विभाषा में दिया जाना प्रशंसनीय होगा।

मूल पत्राचार : मूल पत्राचार में हिंदी के प्रयोग के संबंध में वार्षिक कार्यक्रम में निर्धारित लक्ष्य, मूल पत्राचार का स्वरूप, स्टाफ सदस्यों का दैनिक योगदान, सहायक सामग्री का स्रोत इत्यादि की जानकारी देनी होगी।

टिप्पणों का ब्योरा : हिंदी में टिप्पण लिखे जाने के संबंध में उसकी परिभाषा से अवगत कराते हुए उन्हें लिखने में पर्यवेक्षी पदाधिकारियों की जिम्मेदारी, अंकित टिप्पणों का अभिलेख बनाए रखने की पद्धति से समझाना होगा।

हिंदी कार्यशालाएँ : हिंदी कार्यशालाओं की मद के अंतर्गत केवल रिपोर्टिंग तिमाही के दौरान कार्यशालाओं में उपस्थित स्टाफ सदस्यों की जानकारी देनी होगी। कहीं-कहीं पूर्व प्रशिक्षित स्टाफ सदस्यों की सूचना भी प्रस्तुत की जाती है जो गलत है। नामित स्टाफ को अनिवार्यत:कार्यमुक्त करने की सलाह देनी होगी।

राजभाषा कार्यान्वयन समिति की बैठकें : राजभाषा कार्यान्वयन समिति की बैठकों का हर तिमाही में आयोजन करना ही नहीं, नियमित अंतराल पर ध्यान रखना, कार्यालय प्रधान की उपस्थिति में ही आयोजित करना, कार्यान्वयन संबंधी महत्त्वपूर्ण मदों पर चर्चा करना, कार्यवृत्त द्विभाषा में बनाना, नियंत्रक कार्यालय को ससमय रिपोर्टिंग इत्यादि की ओर ध्यान आकर्षित करना होगा।

हिंदी सलाहकार समिति की बैठकें : हिंदी सलाहकार समिति की बैठकें केवल विभिन्न मंत्रालयों/विभागों के अपने मुख्यालय से संबंधित हैं। अत: शाखा कार्यालयों/इकाइयों को पथप्रदर्शित करना होगा कि उनके लिए यह मद लागू नहीं है। ऑनलाइन रिपोर्टिंग में शून्य आंकड़े दर्शाने होंगे।

आंतरिक कामकाज में हिंदी का प्रयोग : यह मद केवल राष्ट्रीयकृत बैंकों और वित्तीय संस्थाओं के लिए लागू है। यह मद ग्राहकों के साथ वित्तीय संव्यवहार संबंधी संप्रेषण से संबंधित है। अत: इस मद के अंतर्गत उल्लेखित पत्र, प्रपत्र, प्रविष्टियों में हिंदी/द्विभाषा का प्रयोग होना अत्यंत आवश्यक है। समीक्षा में इस महत्त्व से अवगत कराने की आवश्यकता होगी।

उल्लेखनीय कार्य एवं उपलब्धियाँ : नियंत्रणाधीन शाखा कार्यालयों/इकाइयों द्वारा तिमाही के दौरान टॉलिक की गतिविधियों का आयोजन किये जाने पर, स्टाफ सदस्य द्वारा हिंदी की विशेष गतिविधियों, प्रतियोगिताओं में भाग लिये जाने पर, कर्मचारियों के आलेख हिंदी में प्रकाशित किये जाने पर, प्राप्त राजभाषा शील्ड, प्रशस्ति पत्र, हिंदी गतिविधि संबंधी राज्य स्तर/राष्ट्रीय स्तर सहभागिता इत्यादि की जानकारी दर्शानी होगी। समीक्षा पत्र में इस प्रकार का स्पष्ट मार्गदर्शन देना होगा।

प्रमाणपत्र : देखना होगा कि राजभाषा विभाग द्वारा निर्धारित सत्यता प्रमाणपत्र रिपोर्ट के साथ भेजा गया है या नहीं तथा उस पर मूल रिपोर्ट पर हस्ताक्षरित पदाधिकारी के ही हस्ताक्षर अंकित हैं या नहीं। इस प्रमाणपत्र की गंभीरता से अवगत कराना होगा।

नोट : रिपोर्ट की मूल प्रति पर कार्यालय/शाखा कार्यालय/इकाई प्रमुख के हस्ताक्षर ही हो। अन्यथा समीक्षा में कड़ी आपत्ति उठानी होगी।

भाग-II

संपूर्ण वित्तीय वर्ष के दौरान कृत कार्य के आधार पर इस भाग की समीक्षा होगी।

राजभाषा नियम-10(4)

'क' क्षेत्र में कोई भी कार्यालय/शाखा कार्यालय/इकाई अधिसूचनार्थ शेष रहने के संदर्भ न हों। 'ख' क्षेत्र में भी लगभग यही स्थिति होनी चाहिए। 'ग' क्षेत्र में अधिसूचनार्थ कहीं शेष होने पर हिंदी ज्ञान संबंधी रोस्टर का तत्काल अद्यतन करते हुए पात्र सभी कार्यालयों/शाखा कार्यालयों/इकाइयों को निर्धारित प्रक्रिया के आधार पर अधिसूचनार्थ सिफारिश करने के लिए अंतिम तारीख निर्धारित करते हुए निर्देशित करना होगा।

राजभाषा हिंदी का ज्ञान : अंतर्सेवा हिंदी प्रशिक्षणार्थ (प्रबोध/प्रवीण/प्राज्ञ) कोई स्टाफ सदस्य शेष रहने पर प्रशिक्षण सुविधाओं से अवगत कराते हुए सुविधानुसार नियमित कक्षाओं, पत्राचार पाठ्यक्रम, ऑनलाइन लीला प्रबोध, प्रवीण, प्राज्ञ पाठ्यक्रम, आंतरिक प्रशिक्षण की सुविधाओं का लाभ उठाने के निर्देश जारी करने होंगे। कृत कार्रवाई से अवगत कराने के लिए कहना होगा।

हिंदी आशुलिपि एवं टंकण ज्ञान : हिंदी आशुलिपि प्रशिक्षणार्थ कोई अंग्रेजी आशुलिपिक तथा कंप्यूटर पर हिंदी टंकण प्रशिक्षणार्थ कोई अंग्रेजी टंकक या लिपिक सह-टंकक या कर/पोस्टल सहायक न बचे। यदि कोई होने पर उपलब्ध सरकारी प्रशिक्षण सुविधाओं से, ऑनलाइन सुविधाओं से, स्वतः प्रशिक्षण पद्धतियों से, नवीनतम उपकरणों से अवगत कराते हुए यथाशीघ्र प्रशिक्षित होने हेतु पथप्रदर्शित करना होगा।

अनुवाद प्रशिक्षण : हिंदी अनुवाद प्रशिक्षणार्थ नियंत्रक कार्यालयों में या अन्य जगह कोई राजभाषा अधिकारी/राजभाषा कर्मचारी/अधिकाधिक हिंदी अनुवाद कार्य से जुड़े सामान्य वर्ग के स्टाफ सदस्यों को केंद्रीय अनुवाद ब्यूरो के संक्षिप्त कार्यक्रमों या उनके सहयोग से टॉलिक या वैयक्तिक संस्थाओं द्वारा चलाए जाने वाले अनुवाद प्रशिक्षण कार्यक्रमों में प्रतिनियुक्त करने हेतु सूचित करना होगा। समीक्षाधिकार के कार्यालयों (प्रधान/सर्किल/अंचल/क्षेत्रीय कार्यालय आदि) को इस आवश्यकता पर उचित समीक्षा करनी होगी।

हिंदी में कंप्यूटर प्रशिक्षण : हिंदी में कंप्यूटर प्रशिक्षण की समीक्षा के संदर्भ में यह सूचित करना होगा कि आज के कंप्यूटरीकरण के दौर में कार्यालयीन दैनिक कार्य व्यवहार संबंधी कार्य में हिंदी/द्विभाषा में टंकण कार्य संपन्न करने में सभी स्टाफ सदस्य सक्षम हों (हिंदी का कार्यसाधक ज्ञान प्राप्त सभी कर्मचारी अनिवार्यतः)। यह समय की मांग है। हिंदी टंकण संबंधी आधुनिक पद्धतियों से अवगत कराना होगा। राजभाषा विभाग

के वार्षिक कार्यक्रम में निर्धारित लक्ष्यों एवं संसदीय राजभाषा समिति निरीक्षण की अपेक्षाओं के अनुरूप कंप्यूटर पर हिंदी में अधिकाधिक कार्य संपन्न करने हेतु सभी स्टाफ सदस्य स्वयं समृद्ध होना जरूरी है।

कंप्यूटर से संबंधित सूचना : उपलब्ध कंप्यूटरों/लैपटॉपों के संबंध में प्रस्तुत सूचना में समीक्षक को कोई संदेह होने पर वस्तुस्थिति को स्पष्ट करने के लिए कहना होगा क्योंकि कहीं कहीं असंबद्ध आंकड़े पाए जाते हैं। पथप्रदर्शित करना होगा कि उपयोग किये जाने वाले कंप्यूटरों/लैपटॉपों की जानकारी ही उपलब्ध कराई जाए। (नियंत्रक कार्यालयों के संदर्भ में यह जानकारी अपने आईटी अनुभाग से भी प्राप्त की जा सकती है।)

कोड, मैनुअल, प्रक्रिया साहित्य, मानक प्रपत्र : कोड, मैनुअल, मानक प्रपत्र आदि संबंधी सूचना केवल प्रधान कार्यालय/मुख्यालय स्तर पर अपनी वैयक्तिक रिपोर्ट में प्रस्तुत की जाती है। अत: कोई इकाई कुछ आंकड़े प्रस्तुत करने पर भी समेकन में न लेते हुए उन्हें स्पष्टत: सूचित करना होगा कि 'यह जानकारी उनके लिए लागू नहीं है' अर्थात् केवल 'लागू नहीं' दर्शाएँ या शून्य आंकड़े दें।

राजभाषा नियम-8 (4) व्यक्तिश: आदेश

राजभाषा नियम-10 (4) के अंतर्गत अधिसूचित कार्यालयों/शाखा कार्यालयों/इकाइयों में कार्यरत हिंदी में प्रवीणता प्राप्त स्टाफ सदस्यों को नियम-8 (4) के अनुसार हिंदी में काम करने संबंधी व्यक्तिगत आदेश जारी नहीं किये जाने पर या प्रस्तुत जानकारी गलत प्रतीत होने पर यथार्थ स्थिति से अवगत कराने के लिए तथा जरूरत समझने पर संबंधित कार्यालय आदेशों की जेरॉक्स प्रतियाँ उपलब्ध कराने के लिए सूचित करना होगा।

प्रशिक्षण केंद्रों द्वारा प्रशिक्षण कार्यक्रम : वार्षिक कार्यक्रम में निर्धारित लक्ष्यों के अनुसार हिंदी माध्यम में सामान्य स्वरूप के प्रशिक्षण कार्यक्रमों का संचालन नहीं होने पर या अधिकाधिक कार्यक्रमों का हिंदी-अंग्रेजी या मिली-जुली माध्यम में आयोजन नहीं होने पर अपने क्षेत्राधिकार के प्रशिक्षण केंद्र से प्राप्त रिपोर्ट के आधार पर स्पष्टीकरण मांगना होगा। (संसदीय राजभाषा समिति के निरीक्षणों में इस मद पर विशेष ध्यान दिया जाता है।)

राजभाषा निरीक्षण : अपनी संस्था की आंतरिक व्यवस्था के आधार पर वित्तीय वर्ष के दौरान नियंत्रक कार्यालयों द्वारा नियंत्रणाधीन शाखा कार्यालयों/इकाइयों का राजभाषायी निरीक्षण संपन्न किया गया या नहीं (न्यूनतम 25% या अपनी संस्था द्वारा निर्धारित अधिक लक्ष्य) इसका अनुश्रवण प्रधान कार्यालय को करना होगा। चूककर्ता नियंत्रक कार्यालयों से स्पष्टीकरण मांगना होगा। क्षेत्राधिकार के शाखा कार्यालयों/इकाइयों द्वारा प्रस्तुत जानकारी में संदेह होने पर नियंत्रक कार्यालय में उपलब्ध अभिलेखों की प्रतिजांच कर तदनुसार समीक्षा करनी होगी।

पत्रिकाओं का प्रकाशन : अपनी संस्था के आंतरिक दिशानिर्देशों के आधार पर संबंधित/चयनित कार्यालयों/इकाइयों द्वारा पत्रिकाओं/बुलेटिनों का प्रकाशन किये जाने पर प्रकाशन नियमों का पालन नहीं किये जाने की स्थिति में अर्थात् केवल अंग्रेजी में प्रकाशित होने पर या प्रकाशित सामग्री में 50% सामग्री हिंदी में न रहने पर समीक्षा में

कड़ी आपत्ति उठानी होगी। इस प्रकार के प्रकाशनों को तत्काल बंद करने अथवा हिंदी पाठ उपलब्ध कराने संबंधी सख्त निर्देश देने होंगे।

हिंदी पुस्तकों की खरीद : नियंत्रक कार्यालयों/शाखा कार्यालयों/इकाइयों द्वारा वित्तीय वर्ष के दौरान अपनी आवश्यकताओं एवं अनिवार्यताओं के अनुरूप पुस्तकों/सीडी/वीडियो/पेनड्राइव इत्यादि पर कृत कुल व्यय में से 50% व्यय हिंदी पुस्तकों/हिंदी पाठ उपलब्ध पुस्तकों, सीडी, वीडियो, पेनड्राइव इत्यादि पर हो (राजभाषा विभाग के वार्षिक कार्यक्रम के अनुसार)। प्राप्त रिपोर्टों में यदि कहीं पुस्तकों की खरीद पर कृत कुल व्यय में से हिंदी पुस्तकों/सीडी/वीडियो पर कृत व्यय 50% से कम रहने पर आंतरिक एवं सरकारी दिशानिर्देशों का उल्लेख करते हुए कड़ी आपत्ति उठानी होगी। संसदीय राजभाषा समिति के निरीक्षण में इस मद पर चर्चा अवश्य होगी।

उच्च स्तर के पदाधिकारियों द्वारा हिंदी में कार्य : लिखित प्रस्तावों/पत्राचार पर उप सचिव स्तर के उच्च पदाधिकारियों द्वारा अपने निर्णय/अनुमोदन/मंजूरी/सलाह/सुझाव टिप्पण के रूप में दिये जाते हैं। भाषायी क्षेत्रवार निर्धारित लक्ष्यों के अनुरूप तत् क्षेत्रों में कार्यरत हिंदी का ज्ञान रखने वाले उपर्युक्त श्रेणी के पदाधिकारियों द्वारा लिखे गए टिप्पणों में हिंदी के प्रयोग की प्रतिशतता कम रहने पर समीक्षा द्वारा उनका ध्यान आकर्षित करना जरूरी है। प्रचलित निर्धारित लक्ष्यों का उल्लेख करना होगा। संसदीय राजभाषा समिति की अपेक्षाओं से भी अवगत कराना होगा।

अन्य कर्मचारियों द्वारा हिंदी में कार्य : उपर्युक्त श्रेणी के उच्च पदाधिकारियों को छोड़कर संबंधित कार्यालय/शाखा कार्यालय/इकाई में कार्यरत हिंदी का ज्ञान रखने वाले शेष कर्मचारी वर्ग (अधिकारी/लिपिक) द्वारा वार्षिक कार्यक्रम में हिंदी टिप्पण लेखन (अधिकारी वर्ग) एवं मूल पत्राचार (अधिकारी एवं लिपिक वर्ग) के लिए क्षेत्रवार निर्धारित लक्ष्य के अनुरूप हिंदी का प्रयोग करने की आवश्यकता होगी। हिंदी प्रयोग की प्रतिशतता अपेक्षित मात्रा से कम रहने पर गंभीरता से लेते हुए कड़े निर्देश जारी करने के अतिरिक्त अपेक्षित मात्रा में हिंदी का प्रयोग न करने वाले कर्मचारियों को व्यक्तिगत नाम पर नियंत्रक कार्यालय द्वारा दिशानिर्देशयुक्त प्रेरक पत्र भी जारी करने के प्रयास किये जाने होंगे।

हिंदी पद : सामान्यत: नियंत्रक/प्रशासनिक कार्यालयों/बड़ी इकाइयों में हिंदी स्टाफ पदस्थ होते हैं। अत: तत्संबंधी कार्यालय/इकाई द्वारा अपेक्षित स्तंभों के अंतर्गत सूचना प्रस्तुत करने में कोई दिक्कत नहीं होगी। फिर भी प्रधान कार्यालय को एवं संबंधित अन्य नियंत्रक कार्यालयों को देखना होगा कि वस्तुस्थिति की स्पष्ट सूचना प्रस्तुत की गई है या नहीं। तदनुसार समीक्षा पत्र लिखना होगा। शाखा कार्यालयों/इकाइयों/छोटी इकाइयों के लिए इस मदद के अंतर्गत सूचना 'शून्य' ही होगी। (प्रधान कार्यालय के राजभाषा विभाग एवं मानव संसाधन विकास विभाग में स्वीकृत और रिक्त हिंदी पदों संबंधी अभिलेख उपलब्ध होंगे।)

वेबसाइट : संस्था की वेबसाइट संबंधी जानकारी प्रधान कार्यालय द्वारा अपनी वैयक्तिक रिपोर्ट में प्रस्तुत की जाएगी। अत: शेष नियंत्रक कार्यालयों/शाखा कार्यालयों/इकाइयों द्वारा 'प्रधान कार्यालय के स्तर पर' लिखा जाना होगा। कई कार्यालयों/शाखा कार्यालयों/इकाइयों द्वारा इस मद के अंतर्गत वेबसाइट का पता आदि की अधूरी जानकारी

प्रस्तुत करने की चेष्टा की जाती है। समीक्षा पत्र के अंतर्गत सूचित करना होगा कि रिपोर्ट की मूल प्रति में 'प्रधान कार्यालय स्तर पर' लिखकर ऑनलाइन रिपोर्टिंग में '0' आंकड़े दर्शाने होंगे। (संस्था की मुख्य वेबसाइट के अतिरिक्त यदि किसी कार्यालय को अलग वेबसाइट बनाने का अधिकार दिये जाने पर तत् कार्यालय को तत्संबंधी सूचना देनी होगी।)

विशिष्ट कार्य व उपलब्धियाँ : विशिष्ट उपलब्धियों के संदर्भ में रिपोर्ट के भाग-I के अंतर्गत सूचित गतिविधियों के अतिरिक्त अन्य उल्लेखनीय गतिविधियाँ होने पर उन्हें सूचित किया जाता है। समीक्षा में यह देखना होगा कि कार्यालयों/शाखा कार्यालयों/इकाइयों द्वारा उनके लिए आबंटित गतिविधियों का संचालन किया गया या नहीं। संबंधितों द्वारा अपनी रिपोर्ट में अनुपालन की सूचना प्रस्तुत नहीं की जाने पर, स्टाफ सदस्यों की सहभागिता सुनिश्चित नहीं की जाने पर स्पष्टीकरण मांगना होगा।

प्रमाणपत्र : देखना होगा कि राजभाषा विभाग द्वारा निर्धारित सत्यता प्रमाणपत्र रिपोर्ट के साथ भेजा गया है या नहीं तथा उस पर मूल रिपोर्ट पर हस्ताक्षरित पदाधिकारी के ही हस्ताक्षर अंकित हैं या नहीं। इस प्रमाणपत्र की गंभीरता से अवगत कराना होगा।

[मार्च वर्षांत की दोनों रिपोर्टों के लिए प्रमाणपत्र के अंतर्गत कोष्ठक में भाग-I व II लिखते हुए एक ही प्रमाणपत्र प्रस्तुत किया जा सकता है।]

नोट : (i) अमुक मद संबंधी समीक्षा में व्यापक जानकारी उपलब्ध कराने का अवसर महसूस होने पर समीक्षा पत्र में संक्षिप्त सूचना देकर पृथक् पत्र के जरिये व्यापक मार्गदर्शन उपलब्ध कराने या दिशानिर्देश जारी करने के प्रयास करने होंगे।

(ii) हर तिमाही की समीक्षा में विविधता हो। वाक्य रचना में परिवर्तन हो। सरकारी निर्देशों का संदर्भानुसार उल्लेख हो। प्रभावी हो।

(ii) राजभाषा विभाग, गृह मंत्रालय द्वारा रिपोर्ट के भाग-I एवं भाग-II का आवश्यकतानुसार समय-समय पर संशोधन किया जाता है। अत: परिवर्तनों पर ध्यान देना होगा।

राजभाषा कार्यान्वयन समितियाँ

परिचय

राजभाषा नीति का परिणामदायी कार्यान्वयन हेतु वर्ष 1969 से त्रैमासिक आधार पर कार्यालयों में राजभाषा कार्यान्वयन समिति की बैठकों के आयोजन की प्रथा प्रारंभ की गई है (गृह मंत्रालय का कार्यालय ज्ञापन सं. 5/69/69—राभा, दि. 25.10.1969 और ज्ञापन सं. 4/41/70—राभा, दि. 12.10.1970)। प्रारंभ में यह प्रथा प्रशासनिक कार्यालयों/प्रशिक्षण केंद्रों/मंत्रालयों के विभागों तक सीमित थी। वर्ष 1992 से केंद्र सरकारी एवं उसके अधीनस्थ संस्थाओं के सभी कार्यालयों/शाखाओं/इकाइयों में हर तिमाही में इन बैठकों को आयोजित करना अनिवार्य कर दिया गया है।

[राजभाषा विभाग का कार्यालय ज्ञापन सं 12019/10/91—राभा, दि. 18.1.1992]

कार्यालय/शाखा कार्यालय/इकाई/प्रशिक्षण केंद्र के प्रधान समिति के पदेन अध्यक्ष होंगे तथा राजभाषा अधिकारी पदेन सदस्य सचिव होंगे। राजभाषा अधिकारी का पद रिक्त रहने के संदर्भ में राजभाषा का अतिरिक्त कार्यभार संभालने वाले अधिकारी सदस्य सचिव होंगे। शाखा कार्यालयों/इकाइयों/छोटी इकाइयों में राजभाषा समन्वयक (अधिकारी/लिपिक) समिति के सदस्य सचिव होंगे। कार्यालय/शाखा कार्यालय/इकाई के अलग-अलग विभागों/अनुभागों के प्रमुखों को सदस्यों के रूप में नामित किया जाता है। इन समितियों में उचित अनुपात में संबंधित कार्यालय/इकाई में कार्यरत हिंदीतर भाषी अधिकारियों को भी सदस्य के रूप में नामित करना होगा।

[गृह मंत्रालय का कार्यालय ज्ञापन सं. 1/14011/17/76—राभा (का-1), दि. 7.2.1977]

कार्यालयों में राजभाषा के प्रयोग और प्रसार में राजभाषा कार्यान्वयन समिति की बैठकों की अत्यंत महत्त्वपूर्ण भूमिका होती है। यह एक ऐसी मंच है जहाँ राजभाषा अधिनियम, नियम, राजभाषा विभाग के वार्षिक कार्यक्रम, संबंधित मंत्रालय के राजभाषा विभाग एवं संगठन के प्रधान कार्यालय व मुख्यालय के दिशानिर्देशों तथा आंतरिक वार्षिक राजभाषा कार्यक्रम के आधार पर पिछली तिमाही में कृत कार्रवाई, वर्तमान तिमाही में की जा रही कार्रवाई की समीक्षा के साथ अगली तिमाही में की जाने वाली कार्रवाई हेतु अपनाए जाने वाले कदमों की चर्चा की जाती है।

आयोजन संबंधी सावधानियाँ

- हर तिमाही के प्रथम माहांत में या द्वितीय माह के प्रारंभिक सप्ताह में बैठक का आयोजन होना आदर्श रहेगा। लेकिन सुनिश्चित करना होगा कि बैठक

के आयोजन के पूर्व पिछली तिमाही की हिंदी प्रगति रिपोर्ट तैयार की गई है। इससे गत तिमाही में हिंदी प्रगति की मदवार समीक्षा करने में सुविधा होगी।

- तिमाही समाप्ति के पर्याप्त समय पूर्व बैठक का आयोजन होने से बैठक में लिये गए निर्णयों को तत् तिमाही में ही अमल करने का समय मिलेगा। ध्यान रखना होगा कि किसी भी स्थिति में संबंधित तिमाही में ही बैठक का आयोजन हो।
- संसदीय राजभाषा समिति के निरीक्षणों में बैठकों के आयोजन की तिथियों पर ध्यान दिया जाता है और ससमय आयोजन को सराहा जाता है। इसके अतिरिक्त क्षेत्रीय राजभाषा शील्ड प्रतियोगिताओं एवं राजभाषा कीर्ति पुरस्कार प्रतियोगिताओं के मूल्यांकन में भी ससमय आयोजन को महत्त्व दिया जाता है।
- बैठक का सफल या विफल आयोजन मुख्यत: सदस्य सचिव पर निर्भर होगा। केवल औपचारिकता के लिए बैठक का आयोजन न हो। अध्यक्ष एवं सदस्यों को बैठक की गंभीरता से अवगत कराने की जिम्मेदारी सदस्य सचिव की है। अनिवार्य कार्यालयीन आवश्यकताओं को छोड़कर पूर्व सूचित समय पर ही बैठक प्रारंभ करनी होगी। सदस्यों को ऐसा लगे कि बैठक का सार्थक एवं सफल आयोजन हुआ है।
- अध्यक्ष एवं सदस्यों को कार्यसूची के साथ पिछली बैठक के कार्यवृत्त की प्रति, पिछली बैठक में लिये गए निर्णयों पर कृत कार्रवाई की प्रति, नवीनतम तिमाही हिंदी प्रगति रिपोर्ट के आधार पर अनुभागवार/कार्यालयवार मदवार प्रगति संबंधी समेकित सूची इत्यादि को एक फोल्डर में बैठक के पर्याप्त समय पूर्व पहुँचाना होगा। इससे कार्यान्वयन संबंधी वस्तुस्थिति से सदस्य अवगत हो सकेंगे। सदस्य सचिव के पास बैठक के समय पर इस सामग्री की पर्याप्त प्रतियाँ उपलब्ध हों ताकि पूर्व आपूरित फोल्डर को कोई सदस्य अपने साथ नहीं लाने के संदर्भ में अतिरिक्त प्रति उपलब्ध कराई जा सके।

  [पूर्व आपूरित फोल्डर को बैठक के समय पर साथ लाने हेतु सदस्य सचिव द्वारा सदस्यों को सादर सूचित किया जा सकता है।]
- मुख्यालय की बैठक के संदर्भ में गृह मंत्रालय-राजभाषा विभाग, संबंधित मंत्रालय के राजभाषा विभाग के दिशानिर्देशों/समीक्षा बैठकों, राजभाषा विभाग का वार्षिक कार्यक्रम, संसदीय राजभाषा समिति/क्षेत्रीय कार्यान्वयन कार्यालय के निरीक्षणों के आधार पर तथा नवोन्मेषी गतिविधियों को शामिल करते हुए कार्यसूची बनाई जाती है।
- अंचल/सर्किल/प्रादेशिक कार्यालयों के संदर्भ में मुख्यालय से समय-समय पर प्राप्त दिशानिर्देशों, संबंधित क्षेत्रीय कार्यान्वयन कार्यालय, हिंदी शिक्षण योजना एवं नगर राजभाषा कार्यान्वयन समितियों से प्राप्त दिशानिर्देशों, राजभाषा विभाग का वार्षिक कार्यक्रम, आंतरिक वार्षिक राजभाषा कार्य योजना एवं क्षेत्रापेक्ष आवश्यकताओं के आधार पर कार्यसूची बनाई जाती है।

- शाखा कार्यालयों/इकाइयों के संदर्भ में राजभाषा कार्यान्वयन के संबंध में मुख्यालय एवं तत्काल नियंत्रक कार्यालय से प्राप्त दिशानिर्देशों, आंतरिक वार्षिक राजभाषा कार्य योजना तथा आवश्यकता आधारित गतिविधियों को शामिल करते हुए कार्यसूची तैयार करनी होगी।
- राजभाषा कार्यान्वयन समिति की **एक और खासियत** यह है कि राजभाषा के प्रगामी प्रयोग संबंधी लिखित दिशानिर्देशों में गैर-शामिल मुद्दों पर भी चर्चा कर समिति के अनुमोदन से नवोन्मेषी कार्य संपन्न कराए जा सकते हैं। ऐसे कुछेक संदर्भों में कार्यालय प्रमुख के विवेकाधिकार से परे व्यय हेतु संबंधित नियंत्रक कार्यालय की मंजूरी या अनुमोदन प्राप्त करना होगा। व्ययभरित नवोन्मेषी गतिविधियों में अंतर संगठनीय राजभाषा संगोष्ठियाँ, सम्मेलन, प्रतियोगिताएँ, उच्च स्तरीय समीक्षा बैठकों का प्रायोजन, पुस्तक प्रकाशन, दृश्य-श्रवण फिल्म/सीडी आदि शामिल होते हैं।

कार्यसूची में सामान्यतः शामिल की जाने वाली मद

स्वागत, पुरस्कार वितरण (यदि कोई हो), गृह मंत्रालय, संबंधित मंत्रालय, नियंत्रक कार्यालय, टॉलिक जैसी भी स्थिति हो, उससे प्राप्त पत्रों/परिपत्रों पर चर्चा, **राजभाषा विभाग का वार्षिक कार्यक्रम** (जून तिमाही में अनिवार्यतः), हिंदी प्रगति रिपोर्टों की समीक्षा, पत्राचार एवं आंतरिक कामकाज, राजभाषा अधिनियम की धारा-3(3), राजभाषा नियम-10(4) एवं 8(4), विशेष मार्गदर्शन कार्यक्रमों का आयोजन, राजभाषा (हिंदी) समारोह, संगोष्ठी, विशेष प्रतियोगिताओं का आयोजन, प्रकाशन, कंप्यूटर परिचालन में हिंदी की नवीनतम सुविधाएँ व प्रशिक्षण, सेवाकालीन हिंदी प्रशिक्षण (प्रबोध/प्रवीण/प्राज्ञ/पारंगत), प्रशिक्षण हैंडाउट्स एवं माध्यम, समिति के सदस्यों द्वारा हिंदी में कार्य, वेबसाइट में हिंदी, राजभाषा पोर्टल, प्रचार सामग्री में हिंदी एवं क्षेत्रीय भाषाएँ, विज्ञापनों में हिंदी, जनसंपर्क सेवाओं में हिंदी व प्रांतीय भाषाओं का प्रयोग; बोर्ड/बैनर/होर्डिंग का प्रदर्शन, नवोन्मेषी पहल/गतिविधियाँ, राजभाषायी निरीक्षण, अध्यक्ष की अनुमति से अन्य कोई मद इत्यादि (कार्यालय/शाखा कार्यालय/इकाई को इन मदों में से अपने लिए संगत मदों को कार्यसूची में शामिल करना होगा।)। अंत में धन्यवाद अर्पण होगा।

- बैठक के आयोजन संबंधी तिमाही के दौरान हिंदी के प्रयोग में सदस्यों के योगदान के संबंध में प्रत्येक सदस्य को अभिव्यक्त करने का अवसर दें।
- कार्यसूची में कार्यालय नाम के अतिरिक्त बैठक की तारीख एवं समय का उल्लेख अवश्य हो। बैठक की प्रगामी संख्या भी दर्शाएँ। यथा : 10वीं बैठक, 15वीं बैठक...।
- नियंत्रक कार्यालयों के संदर्भ में कार्यसूची के साथ पिछली बैठक में लिये गए निर्णयों पर कृत कार्रवाई की रिपोर्ट, तिमाही हिंदी प्रगति रिपोर्ट के आधार पर महत्त्वपूर्ण मद, जैसे : मूल पत्राचार, आंतरिक कामकाज, हिंदी में टिप्पण, कंप्यूटर पर हिंदी कार्य, राजभाषा कार्यान्वयन समिति की बैठकों का आयोजन, धारा-3(3) इत्यादि की शाखावार/अनुभागवार स्थिति की प्रति संलग्न करनी

होगी। शाखा कार्यालय के संदर्भ में इस प्रकार की जानकारी सीमित होगी अतः पृथक् से कार्यसूची के साथ संलग्न करने की स्थिति पैदा नहीं होगी।

- हर बैठक के आयोजन में नयापन हो। कार्यसूची में कुछेक नई मद हों।

कुशल संचालन

- सदस्य सचिव द्वारा बैठक का समर्थ संचालन किया जाना अति आवश्यक है। कार्यसूची में शामिल किये गए सभी विषयों की उन्हें पूर्ण जानकारी हो। राजभाषा नीति से पूर्णतः परिचित हों।
- कार्यसूची के किसी एक मद पर चर्चा प्रारंभ करते समय संदर्भानुसार उसकी पृष्ठभूमि एवं आवश्यकता से संक्षेप में सदस्यों को अवगत कराना होगा। अमल करना अनिवार्य होने के संदर्भ में प्रचलित दिशानिर्देशों से एवं उत्पन्न होने वाले परिणामों से अवगत कराने में सदस्य सचिव को उल्लेखनीय भूमिका निभानी होगी। बैठक में इस प्रकार का माहौल पैदा करना होगा कि अध्यक्ष एवं सदस्य कार्यान्वयन मदों पर चर्चा खुलकर करें, नवोन्मेषी विचार व्यक्त करें।
- सामान्यतः राजभाषा नीति की हर पहलू से समिति के अध्यक्ष एवं सदस्य पूर्ण तरह परिचित नहीं होंगे। इस अनभिज्ञता का फायदा उठाते हुए बैठक में गैर-चर्चित मदों को कार्यवृत्त में शामिल कर अनुमोदन प्राप्त करने का प्रयास नहीं करना होगा। इस प्रकार की सोच सदस्य सचिव को शोभा नहीं देगी और समिति के सम्मुख विश्वास खो जाने की स्थिति उत्पन्न होगी।
- सदस्यों के मूल्यवान समय के मद्देनजर कार्यसूची की हर मद पर संक्षिप्त और सारगर्भित चर्चा हो। सदस्य सचिव में इस प्रकार के समय प्रबंधन की कला होना जरूरी है।
- जून तिमाही की बैठक में राजभाषा विभाग, गृह मंत्रालय द्वारा जारी वार्षिक कार्यक्रम पर अवश्य चर्चा हो। संसदीय राजभाषा समिति की निरीक्षण प्रश्नावली में इस मद को जोड़ा गया है।
- राजभाषा का उल्लेखनीय प्रयोग करने वाले कर्मचारियों को पुरस्कार या प्रेरणा पत्र प्रदान करने हेतु इस मंच का उपयोग किया जा सकता है। अध्यक्ष के शुभहस्ते यह प्रक्रिया संपन्न कराई जा सकती है।
- समिति के अध्यक्ष एवं सदस्यों द्वारा हिंदी का प्रयोग किया जाना, हिंदी में टिप्पण लिखा जाना, जांच बिंदु का कर्तव्य निभाया जाना जरूरी है। संसदीय राजभाषा समिति की निरीक्षण प्रश्नावली का यह एक अंग है। इस बात से सदस्यों को अवगत कराना जरूरी है।
- स्थानीय शहर में क्षेत्रीय कार्यान्वयन कार्यालय, हिंदी शिक्षण योजना के केंद्र होने पर उनके प्रतिनिधि को आमंत्रित करने का प्रयास करना होगा। उसी प्रकार केंद्रीय सचिवालय हिंदी परिषद् के स्थानीय प्रतिनिधि को भी आमंत्रित करना होगा। हर तिमाही में संभव न होने पर कम से कम वर्ष में एक बार इन्हें आमंत्रित करना परिणामदायी रहेगा। (यदि कोई कार्यालय चाहने पर

स्थानीय शहर में उपर्युक्त केंद्र न रहने पर आंतरिक निर्णय के आधार पर अन्य शहरों में स्थित तत् केंद्रों के प्रतिनिधियों को आमंत्रित करने का प्रयास किया जा सकता है। आमंत्रिती कार्यालय इन केंद्रों के क्षेत्राधिकार में हो।) संसदीय राजभाषा समिति द्वारा इस आवश्यकता की भी अपेक्षा की जाती है।

- अध्यक्ष की अनुमति लेते हुए कार्यसूची में गैर-प्रस्तावित कार्यान्वयन संबंधी किसी अन्य विषय की चर्चा की जा सकती है।
- कार्यालय प्रमुख की अध्यक्षता में ही बैठक का आयोजन हो। यदि तय तारीख के दिन आकस्मिक कारणों पर उनकी उपस्थिति संभव नहीं हो पाने के संदर्भ में बैठक को स्थगित करना उचित होगा। यदि किसी बाहरी प्रतिनिधि को अग्रिम रूप से आमंत्रित किये जाने के संदर्भ में कार्यालय के अगले वरिष्ठतम पदाधिकारी की अध्यक्षता में विशेष मामले के रूप में बैठक संपन्न करनी होगी।
- बैठक के आयोजनार्थ उपलब्ध बजट या आंतरिक व्यवस्था के आधार पर जलपान की व्यवस्था करनी होगी।
- उपस्थिति दर्ज करने हेतु पृथक् रजिस्टर बनाए रखना स्वस्थ पद्धति है। यदि सूची टंकित होने पर हस्ताक्षर लेने के पश्चात् बैठक की समाप्ति के बाद उपस्थिति रजिस्टर में उसे चिपकाना होगा। इसकी एक प्रति फाइल करनी होगी।

कार्यवृत्त की तैयारी में सावधानियाँ

कार्यवृत्त बैठक का प्राधिकृत दस्तावेज है। कार्यसूची के अनुसार बैठक में चर्चित मदवार जानकारी इसमें अभिलेखित की जाती है। अनौपचारिक विचार-विमर्श को अभिलेखित नहीं करना होगा।

- कार्यवृत्त में औपचारिक शुरुआत के पश्चात् उपस्थित एवं अनुपस्थित सदस्यों की जानकारी प्रस्तुत की जाती है। सदस्यों की संख्या अधिक होने पर तत् सूची को संलग्न करना होगा। ऐसी स्थिति में यह उल्लेख करना होगा कि उपस्थिति सूची संलग्न है।
- तत्पश्चात् कार्यसूची में अंकित मदों के अंतर्गत चर्चित विषयों की क्रमवार जानकारी उप शीर्षकों के अंतर्गत देनी होगी।
- प्रारंभ में पिछली बैठक में लिये गए निर्णयों पर कृत कार्रवाई की सूचना प्रस्तुत करनी होगी या संलग्न करनी होगी।
- अभिलेखित जानकारी स्पष्ट और संक्षेप हो।
- गैर-चर्चित विषयों को शामिल करने का दुस्साहस नहीं करना होगा।
- अध्यक्ष, सदस्य एवं सदस्य सचिव द्वारा व्यक्त विचारों को उनके नाम सहित अभिलेखित करना होगा। (विशेष कर सदस्यों के संदर्भ में)
- कार्यवृत्त के अंत में केवल सदस्य सचिव एवं अध्यक्ष के हस्ताक्षर होंगे।
- कार्यवृत्त की हस्ताक्षरित प्रति को बैठक की उपस्थिति रजिस्टर में उपस्थिति सूची के बाद चिपकाकर उसकी कुछेक प्रतियों को फाइल करना होगा।

- राजभाषा विभाग, गृह मंत्रालय के का.ज्ञा.सं. 1/14034/6/1988—राभा (का-1), दि. 20.6.1988 के अनुसार : ''क' क्षेत्र स्थित केंद्र सरकार के कार्यालयों/उपक्रमों आदि की विभागीय और अंतर विभागीय बैठकों की कार्यसूचियाँ, उन पर टिप्पणियाँ और कार्यवृत्त चाहे तो केवल हिंदी में जारी किये जा सकते हैं **बशर्ते कि उनका परिचालन केवल 'क' क्षेत्र में किया जाना हो।'**
- समिति के सदस्यों में कोई हिंदी में प्रवीण न होने पर कार्यवृत्त द्विभाषा में तैयार करना ही आदर्श पद्धति होगी। 'ख' और 'ग' क्षेत्र में कार्यवृत्त को द्विभाषा में तैयार करना अनिवार्य है।

बैठक-पूर्व प्रक्रिया

- बैठक के आयोजनार्थ पर्याप्त समय-पूर्व कार्यालय प्रमुख की मौखिक अनुमति प्राप्त कर कार्यालय टिप्पणी के माध्यम से अभिलेखार्थ लिखित अनुमोदन भी प्राप्त करना होगा (नोट में स्थान, तारीख, समय, जलपान की व्यवस्था आदि का उल्लेख करते हुए)। टिप्पणी के साथ प्रस्तावित कार्यसूची संलग्न करनी होगी।
- कार्यालय टिप्पणी पर अनुमोदन प्राप्त करने के पश्चात् बैठक में बिना चूक उपस्थित होने हेतु सभी सदस्यों को लिखित सूचना देनी होगी। प्रस्तावित कार्यसूची एवं पिछली बैठक में लिये गए निर्णयों पर कृत कार्रवाई की रिपोर्ट भी सदस्यों को देनी होगी।
- क्षेत्रीय कार्यान्वयन कार्यालय/हिंदी शिक्षण योजना/केंद्रीय सचिवालय हिंदी परिषद् के स्थानीय प्रतिनिधि को आमंत्रित किये जाने के संदर्भ में उन्हें मौखिक सूचना देने के अतिरिक्त लिखित रूप में आमंत्रित करना होगा। (कार्यालय टिप्पणी में इस आशय का उल्लेख करना होगा।)
- कार्यालय प्रमुख की डायरी में बैठक की सूचना लिखवानी होगी। निजी सचिव या संपर्क अधिकारी की व्यवस्था होने पर उन्हें इसकी सूचना देनी होगी ताकि वे कार्यालय प्रमुख को स्मरण दिला सकें।
- बैनर (अनिवार्य नहीं), जलपान, फोल्डर आदि की समुचित व्यवस्था करनी होगी। मोबाइल से फोटो लिया जा सकता है।
- निम्न प्रकार का एक स्थायी बैनर भी बनवाया जा सकता है : 'राजभाषा कार्यान्वयन समिति की त्रैमासिक समीक्षा बैठक'।
- कार्यालय प्रमुख के कैबिन में या सदस्यों की संख्या एवं उपलब्ध सुविधाओं के अनुसार कार्यालय के सम्मेलन कक्ष में बैठक की व्यवस्था करनी होगी।
- बैठक की समुचित व्यवस्था करने की जिम्मेदारी सदस्य सचिव पर है।

[हर संगठन में अपने मुख्यालय या नियंत्रक कार्यालय द्वारा राजभाषा कार्यान्वयन समिति की बैठकों के आयोजन के संबंध में परिपत्रों के जरिये समय-समय पर दिशानिर्देश जारी किये जाते हैं। उनका संदर्भ लेना होगा।]

बैठकोपरांत कार्रवाई

- बैठक की समाप्ति के पश्चात् प्रावरण पत्र के साथ नियत समय पर संबंधित तत्काल नियंत्रक कार्यालय के राजभाषा अनुभाग को कार्यवृत्त की मूल प्रति पहुँचानी होगी। नियंत्रक कार्यालयों के संदर्भ में कार्यवृत्त की प्रति संबंधित क्षेत्रीय कार्यान्वयन कार्यालय को भी अंकित करनी होगी। मुख्यालय के संदर्भ में कार्यवृत्त की मूल प्रति संबंधित मंत्रालय के राजभाषा विभाग को नियत समय पर पहुँचानी होगी। क्षेत्रीय कार्यान्वयन कार्यालय को भी प्रति अंकित करनी होगी।
- अध्यक्ष सहित समिति के सभी सदस्यों को कार्यवृत्त की प्रति पहुँचानी होगी।
- सदस्य सचिव की यह जिम्मेदारी होगी कि बैठक के पश्चात् कार्यवृत्त के आधार पर लिये गए निर्णयों पर अनुपालनात्मक कार्रवाई समय पर सुनिश्चित करने के लिए प्रक्रियापरक कार्रवाई प्रारंभ करनी होगी। यह देखना होगा कि आगामी बैठक के पूर्व लिये गए निर्णय अमल किये गए हैं।
- यदि किसी कारणवश किसी निर्णय का अगली बैठक के पूर्व अमल नहीं किये जाने के संदर्भ में तत्संबंधी मुद्दे पर पुन: चर्चा करनी होगी।
- संबंधित नियंत्रक कार्यालय/मुख्यालय को प्रेषित कार्यवृत्त के आधार पर वहाँ से प्राप्त समीक्षा पत्र में दिये गए दिशानिर्देशों का सार्थक अनुपालन सुनिश्चित करना होगा।
- बैठक में लिये गए निर्णयों के आधार पर आवश्यकतानुसार नियंत्रणाधीन शाखा कार्यालयों/इकाइयों एवं अपने कार्यालय के अनुभागों को पत्र एवं परिपत्रों के माध्यम से उचित निर्देश जारी कर अनुवर्ती कार्रवाई करते हुए अनुपालन सुनिश्चित करना होगा।
- सक्षम प्राधिकारी से बैठक संबंधी व्यय (जलपान, पेन, पैड इत्यादि) का अनुमोदन प्राप्त कर अभिलेख बनाया रखना होगा।

फाइलों का रखरखाव

- राजभाषा कार्यान्वयन समिति की फाइल का रखरखाव व्यवस्थित ढंग से हो।
- मुख्यालयों के राजभाषा विभागों में सामान्यत: हर एक नियंत्रक कार्यालय एवं प्रशिक्षण केंद्र के लिए फाइलें बनाई रखी जाती हैं जिनमें संबंधित कार्यालयों के कार्यान्वयन संबंधी कागजात व पत्राचार सुरक्षित रखे जाते हैं।
- नियंत्रक कार्यालयों में राजभाषा कार्यान्वयन संबंधी दो फाइल उलब्ध हों। यथा : (i) अपने कार्यालय की राजभाषा कार्यान्वयन समिति की बैठक एवं पत्राचार, (ii) नियंत्रणाधीन शाखा कार्यालयों/इकाइयों के कार्यवृत्त एवं उनके समीक्षा पत्र।

समीक्षा की अनिवार्यता

- अपने नियंत्रणाधीन कार्यालयों/शाखा कार्यालयों/इकाइयों/प्रशिक्षण केंद्रों से समय पर कार्यवृत्त प्राप्त कर उनकी बारीकी समीक्षा करने में कोई चूक न हो। समीक्षा का अभिलेख बनाए रखना होगा। केवल समीक्षा करना पर्याप्त नहीं होगा। आवश्यकतानुसार स्मरण दिलाते हुए अनुपालनात्मक कार्रवाई सुनिश्चित करनी होगी।

बैठकों की कार्यालयवार/इकाईवार सूचना

संगठन के सभी नियंत्रक कार्यालयों और शाखा कार्यालयों/इकाइयों में तिमाहीवार आयोजित बैठकों की तारीखवार सूचना के अभिलेख उपलब्ध हों (सॉफ्ट प्रति में या रजिस्टर में)।

- मुख्यालय में निम्न शीर्षक के अंतर्गत तालिका में नियंत्रक कार्यालयों की सूचना अभिलेखित हो :

नियंत्रक कार्यालयों में राजभाषा कार्यान्वयन समिति की बैठकें

वित्तीय वर्ष :

क्र. सं.	नियंत्रक कार्यालय का नाम	जून तिमाही	सितंबर तिमाही	दिसंबर तिमाही	मार्च तिमाही
1	2	3	4	5	6

- नियंत्रक कार्यालयों में निम्न शीर्षक के अंतर्गत तालिका में शाखा कार्यालयों/इकाइयों की सूचना उपलब्ध हो।

शाखा कार्यालयों/इकाइयों में राजभाषा कार्यान्वयन समिति की बैठकें

वित्तीय वर्ष :

क्र. सं.	शाखा कार्यालय/इकाई का नाम	जून तिमाही	सितंबर तिमाही	दिसंबर तिमाही	मार्च तिमाही
1	2	3	4	5	6

शाखा कार्यालयों/इकाइयों में राजभाषा कार्यान्वयन समिति की बैठकों का ससमय एवं सार्थक आयोजनार्थ नियंत्रक कार्यालयों की पहल :

- नियंत्रणाधीन समस्त शाखा कार्यालयों/इकाइयों में तिमाही बैठकों का ससमय आयोजन हो अर्थात् आलोच्य तिमाही की बैठक का आयोजन परवर्ती तिमाही में न हो; इस गतिविधि का पर्यवेक्षण करने की जिम्मेदारी संबंधित नियंत्रक कार्यालय पर होगी।
- परिपत्रों एवं मार्गदर्शन पुस्तिकाओं के माध्यम से स्थायी दिशानिर्देश उपलब्ध कराए जाने पर भी नियंत्रक कार्यालयों को सक्रिय रहना होगा। किसी शाखा

कार्यालय/इकाई द्वारा तिमाही के दौरान बैठक का आयोजन नहीं किये जाने पर 'कारण बताओ' पत्र जारी करने पर भी कृत चूक को सुधारा नहीं जा सकता। ससमय सचेत नहीं किये जाने पर हर तिमाही में किसी न किसी शाखा कार्यालय/इकाई में इस प्रकार की लापरवाही पाई जाती है। यह स्थिति उत्पन्न न होने के लिए तिमाही के प्रथम माह में बैठक का आयोजन करने हेतु तिमाही के प्रथम माह के प्रथम सप्ताह में ही याद दिलाना होगा। तिमाही के द्वितीय माह के प्रथम सप्ताहांत तक बैठक के कार्यवृत्त प्राप्त न हो जाने पर तत्काल स्मरण दिलाना होगा।

- शाखा कार्यालय/इकाई की सहूलियत हेतु तिमाही के प्रारंभिक माह के प्रथम सप्ताह में भेजे जाने वाले स्मरण-पत्र के साथ कार्यवृत्त के आउटलाइन-युक्त एक शीट भेजने का प्रयास किया जा सकता है। इस शीट के पृष्ठ भाग पर बैठक में सामान्यत: चर्चा किये जाने वाले विषयों की सूची तत्काल संदर्भ हेतु उपलब्ध कराई जा सकती है। शाखा कार्यालय/इकाई चाहे तो इसी शीट के प्रथम पृष्ठ के रिक्त स्थान पर बैठक में चर्चित मदवार जानकारी प्रस्तुत कर सकती है। जगह पर्याप्त न होने पर अतिरिक्त शीट का प्रयोग करेगी। अन्यथा प्रेषित नमूने के आधार पर अपने सुविधानुसार अलग से कार्यवृत्त तैयार करेगी। कार्यवृत्त के आउटलाइन का नमूना शीट निम्न प्रकार बनाया जा सकता है (केवल मार्गदर्शनार्थ, अनिवार्य नहीं)।

नमूना

... ...(शाखा कार्यालय/इकाई का नाम)

... ...(संगठन का नाम)

श्री/सुश्री... ... ...की अध्यक्षता में दि... ...को हमारी शाखा/इकाई की... ...तिमाही संबंधी राजभाषा कार्यान्वयन समिति की बैठक का आयोजन किया गया।

बैठक में उपस्थित और अनुपस्थित सदस्यों की सूची इस प्रकार है :

क्र. सं.	नाम	पदनाम	सदस्यता	उपस्थित/अनुपस्थित
1	2	3	4	5

बैठक में चर्चित जानकारी इस प्रकार है :

[कार्यसूची के अनुसार चर्चित विषयवस्तु को यहाँ प्रस्तुत करना होगा। जगह पर्याप्त न होने पर अतिरिक्त शीट का प्रयोग करना होगा।]

... ...(पदनाम)
एवं सदस्य सचिव
राजभाषा कार्यान्वयन समिति

... ...(पदनाम)
एवं अध्यक्ष
राजभाषा कार्यान्वयन समिति

- नमूने शीट के पृष्ठभाग में सामान्यतः बैठक में चर्चित किये जाने वाले व कार्यसूची में समाविष्ट किये जाने वाले कुछेक निम्न विषयों को तत्काल मार्गदर्शन हेतु उपलब्ध कराया जा सकता है :

  'धारा 3(3) का अनुपालन, पत्राचार में हिंदी का प्रयोग, आंतरिक कामकाज में हिंदी का प्रयोग, कंप्यूटर पर हिंदी टंकण, प्रचार सामग्री में हिंदी, नाम बोर्ड/पोस्टर/बैनर में हिंदी, हिंदी में प्राप्त पत्रों का उत्तर हिंदी में देना, समिति के सदस्यों द्वारा हिंदी में कार्य, अपनी इकाई की नवीनतम तिमाही हिंदी प्रगति रिपोर्ट पर चर्चा, नियंत्रक कार्यालयों से प्राप्त राजभाषा कार्यान्वयन संबंधी दिशानिर्देशों पर चर्चा, उपलब्ध प्रोत्साहन योजनाएँ, स्थानीय टॉलिक की गतिविधियों में सहभागिता, गृह मंत्रालय के वार्षिक कार्यक्रम एवं आंतरिक वार्षिक राजभाषा कार्यक्रम, ग्राहक सेवा में हिंदी का प्रयोग, हिंदी प्रतियोगिताओं में कर्मचारियों की सहभागिता, प्रति दिन अंग्रेजी एवं उसके समानार्थी हिंदी शब्द का प्रदर्शन', आदि-आदि।

नियंत्रक कार्यालय के राजभाषा अधिकारी का प्रतिनिधित्व

- नियंत्रक कार्यालय स्थित स्थानीय शहर के अपने शाखा कार्यालयों/इकाइयों/प्रशिक्षण केंद्रों इत्यादि की तिमाही बैठकों में राजभाषा अधिकारी का प्रतिनिधित्व परिणामदायी रहेगा। बड़े शहरों में संगठन के शाखा कार्यालयों/इकाइयों की संख्या अधिक रहने पर सहभागिता में 'आवर्तन प्रक्रिया' अपनानी होगी।
- मुख्यालय से बाहर स्थित शाखा कार्यालयों/इकाइयों के शाखा निरीक्षण के दौरान राजभाषा अधिकारी के प्रतिनिधित्व में बैठक आयोजित करने की योजना बनाई जा सकती है।

  बैठकों का आयोजन, अनुवर्ती कार्रवाई, अभिलेखों का रखरखाव आदि में सदस्य सचिव की महत्त्वपूर्ण भूमिका होती है।

नगर राजभाषा कार्यान्वयन समितियाँ

परिचय

अमुक शहर में स्थित केंद्र सरकार के कार्यालयों/अधीनस्थ कार्यालयों/बोर्डों/निगमों/उपक्रमों/राष्ट्रीयकृत बैंकों/बीमा कंपनियों/वित्तीय संस्थाओं में राजभाषा के प्रगामी प्रयोग को बढ़ावा देने हेतु नगर राजभाषा कार्यान्वयन समिति के नाम पर संयुक्त मंच का गठन किये जाने की प्रथा प्रारंभ की गई है। नियमित अंतरालों पर अर्द्धवार्षिक बैठकों के माध्यम से सदस्य कार्यालयों में राजभाषा कार्यान्वयन की समीक्षा करना, सुधारात्मक एवं नवोन्मेषी कार्य करने हेतु सार्थक निर्णय लेना, हिंदी के प्रचार-प्रसार में योगदान देना एवं अनुश्रवण करना इस मंच का कर्तव्य बनता है।

गठन

यह जिम्मेदारी राजभाषा विभाग, गृह मंत्रालय के क्षेत्रीय कार्यान्वयन कार्यालयों द्वारा निभाई जाती है। अमुक शहर में केंद्र सरकार एवं उसके अधीनस्थ कार्यालयों (शाखा कार्यालयों/इकाइयों सहित) की संख्या 10 या अधिक होने पर तत्शहर के वरिष्ठतम पदाधिकारी को सूचित करते हुए अन्य स्थानीय कार्यालयों के प्रधानों एवं राजभाषा कर्मियों को आमंत्रित करते हुए क्षेत्रीय कार्यान्वयन कार्यालय द्वारा अनौपचारिक बैठक का आयोजन किया जाता है।

कार्यालय प्रमुखों की सहमति से शहर के वरिष्ठतम पदाधिकारी के नेतृत्व से जुड़े बृहत संस्था को सामान्यत: संयोजक बनने की जिम्मेदारी सौंपी जाती है। बैंकों के संदर्भ में सामान्यत: अग्रणी बैंक (लीड बैंक) को यह जिम्मेदारी सौंपी जाती है।

[राजभाषा विभाग, गृह मंत्रालय का ज्ञापन सं.1/14011/12/76—राभा (का-1), दि. 22.11.1976, 12027/79 राभा—(ख-1), दि. 3.9.1979 एवं 12024/12/215—राभा (का-2), दि. 29.2.2016]

संयोजक की जिम्मेदारी लेने हेतु अपने मुख्यालय की पूर्वानुमति की आवश्यकता

अनौपचारिक बैठक के आयोजन के पश्चात् या बैठक के बगैर आयोजन भी, क्षेत्रीय कार्यान्वयन कार्यालय से अमुक कार्यालय को इस आशय का अनुरोध पत्र प्राप्त होने पर अपने मुख्यालय/प्रधान कार्यालय से अनुमति प्राप्त करने के पश्चात् क्षेत्रीय कार्यान्वयन कार्यालय को अपनी सहमति से अगत कराना होगा। मुख्यालय के राजभाषा विभाग द्वारा अपनी संस्था के प्रमुख से पूर्वानुमति प्राप्त की जाती है। क्षेत्रीय कार्यान्वयन कार्यालय

की सिफारिशों के आधार पर राजभाषा विभाग, गृह मंत्रालय के सचिव के अनुमोदन पर सहमत कार्यालय के संयोजन में आधिकारिक रूप से नगर राजभाषा कार्यान्वयन समिति का गठन किया जाता है।

विभिन्न नगर राजभाषा कार्यान्वयन समितियाँ

1. सरकारी कार्यालयों की टॉलिक :

[नगर राजभाषा कार्यान्वयन समिति (कार्यालय)]

इस समिति में सदस्य कार्यालयों की सहभागिता दो प्रकार की होती है :

(i) केवल केंद्र सरकार के कार्यालयों के लिए।

(ii) केंद्र सरकार के कार्यालयों, केंद्र सरकार के अधीनस्थ कार्यालयों/उपक्रमों/बोर्डों/निगमों/राष्ट्रीयकृत बैंकों/वित्तीय संस्थाओं/बीमा कंपनियों को मिलाकर। [छोटे शहरों में जहाँ अमुक वर्ग के कार्यालयों की संख्या कम होती है।]

2. उपक्रमों की टॉलिक :

[नगर राजभाषा कार्यान्वयन समिति (उपक्रम)]

इस वर्ग में केंद्र सरकार के अधीनस्थ कार्यालय एवं उपक्रम, बोर्ड, निगम आदि समिति के सदस्य होंगे।

3. बैंक टॉलिक :

[नगर राजभाषा कार्यान्वयन समिति (बैंक एवं बीमा कंपनियाँ)]

इस समिति में राष्ट्रीकृत बैंक, वित्तीय संस्थाएँ, बीमा कंपनियाँ एवं भारतीय रिजर्व बैंक सदस्य होंगे।

एक शहर में एक से अधिक समितियों का गठन क्यों किया जाता है?

- कार्यालयों के कार्य स्वरूप के आधार पर समन्वयन में सहूलियत तथा असरदार अनुश्रवण हेतु बड़े शहरों में जहाँ प्रत्येक वर्ग के कार्यालयों की संख्या अधिक मात्रा में है, तदनुसार तत्श्रेणी के संगठनों के लिए पृथक् नगर राजभाषा कार्यान्वयन समिति का गठन किया जाता है। छोटे शहरों में सभी वर्गों के संगठनों के लिए नगर राजभाषा कार्यान्वयन समिति (कार्यालय) के नाम पर एक ही समिति का गठन किया जाता है।
- बड़े शहरों में अमुक वर्ग के कार्यालयों/उपक्रमों की संख्या अत्यधिक होने पर कार्यान्वयन की सुविधा हेतु एक ही श्रेणी की एक से अधिक टॉलिकों का गठन किया जाता है। यथा : टॉलिक (कार्यालय)-1, टॉलिक (कार्यालय)-2, टॉलिक (उपक्रम)-1, टॉलिक (उपक्रम)-2...।

क्या संयोजक कार्यालय के दायित्व में परिवर्तन किया जा सकता है?

- राजभाषा नीति के अनुपालन में और सौहार्दपूर्ण समन्वयन में संयोजक कार्यालय विफल होने पर संबंधित क्षेत्रीय कार्यान्वयन कार्यालय की सिफारिशों के आधार

पर राजभाषा विभाग, गृह मंत्रालय, नई दिल्ली के अनुमोदन से वरिष्ठतम पदाधिकारीयुक्त अन्य सदस्य कार्यालय को संयोजक का दायित्व सौंपा जाता है (प्रस्तावित संयोजक कार्यालय के प्रधान की लिखित सहमति से)।

- समिति के अध्यक्ष किसी कारणवश अध्यक्ष पद से हटकर उनके स्थान पर अपने कार्यालय के अन्य कनिष्ठ पदाधिकारी को नामित करने पर अन्य सदस्य कार्यालयों में कहीं इस प्रकार नामित अध्यक्ष के मूल पद से बढ़कर वरिष्ठतम पदभार के अन्य कोई कार्यालय प्रधान होने के संदर्भ में।
- संयोजक कार्यालय स्वयं इच्छुक न होने के संदर्भ में।

नोट : (i) संयोजक कार्यालय के परिवर्तन में आवर्तन की प्रक्रिया अपनाई नहीं जाती।
(ii) टॉलिक के सदस्य कार्यालयों की आपसी समझौता द्वारा संयोजक कार्यालय का परिवर्तन नहीं किया जा सकेगा।

समिति के अध्यक्ष का चयन

नगर विशेष के केंद्र सरकार के कार्यालयों/अधीनस्थ कार्यालयों/बोर्डों/निगमों/उपक्रमों/राष्ट्रीयकृत बैंकों/वित्तीय संस्थाओं/बीमा कंपनियों के किसी एक वरिष्ठतम अधिकारी को उनकी लिखित सहमति से गृह मंत्रालय के राजभाषा विभाग द्वारा अध्यक्ष के रूप में नामित किया जाता है। इस अपेक्षा के लिए एकमत प्राप्त करने के उद्देश्य से क्षेत्रीय कार्यान्वयन कार्यालय के राजभाषा विभाग द्वारा पत्राचार के अतिरिक्त सामान्यत: सौहार्द बैठक का आयोजन किया जाता है।

सदस्य सचिव कौन बनेगा?

- संयोजक कार्यालय के वरिष्ठतम राजभाषा अधिकारी को (कार्यालय में एक से अधिक राजभाषा अधिकारी कार्यरत होने के संदर्भ में) समिति के सदस्य सचिव के रूप में नामित किया जाता है। यदि एक ही राजभाषा अधिकारी कार्यरत होने पर वे ही सदस्य सचिव बनेंगे।
- लिपिक वर्ग के कर्मियों को सदस्य सचिव नहीं बनाया जाएगा।

क्या टॉलिक के अध्यक्ष और सदस्य सचिव अलग-अलग कार्यालयों के भी हो सकते हैं?

- किसी शहर में वरिष्ठतम पदाधिकारी पदभारयुक्त कार्यालय को टॉलिक का संयोजक बनाए जाने पर उस कार्यालय में किसी कारणवश राजभाषा अधिकारी का पद रिक्त होने के संदर्भ में किसी अन्य सदस्य कार्यालय के राजभाषा अधिकारी को तत् कार्यालय की सहमति से समिति का सदस्य सचिव बनाया जा सकता है। इस पद्धति के लिए संबंधित क्षेत्रीय कार्यान्वयन कार्यालय द्वारा उचित पहल की जाएगी।
- समिति के सार्थक संचालन हेतु सदस्य सचिव भी संयोजक कार्यालय का ही होना सुविधाजनक होगा।

समिति की सदस्यता

- समिति के स्वरूप के आधार पर तत्संबंधी श्रेणी के सभी केंद्र सरकार के क़ार्यालयों, अधीनस्थ कार्यालयों/बोर्डों/निगमों/उपक्रमों/राष्ट्रीयकृत बैंकों/वित्तीय संस्थाओं/बीमा कंपनियों/भारतीय रिजर्व बैंक को सदस्य बनना अनिवार्य है।
- जानकारी के अभाव में संयोजक कार्यालय द्वारा किसी कार्यालय को सदस्य की सूची में शामिल नहीं किये जाने पर तत्संबंधी कार्यालय का दायित्व बनता है कि वह इस जानकारी को संयोजक कार्यालय के ध्यान में लाएँ।

यदि एक शहर में एक ही संगठन के एक से अधिक प्रशासनिक कार्यालय, शाखा कार्यालय, इकाई एवं प्रशिक्षण केंद्र होने पर कौन समिति के सदस्य बनेंगे?

- राजभाषा विभाग, गृह मंत्रालय के का.ज्ञा.सं. 12027/03/2018—राभा (का-2), दि. 19.12.2018 के अंतर्गत इस प्रकार सूचित किया गया है : 'एक ही नगर में एक कार्यालय की बहुत-सी शाखाएँ होती हैं जहाँ पर कार्मिकों की संख्या 8 या 8 से अधिक हैं, उन्हें सदस्य के रूप में स्वीकार किया जाए किंतु कुल नराकासों की संख्या यथावत् बनी रहेगी।'
- राष्ट्रीयकृत बैंकों/अन्य कुछेक संस्थाओं के संदर्भ में मेट्रो नगरों और अन्य कुछ बड़े नगरों में उनकी 50 से अधिक शाखाएँ/इकाइयाँ कार्यरत होती हैं जिनमें कर्मचारियों की संख्या 8 से भी अधिक होती है। ऐसे संदर्भों में सभी को सदस्य बनाकर बैठक आयोजित करना/अनुश्रवण करना सुविधाजनक नहीं होगा। वस्तुस्थिति को संबंधित क्षेत्रीय कार्यान्वयन कार्यालय के संज्ञान में लाते हुए और अर्द्धवार्षिक समीक्षा बैठकों में उचित निर्णय लेते हुए तत् संस्था के नियंत्रक कार्यालयों और प्रशिक्षण केंद्रों को ही सदस्य बनाने की पहल करनी होगी।
- किसी शहर में प्रशासनिक/नियंत्रक कार्यालय न रहकर केवल एक से अधिक शाखा कार्यालय होने के संदर्भ में उनमें से बृहत शाखा कार्यालय को समिति का सदस्य बनाए जाने पर विचार करना होगा।
- यदि शहर में एक ही संगठन के एक से अधिक नियंत्रक कार्यालय कार्यरत होने पर उन सभी को सदस्य बनाए जाने के उदाहरण भी पाए जाते हैं। यह संबंधित टॉलिक के निर्णय और क्षेत्रीय कार्यान्वयन कार्यालय के मार्गदर्शन पर निर्भर होगा।

अर्द्धवार्षिक समीक्षा बैठकों में सहभागिता

- समिति के अध्यक्ष की अध्यक्षता में ही समीक्षा बैठक का आयोजन करना अनिवार्य है।
- सदस्य कार्यालय के प्रधान को समीक्षा बैठक में भाग लेना अनिवार्य है।

- कार्यालय प्रधान के साथ अपने राजभाषा अधिकारी या राजभाषा समन्वयक अधिकारी को भाग लेना जरूरी है।
- यदि सदस्य कार्यालय शाखा कार्यालय या छोटी इकाई होने पर (ऐसे कार्यालयों में सामान्यत: राजभाषा अधिकारी पदस्थ नहीं होते हैं) कार्यालय के सामान्य वर्ग के कोई राजभाषा सहूलियतकार को कार्यालय प्रमुख के साथ भाग लेना होगा। ऐसे कार्यालयों के संदर्भ में उनके नियंत्रक कार्यालय के राजभाषा अधिकारी का प्रतिनिधित्व सुनिश्चित करना परिणामदायक होगा।
- कार्यालय प्रमुख के बगैर, केवल राजभाषा अधिकारी या राजभाषा समन्वयक द्वारा समीक्षा बैठक में भाग लिया जाना आपत्तिजनक है। इसे संसदीय राजभाषा समिति द्वारा अति गंभीरता से लिया जाता है।

अनिवार्य परिस्थितियों में सदस्य कार्यालय प्रधान को सहभागिता से छूट

- बीमारी छुट्टी पर रहने पर।
- संयोजक कार्यालय से बैठक के आयोजन तारीख की सूचना प्राप्त होने के पहले ही छुट्टी स्वीकृत हो जाने के संदर्भ में।
- अति महत्त्वपूर्ण कार्यालयीन काम पर ड्यूटी पर मुख्यालय से बाहर जाना अनिवार्य होने की स्थिति में।

कार्यालय प्रमुख की अनिवार्य अनुपस्थिति में बैठक में कौन भाग ले सकते हैं?

- अगले वरिष्ठतम पदाधिकारी (अनिवार्यत:)।

अनुपस्थिति की सूचना से अवगत कराना

- उपर्युक्त किसी कारण पर कार्यालय प्रधान द्वारा बैठक में भाग न ले पाने की स्थिति से संयोजक कार्यालय को लिखित रूप में अवगत कराना जरूरी है। साथ ही कार्यालय प्रधान के स्थान पर भाग लेने वाले अगले वरिष्ठतम अधिकारी की सूचना भी देनी होगी।

बैठक में उपस्थित होने के संबंध में कार्यालय प्रधान को क्या नहीं करना चाहिए?

- मुख्यालय में ड्यूटी पर रहकर उनके स्थान पर बैठक में भाग लेने हेतु अन्य पदाधिकारी को भेजना।
- नेमी कार्यालयीन काम पर मुख्यालय से बाहर जाना।

अर्द्धवार्षिक समीक्षा बैठकों का कैलेंडर

- क्षेत्रीय कार्यान्वयन कार्यालयों द्वारा उनके क्षेत्राधीन स्थित टॉलिकों को उनके गठन पर प्रारंभ में ही प्रति अर्द्धवर्ष के लिए अमुक माह का आबंटन किया जाता है (यथा : जनवरी-जुलाई अर्द्धवर्ष, मई-नवंबर अर्द्धवर्ष)।

- आबंटित कैलेंडर के अनुसार निर्धारित माह के दौरान सुविधानुसार किसी एक दिन समीक्षा बैठक का आयोजन करना होगा।

समीक्षा बैठकों में सरकारी पदाधिकारियों का प्रतिनिधित्व सुनिश्चित करना

- क्षेत्रीय कार्यान्वयन कार्यालय/राजभाषा विभाग (मुख्यालय) के पदाधिकारी।
- केंद्रीय हिंदी प्रशिक्षण संस्थान/उप-संस्थान/हिंदी शिक्षण योजना (कोई एक) एवं केंद्रीय अनुवाद ब्यूरो के पदाधिकारी।

  [स्थानीय शहर में हिंदी प्रशिक्षण उप-संस्थान/हिंदी शिक्षण योजना/केंद्रीय अनुवाद ब्यूरो के केंद्र न होने की स्थिति में नजदीकी केंद्रों से आमंत्रित करने का प्रयास किया जा सकता है।]
- नगर स्थित केंद्रीय सचिवालय हिंदी परिषद् की किसी एक शाखा के प्रतिनिधि।

समीक्षा बैठक की तय तारीख को क्षेत्रीय कार्यान्वयन कार्यालय के पदाधिकारी का प्रतिनिधित्व उपलब्ध न होने की स्थिति में क्या बैठक का आयोजन किया जा सकता है?

- वार्षिक कैलेंडर के आधार पर बैठक का आयोजन करना अनिवार्य होने के कारण किसी कारणवश क्षेत्रीय कार्यान्वयन कार्यालय के पदाधिकारी उपस्थित न हो पाने पर भी यथानिर्धारितानुसार बैठक का आयोजन हो।
- अर्द्धवार्षिक बैठक की तय तारीख की सूचना बैठक के कम से कम पंद्रह दिन पूर्व संबंधित क्षेत्रीय कार्यान्वयन कार्यालय को पहुँचानी होगी।

  [क्षेत्रीय कार्यान्वयन कार्यालय के पदाधिकारी की उपलब्धता के आधार पर बैठक की तारीख तय करने का प्रयास किया जा सकता है।]

टॉलिक अध्यक्ष की उपस्थिति की अनिवार्यता

- टॉलिक के अध्यक्ष की अध्यक्षता में ही बैठक का अनिवार्य आयोजन हो। अन्यथा राजभाषा विभाग, गृह मंत्रालय एवं संसदीय राजभाषा समिति द्वारा गंभीरता से लिया जाता है।

कार्यसूची

- राजभाषा अधिनियम, नियम, वार्षिक कार्यक्रम, राजभाषा विभाग एवं अन्य स्त्रोतों से प्राप्त कार्यान्वयन संबंधी नवीनतम दिशानिर्देश, संसदीय राजभाषा समिति निरीक्षण, सदस्य कार्यालयों से प्राप्त कार्यान्वयन संबंधी सुझाव इत्यादि के आधार पर कार्यसूची बनाई जाती है।
- कार्यान्वयन संबंधी महत्त्वपूर्ण एवं संदर्भानुकूल मदों के अतिरिक्त 'पिछली बैठक में लिये गए निर्णयों पर कृत कार्रवाई, क्षेत्रीय कार्यान्वयन कार्यालय से प्राप्त दिशानिर्देश, प्रगति रिपोर्टों की समीक्षा, प्रस्तावित गतिविधियाँ, अध्यक्ष की अनुमति से अन्य कोई विषय' को स्थायी मद के रूप में लेना होगा।

- हर अर्द्धवार्षिक समीक्षा बैठक में एक या दो सदस्य कार्यालयों द्वारा कार्यान्वित की जाने वाली राजभाषा प्रयोग संबंधी अपनी विशिष्ट पहल की संक्षिप्त सूचना प्रस्तुत की जाने की प्रथा हो। इस पद्धति से अन्य सदस्य कार्यालय लाभान्वित हो पाएँगे।
- बैठक के पर्याप्त समय पूर्व सदस्य कार्यालयों से कार्यान्वयन संबंधी अपनी समस्याओं की सूचना प्राप्त कर 'सदस्य कार्यालयों की कार्यान्वयन संबंधी समस्याएँ' मद के अंतर्गत चर्चा कर उन्हें दूर करने के उपाय अपनाने होंगे।

समीक्षा बैठकों में कार्यालयवार हिंदी प्रगति की समीक्षा इस प्रकार हो

- सदस्य कार्यालयों से निर्धारित प्रपत्र में प्राप्त की गई समेकित रिपोर्टों की मदवार समीक्षा की जाती है।
- क्षेत्रीय कार्यान्वयन कार्यालय के पदाधिकारी द्वारा यह समीक्षा की जाती है। यदि कोई पदाधिकारी भाग न ले पाने की स्थिति में सदस्य सचिव द्वारा की जाती है।

कार्यवृत्त जारी करना

- बैठक के आयोजन के पश्चात् पंद्रह दिन के अंदर सभी सदस्य कार्यालयों को कार्यवृत्त (संबंधित अनुलग्नकों सहित) पहुँचाने के अतिरिक्त क्षेत्रीय कार्यान्वयन कार्यालय को अपलोड करना होगा। बैठक में चर्चित सभी विषयों का मदवार अभिलेखन हो।

क्या अर्द्धवार्षिक समीक्षा बैठकों के आयोजन संबंधी व्यय की प्रतिपूर्ति सरकार द्वारा की जाती है?

- सदस्य कार्यालयों की संख्या के आधार पर (10-50, 51-100 एवं 101 से अधिक) टॉलिक (कार्यालय) के लिए राजभाषा विभाग, गृह मंत्रालय द्वारा निर्धारित रकम की आपूर्ति की जाती है। निर्धारित रकम से कृत अधिक व्यय का वहन टॉलिक को करना होगा। संयोजक कार्यालय द्वारा सदस्य कार्यालयों से प्राप्त किये गए वार्षिक अंशदान में इसे समायोजित किया जाता है।
- टॉलिक (उपक्रम) और टॉलिक (बैंक) के लिए सरकार द्वारा कोई व्यय की प्रतिपूर्ति नहीं की जाती है।

व्यय का दावा [केवल टॉलिक (कार्यालय) द्वारा]

- अर्द्धवार्षिक बैठक की समाप्ति के पश्चात् टॉलिक (कार्यालय) के संयोजक कार्यालय से प्राप्त दावे के आधार पर संबंधित क्षेत्रीय कार्यान्वयन कार्यालय द्वारा निर्धारित व्यय रकम की आपूर्ति की जाती है। [निर्धारित बजट से कम व्यय होने पर तत् वास्तविक व्यय की प्रतिपूर्ति की जाती है।]

राजभाषा विभाग द्वारा निर्धारित प्रपत्र में व्यय का ब्योरा प्रस्तुत करते हुए अध्यक्ष या सदस्य सचिव के हस्ताक्षर से बैठक के आयोजन के 15 दिन के अंदर संबंधित क्षेत्रीय कार्यान्वयन कार्यालय को दावा-पत्र पहुँचाना होगा।

[**संदर्भ :** राजभाषा विभाग, गृह मंत्रालय का ज्ञापन सं. 12027/03/2017—राभा (का-2), दि. 26.9.2018]

वार्षिक अंशदान

- टॉलिक एक संयुक्त मंच होने के कारण समिति के तत्त्वावधान में आयोजित की जाने वाली राजभाषा कार्यान्वयन संबंधी विभिन्न बैठकों, गतिविधियों हेतु संयोजक कार्यालय द्वारा सभी सदस्य कार्यालयों से (संयोजक कार्यालय सहित) वार्षिक अंशदान प्राप्त किया जाता है। अर्द्धवार्षिक समीक्षा बैठकों में वार्षिक अंशदान संबंधी निर्णय लिया जाता है।
- अंशदान व्यय सीमा का निर्धारण सदस्य कार्यालयों की सहमति से की जाती है।
- संयोजक कार्यालय के प्रस्ताव एवं सदस्य कार्यालयों के विचारों के आधार पर सामान्यतः निम्न रीति में अंशदान तय किया जाता है (अनिवार्य नहीं है) : सदस्य मुख्यालय, सदस्य नियंत्रक कार्यालय, सदस्य शाखा कार्यालय/इकाई के लिए पृथक् अंशदान (यह आदर्श पद्धति है)।
- अन्यथा सदस्य कार्यालय स्वरूप को गिनती में न लेते हुए सभी के लिए एक समान अंशदान।
- एक शहर में एक ही संगठन के एक से अधिक कार्यालय सदस्य बनने के सदंर्भ में सभी से वार्षिक अंशदान प्राप्त करने की पद्धति अपनाई जाने पर विचार किया जा सकता है।

विशेष अंशदान

- राजभाषा सम्मेलनों या अन्य विशेष गतिविधियों के आयोजनों के अवसर पर यदि किसी संस्था या संगठन द्वारा किसी व्यवस्था हेतु सहयोग (स्पांसरशिप) मांगे जाने पर समुचित और अनिवार्य होने पर टॉलिक की संयुक्त निधि में पर्याप्त रकम के अभाव में सदस्य कार्यालयों की सहमति से विशेष अंशदान प्राप्त करना पड़ेगा। उच्च स्तरीय निरीक्षणों के अवसर पर भी आवश्यकतानुसार यही प्रक्रिया अपनानी पड़ेगी।

टॉलिक बैंक खाता

- टॉलिक की विविध गतिविधियाँ चलाने हेतु प्राप्त किये जाने वाले वार्षिक अंशदान/विशेष अंशदान को जमा करने के लिए समिति के अध्यक्ष के अनुमोदन से संयोजक कार्यालय द्वारा किसी एक राष्ट्रीयकृत बैंक में बचत बैंक खाता खोलने की आवश्यकता है।

खाता परिचालन प्रक्रिया

जमा प्रक्रिया :

- टॉलिक के बैंक खाते में सदस्य कार्यालय के बैंक खाते द्वारा ऑनलाइन अंतरण के जरिये।
[टॉलिक की खाता संख्या, IFSC के आधार पर NEFT के माध्यम से। टॉलिक खातायुक्त बैंक और सदस्य कार्यालय का बैंक एक ही होने पर केवल ऑनलाइन अंतरण द्वारा।]
- चेक जारी करने के जरिये।
- डीडी के माध्यम से।

आहरण प्रक्रिया :

- समिति के नाम पर खोले गए खाता होने के कारण, संयुक्त परिचालन के अधीन होना जरूरी है।
- समिति के अध्यक्ष के अनुमोदन से खाते के परिचालनार्थ दो पदाधिकारियों के नाम बैंक शाखा को लिखित रूप में देने होंगे।
- नामोद्दिष्ट पदाधिकारी का स्थानांतरण होने पर अध्यक्ष के अनुमोदन से उनके स्थान पर खाते के परिचालनार्थ दूसरे पदाधिकारी का ब्योरा बैंक शाखा को लिखित रूप में देना होगा।
- सामान्यत: समिति के अध्यक्ष और सदस्य सचिव द्वारा खाते का संयुक्त परिचालन किया जाता है।
- अपने ओहदा और कार्यालयीन व्यस्तता को ध्यान में रखकर समिति के अध्यक्ष अपने स्थान पर किसी अन्य पदाधिकारी को सदस्य सचिव के साथ खाते का संयुक्त परिचालन करने हेतु नामित कर सकते हैं। अन्यथा सदस्य सचिव के साथ खाते के परिचालनार्थ अन्य अधिकारी को नामित करने के संबंध में समिति द्वारा उचित निर्णय लिया जा सकता है। लेकिन अध्यक्ष या संयोजक कार्यालय के अन्य कोई पदाधिकारी और सदस्य सचिव द्वारा खाते का परिचालन किये जाने पर कार्य निर्वहण में संयोजक कार्यालय को सुविधाजनक होगा। यह प्रक्रिया लिखित रूप में अभिलेखित हो।
- टॉलिक की गतिविधि हेतु आहरित की जाने वाली रकम संबंधी चेक पर समिति के अध्यक्ष और सदस्य सचिव या अध्यक्ष द्वारा नामित अन्य पदाधिकारी और सदस्य सचिव के हस्ताक्षर होंगे।
- टॉलिक की अर्द्धवार्षिक समीक्षा बैठकों एवं उप समिति की बैठकों में लिये गए निर्णयों के आधार पर राजभाषा कार्यान्वयन संबंधी गतिविधियाँ संपन्न कराने हेतु अध्यक्ष के लिखित अनुमोदन से संयुक्त हस्ताक्षरयुक्त चेक के जरिये टॉलिक खाते से रकम आहरित की जाती है।

आय-व्यय उप समिति

- टॉलिक खाते में प्राप्त अंशदान एवं व्यय संबंधी लेखा-जोखा का सत्यापन करने हेतु तथा आय-व्यय विवरण की तैयारी में सहयोग प्रदान करने हेतु तीन-चार सदस्यों की एक उप समिति गठित की जा सकती है। इस पद्धति से विसंगतियाँ होने पर दूर की जा सकती हैं और पारदर्शिता बनाई जा सकती है।
- वार्षिक आधार पर या अर्द्धवार्षिक आधार पर टॉलिक आय-व्यय की जानकारी सभी सदस्य कार्यालयों के बीच परिचालित करने के अतिरिक्त अर्द्धवार्षिक समीक्षा बैठकों में चर्चा करना उचित होगा।

विभिन्न उप समितियों का गठन

- टॉलिक की गतिविधियों के सुचारु संचालन हेतु आवश्यक संदर्भों के लिए कुछेक सदस्य कार्यालयों के सक्रिय राजभाषा अधिकारियों एवं आवश्यकतानुसार राजभाषा ज्ञान रखने वाले सामान्य वर्ग के पदाधिकारियों को उप समितियों के सदस्य बनाने होंगे। समीक्षा बैठकों में ही सदस्यों का नामांकन करना उचित होगा। समयाभाव या अन्य कारणों पर समीक्षा बैठक के दौरान सदस्यों का चयन नहीं कर पाने की स्थिति में तत्पश्चात् सदस्य कार्यालयों की सहमति से संयोजक कार्यालय को पात्र सदस्यों का चयन करना होगा (मौखिक संपर्क या पत्र द्वारा प्रस्तावित सदस्यों की सूचना देकर सहमति प्राप्त करने के जरिये) :

  (i) संयुक्त हिंदी दिवस उप समिति, (ii) आय-व्यय उप समिति, (iii) निरीक्षण उप समिति, (iv) राष्ट्रीय स्तर/क्षेत्रीय स्तर आयोजनों संबंधी उप समिति, (v) पत्रिका संपादन उप समिति इत्यादि।

नोट : इन उप समितियों की बैठकों में टॉलिक के अध्यक्ष की उपस्थिति आवश्यक नहीं है। संयोजक कार्यालय के राजभाषा अनुभाग के कोई प्रभारी कार्यपालक की अध्यक्षता पर्याप्त है। अन्यथा सदस्य सचिव की अध्यक्षता में भी इनका आयोजन हो सकता है। उपस्थिति रजिस्टर में सदस्यों की उपस्थिति दर्ज करनी होगी। चर्चित विषयों की रिपोर्ट बनाकर अध्यक्ष का अनुमोदन प्राप्त कर तत्पश्चात् कार्यवृत्त तैयार कर परिचालित करना होगा।

टॉलिक पत्रिका

- अनिवार्यत: वार्षिक आधार पर पत्रिका का प्रकाशन हो। निधियों की उपलब्धता एवं अन्य सुविधाओं के आधार पर समिति के इच्छानुसार अर्द्धवार्षिक या त्रैमासिक आधार पर भी हिंदी या द्विभाषा में पत्रिकाएँ निकाली जा सकती हैं।

सदस्य कार्यालयों द्वारा रिपोर्टिंग

- नगर राजभाषा कार्यान्वयन समिति का मुख्य उद्देश्य तत् नगर स्थित सदस्य कार्यालयों की हिंदी प्रगति की समीक्षा करना और प्रगामी प्रयोग

संबंधी उपयुक्त उपाय अपनाना होता है। अत: सदस्य कार्यालयों को अपनी तिमाही हिंदी प्रगति रिपोर्ट की सूचनाएँ एवं कार्यान्वयन संबंधी अपेक्षित अन्य महत्त्वपूर्ण सूचनाएँ शामिल कर टॉलिक द्वारा निर्धारित प्रपत्र में अर्द्धवार्षिक रिपोर्ट तैयार कर (अर्द्धवार्षिक समीक्षा बैठक के पूर्व की दो तिमाहियों की समेकित रिपोर्ट) संयोजक कार्यालय को समय पर प्रस्तुत करना पड़ता है।

संयोजक कार्यालय द्वारा ऑनलाइन रिपोर्टिंग

- संबंधित क्षेत्रीय कार्यान्वयन कार्यालय द्वारा टॉलिक संयोजक कार्यालय को एक कोड दिया जाता है। संयोजक कार्यालय को स्वयं पासवर्ड सृजन करना पड़ता है। उसके आधार पर अर्द्धवार्षिक समीक्षा बैठकों के आयोजन के पश्चात् निर्धारित समय के अंदर कार्यवृत्त (कार्यसूची, उपस्थिति सूची, सदस्य कार्यालयों की समेकित प्रगति रिपोर्ट आदि सहित) क्षेत्रीय कार्यान्वय कार्यालय को अपलोड करना होगा। उसी प्रकार संबंधित अर्द्धवर्ष के दौरान आयोजित विशिष्ट गतिविधियों (संगोष्ठियों, समारोहों, कार्यशालाओं, प्रकाशनों, अन्य उल्लेखनीय गतिविधियों इत्यादि) की संक्षिप्त रिपोर्ट भी अपलोड करनी होगी। (रिपोर्टिंग लिंक : http://164.100.252.25/narakas नराकास चित्र आदि रिपोर्ट करने का लिंक : http://164.100.252.25/narakaswebsit/?000#noback)

संयुक्त नराकास वेबसाइट

- देशभर में कार्यरत नगर राजभाषा कार्यान्वयन समितियों के लाभार्थ राजभाषा विभाग, गृह मंत्रालय ने संयुक्त नराकास वेबसाइट (http://narakas.rajbhasha.gov.in और नराकास.राजभाषा.सरकार.भारत) का निर्माण किया है जो पूर्णत: नि:शुल्क है। सभी टॉलिकों द्वारा अपनी टॉलिक संबंधी सूचना इस वेबसाइट पर साझा की जा सकती है।

सदस्य सचिव को टेलीफोन की सुविधा

- राजभाषा विभाग, गृह मंत्रालय के कार्यालय ज्ञापन सं. 12024/25/96—राभा (का-2) के अनुसार टॉलिक के सदस्य सचिव को उनके कार्यालय एवं निवासस्थान पर कार्यालयीन टेलीफोन की सुविधा उपलब्ध करानी होगी।

टॉलिक के अध्यक्ष का दायित्व

- नगर में राजभाषा कार्यान्वयन संबंधी दिशानिर्देशों को अमल कराने में अपने सदस्य कार्यालयों के लिए आदर्श मार्गदर्शक एवं पर्यवेक्षी बनना।
- संबंधित क्षेत्रीय कार्यान्वयन कार्यालय एवं राजभाषा विभाग, गृह मंत्रालय, नई दिल्ली से संपर्क स्थापित करना।

- आवश्यकतानुसार हिंदी शिक्षण योजना केंद्र, केंद्रीय अनुवाद ब्यूरो के पदाधिकारियों एवं स्थानीय अन्य टॉलिक के अध्यक्षों के साथ संपर्क बनाए रखना।
- राजभाषा विभाग से समय समय पर टॉलिक को प्राप्त दिशानिर्देशों को सभी सदस्य कार्यालयों के बीच परिचालित किया जाना सुनिश्चित करना।
- अर्द्धवार्षिक समीक्षा बैठकों में अनिवार्यत: उपस्थित होना और समीक्षा में सक्रिय भूमिका निभाना।
- संसदीय राजभाषा समिति की आलेख एवं साक्ष्य उप समिति के निरीक्षणों के अवसर पर सुचारु समन्वयन सुनिश्चित करना।
- राजभाषा विभाग द्वारा आयोजित वार्षिक क्षेत्रीय राजभाषा सम्मेलनों के सार्थक संचालन में सहयोग प्रदान करना।
- टॉलिक आय-व्यय पर निगरानी।
- टॉलिक की विशेष गतिविधियों/सम्मेलनों/समारोहों के उद्घाटन में भाग लेना और अभिप्रेरित करना।
- सदस्य सचिव के लिए सकारात्मक मार्गदर्शक एवं सख्त पर्यवेक्षी बनना।
- हिंदी या मिली-जुली भाषा का स्वयं प्रयोग करते हुए, उनमें वार्तालाप करते हुए सदस्य कार्यालयों के लिए अभिप्रेरक बनना।
- नवीनतम तकनीकी माध्यमों के जरिये एवं नवोन्मेषी गतिविधियों के माध्यम से हिंदी का अधिकाधिक प्रयोग सुनिश्चित करते हुए अपनी टॉलिक को एक अलग पहचान दिलाना।

सदस्य सचिव क्या करें और कैसे रहें?

- टॉलिक के सदस्य सचिव का कार्यभार एक महत्त्वपूर्ण कार्यभार है। यह अतिरिक्त पदभार होने पर भी पूर्ण प्रतिबद्धता के साथ सदस्य सचिव के कर्तव्यों को बखूबी निभाने की जरूरत है।

  टॉलिक के अध्यक्ष की अनुमति से सदस्य सचिव द्वारा समिति के कार्यकलाप संपन्न किये जाते हैं।
- राजभाषा नीति और टॉलिक की अपेक्षाओं की पूर्ण जानकारी हासिल करना। कंप्यूटर परिचालन में दक्ष होना।
- सदस्य कार्यालयों के प्रमुखों एवं सह-राजभाषा अधिकारियों से स्नेह संबंध बनाए रखना।
- विषयवार अभिलेखों का रखरखाव।
- हिंदी प्रचार से जुड़े संगठनों के साथ संपर्क बनाए रखना।
- क्षेत्रीय कार्यान्वयन कार्यालय, केंद्रीय अनुवाद ब्यूरो, हिंदी शिक्षण योजना केंद्रों से संपर्क में रहना।
- स्थानीय अन्य नगर राजभाषा कार्यान्वयन समिति के सह-सदस्य सचिव के साथ कार्यान्वयन संबंधी विषयों का आदान-प्रदान और महत्त्वपूर्ण गतिविधियों का आवश्यकतानुसार संयुक्त आयोजन।

- समीक्षा बैठकों के ससमय आयोजन की व्यवस्था करना।
- टॉलिक के क्रियाकलापों पर टीका-टिप्पणी करने का अवसर न देना।
- बैठकों में लिये निर्णयों का सार्थक अनुपालन सुनिश्चित करना।
- नवोन्मेषी/सक्रिय रहना।
- समीक्षा बैठकों/उप समिति की बैठकों में लिये गए निर्णयों का कार्यरूप देने हेतु समिति के अध्यक्ष से लिखित अनुमोदन प्राप्त करना।
- अच्छे संप्रेषक, आलेखकार एवं संपादक हों और दक्ष प्रबंधक व समन्वयक बनें।
- हर सदस्य कार्यालय के राजभाषा कार्यान्वयन से परिचित हों।
- स्वभाव और पोषाक उम्दा हो।
- ससमय रिपोर्टिंग में तत्पर हों।
- अपने फलप्रद क्रियाकलाप दूसरों के लिए आदर्श बनें।
- अपनी टॉलिक को समुन्नत स्थान एवं समुचित पहचान दिलाने में सक्षम हों।

संयोजक कार्यालय की भूमिका

- गृह मंत्रालय, राजभाषा विभाग से प्राप्त राजभाषा कार्यान्वयन संबंधी आवश्यक दिशानिर्देशों से सदस्य कार्यालयों को अवगत कराना।
- क्षेत्रीय कार्यान्वयन कार्यालय, राजभाषा विभाग से प्राप्त वार्षिक कैलेंडर के अनुसार अर्द्धवार्षिक बैठकों का ससमय आयोजन करना।
- किसी कारणवश समीक्षा बैठकों का भौतिक आयोजन संभव नहीं हो पाने की स्थिति में ई-बैठक (आभासी) की व्यवस्था करनी होगी।
- समिति की समीक्षा बैठकों में सदस्य कार्यालयों/सदस्य शाखा कार्यालयों/इकाइयों/सदस्य प्रशिक्षण केंद्रों के प्रधानों एवं राजभाषा अधिकारियों/राजभाषा समन्वयक अधिकारियों की शतप्रतिशत उपस्थिति सुनिश्चित करना।
- टॉलिक अभिलेखों (फाइल/रजिस्टर/दिशानिर्देश पुस्तक आदि) का सुलभ और सुरक्षित रखरखाव हो।
- संयोजक कार्यालय में राजभाषा कक्ष की स्वस्थ एवं सुंदर व्यवस्था हो। (इससे सदस्य कार्यालयों/हिंदी प्रयोग से जुड़े अन्य संगठनों के संदर्शकों को सुविधा होगी और संयोजक कार्यालय की छवि बढ़ेगी।)
- अर्द्धवार्षिक समीक्षा बैठक के पर्याप्त समय-पूर्व सभी सदस्य कार्यालयों से निर्धारित प्रपत्र में राजभाषा कार्यान्वयन संबंधी रिपोर्ट प्राप्त करनी होगी। प्रपत्र में प्राप्त की जाने वाली जानकारी राजभाषा विभाग द्वारा निर्धारित हिंदी के प्रगामी प्रयोग से संबंधित प्रगति रिपोर्ट भाग-I एवं भाग-II और संसदीय राजभाषा समिति की निरीक्षण प्रश्नावली के महत्त्वपूर्ण मद तथा कार्यान्वयन संबंधी अन्य अपेक्षित मदों के आधार पर हो।
- समिति की बैठकों में लिये गए निर्णयों की ससमय और सार्थक कार्रवाई सुनिश्चित करना।

- विभिन्न गतिविधियों के आयोजन एवं सलाह-मशवरे हेतु उप समिति की बैठकों का आयोजन।
- हिंदी एवं क्षेत्रीय भाषाओं के प्रयोग हेतु विभिन्न सार्थक गतिविधियों का आयोजन।
- अंतर सदस्य कार्यालयीन हिंदी प्रतियोगिताओं, हिंदी कार्यशालाओं, तकनीकी कार्यशालाओं, प्रांतीय भाषा संबंधी मार्गदर्शन कार्यक्रमों, आपसी संवाद कार्यक्रमों, सम्मेलनों, संगोष्ठियों इत्यादि का आयोजन।
- संयुक्त हिंदी दिवस का आयोजन।

  [विस्तृत जानकारी इस अध्याय के पृथक् उपशीर्षक में उपलब्ध है।]
- पत्रिका का प्रकाशन।
- राजभाषा शील्ड प्रतियोगिताओं का आयोजन।
- संसदीय राजभाषा समिति की आलेख एवं साक्ष्य उप समिति के निरीक्षणों का समन्वयन (निरीक्षण के अवसर पर संसदीय राजभाषा समिति से प्राप्त दिशानिर्देशों के आधार पर)।
- राजभाषा विभाग के वार्षिक क्षेत्रीय राजभाषा सम्मेलनों, तकनीकी संगोष्ठियों का समन्वयन (संबंधित क्षेत्रीय कार्यान्वयन कार्यालय के दिशानिर्देश/निवेदन के आधार पर)।
- भाषा प्रचार-प्रसार व प्रयोग संबंधी विशेष गतिविधियों का आयोजन।
- टॉलिक का सार्थक संचालन एवं विभिन्न गतिविधियों के आयोजनार्थ समीक्षा बैठकों में लिये गए निर्णयों के अनुसार वार्षिक अंशदान प्राप्त करना और समुचित उपयोगिता सुनिश्चित करना।
- सदस्य कार्यालयों के संपूर्ण पते, संपर्क सूत्र आदि की अद्यतन सूचना की तत्काल उपलब्धता। यथा :

क्र. सं.	सदस्य कार्यालय का पता	फोन/ ई-मेल नंबर	कार्यालय प्रधान का नाम	पदनाम एवं फोन नंबर	राजभाषा अधिकारी/ समन्वयक का नाम	पदनाम एवं फोन नंबर
1	2	3	4	5	6	7

- अध्यक्ष एवं सदस्य सचिव के स्थानांतरण/परिवर्तन के संदर्भ में क्षेत्रीय कार्यान्वयन कार्यालय एवं सभी सदस्य कार्यालयों को लिखित रूप में सूचित करना।
- संसदीय राजभाषा समिति निरीक्षण संबंधी मुख्य प्रश्नावली एवं आलेख एवं साक्ष्य उप समिति के निरीक्षण संबंधी टॉलिक अध्यक्ष की विशेष प्रश्नावली में अंकित सभी प्रश्नों के संतोषजनक उत्तर देने हेतु कार्यान्वयन सुनिश्चित करना।
- सदस्य कार्यालयों के बीच सरकारी दिशानिर्देशों का परिचालन करने के अतिरिक्त कार्यान्वयन संबंधी विविध मदों का अनुपालन सुनिश्चित करने हेतु

समय-समय पर पत्र/परिपत्रों के माध्यम से स्मरण दिलाना और कृत कार्रवाई की पुष्टि-सूचना प्राप्त करना।

- सदस्य कार्यालयों का संदर्शन (सदस्य सचिव एवं इस उद्देश्यार्थ गठित निरीक्षण उप समिति द्वारा)।
- सहायक सामग्री का प्रकाशन (दैनिक प्रयोग शब्दावली पुस्तिका, वाक्यांश मार्गदर्शिका, कार्यशाला मार्गदर्शिका, नोटिंग टेबुल कार्ड, कार्यान्वयन के वार्षिक लक्ष्य टेबुल शीट, हिंदी प्रयोग संबंधी नवीनतम टूल मार्गदर्शिका इत्यादि)।
- क्षेत्रीय कार्यान्वयन कार्यालय एवं सदस्य कार्यालयों के सुझावों के आधार पर अन्य कोई रचनात्मक कार्य।
- राजभाषा कार्यान्वयन से जुड़े अपेक्षित सरकारी कार्यालयों के पदाधिकारियों/प्रतिनिधियों को समीक्षा बैठकों/विशिष्ट गतिविधियों में आमंत्रित करना।
- संयोजक कार्यालय द्वारा निम्न विशेष कदम उठाए जा सकते हैं :
    (i) टॉलिक की वेबसाइट प्रारंभ करना।
    (ii) टॉलिक का अलग लोगो बनाना।
    (iii) शहर के प्रमुख स्थलों पर भाषा प्रचार-प्रसार संबंधी होर्डिंग का प्रदर्शन।
    (iv) राष्ट्रीय स्तर गतिविधियों का आयोजन जैसे, संगोष्ठियाँ, रोचक प्रतियोगिताएँ, कवि सम्मेलन आदि।
    (v) शहर स्थित अन्य टॉलिक संयोजक कार्यालयों के सहयोग से विशेष गतिविधियों का आयोजन।
- संयोजक कार्यालय को ध्यान देना होगा कि वह राजभाषा विभाग का प्रतिनिधित्व कर रहा है और राजभाषा के कार्यान्वयन में सदस्य कार्यालयों के सहूलियतकार एवं हितैषी है।

सदस्य कार्यालयों/सदस्य शाखा कार्यालयों/इकाइयों से अपेक्षित कार्रवाई

- संयोजक कार्यालय सहित सभी सदस्य कार्यालयों के पते, फोन व ई-मेल नंबर एवं राजभाषा अधिकारियों/समन्वयकों की अद्यतन सूची अपने कार्यालय/इकाई में उपलब्ध हो।
- टॉलिक की रिपोर्टिंग प्रणाली से भली भांति परिचित हों। (तत्संबंधी प्रपत्र/जानकारी संबंधित फाइल में उपलब्ध हो।)
- टॉलिक की वेबसाइट की अद्यतन जानकारी से अवगत रहना।
- टॉलिक की गतविधियों से अवगत होने के लिए और उनमें ससमय भाग लेने के लिए सदस्य सचिव से संपर्क में रहना। यह प्रथा जारी रखने से संप्रेषण अंतर समाप्त होने के अतिरिक्त संपूर्ण सहभागिता सुनिश्चित हो पाएगी और संयोजक कार्यालय पर टीका-टिप्पणी करने की नौबत नहीं आएगी।
- सदस्य कार्यालय को ध्यान रखना होगा कि संयोजक कार्यालय द्वारा सहूलियतकार की भूमिका निभाई जा रही है और उन्हें सदस्य कार्यालयों के सहयोग की आवश्यकता होगी।

- टॉलिक के दिशानिर्देशों का सार्थक अनुपालन एवं ससमय रिपोर्टिंग सुनिश्चित करना।
- टॉलिक की हर एक गतिविधि में सक्रिय सहभागिता सुनिश्चित करना और तत्संबंधी जानकारी से अपने नियंत्रक कार्यालय को अवगत कराना।
- टॉलिक द्वारा निर्धारित वार्षिक अंशदान का ससमय भुगतान। आंतरिक दिशानिर्देशों के आधार पर यदि क्षेत्र स्तर नियंत्रक कार्यालय को अपने स्तर पर वार्षिक अंशदान का भुगतान करने का अधिकार न होने की स्थिति में अपने मुख्यालय से पूर्वानुमोदन प्राप्त करना होगा।

  [मुख्यालय से अनुमोदन प्राप्त होने में विलंब होने पर संयोजक कार्यालय को स्मरण दिलाने का अवसर न देते हुए क्षेत्र स्तर नियंत्रक कार्यालय द्वारा वार्षिक अंशदान का भुगतान करते हुए मुख्यालय से कार्योत्तर मंजूरी प्राप्त करना उचित होगा क्योंकि समिति का संयुक्त निर्णय होने के कारण निर्धारित वार्षिक अंशदान की अदायगी अनिवार्य हो जाती है।

  यदि शाखा कार्यालय/इकाई सदस्य होने पर मुख्यालय के बजाय उसे अपने तत्काल नियंत्रक कार्यालय से अनुमोदन प्राप्त करना होगा। आंतरिक शर्तों के अनुसार जरूरत होने पर क्षेत्र स्तर नियंत्रक कार्यालय द्वारा इस अवसर हेतु मुख्यालय से अनुमोदन प्राप्त किया जाएगा। (टॉलिक के वार्षिक अंशदान की अदायगी हेतु सामान्यत: क्षेत्र स्तर नियंत्रक कार्यालयों को अधिकार दिये जाते हैं।]
- टॉलिक की अर्द्धवार्षिक समीक्षा बैठकों/उप समिति की बैठकों में लिये गए निर्णयों के अनुसार संयुक्त कार्यशालाओं/प्रतियोगिताओं/संगोष्ठियों/सम्मेलनों इत्यादि का प्रायोजन, अनुमानित/निर्धारित व्यय का पूर्वानुमोदन जैसी भी स्थिति हो, संबंधित क्षेत्र स्तर नियंत्रक कार्यालय/मुख्यालय से प्राप्त करना होगा।

  [संयोजक कार्यालय से प्राप्त पत्र/कार्यवृत्त की प्रति एवं गतिविधि का मदवार व्यय-ब्योरा देते हुए बजट मंजूरी हेतु पत्र लिखना होगा।]
- संसदीय राजभाषा समिति के निरीक्षणों/क्षेत्रीय राजभाषा सम्मेलनों/अन्य बृहत गतिविधियों के अवसर पर टॉलिक के संयुक्त निर्णय/संयोजक कार्यालय के अनुरोधनुसार अपेक्षित व्यवस्थाओं को प्रायोजित करना/मानव शक्ति उपलब्ध कराना। (आपसी सहयोग की यह एक विधा है।)
- उपस्थिति निर्देशों का पालन करते हुए अर्द्धवार्षिक समीक्षा बैठकों में अनिवार्य एवं सक्रिय सहभागिता सुनिश्चित करना।
- हिंदी के प्रगामी प्रयोग संबंधी प्रगति रिपोर्टों का निर्धारित प्रपत्र में संयोजक कार्यालय को ससमय प्रेषण। समीक्षा में पाई गई अनियमितताओं का परिशोधन करना।
- उप समिति की बैठकों में सक्रिय सहभागिता।
- टॉलिक की 'राजभाषा' पत्रिका के प्रकाशन में लेखन योगदान के साथ अपेक्षानुसार संपादन सहयोग प्रदान करना।

नियंत्रक कार्यालयों द्वारा अपने नियंत्रणाधीन टॉलिक सदस्य शाखा कार्यालयों/इकाइयों का पर्यवेक्षण

- अपने नियंत्रणाधीन शाखा कार्यालय/इकाई, जो टॉलिक के सदस्य हैं, उनमें हिंदी प्रयोग की स्थिति पर विशेष ध्यान देना होगा।
- इकाई प्रधान, हिंदी समन्वयक एवं सदस्य सचिव से संपर्क में रहते हुए टॉलिक की गतिविधियों का पता करना होगा।
- शाखा कार्यालय/इकाई द्वारा प्रस्तुत तिमाही हिंदी प्रगति रिपोर्ट की हर मद पर विशेष ध्यान देना होगा और कड़ी समीक्षा कर अनुश्रवण करना होगा।
- हिंदी का समर्थ कार्यान्वयन संपन्न कराते हुए हिंदी प्रगति रिपोर्ट एवं अन्य अपेक्षित रिपोर्टों की शिकायत रहित प्रस्तुति सुनिश्चित करनी होगी।

  [टॉलिक संयोजक कार्यालय को प्रस्तुत की जाने वाली हिंदी प्रगति रिपोर्ट का पूर्व सत्यापन करना होगा।]
- अर्द्धवार्षिक समीक्षा बैठक के आयोजन की तारीख पता कर इकाई प्रधान और समन्वयक की उपस्थिति सुनिश्चित करना होगा। नियंत्रक कार्यालय के राजभाषा अधिकारी भी इकाई प्रधान के साथ उपस्थित होना फलप्रद होगा।
- सदस्य शाखा कार्यालय/इकाई को राजभाषा निरीक्षण समर्थ बनाना होगा। नियंत्रक कार्यालय के राजभाषा अधिकारी द्वारा कम से कम वर्ष में एक बार इनका राजभाषायी निरीक्षण किया जाना होगा।

मुख्यालय/प्रधान कार्यालय की भूमिका

- क्षेत्रीय कार्यान्वयन कार्यालय से प्राप्त अनुरोध के आधार पर टॉलिक के संयोजक की जिम्मेदारी संभालने हेतु अनुमति/राय मांगते हुए अपने किसी नियंत्रक कार्यालय से पत्र प्राप्त होने पर तत् कार्यालय में राजभाषा कार्यबल एवं अन्य आंतरिक व्यवस्थाओं को ध्यान में रखते हुए कार्यालय टिप्पणी के माध्यम से वस्तुस्थिति से अवगत कराते हुए संबंधित सक्षम प्राधिकारी का अनुमोदन प्राप्त करना होगा।
- शहर स्थित संस्थाओं/संगठनों में वरिष्ठतम पदाधिकारी पदस्थ किसी बृहत संगठन को या वित्तीय संस्थाओं के संदर्भ में सामान्यतः लीड बैंक को उनकी पूर्वानुमति से क्षेत्रीय कार्यान्वयन कार्यालय द्वारा टॉलिक संयोजक की जिम्मेदारी सौंपी जाती है। सामान्यतः क्षेत्रीय कार्यान्वयन कार्यालय का अनुरोध स्वीकारा जाता है। टॉलिक संयोजक बनना संबंधित संस्था के लिए प्रतिष्ठाजनक अवसर भी है।
- अपनी संस्था के सभी टॉलिक संयोजक कार्यालयों के ब्योरे के अतिरिक्त नियंत्रक कार्यालयवार टॉलिक के अपने समस्त सदस्य कार्यालयों/शाखा

कार्यालयों/इकाइयों की अद्यतन जानकारी निम्न प्रकार मुख्यालय में उपलब्ध हो :

क्र. सं.	टॉलिक के अपने सदस्य कार्यालय / शाखा कार्यालय/ इकाई का नाम	टॉलिका का नाम और संयोजक कार्यालय का नाम, पता	फोन, ई-मेल एवं वेबसाइट	अध्यक्ष का नाम, पदनाम	सदस्य सचिव का नाम, पदनाम	सदस्य सचिव का फोन, ई-मेल	संबंधित क्षेत्रीय कार्यान्वयन कार्यालय का पता, फोन	क्षेत्रीय कार्यान्वयन कार्यालय के उप निदेशक का नाम, फोन, ई-मेल	अर्द्धवार्षिक समीक्षा बैठक का कैलेंडर (किस माह के दौरान बैठक का आयोजन करना तय किया गया)
1	2	3	4	5	6	7	8	9	10

[नियंत्रक कार्यालयों से यह सूचना प्राप्त करनी होगी और अद्यतन करने की प्रक्रिया जारी रखनी होगी।]

- यह सुनिश्चित करना होगा कि अपनी संस्था के संयोजन में चलाई जाने वाली टॉलिक सक्रिय हैं और अध्यक्ष एवं सभी सदस्य कार्यालयों के प्रमुखों की उपस्थिति में समीक्षा बैठकों का ससमय आयोजन किया जाता है।
- यह भी पर्यवेक्षण करना होगा कि सभी सदस्य कार्यालयों से हिंदी के प्रगामी प्रयोग की प्रगति रिपोर्ट प्राप्त कर अर्द्धवार्षिक बैठक में समीक्षा करने हेतु मदवार तालिका बनाई जाती है और सार्थक चर्चा के साथ उचित निर्णय लिये जाते हैं।
- यह देखना होगा कि संयोजक कार्यालय द्वारा समीक्षा बैठक के कार्यवृत्त बिना विलंब बनाए जाते हैं और क्षेत्रीय कार्यान्वयन कार्यालय को निर्धारित अवधि के भीतर ऑनलाइन भेजे जाते हैं।
- कार्यवृत्त की समुचित समीक्षा करने के साथ उचित पथप्रदर्शन करना होगा। समीक्षा में कार्यालय प्रमुखों की उपस्थिति एवं प्रगति रिपोर्टों की प्राप्ति पर विशेष ध्यान देना होगा।
- यह सुनिश्चित करना अनिवार्य है कि बैठक में लिये गए निर्णयों का सार्थक एवं ससमय अनुपालन किया गया।
- अपने संयोजक कार्यालय द्वारा आयोजित अर्द्धवार्षिक समीक्षा बैठकों में मुख्यालय के राजभाषा विभाग के तत्काल विशेषज्ञ प्रभारी का भाग लेना परिणामप्रद रहेगा।
- अपने सदस्य शाखा कार्यालय/इकाई के प्रधान एवं हिंदी समन्वयक के अतिरिक्त तत्काल नियंत्रक कार्यालय के राजभाषा अधिकारी को अर्द्धवार्षिक समीक्षा बैठकों में भाग लेने हेतु प्रतिनियुक्त करना परिणामदायी रहेगा।

- टॉलिक के वार्षिक अंशदान एवं विशेष अंशदान हेतु बजट का आबंटन करना होगा/मंजूरी प्रदान करनी होगी।
- अधीनस्थ नियंत्रक कार्यालयों से प्राप्त की गई जानकारी के आधार पर उन्हें वार्षिक आधार पर अंशदान का आबंटन करना सुविधाजनक होगा। नियंत्रक कार्यालयों को आबंटित वार्षिक अंशदान में उनके नियंत्रणाधीन सदस्य शाखा कार्यालयों/इकाइयों के वार्षिक अंशदान की रकम भी शामिल हो ताकि वे अपने स्तर पर उन्हें मंजूर कर सकें। वार्षिक अंशदान की अदायगी अनिवार्य होने के कारण इस प्रकार की विकेंद्रीकरण प्रक्रिया से अनावश्यक पत्राचार एवं विलंब दूर किया जा सकता है।
- विभिन्न गतिविधियों के प्रायोजन संबंधी विशेष अंशदानों के संदर्भ में सदस्य कार्यालयों/इकाइयों द्वारा यथासमय उचित माध्यम से मुख्यालय की मंजूरी प्राप्त करना उचित होगा, अन्यथा अपनी आंतरिक प्रशासनिक सहूलियत हेतु पृथक् प्रबंधन पद्धतियाँ अपनाई जा सकती हैं। यह प्रधान कार्यालय के निर्णय पर निर्भर होगा।
- अर्द्धवार्षिक अंतरालों पर अपने संयोजक कार्यालयों से निम्न जानकारी प्राप्त कर अनुवर्ती कार्रवाई करनी होगी :

अर्द्धवार्षिक समीक्षा बैठक का वार्षिक कैलेंडर	बैठक के आयोजन की तारीख	राजभाषा विभाग को कार्यवृत्त आनलाइन प्रेषण की तारीख	आयोजित विशेष गतिविधियों का ब्योरा
1	2	3	4

संसदीय राजभाषा समिति की आलेख एवं साक्ष्य उप समिति के निरीक्षण के संदर्भ में अपनाई जाने वाली प्रक्रिया

- संयोजक कार्यालय अपने ही संगठन के होने पर मुख्यालय के राजभाषा विभाग के तत्काल राजभाषा विशेषज्ञ पदाधिकारी और राजभाषा विभाग की समग्र जिम्मेदारी से जुड़े उच्च कार्यपालक की उपस्थिति की आवश्यकता महसूस की जाती है। लेकिन टॉलिक के अध्यक्ष को ही प्रश्नों के उत्तर देने होंगे।
- संयोजक कार्यालय अन्य संगठन के होने पर निरीक्षण में अपने सदस्य कार्यालय/इकाई को शामिल किये जाने के संदर्भ में सदस्य कार्यालय/इकाई प्रधान के साथ तत्काल नियंत्रक कार्यालय के प्रधान एवं राजभाषा अधिकारी को भाग लेना उचित होगा। लेकिन सदस्य कार्यालय/इकाई प्रमुख को ही प्रश्नों के समाधान देने होंगे।
- निरीक्षणाधीन सदस्य कार्यालय/सदस्य शाखा कार्यालय/इकाई द्वारा भरी गई प्रश्नावली की प्रधान कार्यालय द्वारा विधिवत् जांच कर अनुमोदन किया जाना होगा। टॉलिक का संयोजक होने पर नियमित निरीक्षण

प्रश्नावली के अतिरिक्त अध्यक्ष की विशेष प्रश्नावली की भी जांच करनी होगी।

[निरीक्षण में सदस्य शाखा कार्यालय/इकाई शामिल होने पर भरी गई प्रश्नावली को तत्काल नियंत्रक कार्यालय के माध्यम से प्राप्त करना होगा। तत्काल नियंत्रक कार्यालय द्वारा प्रश्नावली जांच कर प्रधान कार्यालय को अग्रेषित की जाएगी।]

- प्रधान कार्यालय/मुख्यालय टॉलिक का सदस्य होने पर या संयोजक होने पर आलेख एवं साक्ष्य उप समिति के निरीक्षण में उसे शामिल किये जाने की स्थिति में कार्यालय के राजभाषा विभाग द्वारा भरी गई प्रश्नावली का संस्था के प्रधान का अनुमोदन प्राप्त करना होगा।

नोट : विस्तृत जानकारी के लिए इस पुस्तक के 'संसदीय राजभाषा समिति निरीक्षण' संबंधी अध्याय का संदर्भ लें।

संयुक्त हिंदी दिवस

सभी संस्थाओं के कार्यालयों द्वारा 14 सितंबर को अथवा विशेष मामलों पर सितंबर माह के किसी एक दिन (सामान्यत: 14 सितंबर के पश्चात्) हिंदी दिवस मनाया जाता है। अत: कार्यालयीन व्यस्तता एवं प्रत्याशित सहभागिता को ध्यान में रखकर सितंबर माह के पश्चात् दिसंबर तिमाही के दौरान टॉलिक द्वारा संयुक्त हिंदी दिवस का आयोजन किया जाना सुविधाजनक होगा :

- टॉलिक की अर्द्धवार्षिक समीक्षा बैठक में संयुक्त हिंदी दिवस संबंधी चर्चा मद हो।
- संयुक्त हिंदी दिवस संबंधी उप समिति की बैठक में सभी सदस्य कार्यालयों के राजभाषा प्रतिनिधियों को आमंत्रित करना परिणामप्रद होगा।
- उप समिति की बैठक में प्रतियोगिताओं का चयन, आबंटन, प्रायोजन, पुरस्कार, प्रमाणपत्र, विशेष आमंत्रित, सांस्कृतिक कार्यक्रम, व्यय इत्यादि के बारे में चर्चा करनी होगी।
- प्रतियोगिताओं के आयोजन के संबंध में अर्द्धवार्षिक समीक्षा बैठक एवं उप समिति की बैठक में लिये गए निर्णयों के आधार पर संयोजक कार्यालय द्वारा सभी सदस्य कार्यालयों को पर्याप्त समय पूर्व ई-मेल एवं डाक के जरिये विस्तृत मार्गदर्शन के साथ परिपत्र जारी किया जाना होगा। टॉलिक की वेबसाइट में भी उपलब्ध कराना होगा।
- इस परिपत्र के अंतर्गत नियम और शर्तों का स्पष्ट उल्लेख करना होगा। यथा : प्रायोजक कार्यालय द्वारा सदस्य कार्यालयों से प्रतियोगिता प्रविष्टियाँ प्राप्त की जाने की प्रक्रिया, न्यूनतम सहभागिता, पात्रता, विषय चयन, निर्णायकगण की व्यवस्था, पुरस्कार स्वरूप, वितरण, पुरस्कारों की संख्या, प्रमाणपत्र वितरण, मुख्य समारोह की तिथि, स्थान इत्यादि।

परिपत्र के जरिये प्रतियोगिताओं के आयोजन संबंधी जानकारी इस प्रकार परिचालित की जा सकती है :

क्र.सं	प्रतियोगिता का नाम	प्रायोजक कार्यालय	आयोजन की तारीख	समय	स्थान	पात्रता
1	2	3	4	5	6	7

- परिचरों, सफाई कर्मचारियों, ड्राइवरों इत्यादि अधीनस्थ कर्मिकयों को प्रोत्साहित करने के लिए कुछेक सरल प्रतियोगिताओं का आयोजन किया जा सकता है, जैसे सुलेख (हिंदी), वाचन (हिंदी), प्रश्नोत्तरी (हिंदी में मौखिक), हिंदी में गीत गायन इत्यादि।
- टॉलिक के तत्त्वावधान में संयोजक कार्यालय द्वारा शैक्षिक संस्थाओं, स्वैच्छिक शैक्षिक सेवा संस्थाओं (प्रचार सभा इत्यादि), चैरिटी संस्थाओं इत्यादि में प्रति वर्ष एक या दो हिंदी प्रतियोगिताओं का आयोजन किया जाना प्रेरणाप्रद होगा। अंतर स्कूल/कॉलेज हिंदी प्रतियोगिताओं का आयोजन और बेहतर होगा।
- अमुक प्रतियोगिता के लिए पुरस्कारों की न्यूनतम संख्या उप समिति द्वारा तय की जा सकती है।
- विजेताओं को प्रदान की जाने वाली न्यूनतम पुरस्कार राशि ₹1000/- से कम न होना प्रेरणाप्रद होगा; अर्थात् विजेता घोषित अंतिम स्थान के कर्मचारी को पुरस्कार स्वरूप प्रदान की जाने वाली रकम भी ₹1000/- से कम न हो।

  [इस प्रकार के लिखित निर्देश न होने पर भी संसदीय राजभाषा समिति निरीक्षणों में इस आशय की अपेक्षा की जाती है और आश्वासन भी लिये जाते हैं।]
- वस्तु के बजाय नकद पुरस्कार प्रदान करने की प्रथा सदैव विवादरहित होगी। (चेक, डीडी के माध्यम से अन्यथा विजेता के बैंक खाते में जमा करने के द्वारा) बैंक खाते में पुरस्कार राशि जमा की जाने की स्थिति में प्रतियोगिता का नाम, प्राप्त स्थान, जमाकृत रकम, विजेता के नाम संबंधी टंकित जानकारी की पर्ची को एक सुंदर लिफाफे में रखकर प्रमाणपत्र के साथ विजेता को मंच पर प्रदान कराया जाना सादगीपूर्ण होगा।
- प्रेरक/प्रोत्साहन पुरस्कार दिये जाने की स्थिति में उपलब्ध बजट को ध्यान में रखते हुए वस्तु स्वरूप पुरस्कार प्रदान करने पर विचार किया जा सकता है।
- प्रतियोगिता परिणामों की घोषणा के तुरंत पश्चात् प्रायोजक कार्यालयों द्वारा तत्संबंधी स्पष्ट जानकारी संयोजक कार्यालय को पहुँचाए जाने के अतिरिक्त सदस्य कार्यालयों को भी परिचालित की जा सकती है।
- सभी प्रतियोगिताओं की समाप्ति के पश्चात् संयोजक कार्यालय द्वारा प्रतियोगिता परिणामों की समेकित सूचना परिपत्र के माध्यम से सदस्य कार्यालयों को दी जाएगी।

- प्रमाणपत्रों की तैयारी व मुद्रण की केंद्रीकृत व्यवस्था हो; अर्थात् संयोजक कार्यालय के स्तर पर ही यह व्यवस्था हो। प्रमाणपत्रों पर टॉलिक के सदस्य सचिव एवं अध्यक्ष के हस्ताक्षर हों।
- गीत गायन, सामान्य ज्ञान संबंधी प्रश्नोत्तरी, जैसे कुछेक अलग स्वरूप की प्रतियोगिताओं को छोड़कर अन्य प्रतियोगिताओं में भाग लेने हेतु राजभाषा वर्ग के कर्मचारी पात्र नहीं होंगे। सामान्य वर्ग के कर्मचारियों को प्रोत्साहित करने के लिए राजभाषा अनुभाग में संप्रति कार्यरत सामान्य वर्ग के कर्मचारियों और पूर्व में कार्यरत सामान्य वर्ग के कर्मचारियों को भी भाग लेने की पात्रता न देना बेहतर होगा।
- बैनर (डिजिटल/फ्लेक्सी), निर्णायक, पुरस्कार, जलपान संबंधी व्यय का वहन सामान्यतः प्रायोजक कार्यालय द्वारा किया जाता है। (उप समिति की बैठक में स्पष्ट निर्णय लेना होगा।)
- विवाद रहित रहने के लिए प्रायोजक संस्था के कर्मचारियों को अपने द्वारा प्रायोजित प्रतियोगिता में भाग लेने हेतु अनुमति नहीं देनी होगी।
- अधिकतर कर्मचारियों को पुरस्कार प्राप्त करने का अवसर प्रदान करने हेतु एक कर्मचारी को अधिकतम तीन प्रतियोगिताओं में भाग लेने हेतु अनुमति देना बेहतर होगा।
- किसी कर्मचारी को एक ही स्वरूप की प्रतियोगिता में लगातार दो वर्ष प्रथम पुरस्कार मिलने पर अगले एक वर्ष के लिए तत्प्रतियोगिता में भाग लेने हेतु उसे अनुमति न देते हुए अन्य प्रतियोगियों को प्रोत्साहित किया जा सकता है।

  तत् स्थिति में हर प्रतियोगिता की उपस्थिति सूची, परिणाम सूची के आधार पर संयोजक कार्यालय द्वारा अमुक कर्मचारी की अर्हता से अधिक प्रतिभागिता, दो से अधिक बार प्रथम पुरस्कार की पुनरावृत्ति आदि की जांच करनी होगी। तत्पश्चात् समेकित परिणाम सूची जारी करनी होगी।
- प्रायोजक कार्यालय को ध्यान देना होगा कि प्रतियोगिता आयोजन संबंधी नियम व शर्तों के अनुपालन में कहीं भी व्यतिक्रम नहीं हुआ है।
- प्रति प्रतियोगिता में न्यूनतम उपस्थिति 10 हो। अन्यथा निरस्त करना बेहतर होगा। लेकिन ऐसी स्थिति उत्पन्न न हो, इसके लिए प्रायोजक कार्यालय द्वारा उचित ध्यान देना होगा। (संयोजक कार्यालय द्वारा जारी प्रतियोगिता परिपत्र में इस शर्त को शामिल करना उचित होगा।)
- विषय विशेषज्ञता रखने वाले स्तरीय निर्णायकों को आमंत्रित करें। विजेताओं के चयन में पूर्ण पारदर्शिता हो।
- बेहतर होगा, सदस्य सचिव निर्णायक न बनें।
- मुख्य समारोह या पुरस्कार वितरण समारोह के अवसर पर भाषा प्रचार-प्रसार से जुड़े विशिष्ट व्यक्तित्व को अतिथि के रूप में आमंत्रित करना रोचक एवं फलप्रद होगा।

सांस्कृतिक कार्यक्रम

- अधिकतम एक घंटे की अवधि का कार्यक्रम हर्षदायक होगा।
- सादगीपूर्ण कार्यक्रमों का चयन हो। इस पर सदस्य सचिव एवं तत्संबंधी उप समिति के सदस्यों को विशेष ध्यान देना होगा। विवादास्पद, कटु व्यंग्यात्मक, हास्यास्पद कार्यक्रमों का प्रदर्शन न हो।

  [लघु नाटक का प्रदर्शन होने पर ज्यादा से ज्यादा 15 मिनट से अधिक न हो। गीत गायन होने पर संगीत के साथ हो। मॉडर्न रिकार्डिंग नृत्य को न लें। आवश्यकतानुसार मेकअप हो।]

  सदस्य संस्थाओं में कलाकारों की कमी होने पर या कार्यालयीन व्यस्तता के कारण समय न दे पाने की स्थिति में बजट उपलब्धता एवं समिति के निर्णयानुसार अदायगी पर बाहरी एजेंसियों के कार्यक्रम लिये जा सकते हैं। दिव्यांग कलाकारों के प्रदर्शन लिये जा सकते हैं। कलाकारों को स्मृतिचिह्न प्रदान करना प्रेरणाप्रद होगा।
- पुरस्कार वितरण एवं राष्ट्रगान के साथ कार्यक्रम का समापन हो।
- छोटे एवं सुंदर आडिटोरियम में समारोह का आयोजन हो। संयोजक कार्यालय या सदस्य कार्यालयों में ऐसी व्यवस्था की अनुपलब्धता में किराए पर हॉल लिये जाने पर विचार करना होगा। स्थानीय विद्यालयों या भाषा प्रचार-प्रसार संबंधी स्वैच्छिक सेवा संस्थाओं में सभागार की व्यवस्था होने पर उनकी मदद भी ली जा सकती है।

नोट : नराकास राजभाषा सम्मान संबंधी मार्गदर्शन के लिए इस पुस्तक के 'गृह मंत्रालय, राजभाषा विभाग के सर्वोच्च पुरस्कार' तथा टॉलिक राजभाषा शीलड प्रतियोगिता के लिए 'राजभाषा शीलड एवं पुरस्कार' अध्यायों का संदर्भ लेना होगा।

हिंदी पुस्तकालय की आवश्यकता एवं अनुरक्षण

परिचय

राष्ट्रपति आदेश-1960 तथा संसदीय राजभाषा समिति के प्रतिवेदन के चौथे खंड की सिफारिशों के आधार पर राष्ट्रपति द्वारा जारी आदेशों की अनुपालना में केंद्र सरकार के कार्यालयों, उसके अधीनस्थ कार्यालयों, उपक्रमों में कार्यरत कर्मचारियों में हिंदी के प्रति रुचि बढ़ाने एवं हिंदी में काम करने का वातावरण पैदा करने के लिए वाचनार्थ एवं संदर्भार्थ शब्दकोश, सहायक साहित्य व अन्य उपयोगी हिंदी पुस्तकें उपलब्ध कराने की आवश्यकता है। इसके मद्देनजर कार्यालयों में हिंदी पुस्तकालय स्थापित करने की प्रथा प्रारंभ हो गई है।

[**संदर्भ** : राजभाषा विभाग, गृह मंत्रालय का का. ज्ञापन सं. 20034/53/92—राजभाषा (अ. वि.), दि. 17.7.1992]

संसदीय राजभाषा समिति की सिफारिशों के अनुसार अमुक संगठन द्वारा पुस्तकों की खरीद पर किये जाने वाले कुल व्यय में से न्यूनतम 50% व्यय अनिवार्य रूप से हिंदी पुस्तकों की खरीद पर करने की आवश्यकता है।

[**संदर्भ** : राजभाषा विभाग, गृह मंत्रालय का का. ज्ञापन सं. 11011/15/2002—राजभाषा (अनु), दि. 14.11.2003]

रखरखाव

- पुस्तकालय मां सरस्वती मंदिर के समान है। कार्यालयों/शाखा कार्यालयों/इकाइयों में हवादार एवं रौशनदार जगहों पर हिंदी पुस्तकालय की व्यवस्था हो जो कर्मचारियों की पहुँच में हो।
- पुस्तकें शीशे की अलमारी या शीशे के रैक में रखनी होंगी। शीशे सुविधारहित स्टील अलमारी का प्रयोग नहीं करना होगा।
- उपलब्ध पुस्तकों की संख्या के आधार पर पर्याप्त मात्रा में शीशे वाली अलमारी/रैक उपलब्ध हों। इनकी अपर्याप्तता में पुस्तकों को एक के ऊपर एक जमा करने की चेष्टा की जाती है। इससे अपेक्षित पुस्तकों को ढूंढ़ निकालने में असुविधा होने के अतिरिक्त कर्मचारियों को पुस्तकें जारी करने की रुचि कम हो जाती है।
- अलमारी में रैकवार पुस्तकें रखते समय इस बात पर ध्यान देना होगा कि राजभाषा नीति और कार्यान्वयन से संबंधित संदर्भ साहित्य, कोश व शब्दावली,

व्याकरण, उपन्यास, कहानी, पौराणिक साहित्य, ऐतिहासिक साहित्य, बाल साहित्य, पुरस्कृत साहित्य, सामान्य ज्ञान, व्यक्तित्व विकास पुस्तक, संगठन से संबंधित साहित्य, तकनीकी पुस्तक इत्यादि श्रेणीवार रखी जाती हैं।

इनके अतिरिक्त हिंदी प्रयोग से संबंधित दृश्य-श्रवण सीडी, डीवीडी, पेनड्राइव, डॉक्यूमेंटरी, ई-बुक आदि को सुरक्षित रखना होगा।

- पुस्तकों पर अंकित क्रम संख्या बड़े आकार में चिपकाई गई होनी चाहिए। स्टिकर की व्यवस्था न होने पर रंगीन कलम से क्रम संख्या अंकित हो। इस पद्धति से इंडेक्स के अनुसार अलमारी से अपेक्षित पुस्तकें निकालने में सुविधा होगी।
- पुस्तक स्टॉक रजिस्टर एवं जारी रजिस्टर हमेशा अद्यतन रहें तथा पुस्तकालय अलमारी में या अन्य सुरक्षित जगह उपलब्ध रहें।
- हिंदी पुस्तकालय में केवल हिंदी पुस्तक एवं हिंदी प्रयोग संबंधी तकनीकी डिवाइस ही रखे जाएँ। कार्यालय की अंग्रेजी पुस्तकों को यहाँ जगह न दी जाए।
- हिंदी पुस्तकालय की अलमारी में कार्यालयीन कार्य संबंधी फाइल व रजिस्टर नहीं रखी जाएँ।

संग्रहणीय प्रमुख संदर्भ साहित्य

कामिल बुल्के अंग्रेजी-हिंदी शब्दकोश, हिंदी-हिंदी बृहत शब्दकोश (नागरी प्रचारिणी सभा, काशी), राजकमल प्रकाशन, नई दिल्ली के बृहत हिंदी शब्दकोश (पुष्पपाल सिंह), राजभाषा शब्दकोश (डॉ. हरदेव बाहरी), आधुनिक हिंदी प्रयोग कोश (बद्रीनाथ कपूर) और हिंदी की शब्द संपदा (विद्यानिवास मिश्र), उर्दू-हिंदी शब्दकोश (मुस्तफा खां मद्दाह, किताब घर, लखनऊ), त्रिभाषा शब्दकोश (अपने प्रांत के अनुसार), ज्ञान कोश (प्रो. जगन्नाथन; केंद्रीय हिंदी संस्थान), क्षेत्रीय बोली कोश (केंद्रीय हिंदी संस्थान), संस्कृत-हिंदी कोश (वामन शिवराव आप्टे), हिंदी-उर्दू शब्दकोश, हिंदी-अंग्रेजी शब्दकोश, अमरकोश, ऑक्सफर्ड अंग्रेजी-हिंदी एवं हिंदी-अंग्रेजी कोश, शब्दों के साथ साथ (डॉ. सुरेश पंत-हिंदी पॉकेट बुक्स), भाषा संशय शोधन (कमलेश कमल-प्रभात पेपर बैक्स-नई दिल्ली), राजभाषा हिंदी प्रश्नोत्तरी (सुनील भुटानी 'रुद्राक्ष', अक्षरेश एंटरप्राइजेस, नई दिल्ली), विधि शब्दावली, वैज्ञानिक शब्दावली, कृषि शब्दावली, बैंकिंग शब्दावली, प्रशासनिक शब्दावली, कंप्यूटर शब्दावली, सरल हिंदी व्याकरण, अंग्रेजी-हिंदी स्पीकिंग कोर्स, प्रांतीय भाषा वार्तालाप पुस्तक, राजभाषा हिंदी से संबंधित पुस्तक, कार्यालयीन पत्र-व्यवहार, प्रसिद्ध उपन्यास, कहानी, जीवन-वृत्त, व्यक्तित्व विकास एवं स्वास्थ्य संबंधी पुस्तक, निबंध प्रतिस्पर्धा पुस्तक, पुस्तक लेखन योजना के अंतर्गत प्रकाशित उपयोगी पुस्तक इत्यादि।

[राजभाषा विभाग, गृह मंत्रालय की वेबसाइट में उपलब्ध कराए गए ई-महाशब्दकोश, ई-पत्रिका पुस्तकालय तथा अन्य प्रमुख संगठनों द्वारा अपनी वेबसाइट में उपलब्ध कराई गई शब्दावली, ई-लर्निंग इत्यादि से आवश्यकतानुसार स्वयं पथप्रदर्शित होने के लिए आंतरिक संप्रेषण पद्धतियों द्वारा स्टाफ सदस्यों का मार्गदर्शन करना होगा।]

राजभाषा विभाग द्वारा 'हिंदी शब्द बिंदु' शीर्षक पर देश की अन्य भाषाओं से हिंदी को समृद्ध करने की दिशा में एक बृहत शब्दकोश विकसित करने की प्रक्रिया प्रारंभ की गई है।

राजभाषा विभाग, गृह मंत्रालय द्वारा समय-समय पर उपलब्ध कराई जाने वाली पुस्तकों की सूची के आधार पर आवश्यक पुस्तकें खरीदी जा सकती हैं।

अनिवार्य संग्रहण

संगठन के हिंदी या द्विभाषी प्रकाशन, संगठन के कर्मियों द्वारा हिंदी में प्रकाशित करवाई गई निजी ज्ञानवर्द्धक पुस्तक, संगठन के प्रक्रिया साहित्य से जुड़ी पुस्तक, यथा : हिंदी या द्विभाषा में उपलब्ध अनुदेश पुस्तक, संहिताएँ इत्यादि। सेवाकालीन प्रशिक्षण व परीक्षाओं संबंधी पुस्तक, संसदीय राजभाषा समिति के प्रतिवेदनों पर राष्ट्रपति के आदेशों से संबंधित प्रत्येक खंड की प्रति (विशेषकर मुख्यालय के पुस्तकालय में), राजभाषा विभाग, गृह मंत्रालय के वार्षिक कार्यक्रम की प्रतियाँ (फोल्डर में), संगठन की हिंदी/द्विभाषी गृह पत्रिकाओं की प्रतियाँ, संगठन की वार्षिक रिपोर्ट, राजभाषा विभाग, गृह मंत्रालय की 'राजभाषा भारती' पत्रिका के महत्त्वपूर्ण अंक।

राजभाषा सहूलियतकार को क्या करना चाहिए?

- संगठन के मुख्यालय के राजभाषा विभाग से प्राप्त परिपत्र, पत्र, प्रकाशन सूची एवं अन्य प्रकाशकों से सीधे प्राप्त पुस्तक सूचियों के आधार पर वित्तीय वर्षांत के पर्याप्त समय पूर्व हिंदी पुस्तकालय हेतु उपलब्ध वार्षिक बजट के आधार पर आवश्यक पुस्तकें मंगवाने की योजना बनानी होगी। चुनिंदा पुस्तकों को पर्याप्त समय पूर्व खरीदने पर वित्तीय वर्षांत में स्थानीय मार्केट में जो पुस्तकें मिलें, उन्हें खरीदने की नौबत नहीं आएगी।
- सभी पुस्तकों को एक साथ खरीदने के बजाय समय-समय पर प्रकाशित होने वाली नई पुस्तकों, संशोधित संस्करणों, मुख्यालय, टॉलिक; राजभाषा विभाग, गृह मंत्रालय इत्यादि द्वारा समय-समय पर सिफारिश की जाने वाली पुस्तकों को वित्तीय वर्ष के दौरान जब-तब खरीदना होगा।
- राजभाषा सहूलियतकार को ध्यान रखना होगा कि मात्र हिंदी पुस्तकालय के लिए आबंटित बजट का उपयोग करना काफी नहीं है। उन्हें देखना चाहिए कि अपने कार्यालय के अन्य अनुभागों तथा नियंत्रणाधीन शाखा कार्यालयों/इकाइयों द्वारा खरीदी जाने वाली पुस्तकों के कुल व्यय में से कम से कम 50% व्यय हिंदी या द्विभाषा में उपलब्ध पुस्तकों पर किया गया है।
- प्रशिक्षण केंद्रों द्वारा बड़ी संख्या में संदर्भ साहित्य एवं अन्य महत्त्वपूर्ण पुस्तकों की खरीद समय-समय पर की जाती है। केंद्र प्रमुखों को विशेष ध्यान देना होगा कि पुस्तकों की खरीद पर कृत कुल व्यय में से न्यूनतम 50% हिंदी माध्यम/द्विभाषा में उपलब्ध पुस्तकों पर किया जाता है। इस संबंध में संगठन के मुख्यालय द्वारा कार्पोरेट प्रशिक्षण केंद्र सहित अन्य सभी प्रशिक्षण केंद्रों

को सख्त दिशानिर्देश जारी किये जाने होंगे। आंतरिक राजभाषायी निरीक्षणों में इस मद पर विशेष ध्यान देना होगा।

- हिंदी पुस्तकालय के अनुरक्षण के संबंध में संगठन की नियमावली, अनुदेश पुस्तिकाओं इत्यादि में स्थायी निर्देश शामिल किये जाने पर भी नियंत्रक कार्यालयों के राजभाषा अनुभागों को चाहिए कि वे अपने कार्यालय के सभी अनुभागों एवं नियंत्रणाधीन शाखा कार्यालयों/इकाइयों को परिपत्रों के माध्यम से (विशेषत: वित्तीय वर्ष के प्रारंभ में) हिंदी पुस्तकों की खरीद के संबंध में संसदीय राजभाषा समिति की अपेक्षाओं एवं अन्य दिशानिर्देशों से अवगत कराएँ।
- हिंदी पुस्तकालय हेतु उपलब्ध बजट, खरीदी जाने वाली पुस्तकों की सूची, प्रकाशकों से प्राप्त की जाने की प्रक्रिया, वित्तीय वर्ष के दौरान तब तक खरीदी गई पुस्तकें एवं खर्च की गई रकम, उपलब्ध शेष रकम आदि की जानकारी देते हुए कार्यालय प्रमुख या अन्य सक्षम प्राधिकारी को कार्यालय टिप्पणी प्रस्तुत करनी होगी। सक्षम प्राधिकारी के अनुमोदन के पश्चात् क्रय आदेश देने होंगे।
- हिंदी पुस्तकों की खरीद हेतु आबंटित बजट का उपयोग हिंदी पत्र-पत्रिकाओं की खरीद हेतु नहीं करना होगा। संगठन की आंतरिक व्यवस्था/प्रावधान के अनुसार हिंदी पत्र-पत्रिकाओं के व्यय का समायोजन अलग से करना होगा।
- देखना होगा कि हिंदी पुस्तकालय के लिए पृथक् बजट का प्रावधान होने पर या न होने पर भी अमुक वित्तीय वर्ष के दौरान प्रत्येक कार्यालय/शाखा कार्यालय/इकाई द्वारा पुस्तकों की खरीद हेतु कृत कुल व्यय में से न्यूनतम 50% व्यय हिंदी/द्विभाषा में उपलब्ध पुस्तकों पर किया गया है।
- राजभाषा अनुभाग की पुस्तकालय स्टॉक रजिस्टर में खरीदी गई पुस्तकों की प्रविष्टि इस प्रकार की जाती है :

क्र.स.	तारीख	पुस्तक क्र.सं	पुस्तक का नाम	लेखक	प्रकाशक पता	मूल्य	रचना स्वरूप*	टिप्पणी
1	2	3	4	5	6	7	8	9

* दिशानिर्देश, कोश, शब्दावली, नियमावली, उपन्यास, कहानी, प्रशिक्षण, व्यक्तित्व विकास, जीवन-वृत्त, मार्गदर्शिका इत्यादि।

- अमुक वित्तीय वर्ष के दौरान राजभाषा अनुभाग द्वारा खरीदी गई कुल पुस्तकों की प्रविष्टि के अंत में इस प्रकार का सारांश लिखना होगा :

खरीदी गई पुस्तकों की कुल संख्या (वित्तीय वर्ष...)	उपलब्ध बजट	कुल व्यय (रिबेट सहित)
1	2	3

नियंत्रक कार्यालय के अन्य अनुभागों एवं नियंत्रणाधीन शाखा कार्यालयों/इकाइयों द्वारा वित्तीय वर्ष के दौरान पुस्तकों की खरीद पर कृत व्यय का ब्योरा उनसे प्राप्त की

गई तिमाही हिंदी प्रगति रिपोर्ट के भाग-II में मिलेगा। इसके अतिरिक्त निम्न प्रपत्र का प्रयोग करते हुए भी पुस्तक व्यय संबंधी ब्योरा पृथक् से प्राप्त करने का प्रयास किया जा सकता है। (अप्रैल माह के प्रथम सप्ताह में)

क्र.स.	पुस्तक का नाम	भाषा	कुल व्यय	हिंदी/द्विभाषा पुस्तकों पर कृत व्यय	अंग्रेजी पुस्तकों पर कृत व्यय	टिप्पणी
1	2	3	4	5	6	7

- ई-मेल/डाक द्वारा मांग पत्र भेजने के जरिये, ऑनलाइन आदेश के जरिये, स्थानीय पुस्तक दुकानों के संदर्शन के जरिये, अन्य शहरों में कार्यरत सहकर्मियों के सहयोग प्राप्त करते हुए और फोन संदेश के जरिये अपेक्षित पुस्तकें प्राप्त की जा सकती हैं। अत्यावश्यक व अनिवार्य मामलों को छोड़कर मांग आदेश लिखित रूप में हों। मौखिक आदेश पर प्राप्त की गई पुस्तकों का कार्योत्तर अनुमोदन प्राप्त करना होगा।
- भुगतान की व्यवस्था सुनिश्चित करते हुए स्टॉक रजिस्टर में प्राप्त पुस्तकों का इंदराज तत्काल करना होगा।
- वित्तीय वर्षांत के पश्चात् हिंदी पुस्तकों की खरीद पर कृत व्यय, उपलब्ध बजट, पुस्तकों की सूची इत्यादि की जानकारी देते हुए नियंत्रक कार्यालयों द्वारा अपने मुख्यालय के राजभाषा विभाग को लिखित सूचना दी जानी होगी।
- कार्यालय के सभी अनुभागों एवं नियंत्रणाधीन शाखा कार्यालयों/इकाइयों को समय-समय पर खरीदी गई पुस्तकों की जानकारी देनी होगी ताकि कर्मचारियों द्वारा उनका उपयोग किया जा सके।
- कर्मचारियों को हिंदी पुस्तकें/पत्रिकाएँ उपलब्ध कराने में और उनमें पढ़ने की रुचि जगाने में राजभाषा स्टाफ को सक्रिय रहना होगा।
- जारी रजिस्टर में दर्ज कर प्राप्तकर्ता के हस्ताक्षर लिये बिना किसी भी पुस्तक/पत्रिका को नहीं देना होगा। जारी रजिस्टर के स्तंभ इस प्रकार हों :

क्र.स.	पुस्तक का नाम	पुस्तक क्रमांक	जारी तारीख	प्राप्तकर्ता हस्ताक्षर	वापस की गई तारीख	पुस्तकालय प्रभारी के हस्ताक्षर	टिप्पणी
1	2	3	4	5	6	7	8

- हिंदी पुस्तकों और पत्रिकाओं के लिए अलग-अलग 'जारी रजिस्टर' हों।
- शाखा कार्यालयों/इकाइयों से नियंत्रक कार्यालयों को ड्यूटी पर आने वाले स्टाफ सदस्यों को हिंदी पुस्तकें जारी करते हुए (जारी रजिस्टर में दर्ज कर) उन्हें वापस प्राप्त करने की प्रथा अपनाई जा सकती है। वाहक सेवा या अन्य पद्धतियों के माध्यम से भी शाखाओं/इकाइयों को हिंदी पुस्तकें भेज कर वापस लेने की प्रक्रिया अपनाई जा सकती है। इससे संगठन के कई कर्मचारियों को हिंदी पुस्तकें पढ़ने का अवसर मिलेगा। परिपत्र के माध्यम से इस प्रकार की वितरण सुविधा से नियंत्रणाधीन शाखा कार्यालयों/इकाइयों को अवगत कराना होगा।

- मुख्यालय एवं अन्य नियंत्रक कार्यालयों के हिंदी पुस्तकालयों में उपलब्ध हिंदी पुस्तकों/पत्रिकाओं की सूची आंतरिक राजभाषा पोर्टल में उपलब्ध कराने का प्रयास करना होगा ताकि कर्मचारियों द्वारा पठनार्थ अपेक्षित पुस्तकों की मांग की जा सके।
- खरीदने योग्य महत्त्वपूर्ण पुस्तकों की सूची तथा प्रमुख प्रकाशकों की सूची भी मुख्यालय के राजभाषा विभाग द्वारा राजभाषा पोर्टल में रखी जा सकती है।
- राजभाषा सहूलियतकार को यह देखना होगा कि अमुक वित्तीय वर्ष के दौरान आबंटित पुस्तकालय बजट का पूर्ण उपयोग किया गया है। यदि कोई सक्षम अधिकारी हिंदी पुस्तकालय बजट का पूर्ण उपयोग करने के पक्ष में नहीं रहने पर सरकार की राजभाषा नीति के गैर-अनुपालन से उत्पन्न होनेवाली कठिनाइयों से उन्हें अवगत कराना होगा।

  [यथा : संसदीय राजभाषा समिति निरीक्षण, गृह मंत्रालय एवं संबंधित मंत्रालय के राजभाषा विभागों के निरीक्षण, वार्षिक रिपोर्टिंग इत्यादि।]
- कार्यालय में हिंदी पुस्तकालय संबंधी दो फाइल उपलब्ध हों : एक पुस्तकालय संबंधी पत्राचार के लिए तथा दूसरी पुस्तक सूची एवं विविध प्रकाशकों से प्राप्त पुस्तक सूची इत्यादि हेतु।
- शब्दकोश, शब्दावली, वार्तालाप, राजभाषा नीति, सरल व्याकरण, हिंदी और तकनीक इत्यादि संबंधी पुस्तकें खरीदने में प्राथमिकता देनी होगी।

  स्टाफ सदस्यों के बीच परिचालित करने हेतु शब्दावली एवं शब्दकोशों की पर्याप्त संख्या में खरीदी हो।
- हिंदी पुस्तकालय हेतु खरीदी जाने वाली पुस्तकों का चयन सोच-विचारकर करना होगा। पुस्तक समीक्षाएँ पढ़ने की आदत डालनी होगी। सामाजिक माध्यमों, ऑनलाइन बिक्री कंपनियों, इंटरनेट या अन्य स्रोतों के संदर्भ, साहित्य स्वरूप के आधार पर उपयोगी पुस्तकों की जानकारी डायरराइज करनी होगी। इससे पुस्तकों का चयन करना आसान होगा। चयनित पुस्तकें स्तरीय और उम्दा हों। बाजारी/सस्ता साहित्य, फिल्मी साहित्य इत्यादि की खरीद न हो। राजनीति से जुड़ी या तीखे विचार-विमर्श से जुड़ी पुस्तकों को स्थान नहीं देना होगा।

  पत्रिकाओं की खरीदी में भी यही पद्धति अपनानी होगी। स्तरीय पत्रिकाएँ मंगानी होंगी।

  स्वैच्छिक हिंदी संस्थाओं से प्रकाशित होनेवाली स्तरीय हिंदी पत्रिकाओं को वार्षिक चंदा भरकर प्राप्त करने का प्रयास करना होगा। इससे हिंदी के प्रचार-प्रसार से जुड़ी संस्थाओं को प्रोत्साहन मिल सकेगा।
- उपलब्ध वार्षिक हिंदी पुस्तकालय बजट में से अधिकाधिक कामिल बुल्के अंग्रेजी-हिंदी शब्दकोश खरीदकर नियंत्रक कार्यालय के सभी अनुभागों को उपलब्ध कराने का प्रयास करना होगा।
- मुख्यालय एवं अन्य नियंत्रक कार्यालयों द्वारा नियमित रूप से खरीदी जाने वाली हिंदी पत्रिकाओं एवं हिंदी समाचार पत्रों के अतिरिक्त विभिन्न संगठनों

के मुख्यालयों, टॉलिक के संयोजक कार्यालयों, राजभाषा विभाग-गृह मंत्रालय, कार्पोरेट प्रशिक्षण केंद्रों, विश्वविद्यालयों इत्यादि से निःशुल्क प्राप्त हिंदी पत्रिकाओं को वाचनार्थ कर्मचारियों को उपलब्ध कराना होगा।

- त्रैमासिक राजभाषा कार्यान्वयन समिति की बैठकों में हिंदी पुस्तकों की खरीद संबंधी दिशानिर्देश, शीशे की अलमारी की व्यवस्था आदि की यथासंभव चर्चा हो। इससे अध्यक्ष की उपस्थिति में समुचित निर्णय लिया जा सकता है।
- शाखा कार्यालयों/इकाइयों में हिंदी पुस्तकालय की स्थापना, अनुरक्षण, हिंदी पुस्तकों की आपूर्ति इत्यादि के संबंध में राजभाषा अधिकारी को विशेष ध्यान देना होगा। पुस्तकालय के अनुरक्षण के संबंध में शाखा कार्यालय/इकाई के राजभाषा समन्वयक को समय-समय पर उचित मार्गदर्शन प्रदान करना होगा।

शाखा कार्यालयों/इकाइयों के हिंदी पुस्तकालयों में हिंदी पुस्तकें

- शाखा कार्यालयों/इकाइयों में निम्न प्रकार की हिंदी पुस्तकों की अनिवार्य उपलब्धता पर ध्यान देना होगा।

  कामिल बुल्के अंग्रेजी-हिंदी शब्दकोश, संगठन संबंधी प्रकाशित अंग्रेजी-हिंदी शब्दावली, व्यावहारिक हिंदी व्याकरण, हिंदी वार्तालाप मार्गदर्शिका एवं तत्संबंधी दृश्य-श्रव्य साधन, संगठन द्वारा हिंदी में प्रकाशित पुस्तक, संगठन की हिंदी गृह पत्रिकाओं की महत्त्वपूर्ण एवं नवीनतम प्रतियाँ इत्यादि।
- शाखा कार्यालयों/इकाइयों को वार्षिक हिंदी पुस्तकालय बजट आबंटित करने की व्यवस्था न होने के पक्ष में नियंत्रक कार्यालयों को आबंटित वार्षिक बजट में से खरीदी गई कुछेक उपयोगी पुस्तकों को वर्षवार बड़ी शाखाओं को आपूर्ति करने की पद्धति अपनाई जा सकती है। इस प्रकार की आपूर्ति संबंधी जानकारी 'पुस्तक स्टॉक रजिस्टर' में दर्ज की जानी चाहिए। प्रावरण पत्र के साथ पुस्तकों की आपूर्ति करनी होगी। प्रावरण पत्र संख्या और तारीख भी 'स्टॉक रजिस्टर' में दर्ज हो। प्रावरण पत्र की प्रति फाइल में भी सुरक्षित हो।

अन्य

- मुख्यालय, नियंत्रक कार्यालयों और प्रशिक्षण केंद्रों में पुस्तकालय कक्ष में ही बैठकर हिंदी पत्र-पत्रिकाएँ पढ़ने हेतु समुचित शांत जगह की व्यवस्था हो। इस विधा पर ध्यान देना प्रशंसनीय होगा।
- कर्मचारियों को ई-पुस्तकालय की सुविधा उपलब्ध कराने पर ध्यान देना होगा। लेकिन भौतिक पुस्तक पठन पद्धति हमेशा असरदार रहेगी। इस पारंपरिक पद्धति को जारी रखना होगा।

गृह पत्रिकाएँ एवं बुलेटिन

परिचय

गृह पत्रिकाएँ अपनी संस्था की आइना होती हैं। इनमें संस्था की गतिविधियों एवं उपलब्धियों का परिचय होने के साथ कर्मचारियों की वैचारिक अभिव्यक्ति होती है।

गृह-पत्रिकाओं में संगठन का इतिवृत्त, कार्य प्रणाली, अभिनव कारोबार, लक्ष्य साधना इत्यादि की जानकारी आलेखों के माध्यम से उपलब्ध कराने के अतिरिक्त साहित्य, विज्ञान, विधि, व्यक्तित्व विकास, भाषा प्रयोग, प्रशिक्षण, वैश्विक समाचार इत्यादि कई पहलुओं को स्थान दिया जाता है। पत्रिकाओं को और अधिक रोचक बनाने के उद्‌देश्य से कविताएँ, चुटकुले, वर्ग पहेली, कर्मियों के विशेष कीर्तिमान, फोटो प्रतियोगिता, स्वास्थ्य समाचार आदि की संक्षेप जानकारी भी जोड़ने का प्रयास किया जाता है।

राजभाषा विभाग, गृह मंत्रालय के दिशानिर्देशों के अनुसार गृह पत्रिकाओं के प्रकाशन/छपवाने में निम्न पद्धति का पालन करना होगा :

> 'जहाँ गृह पत्रिकाओं को केवल अंग्रेजी में छपवाया जा रहा है/निकाले जा रहे हैं, वहाँ यह आवश्यक होगा कि उन्हें हिंदी-अंग्रेजी द्विभाषा में निकाला जाए। उनमें हिंदी और अंग्रेजी पृष्ठों की संख्या बराबर होनी चाहिए और उन्हें एक ही जिल्द में एक ही नाम से छापे जाने चाहिए। पत्रिका का शीर्ष द्विभाषा में हो। उनमें संगठन के कार्य संबंधी लेखन तथा सूचनाएँ दोनों भाषाओं में छापी जानी चाहिए। ऐसे क्षेत्रों में जहाँ हिंदी और अंग्रेजी के अतिरिक्त स्थानीय भाषाओं का प्रचलन अधिक है, वहाँ पत्रिकाएँ त्रिभाषा में छापी जा सकती हैं। त्रिभाषी पत्रिकाएँ भी एक ही जिल्द में छापी जाएँ तथा यह सुनिश्चित किया जाए कि उनके शीर्ष त्रिभाषा में हो तथा तीनों भाषाओं अर्थात् क्षेत्रीय भाषा, हिंदी तथा अंग्रेजी के पृष्ठों की संख्या लगभग बराबर हो।'
>
> [**संदर्भ** : (i) का ज्ञा सं. टी/14011/1/96—राभा (नी-1), दि. 19.7.1996,
> (ii) संसदीय राजभाषा समिति की प्रश्नावली के संप्रति भाग-III की मद सं. 23 (ङ)*—प्रकाशन]

* प्रश्नावली में समय-समय पर होने वाले संशोधन के आधार पर मद संख्याओं में परिवर्तन हो सकता है।

राजभाषा सहूलियतकार की प्रमुख भूमिका

संबंधित प्रभारी राजभाषा अधिकारी को देखना होगा कि संगठन के मुख्यालय और अन्य नियंत्रक कार्यालयों द्वारा प्रकाशित की जाने वाली गृह पत्रिकाओं का भाषा माध्यम

राजभाषा विभाग, गृह मंत्रालय की राजभाषा नीति की अनुपालना में है या नहीं। यह सुनिश्चित करना होगा कि संगठन की नियमावली, अनुदेश पुस्तिका आदि में समाविष्ट राजभाषा नीति संबंधी दिशानिर्देशों में इस जानकारी का उल्लेख किया गया है। ध्यान देना होगा कि मुख्यालय के राजभाषा विभाग द्वारा जारी स्थायी परिपत्रों में भी यह बात समाविष्ट की गई है।

गृह पत्रिकाओं में अपेक्षित मात्रा में हिंदी पाठ उपलब्ध नहीं कराए जाने पर लिखित रूप में संबंधित प्रकाशन विभाग के ध्यान में लाना होगा। राजभाषा कार्यान्वयन समिति की बैठकों में भी गृह-पत्रिकाओं में हिंदी पाठ की अपेक्षा के संबंध में चर्चा की जानी चाहिए। संसदीय राजभाषा समिति एवं अन्य उच्च स्तरीय राजभाषा निरीक्षणों में गृह पत्रिकाओं में हिंदी पाठ की प्रतिशतता पर विशेष ध्यान दिया जाता है। व्यतिक्रम पाए जाने के संदर्भ में तत् जानकारी से उच्च प्रबंधक वर्ग को अवगत कराने की आवश्यकता होगी। मुख्यालय या अन्य नियंत्रक कार्यालय या प्रशिक्षण केंद्र इत्यादि जो भी हों, पत्रिकाओं का प्रकाशन किये जाने के संदर्भ में उपर्युक्त दिशानिर्देशों का पालन करना होगा। राजभाषा विभाग, गृह मंत्रालय के दिशानिर्देशों एवं अनिवार्यता से अवगत कराने में संबंधित प्रभारी राजभाषा अधिकारी को अहम् भूमिका निभानी होगी।

इसे स्वीकारा नहीं जाएगा

- किसी संगठन द्वारा एक पत्रिका पूर्ण रूप से अंग्रेजी में और दूसरी पत्रिका पूर्णत: हिंदी में प्रकाशित किये जाने पर भी इसे राजभाषा नीति का गैर-अनुपालन ही माना जाएगा। राजभाषा विभाग के दिशानिर्देशों के अनुसार पत्रिका का अंग्रेजी और हिंदी पाठ एक ही जिल्द में हो और हिंदी पाठ न्यूनतम 50 प्रतिशत हो।

  अंग्रेजी पत्रिका में प्रकाशित सभी विषयों का हिंदी पाठ पृथक् अंक में प्रकाशित करने पर भी द्विभाषा की श्रेणी में नहीं लिया जा सकता।

क्या यह जरूरी है कि पत्रिका की अंग्रेजी सामग्री का ही हिंदी अनुवाद हो?

- यह जरूरी नहीं कि पत्रिका के अंग्रेजी पाठ का ही हूबहू हिंदी अनुवाद हो या हिंदी पाठ का ही अंग्रेजी अनुवाद हो। विषय सामग्री अंग्रेजी और हिंदी पाठ की अलग-अलग भी हो सकती है। अंग्रेजी और हिंदी पाठ के आलेख आदि अलग-अलग होने से पाठकों को कई विषय जानने का अवसर भी मिलेगा। जो भी हो, पत्रिका के कुल पृष्ठों में से हिंदी पाठ के पृष्ठों की संख्या 50 प्रतिशत से कम न हो।

क्या यह जरूरी है कि गृह पत्रिका द्विभाषा में ही निकाली जाए?

- ऐसी कोई अनिवार्यता नहीं है। कई संगठनों द्वारा केवल हिंदी में भी पत्रिकाएँ निकाली जाती हैं। लेकिन केवल अंग्रेजी में प्रकाशित नहीं होना चाहिए। पत्रिका में अंग्रेजी पाठ होने पर हिंदी पाठ भी हो।

न्यूज बुलेटिनों के संदर्भ में भी यही प्रक्रिया हो

- न्यूज बुलेटिन भी अंग्रेजी में प्रकाशित न हों। हिंदी या द्विभाषा या त्रिभाषा में हों। न्यूज बुलेटिन प्रकाशित करने वाले कार्यालय के संबंधित विभागों/इकाइयों को इस आशय से अवगत कराने की जिम्मेदारी राजभाषा अधिकारी पर होगी।
- मुख्यालय द्वारा प्रकाशित गृह पत्रिकाओं, न्यूज बुलेटिनों एवं मुख्यालय की अन्य इकाइयों द्वारा प्रकाशित न्यूज बुलेटिनों के हिंदी अनुवाद या हिंदी में आलेख उपलब्ध कराने में राजभाषा स्टाफ सदस्यों का योगदान सहायक सिद्ध होगा।

सामान्यत: मुख्यालय द्वारा प्रकाशित गृह पत्रिकाओं में अनिवार्य रूप से तथा न्यूज बुलेटिनों में आवश्यकतानुसार प्रभारी विशेषज्ञ राजभाषा कार्यपालक अधिकारी को संपादकीय मंडल में शामिल किया जाता है। मुख्यालय के नियंत्रणाधीन कार्यालयों/इकाइयों के संदर्भ में एक ही राजभाषा अधिकारी कार्यरत होने पर उनको ही संपादकीय मंडल का सदस्य बनाने का प्रयास किया जाता है।

राजभाषा पत्रिका और राजभाषा बुलेटिन

- हिंदी भाषा में लेखन और वाचन को प्रोत्साहित करने के उद्देश्य से संगठन की सामान्य पत्रिका के अतिरिक्त मुख्यालय के राजभाषा विभाग द्वारा एक पत्रिका पूर्णत: हिंदी में प्रकाशित की जाने की प्रथा कई संगठनों में प्रचलित है। इसके अतिरिक्त कुछेक संगठनों द्वारा नियंत्रक कार्यालयों के राजभाषा अनुभागों को भी राजभाषा पत्रिका या राजभाषा बुलेटिन जारी करने की अनुमति दी जाती है या नियंत्रक कार्यालय स्तर पर निर्णय लेने का अधिकार दिया जाता है। यह अमुक संगठन के आंतरिक दिशानिर्देशों पर निर्भर होगा।
- सामान्यत: राजभाषा बुलेटिनों एवं राजभाषा लघु पत्रिकाओं में कार्यालयीन काम में राजभाषा का प्रयोग, राजभाषा की गतिविधियाँ, राजभाषा मार्गदर्शन, राजभाषा से जुड़े आलेख इत्यादि जानकारी समाविष्ट कर विशेष समाचार दर्शिनी का रूप दिया जाता है। यदि पत्रिका के पृष्ठ अधिक होने पर राजभाषा ज्ञान के अतिरिक्त संगठन की सामान्य जानकारी, लेख आदि शामिल करने का प्रयास किया जाता है।

गृह पत्रिका संबंधी प्रतियोगिताएँ

- मुख्यालय द्वारा वर्ष के दौरान प्रकाशित किसी एक मुद्रित हिंदी पत्रिका की प्रतियाँ राजभाषा विभाग, गृह मंत्रालय द्वारा आयोजित राजभाषा कीर्ति पुरस्कार प्रतियोगिता में भेजी जा सकती हैं। (संगठन के मुख्यालय द्वारा प्रकाशित पत्रिका ही इस प्रतियोगिता के लिए पात्र है।) अत: पत्रिका में प्रकाशित सामग्री उन्नत स्तर की होनी चाहिए। राजभाषा एवं अन्य वैविध्यपूर्ण जानकारी को स्थान देना होगा। ले आउट, कागज एवं मुद्रण की गुणवत्ता पर ध्यान देना

होगा। प्रचलित दिशानिर्देशों के अनुसार प्रतियोगिता में भाग लेने हेतु पत्रिका के पृष्ठों की संख्या न्यूनतम 36 (परिवर्तनीय) होनी चाहिए और न्यूनतम दो अंक (परिवर्तनीय) प्रस्तुत करने की आवश्यकता होगी।

- प्रतियोगिताओं के लिए प्रविष्टियाँ प्रस्तुत करने हेतु विभिन्न मंत्रालयों, संगठनों को पत्रिका की मुद्रित भौतिक प्रतियाँ प्रेषित करना आवश्यक है।
- उल्लेखनीय है कि गृह मंत्रालय, राजभाषा विभाग के का.ज्ञा.सं. 12024/012020 —राभा (का-2), दि. 21.2.2020 के आधार पर राजभाषा कीर्ति पुरस्कार प्रतियोगिता के लिए 'ई-गृह पत्रिका' भी **पात्र** है बशर्ते कि इसके अंक राजभाषा विभाग की वेबसाइट पर उपलब्ध 'ई-पत्रिका पुस्तकालय' लिंक पर अपलोड किये गए हों।
- प्रकाशनों की गुणवत्ता बढ़ाने के लिए सामान्यतः मुख्यालयों द्वारा अपने नियंत्रणाधीन इकाइयों में प्रकाशित राजभाषा पत्रिकाओं/बुलेटिनों के लिए तथा कुछेक टॉलिकों द्वारा अपने सदस्य कार्यालयों द्वारा प्रकाशित पत्रिकाओं के लिए वार्षिक राजभाषा शील्ड प्रतियोगिताएँ चलाई जाती हैं।
- लघु राजभाषा पत्रिकाओं एवं राजभाषा बुलेटिनों को केवल ई-प्रति के रूप में लाया जाना भी पर्याप्त है। टॉलिक की पत्रिका प्रतियोगिता में भाग लेने हेतु गुणवत्तायुक्त कागज में इनकी सीमित रंगीन प्रतियाँ (रंगीन जेरॉक्स) निकाली जा सकती हैं।
- इनके अतिरिक्त कुछेक स्वैच्छिक हिंदी संगठनों एवं हिंदी प्रचार संस्थाओं द्वारा भी पत्रिका प्रकाशन संबंधी प्रतियोगिताएँ आयोजित की जाती हैं।

नोट : गृह मंत्रालय एवं अन्य मंत्रालयों द्वारा आयोजित वार्षिक गृह पत्रिका प्रतियोगिताओं संबंधी नियम एवं शर्तों की जानकारी के लिए संबंधित राजभाषा विभागों की वेबसाइट का संदर्भ लेना होगा।

पत्रिका के प्रकाशन में निम्न बातों पर ध्यान देना होगा

- सामान्यतः आंतरिक संसाधनों एवं आंतरिक निर्णयों के आधार पर प्रकाशन की अवधि तय की जाती है। आदर्श अवधि त्रैमासिक होगी। संभव न होने पर छमाही अंतराल में हो। अति अनिवार्य परिस्थितियों में कम से कम वर्ष में एक बार हो। संगठन की क्षमता के आधार पर मासिक/द्विमासिक आधार पर भी पत्रिकाएँ निकाली जाती हैं।
- पत्रिका की गुणवत्ता संपादक मंडल पर निर्भर होती है। आलेखों का चयन, जांच, समावेशन में क्षमता रखने वाले तथा हिंदी भाषा में प्रवीण कर्मियों को संपादक मंडल में स्थान देना होगा।
- हिंदी प्रकाशनों के लिए अनुकूल प्रिंटिंग प्रेस को प्राथमिकता देनी होगी। न्यूनतम लागत निविदा कोटेशन (L1) के आधार पर मुद्रण कार्य सौंपे जाने के संदर्भ में तत्संबंधी प्रेस की हिंदी ज्ञान क्षमता पर ध्यान देना होगा। उनके द्वारा मुद्रित कुछेक प्रकाशकों के नमूने भी देखने होंगे। देखना होगा कि चयनित

प्रिंटिंग प्रेस द्वारा प्रस्तुत जानकारी पात्रता के अनुसार है। चयन प्रक्रिया में कोई व्यतिक्रम न हो।

- आधुनिक टेक्नोलॉजी के सहारे आजकल हर पत्रिका/बुलेटिन की ई-प्रति सभी को उपलब्ध कराई जाती है। मुद्रण व्यय कम करने का यह एक आदर्श माध्यम है। फिर भी मुद्रण कराने की प्रथा समाप्त नहीं करनी होगी। व्यय कम करने के उद्देश्य से मुद्रित प्रतियों की संख्या कम की जा सकती है।
- लेआउट और डिजाइन आकर्षक और उम्दा हो।
- संगठन के कर्मचारियों की रचनाओं को ही स्थान दिया जाना उचित है।
- संगठन की महत्त्वपूर्ण भाषायी गतिविधियों से जुड़ी तस्वीरों को पत्रिका के मुखपृष्ठ में छपवाने का प्रयास करना होगा। इससे पत्रिक की गरिमा बढ़ेगी और अपनापन महसूस होगा। प्रकाशित मुखचित्र पर अंदर के पहले या दूसरे पृष्ठ में अति संक्षेप में प्रकाश डालने की प्रक्रिया अपनानी होगी।
- फॉन्ट आकर्षक हो। मुद्रित रंग चमकीले न हों।
- रचनाकारों की पुनरावृत्ति कम करनी होगी। नये रचनाकारों को जगह देकर प्रोत्साहित करने का प्रयास करना होगा।
- प्रकाशित रचनाएँ एवं मार्गदर्शन सामग्री गुणवत्तापरक, ज्ञानवर्द्धक एवं आकर्षक हों।
- राजनीतिक, व्यंग्यात्मक, तीखी आलोचनात्मक एवं विवादास्पद जानकारी को स्वीकार नहीं करना होगा।
- किसी को संतुष्ट करने हेतु गैर-स्तरीय रचनाओं को पत्रिका में स्थान नहीं देना चाहिए।
- आलेखाकार की तस्वीर सहित आलेख का प्रकाशन हो।
- अन्य स्रोतों से कोई जानकारी ली जाने पर स्रोत का उल्लेख अवश्य करना होगा।
- पत्रिका/बुलेटिन का नाम आकर्षक एवं प्रतीकात्मक हो।

गृह पत्रिकाओं की गुणवत्ता में उच्च स्तर बनाए रखने के लिए राजभाषा विभाग, गृह मंत्रालय के सुझाव

[का.ज्ञा.सं. 11014/34/2014—राभा (प), दि. 21.1.2015 से उद्धृत]

- पत्रिका में संगठन के कार्यक्षेत्र संबंधी लेख अधिकाधिक मात्रा में शामिल किये जाएँ ताकि अधिकारी कर्मचारी संगठन के कार्य से एवं उससे संबंधित शब्दावली से अधिक से अधिक परिचित हो सकें।
- पत्रिका में उन लेखों को प्राथमिकता दी जाए जो कार्यालय में प्रयोग में लाई जा रही हिंदी के ज्ञानवर्द्धन में सहायक हों।
- पत्रिका में अधिक से अधिक लेख आंतरिक अधिकारियों/कर्मचारियों के शामिल किए जाएँ।
- पत्रिका में लेख लिखने में हिंदीतर भाषियों द्वारा किये गए प्रयासों को बढ़ावा दिया जाए।
- अन्य भारतीय भाषाओं के साहित्य संबंधी लेख भी शामिल किये जाएँ।

- पत्रिका को रुचिकर बनाने के लिए सरल भाषा में सामयिक लेख, साहित्य, स्वास्थ्य, पर्यटन, यात्रा वृत्तांत आदि शामिल किए जाएँ।
- पत्रिका को स्तरीय और आकर्षक बनाने के लिए पत्रिका की साज-सज्जा और गुणवत्ता पर ध्यान दिया जाए।
- पत्रिका को संस्था की वेबसाइट पर उपलब्ध कराने के प्रयास किए जाएँ ताकि इसकी उपलब्धता व्यापक हो सके।

हर एक अंक को आकर्षक अंक कैसे बनाया जा सकता है?

- विशेषांकों के प्रकाशन द्वारा: सामान्यत: सितंबर तिमाही संबंधी त्रैमासिक पत्रिका को 'राजभाषा विशेषांक' के रूप में निकाला जाता है। इनमें हिंदी दिवस संबंधी संदेश, संगोष्ठी, प्रतियोगिताएँ, सांस्कृतिक कार्यक्रम, राजभाषा एवं साहित्यिक समाचार इत्यादि शामिल करने की चेष्टा की जाती है।
- यही नहीं, हर एक अंक में किसी एक रोचक विषय पर तीन-चार आलेख प्रकाशित कराकर आंशिक विशेषांक का रूप दिया जा सकता है। लेकिन 'आंशिक विशेषांक' शब्द का प्रयोग नहीं किया जा सकता है। इसके बजाय मुखपृष्ठ पर किसी एक आकर्षक डिजाइन द्वारा पाठकों का ध्यान आकर्षित किया जा सकता है। यथा : 'यात्रा स्थल पर विशेष जानकारी', 'विधि विषयों पर विशेष जानकारी', 'विपणन पर विशेष जानकारी', 'व्यक्तित्व विकास पर विशेष जानकारी', 'महिला साधिकारिता पर विशेष जानकारी', 'प्रशिक्षण पर विशेष जानकारी', 'टेक्नोलॉजी और हिंदी पर विशेष जानकारी', 'भारतीय त्योहारों पर विशेष जानकारी', आदि-आदि। संगठन की आवश्यकता एवं अपेक्षा के अनुसार विषयों का चयन करना होगा।
- नियमित अंतरालों पर प्रकाशित की जाने वाली पत्रिकाओं के अतिरिक्त वार्षिक विशेषांक भी निकाला जा सकता है। यह वार्षिक विशेषांक किसी एक विषय विशेष पर केंद्रित होना होगा। राजभाषा कार्यान्वयन की यह एक अतिरिक्त उपलब्धि होगी।
- पत्रिका में विविधता लाने हेतु हर अंक में एक नयापन दिखने हेतु वैविध्यपूर्ण तथा ज्ञानवर्द्धक सामग्री समाविष्ट करनी होगी। भारतीय भाषाओं की श्रृंखला, मशहूर हिंदी साहित्यकार, कवि परिचय, ज्ञानपीठ पुरस्कार गृहीता, साक्षात्कार, शब्द खेल से संबंधित वर्ग पहेली, पाठकों की प्रतिक्रिया इत्यादि विषयों को स्थायी स्तंभ के रूप में प्रकाशित किया जा सकता है।

  इनके अतिरिक्त ज्ञान-विज्ञान, भाषायी उद्धरण, कर्मचारियों की प्रज्ञा-प्रतिभा, वैश्विक हिंदी समाचार, भाषा पुरस्कार इत्यादि को फिल्लर के रूप में या अन्यथा शामिल करने का प्रयास करना होगा।
- राजभाषा कार्यान्वयन संबंधी गतिविधियाँ, यथा : प्रतियोगिताएँ, सम्मेलन, संगोष्ठी, लघु मार्गदर्शन, टॉलिक की गतिविधियाँ इत्यादि को तस्वीर सहित छापा जा सकता है। इनका चयन स्तरीय और छापने लायक हो।

- विषय चयन : सामान्यत: कर्मचारियों से प्राप्त रचनाओं में से उपयुक्त रचना का चयन कर पत्रिका में प्रकाशित किया जाता है। इस प्रथा को जारी रखते हुए निश्चित उद्‌देश्य से संबंधित जानकारी के प्रकाशनार्थ संपादक मंडल द्वारा विषयों का चयन कर लेखन कार्य में रुचि रखने वाले कर्मचारियों को पहचानकर उनसे आलेख प्राप्त किये जा सकते हैं या परिपत्र के जरिये सभी कर्मियों को चयनित विषयों की सूचना देते हुए प्राप्त आलेखों की गुणवत्ता के आधार पर चयन किया जा सकता है।

संपादक मंडल द्वारा ध्यान देने योग्य बातें

- प्रकाशित आलेख ज्यादा लंबे न हों। अधिकतम दो या तीन पृष्ठों तक सीमित हों।
- भाषायी और व्याकरणिक गलतियों को ठीक करना होगा।
- आलेख के आशय से विषयवस्तु असंगत न हो। अप्रासंगिक जानकारी हटानी होगी।
- योग्य रचनाओं का चयन कर शेष रचनाओं को संबंधित रचनाकारों को वापस करना होगा या अस्वीकृति की सूचना देनी होगी।
- स्वीकृत रचनाएँ कहीं भी पूर्व प्रकाशित न हों।
- रचनाकार से इस आशय का घोषणा पत्र प्राप्त हो कि 'रचना स्वलिखित और अप्रकाशित है तथा प्रकाशनार्थ अन्य कहीं नहीं भेजी गई है।'
- आलेखों के चयन में पारदर्शिता हो।
- टंकण/मुद्रण की गुणवत्ता उच्च स्तर की हो। विषय सामग्री पढ़ने में तथा छायाचित्र देखने में एकदम स्पष्ट हों।
- प्रूफ रीडिंग और ले आउट पर विशेष ध्यान देना होगा।
- पाठकों से प्राप्त मूल्यवान सुझावों को अमल करने का प्रयास करना होगा।
- संपादन मंडल को पत्रिका के ससमय प्रकाशन पर विशेष ध्यान देना होगा। प्रति अंक के लिए पर्याप्त समय-पूर्व आलेख प्राप्त करना, चयन करना, जांच करना, मुद्रण कार्य संपन्न कराना, प्रेषण इत्यादि पर विशेष ध्यान देना होगा। दैनिक कार्यालयीन कार्य का यह भी एक अंग हो।
- संपादन मंडल को चाहिए कि वह विभिन्न संगठनों की पत्रिकाओं को पढ़े और आदर्श पद्धतियों को अपनाने के प्रयास करे।
- सामान्यत: कविताएँ ज्यादा प्राप्त होती रहती हैं। अधिक संख्या में कविताएँ प्रकाशित करने पर पत्रिका की गुणवत्ता घट जाएगी। अत: ध्यान देना होगा।
- स्तरीय संपादन से ही पत्रिका श्रेष्ठ पत्रिका की श्रेणी में लाई जा सकती है।

प्रोत्साहन

- हिंदी में लेखन कार्य प्रोत्साहित करने के लिए चयनित रचनाओं के रचनाकार कर्मियों को नकद रूप में मानदेय एवं प्रशस्ति पत्र प्रदान करने की प्रथा कई संगठनों में जारी है। संसदीय राजभाषा समिति के निरीक्षणों में भी

माननीय सदस्यों द्वारा रचनाकारों को आकर्षक मानदेय प्रदान करने की सलाह दी जाती है।

- सामान्यत: चयनित आलेख के आकार (मुद्रित पृष्ठों की संख्या) के आधार पर नकद राशि तय की जाती है। (आधा पृष्ठ, एक पृष्ठ, दो पृष्ठ—इस प्रकार)
- पत्रिका में प्रकाशन के पश्चात् पात्र मानदेय का भुगतान बैंक चेक के माध्यम से या कर्मचारी के बैंक खाते में सीधे जमा कराने के जरिये किया जा सकता है। कर्मचारी को प्रशस्ति पत्र डाक द्वारा सीधे भेजे जा सकते हैं। कार्यालय/शाखा कार्यालय की राजभाषा कार्यान्वयन समिति की बैठकों में अध्यक्ष के हाथों प्रदान कराने की प्रथा भी अपनाई जा सकती है।
- इस प्रोत्साहन योजना की संक्षेप जानकारी 'बॉक्स आइटम' के रूप में पत्रिका के प्रति अंक में प्रकाशित करना उचित होगा।

नई विधाएँ

- आजकल लगभग सभी संगठनों द्वारा ई-राजभाषा पत्रिका एवं ई-राजभाषा बुलेटिन की प्रति अपनी साइट/पोर्टल में उपलब्ध कराई जाती हैं।
- एक कदम आगे बढ़कर कुछ संगठनों द्वारा अपनी राजभाषा गृह पत्रिकाओं को 'डिजिटल आडियोफार्मेट' में उपलब्ध कराने की पहल की जा रही है। इस विधा से पत्रिका में प्रकाशित सभी रचनाओं को सुनने का अवसर मिलता है। पत्रिका में प्रकाशित सामग्री की ओर कर्मचारियों को आकर्षित करने का यह एक सुंदर तरीका है।
- हो सकता है कि भविष्य में पत्रिकाओं के दृश्य-श्रवण (आडियोविजुअल) रूप भी मिलें जिनमें आलेखकारों द्वारा स्वयं पढ़ने के दृश्य या अन्य किसी कलाकारों से पढ़ाए गए दृश्य मिलें और अधिक आकर्षक बनाने के लिए मधुर संगीत भी जोड़ा जाता हो।

ई-पत्रिका पुस्तकालय

- राजभाषा विभाग, गृह मंत्रालय चाहता है कि विभिन्न संगठनों द्वारा प्रकाशित कराई जानेवाली हिंदी गृह पत्रिकाओं के ई-वर्जन विभाग की वेबसाइट www.rajbhasha.gov.in पर उपलब्ध कराए गए प्लेटफार्म 'ई-पत्रिका पुस्तकालय' पर अपलोड हों ताकि बहुसंख्यक पाठक इनका लाभ उठा सकें। इन पत्रिकाओं में संगठन के सामान्य कार्यकलाप, कार्यालयीन कामकाज संबंधी मौलिक रचनाओं के अतिरिक्त राजभाषा नीति संबंधी आवश्यक मार्गदर्शन भी उपलब्ध हो।

अन्य कुछ सुझाव

- उच्चतम कार्यपालकों के सचिवालय लॉबी और संदर्शक कक्ष में पत्रिका/बुलेटिन की अद्यतन प्रति वाचनार्थ उपलब्ध हो। पुस्तकालय के वाचन कक्ष

में भी इनकी प्रतियाँ उपलब्ध हों (सभी कार्यालयों/शाखा कार्यालयों/इकाइयों/प्रशिक्षण केंद्रों के संदर्भ में)।

- पाठक कर्मियों की संख्या बढ़ाने हेतु परिपत्रों के जरिये एवं प्रशिक्षण कार्यक्रमों के दौरान प्रशिक्षणार्थियों का ध्यान आकर्षित करते हुए इनका प्रचार-प्रसार करना होगा।
- प्रकाशित रचनाओं के सभी रचनाकारों को उनके नाम पर आभारयुक्त प्रावरण पत्र के साथ तत्संबंधी पत्रिका का अंक अलग से प्रेषित करना होगा। यदि पत्रिका/बुलेटिन को मुद्रित करने की प्रथा न होने के संदर्भ में आभारयुक्त पत्र में ई-पत्रिका/ई-बुलेटिन का संदर्भ लेने के लिए रचनाकार को सूचित किया जा सकता है।

बाहरी संस्थाओं को पत्रिका/बुलेटिन की मुद्रित प्रति का अनिवार्य प्रेषण

मुख्यालय के संदर्भ में :

राजभाषा विभाग, गृह मंत्रालय; केंद्रीय हिंदी प्रशिक्षण संस्थान, केंद्रीय अनुवाद ब्यूरो, नई दिल्ली, संपादक : 'राजभाषा भारती' पत्रिका, अपने क्षेत्र के हिंदी शिक्षण योजना केंद्र, क्षेत्रीय कार्यान्वयन कार्यालय, केंद्रीय अनुवाद ब्यूरो, अपने मंत्रालय के राजभाषा विभाग, संसदीय राजभाषा समिति सचिवालय, संबंधित टॉलिक संयोजक कार्यालय।

अन्य नियंत्रक कार्यालयों के संदर्भ में :

संबंधित क्षेत्रीय कार्यान्वयन कार्यालय, हिंदी-शिक्षण योजना केंद्र, केंद्रीय अनुवाद ब्यूरो, संबंधित टॉलिक संयोजक कार्यालय को।

उपर्युक्त के अतिरिक्त निम्न बाहरी संस्थाओं को भी पत्रिका/बुलेटिन की प्रति सामान्यत: प्रेषित करने का प्रयास किया जाता है।

मुख्यालय द्वारा :

केंद्रीय हिंदी निदेशालय, नई दिल्ली; केंद्रीय हिंदी संस्थान, आगरा ; केंद्रीय सचिवालय हिंदी परिषद्, नई दिल्ली; नागरी प्रचारिणी सभा, वाराणसी; अपने मंत्रालय से संबंधित विभिन्न संगठनों के मुख्यालयों एवं कार्पोरेट प्रशिक्षण केंद्रों को (उदाहरण के लिए बैंकों के संदर्भ में सभी बैंकों के मुख्यालय, भारतीय रिजर्व बैंक, कृषि बैंकिंग महाविद्यालय, बैंकों के कार्पोरेट प्रशिक्षण केंद्र) तथा स्थानीय टॉलिक के सदस्य कार्यालयों, प्रमुख विश्वविद्यालयों के हिंदी विभागों, हिंदी प्रचार सभाओं एवं अन्य प्रमुख हिंदी स्वैच्छिक सेवा संस्थाओं को।

[विश्व हिंदी सचिवालय, मॉरीशस इत्यादि अंतरराष्ट्रीय संगठनों को भी प्रेषित करने का प्रयास किया जा सकता है।]

- इनके अतिरिक्त मुख्यालय द्वारा संगठन के सेवानिवृत्त राजभाषा विशेषज्ञ कर्मियों को पत्रिका/बुलेटिन की प्रति भेजने की प्रथा अपनाई जा सकती है।

अन्य नियंत्रक कार्यालयों द्वारा :

- स्थानीय केंद्रीय हिंदी संस्थान, स्थानीय केंद्रीय हिंदी निदेशालय, स्थानीय केंद्रीय सचिवालय हिंदी परिषद् की शाखा, स्थानीय हिंदी प्रचार सभाएँ, स्थानीय स्वैच्छिक हिंदी संस्थाएँ, स्थानीय विश्वविद्यालय के हिंदी विभाग, स्थानीय प्रमुख स्नातक/स्नातकोत्तर महाविद्यालयों के हिंदी विभाग, स्थानीय ग्रंथालय इत्यादि को।

नोट : ई-पत्रिका/बुलेटिन को संगठन/मुख्यालय प्रमुख की अनुमति से भाषा प्रचार-प्रसार से जुड़े सामाजिक माध्यमों में भी उपलब्ध कराया जा सकता है।

- पत्रिका/बुलेटिन के हर अंक के प्रकाशन में सर्वोच्च वार्षिक पत्रिका प्रतियोगताओं (राजभाषा कीर्ति पुरस्कार आदि) के नियम व शर्तों पर विशेष ध्यान देना होगा और उन्हें लागू करने हेतु कार्य योजना बनानी होगी।
- आंतरिक राजभाषा पत्रिका/राजभाषा बुलेटिन संबंधी वार्षिक प्रतियोगिता नियम व शर्तों से सभी संबंधित परिचित हों। प्रधान कार्यालय द्वारा इन्हें परिचालित किये जाने की आवश्यकता है। (इस प्रकार की आंतरिक योजना प्रचलित होने के संदर्भ में)
- गृह पत्रिका वार्षिक प्रतियोगिताओं के लिए प्रतियोगिता प्रविष्टि के साथ प्रकाशित अंकों को ससमय प्रस्तुत करना होगा।
- मुख्यालय स्तर पर आयोजित की जाने वाली आंतरिक 'राजभाषा' पत्रिका/बुलेटिन प्रतियोगिता प्रविष्टियों के मूल्यांकन हेतु प्रति वर्ष मूल्यांकन समिति का गठन करना होगा। इसमें संपादक एवं संपादन मंडल के कुछेक सदस्यों के अतिरिक्त अन्य विभागों के हिंदी लेखन कार्य में रुचि रखने वाले एक या दो कर्मियों को शामिल करना उचित होगा।
- पत्रिका में प्रकाशनार्थ संगठन के बाहर के व्यक्ति से साक्षात्कार लेने के संदर्भ में तत् व्यक्ति को मर्यादापूर्वक मेमेंटो, डायरी प्रदान करने की चेष्टा करनी होगी।
- पत्रिका/बुलेटिन के प्रकाशन संबंधी व्यय, लेखकों को मानदेय, साक्षात्कार संबंधी व्यय इत्यादि का भुगतान सक्षम प्राधिकारी के लिखित अनुमोदन से करना होगा।
- कर्मचारियों से यूनिकोड में हिंदी में टंकित रचनाओं को प्राप्त करने का प्रयास करना होगा। अनिवार्य संदर्भों में स्पष्ट रूप से लिखित आलेखों को भी स्वीकारना होगा।
- राजभाषा पत्रिका/बुलेटिन के प्रकाशन द्वारा संगठन की प्रतिष्ठा बढ़ाने में राजभाषा सहूलियतकार को महत्त्वपूर्ण भूमिका निभानी होगी।

'हिंदी दिवस' समारोह का आकर्षक आयोजन

परिचय

14 सितंबर, 1949 को संविधान सभा द्वारा हिंदी को संघ की राजभाषा का दर्जा दिया गया। देश के अधिक संख्यक लोगों द्वारा बोली, पढ़ी और लिखी जाने वाली हिंदी का प्रयोग संघ सरकारी कार्यालयों में सुनिश्चित कर राष्ट्रीय एकता का निर्माण करना और अंतरराष्ट्रीय स्तर पर अपनी भाषायी पहचान कराना संविधान निर्माताओं का उद्‌देश्य था।

1952 के राष्ट्रपति आदेशों के आधार पर भारत में सर्वप्रथम उच्च न्यायालय और उच्चतम न्यायालय के न्यायाधीशों के नियुक्ति आदेशों में अंग्रेजी के अतिरिक्त हिंदी भाषा भी सुनिश्चित करने से लेकर राष्ट्रपति के 1955, 1960 आदेश, राजभाषा अधिनियम- 1963 की धारा-3 (3), संशोधित अधिनियम-1967, राजभाषा नियम-1976 के आधार पर केंद्र सरकार एवं उनके अधीनस्थ कार्यालयों, संगठनों एवं हिंदी को अपने राज्य की राजभाषा के रूप में स्वैच्छिक रूप से अपना लिये राज्यों के सरकारी कार्यालयों में राजभाषा प्रयोग की निरंतरता बनी रही है।

आजादी के पूर्व सरकारी कामकाज में अंग्रेजी का प्रयोग होना, हिंदीतर भाषी हिंदी में कार्य संपन्न करने में सक्षम नहीं हो पाना, मिशन पाठशालाओं एवं अन्य पाठशालाओं में अंग्रेजी माध्यम से पढ़ाई इत्यादि विभिन्न परिस्थितियों के मद्‌देनजर भारत में हिंदी का प्रचार-प्रसार करना, संघ के कार्यालयों में हिंदी का प्रयोग बढ़ाने के उद्‌देश्य से कर्मचारियों को प्रोत्साहित करना, हिंदी भाषा की आवश्यकता एवं अपेक्षाओं से पुन: एक बार अवगत कराना, हिंदी भाषा को अपनाने में उनमें प्यार जगाना, जागृति पैदा करना इत्यादि पहलुओं को ध्यान में रखकर संघ की राजभाषा के रूप में घोषित दिवस अर्थात् 14 सितंबर को 'हिंदी दिवस' के रूप में मनाने की प्रथा प्रारंभ की गई। राष्ट्रभाषा प्रचार समिति, वर्धा के सुझाव पर 1953 से यह प्रथा प्रारंभ हुई।

राजभाषा विभाग, गृह मंत्रालय द्वारा 1968-1969 से वार्षिक कार्यक्रम जारी करने की प्रथा प्रारंभ होने के पश्चात् केंद्र सरकार के कार्यालयों में 14 सितंबर को हिंदी दिवस मनाए जाने की प्रथा जोर पकड़ गई है। [**संदर्भ** : हिंदी दिवस संबंधी राजभाषा विभाग, गृह मंत्रालय का का.ज्ञा.सं. 1/14034/2/87—राभा (क-1), दि. 21.4.1987]। शुरू में केवल 14 सितंबर को ही एक दिन के लिए मनाए जा रहे यह समारोह अब हिंदी पखवाड़ा, हिंदी माह का रूप ले लिया है। समारोह की अवधि जो

भी हो, कार्यालयीन छुट्टी न होने पर 14 सितंबर को ही हिंदी दिवस मनाया जाता है। 14 सितंबर छुट्टी होने के पक्ष में छुट्टी के तत्काल बाद के दिन को हिंदी दिवस मनाने की विधि अपनायी जाती है। राजभाषा विभाग के कार्यालय ज्ञापन सं. 1/14034/2/87—राभा (का-1), दि. 23.9.1987 के अनुसार हिंदी सप्ताह/पक्ष/माह का प्रारंभ भी 14 सितंबर से ही हो।

लेकिन गृह मंत्रालय, राजभाषा विभाग द्वारा वर्ष 2021 से गृह मंत्री महोदय की अध्यक्षता में राष्ट्रीय स्तर पर हिंदी दिवस के साथ अखिल भारतीय राजभाषा सम्मेलन आयोजित करने की प्रथा प्रारंभ की जाने के पश्चात् मंत्री महोदय की गरिमामय उपस्थिति के मद्देनजर प्रचलित पद्धति में आंशिक परिवर्तन करते हुए प्रत्येक कार्यालय के हिंदी दिवस का शुभारंभ 14 सितंबर को राष्ट्रीय स्तर हिंदी दिवस के आयोजन स्थल से ही माने जाने के (यानी प्रत्येक कार्यालय में हिंदी दिवस का शुभारंभ हुआ माना जाना) और इसका समापन अपने-अपने कार्यालयों में 29 सितंबर को (पखवाड़ा मनाए जाने के संदर्भ में) किये जाने के तथा हिंदी माह मनाने के संदर्भ में तदनुसार उसका समापन समारोह आयोजित किये जाने के निर्देश जारी किये जा रहे हैं। इसके आधार पर राष्ट्रीय स्तर हिंदी दिवस एवं राजभाषा सम्मेलन संपन्न होने के पश्चात् अपने-अपने कार्यालयों में हिंदी पखवाड़ा/माह मनाने की प्रक्रिया प्रारंभ करनी होगी। [**संदर्भ** : राजभाषा विभाग के सचिव का अ.शा. पत्र सं. 11034/12/2022—राजभाषा (नीति), दि. 24.6.2022 एवं 11034/06/2023—राजभाषा (नीति), दि. 1.6.2023] अत: हिंदी दिवस के आयोजन के संबंध में राजभाषा विभाग द्वारा प्रति वर्ष जारी किये जानेवाले अ.शा. पत्रों/ज्ञापनों के दिशानिर्देशों एवं संशोधन पर ध्यान देना जरूरी है।

इस राष्ट्रीय स्तर हिंदी दिवस एवं अखिल भारतीय राजभाषा सम्मेलन में भाग लेने हेतु सभी केंद्र सरकार के मंत्रालय/विभाग/संबद्ध एवं अधीनस्थ कार्यालय/बैंक/बीमा कंपनियाँ/वित्तीय संस्थाएँ/निगम/बोर्ड आदि के प्रधानों, वरिष्ठ पदाधिकारियों, राजभाषा स्टाफ सदस्यों तथा राजभाषा कीर्ति पुरस्कार, नराकास राजभाषा पुरस्कार, राजभाषा गौरव पुरस्कार के विजेताओं और प्रमुख भाषाविदों को आमंत्रित किया जाता है।

मुख्यालय के राजभाषा विभाग द्वारा मार्गदर्शन

राजभाषा विभाग, गृह मंत्रालय एवं संगठन से संबंधित मंत्रालय के राजभाषा विभाग के दिशानिर्देशों के आधार पर हिंदी दिवस समारोह मनाए जाने के संबंध में मुख्यालय द्वारा अलग से दिशानिर्देश तैयार कर परिपत्र या अन्य विधाओं के माध्यम से सभी संबंधितों को परिचालित किये जाते हैं। सरकार के नवीनतम दिशानिर्देशों के आधार पर अपने संगठन में प्रचलित दिशानिर्देशों का अद्यतन किया जाता है।

संगठन में हिंदी दिवस समारोह का रोचक आयोजन सुनिश्चित करने हेतु अधीनस्थ कार्यालयों से प्राप्त सुझावों, अन्य संगठनों द्वारा अपनाए गए नवोन्मेषी उपायों, मुख्यालय की राजभाषा कार्यान्वयन समिति की बैठकों में लिये गए आकर्षक निर्णयों, आयोजन

संबंधी गत अनुभवों इत्यादि के आधार पर अधीनस्थ कार्यालयों को मार्गदर्शन उपलब्ध कराया जाता है।

हिंदी दिवस समारोह के उपलक्ष्य में आयोजित की जाने वाली प्रतियोगिताओं, संगोष्ठियों, विशेष राजभाषा बैठकों एवं अन्य अभियानों में संपूर्ण संगठन में एकरूपता लाने के लिए मुख्यालय स्तर पर ही तत् गतिविधियों संबंधी विषयों/शीर्षकों तथा आयोजन तारीख व अवधि का चयन कर उचित निर्देश जारी किये जा सकते हैं।

प्रति वर्ष मुख्यालय द्वारा जारी परिपत्र में निम्न विषयों पर ध्यान देने की आवश्यकता होती है :

- परिचय पंक्तियों के साथ आवश्यकता होने पर पूर्व परिपत्रों का उल्लेख हो।
- हिंदी पखवाड़ा/माह की औपचारिक शुरुआत करने के निर्देश हों। हिंदी पखवाड़ा/माह के समापन समारोह के भव्य आयोजन संबंधी मार्गदर्शन हो।
- प्रतियोगिता संबंधी शीर्षकों एवं तारीखों का उल्लेख हो (समय का उल्लेख न हो)।
- प्रतियोगिताओं में भाग लेने हेतु भाषावार कर्मियों की पात्रता का उल्लेख हो।

  [हिंदी एवं हिंदीतर कर्मियों के लिए अलग से प्रतियोगिताओं का आबंटन हो सकता है।]
- कार्यपालकों एवं शाखा कार्यालय/इकाई प्रधानों के लिए पृथक् हिंदी प्रतियोगिताएँ हों।

  [विशेषकर 'हिंदी में टिप्पण लेखन', इसके अतिरिक्त इन्हें हिंदी में प्रश्नोत्तरी, गायन एवं अन्य सांस्कृतिक प्रतियोगिताओं में भाग लेने की पात्रता दी जा सकती है।]
- मुख्यालय से बाहर स्थित शाखा कार्यालयों/इकाइयों में हिंदी प्रतियोगिताओं के आयोजन संबंधी मार्गदर्शन हो।
- राजभाषा अभियानों संबंधी शीर्षकों एवं अवधि का उल्लेख हो।

  [हिंदी में टिप्पण लेखन, आंतरिक कामकाज में हिंदी का प्रयोग, फाइलों एवं रजिस्टरों पर हिंदी में शीर्षक, पर्यवेक्षी पदाधिकारियों द्वारा हिंदी में डिक्टेशन, कंप्यूटर पर हिंदी का अधिकाधिक प्रयोग इत्यादि।]
- बजट की उपलब्धता संबंधी जानकारी हो।
- पुरस्कार स्वरूप संबंधी जानकारी हो।
- प्रशस्ति पत्रों/प्रमाणपत्रों/मेमेंटो की व्यवस्था संबंधी जानकारी हो।
- गृह मंत्री, संगठन संबंधी मंत्रालय के मंत्री एवं अपने संगठन के प्रमुख के 'हिंदी दिवस संदेश' पढ़कर सुनाने संबंधी निर्देश हों।
- 'राजभाषा प्रतिज्ञा' लेने के संदेश हों। [**संदर्भ** : सचिव, राजभाषा विभाग गृह मंत्रालय का आ.शा. पत्र सं. 11034/07/2021—राभा (नीति), दि. 10.8.2021)]
- उपर्युक्त के अलावा अन्य कोई समुचित मार्गदर्शन।

अन्य पहल

- अपने संगठन के प्रमुख (अध्यक्ष, प्रबंध निदेशक, महानिदेशक—जैसी भी स्थिति हो) का हिंदी दिवस संबंधी संदेश (मुद्रित/ई-रूप में) समस्त कर्मियों को ससमय पहुँचाने के प्रयास किये जा सकते हैं।
- मुख्यालय सहित सभी नियंत्रक कार्यालयों द्वारा स्थानीय प्रमुख समाचार पत्रों में हिंदी दिवस शुभकामनाओं सहित संगठन के विज्ञापनों को 14 सितंबर के दिन हिंदी में प्रकाशित कराना।

  [संगठन के हिंदी में विज्ञापन क्षेत्रवार अलग-अलग भी हो सकते हैं।]
- हिंदी पखवाड़ा/माह के दौरान प्रदर्शित संगठन के सामान्य स्वरूप संबंधी बैनर एवं होर्डिंग में (सबसे ऊपर या नीचे)'हिंदी दिवस की हार्दिक शुभकामनाएँ' पंक्ति शामिल कराने का प्रयास किया जा सकता है।
- हिंदी/द्विभाषा में तैयार की गई पुस्तक/पुस्तिकाओं/ई-सामग्री इत्यादि को हिंदी दिवस/समापन समारोह के दिन विमोचित कराने का प्रयास किया जाना।
- प्रमुख हिंदी भाषा प्रचारकों/सेवकों/साहित्यकारों/रचनाकारों को सम्मानित करना।
  - (i) प्रचार-प्रसार कार्य, यथा : अध्यापन कार्य, लेखन कार्य, पुस्तकों का प्रकाशन, पत्र-पत्रिकाओं में प्रकाशन, प्रेरणादायक कार्यक्रम, अभियान चलाना इत्यादि अनेक गतिविधियों के माध्यम से विशेष योगदान देने वाले व्यक्तियों का चयन करना होगा। इंटरनेट, यू-ट्यूब, इंस्टाग्राम, ब्लॉग के जरिये, साहित्य अकादमियों के जरिये, परिवार के सदस्यों, मित्रों से जानकारी प्राप्त करने के जरिये और अन्य यथोचित माध्यमों के जरिये जानकारी एकत्रित कर मूल्यांकन करना होगा।

    [मूल्यांकन समिति का गठन हो।]
  - (ii) समाचार पत्रों में विज्ञापन देकर प्रविष्टियाँ प्राप्त करने के जरिये।

    [मूल्यांकन समिति का गठन हो।]
  - (iii) संगठन द्वारा अपने इच्छानुसार किसी एक हिंदी भाषासेवी का चयन करने के जरिये।
- स्थानीय प्राथमिक/माध्यमिक/उन्नत पाठशालाओं, स्नातक पूर्व कॉलेजों/स्नातक/स्नातकोत्तर कॉलेजों में हिंदी को एक विषय के रूप में पढ़कर अत्यधिक अंक प्राप्त करने वाले एक-दो विद्यार्थियों को नकद पुरस्कार या दक्षता शील्ड तथा प्रशस्ति प्रमाणपत्र प्रदान कर सम्मानित किया जा सकता है (एक वर्ष में किसी एक वर्ग के अंतर्गत)।

  संबंधित विद्यालय के हिंदी विभागाध्यक्ष/हिंदी प्राध्यापक/हिंदी अध्यापक से आधिकारिक जानकारी प्राप्त करने के अतिरिक्त अंक सूची/प्रमाणपत्र की जेरॉक्स प्रति प्राप्त करनी होगी।

- अखिल भारतीय अंतर संगठन स्तरीय प्रतियोगिताओं को हिंदी में आयोजित करना एवं विजेताओं को हिंदी दिवस/समापन समारोह के अवसर पर पुरस्कार प्रदान करना।
- अन्य कोई नवोन्मेषी गतिविधियों का आयोजन।

मुख्यालय के अधीनस्थ नियंत्रक कार्यालयों की जिम्मेदारी

- हिंदी दिवस आयोजन के संबंध में मुख्यालय के राजभाषा विभाग के दिशानिर्देशों का ससमय एवं सार्थक अनुपालन सुनिश्चित करना होगा।
- आकस्मिक अनिवार्य कारणों पर मुख्यालय के किसी दिशानिर्देश का ससमय अनुपालन न हो पाने के संदर्भ में वस्तुस्थिति से उन्हें अवगत कराना होगा।
- आबंटित/उपलब्ध बजट के अंदर ही समारोह का आयोजन सुनिश्चित करना होगा। तदनुसार कार्य योजना बनानी होगी। प्रचलित मानदंडों के अतिरिक्त व्यय भरित किसी विशेष आयोजन/गतिविधि को संपन्न करना अति आवश्यक एवं उपयोगी समझे जाने पर पर्याप्त समय पूर्व मुख्यालय/उच्च नियंत्रक कार्यालय की पूर्व अनुमति प्राप्त करनी होगी। संगठन के आंतरिक दिशानिर्देशों पर विशेष ध्यान देना होगा।
- पत्र-पत्रिकाओं, आकाशवाणी, दूरदर्शन इत्यादि में अपने कार्यालय के हिंदी दिवस की गतिविधियों के प्रचार-प्रसार पर विशेष ध्यान देना होगा।
- सभी संबंधितों को कृत कार्रवाई की रिपोर्ट ससमय प्रेषित करनी होगी।

राजभाषा सहूलियतकार की जिम्मेदारी

- हिंदी दिवस समारोह आयोजन संबंधी आंतरिक परिपत्रों एवं दिशानिर्देशों से पूर्णतः परिचित हों।
- राजभाषा विभाग, गृह मंत्रालय की साइट (rajbhasha.gov.in) का संदर्भ लेते रहें।
- हिंदी दिवस समारोह संबंधी अन्य संगठनों की गतिविधियों से भी परिचित हों।
- पत्र-पत्रिकाओं एवं सामाजिक माध्यमों में प्रकाशित हिंदी दिवस संबंधी अतिरिक्त जानकारी हासिल करें।
- अपने आलेखों के माध्यम से दूसरों को भी हिंदी दिवस आयोजन संबंधी ज्ञान बांटने का प्रयास करें।
- हिंदी दिवस/पक्ष/माह इत्यादि के आयोजन को गंभीरता से लेना होगा। राजभाषा सहूलियतकार के मन में यह भावना न हो कि हिंदी दिवस समारोहों का आयोजन बाएँ हाथ का खेल है। इस अभियान की शुरुआत से लेकर समाप्ति तक हर गतिविधि के सार्थक एवं अनुशासनबद्ध आयोजन पर विशेष ध्यान देना होगा।

- हिंदी में अपनी भाषण कला को विकसित करने की इच्छा हो। हिंदी दिवस/समापन समारोह संचालन सहित उनसे संबंधित अन्य सभी गतिविधियों में सरल एवं आकर्षक हिंदी का प्रयोग करते हुए रोचक ढंग से संचालित करने की क्षमता पैदा करें। मंच संचालन इत्यादि में प्रचलित अनिवार्य अंग्रेजी शब्दों को छोड़कर अंग्रेजी वाक्यों का प्रयोग करने से बचें।
- सितंबर तिमाही संबंधी कार्यालय की राजभाषा कार्यान्वयन समिति की बैठक का जुलाई माह में ही आयोजन करते हुए उसमें हिंदी दिवस संबंधी रोचक आयोजन की चर्चा करनी होगी।
- समारोह की स्पष्ट रिपोर्टिंग प्रक्रिया एवं गतिविधियों की प्रचार-प्रसार पद्धति से परिचित हों।

क्रमवार कार्य प्रक्रिया

कार्यालय टिप्पणी प्रस्तुत करना

उच्च नियंत्रक कार्यालय के आंतरिक नवीनतम दिशानिर्देशों के अनुसार संबंधित पत्र/परिपत्रों का उल्लेख करते हुए समारोह से संबंधित गतिविधियों की स्पष्ट एवं तारीखवार जानकारी देते हुए कार्यालय टिप्पणी के माध्यम से अपने कार्यालय के सक्षम प्राधिकारी का लिखित अनुमोदन प्राप्त करना जरूरी है।

'कार्यालय टिप्पणी' में निम्न बातें प्रस्तुत करने पर ध्यान देना होगा :

- आयोजन का उद्देश्य (संक्षेप में)।
- उल्लेख करने योग्य उच्च कार्यालय के दिशानिर्देश।
- समारोह की अवधि, (यथा : 'पखवाड़ा', 'माह')।
- प्रतियोगिताओं संबंधी जानकारी, यथा : क्रम संख्या, प्रतियोगिता का नाम, तारीख व समय, स्थान, प्रतियोगिता मोड (ऑनलाइन या प्रतियोगिता स्थान पर भौतिक उपस्थिति), पात्रता।

  [तालिका में विभिन्न स्तंभों के अंतर्गत यह जानकारी प्रस्तुत की जा सकती है।]
- **पात्रता :** हिंदीतर क्षेत्रों में हिंदी मातृभाषियों और हिंदी में स्नातकोत्तर या उसके समान स्तर उपाधि प्राप्त कर्मियों को केवल कुछेक प्रतियोगिताओं में भाग लेने हेतु पात्रता देना उचित होगा, यथा : गायन, अंत्याक्षरी, प्रश्नोत्तरी, विशेष तकनीकी शब्दावली, अभिनय इत्यादि।
- राजभाषा विशेषज्ञ स्टाफ सदस्य, राजभाषा अनुभाग में कार्यरत सामान्य वर्ग के स्टाफ सदस्य भाग लेने के पात्र नहीं होंगे। इनके अतिरिक्त पूर्व में राजभाषा अनुभाग में कार्यरत थे और वर्तमान में अन्य अनुभागों में कार्यरत हैं, उनको भी भाग लेने की पात्रता नहीं देना आदर्श कदम होगा। लेकिन इन्हें भी गायन, अंत्याक्षरी, सामान्य प्रश्नोत्तरी, अभिनय जैसी प्रतियोगिताओं में भाग लेने की अनुमति दी जा सकती है।

- इसके विपरीत हिंदी-भाषी क्षेत्रों में आयोजित प्रतियोगिताओं में विशेषकर लिखित एवं वाक् प्रतियोगिताओं के संदर्भ में हिंदीतर भाषियों के लिए अंक प्रदान करने में वेटेज की प्रतिशतता निर्धारित करनी होगी। अन्यथा हिंदीतर प्रतिभागियों की संख्या संतोषप्रद होने पर उनके लिए अलग से प्रतियोगिताओं का आयोजन करना होगा। गायन, प्रश्नोत्तरी, अंत्याक्षरी, अभिनय इत्यादि में कोई भेदभाव नहीं होगा।

  हिंदीतर भाषियों को प्रोत्साहित कर सहभागिता बढ़ाने के उद्देश्य से इस प्रकार के उपाय अपनाए जा सकते हैं। यह कोई अनिवार्य शर्त नहीं है।
- पर्यवेक्षी पदाधिकारियों (कार्यपालक, शाखा कार्यालय/इकाई प्रधान) के लिए हिंदी में टिप्पण लेखन प्रतियोगिता तथा अधीनस्थ कर्मियों (परिचर, ड्राइवर, सफाई वाला आदि) के लिए हिंदी में सुलेख, वाचन प्रतियोगिताओं का आयोजन किया जा सकता है।
- प्रतियोगिताओं की कुल संख्या के आधार पर एक कर्मचारी को अधिकतम दो या तीन प्रतियोगिताओं में भाग लेने की सीमा तय की जा सकती है। इसके अतिरिक्त गत दो वर्षों में अमुक प्रतियोगिता में लगातार प्रथम पुरस्कार ग्रहीत कर्मचारी को आलोच्य वर्ष में तत् प्रतियोगिता में भाग लेने हेतु अनुमति न देने की प्रथा अपनाई जा सकती है। पात्र शेष प्रतियोगिताओं में भाग लिया जा सकता है। कार्यालय टिप्पणी में इसका उल्लेख संक्षेप में किया जाना चाहिए।

  [यह प्रक्रिया अमुक संगठन के आंतरिक निर्णय पर निर्भर होगी।]
- यदि किसी संगठन में ऑनलाइन प्रतियोगिता आयोजन की सुविधा न होने के संदर्भ में नियंत्रक कार्यालय स्थित शहर के बाहरी शाखा कार्यालयों/इकाइयों के लिए लिखित प्रतियोगिताओं का आयोजन उनके ही परिसर में कराकर बंद लिफाफे में कोरियर/डाक द्वारा प्रविष्टियाँ प्राप्त करने की प्रक्रिया अपनाई जा सकती है। नियंत्रक कार्यालय से बंद/गोपनीय लिफाफे में प्रतियोगिता प्रश्न पत्र पर्याप्त समय पूर्व शाखा कार्यालय/इकाई को भेज कर शाखा कार्यालय/इकाई प्रबंधक को सख्त आयोजन की जिम्मेदारी सौंपनी होगी। इस प्रक्रिया का एवं पात्रता का स्पष्ट उल्लेख कार्यालय टिप्पणी में हो।
- नियंत्रक कार्यालय एवं स्थानीय शाखा कार्यालयों/इकाइयों/प्रशिक्षण केंद्रों के लिए संयुक्त रूप से आयोजित हिंदी प्रतियोगिताओं तथा नियंत्रक कार्यालय स्थित शहर से बाहर के शाखा कार्यालयों/इकाइयों के लिए आयोजित हिंदी प्रतियोगिताओं के लिए अलग से पुरस्कार की व्यवस्था करना प्रोत्साहजनक होगा। कार्यालय टिप्पणी में इसका उल्लेख हो।
- सितंबर तिमाही के दौरान आयोजित हिंदी कार्यशालाओं एवं अन्य सामान्य प्रशिक्षण कार्यक्रमों के प्रतिभागियों के लिए कोई एक रोचक हिंदी प्रतियोगिता आयोजित कर उस कार्यक्रम के समापन सत्र में पुरस्कार प्रदान किये जाने की पहल की जा सकती है।

- पुरस्कारों की संख्या एवं पुरस्कार राशि एवं स्वरूप का उल्लेख हो।
- उपलब्ध बजट की जानकारी तथा पुरस्कारों के लिए निर्धारित रकम, अल्पाहार, अतिथि मेमेंटो/मानदेय, फोटो/वीडियो, बैनर/बोर्ड, पुष्पगुच्छ, सांस्कृतिक कार्यक्रम इत्यादि हेतु होने वाले अनुमानित व्यय का भी उल्लेख हो।
- समारोह के दौरान प्रस्तावित अन्य कोई विशिष्ट गतिविधि, यथा : संगोष्ठी, विशेष मार्गदर्शन कार्यक्रम, अभियान इत्यादि का उल्लेख हो।
- सांस्कृतिक कार्यक्रम के प्रदर्शन संबंधी संक्षिप्त उल्लेख हो।
- हिंदी पखवाड़ा/माह की औपचारिक शुरुआत संबंधी जानकारी हो।
- हिंदी पखवाड़ा/माह के समापन समारोह (पुरस्कार वितरण समारोह) की प्रस्तावित तारीख, समय, स्थल का उल्लेख हो।
- प्रस्तावित मुख्य/विशिष्ट अतिथि का संक्षिप्त ब्योरा हो।

  [अतिथि आमंत्रण के संबंध में कार्यालय टिप्पणी की प्रस्तुति के पूर्व ही सक्षम प्राधिकारी से मौखिक चर्चा करनी होगी।]
- उपर्युक्त के अतिरिक्त आंतरिक दिशानिर्देशों संबंधी अन्य कोई उपयुक्त जानकारी का उल्लेख हो।

  [हिंदी दिवस समारोह की गतिविधियों में भाग लेने वाले कर्मचारियों को ऑनड्यूटी की व्यवस्था आदि।]

जानकारी का परिचालन

- हिंदी दिवस समारोह से संबंधित कार्यालय टिप्पणी पर सक्षम प्राधिकारी का अनुमोदन प्राप्त होने के पश्चात् उसमें उल्लेखित जानकारी के आधार पर उचित मार्गदर्शन एवं स्पष्ट दिशानिर्देशों के साथ मसौदा तैयार कर अपने नियंत्रक कार्यालय सहित सभी संबंधित कार्यालयों/शाखा कार्यालयों/इकाइयों को परिपत्र/ज्ञापन के माध्यम से परिचालित किया जाता है।
- संगठन की आंतरिक संरचना, अपने नैसर्गिक विस्तार एवं निर्धारित दिशानिर्देशों के अनुसार संयुक्त परिपत्र या पृथक् परिपत्र जारी करना होगा।

[यथा : समस्त क्षेत्र के लिए संयुक्त परिपत्र (एक ही परिपत्र) जारी किये जाने के संदर्भ में इस अध्याय के 'कार्यालय टिप्पणी में प्रस्तुत की जाने वाली बातें' उपशीर्षक के अंतर्गत—दर्शाए गए 'पात्रता' स्तंभ (तालिका में) के अंतर्गत—प्रत्येक प्रतियोगिता के संदर्भ में इस प्रकार का भी उल्लेख हो कि '...शहर स्थित कार्यालयय/शाखा कार्यालय/इकाई' या '...शहर से बाहर स्थित कार्यालय/शाखा कार्यालय/इकाई।']

- अन्यथा नियंत्रक कार्यालय स्थित शहर के लिए और नियंत्रक कार्यालय स्थित शहर के बाहर के शाखा कार्यालयों/इकाइयों के लिए अलग-अलग परिपत्र जारी करने होंगे।
- स्थानीय कार्यालयों/शाखा कार्यालयों/इकाइयों तथा शहर से बाहर के शाखा कार्यालयों/इकाइयों के लिए आबंटित प्रतियोगिताओं की संख्या एवं अन्य

गतिविधियों में भिन्नता होने के संदर्भ में भी अलग-अलग परिपत्र जारी करना उचित होगा।

- प्रतियोगिताओं के अतिरिक्त अन्य अभियानों, गतिविधियों, पुरस्कारों, सांस्कृतिक कार्यक्रमों, ऑन ड्यूटी की व्यवस्था इत्यादि के संबंध में (अनुमोदित कार्यालय टिप्पणी के आधार पर) जानकारी प्रस्तुत करने के साथ-साथ कर्मचारियों की प्रतिभागिता पुष्टि भी प्राप्त करने की चेष्टा की जा सकती है। पुष्टि पत्र का नमूना तैयार कर परिपत्र के साथ संलग्न करने पर अनुभागों/शाखा कार्यालयों/इकाइयों/प्रतिभागियों के लिए सुविधाजनक होगा।

अन्य अभियान

'हिंदी में टिप्पण लेखन, आंतरिक कामकाज में हिंदी का प्रयोग, फाइलों व रजिस्टरों पर हिंदी में विषय' इत्यादि विशेष अभियानों के संदर्भ में विस्तृत मार्गदर्शनयुक्त अलग परिपत्र जारी करना होगा।

प्रतियोगिताओं का आयोजन

- प्रतियोगिताओं में कर्मचारियों की अधिकतम सहभागिता सुनिश्चित करने के लिए सार्वजनिक छुट्टियों, महत्त्वपूर्ण आंतरिक बैठकों/सम्मेलनों के आयोजनों इत्यादि पर ध्यान देते हुए आयोजन की तारीखें तय करनी होंगी। छुट्टी के तत्काल पूर्व या तत्काल पश्चात् के दिन प्रतियोगिता न रहने से बेहतर होगा। एक-एक प्रतियोगिता के बीच कम से कम एक दिन का अंतराल हो। सभी प्रतियोगिताएँ हिंदी समारोह की अवधि में हड़बड़ी में आयोजित करने के बजाय प्रतियोगिताओं की संख्या अधिक होने पर कुछेक प्रतियोगिताओं को अगस्त महीने के दौरान आयोजित करने की पहल की जा सकती है। इस पद्धति को अपनाने से प्रतिभागियों को कार्यमुक्त करने में इकाई प्रधान द्वारा बोझ महसूस नहीं किया जाएगा और दैनिक डेस्क कार्य में बाधा नहीं पहुँचेगी। इससे सहभागिता भी बढ़ेगी।
- सामान्यत: प्रतियोगिताओं का आयोजन सायं 4:00 बजे से हो। गायन, भाषण, प्रश्नोत्तरी, अंत्याक्षरी इत्यादि प्रतियोगिताओं के संदर्भ में प्रतिभागियों की संख्या अधिक रहने पर तदनुसार शुरुआती समय तय करना होगा।
- प्रश्न-पत्रों का वितरण, उत्तर पुस्तिकाओं का संग्रहण, पर्यवेक्षण एवं मूल्यांकन की प्रक्रिया अनुशासनबद्ध हो। प्रतियोगिता ऑनलाइन या ऑफलाइन, जो भी हो, प्रतिभागियों की उपस्थिति दर्ज करनी होगी। प्रतियोगिता स्थल चाहे प्रशासनिक कार्यालय हो या शाखा कार्यालय/इकाई या प्रशिक्षण केंद्र, आयोजन की प्रक्रिया एक समान हो। प्रतियोगिता केंद्र प्रभारी को आयोजन संबंधी नियम व शर्तों का स्पष्ट लिखित मार्गदर्शन मिले।

प्रश्नपत्रों की तैयारी

- कर्मचारियों के हिंदी ज्ञान स्तर को ध्यान में रखकर प्रश्न तैयार करने होंगे। तैयारकर्ता को अपनी विद्वत्ता का प्रदर्शन नहीं करना होगा।
- अत्यंत गोपनीयता बनाए रखते हुए प्रश्नपत्रों को पर्याप्त समय पूर्व तैयार कर सुरक्षित रखना होगा।
- कंप्यूटर में टंकित प्रश्नपत्र को प्रिंट आउट या इलेक्ट्रॉनिक मोड में (पेनड्राइव आदि) सुरक्षित रख कर टंकित सामग्री को तत्काल मिटाना होगा।

प्रतियोगिता निर्णायक/मूल्यांकक/घोषणा

- शब्दावली, प्रश्नोत्तरी, बहुविकल्पीय प्रश्न, इन्हें जोड़े संबंधी प्रतियोगिताओं को छोड़कर अन्य प्रतियोगितओं के लिए बाहरी समर्थ निर्णायकों की सेवाएँ प्राप्त करना विवादरहित होगा। वाक स्पर्धा, वाद-विवाद, गीत गायन, कविता पाठ, इत्यादि के लिए दो विशेषज्ञ निर्णायकों को आमंत्रित करना उचित होगा। इस प्रकार की प्रतियोगिताओं में संबंधित राजभाषा अधिकारी को निर्णायक न बनना बेहतर होगा। निबंध लेखन, कथा लेखन, संस्मरण लेखन इत्यादि प्रतियोगिताओं की प्रविष्टियों की जांच भी बाहरी निर्णायकों से ही कराना उचित होगा।
- प्रतियोगिता नियम एवं निर्धारित पुरस्कारों की संख्या से निर्णायकों को अग्रिम रूप से अवगत कराना होगा।
- हर प्रतियोगिता की परिणाम सूची में निर्णायक/मूल्यांकक के हस्ताक्षर, पता, फोन नंबर अवश्य अंकित हों।
- मौखिक प्रतियोगिताओं के परिणामों की घोषणा आयोजन के तुरंत पश्चात् निर्णायकों के समक्ष ही हो।
- मूल्यांकन एवं घोषित करने की प्रक्रिया में पूर्ण पारदर्शिता हो।
- समस्त प्रतियोगिताओं की परिणाम घोषणा प्रक्रिया समाप्त होने के पश्चात् कार्यालय टिप्पणी के माध्यम से सक्षम प्राधिकारी के अवलोकनार्थ प्रस्तुत कर सभी संबंधितों को समेकित परिणाम सूची परिचालित करनी होगी।

नोट : वाक् स्पर्धा, वाद-विवाद, गीत गायन, कविता पाठ के दो निर्णायकों द्वारा अपने मूल्यांकन शीट पर पृथक् से डाले गए अंकों का समेकन कर निर्णय घोषित किये जाते हैं। इस स्वरूप की प्रतियोगिताओं के संदर्भ में प्रतियोगिता के आरंभ में ही निर्णायकों को सूचित करना बेहतर होगा कि प्रतियोगिता की समाप्ति के पश्चात् दोनों निर्णायकों के प्रतियोगितावार अंकों को जोड़कर परिणाम घोषित करने के पूर्व निर्णायक आपस में चर्चा कर लें और देख लें कि उत्तम-निष्पादकों के लिए दोनों द्वारा दिये गए अंकों में मेलमिलाप है। उन्हें सुनिश्चित कर लेना होगा कि घोषित किये जाने वाले परिणाम शीर्षस्थ निष्पादकों के पक्ष में ही हैं।

[कहीं-कहीं देखा जाता है कि निर्णायकों को दूर-दूर बिठाया जाता है और प्रतियोगिता की समाप्ति के बाद संबंधित राजभाषा अधिकारी या संयोजक द्वारा दोनों निर्णायकों के

मूल्यांकन शीट में प्रस्तुत अंकों को सीधे जोड़कर परिणाम घोषित किये जाते हैं। इस प्रक्रिया में निर्णायकों को आपस में चर्चा करने का अवसर न मिलने की वजह से कभी-कभार उत्तम निष्पादकों को नुकसान पहुँच सकता है।]

मुख्य/विशिष्ट अतिथि का आमंत्रण

भाषा प्रचार/कार्यान्वयन/साहित्य से जुड़े किसी एक वक्ता को मुख्य अतिथि/विशिष्ट अतिथि के रूप में आमंत्रित करना प्रेरणादायी होगा। इससे नई जानकारी जानने का अवसर मिलेगा और समारोह के माहौल में रोचकता एवं गंभीरता आएगी। अतिथि वक्ता के चयन में राजभाषा सहूलियतकार को विशेष ध्यान देना होगा। कार्यक्रम की सफलता या असफलता मुख्य अतिथि के भाषण पर भी निर्भर होता है। मुख्य अतिथि को आमंत्रित करने का कार्य पर्याप्त समय पूर्व संपन्न करना होगा। इससे समर्थ वक्ता को तय करने में सुविधा होगी।

सांस्कृतिक कार्यक्रम का चयन/प्रदर्शन

- संक्षेप एवं आकर्षक सांस्कृतिक कार्यक्रम की व्यवस्था हो (गीत, चुटकुले, नृत्य, एकल पात्र अभिनय, लघु प्रहसन, मिमिक्री, वाद्य संगीत आदि-आदि)।
- सरकारी कार्यक्रम होने के कारण चयनित सांस्कृतिक कार्यक्रम उम्दा हो। चयनित सांस्कृतिक कार्यक्रमों की जानकारी पर्यवेक्षी पदाधिकारियों के ध्यान में भी लानी होगी। रिहर्सल देखना होगा। मेकअप एवं ड्रेस पैटर्न पर विशेष ध्यान देना होगा। चयनित कार्यक्रम कटु व्यंग्यात्मक और राजनीतिक न हो। आकर्षक, संदेशात्मक, प्रेरणादायी व हास्यभरित हो। इस प्रदर्शन से किसी भी संगठन या व्यक्ति को चोट न पहुँचे। ज्यादा लंबा न हो।
- सांस्कृतिक कार्यक्रम में सहभागिता के संबंध में अधिक प्रतिस्पर्धा होने पर इच्छुक कुछेक सहभागियों को मना करना असंभव-सा लगने पर चयन प्रक्रिया अपनानी होगी। इस प्रक्रिया में कलाकार द्वारा प्रस्तावित विषय की गुणवत्ता, रोचकता, वेशभूषा, समयावधि इत्यादि पर ध्यान देना होगा। इस चयन प्रक्रिया में कला प्रदर्शन में रुचि/अनुभव रखने वाले अपने संगठन के अन्य कर्मियों की मदद ली जा सकती है।
- सांस्कृतिक कार्यक्रम में विविधता हो।
- यदि गीत गायन प्रतियोगिता आयोजित होने पर प्रथम एवं समय की उपलब्धता के अनुसार द्वितीय स्थान प्राप्त विजेताओं को एक गीत पेश करने का अवसर दिया जा सकता है।
- आवश्यक संदर्भों में कोरियोग्राफी, लाइटिंग, साउंड सिस्टम, निर्देशन पर भी विशेष ध्यान देना होगा।
- विशेषत: हिंदी में और गौणत: स्थानीय भाषा में कार्यक्रमों का प्रदर्शन किया जा सकता है।

- कर्मचारियों के अतिरिक्त अपने परिवार सदस्यों को भी अपनी कला का प्रदर्शन करने का अवसर दिया जा सकता है।
- बड़े पैमाने पर सांस्कृतिक कार्यक्रम प्रदर्शित करने के संदर्भ में बजट की उपलब्धता के आधार पर रंगमंच से जुड़ी बाहरी संस्थाओं का भुगतान आधारित कार्यक्रम लिये जाने पर भी विचार किया जा सकता है। चैरिटी संस्थाओं, दिव्यांग संगठनों के कला प्रदर्शन (विशेषकर समूह नृत्य और गीत गायन) को प्राथमिकता देना तत् संगठनों के लिए मददगार साबित होगा तथा समाज में आयोजक की छवि भी बढ़ेगी। कलाकारों को प्रशस्ति पत्र एवं मेमेंटो प्रदान करना प्रोत्साहजनक रहेगा।
- सांस्कृतिक कार्यक्रम को सफल बनाने के लिए प्रतिभागी कर्मचारियों को रिहर्सल करने हेतु सामान्यत: अपराह्न 4 बजे के आस-पास सहूलियत देनी होगी। चयनित कर्मियों को रिहर्सल करने हेतु कार्यमुक्त करने के लिए संबंधित अनुभाग/कार्यालय प्रधान को पत्र जारी करना होगा।
- कार्यालय परिसर के अलग कक्ष या हॉल में रिहर्सल करने की व्यवस्था हो।
- राजभाषा सहूलियतकार की सहूलियत हेतु सांस्कृतिक कार्यक्रम की व्यवस्था/इस भाग के मंच संचालन संबंधी जिम्मेदारी इस क्षेत्र से परिचित किसी एक कर्मचारी को सौंपी जा सकती है। लेकिन समग्र पर्यवेक्षण की जिम्मेदारी राजभाषा सहूलियतकार पर ही होगी।

पुरस्कार/मेमेंटो

- प्रतियोगिता के विजेताओं को नकद पुरस्कार प्रदान करने की प्रक्रिया अपनाना उत्तम होगा। (चेक, उपहार चेक, डीडी, गिफ्ट वाउचर के रूप में)अन्यथा पुरस्कार राशि सीधे विजेता के खाते में जमा की जा सकती है। बैंक खाते में रकम जमा करने की पद्धति अपनाई जाने पर एक शीट पर विजेता का नाम, प्रतियोगिता का नाम, प्राप्त स्थान, पुरस्कार राशि टाइप कर राजभाषा सहूलियतकार के हस्ताक्षर से उसे एक लिफाफे में रखकर (बंद लिफाफे) प्रशस्ति पत्र के साथ मंच पर विजेता को प्रदान करना होगा (विजेता को मंच पर केवल प्रशस्ति पत्र प्रदान करने के बजाय)। पुरस्कार वितरण समारोह के दिन या उससे एक दिन पूर्व या तत्काल पश्चात् के दिन विजेता के खाते में पुरस्कार राशि अवश्य जमा हो। इस बात पर विशेष ध्यान देना होगा।
- विजेताओं के बैंक खाते का ब्योरा अग्रिम रूप से प्राप्त कर विजेता के नाम, खाता संख्या, पुरस्कार राशि की जानकारीयुक्त सूची बनाकर (विधिवत् हस्ताक्षरित) कार्यालय के संबंधित स्थापना/लेखा अनुभाग के माध्यम से पुरस्कार राशि जमा कराने की प्रक्रिया संपन्न करानी होगी। उपलब्ध बजट और नामे शीर्ष का ब्योरा भी देना होगा।
- वस्तु रूप में पुरस्कार देना तय किये जाने पर घोषित/आबंटित श्रेणीवार पुरस्कार राशि के बराबर उपयोगी वस्तुओं को खरीदना होगा। शब्दकोश,

महान व्यक्तियों के जीवन चरित्र, व्यक्तित्व विकास संबंधी हिंदी में प्रकाशित पुस्तकों को पुरस्कृत करने में प्राथमिकता दी जा सकती है।

पुरस्कारों की खरीदी में निम्न बातों पर ध्यान देना होगा

- पुरस्कार खरीदने हेतु दुकान में राजभाषा अधिकारी अकेले न जाएँ। साथ में अन्य कर्मचारी को भी ले जाएँ। पुस्तकें इत्यादि ऑनलाइन भी खरीदी जा सकती हैं।
- यदि किसी कर्मचारी को एक से अधिक पुरस्कार प्राप्त होने पर यह देखना होगा कि उनको प्रदान किये जाने वाले वस्तुरूपी पुरस्कार एक समान नहीं खरीदे गए हैं; अर्थात् एक कर्मचारी को दो प्रतियोगिताओं में प्रथम पुरस्कार प्राप्त होने पर खरीदी जाने वाली वस्तुएँ अलग-अलग हों।
- पुरस्कार स्वरूप भगवान की प्रतिमाएँ खरीदने के संदर्भ में विजेताओं के धर्म/आचार-विचार पर भी ध्यान देना होगा।
- श्रेणीवार पुरस्कार के अनुरूप उपहार (गिफ्ट) पैकिंग अलग-अलग रंग के हों। इससे मंच पर वितरण में सुविधा होगी।
- शील्ड प्रतियोगिताओं संबंधी पथक खेल (स्पोर्ट्स) की दुकान से खरीदने का प्रयास करना होगा। इसमें प्रदाता कार्यालय का नाम, लोगो, प्रतियोगिता का नाम, वर्ष, प्राप्त स्थान/श्रेणी, विजेता कार्यालय/कर्मचारी का नाम (संदर्भानुसार) अंकित हो।

हिंदी पखवाड़ा/माह समारोहों का उद्घाटन/समापन कैसे हो?

- संगठन के सभी कार्यालयों/शाखा कार्यालयों/इकाइयों के परिसर में प्रमुख जगह पर हिंदी दिवस/हिंदी पखवाड़ा/हिंदी माह की हार्दिक शुभकामनाएँ (जैसी भी स्थिति हो)युक्त बैनर का समारोह के शुरुआती दिन से अंतिम दिन तक प्रदर्शन होने पर हिंदीमय वातावरण पैदा होगा। कर्मचारियों एवं संदर्शकों में अलग प्रकार की अनुभूति महसूस होगी।
- संगठन में उपलब्ध सुविधाओं के अनुरूप बैनर या बोर्ड या डिजिटल स्क्रोलिंग या कंप्यूटर स्क्रीन पर उपर्युक्त संदेश प्रदर्शित किया जा सकता है। इस प्रकार के प्रदर्शन में हिंदी दिवस शुभकामनाओं के साथ अपने संगठन के विज्ञापन भी जोड़ा जा सकता है। (यह जिम्मेदारी अपने विपणन/प्रचार/जनसंपर्क या अन्य संबंधित अनुभाग को सौंपनी होगी।)
- सितंबर तिमाही/माह के दौरान प्रदर्शित संगठन के विज्ञापन संबंधी होर्डिंग्स में भी 'हिंदी दिवस की शुभकामनाएँ' वाक्य जोड़ा जा सकता है।
- हिंदी पखवाड़ा/माह समारोह के शुरुआती दिन के सुबह 10 बजे या कार्यालय समय के प्रारंभ में संगठन के हर कार्यालय/शाखा कार्यालय/इकाई के परिसर में कार्यालय प्रमुख या उनकी अनुपलब्धता में अगले वरिष्ठतम पदाधिकारी एवं सभी कर्मियों की भौतिक उपस्थिति में, बड़े

कार्यालयों के संदर्भ में विभागवार उन्हें राजभाषा विभाग, गृह मंत्रालय द्वारा बनाई गई 'राजभाषा प्रतिज्ञा' पढ़कर शपथ लेने के अतिरिक्त गृह मंत्री, संगठन संबंधी मंत्री के हिंदी समारोह संबंधी संदेश पढ़कर सुनाने की प्रथा अपनानी होगी। इस प्रकार की उद्‌घाटन प्रक्रिया से कर्मचारियों में एक प्रकार की जागृति पैदा होगी। संदेशों की मुद्रित प्रतियाँ या ई-प्रतियाँ सभी कर्मचारियों को उपलब्ध कराने के अतिरिक्त संगठन की वेबसाइट एवं राजभाषा पोर्टल में उपलब्ध कराई जा सकती हैं। (संगठन प्रमुख के संदेश में राजभाषा की आवश्यकता, नवीनतम सरकारी निर्देश, तकनीकी विकास, समारोह संबंधी मुख्य गतिविधियाँ, उपलब्धियाँ इत्यादि का संक्षेप उल्लेख हो।) संदेशों के परिचालन पर मुख्यालय के राजभाषा विभाग द्वारा रुचि लेनी होगी।

- हिंदी पखवाड़ा/माह के शुरुआती दिन अपराह्न संगठन के समस्त कार्यालयों/शाखा कार्यालयों/इकाइयों/प्रशिक्षण केंद्रों की राजभाषा कार्यान्वयन समिति के अध्यक्ष एवं सदस्यों के लिए संबंधित नियंत्रक कार्यालयों द्वारा राजभाषा नीति संबंधी ऑनलाइन लघु मार्गदर्शन कार्यक्रम आयोजित करने की पहल की जा सकती है। प्रधान कार्यालय की राजभाषा कार्यान्वयन समिति के सदस्यों के लिए अध्यक्ष की अध्यक्षता में भौतिक आयोजन किया जा सकता है।
- हिंदी पखवाड़ा/माह के समापन समारोह का भव्य आयोजन हो। इस दिन पुरस्कार वितरण, शील्ड वितरण, हिंदी सेवियों का सम्मान, सांस्कृतिक कार्यक्रम का प्रदर्शन इत्यादि गतिविधियाँ हर्षोल्लास से संपन्न की जाती हैं।

हिंदी दिवस समापन समारोह का संचालन कैसे हो?

राजभाषा सहूलियतकार की सक्रियता, नवोन्मेषिता, निष्पादन क्षमता, अच्छे अंतर वैयक्तिक संबंध, आयोजन कौशल इत्यादि गुण समारोह को सफल बनाने में मददगार साबित होंगे।

मंच पर व्यवस्थाएँ

- मंच सजावट, मंच पर व्यवस्थित टेबुल और उस पर साफ कपड़ा, वरीयता के आधार पर बैठने हेतु पहचान स्वरूप नाम बोर्ड की व्यवस्था, कम ऊंचाई के फूलदान (जिनसे फोटोग्राफी में बाधा न हो), मंचासीन प्रत्येक अतिथि के लिए कार्यक्रम संबंधी फोल्डर जिसमें कार्यक्रम सूची, हिंदी दिवस संबंधी केंद्रीय मंत्री महोदयों के संदेशों की प्रतियाँ, राजभाषा प्रतिज्ञा, संगठन प्रधान के संदेश (यदि हो) की प्रतियाँ, नवीनतम राजभाषा गृह पत्रिका/बुलेटिन की प्रति और हिंदी के कोई अन्य प्रकाशन तथा पेन व पैड रखे गए हों। पेपरवेट, छोटे मिनरल पानी की बोतलें हों। गुणवत्तायुक्त माइक एवं फोटोग्राफी की व्यवस्था हो।

- सांस्कृतिक कार्यक्रमों के संदर्भ में आवश्यकतानुसार मेकअप एवं वाद्यकारों की व्यवस्था हो। अन्यथा गीत गायन के संदर्भ में करोके का सहारा लिया जा सकता है। पृष्ठभूमि संगीत (बैकग्राउंड म्यूजिक) के संदर्भ में रिकॉर्ड किया गया ऑडियो का भी प्रयोग किया जा सकता है।
- मंच के पास किसी सुविधायुक्त जगह पर पुरस्कार, प्रशस्तिपत्र, अतिथि मेमेंटो, कलाकार मेमेंटो इत्यादि को घोषणाक्रम सूची के अनुसार क्रमवार रखना होगा। मंच संचालक एवं पुरस्कार पहुँचाने वाले कर्मचारी के पास घोषणाक्रम सूची की एक-एक प्रति हो।

मंच संचालन क्रम

- समारोह की शुभारंभ पंक्तियाँ (संक्षेप में)।
- मंच पर अतिथियों को आमंत्रित करना।

  [मंचासीन मुख्य एवं विशिष्ट अतिथि को कार्यालय के मंचासीन अन्य पदाधिकारियों द्वारा शाल/पुष्पगुच्छ/पुस्तक/पौधा (जैसी भी स्थिति हो) प्रदान करवाए जा सकते हैं। मंचासीन कार्यालय के अन्य पदाधिकारियों को भी इन्हें प्रदान कर स्वागत करने की स्थिति में मंचेतर कर्मियों को आमंत्रित करना होगा। पुष्पगुच्छ आदि किनको किनके द्वारा दिया जाना है, पहले ही स्पष्ट रूप से तय करना होगा।]
- दीप प्रज्वलन हेतु मुख्य अतिथि एवं मंचासीन अन्य पदाधिकारियों को आमंत्रित करना।

  [महिला कर्मी द्वारा कैंडल जलाकर मुख्य अतिथि के हाथ में देने की व्यवस्था करना उचित होगा।]
- प्रार्थना।

  [पर्याप्त समय पूर्व ही इस उद्देश्यार्थ कर्मचारियों का चयन करना होगा ताकि वे अभ्यास कर सकें। सामान्यत: प्रार्थना एक व्यक्ति या तीन अथवा पांच व्यक्तियों के समूह द्वारा प्रस्तुत की जाती है। प्रार्थना किसी भी भारतीय भाषा में हो सकती है। संस्कृत और हिंदी को प्राथमिकता दी जाती है।]
- अतिथियों एवं आगंतुकों का स्वागत।

  [राजभाषा अनुभाग के प्रभारी कार्यपालक/पर्यवेक्षी पदाधिकारी को यह कार्य सौंपा जा सकता है।]
- सभी उपस्थितों से राजभाषा विभाग, गृह मंत्रालय की 'राजभाषा प्रतिज्ञा' पढ़कर शपथ लेने का अनुरोध करना।
- गृह मंत्री महोदय एवं संबंधित मंत्रालय के मंत्री महोदय के हिंदी दिवस संबंधी संदेश पढ़कर सुनाना।

  [स्पष्ट रूप से हिंदी पढ़ पाने वाले पर्यवेक्षी पदाधिकारियों/अधिकारियों/लिपिकों को यह जिम्मेदारी सौंपी जा सकती है।]

नोट : हिंदी दिवस समारोह के उद्घाटन पर (14 सितंबर) उपर्युक्त संदेश पढ़ लिये जाते हैं। फिर भी समापन समारोह के दिन अपने कर्मियों के अतिरिक्त अन्य आमंत्रित भी उपस्थित होते हैं। अतः पुनरावृत्ति की जा सकती है।

- कार्यालय की राजभाषा कार्यान्वयन संबंधी गतिविधियों/उपलब्धियों की संक्षिप्त रिपोर्ट प्रस्तुत करना।

  [राजभाषा सहूलियतकार या अनुभाग के पर्यवेक्षी पदाधिकारी/कार्यपालक द्वारा]
- पुरस्कार वितरण।

  [राजभाषा शील्ड प्रतियोगिता एवं अन्य अभियान से संबंधित पुरस्कार। विशेषतः मुख्य अतिथि एवं संदर्भानुसार मंचासीन अन्य पदाधिकारियों के शुभहस्ते।]
- विशिष्ट अतिथि/गौरव अतिथि का वक्तव्य। (यदि हो)

  [मंच संचालक को इनका संक्षिप्त परिचय देना होगा। वक्तव्य के पश्चात् आभारोक्ति हो।]
- मुख्य अतिथि का भाषण।

  [मंच संचालक को इनका परिचय देना होगा। वक्तव्य के पश्चात् आभारोक्ति हो।]
- आवश्यकतानुसार मंचासीन अन्य पदाधिकारी के वक्तव्य।

  [मुख्य अतिथि/विशिष्ट अतिथि/मंचाध्यक्ष को छोड़कर अन्य पदाधिकारियों को वक्तव्य हेतु आमंत्रित करने का प्रयास नहीं करना होगा। इससे समय बचा जा सकता है।]
- अध्यक्षीय वक्तव्य।

  [संक्षिप्त परिचयोक्ति तथा बाद में आभारोक्ति हो।]
- सांस्कृतिक कार्यक्रम।

  [संक्षेप, रोचक और उम्दा हो। अनिवार्य होने पर ही मुख्य कार्यक्रम के संचालक को इसका भी संचालन करना उचित है। अन्यथा अन्य कर्मी को यह जिम्मेदारी सौंपना उचित होगा।]
- मुख्य अतिथि को मेमेंटो प्रदान करना। (मंचाध्यक्ष द्वारा)
- सांस्कृतिक कार्यक्रम के कलाकारों को मेमेंटो/प्रशस्ति पत्र प्रदान करना।

  [मंचाध्यक्ष एवं मुख्य अतिथि के शुभहस्ते]
- धन्यवाद अर्पण।

  [कार्यक्रम के संयोजक अर्थात् राजभाषा सहूलियतकार द्वारा यह कर्तव्य निभाया जाना उचित है। प्रस्तुति संक्षेप में हो। अंत में धन्यवाद अर्पक यह सूचित करें कि राष्ट्रगान के साथ समारोह संपन्न होगा।]
- राष्ट्रगान।

नोट : मुख्य कार्यक्रम संबंधी उपर्युक्त बिंदुओं एवं अन्य अतिरिक्त बिंदुओं को संक्षेप में उपशीर्षकों के रूप में कार्यक्रम सूची में क्रमवार जोड़ना होगा। यहाँ कोष्ठक में दी गई जानकारी केवल मार्गदर्शनार्थ है।

जलपान की व्यवस्था

जलपान की व्यवस्था में निम्न पद्धति अपनाई जा सकती है :

- हिंदी दिवस समारोह के उद्घाटन के अवसर पर कर्मियों को चाय/बिस्कुट या मिठाई की व्यवस्था की जा सकती है।
- हर प्रतियोगिता के सहभागियों के लिए चाय-बिस्कुट या चाय की व्यवस्था हो। (बजट के आधार पर जो भी उचित हो)
- विद्यार्थियों के लिए कोई प्रतियोगिता आयोजित की जाने के संदर्भ में बिस्कुट/चॉकलेट/मिठाई/शीतल पानी पैकेट इत्यादि जो भी उचित हो, उपलब्ध कराए जा सकते हैं।
- पूर्वाभ्यास करने वाले सांस्कृतिक कार्यक्रम के कलाकारों को चाय/बिस्कुट की व्यवस्था हो।
- समापन समारोह के अवसर पर जलपान की व्यवस्था करने के लिए समारोह कक्ष के पास पर्याप्त जगह होने के संदर्भ में समारोह प्रारंभ होने के तत्काल पूर्व या समाप्त होने के तत्काल पश्चात् जलपान की व्यवस्था हो।

  अन्यथा समारोह कक्ष में ही वक्तव्यों के बाद सीट पर ही दर्शकों को अल्पाहार एवं रस (जूस) पैकेटों का वितरण हो सकता है। (सीट पर चाय/काफी न देना बेहतर होगा।)
- भाषण कार्यक्रम के पश्चात् मंचासीन अतिथियों को अल्पाहार/जूस पैकेट की व्यवस्था मंच पर ही की जा सकती है। अन्यथा मंच पर केवल चाय/कॉफी/जूस की व्यवस्था कर कार्यालय प्रमुख के चेंबर या अन्य कक्ष में अल्पाहार की व्यवस्था की जा सकती है।
- ध्यान रखना होगा कि समारोह एवं अन्य गतिविधियों में उपस्थित सभी सहभागियों एवं अतिथियों ने जलपान स्वीकार किया है।
- जलपान की गुणवत्ता एवं सुगम आपूर्ति पर ध्यान देना होगा।

फोटोग्राफी/वीडियोग्राफी

- फोटो की व्यवस्था हो। महत्त्वपूर्ण संदर्भों से संबंधित आकर्षक फोटो चुन कर फोटोग्राफर को तदनुसार अदायगी की व्यवस्था करनी होगी। बजट उपलब्ध होने पर एवं आवश्यकता महसूस की जाने पर वीडियोग्राफी की व्यवस्था की जा सकती है। इसके एडिटिंग पर राजभाषा सहूलियतकार को विशेष ध्यान देना होगा।

प्रचार-प्रसार

- समारोह के अवसर पर आयोजित की जाने वाली गतिविधियों की जानकारी अग्रिम रूप से दैनिक समाचार पत्रों में प्रकाशित कराने की चेष्टा की जा सकती है।

- मुख्य समारोह/पुरस्कार वितरण समारोह के सारगर्भित समाचार को फोटो सहित कार्यक्रम के तत्काल पश्चात् या अधिक से अधिक अनुवर्ती दिन के पूर्वाह्न तक समाचार पत्रों में प्रकाशनार्थ पहुँचाना होगा (ई-मेल द्वारा भेजना उचित होगा।)। समाचार पत्रों में रिपोर्ट का प्रकाशन सुनिश्चित करने के लिए कार्यालय के जनसंपर्क अधिकारी या अन्य किसी का सहयोग लेना होगा। मीडिया के साथ राजभाषा सहूलियतकार का संपर्क भी मदद करेगा।
- समाचार पत्रों में प्रकाशनार्थ भेजी जाने वाली रिपोर्ट का सक्षम प्राधिकारी से अनुमोदन लेना उचित होगा। रिपोर्ट पर कार्यालय की मोहर और हस्ताक्षर हो। प्रावरण पत्र के साथ रिपोर्ट भेजने का प्रयास करना होगा। रिपोर्ट में समाविष्ट जानकारी विवादास्पद न हो।
- मुख्य समारोह का आयोजन बड़े पैमाने पर होने के संदर्भ में मीडिया के प्रतिनिधियों को आमंत्रित करने के फलप्रद प्रयास करने होंगे। मीडिया के प्रतिनिधियों को प्यार स्वरूप संगठन के आंतरिक मेमेंटो प्रदान करने पर विचार किया जा सकता है। मीडिया के प्रतिनिधियों को कार्यक्रम की सूची एवं समारोह संबंधी अन्य अपेक्षित जानकारी उपलब्ध कराना जरूरी है।
- रेडियो और दूरदर्शन चैनल के प्रतिनिधियों को भी मुख्य समारोह के कवरेज हेतु आमंत्रित करने की चेष्टा करनी होगी।
- मीडिया प्रतिनिधियों के लिए बैठने की उचित जगह आरक्षित हो।

समारोहोपरांत प्रक्रिया

- समारोह की विभिन्न गतिविधियों की सफलता हेतु सक्रिय योगदान प्रदत्त राजभाषा स्टाफ एवं राजभाषेतर स्टाफ को सक्षम प्राधिकारी के हस्ताक्षर से विशेषकर कार्यालय प्रमुख के हस्ताक्षर से प्रशस्ति पत्र दिलाने की चेष्टा करनी होगी।
- आयोजन संबंधी व्यवस्थाओं के व्यय की अदायगी सभी संबंधितों को यथाशीघ्र करनी होगी।
- उपलब्ध/अनुमोदित बजट का उल्लेख करते हुए शीर्षकवार व्यय की जानकारी देते हुए कार्यालय टिप्पणी के माध्यम से सक्षम प्राधिकारी से कृत व्यय का अनुमोदन प्राप्त करना होगा।
- भुगतान संबंधी हर एक बिल को शुरू से ही संभाल कर रखना होगा या एक जगह फाइल करना होगा।
- अति अनिवार्य संदर्भों में उपलब्ध बजट से कृत व्यय अधिक होने के संदर्भ में कार्यालय टिप्पणी में संबंधित कारणों का उल्लेख कर अपने सक्षम प्राधिकारी के ध्यान में लाने के अतिरिक्त उच्च नियंत्रक कार्यालय के राजभाषा विभाग का कार्योत्तर अनुमोदन प्राप्त करना होगा। (यदि समारोह के पूर्व ही उपलब्ध बजट से खर्च अधिक होने का अनुमान होने पर पूर्व अनुमोदन प्राप्त करना अति उत्तम होगा।)

- संबंधित व्यय खाते में जमा-नामे संबंधी संव्यवहार पर विशेष ध्यान देना होगा।
- हिंदी दिवस संबंधी सभी गतिविधियों एवं उद्घाटन/समापन समारोह की सारगर्भित रिपोर्ट तैयार कर व्यय विवरण एवं प्रतियोगिताओं/अभियानों संबंधी जानकारी सहित उच्च नियंत्रक कार्यालय एवं मुख्यालय के राजभाषा विभाग को तत्काल भेजना होगा।
- व्यय विवरण संबंधी जानकारी हटाकर आवश्यक संशोधनों के साथ संबंधित क्षेत्रीय कार्यान्वयन कार्यालय एवं टॉलिक के संयोजक कार्यालय को हिंदी दिवस रिपोर्ट भेजी जा सकती है। (संक्षेप में फोटो सहित)
- अपनी गृह पत्रिका के अतिरिक्त टॉलिक की राजभाषा पत्रिका और राजभाषा प्रचार से जुड़ी अन्य पत्रिकाओं में प्रकाशनार्थ हिंदी दिवस की संक्षिप्त रिपोर्ट फोटो सहित भेजी जा सकती है।
- सुनिश्चित करना होगा कि समारोह आयोजन से संबंधित सभी पत्र-व्यवहार व अन्य कागजात फाइल/अभिलेखित किये गए हैं। टंकित विषय सामग्री राजभाषा अनुभाग के कंप्यूटर में सुरक्षित हो।

अतिरिक्त सावधानियाँ

- हिंदी दिवस समापन समारोह/पुरस्कार वितरण समारोह के कम से कम 5 दिन पूर्व प्रतियोगिता परिणाम घोषित करने की प्रक्रिया समाप्त हो। तत्पश्चात् चेक तैयार करने/पुरस्कार एवं मेमेंटो खरीदने/प्रमाणपत्र तैयार करने का काम भी यथाशीघ्र संपन्न हो। प्रतियोगिता संबंधी प्रमाणपत्रों पर पर्याप्त समय पूर्व कार्यालय प्रमुख के हस्ताक्षर प्राप्त करने होंगे। प्रमाणपत्रों में अंकित जानकारी टंकित या सुंदर लिखावट में हो।
- मिनटवार कार्यक्रम के अनुसार मंच संचालन के समय पालन पर विशेष ध्यान देना होगा। संचालक की मदवार व्याख्या लंबी न हो। श्लोक, शायरी, गजल, कविताओं का कम प्रयोग हो। एकाध अति आकर्षक उद्धरण लिये जा सकते हैं। भाषा सरल और प्रवाहमय हो। अंग्रेजी का प्रयोग न हो। वाक्यों की पुनरावृत्ति न हो।
- पर्याप्त समय पूर्व समर्थ, प्रसिद्ध, गैर-विवादास्पद व्यक्ति को मुख्य अतिथि/विशिष्ट अतिथि के रूप में आमंत्रित करना होगा। विलंब प्रयास से अच्छे वक्ता मिल नहीं पाएँगे।
- आमंत्रित मुख्य या विशिष्ट अतिथि को कार्यक्रम सूची के साथ कार्यालय/संगठन के राजभाषा कार्यान्वयन संबंधी विशेष गतिविधियों की संक्षिप्त जानकारी अग्रिम रूप से उपलब्ध करानी होगी।
- आमंत्रित किये जाने वाले मुख्य अतिथि/विशिष्ट अतिथि के पद या हैसियत के आधार पर राजभाषा सहूलियतकार स्वयं या जनसंपर्क अधिकारी अथवा अन्य कोई उच्चाधिकारी के साथ व्यक्तिगत रूप से मिलकर आमंत्रित करना

होगा। कार्यालयीन आमंत्रण पत्र भी पहुँचाना होगा। वक्तव्य हेतु उपलब्ध समय सीमा से अवगत कराना होगा। मुद्रण या अन्य विधाओं द्वारा निमंत्रण पत्र तैयार करने की प्रथा होने पर उसे आमंत्रित अतिथियों को समय पर पहुँचाना होगा।

- आमंत्रित अतिथियों को आने-जाने हेतु वाहन एवं प्रोटोकॉल की व्यवस्था करनी होगी।
- हिंदी समारंभ का माहौल पैदा करने के लिए हर गतिविधि में अधिकाधिक सहभागिता सुनिश्चित करने के लिए राजभाषा सहूलियतकार को कर्मचारियों के साथ संपर्क में रहना होगा और आवश्यक मार्गदर्शन एवं सहायक सामग्री उपलब्ध करानी होगी। केवल परिपत्र जारी कर छुईमुई की तरह रहने से परिणाम आशाजनक नहीं होंगे।
- कार्यालय प्रमुख या अन्य उच्च पदाधिकारी को हिंदी दिवस संबंधी वक्तव्य मार्गदर्शनार्थ लिखकर देने के पक्ष में सरल भाषा में संक्षेप में संदर्भानुकूल जानकारी समाविष्ट कर उपलब्ध करानी होगी। (संस्कृतनिष्ठ एवं उद्धरणयुक्त भाषा न हो।)
- राजभाषा सहूलियतकार द्वारा फुटकर अग्रिम लिये जाने पर समारोह के पश्चात् बिना विलंब व्यय अनुमोदन संबंधी नोट के आधार पर उसे बंद कराना होगा।
- मंच संचालक का पोशाक उम्दा हो।
- मंच पर क्रमवार आयोजन में कोई दुविधा पैदा न हो। आवश्यक संदर्भों को छोड़कर संचालन पठनात्मक न हो। सहज अभिव्यक्ति हो। मंच संचालक अपने सुविधानुसार पूर्वाभ्यास कर लें।
- पुरस्कार वितरण प्रक्रिया पर विशेष ध्यान देना होगा। पुरस्कार विजेता मंच के पास बैठने की व्यवस्था हो। मंच संचालक या पुरस्कार सूची पढ़ने वाले कर्मचारी को देखना होगा कि क्रमवार नाम बुलाने में कहीं त्रुटि न हो रही हो और मंच पर पधारे विजेता को अपने ही पुरस्कार और प्रशस्ति पत्र प्राप्त हो रहे हैं। यदि कोई विजेता अनुपस्थित होने पर उसका पुरस्कार अलग जगह रखवाकर तत्पश्चात् पहुँचाने की व्यवस्था करनी होगी। विजेता की अनुपस्थिति की सूचना पहले ही पता होने पर उनकी जगह यदि अपने अनुभाग के कोई कर्मचारी ग्रहण करना चाहने पर सूची में उनका नाम लिखकर तदनुसार बुलाना होगा। लेकिन इस प्रकार की अग्रिम व्यवस्था के बगैर तत् समय ही अन्य किसी कर्मचारी को पुरस्कार ग्रहण करने हेतु बुलाने का प्रयास करते हुए समय व्यर्थ नहीं करना होगा।
- विशेष ध्यान देना होगा कि सांस्कृतिक कार्यक्रमों में व्यंग्यात्मक/विमर्शनात्मक/असभ्य प्रदर्शन न हो।
- निबंध लेखन, कहानी लेखन इत्यादि प्रतियोगिताओं की उत्तम प्रविष्टियों को संगठन की राजभाषा गृह पत्रिका/बुलेटिन में प्रकाशित करवाया जा सकता है।

सामान्यत: आयोजित की जाने वाली प्रतियोगिताएँ

विभिन्न संगठनों द्वारा अपने इच्छानुसार/संदर्भानुसार प्रतियोगिताओं का चयन किया जाता है।

कार्यालयीन शब्दावली

- अंग्रेजी के हिंदी और हिंदी के अंग्रेजी समानार्थी शब्द लिखें, समानार्थी शब्द जोड़ें, बहुविकल्पीय प्रश्न, सही वर्तनी पहचानें, इत्यादि प्रश्न पूछे जा सकते हैं। प्रश्नपत्र के नमूने से कर्मचारियों को अवगत कराना होगा।

टिप्पण लेखन

- अंग्रेजी से हिंदी और हिंदी से अंग्रेजी में टिप्पण लेखन, सही उत्तर चुनें (बहुविकल्पीय), नमूना मसौदा देकर उसके आधार पर हिंदी में टिप्पण देने हेतु कहना इत्यादि (कार्यपालकों, ईकाई प्रधानों और सभी पर्यवेक्षी पदाधिकारियों के लिए)।

हिंदी में निबंध लेखन

- प्रतियोगिता सूचना संबंधी परिपत्र में ही अग्रिम रूप से निबंध लेखन संबंधी विषयों की घोषणा हो। नियत तारीख के भीतर प्रविष्टियाँ प्रस्तुत करने के निर्देश देने होंगे।

इस प्रक्रिया से गुणवत्तायुक्त निबंध प्राप्त किये जा सकते हैं। इस प्रतियोगिता के संदर्भ में प्रतिभागियों को एक जगह बिठाकर लिखवाने की पद्धति न अपनाना बेहतर होगा। मूल्यांकन में विषयवस्तु, भाषा, शैली, संगत प्रस्तुति पर ध्यान देना होगा।

वाक् प्रतियोगिता

- परिपत्र में ही विषय घोषित करने के जरिये या प्रतियोगिता के कुछ समय पूर्व विषय उपलब्ध कराने के जरिये। (पर्ची निकालो और बोलो)

नियत अवधि तक या प्रतियोगिता प्रारंभ करने के तत्काल पूर्व तक प्राप्त प्रविष्टियों के आधार पर प्रतियोगिता में भाग लेने हेतु अनुमति देनी होगी। प्रतियोगिता प्रारंभ होने के पश्चात् नई प्रविष्टियाँ स्वीकार न करें। इससे अनावश्यक टीका-टिप्पणी से बचा जा सकता है। सहभागी को पर्ची देखकर बात करने की अनुमति नहीं देनी होगी, चाहे मुख्य बिंदु ही क्यों न हों। परिणामों की घोषणा तुरंत हो।

वाद-विवाद प्रतियोगिता

- परिपत्र में अग्रिम रूप से विषय घोषित करने के जरिये या प्रतियोगिता के कुछ समय पूर्व विषय उपलब्ध कराने के जरिये।

ध्यान देना होगा कि अनुकूल या प्रतिकूल वाद सुनाने के लिए चयनित विषय उपयुक्त हो (उदाहरण के लिए 'हिंदी की बोलियों को संविधान की अष्टम् अनुसूची में स्थान दिलाना उचित है या अनुचित', 'हिंदी मातृभाषा राज्यों में राजभाषा अधिकारियों को नियुक्त करने की आवश्यकता है या नहीं'—इस प्रकार के विषय)। परिणामों की घोषणा तुरंत हो।

पत्र लेखन प्रतियोगिता

- अपनी संस्था में ही प्रयुक्त पत्राचार संबंधी विषय दिये जा सकते हैं। मूल्यांकन में रूपरेखा, विराम चिह्नांकन विधान, विषयवस्तु, भाषा, शैली, संगत प्रस्तुति पर ध्यान देना होगा।

चित्र कुछ बोलते हैं

- प्रतिभागियों को कोई एक प्रबोधात्मक, प्रतीकात्मक, संदेशात्मक चित्र उपलब्ध कराकर निर्धारित समय के भीतर उसके बारे में लिखने के लिए कहना होगा।
- सभी प्रतिभागियों को दिया जाने वाला चित्र एक ही हो। इससे प्रविष्टियों का समर्थ मूल्यांकन किया जा सकता है। चयनित चित्र को डिजिटल बोर्ड/स्क्रीन पर प्रदर्शित किया जा सकता है या हर प्रतिभागी को जेरॉक्स प्रति उपलब्ध कराई जा सकती है। (स्पष्टता की आवश्यकता होने पर रंगीन जेरॉक्स कराना होगा।)
- प्रतिभागियों को अग्रिम रूप से चित्र उपलब्ध कराकर भी डाक द्वारा प्रविष्टियाँ प्राप्त की जा सकती हैं।

लघु कथा लेखन

- प्रतिभागी को अपने पसंदीदा विषय पर कहानी लिखने की छूट देनी होगी। प्रविष्टियाँ प्राप्त करने की अंतिम तारीख की जानकारी परिपत्र में ही देनी होगी। एक जगह बिठाकर लिखवाने की पद्धति इस प्रतियोगिता के लिए उपयुक्त नहीं होगी। राजनीतियुक्त, व्यंग्यात्मक, हास्यास्पद कहानियों को स्वीकार नहीं करना होगा। नियम एवं शर्तों के अंतर्गत इसका स्पष्ट उल्लेख हो।

मूल्यांकन में शीर्षक, विषय वस्तु, भाषा शैली, प्रवाह, प्रस्तुति, उद्देश्य इत्यादि पर ध्यान देना होगा।

नारा लेखन

- अपने संगठन के आशय संबंधी, समाज कल्याण संबंधी, राजभाषा या भारतीय भाषाओं संबंधी थीम या अन्य कोई यथोचित थीम दिया जा सकता है।
- प्रतिभागी से कम से कम पांच नारे प्राप्त किये जा सकते हैं।
- थीम की जानकारी अग्रिम रूप से देकर नियत तारीख के भीतर प्रविष्टियाँ प्राप्त करनी होंगी। प्रतिभागियों को एक जगह बिठाकर लिखवाने की पद्धति न अपनानी होगी। इससे गुणवत्तापूर्ण नारे नहीं मिलेंगे। (चयनित आकर्षक नारों का अपने संगठन के कार्य व्यवहार में प्रयोग कर लाभ उठाया जा सकता है।)

वार्तालाप प्रतियोगिता

- दो कर्मचारियों की एक टीम बनानी होगी। सहभागिता के 5 मिनट पूर्व 'चुनो और बोलो' पद्धति में विषय आबंटित कर उसके आधार पर टीम के दो सदस्यों को आपस में हिंदी में बात करने के लिए कहना होगा।

विषयवस्तु, बातचीत में सहजता, भाषा, शैली, उच्चारण, समग्र प्रस्तुति इत्यादि के आधार पर विजेता टीमों का चयन करना होगा। परिणामों की घोषणा तुरंत हो।

वाचन प्रतियोगिता

- 3 मिनट या अधिकतम 5 मिनट तक वाचन करने के लिए पर्याप्त टंकित या मुद्रित सामग्री का चयन करना होगा। राजभाषा सहूलियतकार चयनित विषय को मामूली गति से एक बार पढ़ कर देख लें कि निर्धारित समय के भीतर पढ़ पा रहे हैं या नहीं। वाचन करने के लिए दी जाने वाली सामग्री प्रतिभागीवार अलग-अलग न हो। प्रतियोगिता कक्ष में केवल गैर-प्रतिभागी ही उपस्थित रहें। प्रतिभागियों को बाहर रहना होगा। प्रतिभागी अपने वाचन समाप्ति के बाद प्रतियोगिता कक्ष में बैठ सकते हैं।
- प्रत्येक प्रतिभागी के लिए अलग-अलग वाचन सामग्री का चयन किये जाने के संदर्भ में प्रतियोगिता कक्ष में सभी प्रतिभागी बैठ सकते हैं। लेकिन सामग्री का चयन श्रमभरित कार्य होगा।

वाचन में सहज प्रवाह, विरामचिह्न विधान, वाचन गति, वाचन शैली, उच्चारण पर ध्यान देना होगा। परिणामों की घोषणा तुरंत हो।

श्रुतलेखन प्रतियोगिता

- आयोजक को डिक्टेशन देने हेतु 5 मिनट की अवधि के लिए पर्याप्त सामग्री का चयन करना होगा। प्रतियोगिता आयोजक द्वारा प्रश्नपत्र पढ़ने का ढंग बहुत ही स्पष्ट एवं विराम चिन्हों के अनुसार समुचित गति में हो। वाचन में पुनरावृत्ति न हो।

वर्तनी की गलतियाँ, विराम चिह्न, विषयवस्तु की पूर्ण प्रस्तुति इत्यादि के आधार पर मूल्यांकन करना होगा।

शुद्ध लेखन प्रतियोगिता

- वर्तनी और व्याकरण की त्रुटियाँ समाविष्ट करते हुए लिखित पाठ देना होगा। त्रुटियों को शुद्ध करते हुए दी गई सामग्री को आबंटित समय में प्रतिभागियों द्वारा लिखने की आवश्यकता होगी। 15 मिनट अवधि के लिए पर्याप्त टंकित सामग्री दी जा सकती है। त्रुटियों का परिशोधन, लिखित पाठ की मात्रा, स्पष्टता के आधार पर मूल्यांकन करना होगा।

सुलेख प्रतियोगिता

- दी गई विषयवस्तु को प्रतिभागी द्वारा सुंदर एवं आकर्षक ढंग से निर्धारित अवधि में पुनः उद्धृत करना पड़ेगा। लेखन में वर्तनी की अधिक त्रुटियाँ न करते हुए सुंदर ढंग से लिखी गई प्रविष्टियों का चयन करना होगा।

स्मरणशक्ति प्रतियोगिता

- कागज की एक ओर टंकित कार्यालयीन और सामान्य स्वरूप की शब्द सूची को प्रतिभागियों के टेबुल पर प्रतियोगिता के प्रारंभ में पलट कर रखना होगा। आयोजक द्वारा 'शुरू करें' (स्टार्ट) कहे जाने पर प्रतिभागी उस पृष्ठ को पलट कर दी गई अवधि (सामान्यतः 5 मिनट) में शब्दों को पढ़कर याद रखने का प्रयास करना होगा। पढ़ने की अवधि समाप्त होते ही आयोजक द्वारा 'लिखना बंद करें' (स्टॉप) कहे जाने पर सभी प्रतिभागियों द्वारा शब्द सूची को पुनः पल्टा कर अपने टेबुल पर रखा जाएगा। शब्द सूची सभी से वापस ली जाने के तुरंत पश्चात् सभी प्रतिभागियों के टेबुल पर सफेद कागज रखना होगा। जब तक आयोजक द्वारा 'शुरू करें' नहीं कहा जाता, तब तक कोई भी प्रतिभागी लिखना प्रारंभ न करें। याद रखे गए शब्दों को पुनः उद्धृत करने के लिए सामान्यतः 10 मिनट का समय दिया जा सकता है। समय समाप्त होते ही आयोजक द्वारा 'बंद करें' कहे जाने पर सभी प्रतिभागियों को लिखना तत्काल बंद करना होगा।
- अन्यथा किसी एक अलग कक्ष में कुछ वस्तुएँ (यथा : रजिस्टर, पेपरवेट, कलम, पेंसिल, पत्रिका, समाचार पत्र, रबड़ की मोहर, गिलास, फूलदान, किताब, चश्मा, डायरी इत्यादि) रखकर प्रतिभागियों को देखने के लिए एक मिनट का समय देना होगा। तत्पश्चात् उन्हें प्रतियोगिता कक्ष में भेजकर पहले ही उनके टेबुल पर रखे गए कागज पर लिखने के लिए कहना होगा। सुनिश्चित करना होगा कि सभी प्रतिभागी एक साथ लिखना प्रारंभ करें और अवधि समाप्ति के बाद एक साथ लिखना बंद करें। याद रखी गई वस्तुओं के नाम हिंदी में लिखने के लिए 10 मिनट का समय दिया जा सकता है। पुनः उद्धृत अत्यधिक सही शब्दों के आधार पर मूल्यांकन होगा। वर्तनी की गलतियाँ देखनी होंगी। किसी वस्तु का समानार्थ हिंदी शब्द मालूम नहीं होने पर उसका हिंदी में लिप्यंतरण भी स्वीकार किया जा सकता है। (देखना होगा कि लिखे गए शब्दों की पुनरावृत्ति न हो।)

संस्मरण प्रतियोगिता

कर्मचारी को अपने जीवन की किसी यादगार विशेष घटना को निर्धारित अवधि में लिखित रूप में हिंदी में प्रस्तुत करने के लिए कहा जा सकता है (प्रतियोगिता कक्ष में लिखने के जरिये या नियत तारीख के भीतर ऑनलाइन या डाक द्वारा प्रस्तुत करने के जरिये)। विषयवस्तु, भाषा, शैली, समग्र प्रस्तुति के आधार पर प्रविष्टियों का मूल्यांकन किया जा सकता है।

वाक्य निर्माण प्रतियोगिता

संगठन में प्रयोग किये जाने वाले कुछेक विशेष एवं सामान्य हिंदी शब्द देकर उनका प्रयोग करते हुए वाक्य लिखने के लिए कहा जा सकता है। प्रयुक्त भाषा, वाक्य निर्माण के आधार पर प्रविष्टियों का मूल्यांकन किया जा सकता है।

कंप्यूटर पर हिंदी टंकण प्रतियोगिता

- 10 मिनट अवधि आधारित हिंदी पाठ का चयन कर प्रतिभागियों को अपने टेबुल पर ही उपलब्ध कराया जा सकता है।
- यदि एक ही जगह प्रतियोगिता का आयोजन करना हो तो प्रतिभागिता संख्या के आधार पर बैचवार किया जा सकता है। समय का सख्त अनुपालन करना जरूरी है।
- मूल्यांकन में टंकण की त्रुटियाँ, टंकित शब्द, विराम चिह्न इत्यादि पर ध्यान देना होगा।

प्रश्नोत्तरी प्रतियोगिता (क्विज)

राजभाषा ज्ञान :

- केवल राजभाषा संबंधी प्रश्नों का चयन हो।

सामान्य ज्ञान :

- केवल सामान्य ज्ञान, यथा : करंट अफेयर्स, संगठन की कार्यविधि इत्यादि प्रश्नों का चयन हो।

मिश्रित ज्ञान :

- राजभाषा ज्ञान एवं सामान्य ज्ञान संबंधी मिश्रित प्रश्नों का चयन हो।

प्रश्नों के विविध राउंड्स

प्रश्न और समाधान :

- शब्दार्थ, लेखक का नाम देकर उनकी एक कृति का नाम पूछना, कृति का नाम देकर लेखक का नाम पूछना, वैसे ही फिल्म का नाम देकर निर्देशक या संगीतकार इत्यादि का नाम पूछना, खेल, विज्ञान, सूचना प्रौद्योगिकी में हिंदी तथा भाषा, साहित्य, इतिहास, राजनीति, पुरस्कार, करेंसी, राजधानियाँ, अंतरराष्ट्रीय सम्मेलन, समितियाँ, अंतरिक्ष, कृषि विज्ञान, वित्त व्यवहार, केंद्र सरकार की योजनाएँ इत्यादि संबंधी प्रश्न।

क्लू आधारित प्रश्न :

- सीधे उत्तर देने के बजाय क्लू के आधार पर उत्तर देने पर अंक घटाए जाते हैं।

आवाज पहचानो :

- स्क्रीन पर तस्वीर या व्यक्ति को नहीं दिखाते हुए (केवल मशहूर व्यक्तियों की) उनकी आवाज सुनानी होगी। पशु-पक्षियों की भी आवाज सुनाकर पहचानने के लिए कहा जा सकता है।

दृश्य और समाधान :

- स्क्रीन पर किसी चित्र का गाना मूक (म्यूट) में दर्शा कर उस चित्र के गीतकार/संगीतकार/दर्शक इत्यादि के नाम पूछे जाते हैं। महान हस्तियों के चित्र दिखाकर नाम पूछना, मशहूर घटनाओं के चित्र दिखाकर उनसे संबंधित घटना का नाम पूछना आदि-आदि।

विस्तारण :

- संक्षेपाक्षर देकर उनका पूर्ण रूप देने के लिए कहा जाना।

प्रश्नों का चयन

- संदिग्ध प्रश्नों का चयन न हो। कुछेक प्रश्नों के दो या तीन समाधान हो सकते हैं। इस प्रकार के प्रश्नों का चयन न हो। यदि पूछे जाने पर तत्संबंधी विविध संगत समाधानों को स्वीकारना होगा। यथा : सेक्योरिटी के समानार्थी हिंदी शब्द 'सुरक्षा' है और 'प्रतिभूति' भी है। अत: इन दोनों को स्वीकारना होगा।

ग्रुप तय करना

- अधिकतम 6 प्रतिभागियों तक ग्रुप को सीमित रखना उचित होगा।
- प्रतिभागियों की संख्या अधिक रहने पर लिखित अर्हता परीक्षा (स्क्रीन टेस्ट) का आयोजन कर पूर्व निर्धारित समूह (ग्रुप) संख्या के आधार पर अपेक्षित संख्या में प्रतिभागियों का चयन करना होगा।
- यदि प्रतिभागियों की संख्या प्रत्याशित मात्रा में न रहने पर एक-एक ग्रुप में दो प्रतिभागियों को भी लिया जा सकता है।
- ग्रुप का चयन लाटरी पद्धति द्वारा करना होगा। (प्रतिभागियों की संख्या के आधार पर नामयुक्त ग्रुपों की पर्चियाँ, यथा : 'गंगा ग्रुप' की पांच पर्चियाँ, 'यमुना ग्रुप' की पांच पर्चियाँ कटोरे में रखते हुए एक पर्ची लेने के लिए कहना होगा।)
- ग्रुप के नाम ए, बी, सी या 1, 2, 3 देने के बजाय नदियों, पहाड़ों, व्यक्तियों इत्यादि के नाम देने से सुनने के लिए मधुर होंगे और संदिग्धता नहीं होगी।
- ग्रुपवार नाम बोर्ड का प्रदर्शन होने से क्विज मास्टर के लिए और स्कोरर के लिए सुविधाजनक होगा।
- सक्रिय कर्मियों को टाइम कीपर और स्कोरर की जिम्मेदारी देनी होगी।
- सक्षम व्यक्ति को ही क्विज मास्टर की भूमिका निभानी होगी।
- अलग-अलग राउंड के प्रश्न (उत्तर सहित) अलग-अलग कागज में टंकित किये गए हों। अन्यथा एक-एक प्रश्न (उत्तर सहित) एक-एक सुंदर कार्ड (जैसे दूरदर्शन में प्रसारित प्रतियोगिताओं में देखा जाता है) में या पर्ची में लिखा जा सकता है।

- अमुक प्रश्न का उत्तर किसी भी ग्रुप द्वारा नहीं दिये जाने पर दर्शकों को मौका देकर तत्पश्चात् क्विज मास्टर द्वारा उत्तर देना होगा। उत्तर दिये गए दर्शक को तत्काल लघु पुरस्कार (चॉकलेट, पुस्तक, पेन आदि) देकर प्रोत्साहित किया जा सकता है।
- एक-एक राउंड की समाप्ति के बाद स्कोर की घोषणा हो।
- एक राउंड के प्रश्न एक ही स्वरूप के हों। यथा : शब्दावली राउंड होने पर चयनित सभी ग्रुपों को शब्दावली पर ही प्रश्न पूछने होंगे।
- प्रश्नों की तैयारी एवं सुरक्षित रखना अति गोपनीय हो।

कविता पाठ प्रतियोगिता

- राजनीतिक एवं व्यंग्यात्मक कविताओं की प्रस्तुति न हो। मनोरंजक, सकारात्मक, संदेशात्मक हों।
- कविता पाठ और कविता लेखन में रुचि रखने वाले दो व्यक्तियों को निर्णायक के रूप में आमंत्रित करना होगा। परिणामों की घोषणा तुरंत हो।

लघु प्रहसन प्रतियोगिता

- प्रहसन के प्रदर्शन में न्यूनतम दो व्यक्तियों की सहभागिता हो। प्रदर्शन हेतु अधिकतम 10 मिनट का समय आबंटित किया जा सकता है। पृष्ठभूमि संगीत, मेकअप आदि स्वीकारा जा सकता है।
- राजनीतिक, व्यंग्यात्मक और अपने संगठन की छवि गिराने वाले प्रहसन का प्रदर्शन न हो। पूर्णतः मूकाभिनय न हो; अर्थात् हिंदी में संवाद/वार्तालाप हो।
- रंगमंच क्षेत्र से परिचित दो व्यक्तियों को निर्णायक के रूप में आमंत्रित करना होगा।
- प्रसंग, सहज अभिनय, अभिव्यक्ति में हिंदी का सहज प्रवाह, साज-सज्जा, वेश-भूषा, निर्देशन इत्यादि के आधार पर मूल्यांकन किया जाता है।
- प्रतियोगिता समाप्ति के पश्चात् उसी समय परिणामों की घोषणा हो।

एकल पात्र अभिनय प्रतियोगिता

- प्रतिभागियों को सूचित करना होगा कि चयनित विषय राजनीतिक और व्यंग्यात्मक न हो। हर प्रतिभागी को अधिकतम 5 मिनट का समय दिया जा सकता है। पूर्णतः मूकाभिनय न हो; अर्थात् हिंदी में विषयवस्तु की अभिव्यक्ति हो। परिणामों की घोषणा तुरंत हो।

एकल गायन प्रतियोगिता

- परिपत्र में ही सूचित करना होगा कि पेश किये जाने वाले गीत किस स्वरूप के हों। यथा : देशभक्ति गीत, भक्ति गीत, फिल्मी गीत, गैर-फिल्मी गीत इत्यादि।

- गायन और संगीत का ज्ञान रखने वाले दो व्यक्ति निर्णायक हों। प्रतिभागी को अपना गाना पूरा गाने के लिए समय देना होगा; अर्थात् गीत छोटा या बड़ा, समय की पाबंदी न हो। परिणामों की घोषणा तुरंत हो।

युगल गीत गायन प्रतियोगिता

- एक पुरुष और एक महिला प्रतिभागी द्वारा मिलकर गीत गाया जाएगा।
- एकल गायन प्रतियोगिता के नियम यहाँ भी लागू होंगे।

अन्य प्रतियोगिताएँ

उपलब्ध संसाधनों एवं आंतरिक निर्णयों के आधार पर स्कूल व कॉलेज विद्यार्थियों और अपने कर्मचारियों के बच्चों के लिए हिंदी में निबंध लेखन, वाक् स्पर्धा, प्रश्नोत्तरी इत्यादि में से किसी एक या दो प्रतियोगिताओं का आयोजन किया जा सकता है।

राजभाषा प्रदर्शनियाँ

परिचय

आवश्यक संदर्भों में राजभाषा प्रदर्शनियों की व्यवस्था करना राजभाषा कार्यान्वयन का एक अंग है।

हिंदी के प्रचार-प्रसार के संबंध में अमुक संगठन की महत्त्वपूर्ण गतिविधियों से अन्य संगठनों एवं संदर्शकों को अवगत कराने का यह एक प्रेरक माध्यम है। राष्ट्रीय/अंतरराष्ट्रीय स्तर पुस्तक मेलों, विश्व हिंदी सम्मेलनों, हिंदी दिवस/विश्व हिंदी दिवस समारोहों, गृह मंत्रालय के क्षेत्रीय राजभाषा सम्मेलनों, शैक्षिक संस्थाओं/स्वैच्छिक हिंदी सेवी संगठनों/नगर राजभाषा कार्यान्वयन समितियों के राजभाषा सम्मेलनों/अखिल भारतीय राजभाषा संगोष्ठियों और उच्च स्तरीय राजभाषायी निरीक्षणों के अवसर पर रखी जाने वाली राजभाषा प्रदर्शनियों से उपस्थित प्रतिनिधियों एवं अन्य जनसमूह को हिंदी साहित्य, प्रयोजनमूलक हिंदी, प्रचार-प्रसार सामग्री व प्रकाशनों से अवगत होने का अवसर मिलता है और राजभाषा नीति के अनुपालन का पथप्रदर्शक बन जाती हैं।

केंद्रीय हिंदी निदेशालय, केंद्रीय हिंदी संस्थान, कुछेक हिंदी सेवी संस्थाओं द्वारा प्रदर्शित राजभाषा प्रदर्शनियों से भारतीय भाषाओं, शब्दावलियों, पत्रिकाओं, कोश ग्रंथों की जानकारी प्राप्त करने के अतिरिक्त नाममात्र मूल्य पर उन्हें खरीदने का अवसर भी मिलता है।

राजभाषा प्रदर्शनी में प्रदर्शित की जाने वाली सामग्री

- हिंदी, द्विभाषा, त्रिभाषा में प्रकाशित अपने संगठन की नवीनतम गृह पत्रिकाओं, बुलेटिनों एवं अन्य प्रकाशनों की एक-एक प्रति। (वार्षिक रिपोर्ट, निदेशक मंडल रिपोर्ट, आंतरिक नियम/विनियम से जुड़ी पुस्तिकाएँ, अपने उत्पाद, व्यवसाय, प्रौद्योगिकी, विपणन, दिशानिर्देश इत्यादि पर प्रकाशित पुस्तक व पुस्तिकाएँ, अनुदेश पुस्तक, प्रशिक्षण/कार्यशाला सामग्री की पुस्तिकाएँ, संगोष्ठियों/सम्मेलनों/विशेष अवसरों पर प्रकाशित पुस्तक एवं सॉवनियर इत्यादि।)
- अपने व्यवसाय के प्रचार-प्रसार से जुड़े पैंफ्लेट, पोस्टर, लीफलेट।
- समाचार पत्र-पत्रिकाओं में हिंदी और क्षेत्रीय भाषाओं में प्रकाशित अपने कार्य क्षेत्र से संबंधित प्रमुख कतरन की प्रतियाँ। (विज्ञापन, सूचनाएँ, प्रेस विज्ञप्ति, हिंदी दिवस, स्थापना दिवस इत्यादि से संबंधित शुभकामना संदेश आदि।)

- नवीनतम टेबुल कैलेंडर, दीवार कैलेंडर, पर्यवेक्षी पदाधिकारियों के टेबुल पर रखे जाने वाले हिंदी नोटिंग डिस्प्ले चार्ट/बोर्ड, राजभाषा के प्रयोग के संबंध में तैयार करवाए गए अन्य बोर्ड/चार्ट/पोस्टर/लीफलेट, निमंत्रण पत्र, शुभाशीष (नववर्ष, राष्ट्रीय पर्व एवं अन्य प्रमुख त्योहार संबंधी)।
- आंतरिक कामकाज में हिंदी प्रयोग संबंधी कुछ नमूने। (डीडी/चेक, एटीएम पर्ची, पासबुक प्रविष्टियाँ, प्रपत्र, पर्चियाँ, यात्रा बिल, छुट्टी आवेदन, छोटे विवरण, रसीद, हिंदी नोटिंग, राजभाषा कार्यान्वयन संबंधी बैठकों को छोड़कर अन्य बैठकों के नवीनतम कार्यवृत्त, कार्यसूची इत्यादि की जेरॉक्स प्रतियाँ, हिंदी दिवस संबंधी आंतरिक मुद्रित संदेश आदि।)
- ग्राहक/जनसंपर्क से जुड़े मुद्रित/टंकित सहायक सामग्री, प्रपत्र, फॉर्म आदि की कुछेक रिक्त प्रतियाँ।
- प्रमुख गतिविधियों की तस्वीर व एल्बम (हिंदी दिवस/राजभाषा संगोष्ठी/सम्मेलन/प्रतियोगिताएँ/विशेष राजभाषा बैठकें/कार्यशालाएँ/मार्गदर्शन कार्यक्रम/राजभाषा शील्ड/प्रायोजित कार्यक्रम आदि)। कार्यक्रमवार सीमित प्रतियों का चयन हो।
- राजभाषा निष्पादन से संबंधित प्रमुख शील्ड, मेमेंटो, श्रेष्ठता प्रमाणपत्र, प्रशस्ति पत्र।
- हिंदी/द्विभाषा में बनाए गए महत्त्वपूर्ण ऑडियो, वीडियो सहायक सामग्री की सीडी।

कंप्यूटर स्क्रीन/स्क्रोलर पर प्रदर्शन

- अपने प्रदर्शनी स्थल पर कंप्यूटर स्क्रीन या स्क्रोलर पर महत्त्वपूर्ण गतिविधियों एवं ई-प्रकाशनों संबंधी रोलिंग डिस्प्ले करने की पहल करनी होगी।

सावधानियाँ

- समुचित जगह पर प्रदर्शनी की व्यवस्था हो।
- सामग्री रखी जाने वाली टेबुल पर डाले जाने वाले कपड़े साफ और आकर्षक हों।
- प्रदर्शन स्थल में पर्याप्त जगह उपलब्ध न होने पर तदनुसार महत्त्वपूर्ण सामग्री का चयन कर पेश करना होगा।
- श्रेणीवार सामग्री के आधार पर तत्संबंधी शीर्षक के छोटे-छोटे नाम बोर्ड/स्टिकर/टंकित नाम पर्ची रखनी होगी। (यथा : 'आंतरिक कामकाज में हिंदी', 'हिंदी दिवस', 'राजभाषा संगोष्ठी', 'उत्पाद', 'पेपर कतरन', 'प्रमाणपत्र' इत्यादि।)
- संयुक्त राजभाषा प्रदर्शनी होने पर (टॉलिक आदि) आयोजक द्वारा सहभागी संगठनों के नाम बोर्ड की व्यवस्था न की जाने की स्थिति में अपनी प्रदर्शनी जगह पर नाम बोर्ड अथवा छोटे बैनर का प्रदर्शन करना होगा।

  [सामान्यतया आयोजकों द्वारा एकरूप बोर्ड बनवाए जाते हैं लेकिन अग्रिम रूप से पता करना होगा।]

- संयुक्त राजभाषा प्रदर्शनी हो या वैयक्तिक संगठन की प्रदर्शनी, बैनर या बोर्ड की व्यवस्था करना जरूरी है।
- सामग्री का प्रदर्शन/क्रमिक व्यवस्था आकर्षक हो। प्रदर्शित सभी सामग्री स्पष्ट रूप से दिखे।
- पारदर्शी कवर/एल-फोल्डर में कार्य स्वरूप के अनुरूप कागजात रखने होंगे।
- प्रदर्शनी स्थल पर राजभाषा कार्यान्वयन से जुड़े कर्मचारी उपस्थित हों।
- आंतरिक कामकाज या अन्य कार्यालयीन कार्य में हिंदी प्रयोग संबंधी महत्त्वपूर्ण कागजात रखे जाने की स्थिति में केवल उनकी जेरॉक्स प्रतियाँ रखी जाएँ।
- गोपनीय जानकारी संबंधी कागजात न रखे जाएँ।
- प्रदर्शनी समय समाप्ति के पश्चात् सभी सामग्री को सुरक्षित ढंग से वापस ले जाने पर ध्यान देना होगा।

संयुक्त राजभाषा प्रदर्शनियाँ

संसदीय राजभाषा समिति के निरीक्षणों, क्षेत्रीय राजभाषा सम्मेलनों, शहर स्थित विभिन्न नगर राजभाषा कार्यान्वयन समितियों के संयुक्त तत्वावधान में आयोजित संगोष्ठियों आदि के अवसरों पर प्रदर्शित की जाने वाली राजभाषा प्रदर्शनियों के आयोजकों को निम्न प्रकार की भूमिका निभानी होगी :

- राजभाषा प्रदर्शनी की व्यवस्था के संदर्भ में सभी संबंधित कार्यालयों को पर्याप्त समय पूर्व मौखिक और लिखित रूप में सूचित करना होगा।
- प्रदर्शनी संबंधी दिशानिर्देशों/शर्तों से अवगत कराना होगा, यथा : सामग्री पहुँचाई जाने का समय, रिपोर्टिंग समय, उपलब्ध कराए जाने वाले क्षेत्रफल (स्पेस), बैनर/बोर्ड की व्यवस्था, अनुमत प्रतिनिधियों की संख्या, सामग्री को वापस ले जाने की व्यवस्था, डिजिटल/स्क्रीन डिस्प्ले की व्यवस्था, सुंदर सजावट इत्यादि।
- सभी सहभागी संगठनों को समुचित एवं समान जगह का आबंटन करने पर ध्यान देना होगा।
- टॉलिक के तत्त्वावधान में होने पर संयोजक द्वारा टॉलिक की गतिविधियों संबंधी पृथक् प्रदर्शनी की व्यवस्था करनी होगी जो केंद्रबिंदु बने।
- सभी सहभागी संगठनों को अनुशासन का पालन करना अति आवश्यक है। इस बात पर ध्यान देना होगा।

पूर्वोपाय

'राजभाषा प्रदर्शनी बैंक' की परिकल्पना :

- राजभाषा अनुभाग से जुड़े कार्यालयों में 'राजभाषा प्रदर्शनी बैंक' की परिकल्पना हो।
- राजभाषा अनुभाग में राजभाषा प्रदर्शनी के लिए आवश्यक सामग्री का संग्रहण हो।
- उपलब्ध/संगृहीत सामग्री को पृथक् से रखने की सुरक्षित व्यवस्था हो (अलमारी/रैक/सुदृढ़ बॉक्स)।

- राजभाषा सहूलियतकार को चाहिए कि अपने कार्यालय और अपने कार्य क्षेत्र में संपन्न हिंदी प्रयोग संबंधी महत्त्वपूर्ण गतिविधियों की जानकारी व सामग्री की प्रतियाँ/तस्वीर/पेपर कतरन/पत्रिकाएँ/पोस्टर/पैंफ्लेट/अन्य प्रकाशन/सीडी आदि समय पर प्राप्त कर उन्हें राजभाषा अनुभाग में पृथक् पारदर्शी कवरों/फोल्डरों में सुरक्षित करें।
- वर्ष में एक बार या आवश्यकता के अनुसार पुरानी/समय समाप्त सामग्री को हटाना होगा।
- नवीनतम/अद्यतन सामग्री की उपलब्धता सुनिश्चित करनी होगी।
- प्रधान कार्यालय/उच्च नियंत्रक कार्यालय के स्तर पर प्रकाशित/मुद्रित कराई जाने वाली प्रचार-प्रसार सामग्री, पुस्तकों, गृह पत्रिकाओं इत्यादि की नवीनतम प्रतियों एवं पेनड्राइव, सीडी इत्यादि को अधीनस्थ नियंत्रक कार्यालयों के राजभाषा अनुभागों द्वारा प्राप्त करने की पहल की जानी होगी। इस दिशा में अपने उच्च नियंत्रक कार्यालयों के राजभाषा विभागों का सहयोग/मार्गदर्शन प्राप्त करना होगा।
- प्रदर्शनी के अवसरों पर अपने मुख्यालय के राजभाषा विभाग का मार्गदर्शन प्राप्त करने के साथ-साथ अन्य आवश्यक सामग्री प्राप्त करने में भी मदद लेनी होगी।
- प्रधान कार्यालय/अन्य कार्यालयों/विभागों से प्राप्त की गई सामग्री में से यदि कोई सामग्री वापस करनी हो तो तत्कार्य को समय पर संपन्न करने में ध्यान देना होगा।
- राजभाषा प्रदर्शनी को आकर्षक बनाने में नवोन्मेषी सोच, राजभाषा सहूलियतकार मित्रों के सुझाव, सार्वजनिक पुस्तक प्रदर्शनियों का संदर्शन, मुख्यालय के राजभाषा विभाग का मार्गदर्शन आदि मददगार साबित होंगे।

पॉवर प्वाइंट प्रस्तुति (पीपीटी)

परिचय

व्याख्यानों, निष्पादन रिपोर्टों, परियोजना रिपोर्टों, प्रस्तावित परियोजनाओं, कृत कार्यों, वर्तमान कार्यों, भावी कार्यों, नवोन्मेषी उपायों, भावी योजनाओं की विस्तृत जानकारी उपस्थितों को संक्षेप में अवगत कराने का यह एक सार्थक एवं आकर्षक माध्यम है।

अपने कार्यालय या प्रशिक्षण केंद्र में पीपीटी प्रस्तुत करने की सुविधा (प्रोजेक्टर/कंप्यूटर/स्क्रीन) होने पर प्रस्तुतकर्ता को चाहिए कि वह पीपीटी के जरिये ही अपनी प्रस्तुति दें। आजकल यह सुविधा लगभग हर जगह उपलब्ध है।

राजभाषा स्टाफ सदस्यों को हिंदी कार्यशालाओं, राजभाषा मार्गदर्शन कार्यक्रमों, राजभाषा संगोष्ठियों, सम्मेलनों का आयोजन करना ही नहीं, उनमें व्याख्यान प्रस्तुत करने की आवश्यकता भी होती है। यही नहीं, उच्च स्तरीय राजभाषायी निरीक्षणों में, अपने संगठन की आंतरिक समीक्षा बैठकों में अपने क्षेत्र की राजभाषा कार्य निष्पादन संबंधी रिपोर्ट प्रस्तुत करनी पड़ती है। इसके अतिरिक्त अतिथि संकाय की भूमिका भी निभानी पड़ती है। अत: राजभाषा कर्मियों को अच्छे राजभाषा कार्यान्वयनकार बनने के अतिरिक्त कुशल प्रशिक्षक एवं प्रस्तुतकर्ता बनने की आवश्यकता होती है।

अभिभावकों की अपेक्षाओं एवं अनिवार्यताओं को ध्यान में रखते हुए अपने क्षेत्र की कार्य निष्पादन रिपोर्ट प्रस्तुत करने में, व्याख्यान देने में या कक्षाएँ लेने के संदर्भ में पीपीटी का सहारा लेने में लापरवाही नहीं बरतनी होगी।

राजभाषा कार्यान्वयन विषयक पीपीटी

1. कार्यशाला एवं राजभाषा मार्गदर्शन कार्यक्रम :

निम्न विषयों पर पीपीटी तैयार करने में और प्रस्तुत करने में राजभाषा सहूलियतकार सक्षम हों। पीपीटी स्वयं तैयार करने का ज्ञान उन्हें हासिल करना होगा :

- राजभाषा नीति व वार्षिक कार्यक्रम एवं प्रश्नोत्तरी।
- शब्दावली व नोटिंग एवं अभ्यास।
- पत्र व्यवहार एवं प्रयुक्त वाक्यांशों का अभ्यास।
- अनुवाद एवं अभ्यास।
- तिमाही हिंदी प्रगति रिपोर्ट की रिपोर्टिंग प्रणाली भाग-I एवं भाग-II)।

- शाखा कार्यालय/इकाई स्तर हिंदी सहूलियतकारों की जिम्मेदारियाँ।
  [राजभाषा समन्वयक/सहूलियतकार के लिए आयोजित कार्यक्रम हेतु।]
- पर्यवेक्षी पदाधिकारियों की राजभाषा कार्यान्वयन संबंधी जिम्मेदारियाँ।
  [उच्च पदाधिकारियों के लिए आयोजित अल्पावधि मार्गदर्शन कार्यक्रम हेतु।]
- यूनिकोड/सीबीएस आधारित हिंदी सॉफ्टवेयर की सक्रियता/परिचालन/अभ्यास तथा नवीनतम सॉफ्टवेयर टूल।
- शाखा कार्यालय प्रधानों की राजभाषा कार्यान्वयन संबंधी जिम्मेदारियाँ।
  [वित्तीय वर्ष के दौरान क्षेत्रवार आयोजित कार्य निष्पादन की समीक्षा बैठकों में राजभाषा संबंधी इस विषय पर भी अवगत कराने की पहल की जा सकती है।]
- क्षेत्र/अंचल/सर्किल प्रधानों की राजभाषा कार्यान्वयन संबंधी जिम्मेदारियाँ।
  [प्रधान कार्यालय द्वारा आयोजित कार्य निष्पादन की समीक्षा बैठकों में प्रधान कार्यालय के राजभाषा विभाग द्वारा इस विषय पर अवगत कराने की पहल की जानी होगी।]

2. राजभाषा अधिकारी वार्षिक सम्मेलन :

- क्षेत्र/अंचल/सर्किलवार राजभाषा कार्य निष्पादन की मदवार समीक्षा।
  [प्रधान कार्यालय के राजभाषा विभाग को पीपीटी तैयार करनी होगी।]
- संसदीय राजभाषा समिति निरीक्षण-पूर्वोपाय।
- नवीनतम हिंदी सॉफ्टवेयर टूल एवं प्रयोग।
- राजभाषा अधिकारी उत्तम निष्पादक कैसे बनें?
- सक्षम अनुवादक कैसे बनें? इत्यादि।
  [प्रथम बिंदु को छोड़कर अन्य विषयों पर व्याख्यान प्रस्तुत करने हेतु अतिथि वक्ता को आमंत्रित किये जाने पर पीपीटी के जरिये प्रस्तुत करने का अनुरोध करना होगा।]

3. राष्ट्रीय स्तर राजभाषा संगोष्ठी एवं सम्मेलन :

- किसी विषय पर हिंदी में राष्ट्रीय स्तर संगोष्ठियों और सम्मेलनों को आयोजित करने पर अपनी संस्था के राजभाषा कार्यान्वयन संबंधी विशेष निष्पादन एवं उपलब्धियों पर संक्षिप्त पीपीटी की प्रस्तुति हो। (मुख्य कार्यक्रम में प्रवेश करने के पूर्व)।

4. टॉलिक द्वारा आयोजित 'कार्यालय प्रधान राजभाषा संगोष्ठी/राजभाषा अधिकारी संगोष्ठी' :

- सदस्य कार्यालय प्रधानों की राजभाषा कार्यान्वयन संबंधी जिम्मेदारियाँ।
- सदस्य कार्यालयवार राजभाषा निष्पादन।
- टॉलिक के संदर्भ में राजभाषा अधिकारी की भूमिका।

पीपीटी की आकर्षक तैयारी

- सबसे पहले पीपीटी प्रस्तुति संबंधी विषय की उप शीर्षकवार विषयवस्तु तैयार करनी होगी।
- उप शीर्षकों के अंतर्गत शामिल की गई जानकारी की सार बिंदुओं को 'बुलेट प्वाइंट्स' के रूप में विभिन्न स्लाइडों के अंतर्गत समाविष्ट करना होगा। एक बुलेट प्वाइंट और दूसरे बुलेट प्वाइंट के बीच जगह देनी होगी।
- सार बिंदुओं के आधार पर वक्ता द्वारा प्रतिभागियों को तत्संबंधी व्यापक जानकारी मौखिक रूप से अवगत कराई जाती है।
- कुछेक अमुक बिंदुओं संबंधी व्यापक जानकारी को प्रतिभागियों द्वारा स्क्रीन पर पढ़ा जाना अति आवश्यक समझे जाने पर ही लंबे स्लाइड बनाने होंगे अन्यथा नहीं।
- फॉन्ट साइज पर विशेष ध्यान देना होगा। स्लाइडों की संख्या को सीमित रखने के उद्देश्य से फॉन्ट आकार कम करते हुए अधिकाधिक पंक्तियाँ समाविष्ट करने के प्रयास नहीं करने होंगे। स्लाइडों की संख्या अधिक होने पर भी फॉन्ट आकार पढ़ने योग्य हो।
- उपलब्ध/आबंटित समय सीमा के आधार पर सामग्री एवं स्लाइडों की तैयारी हो।
- स्लाइड के लिए चुना गया टेंपलेट आकर्षक हो।
- तैयारकर्ता द्वारा चुना गया टेंपलेट का रंग मनमोहक हो। (बैकग्राउंड एवं फॉन्ट दोनों के लिए।)
- अपने संगठन के लोगो रंग को सामान्यतः स्लाइड के बैकग्राउंड के लिए लिया जाता है।
- हर एक स्लाइड के शीर्ष भाग में संस्था के लोगो को समाविष्ट करने पर ध्यान देना होगा।
- आवश्यकतानुसार स्लाइडों में व्याख्यान विषय से संबंधित चित्र/पैंफ्लेट/पोस्टर/प्रपत्र इत्यादि के नमूने स्कैन कर जोड़े जा सकते हैं। संदर्भानुसार ऑडियो-विजुअल क्लिपिंग भी शामिल किये जा सकते हैं।
- व्याख्यान संबंधी मुख्य बिंदुओं को नहीं छोड़ना होगा और अनावश्यक जानकारी को नहीं जोड़ना होगा।
- पीपीटी का शुरुआती स्लाइड जोड़े हुए हाथ (फोल्डेड हैंड) के स्वागत वाला चित्र का हो। यहाँ प्रस्तुतकर्ता का नाम, पदनाम, संस्था का नाम, फोन नंबर एवं ई-मेल आईडी अंकित हों।
- संदेशात्मक पंक्तियों एवं धन्यवाद के साथ या केवल धन्यवाद के साथ अपने पसंदीदा चित्र (नमस्कार, फूल इत्यादि) शामिल करते हुए व्याख्यान का समापन किया जाता है। (अंतिम स्लाइड)

पीपीटी की तैयारी में निम्न पद्धतियाँ नहीं अपनाएँ

- स्लाइड के लिए चमकीला/गाढ़ा रंग नहीं चुनें।
- फ्लाइंग अक्षर, रोलिंग वाले एनिमेशन स्लाइड पसंद न करें।
- बैकग्राउंड संगीत न हो।

प्रस्तुतकर्ता द्वारा पीपीटी की प्रस्तुति में ध्यान दी जाने वाली बातें

- स्क्रीन पर दिखाई देनी वाली पंक्तियों (स्लाइड में समाविष्ट) को केवल पढ़ते हुए आगे बढ़ने का प्रयास न करें। बुलेट प्वाइंट के आधार पर तत् जानकारी से स्पष्टत: अवगत कराना होगा।
- स्क्रीन पर दिखाए गए स्लाइड को न बदलते हुए अगले स्लाइड की जानकारी से अवगत न कराएँ; अर्थात् दिखाए जाने वाले स्लाइड और विषय प्रस्तुति में अंतर न हो।
- स्लाइड बदलने में कंप्यूटर/लैपटॉप का स्व-परिचालन सुविधाजनक होगा।
- रिमोट हाइलाइटर/प्वाइंटर का प्रयोग असरदार होगा।
- प्रतिभागियों की संख्या और व्याख्यान कक्ष की विस्तीर्णता के आधार पर जरूरत के अनुसार कॉलर माइक का प्रयोग करना होगा।

पीपीटी की तैयारी में सक्रियता

- सामान्यत: कार्य क्षेत्र के राजभाषा निष्पादन के संबंध में उच्च स्तर की समीक्षा बैठकों में कभी न कभी पीपीटी के जरिये रिपोर्ट प्रस्तुत करने की स्थितियाँ उत्पन्न होती हैं। अत: राजभाषा अनुभाग में राजभाषा निष्पादन संबंधी पीपीटी हमेशा उपलब्ध हो। पुरानी और अनुपयुक्त सामग्री को हटाते हुए नवीनतम जानकारी और गतिविधियों को शामिल करते हुए उसे समय-समय पर अद्यतन करना होगा।
- राजभाषा सहूलियतकार इस प्रकार न सोचे कि आवश्यकता होने पर या पूछे जाने पर उस समय पीपीटी तैयार की जा सकती है। इस प्रकार की रवैया से आकस्मिक आवश्यकताओं पर पीपीटी की तैयारी एवं प्रस्तुति में गुणवत्ता घट जाएगी।
- पीपीटी की अग्रिम तैयारी/निरंतर अद्यतन से उच्च स्तरीय राजभाषायी निरीक्षणों के अवसर पर भी सहूलियत होगी।
- इस प्रकार बनाई गई प्रमुख पीपीटी राजभाषा अनुभाग के कंप्यूटर में 'विषयांकित पृथक् फोल्डर' के अंतर्गत सुरक्षित हों और सभी संबंधित राजभाषा कर्मियों के संज्ञान में हों।

आंतरिक वार्षिक राजभाषा अधिकारी सम्मेलन

परिचय

अमुक कार्य क्षेत्र के संबंध में सरकारी एवं अपने संगठन के दिशानिर्देशों के अनुपालन की समीक्षा करने, कमियों के परिशोधन के उपाय अपनाने, नवोन्मेषी विचारों का आदान-प्रदान करने, भावी कार्य योजना तैयार करने, विशेषज्ञ व्याख्यानों से लाभ पाने, प्रेरणा प्राप्त करने इत्यादि अपेक्षाओं की पूर्ति के लिए सामान्यत: वार्षिक सम्मेलनों एवं संगोष्ठियों का आयोजन किया जाता है।

प्रेरणा और प्रोत्साहन से जुड़े राजभाषा प्रयोग के क्षेत्र में इनका आयोजन अति लाभदायक समझा गया है। राजभाषा अधिनियम-1963 तथा राजभाषा संकल्प-1968 के आधार पर गृह मंत्रालय के राजभाषा विभाग द्वारा जारी किये जाने वाले वार्षिक कार्यक्रम के 'राजभाषा नीति संबंधी प्रमुख निदेश' शीर्षक के अंतर्गत हिंदी संगोष्ठी आयोजित करने के निर्देश दिये जाते हैं। राजभाषा अधिकारियों की नियुक्ति जोर पकड़ने के पश्चात् राजभाषा कार्यान्वयन संबंधी संस्थागत आवश्यकताओं पर सामूहिक चर्चा व समीक्षा करने के विचार से विभिन्न संगठनों द्वारा इन्हें आयोजित करने की प्रथा प्रारंभ की गई है।

संसदीय राजभाषा समिति के प्रतिवेदन के चौथे खंड में की गई सिफारिशों पर राष्ट्रपति द्वारा जारी किये गए आदेशों के आधार पर राजभाषा विभाग, गृह मंत्रालय द्वारा पारित किये गए संकल्प सं. 12019/10/91—राभा (भा), 28 जनवरी, 1992 तथा कार्यालय ज्ञापन संख्या 20034/53/1993—राभा (आ. वि.), 28 मई, 1993 के अंतर्गत केंद्र सरकार एवं उसके अधीनस्थ संगठनों में वर्ष में एक बार अखिल भारतीय स्तर राजभाषा सम्मेलन आयोजित करना अनिवार्य कर दिया गया है। संसदीय राजभाषा समिति की निरीक्षण प्रश्नावली में इस मद को शामिल किया गया है।

प्रधान कार्यालय का दायित्व

प्रधान कार्यालय के राजभाषा विभाग का दायित्व बनता है कि वह अपनी संस्था में कार्यरत राजभाषा अधिकारियों के लिए वार्षिक आधार पर राजभाषा अधिकारी सम्मेलन की व्यवस्था करे।

प्रक्रिया

कार्यालय नोट प्रस्तुत करना :

- राजभाषा विभाग के प्रभारी अधिकारी को चाहिए कि वे राजभाषा सम्मेलन के आयोजन संबंधी प्रस्ताव से विभाग के उच्चतम कार्यपालक को मौखिक रूप से अवगत कराएँ (आवश्यकता, प्रस्तावित अवधि, आयोजन स्थल, मुख्य अतिथि, वक्ता इत्यादि)। विभाग के उच्चतम कार्यपालक के जरिये या उनकी अनुमति से स्वयं संस्था के प्रधान को इस प्रस्ताव से मौखिक रूप से अवगत कराने का प्रयास किया जा सकता है। इस प्रक्रिया में राजभाषा विभाग के प्रभारी को प्रोटोकॉल का पालन करना जरूरी है। किसी कारणवश संस्था के प्रधान से अग्रिम रूप से मौखिक चर्चा करने का अवसर न मिलने पर भी या चर्चा करने पर भी आंतरिक प्रशासनिक प्रक्रिया के अनुरूप उन्हें उचित माध्यम द्वारा कार्यालय टिप्पणी प्रस्तुत करनी होगी।
- कहीं-कहीं पाया जाता है कि संस्था के प्रधान की अध्यक्षता में आयोजित प्रधान कार्यालय स्तर राजभाषा कार्यान्वयन समिति की बैठक में सम्मेलन के प्रस्तावित आयोजन पर चर्चा की जाती है। लेकिन यह वार्षिक आयोजन होने के कारण किसी भी बैठक में इसके आयोजन संबंधी पूर्व चर्चा करने की आवश्यकता नहीं होगी। कार्यालय टिप्पणी प्रस्तुत करना पर्याप्त होगा।
- कार्यालय नोट के अंतर्गत सम्मेलन के उद्घाटन सत्र में संस्था के प्रधान एवं राजभाषा से जुड़े वरिष्ठतम कार्यपालक की उपस्थिति प्रार्थित हो।

सभी राजभाषा अधिकारियों के लिए आयोजित वार्षिक सम्मेलन होने के कारण, गृह मंत्रालय, राजभाषा विभाग, नई दिल्ली या संबंधित क्षेत्रीय कार्यान्वयन कार्यालय या अपने संगठन से संबंधित मंत्रालय के राजभाषा विभाग या केंद्रीय हिंदी प्रशिक्षण संस्थान, हिंदी शिक्षण योजना, केंद्रीय अनुवाद ब्यूरो, संसदीय राजभाषा समिति कार्यालय के किसी उच्च पदाधिकारी को मुख्य अतिथि या विशिष्ट अतिथि के रूप में आमंत्रित करने पर विचार किया जा सकता है। राजभाषा कार्यान्वयन संबंधी अनिवार्य अपेक्षाओं, परिवर्तनशील परिस्थितियों एवं नवीनतम दिशानिर्देशों से अवगत होने में इनसे पर्याप्त मार्गदर्शन मिल पाएगा। अन्यथा राजभाषा कार्यान्वयन से जुड़े अन्य नामी व्यक्तित्व को भी आमंत्रित किया जा सकता है। (यह कोई अनिवार्य आवश्यकता नहीं है। संगठन के निर्णय पर निर्भर होगा।)

मुख्य/विशिष्ट अतिथि के आमंत्रण संबंधी सूचना का उल्लेख भी कार्यालय नोट में हो।

- कार्यालय नोट में वार्षिक सम्मेलन के आयोजन की आवश्यकता, सरकारी दिशानिर्देशों एवं इस संबंधी आंतरिक दिशानिर्देशों का स्पष्ट उल्लेख हो।
- अखिल भारतीय सम्मेलन होने के कारण न्यूनतम दो दिवसीय आयोजन हो। [इस प्रकार के कोई दिशानिर्देश नहीं होने पर भी आशय की पूर्ति हेतु कम से कम दो दिवसीय आयोजन हो।]

- आंतरिक सुविधा के अनुसार संगठन के नैगम प्रशिक्षण केंद्र/अन्य प्रशिक्षण केंद्र या कार्यालय के सम्मेलन कक्ष में आयोजन की व्यवस्था की जा सकती है। प्रशासन के इच्छानुसार होटल या अन्य जगहों पर भी आयोजन होता रहता है। आवर्तन के आधार पर 'क', 'ख', 'ग' क्षेत्र स्थित किसी एक शहर में सम्मेलन आयोजित करने पर भी विचार किया जा सकता है।
- सम्मेलन के लिए उपलब्ध वार्षिक बजट के आधार पर अनुमानित व्यय की मदवार जानकारी प्रस्तुत करनी होगी, यथा : अतिथि मेमेंटो, शॉल, बुके व पुस्तक, बैनर, स्वागत स्टैंडी, शील्ड, पुरस्कार, प्रमाणपत्र, अतिथि संकाय मानदेय, प्रकाशन, पेन-फोल्डर, जलपान, भोजन इत्यादि। यदि होटल या अन्य जगह आयोजन होने पर उपर्युक्त के अतिरिक्त सम्मेलन कक्ष किराया (भोजन, जलपान, पीपीटी सहित) व्यय को जोड़ना होगा।
- यदि वार्षिक बजट का पूर्व आबंटन न होने की स्थिति में अनुमानित व्यय का अनुमोदन प्राप्त करना होगा।
- सम्मेलन के सत्रों का संक्षिप्त उल्लेख हो। यथा : कार्य निष्पादन की समीक्षा, सरकार के अद्यतन राजभाषायी दिशानिर्देश, उच्चस्तरीय राजभाषायी निरीक्षण, नगर राजभाषा कार्यान्वयन समितियाँ, हिंदी और तकनीक, नवीनतम हिंदी सॉफ्टवेयर टूल्स, विपणन में हिंदी, पुरस्कार योजनाएँ, ग्राहक सेवा में हिंदी, आंतरिक पोर्टल और हिंदी, व्यावहारिक हिंदी अनुवाद, आंतरिक राजभाषा कार्य योजना, राजभाषा नवोन्मेषिता, सलाह-सुझाव इत्यादि।

[कार्यक्रम का अंतिम रूप देते समय आवश्यकतानुसार प्रस्तावित सत्र संबंधी विषयों में परिवर्तन किया जा सकता है।]

- पुरस्कार एवं सम्मान, यथा : उत्तम राजभाषा अधिकारी सम्मान या अन्य विशेष योजनाओं संबंधी पुरस्कार (कार्यरत अधिकारी के अतिरिक्त अपने संगठन के सेवानिवृत्त एक उत्तम राजभाषा अधिकारी को भी सम्मानित किया जा सकता है।)। कार्यालय नोट में इसका उल्लेख हो। यह प्रथा प्रचलित न होने पर प्रारंभ करने की पहल की जा सकती है।
- काव्य संध्या या सांस्कृतिक संध्या का प्रस्ताव भी रखा जा सकता है।
- सहायक साहित्य/पुस्तक/पत्रिका का विमोचन होने पर उसका उल्लेख हो।

नोट : सम्मेलन की तारीखें सुझाने के पूर्व संस्था के प्रधान/सक्षम प्राधिकारी के सचिवालय या निजी सचिव से तत् तारीखों में उनकी उपलब्धता का पता करना होगा। इसी प्रकार मुख्य/विशिष्ट अतिथि की उपलब्धता भी पता करना होगा।

- संगठन के अपने प्रशिक्षण केंद्र या किसी सम्मेलन कक्ष में आयोजन होने पर कार्यालय नोट प्रस्तुत करने के पूर्व ही जगह की उपलब्धता के संबंध में संबंधितों से लिखित अनुमति प्राप्त कर कार्यालय नोट में उसका उल्लेख करना होगा। कार्यालय नोट के साथ लिखित अनुमति पत्र की प्रति भी संलग्न की जा सकती है।

- प्रशिक्षण केंद्र आवासीय होने पर राजभाषा अधिकारियों की सहभागिता को ध्यान में रखते हुए उनके लिए आवास व्यवस्था का अनुरोध कर लिखित जवाबी सूचना प्राप्त करनी होगी। इसका उल्लेख भी कार्यालय नोट में करना होगा।
- किसी संगठन द्वारा विशेष मामले के रूप में राजभाषा अधिकारियों के अतिरिक्त राजभाषा लिपिकों को भी आधिकारिक रूप से आमंत्रित किये जाने के संदर्भ में 'वार्षिक राजभाषा अधिकारी सम्मेलन' शीर्षक के बजाय 'वार्षिक राजभाषा सम्मेलन' शीर्षक देना होगा। संयुक्त सहभागिता का उल्लेख भी कार्यालय नोट में हो।
- कार्यक्रम आयोजन के कम से कम दो माह पूर्व कार्यालय नोट पर सक्षम प्राधिकारी का अनुमोदन प्राप्त करने पर भावी कार्रवाई में सुविधा होगी।
- दिसंबर तिमाही के दौरान सम्मेलन का आयोजन होना बेहतर होगा। इससे जून और सितंबर तिमाही (गत छमाही) के राजभाषा निष्पादन की कार्यालयवार/क्षेत्रवार समीक्षा की जाने के अतिरिक्त वित्तीय वर्षांत में संपन्न किये जाने वाले भावी कार्य पर भी सार्थक विचार-विमर्श किया जा सकेगा।
- मार्च माह में सम्मेलन आयोजित करने पर विचार न करें। आकस्मिक/अनिवार्य परिस्थितियों में कार्यक्रम को स्थगित करने की स्थिति उत्पन्न होने पर नियमों का अनुपालन सुनिश्चित करना संभव नहीं हो पाएगा; अर्थात् वित्तीय वर्ष के दौरान इस गतिविधि को संपन्न कराने से वंचित हो जाएँगे।
- किसी कारणवश सक्षम प्राधिकारी द्वारा प्रस्ताव मना किये जाने के संदर्भ में संसदीय राजभाषा समिति एवं अन्य उच्च स्तरीय निरीक्षण में सामना की जाने वाली कठिनाइयाँ, संसदीय राजभाषा समिति की आलेख एवं साक्ष्य उप समिति की मौखिक सामूहिक चर्चा में संस्था की छवि गिर जाना, गृह मंत्रालय की वार्षिक राजभाषा शील्ड निष्पादन रिपोर्टों के मूल्यांकन में अंक घट जाना, ज्ञानार्जन से राजभाषा अधिकारी वंचित हो जाना इत्यादि कारणों से अवगत कराते हुए सक्षम प्राधिकारी को कार्यालय नोट पुन: प्रस्तुत करना होगा। आयोजन की अनिवार्यता से सक्षम प्राधिकारी को मौखिक रूप से अवगत कराने का प्रयास भी करना होगा।

अनुमोदनोपरांत कार्रवाई

- अनुमोदित कार्यालय टिप्पणी के आधार पर सम्मेलन के उद्घाटन सत्र में या अन्य अवसरों पर उपस्थित होने वाले उच्च कार्यपालकों के सचिवालय/निजी सचिव की डायरी में विषय/तारीख/समय नोट कराना होगा। इससे उन्हें अपने कार्यपालक को याद दिलाने में सुविधा होगी। देखना होगा कि संबंधित कार्यपालक के केबिन में प्रदर्शित कार्यक्रम बोर्ड में भी इसका अंकन हो।
- होटल या अन्य बाहरी जगह कार्यक्रम आयोजित करने के संदर्भ में अनुमोदित एवं उपलब्ध बजट के आधार पर सुविधाजनक उम्दा होटल के सम्मेलन कक्ष

या अन्य स्थल को तत्काल तय करना होगा। इससे सम्मेलन संबंधी परिपत्र में आयोजन स्थल का ब्योरा देने में सुविधा होगी। यदि आयोजन स्थल तय होने में समय लग जाने के संदर्भ में परिपत्र को रोक रखने के बजाय सभी संबंधितों को इसकी सूचना पृथक् से देनी होगी।

- सम्मेलन के आयोजन संबंधी स्पष्ट ब्योरा, दिशानिर्देश, अपेक्षित जानकारी देते हुए सक्षम प्राधिकारी के हस्ताक्षर से सभी संबंधित कार्यालयों के राजभाषा अनुभागों को पर्याप्त समय पूर्व परिपत्र/पत्र जारी करना होगा। परिपत्र/पत्र में निम्न विषयों के स्पष्ट उल्लेख पर ध्यान देना होगा :
  * तारीख, दिन, समय सहित आयोजन स्थल का पूर्ण पता, फोन नंबर, संपर्क सूत्र का ब्योरा, राजभाषा विभाग के संपर्क अधिकारी का विवरण।
  * नियत तारीख के भीतर कार्यालय प्रधान/सक्षम प्राधिकारी के हस्ताक्षरयुक्त राजभाषा अधिकारी की सहभागिता संबंधी पुष्टि।
  * क्षेत्र/अंचल/सर्किल कार्यालयवार निष्पादन की समीक्षा करने हेतु पृथक् फार्मेट में पर्याप्त समय पूर्व समीक्षा अवधि संबंधी सूचना प्राप्त करनी होगी (1 अप्रैल से आयोजन तिमाही की पूर्व तिमाही या माह तक। उदाहरण के लिए दिसंबर माह में सम्मेलन का आयोजन होने पर 1 अप्रैल से 30 सितंबर तक या 1 अप्रैल से 30 नवंबर तक)। तिमाही हिंदी प्रगति रिपोर्ट, गृह मंत्रालय के वार्षिक कार्यक्रम, संस्था की आंतरिक वार्षिक राजभाषा कार्य योजना, राजभाषा संबंधी अन्य दिशानिर्देशों के आधार पर मुख्य बिंदुओं को शामिल करते हुए पृथक् फार्मेट बनाना होगा। (समीक्षा हेतु फार्मेट में सूचना प्राप्त करने की प्रक्रिया नहीं अपनाने की स्थिति में प्रधान कार्यालय में उपलब्ध नवीनतम हिंदी प्रगति रिपोर्टों/ निष्पादन रिपोर्टों के आधार पर समीक्षा रिपोर्ट बनाई जा सकती है।)
  * अपने कार्य क्षेत्र में राजभाषा कार्यान्वयन संबंधी विशेष कार्य/उपलब्धियों/ कमियों को शामिल करते हुए बुलेट बिंदुओं के रूप में सम्मेलन में पीपीटी (संक्षेप में) प्रस्तुत करने के लिए राजभाषा अधिकारियों को सूचित किया जा सकता है। (उपलब्ध समय एवं संस्था की आंतरिक परंपरा के अनुसार निर्णय लिया जा सकता है।)
  * राजभाषा के कार्यान्वयन में अपने कार्य क्षेत्र में सामना की जाने वाली दिक्कतें और उनके निराकरण संबंधी निर्णयात्मक सुझाव चर्चा हेतु प्राप्त किये जा सकते हैं। इनके अतिरिक्त राजभाषा अधिकारियों के राजभाषा कार्यान्वयन संबंधी नवोन्मेषी सुझाव प्राप्त किये जा सकते हैं।
  * सम्मेलन के अवसर पर राजभाषा प्रदर्शनी की व्यवस्था करने की स्थिति में राजभाषा अधिकारियों से अपने कार्य क्षेत्र के उल्लेखनीय प्रकाशन/मुद्रण (क्षेत्रीय भाषा/द्विभाषा/त्रिभाषा), पत्र-पत्रिकाओं में प्रकाशित सूचनाओं के कतरन, दृश्य-श्रव्य सामग्री इत्यादि मंगवाई जा सकती हैं।

* सम्मेलन में किसी प्रोत्साहन योजना से संबंधित पुरस्कार (उत्तम राजभाषा अधिकारी, उत्तम राजभाषा निष्पादक आदि) प्रदान करने की पद्धति होने पर परिपत्र में उल्लेख किया जा सकता है।
* सम्मेलन में भाग लेने हेतु राजभाषा अधिकारियों को प्रतिनियुक्त करने में कोई चूक न हो। इस संबंधी सख्त निर्देशों का उल्लेख हो।

- सहमत मुख्य अतिथि/विशिष्ट अतिथि/अतिथि संकाय को पर्याप्त समय पूर्व कार्यक्रम का स्पष्ट विवरण, व्याख्यान विषय, आबंटित समय इत्यादि जानकारीयुक्त लिखित निमंत्रण पत्र (सक्षम प्राधिकारी के हस्ताक्षर से) पहुँचाना होगा।
- सत्रवार कार्यक्रम सूची का सक्षम प्राधिकारी से अनुमोदन प्राप्त कर आमंत्रित उच्च कार्यपालकों/अतिथियों/राजभाषा अधिकारियों को उसे अग्रिम रूप से उपलब्ध कराने का प्रयास करना होगा।
- सम्मेलन में कुछेक राजभाषा अधिकारियों को राजभाषा से जुड़े महत्त्वपूर्ण विषयों पर संक्षेप में पीपीटी द्वारा आलेख प्रस्तुत करने का अवसर दिये जाने के संदर्भ में चयनित विषय शीर्षक एवं प्रस्तुति संबंधी शर्तों (पीपीटी प्रस्तुति, समय सीमा आदि) से पृथक् पत्र के जरिये पर्याप्त समय पूर्व सूचित करते हुए पुष्टि प्राप्त करनी होगी। निर्धारित समय के अंदर आलेख संबंधी पीपीटी एवं आलेख की टंकित प्रति राजभाषा विभाग को पहुँचाने के लिए कहना होगा। इससे राजभाषा विभाग द्वारा उसे पढ़ा जा सकता है और अनिवार्य होने पर संशोधित करने की सलाह दी जा सकती है। इसके अतिरिक्त सहभागियों को उपलब्ध कराने के लिए आलेख की पर्याप्त प्रतियाँ जेरॉक्स कराकर रखी जा सकती हैं। अन्यथा अनुमोदित आलेख की पर्याप्त प्रतियाँ साथ लाने के लिए प्रस्तुतकर्ता को ही सूचित किया जा सकता है।
- टीम पद्धति को अपनाते हुए राजभाषा अधिकारियों से कार्यान्वयन संबंधी महत्त्वपूर्ण विषयों पर अग्रिम रूप से सुझाव प्राप्त किये जा सकते हैं। यथा : 'रिपोर्टिंग प्रणाली, निरीक्षण, आंतरिक कामकाज में हिंदी का प्रयोग, कार्यशालाओं का आयोजन, प्रोत्साहन योजनाएँ, अनुवाद कार्य, टॉलिक की गतिविधियों में निष्पादन, प्रचार-प्रसार और विपणन में हिंदी, पुस्तकालय, मूल पत्राचार, सामान्य कार्य स्वरूप की बैठकों में हिंदी, एचआरएमएस में हिंदी, नवीनतम हिंदी सॉफ्टवेयर का प्रयोग, राजभाषा कार्यान्वयन की चुनौतियाँ' इत्यादि विषयों का चयन कर अलग-अलग विषयों के लिए चार-पांच राजभाषा अधिकारियों की एक टीम बनाई जा सकती है। टीम के वरिष्ठ राजभाषा अधिकारी को टीम लीडर की जिम्मेदारी सौंपकर अपेक्षित उद्देश्य की पूर्ति के लिए समन्वय करने की सलाह दी जा सकती है। आबंटित विषय पर टीम लीडर द्वारा टीम के सदस्यों से उत्तम निष्पादन संबंधी सुझाव एकत्रित कर प्रधान कार्यालय के राजभाषा विभाग को प्रेषित करने के लिए सूचित करना होगा। इससे राजभाषा विभाग द्वारा सभी संबंधित टीमों से प्राप्त विषयवार

जानकारी की समेकित सूची तैयार कर सम्मेलन में प्रस्तुत की जा सकती है। अन्यथा संबंधित टीम लीडर को ही आबंटित विषय संबंधी सुझावों को सम्मेलन में पेश करने के लिए कहा जा सकता है। पृथक् पत्र के जरिये इस प्रक्रिया के आशय से सभी संबंधितों को सूचित करना होगा।

राजभाषा विभाग के स्तर पर आयोजन संबंधी पूर्व तैयारी

- डेस्क कार्य एवं अन्य व्यवस्थाओं संबंधी चेकलिस्ट पहले तैयार करनी होगी।
- उपलब्ध समय एवं प्राथमिकता के आधार पर राजभाषा विभाग के स्टाफ सदस्यों को अपनी कार्यकुशलता के आधार पर काम का आबंटन करना होगा। समय पर कार्य संपन्न कराने में विभाग के कर्मचारियों की संख्या अपर्याप्त होने पर अन्य कार्यालयों में कार्यरत अपने राजभाषा स्टाफ को अपेक्षित कार्य सौंपने का प्रयास करना होगा। हिंदी टंकण एवं अन्य भौतिक व्यवस्थाओं में प्रधान कार्यालय के अन्य विभागों के हिंदी ज्ञान रखने वाले कर्मचारियों की मदद प्राप्त करने का भी प्रयास किया जा सकता है।

  कार्यों का विभाजन इस प्रकार किया जा सकता है : 1. डेस्क कार्य, 2. संपर्क कार्य, 3. खरीददारी, 4. अन्य व्यवस्थाएँ।

1. डेस्क कार्य

- संबंधित कार्यालयों/राजभाषा अधिकारियों/अतिथियों/अतिथि संकायों के साथ पत्र व्यवहार।
- समीक्षा रिपोर्ट तैयार करना। (पीपीटी)
- संस्था में राजभाषा कार्यान्वयन संबंधी विशेष गतिविधियों/उपलब्धियों की संक्षिप्त पीपीटी (यदि आवश्यक समझे जाने पर उद्घाटन सत्र में प्रस्तुत करने हेतु)।
- चयनित आलेख प्रस्तुतकर्ताओं को उचित मार्गदर्शन के साथ विषयों का आबंटन।
- फुटकर अग्रिम लिये जाने संबंधी कार्रवाई (अनुमोदित कार्यालय नोट के आधार पर आंतरिक प्रक्रिया के अनुसार)।
- आलेखों का संग्रहण एवं उनकी पर्याप्त प्रतियाँ तैयार रखना।
- मानदेय संबंधी रसीद बनाए रखना (बैंक खाते में मानदेय की रकम जमा नहीं कर पाने की स्थिति में)।
- कार्यक्रम सूची तैयार करना।
- कार्यक्रम में भाग लेने वाले अपनी संस्था के मंचासीन उच्च पदाधिकारियों के मार्गदर्शन हेतु संदेश तैयार कर पर्याप्त समय पर उन्हें उपलब्ध कराना।
- आवश्यकतानुसार स्वागत भाषण एवं धन्यवाद ज्ञापन का मसौदा भी तैयार करना।
- पुरस्कारों की सूची एवं श्रेष्ठता/प्रशस्ति प्रमाणपत्रों की तैयारी।
- राजभाषा कार्यान्वयन से संबंधित सहायक सामग्री का प्रकाशन/मुद्रण। (यदि कोई हो)

- राजभाषा गृह पत्रिका/बुलेटिन का प्रकाशन कार्य।
- प्रतिभागियों को उपलब्ध कराई जाने वाली सहायक सामग्री (प्रमुख सरकारी मार्गदर्शन, परिपत्र इत्यादि)।
- अन्य कोई कागजी कार्य।

2. संपर्क कार्य

- आमंत्रित मुख्य/विशिष्ट अतिथियों/अतिथि संकायों/वक्ताओं के साथ संपर्क बनाए रखना। (राजभाषा विभाग के प्रभारी व प्रभारी उच्च कार्यपालक द्वारा जैसी भी स्थिति हो।)
- फोटो/वीडियोग्राफर, सम्मेलन कक्ष प्रबंधन (मंच व्यवस्था, सजावट, माइक, बिजली, पानी इत्यादि की व्यवस्था हेतु), जलपान वेंडर आदि से संपर्क बनाए रखना।
- प्रतिभागियों की आवासीय व्यवस्था संबंधी संपर्क सूत्र।
- होटल/बाहरी व्यवस्था होने पर उनके प्रबंधन/संपर्क अधिकारी के साथ संपर्क बनाए रखना।
- राजभाषा अधिकारियों के, कार्यक्रम संबंधी शंकाओं के निदान हेतु संपर्क सूत्र।

3. खरीददारी

- अतिथि मेमेंटो। (संस्था में उपलब्ध समुचित मेमेंटो प्रदान किये जाने पर भी विचार किया जा सकता है। आमंत्रितों की हैसियत पर ध्यान रखना होगा।)
- प्रोत्साहन योजनाओं संबंधी शील्ड/मेमेंटो आदि।
- मुख्य/विशिष्ट अतिथियों के लिए बुके/पुस्तकें/शॉल, पारंपरिक स्वागत योग्य अन्य कोई पहनावा वस्तुएँ (पगड़ी आदि)।
- पेन/फोल्डर/सम्मेलन बैग (आंतरिक निर्णय के अनुसार)।
- आवश्यकतानुसार अन्य कोई अतिरिक्त मेमेंटो/पुरस्कार।

4. अन्य व्यवस्थाएँ

- राजभाषा प्रदर्शनी। (आंतरिक निर्णय पर निर्भर है)
- मुख्य अतिथि/विशिष्ट आमंत्रितों (संस्थेतर) के लिए यातायात की व्यवस्था।
- जलपान, भोजन की व्यवस्था।
- डिजिटल बैनर/स्वागत स्टैंडी इत्यादि की व्यवस्था।
- बुके/शॉल/मेमेंटो/पुरस्कार पहुँचाने हेतु सुंदर ट्रे की व्यवस्था। (मंच पर)
- पुरस्कार/मेमेंटो/प्रशस्ति पत्र इत्यादि को मंच स्थल पर पृथक् टेबुल पर रखने की व्यवस्था।
- दीप प्रज्वलन हेतु दिया एवं संबंधित सामग्री की व्यवस्था।
- प्रार्थना गीत की व्यवस्था।
- उम्दा लघु सांस्कृतिक कार्यक्रम/काव्य गोष्ठी की व्यवस्था। (अनिवार्य नहीं)

- अगले राजभाषा सम्मेलन के पूर्व सेवानिवृत्त होने वाले राजभाषा अधिकारियों को सम्मानित करने की व्यवस्था (बुके/शॉल/मेमेंटो/प्रशस्ति पत्र इत्यादि)।
- आंतरिक निर्णयानुसार उत्तम राजभाषा अधिकारियों को सम्मानित करने की व्यवस्था (शॉल/मेमेंटो/प्रशस्ति पत्र इत्यादि)।
- अपनी संस्था के सेवानिवृत्त वरिष्ठ प्रतिबद्ध व नामी राजभाषा अधिकारियों को (वर्ष में एक अधिकारी) सम्मानित करने की व्यवस्था। यह आंतरिक निर्णय पर निर्भर है। (शॉल/बुके/मेमेंटो/प्रशस्ति पत्र एवं यातायात की व्यवस्था।)

नोट : राजभाषा स्टाफ सदस्यों एवं आवश्यकतानुसार हिंदी जानने वाले अन्य कुछेक स्टाफ सदस्यों को विभिन्न कार्यों का स्पष्ट आबंटन हो। (यथा : मंच संचालन, सत्र संचालन, स्वागत भाषण, धन्यवाद ज्ञापन, प्रार्थना, शॉल/बुके/मेमेंटो/पुरस्कार कौन प्रदान करेंगे, ट्रे में उन्हें कौन देंगे, आवश्यक सामग्री कौन खरीद कर लाएँगे, पीपीटी/रिपोर्ट इत्यादि कौन तैयार करेंगे, अतिथियों के लिए प्रोटोकॉल ड्यूटी कौन करेंगे, बैनर/प्रदर्शनी कार्य कौन संभालेंगे आदि-आदि।)

- अतिथियों को प्रदान किये गए बुके, शॉल, मेमेंटो इत्यादि को एक थैली में रखकर वाहन तक पहुँचाने पर ध्यान देना होगा। (अतिथि को सामग्री स्वयं पकड़ कर ले जाने की नौबत न आए।)
- सम्मेलन स्थल पर परिचर की पूर्ण दिवसीय उपस्थिति सुनिश्चित करने पर ध्यान देना होगा।

अन्य सावधानियाँ

- प्रारंभिक दिन ही उद्घाटन सत्र के पूर्व, प्रतिभागियों का औपचारिक पंजीकरण कार्य संपन्न हो।
- पुरस्कार वितरण, सम्मान, समग्र राजभाषा कार्यान्वयन संबंधी पीपीटी की संक्षिप्त प्रस्तुति इत्यादि उद्घाटन सत्र में ही संपन्न कराना प्रेरणाप्रद होगा।
- उद्घाटन सत्र के तुरंत पश्चात् अतिथियों के साथ ग्रुप फोटो लेने हेतु अग्रिम व्यवस्था करनी होगी।
- महत्त्वपूर्ण सत्रों के संचालन के समय राजभाषा कार्यान्वयन से जुड़े उच्च कार्यपालकों को सत्राध्यक्ष के रूप में आमंत्रित करना प्रयोजनप्रद होगा। यथा : राजभाषा विभाग के प्रभारी महाप्रबंधक की अध्यक्षता में राजभाषा कार्यान्वयन की कार्यालयवार समीक्षा हो। सलाह/सुझाव सत्र एवं समापन सत्र भी इनकी ही उपस्थिति में हों। राजभाषा विभाग के तत्काल प्रभारी की मौजूदगी में अन्य सत्र संचालित किये जा सकते हैं।
- सुविधानुसार व्यक्तित्व विकास संबंधी एक सत्र की व्यवस्था करना लाभदायक होगा, यथा : समय प्रबंधन, निर्णय शक्ति, अंतर वैयक्तिक संबंध, प्रभावी संप्रेषण इत्यादि।
- समय पालन, प्रेरक सहभागिता, अनुशासन पर पूर्ण ध्यान देना होगा।
- विचार-विमर्श संबंधी महत्त्वपूर्ण सूचनाओं/सुझावों/निर्णयों का अभिलेखन हो।

राजभाषा अधिकारियों की अनिवार्य उपस्थिति सुनिश्चित करना

- आकस्मिक गंभीर अस्वस्थता (स्वयं/परिवार के सदस्य), महिला कर्मियों के संदर्भ में प्रसूति छुट्टी, सार्वजनिक चुनाव संबंधी ड्यूटी आबंटन के संदर्भ में राजभाषा विभाग द्वारा छूट दी जानी होगी।
- आंतरिक आकस्मिक कार्य आबंटनों के संदर्भ में किसी भी हालत में छूट नहीं देनी होगी, यथा : बोर्ड मीटिंग, विपणन अभियान, उच्चतम पदाधिकारियों का कार्यालय संदर्शन इत्यादि।
- अति विशेष मामलों में सम्मेलन में भाग लेने से छूट देने का अधिकार प्रधान कार्यालय के राजभाषा विभाग को होगा। सम्मेलन संबंधी परिपत्र में इस आशय की सूचना देनी होगी।
- यह देखना होगा कि सम्मेलन में भाग लेने से छूट प्राप्त अधिकारी सम्मेलन के दौरान अपने कार्यालय में ड्यूटी पर तो नहीं है? तत्संदर्भों में स्पष्टीकरण मांगते हुए अनुशासनात्मक कार्रवाई करनी होगी। (कारण बेमेल होने पर)

सम्मेलनोपरांत कार्रवाई

- सम्मेलन से संबंधित संक्षिप्त रिपोर्ट को (फोटो सहित) प्रमुख दैनिक समाचार पत्रों में प्रकाशनार्थ बिना विलंब प्रेषित करना होगा। (लंबा कार्यक्रम होने पर उद्घाटन सत्र संबंधी समाचार दैनिक समाचार पत्रों को तत्काल प्रेषित करने की चेष्टा की जा सकती है।)
- कार्यालय परिसर के फोटो डिस्प्ले बोर्ड में कुछ दिनों के लिए कार्यक्रम की प्रमुख तस्वीरों का प्रदर्शन किया जा सकता है।
- कार्यक्रम समय सारणी आधारित सभी महत्त्वपूर्ण विषयों (चर्चित विषय/लिये गए निर्णय) को शामिल करते हुए कार्यवृत तैयार कर उचित माध्यम द्वारा सक्षम प्राधिकारी के अवलोकनार्थ एवं अनुमोदनार्थ प्रस्तुत करना होगा। (कार्यालय टिप्पणी के रूप में)
- सक्षम प्राधिकारी के अनुमोदन के आधार पर राजभाषा विभाग के तत्काल प्रभारी (कार्यपालक श्रेणी) या विभाग के उच्चतम प्रभारी कार्यपालक के हस्ताक्षर से अपने सभी संबंधित कार्यालयों को उचित दिशानिर्देशों के साथ कार्यवृत्त जारी करना होगा।
- इसके अतिरिक्त सम्मेलन में लिये गए कुछेक महत्त्वपूर्ण निर्णयों के अनुपालनार्थ संस्था के सभी कार्यालयों/शाखा कार्यालयों/इकाइयों को अवगत कराने की आवश्यकता होने पर परिपत्र जारी करना होगा।
- सम्मेलन के आयोजनार्थ मदवार कृत व्यय के ब्योरे से सक्षम प्राधिकारी को अवगत कराते हुए उनका अनुमोदन प्राप्त कर फुटकर अग्रिम बंद करना होगा। (व्ययवार बिल संलग्न करने होंगे।)
- सम्मेलन की संक्षिप्त रिपोर्ट (तस्वीर सहित) गृह मंत्रालय के राजभाषा विभाग, नई दिल्ली, क्षेत्रीय कार्यान्वयन कार्यालय के राजभाषा विभाग, संस्था से

संबंधित मंत्रालय के राजभाषा विभाग तथा नगर राजभाषा समिति के संयोजक कार्यालय को सूचनार्थ प्रेषित करनी होगी।

- तस्वीर सहित संक्षिप्त रिपोर्ट को अपनी संस्था के गृह पत्रिकाओं/बुलेटिनों में प्रकाशित कराने के अतिरिक्त टॉलिक पत्रिका सहित अन्य प्रमुख हिंदी पत्रिकाओं में प्रकाशनार्थ भेजना होगा।
- संस्था की वेबसाइट में (पूर्व अनुमति से) तथा आंतरिक राजभाषा पोर्टल में भी इसका प्रदर्शन हो।
- आमंत्रित अतिथियों को अपनी तस्वीर की एक प्रति पहुँचाने का प्रयास करना होगा।
- सम्मेलन की रोचक तस्वीरों को राजभाषा विभाग के एल्बम में सुरक्षित करना होगा।
- अपेक्षित कार्रवाई मदों पर अनुपालन सुनिश्चित करते हुए कृत कार्रवाई से कार्यालय टिप्पणी के माध्यम से सक्षम प्राधिकारी को अवगत कराना होगा।
- सम्मेलन के दौरान पारित नवोन्मेषी संकल्पों/निर्णयों को वार्षिक आंतरिक राजभाषा कार्य योजना में शामिल करने की पहल करनी होगी।

राजभाषा अधिकारियों का दायित्व

- राजभाषा कार्यान्वयन संबंधी महत्त्वपूर्ण आयोजन होने के कारण इस सम्मेलन में हर वर्ष बिना चूक भाग लेना होगा।
- प्रधान कार्यालय द्वारा अपेक्षित प्रगति रिपोर्टों का ससमय प्रेषण सुनिश्चित करना होगा।
- सम्मेलन में हर राजभाषा अधिकारी की अनुशासन आधारित सक्रिय सहभागिता हो।
- प्रधान कार्यालय से प्राप्त सम्मेलन संबंधी कार्यवृत्त के आधार पर अपेक्षित मदों का समय पर कार्यान्वयन सुनिश्चित करना होगा।

प्रधान कार्यालय के राजभाषा विभाग की समग्र जिम्मेदारी

- सम्मेलन का आयोजन सफल होना या विफल होना राजभाषा विभाग के तत्काल प्रभारी एवं अन्य स्टाफ सदस्यों के प्रयासों पर निर्भर होता है। कार्यक्रम के सार्थक आयोजन में विभाग प्रभारी के कर्मठ प्रयास एवं आत्मीय पर्यवेक्षण मददगार साबित होंगे।

अंतरसंगठनीय राजभाषा संगोष्ठियों का आयोजन

परिचय

अतिरिक्त अभिप्रेरक गतिविधि के रूप में अंतरसंगठनीय (inter) राजभाषा संगोष्ठी आयोजित करने की पहल की जा सकती है। आंतरिक वार्षिक राजभाषा संगोष्ठी/सम्मेलन की तरह यह अनिवार्य गतिविधि नहीं है। लेकिन राजभाषा हिंदी का प्रचार-प्रसार बढ़ाने के उद्देश्य से स्व संगठन ही नहीं, अन्य संगठनों के कर्मचारियों को सहभागी बनने का अवसर देकर प्रोत्साहित करने के लिए, राष्ट्रीय स्तर पर अपने संगठन की छवि बढ़ाने के लिए, दूसरों के लिए रोलमॉडल बनने के लिए कतिपय संगठनों द्वारा इस प्रकार के राष्ट्र स्तरीय कार्यक्रमों का आयोजन किया जाता है।

कर्मचारियों में मौलिक लेखन एवं भाषण कला जागृत करने की यह एक उत्तम स्वैच्छिक गतिविधि है। संसदीय राजभाषा समिति के निरीक्षणों के दौरान या उच्च स्तरीय राजभाषा निरीक्षणों के दौरान या संगठन से संबंधित मंत्रालय के राजभाषा विभाग द्वारा आयोजित राजभाषा समीक्षा बैठकों के दौरान इस प्रकार के आयोजनों का उत्तरदायित्व सौंपे जाने पर उन्हें संपन्न कर अनुपालन सुनिश्चित करना अनिवार्य हो जाता है। टॉलिक के तत्त्वावधान में भी इस प्रकार के कार्यक्रमों का आयोजन करने के प्रयास किये जाते हैं।

स।मान्यत: प्रधान कार्यालय की त्रैमासिक राजभाषा कार्यान्वयन समिति की बैठकों में अंतरसंगठनीय राजभाषा संगोष्ठी के आयोजन संबंधी प्रस्ताव रखकर समिति की सहमति और सुझाव प्राप्त करना राजभाषा विभाग के लिए सुविधाजनक होगा। अन्यथा विस्तृत ब्योरायुक्त कार्यालय टिप्पणी के जरिये संगठन के प्रधान के संज्ञान में लाकर उनका अनुमोदन प्राप्त करना होगा।

टॉलिक के तत्त्वावधान में इस प्रकार के आयोजन के संदर्भ में समिति की अर्द्धवार्षिक समीक्षा बैठकों में सहमति प्राप्त कर और कार्यवृत्त में अभिलेखित कर तदनुसार आगे बढ़ना होगा। समिति की अर्द्धवार्षिक बैठक में अनुमोदन प्राप्त किये बिना सदस्य सचिव द्वारा कार्यालय टिप्पणी में संगोष्ठी के आयोजन संबंधी प्रस्ताव रखते हुए समिति के अध्यक्ष का अनुमोदन प्राप्त करने की पहल नहीं की जानी होगी।

राष्ट्रीय स्तर प्रतिष्ठाजनक आयोजन होने के कारण सामान्यत: आयोजक संगठन के मुख्यालय के राजभाषा विभाग द्वारा आयोजन की जिम्मेदारी ली जाती है।

टॉलिक के तत्त्वावधान में आयोजित किये जाने पर संयोजक कार्यालय द्वारा या टॉलिक के किसी सदस्य कार्यालय आयोजित करने हेतु आगे आने पर उनके द्वारा आयोजन की जिम्मेदारी ली जाती है।

समसामयिक विषयों पर निम्न सूचित विभिन्न श्रेणियों के कर्मचारियों के लाभार्थ राजभाषा संगोष्ठियों का आयोजन किया जा सकता है :

- अधिकारी और लिपिक वर्ग के कर्मियों के लिए संयुक्त रूप से।
- केवल राजभाषा अधिकारियों के लिए।
- केवल राजभाषा कर्मियों के लिए (राजभाषा अधिकारियों और राजभाषा लिपिकों के लिए संयुक्त रूप से)।
- प्रशिक्षण केंद्रों के संकाय सदस्यों के लिए।
- सूचना प्रौद्योगिकी अधिकारियों के लिए।
- सुरक्षा अधिकारियों के लिए।
- तकनीकी अधिकारियों के लिए।
- ग्रामीण विकास अधिकारियों के लिए।
- विधि अधिकारियों के लिए।
- वैज्ञानिकों के लिए।
- विपणन अधिकारियों के लिए।
- जनसंपर्क अधिकारियों के लिए।
- कार्यालय प्रधानों के लिए।
- टॉलिक के सदस्य सचिवों के लिए।
- टॉलिक के अध्यक्षों के लिए।

या आयोजक संगठन की इच्छा के अनुसार किसी भी वर्ग के कर्मियों के लिए।

विषय चयन

- संगोष्ठी के विषय पर प्राप्त आलेखों में से चयनित उत्तम आलेखों का आयोजक संस्था द्वारा सामान्यतः पुस्तक आकार देने की चेष्टा की जाती है। अतः संगोष्ठी के लिए चयनित विषय समसामयिक, कर्मचारोपयोगी, समाजोपयोगी, ज्ञानवर्द्धक, रोचक और विवाद रहित हो।

उदाहरण के लिए : 'ग्रामीण विकास में केंद्र सरकार की नवीनतम पहल, कार्पोरेट सामाजिक उत्तरदायित्व को निभाने में सरकारी संगठनों का योगदान, देश के सामाजिक और आर्थिक विकास में सरकारी बैंक बनाम निजी बैंक, अनुशासन विकास का आधार-बिंदु है, नवीनतम तकनीकी सुविधाओं का सरल प्रयोग', आदि-आदि।

- विशेषज्ञ अधिकारियों के लिए आयोजित किये जाने पर उनके कार्य क्षेत्र से जुड़े विषय का चयन करना संदर्भोचित होगा। उदाहरण के लिए 'सुरक्षा-संस्था की रक्षा, ग्रामीण विकास-ग्रामीण विकास अधिकारी, परिसर अनुरक्षण में तकनीकी अनुरक्षण, सूचना प्रौद्योगिकी और भाषाएँ, संस्था के विकास में प्रशिक्षण केंद्रों की भूमिका, विपणन में राजभाषा, जनसंपर्क में राजभाषा, संस्था के विकास में कार्यालय प्रधान की भूमिका : भाषा प्रयोग के संदर्भ में, नगर राजभाषा कार्यान्वयन समितियों का सार्थक संचालन, नगर राजभाषा कार्यान्वयन समिति : सदस्य सचिव की सक्रियता, राष्ट्रीय एकता का वाहक

है राजभाषा अधिकारी, सूचना प्रौद्योगिकी की नवीनतम विधाएं—भाषा प्रयोग के संदर्भ में, अनुवाद के विविध पहलू, राजभाषायी निरीक्षण प्रणाली को सुदृढ़ कैसे बनाएँ', आदि-आदि।

उप विषयों का चयन

- चयनित मुख्य विषय के विविध पहलुओं पर व्यापक जानकारी प्राप्त करने हेतु न्यूनतम पांच या उससे अधिक उप विषयों का चयन करना होगा। इस प्रकार का कोई नियम तो नहीं है लेकिन इससे एक दिवसीय सेमिनार में आलेखों की प्रस्तुति में विविधता लाई जा सकती है। उप विषयों की संख्या अधिक होने पर पुस्तक प्रकाशन के लिए पर्याप्त सामग्री प्राप्त हो पाएगी। चयनित उप विषय मुख्य विषय से संगत हों।
- मुख्य विषय एवं उप विषयों के चयन में संगठन के विषय विशेषज्ञों का सहयोग प्राप्त करने का प्रयास करना होगा। इससे उत्तम विषयों का चयन सुलभतर होगा।

सहभागिता का दायरा

देश स्थित समस्त केंद्र सरकारी एवं अधीनस्थ संगठनों के आलेखकारों/प्रतिनिधियों को आमंत्रित कर कार्यक्रम संपन्न करना संभव नहीं हो पाएगा।

अत: निमंत्रण का दायरा प्रतिबंधित किया जा सकता है। आयोजन एवं आलेख प्राप्त करने का दायरा इस प्रकार तय किया जा सकता है :

- किसी केंद्र सरकारी संगठन द्वारा आयोजित किये जाने पर देश स्थित अपने मंत्रालय के समस्त केंद्र सरकारी संगठनों से आलेख प्राप्त किये जा सकते हैं।
- आयोजक संगठन केंद्र सरकार के अधीनस्थ संगठन होने पर देश स्थित अपने मंत्रालय के समस्त अधीनस्थ संगठनों से आलेख प्राप्त किये जा सकते हैं।
- रक्षा मंत्रालय से जुड़े संगठन होने पर मंत्रालय से जुड़े सभी कार्यालयों/इकाइयों (मिल्टरी/एयरफोर्स/नेवी) से आलेख प्राप्त किये जा सकते हैं।
- बीमा कंपनी के संदर्भ में केंद्र सरकारी एवं उसके नियंत्रणाधीन सभी बीमा कंपनियों से आलेख प्राप्त किये जा सकते हैं।
- राष्ट्रीयकृत बैंक या वित्तीय संस्था होने पर समस्त राष्ट्रीयकृत बैंकों/वित्तीय संस्थाओं से आलेख प्राप्त किये जा सकते हैं।
- विशेष वर्ग के लिए राजभाषा संगोष्ठी आयोजित होने पर केवल तत् पदाधिकारियों से तय विषय संबंधी आलेख प्राप्त करने होंगे, यथा : संकाय सदस्यों के लिए होने पर केवल उनसे। सदस्य सचिवों के कार्यक्रम में केवल उनसे।
- निमंत्रण का दायरा क्षेत्रवार आयोजन तक भी सीमित रखा जा सकता है। यथा : 'क' क्षेत्र स्थित आयोजक संगठन द्वारा उसी क्षेत्र में स्थित अन्य संबद्ध संगठनों को आमंत्रित किया जाना।

नोट : (i) आयोजक संगठन अपने सुविधानुसार आमंत्रण दायरे का निर्णय करने में स्वतंत्र होगा।

(ii) सम्मेलन कक्ष में बैठने की जगह, प्रस्तावित व्यय, समन्वयन की व्यवस्था इत्यादि को ध्यान में रखते हुए आमंत्रणार्थ कार्यालयों की श्रेणी अग्रिम रूप से तय करनी होगी।

सहभागी वर्ग

- सामान्य विषयों पर हिंदी माध्यम में आयोजित संगोष्ठी होने पर प्रविष्टियाँ प्रेषित सभी आलेखकारों के अतिरिक्त मुख्यालयों के राजभाषा विभाग के विशेषज्ञ प्रभारियों तथा सुविधानुसार राजभाषा से जुड़े स्थानीय (कार्यक्रम स्थल) कुछेक कर्मियों, भाषासेवियों को आमंत्रित किया जा सकता है।
- विशेष वर्ग के लिए संगोष्ठी का आयोजन होने पर (यथा : टॉलिक के सदस्य सचिव, अध्यक्ष, राजभाषा अधिकारी, संकाय सदस्य, सुरक्षा अधिकारी, कार्यालय प्रधान इत्यादि) उन्हें आमंत्रित करने के अतिरिक्त उनके मुख्यालय के राजभाषा विशेषज्ञ प्रभारी, अपने स्थानीय राजभाषा अधिकारी और स्थानीय कुछेक भाषासेवियों को आमंत्रित किया जा सकता है।
- कार्यालयीन व्यस्तता या अन्य कारणों पर किसी संगठन/कार्यालय के आमंत्रितों के स्थान पर उनके द्वारा अन्य कर्मियों को प्रतिनिधित्व करने हेतु प्रतिनियुक्त करने पर स्वीकारा जा सकता है।
- पुरस्कार प्राप्त आलेखकारों के अतिरिक्त उच्च स्तरीय आलेखों के रचनाकारों को संगोष्ठी में भाग लेने के लिए प्रतिनियुक्त करने हेतु संबंधित कार्यालय प्रधानों को पृथक् से अनुरोध पत्र भेजकर सहभागिता सुनिश्चित करने का प्रयास किया जा सकता है।

सूचित करने की प्रक्रिया

- वेबसाइट/नेट आदि से प्रेषिती संगठनों के मुख्यालयों का डाक पता, ई-मेल, फोन नंबर प्राप्त कर उन्हें संगोष्ठी संबंधी परिपत्र प्रेषित करना होगा।
- ई-मेल द्वारा प्रति प्रेषित की जाने पर भी डाक द्वारा उसकी पुष्टि प्रति प्रेषित करने का प्रयास करना परिणामदायी होगा।
- प्रचलित समाचार पत्रों में आयोजन/आलेख आमंत्रण संबंधी सूचना दी जा सकती है।
- रेडियो एवं दूरदर्शन द्वारा आयोजन संबंधी संक्षेप जानकारी उपलब्ध कराई जा सकती है (संपर्क सूत्र की जानकारी उपलब्ध कराने के जरिये)।
- संगठन की वेबसाइट में डाला जा सकता है। (लेकिन मात्र यही प्रक्रिया पर्याप्त नहीं होगी।)

नोट : अन्य संगठनों के विभिन्न कार्यालयों को परिपत्र प्रेषित करना संभव नहीं होने के कारण संगठन के प्रधान कार्यालय/मुख्यालय के राजभाषा विभाग को परिपत्र

भेजकर उनके क्षेत्राधीन समस्त कार्यालयों/प्रशिक्षण केंद्रों/इकाइयों को सूचित करने के लिए विशेष अनुरोध करना होगा।

आयोजन स्थल की व्यवस्था

सामान्यत: आयोजक कार्यालय में या तत्शहर में संगोष्ठी का आयोजन होने से समन्वयन कार्य में सुविधा होगी। कुछेक संगठनों द्वारा नियमित अंतरालों पर इस प्रकार की संगोष्ठियों का आयोजन किया जाता है। अत: उनसे स्थान परिवर्तन करने की चेष्टा भी की जाती है। मुख्यालय या अन्य जगह अपने संगठन के ही पर्याप्त सुविधाओं से युक्त सम्मेलन कक्ष उपलब्ध होने पर उसी को तय करना उचित है। इससे सहभागियों को आयोजक के परिसर में पदार्पण करने का अवसर मिलेगा और आयोजक भी गर्व महसूस करेगा। लेकिन सुव्यवस्थित सम्मेलन कक्ष उपलब्ध न होने पर होटल या अन्य किराए का स्थान तय करना अनिवार्य हो जाता है।

राष्ट्रीय स्तर संगोष्ठी होने के कारण आयोजन स्थल तय करते समय निम्न सुविधाओं की उपलब्धता पर ध्यान देने की आवश्यकता होती है :

- हवाई जहाज एवं रेल यात्रा की सुविधा।
- पर्याप्त अच्छे होटल की उपलब्धता।

इनके अतिरिक्त अत्यधिक सहभागिता के साथ कार्यक्रम को सफल बनाने के लिए निम्न अतिरिक्त विषयों पर भी ध्यान देना पड़ता है :

- मौसम अनुकूल अवधि चुननी होगी।
- आयोजन स्थल संदर्शनीय भी हो। (पर्यटन स्थल)

संगोष्ठी पूर्व प्रक्रिया

कार्यालय टिप्पणी प्रस्तुत करना :

संगोष्ठी के आयोजन संबंधी कार्रवाई प्रारंभ करने का पहला कदम प्रधान कार्यालय के राजभाषा विभाग द्वारा अपने संगठन के प्रधान को उचित माध्यम से कार्यालय टिप्पणी प्रस्तुत कर उनका अनुमोदन प्राप्त किया जाना। यह आयोजन टॉलिक के तत्त्वावधान में होने पर कार्यालय टिप्पणी के माध्यम से सदस्य सचिव को समिति के अध्यक्ष का अनुमोदन प्राप्त करना होगा। टिप्पणी मसौदे के प्रारंभ में परिचय पंक्तियों के बाद (चर्चित राजभाषा कार्यान्वयन समिति की बैठक का संदर्भ, अतिरिक्त गतिविधि के रूप में इससे प्रयोजन, संगठन का छवि निर्माण इत्यादि) निम्न बिंदुओं का स्पष्ट उल्लेख करना अति आवश्यक है :

- सहभागिता कर्मचारी वर्ग।
- चयनित विषय पर प्रविष्टियाँ प्रेषित आलेखकारों के अतिरिक्त किस श्रेणी के अन्य कर्मचारियों को आमंत्रित करने का प्रस्ताव है, यथा : प्रधान कार्यालयों के राजभाषा प्रभारी, आदि-आदि।
- निमंत्रण का दायरा। (किन-किन संगठनों को शामिल किया जा रहा है, किन-किन क्षेत्रों से बुलाया जा रहा है, इत्यादि।)

- संगोष्ठी के लिए प्रस्तावित मुख्य विषय और उसके उप विषय। (उप विषयों की संख्या अधिक होने पर अनुबंध के रूप में प्रस्तुत करना होगा।)
- प्रस्तावित आयोजन की तारीख, समय और स्थल।
- प्रस्तावित मुख्य अतिथि/विशिष्ट अतिथि का ब्योरा।

[गृह मंत्रालय, राजभाषा विभाग के उच्च पदाधिकारी/संगठन संबंधी मंत्रालय के राजभाषा विभाग के उच्च पदाधिकारी/क्षेत्रीय कार्यान्वयन कार्यालय के उच्च पदाधिकारी/संसदीय राजभाषा समिति के उच्च पदाधिकारी/केंद्रीय हिंदी निदेशालय/केंद्रीय हिंदी संस्थान/केंद्रीय हिंदी प्रशिक्षण संस्थान/हिंदी शिक्षण योजना/केंद्रीय हिंदी अनुवाद ब्यूरो/तकनीकी एवं वैज्ञानिक शब्दावली आयोग/भारतीय भाषा विज्ञान संस्थान/हिंदी प्रचार सभा/विश्वविद्यालयों के हिंदी विभाग/उत्तम हिंदी सेवी संस्थाओं के उच्च पदाधिकारी/स्थानीय टॉलिक के अध्यक्ष/जिला कमिश्नर/राज्य सरकार के मुख्य सचिव/उच्च न्यायालय के मुख्य न्यायाधीश/प्रमुख साहित्यकार/संगोष्ठी विषय पर अधिकार रखने वाले कोई मशहूर व्यक्ति/मशहूर भाषा सेवी या अन्य कोई मशहूर वक्ता।]

- संगठन के प्रधान को कार्यक्रम की अध्यक्षता करने का अनुरोध करने के अतिरिक्त उद्घाटन कार्यक्रम में शामिल होने हेतु अपने संगठन के अन्य कोई वरिष्ठ पदाधिकारी के नाम प्रस्तावित किये जा सकते हैं।
- चयनित सर्वोत्तम आलेखों के आलेखकारों को नकद पुरस्कार। एक दिवसीय संगोष्ठी में प्रस्तुत करने हेतु हर एक उप विषय के एक सर्वोत्तम आलेख का चयन किया जा सकता है। इन सबके लिए एक समान पुरस्कार रकम तय की जा सकती है।

इसके अतिरिक्त प्राप्त प्रविष्टियों की संख्या के आधार पर लगभग 25 उत्तम आलेखों के आलेखकारों को संगोष्ठी में मेमेंटो प्रदान करने का प्रस्ताव रखा जा सकता है। (इससे संगोष्ठी में आलेखकारों की उपस्थिति बढ़ेगी।)

- सत्राध्यक्षों को आमंत्रित करने का प्रस्ताव हो।
- आमंत्रित मुख्य/विशिष्ट अतिथियों को यात्रा/आवास व्यवस्था करने का प्रस्ताव हो।
- अन्य संगठनों के आलेखकार एवं सामान्य रूप से आमंत्रित सभी प्रतिनिधि अपने संगठनों से अनुमति प्राप्त कर स्वयं उपस्थित होंगे। आयोजक द्वारा उनके यात्रा/विराम आदि व्यय का वहन नहीं किया जाएगा। लेकिन आयोजक को अपने ही संगठन के उत्तम आलेखकारों को संगोष्ठी में भाग लेने हेतु 'ड्यूटी पर' आमंत्रित करना होगा। कार्यालय नोट में इस बिंदु का भी उल्लेख हो।
- लघु सांस्कृतिक कार्यक्रम (पारंपरिक या अन्य उम्दा कार्यक्रम) की व्यवस्था करने के विचार होने पर उसका प्रस्ताव हो। (अनुमानित व्यय सहित)
- मुख्य/विशिष्ट अतिथियों को मानदेय व उत्तम मेमेंटो का प्रस्ताव हो।
- सत्राध्यक्षों को मानदेय व मेमेंटो का प्रस्ताव हो।

- आलेखों के मूल्यांककों को प्रदेय मानदेय का उल्लेख हो। (प्रति प्रविष्टि के आधार पर मानदेय तय करने पर विचार किया जा सकता है या कुल प्रविष्टियों के आधार पर मानदेय की सीमा तय की जा सकती है।)
- सहभागियों को पेन/पैड/फोल्डर या बैग आदि की व्यवस्था संबंधी प्रस्ताव हो।
- उपर्युक्त के अतिरिक्त सजावट, माइक, पीपीटी, डिजिटल स्क्रीन, पर्याप्त शॉल, बुके, भेंट पुस्तकें, संगोष्ठी स्वागत बैनर/बोर्ड इत्यादि संबंधी व्यय का प्रस्ताव हो।
- सहभागियों को भोजन और अल्पाहार की व्यवस्था का उल्लेख हो।
- प्राप्त उत्तम आलेखों को मुद्रित पुस्तक के रूप में प्रकाशित कराए जाने का प्रस्ताव हो। अनुमानित मुद्रण व्यय का भी उल्लेख हो। (अन्यथा गृह पत्रिका का एक विशेषांक निकालने पर भी विचार किया जा सकता है।)
- उपर्युक्त सभी व्यवस्थाओं संबंधी कुल अनुमानित व्यय का प्रस्ताव हो।

[आयोजक संगठन में अपने प्रमुख संदर्शकों/ग्राहकों को प्रेम स्वरूप प्रदान किये जाने वाले अच्छे उपहारों का पर्याप्त स्टॉक उपलब्ध होने पर व्यय कम करने हेतु उन्हें चयनित उत्तम आलेखकारों, सत्राध्यक्षों और अन्य कुछेक अतिथियों को प्रदान करने पर विचार किया जा सकता है। प्रदान किये जाने वाले उपहार सम्मानजनक हों। अच्छे उपहार उपलब्ध न होने पर बाहर से खरीदना होगा। सर्वोत्तम आलेखकारों को परिपत्र में दी गई सूचना के अनुसार नकद पुरस्कार देने पर ध्यान देना होगा।]

- नोट में प्रस्तुत जानकारी में कोई संदिग्धता न हो। हर एक व्यवस्था एवं आशय का स्पष्ट उल्लेख हो। इससे नोट पुनः प्रस्तुत करने का अवसर नहीं आएगा।
- राजभाषा विभाग के लिए पृथक् वार्षिक राजभाषा बजट उपलब्ध होने पर उसमें संगोष्ठी संबंधी व्यय को समायोजित किया जा सकता है। इस आशय का भी नोट में उल्लेख हो।
- उपर्युक्त के अतिरिक्त अन्य कोई आवश्यक एवं संदर्भानुकूल अपेक्षाओं एवं व्यवस्थाओं से संबंधित ब्योरे का उल्लेख हो।

कार्यालय टिप्पणी के अनुमोदन के पश्चात् निम्न कार्रवाई प्रारंभ करनी होगी

परिपत्र जारी करना :

- संगोष्ठी संबंधी विस्तृत दिशानिर्देश समाविष्ट करते हुए अन्य संगठनों के लिए एक परिपत्र और अपने संगठन के लिए एक अलग परिपत्र पृथक् से जारी करने होंगे—प्रावरण पंक्तियों में आवश्यक परिवर्तन करते हुए। (दिशानिर्देश सभी के लिए एक समान होंगे।) अन्यथा सभी के लिए एक समान परिपत्र जारी करने के प्रयास भी किये जा सकते हैं।
- अन्य संगठन संबंधी परिपत्र को केवल उनके प्रधान कार्यालय के राजभाषा विभागों को प्रेषित करते हुए उनकी समस्त इकाइयों को परिचालित करने का अनुरोध करना होगा। इसके अतिरिक्त अपने संगठन (आयोजक) की सभी इकाइयों को अलग से परिपत्र परिचालित करना होगा।

अपने सुविधानुसार परिपत्र में निम्न दिशानिर्देशों का उपयुक्त वाक्य रूप देकर मसौदा तैयार करना (अनुबंध-I में)

- संगोष्ठी में भाग लेने के लिए पात्र संगठनों/संस्थाओं की श्रेणी एवं आलेख प्रस्तुत करने के लिए पात्र कर्मचारी श्रेणी का उल्लेख हो।
- उप विषयों की संख्या अधिक होने पर अनुबंध-II में उनकी जानकारी प्रस्तुत की जा सकती है।
- प्रस्तुत आलेखों की न्यूनतम एवं अधिकतम शब्द सीमा, A4 साइज कागज में यूनिकोड में टंकण, सॉफ्ट प्रति (वर्ड में) एवं मूल प्रति का प्रेषण इत्यादि का उल्लेख हो।
- आलेखों की प्रस्तुति केवल हिंदी भाषा में ही हो।
- आलेख पर कहीं भी आलेखकार का नाम, पदनाम, संस्था का नाम, फोन नंबर, ई-मेल नंबर इत्यादि का उल्लेख न हो, अन्यथा मूल्यांकन हेतु स्वीकार नहीं किए जाएँगे।
- अनुबंध-III में प्रस्तुत घोषणा पत्र में आलेखकार का अपेक्षित ब्योरा स्पष्टतः उपलब्ध कराना होगा।
- प्राप्त आलेखों के चयन में चयन समिति/मूल्यांककों का निर्णय अंतिम और आलेखकारों के लिए बाध्यकारी होगा।
- चयनित सर्वोत्तम आलेखों के आलेखकारों को संगोष्ठी में अपने आलेख प्रस्तुत करने हेतु आमंत्रित किया जाएगा। इनके अतिरिक्त श्रेष्ठ आलेखों के आलेखकारों को भी संगोष्ठी में भाग लेने हेतु आमंत्रित किया जाएगा।
- संगोष्ठी में आलेख प्रस्तुति हेतु आमंत्रित आलेखकारों को ₹... ...का नकद पुरस्कार (चेक/उपहार कार्ड आदि के रूप में) एवं श्रेष्ठता प्रमाणपत्र प्रदान किये जाएँगे। इसके अतिरिक्त चयनित...(संख्या दर्शाएं) श्रेष्ठ आलेखों के आलेखकारों को मेमेंटो एवं श्रेष्ठता प्रमाणपत्र प्रदान किए जाएँगे।
- चयनित आलेखों की प्रस्तुति हिंदी या द्विभाषा में पावर पॉइंट के माध्यम से होगी। (संक्षेप में आबंटित समयानुसार)
- चयनित आलेख संबंधी परिणामों की सूचना आमंत्रित सभी संगठनों के प्रधान कार्यालयों के राजभाषा विभागों को देने के अतिरिक्त चयनित आलेखकारों को भी दी जाएगी।
- चयनित श्रेष्ठ एवं अन्य उपयुक्त आलेखों को आयोजक संगठन द्वारा पुस्तक के रूप में या गृह पत्रिका के विशेषांक के रूप में प्रकाशित कराया जाएगा। प्रकाशनार्थ आलेखों के चयन में आयोजक संगठन स्वतंत्र होगा।
- प्रकाशनार्थ चयनित/प्रकाशित आलेखों को आलेखकार द्वारा अन्यत्र प्रकाशनार्थ नहीं भेजा जाएगा। पुस्तक या पत्रिका में अप्रकाशित आलेखों के लिए यह पाबंदी नहीं होगी। इस संबंध में आयोजक संगठन से आलेखकार अनापत्ति पत्र प्राप्त कर सकते हैं।

- प्रत्येक आलेखकार को यह घोषित करना होगा कि 'प्रस्तुत आलेख उनकी अपनी मौलिक रचना है और उसे अन्य संगोष्ठी/प्रतियोगिता हेतु नहीं भेजा गया है।' (अनुबंध-III में प्रस्तुत घोषणा पत्र में)
- चयनित आलेखकारों के अतिरिक्त आमंत्रित संगठनों के मुख्यालयों के राजभाषा प्रभारियों और अन्य प्रतिनिधियों को संगोष्ठी में भाग लेने हेतु पृथक् पत्र/परिपत्र द्वारा आमंत्रित किया जाएगा।
- आमंत्रित सभी आलेखकारों/राजभाषा अधिकारियों/अन्य प्रतिनिधियों के 'ऑन ड्यूटी' से संबंधित सभी व्यय संबंधित संगठन को ही वहन करना होगा। आयोजक संगठन का इससे कोई संबंध नहीं होगा।
- ... ...माह के दौरान... ...शहर में इस संगोष्ठी को आयोजित करने का प्रस्ताव है। तय तारीख एवं स्थान की जानकारी पृथक् से दी जाएगी। (अग्रिम रूप से तय न होने के संदर्भ में)
- निम्न पते पर ई-मेल द्वारा आलेख की प्रविष्टि अपेक्षित अनुबंध सहित प्राप्त होने की अंतिम तारीख... ...है। (पता, ई-मेल, फोन नंबर दर्शाने होंगे।)
- ई-मेल द्वारा प्रेषित सॉफ्ट प्रति की मूल प्रति डाक द्वारा तत्काल प्रेषित करना भी अनिवार्य है।
- संगठन की वेबसाइट... ...में संगोष्ठी के आयोजन संबंधी ब्योरा उपलब्ध है। (वेबसाइट का ब्योरा देना होगा)
- संपर्क सूत्र (नाम, पदनाम, कार्यालयवार पता, फोन नंबर सहित): दो या तीन पदाधिकारियों के ब्योरे देने होंगे।

आयोजन स्थल की पुष्टि

- लिखित पत्राचार/संदर्शन द्वारा अपने संगठन के सम्मेलन कक्ष/सभागृह/होटल/अन्य उपयुक्त आयोजन स्थल की उपलब्धता की पुष्टि पर्याप्त समय पूर्व कर लेनी होगी। आवश्यकतानुसार अग्रिम अदायगी करनी होगी।
- आयोजन स्थल से संबंधित पूर्ण पता, संपर्क सूत्र का ब्योरा राजभाषा विभाग एवं जनसंपर्क अधिकारी के पास उपलब्ध हो। परिपत्र/निमंत्रण पत्रों में इसका स्पष्ट उल्लेख हो।
- संगोष्ठी स्थल/सभागार में आवश्यक व्यवस्थाएँ सुनिश्चित करने हेतु संबंधित हाल प्रबंधन को सूचित करना होगा। (पीपीटी, डिजिटल स्क्रीन, माइक, लाइटिंग, सजावट, मंच पर बैठने की व्यवस्था, पुरस्कार/मेमेंटो रखने की व्यवस्था, सांस्कृतिक कार्यक्रम होने पर तत्संबंधी व्यवस्था, सूचक बोर्ड इत्यादि।)

विशिष्ट अतिथियों/वक्ताओं का आमंत्रण

- प्रस्तावित तारीख को वांछित मुख्य अतिथि/विशिष्ट अतिथि की उपलब्धता और सहमति के आधार पर अपने संगठन प्रधान के अनुमोदन से आयोजन तारीख एवं उद्घाटन समय तय करना होगा।

- आमंत्रित किये जाने वाले व्यक्ति के पद, हैसियत इत्यादि को ध्यान में रखते हुए संगठन के उच्च पदाधिकारी द्वारा फोन पर स्वयं औपचारिक अनुरोध करने का प्रयास किया जाना होगा। यह पद्धति अतिथि के लिए सम्मानजनक रहेगी और अनुरोध स्वीकारने की संभावनाएँ बढ़ेंगी। अन्यथा संगठन के स्थानीय कार्यालय/इकाई के उच्च पदाधिकारी को (जनसंपर्क अधिकारी/राजभाषा अधिकारी सहित) प्रत्याशित अतिथि से मुलाकात कर आमंत्रित करने हेतु भेजने की पहल की जा सकती है।
- उपर्युक्त औपचारिकता के पश्चात् कार्यालय के पत्र शीर्ष पर उच्च पदाधिकारी के हस्ताक्षर से निमंत्रण पत्र को किसी स्थानीय अधिकारी द्वारा या डाक/वाहक सेवा द्वारा पर्याप्त समय पूर्व पहुँचाना होगा। इसकी स्कैन प्रति ई-मेल द्वारा तत्काल भेजी जा सकती है।

विशिष्ट अतिथियों की यात्रा/ठहरने की व्यवस्था

- आमंत्रित मुख्य अतिथि/विशिष्ट अतिथि को आयोजक संगठन द्वारा यात्रा/ठहरने संबंधी व्यवस्था की जाने की औपचारिक मौखिक सूचना देनी होगी। तदनुसार उचित व्यवस्था करनी होगी। (आयोजक संगठन को ही इस संबंधी व्यय का वहन करना सम्मानजनक होगा।)
- आमंत्रित अतिथि मंत्री महोदय/सांसद/सचिव/संयुक्त सचिव स्तर पदाधिकारी होने पर उनके निर्गम स्थल से ही आयोजक संगठन के जनसंपर्क अधिकारी या अन्य कोई अधिकारी उनके साथ रहकर उनकी वापसी यात्रा संपन्न होने तक प्रोटोकॉल की ड्यूटी निभानी होगी। यदि आमंत्रित उपर्युक्त कोटि के पदाधिकारी द्वारा अपने निर्गम स्थल से प्रोटोकॉल की सहायता मना किये जाने पर आयोजक शहर के एयरपोर्ट/रिलवे स्टेशन से प्रोटोकॉल की व्यवस्था सुनिश्चित करनी होगी।

कार्य आबंटन

- कार्यक्रम के सफल आयोजन के लिए पर्याप्त समय पूर्व कार्यों का विकेंद्रीकरण जरूरी है। इसमें संगोष्ठी विषयवस्तु संबंधी राजभाषा विभागीय कार्य और अन्य व्यवस्थाओं पर ध्यान देना पड़ता है। इसके लिए प्राथमिकतावार चेक लिस्ट बनाकर तदनुसार कार्यदल को कार्य सौंपना होगा।

आयोजक कार्यालय के राजभाषा विभाग द्वारा संपन्न किये जाने वाले कार्य

- आलेखों के आमंत्रण संबंधी पूर्व प्रेषित परिपत्र का ई-मेल/फोन द्वारा याद दिलाते हुए अधिकाधिक प्रविष्टियाँ प्राप्त करने का प्रयास करना।
- प्राप्त आलेखों का त्वरित अभिलेखन और अभिलेखन के समय घोषणा पत्र का सत्यापन कर कमियाँ होने पर संबंधितों को तत्काल सूचित करते हुए अपेक्षित जानकारी प्राप्त करना।

- अपने संगठन संबंधी राजभाषा परंपरा का संक्षिप्त इतिहास और उल्लेखनीय गतिविधियों का आकर्षक ब्योरा जोड़ते हुए पीपीटी तैयार करना।

पीपीटी प्रदर्शन का उपयुक्त समय/विकल्प

- मंच पर अतिथियों को आमंत्रित करने के पूर्व ही इसका प्रदर्शन किया जा सकता है।
- बेहतर है, दीप प्रज्वलन एवं स्वागत भाषण के पश्चात् और अतिथियों के उद्‌बोधनों के पूर्व।
- समय पर्याप्त न होने पर कार्यक्रम के प्रारंभ में तथा एक सत्र और दूसरे सत्र के अंतराल में पीपीटी के कुछ स्लाइड रोल कराने का प्रयास किया जा सकता है।
- पीपीटी संक्षेप और संगत हो।
- इस पीपीटी का प्रदर्शन अनिवार्य नहीं है। आयोजक की इच्छा पर निर्भर होगा।

प्रविष्टियों का मूल्यांकन

राष्ट्रीय स्तर संगोष्ठी होने के कारण प्रविष्टियों के मूल्यांकन हेतु दो मूल्यांककों को चुनना उचित होगा। हिंदी भाषा ज्ञान एवं विषय ज्ञान रखने वाले सेवारत या सेवानिवृत्त आंतरिक या बाहरी व्यक्तियों को यह कार्य सौंपा जा सकता है। संयोजक संस्था के सेवारत राजभाषा कर्मियों द्वारा प्रविष्टियों का मूल्यांकन नहीं किया जाना बेहतर होगा।

- प्रविष्टियों का कूटीकरण (कोडिंग) कर मूल्यांककों को समय पर सौंपना और वापस प्राप्त कर लेना।

[आलेखों की उप विषयवार अलग-अलग तालिकाएँ बनाकर प्राप्त प्रविष्टियों को दैनिक आधार पर दर्ज करना होगा (सॉफ्ट प्रति के रूप में)। तदनुसार उप विषयवार प्रविष्टियों को पृथक्-पृथक् फोल्डर में सुरक्षित रखना होगा। पारदर्शिता बनाए रखने के लिए तालिका के स्तंभ में हर एक प्रविष्टि के लिए एक कोड नंबर देकर उसे प्रविष्टि के पहले पृष्ठ के ऊपरी भाग में तथा घोषणा पत्र के ऊपरी भाग में अंकित करना होगा। इसका आशय यह है कि मूल्यांककों को आलेखकारों का पता न चले। तालिका के स्तंभ इस प्रकार हो सकते हैं : क्रम संख्या, आलेखकार का नाम, पदनाम, कार्यालय का पता, कार्यालय का फोन नंबर एवं ई-मेल नंबर, आलेखकार का फोन नंबर एवं ई-मेल नंबर, प्रविष्टि कोड नंबर (उदाहरण के लिए उप विषयवार 100, 101, 102...200, 201, 202...300, 301, 302...आदि)। अंत में प्राप्तांक का स्तंभ हो। तालिका के ऊपरी भाग पर उप विषय का नाम अवश्य अंकित हो।]

मूल्यांकनार्थ कोड संख्या अंकित प्रविष्टियों को सौंपने में (बगैर घोषणा पत्र) और मूल्यांकन कराने में निम्न प्रक्रिया अपनाई जा सकती है :

- हिंदी भाषा एवं विषय ज्ञान रखने वाले आयोजक संस्था के ही स्थानीय शहर में कार्यरत सामान्य वर्ग के दो पदाधिकारियों का चयन किया जा सकता है।

- आयोजक कार्यालय के परिसर में या अपने ही किसी स्थानीय कार्यालय परिसर के कक्ष में चयनित दो मूल्यांककों द्वारा कार्यालयीन समय के पश्चात् या दैनिक कार्यालयीन कार्य में कोई बाधा न पहुँचाते हुए मूल्यांकन कार्य संपन्न कराया जा सकता है। इस पद्धति से दोनों मूल्यांककों को आपसी चर्चा के द्वारा उचित निर्णय लेने में सुविधा होगी, अन्यथा अलग-अलग मूल्यांकन का औसतन करना होगा।
- स्थानीय अन्य संस्थाओं/विद्यालयों/प्रचार सभाओं, भाषा अकादमियों, सेवा समितियों के पदाधिकारियों को मूल्यांकन कार्य सौंपा जा सकता है। दोनों मूल्यांकक सहमत होने पर उनके सुविधानुसार आयोजक कार्यालय के परिसर में किसी एक कमरे में मूल्यांकन करने की व्यवस्था की जा सकती है, अन्यथा पृथक्-पृथक् मूल्यांकन का औसतन करना होगा।
- शहर के बाहरी मूल्यांककों को भेजे जाने की स्थिति में पंजीकृत डाक/नामी वाहक सेवा के जरिये प्रविष्टियाँ पहुँचाकर वापस प्राप्त करनी होंगी। अलग-अलग मूल्यांकन का औसतन करना होगा।

नोट : अंकित कोड संख्या के आधार पर मूल्यांककों से लिखित रूप में परिणाम प्राप्त करने होंगे। कोड संख्या का मिलान कर औसतन अंकों के आधार पर परिणाम निकालकर कार्यालय टिप्पणी द्वारा सक्षम प्राधिकारी को अवगत कराकर घोषित करने होंगे।

मूल्यांककों को तय मानदेय समय पर पहुँचाने की व्यवस्था करनी होगी—चाहे अपनी संस्था के मूल्यांकक हो या बाहरी संस्था के।

मूल्यांकनोपरांत कार्रवाई

- मूल्यांकक से प्रविष्टियों सहित विषयवार एवं कोड संख्यावार परिणाम प्राप्त होने के पश्चात् राजभाषा विभाग में उपलब्ध प्रविष्टि तालिका में प्राप्तांक स्तंभ के अंतर्गत कोड के अनुसार नामवार अंक दर्ज करने होंगे।
- परिणामों की जानकारी से सक्षम प्राधिकारी को अवगत कराते हुए उनके हस्ताक्षर से पत्र द्वारा आलेखकार के कार्यालय को अवगत कराते हुए उसकी प्रति संबंधित आलेखकार एवं संबंधित प्रधान कार्यालय के राजभाषा विभाग को भी अंकित करनी होगी।

  इसी पत्र में चयनित सर्वोत्तम/उत्तम आलेखकारों को संगोष्ठी में प्रतिनियुक्त करने हेतु संबंधित कार्यालय प्रधान एवं प्रधान कार्यालय के राजभाषा विभाग से अनुरोध करना होगा।
- इसके अतिरिक्त निमंत्रणाधीन क्षेत्र के सभी संगठनों के प्रधान कार्यालयों के राजभाषा विभागों के प्रभारी उच्च कार्यपालकों तथा राजभाषा विभाग के तत्काल विशेषज्ञ प्रभारियों को आमंत्रित करते हुए पृथक् अनुरोध पत्र भेजे जा सकते हैं।
- परिपत्र द्वारा परिणामों की घोषणा एवं चयनित कर्मियों/अन्य प्रतिनिधियों को आमंत्रित करना।

- चयनित आलेखकारों के साथ पत्राचार। (पीपीटी प्राप्त करना, इत्यादि)
- पुरस्कार/मेमेंटो प्रदान करने संबंधी सूची तैयार करना और तदनुसार उनकी व्यवस्था करना।

[मुख्य/विशिष्ट अतिथि, सत्राध्यक्ष, विषय प्रवर्तक, उत्तम आलेखकार, सांस्कृतिक कार्यक्रम के कलाकार। इसके अतिरिक्त उप विषय प्रस्तुतकर्ता आलेखकारों के लिए नकद पुरस्कार।]

- श्रेष्ठता प्रमाणपत्र तैयार कर सक्षम प्राधिकारी के हस्ताक्षर प्राप्त कर लेना।

सत्राध्यक्षों एवं विषय प्रवर्तकों को पहचानकर आमंत्रित करना

सत्राध्यक्षों के चयन में निम्न पद्धतियाँ अपनाई जा सकती हैं :

- राजभाषा विभाग, गृह मंत्रालय के स्थानीय कार्यालयों/स्थानीय हिंदी प्रचार सभाओं/हिंदी सेवी समितियों/हिंदी प्राध्यापकों/हिंदी साहित्यकारों/अन्य संगठनों के विशेषज्ञों इत्यादि को सत्राध्यक्ष के रूप में आमंत्रित करने की पहल की जा सकती है।
- संगोष्ठी में भाग लेने हेतु आमंत्रित अन्य संगठनों के राजभाषा विभागों के प्रभारी उच्च कार्यपालकों से प्राप्त सहभागिता पुष्टि के आधार पर, उनमें से कुछेक उच्च कार्यपालकों की मौखिक सहमति प्राप्त कर, उन्हें भी सत्राध्यक्ष की जिम्मेदारी सौंपी जा सकती है।
- अनिवार्य होने पर हिंदी ज्ञान रखने वाले आयोजक संगठन के उच्च कार्यपालकों को यह जिम्मेदारी सौंपने पर विचार किया जा सकता है। लेकिन अन्य संस्थाओं के उच्च पदाधिकारियों को ही सत्राध्यक्ष बनाने में प्राथमिकता देना बेहतर होगा।

विषय प्रवर्तक के चयन में निम्न पद्धतियाँ अपनाई जा सकती हैं :

- संगोष्ठी में भाग लेने हेतु आमंत्रित अन्य संगठनों के राजभाषा विशेषज्ञ प्रभारियों से प्राप्त सहभागिता पुष्टि के आधार पर, उनमें से कुछेक प्रभारियों की मौखिक सहमति से, 'विषय प्रवर्तक' की जिम्मेदारी सौंपने का प्रयास किया जा सकता है।
- हिंदी का ज्ञान रखने वाले स्थानीय सरकारी/निजी संगठनों के संगोष्ठी विषय संबंधी विशेषज्ञों को 'विषय प्रवर्तक' के रूप में आमंत्रित करने का प्रयास किया जा सकता है।

नोट : उपर्युक्त पद्धतियाँ अपनाने से सहमत पदाधिकारियों के लिए आयोजक को पृथक् से यात्रा/ठहरने की व्यवस्था करने का अवसर नहीं आएगा। लेकिन उनको संगोष्ठी स्थल तक लेकर आने और वापस भेजने की स्थानीय वाहन व्यवस्था करने पर आयोजक को ध्यान देना होगा।

अन्य कार्य/सावधानियाँ

- मुख्य/विशिष्ट अतिथियों के साथ संपर्क बनाए रखना/पत्राचार करना।
- उद्घाटन समारोह एवं सत्र संचालन संबंधी कार्यक्रम में उपस्थित होने हेतु आंतरिक उच्च पदाधिकारियों को पहचान कर उन्हें आवश्यक जानकारी उपलब्ध कराते हुए संपर्क बनाए रखना।
- उद्बोधन करने वाले उच्च पदाधिकारियों को संगोष्ठी की पृष्ठभूमि से अवगत कराते हुए उनकी जानकारी हेतु संदेश से जुड़े कुछ बिंदुएँ लिख कर देनी होंगी।
- पुस्तक/गृह पत्रिका/सहायक सामग्री/वीडियो इत्यादि का विमोचन कराए जाने के संदर्भ में तत्संबंधी प्रकाशन कार्य पर्याप्त समय पूर्व प्रारंभ कर समय पर संपन्न करना होगा। आयोजक संगठन की हिंदी या द्विभाषा गृह पत्रिका के नवीनतम अंक/हिंदी या द्विभाषा के अपने अन्य कोई प्रकाशन या दृश्य-श्रवण लघु फिल्म/अपने कर्मचारियों के हिंदी व द्विभाषा के मौलिक प्रकाशन इत्यादि। संगोष्ठी के चयनित/उत्तम आलेखों को संगोष्ठी के पूर्व ही पुस्तक के रूप में प्रकाशित कर पाए जाने की स्थिति में क्रम में पहले उसका विमोचन हो। अन्यथा चयनित आलेखों को संगोष्ठी के पश्चात् प्रकाशित कराकर इस स्वरूप की अगली राजभाषा संगोष्ठी में या संगठन के अन्य किसी विशिष्ट कार्यक्रम में विमोचित कराने के कदम उठाए जा सकते हैं।

नोट : किसी सहभागी संगठन के हिंदी/द्विभाषा प्रकाशन के लोकार्पण करने का अनुरोध प्राप्त होने पर स्वीकारा जा सकता है।

- संबंधित उच्च पदाधिकारियों को महत्त्वपूर्ण जानकारियों से अवगत कराते रहना और आवश्यक संदर्भों में लिखित अनुमोदन प्राप्त करते रहना।
- राजभाषा प्रदर्शनी का कार्य संपन्न करना। (इस पुस्तक के 'राजभाषा प्रदर्शनी' अध्याय का संदर्भ लिया जा सकता है।)
- बिंदुवार/पलवार (मिनटवार) कार्यक्रम सूची तैयार करना। (कार्यक्रम सूची का नमूना मार्गदर्शनार्थ इस अध्याय के अंत में 'अनुबंध' में प्रस्तुत है।)
- प्रार्थना गीत, स्वागतम, धन्यवाद ज्ञापन कार्य सौंपे जाने पर ध्यान देना।
- उद्घाटन समारोह, सत्र संचालन, सांस्कृतिक कार्यक्रम इत्यादि के आकर्षक संचालन हेतु उपयुक्त कर्मियों को संचालक के रूप में चयन कर उन्हें पर्याप्त समय पूर्व बता देना।

नोट : राजभाषा विभाग में कार्यरत कर्मियों को उनकी कार्य क्षमता के अनुसार उपर्युक्त कार्यों को समय पर आबंटित कर संपन्न कराना सुनिश्चित करना होगा।

इस व्यवस्था का समग्र पर्यवेक्षण एवं जिम्मेदारी राजभाषा विभाग के तत्काल प्रभारी पर होगी।

राजभाषा विभाग में राजभाषा विशेषज्ञ कर्मियों की कमी होने पर अपने अन्य कार्यालयों में कार्यरत कुछेक समर्थ राजभाषा कर्मियों की सेवाएँ प्राप्त करने हेतु कुछ दिनों के लिए प्रतिनियुक्ति पर लेने की पहल की जा सकती है।

संगोष्ठी संबंधी अन्य व्यवस्थाएँ

प्रथम मार्गदर्शन बैठक :

- राजभाषा विभाग के प्रभारी उच्च कार्यपालक की अध्यक्षता में चयनित वालंटियरों के लिए संगोष्ठी के पर्याप्त समय पूर्व मार्गदर्शन बैठक आयोजित करनी होगी। इसमें जनसंपर्क अधिकारी और राजभाषा विभाग के कर्मचारी भी उपस्थित हों।
- गतिविधिवार कार्य स्वरूप और कार्य की मात्रा के अनुरूप कर्मचारियों का टीमवार आबंटन करना होगा। यथा : स्वागत टीम, प्रोटोकॉल टीम, जलपान टीम, साज-सज्जा टीम, रजिस्ट्रेशन टीम आदि। टीम के किसी एक वरिष्ठ अधिकारी को टीम लीडर बनाना होगा।

  नाम बोर्ड/बैनर/बैज की व्यवस्था, पुष्पगुच्छ/शॉल/भेंट पुस्तक/श्रेष्ठता प्रमाणपत्र/मेमेंटो की व्यवस्था, होटल/अतिथि गृह/वाहन की व्यवस्था, सुरक्षा गार्ड/परिचर/इलेक्ट्रीशियन की व्यवस्था, फोटो/वीडियोग्राफी/मीडिया/समाचार प्रकाशन की व्यवस्था, सांस्कृतिक कार्यक्रम की व्यवस्था, स्थानीय दर्शनीय स्थलों का दर्शन कराने की व्यवस्था इत्यादि के लिए कार्य का टीमवार आबंटन हो।
- जनसंपर्क अधिकारी, राजभाषा विभाग के विशेषज्ञ प्रभारी/राजभाषा विभाग के उच्च प्रभारी द्वारा संगोष्ठी संबंधी गतिविधियों और गतिविधिवार कर्तव्यों से स्पष्ट रूप से अवगत कराए जाने के बाद कर्मचारियों की टीम बनानी होगी।
- इस बैठक में अनुशासन, समय पालन, वर्दी (यदि चाहे तो), टाई, संगोष्ठी बैज धारण, पहचान कार्ड धारण, शिकायत रहित कर्तव्य निर्वहण, टीम लीडर या संबंधित प्रभारी को रिपोर्टिंग, संगठन का छवि निर्माण इत्यादि पर सभी वालंटियरों का ध्यान आकर्षित करना होगा।
- राजभाषा विभाग द्वारा इस बैठक के कार्यवृत्त बनाए जाएँगे और उपस्थित उच्च कार्यपालक के हस्ताक्षर से सभी संबंधित विभागों, कार्यालयों तथा प्रत्येक वॉलिंटियर को कार्यवृत्त की प्रति उपलब्ध कराई जाएगी। कार्यवृत्त में टीमवार नाम सूची, आबंटित कार्य, रिपोर्टिंग समय, प्रतिनियुक्ति अवधि, चर्चित संक्षिप्त जानकारी इत्यादि का ब्योरा हो।
- कार्यवृत्त के प्रावरण पत्र में संबंधित कर्मचारी को समय पर प्रतिनियुक्त करने का अनुरोध हो।
- इस मार्गदर्शन बैठक में उपस्थित सभी कर्मचारियों की उपस्थिति दर्ज करनी होगी। जलपान की व्यवस्था करनी होगी।

स्वागत टीम :

- इसमें राजभाषा स्टाफ भी शामिल हो सकते हैं। अतिथियों के पद और हैसियत के अनुसार एयरपोर्ट/रेलवे स्टेशन/होटल/अतिथि गृह में उनके आगमन पर स्वागत करना, होटल/अतिथि गृह/निवास स्थल से मुख्य/विशिष्ट अतिथियों को कार्यक्रम स्थल में लेकर आना, कार्यक्रम स्थल के प्रवेश द्वार और सभागार के प्रवेश द्वार में अतिथियों व प्रतिनिधियों का स्वागत करना, उनके प्रस्थान के समय पर भी उचित ध्यान देना, सभागार में अतिथियों/प्रतिनिधियों को जगह दिखाने में मदद करना, प्रश्नोत्तर के समय पर प्रश्नकर्ता को माइक देना इत्यादि कार्य।

प्रोटोकॉल टीम :

- मुख्य/विशिष्ट अतिथियों के लिए उनके आगमन से लेकर प्रस्थान तक प्रत्येक के लिए एक सक्षम प्रोटोकॉल अधिकारी की व्यवस्था करनी होगी। अतिथियों को स्वागत/सम्मान स्वरूप प्रदान किये गए बुके/शॉल/पुस्तक/मेमेंटो/फोल्डर इत्यादि को उनके कमरे में पहुँचाने पर तथा उपलब्ध समय में अतिथियों के इच्छानुसार प्रमुख स्थानीय या ईर्द-गिर्द के दर्शनीय स्थलों का दर्शन कराने पर ध्यान देना होगा। वाहन में मिनरल वाटर/ड्राइफ्रूट/फल/बिस्कुट एवं मेडिसिन उपलब्ध हों। अतिथि महिला होने पर उन्हें महिला प्रोटोकॉल अधिकारी को आबंटित करने पर ध्यान देना होगा। अतिथि द्वारा अपेक्षित समयानुसार ड्यूटी रिपोर्ट करनी होगी। देखना होगा कि अतिथि को कोई असुविधा न हो। फुटकर व्यय वहन करने के लिए प्रोटोकॉल अधिकारी को कुछ रकम सौंपनी होगी। प्रोटोकॉल अधिकारी द्वारा व्यय संबंधी विवरण एवं बिल प्रस्तुत करने होंगे।

जलपान टीम :

- अल्पाहार एवं भोजन की व्यवस्था पर विशेष ध्यान देना होगा। कैटरिंग उम्दा, साफ-सुथरा, स्वादिष्ट न होने पर सहभागियों की टीका-टिप्पणी सुननी पड़ती है। अतः कैटरिंग की गुणवत्ता, परोसने की व्यवस्था इत्यादि पर विशेष ध्यान देना पड़ता है। सामान्यतः सुबह का नाश्ता, मध्याह्न भोजन, दो बार चाय/बिस्कुट और कार्यक्रम समाप्ति के तत्काल पश्चात् नमस्ते चाय (हाई टी) की व्यवस्था की जाती है। इसकी जानकारी कार्यक्रम शीट में भी अंकित हो। अनिवार्य होने पर प्रतिभागियों को रजिस्ट्रेशन काउंटर पर या अन्यथा भोजन व अल्पाहार के टोकन उपलब्ध कराने पर विचार किया जा सकता है। सभागार में अतिथियों और सहभागियों को पर्याप्त मिनरल वाटर बोतलों की व्यवस्था करनी होगी। भोजनालय में विशिष्ट अतिथियों/उच्च पदाधिकारियों के लिए अलग टेबुल की व्यवस्था हो और उन्हें परोसा जाता हो। भोजन/

अल्पाहार के लिए पर्याप्त काउंटर की व्यवस्था हो। सहभागियों को कतार में अधिक देर तक ठहरने का अवसर न देना होगा। जलपान टीम सुनिश्चित करे कि भोजन/अल्पाहार/चाय-पानी का वितरण इत्यादि पर हर व्यवस्था में पर्याप्त पर्यवेक्षण है। देखना होगा कि संगोष्ठी के प्रतिनिधियों के अतिरिक्त संगोष्ठी कार्य से जुड़े सभी कर्मचारी/वॉलंटियर, सांस्कृतिक कार्यक्रम के कलाकार, फोटो/वीडियोग्राफर, रिपोर्टर आदि ने अल्पाहार, भोजन किया है।

- जनसंपर्क अधिकारी, जलपान टीम लीडर, राजभाषा विभाग के तत्काल प्रभारी, प्रभारी उच्च कार्यपालक आदि आपस में चर्चा कर अच्छे कैटरर को चुनने का प्रयास करना होगा। होटल में आयोजन होने पर स्वादिष्ट मेनु चुनने पर आयोजक को ध्यान देना होगा।

साज-सज्जा टीम :

- सजावट में मुख्यत: प्रवेश द्वार, सभागार प्रवेश और मंच पर विशेष ध्यान देना होगा। विशेषत: मंच की सजावट पर अधिक ध्यान देना पड़ेगा। ताजा फूलों की सजावट (पोडियम सहित) सुगंध भरी और आकर्षक होगी। सजावट उम्दा और उत्तम रहे। मंच टेबुल पर फूलदान, अतिथि नाम बोर्ड की व्यवस्था, अतिथियों को बुके, दीपालंकरण, संस्थापक फोटो पर माला इत्यादि का पर्यवेक्षण करना होगा। इनके अतिरिक्त मंचासीन सभी अतिथियों, सभी सत्रों के सत्राध्यक्षों, आलेख प्रस्तुतकर्ताओं के नाम बोर्ड कार्यक्रम सूची के अनुरूप मंच पर रखने और हटाने की जिम्मेदारी इसी टीम पर होगी। इस कार्य में सतर्क रहना अत्यंत जरूरी है। (आयोजक कार्यालय के राजभाषा विभाग द्वारा सजावट टीम को अतिथियों के नाम बोर्ड उपलब्ध कराए जाते हैं।)

रजिस्ट्रेशन टीम :

संगोष्ठी में भाग लेने वाले सभी प्रतिनिधियों की उपस्थिति दर्ज कराना गतिविधि का आवश्यक अंग बन जाता है। अलग-अलग उपस्थिति सूची निम्न प्रकार बनाई जा सकती हैं :

1. आलेख प्रस्तुतकर्ता, 2. सत्राध्यक्ष, 3. चयनित उत्तम आलेखों के आलेखकारों की सूची, 4. अन्य सहयोगियों के लिए 'क', 'ख', 'ग' क्षेत्रवार अलग-अलग सूची, 5. उद्घाटन समारोह के अवसर पर मंचासीन अतिथियों की सूची (मंच पर ही इनके हस्ताक्षर लिये जाने के प्रयास किये जा सकते हैं), 6. वालंटियरों की सूची (केवल जानकारी हेतु)।

- 'क', 'ख', 'ग' क्षेत्रवार उपस्थिति सूची को छोड़कर शेष सूचियों में प्रतिनिधियों/सहभागियों का ब्योरा पहले ही टाइप कर रखा जा सकता है। आयोजक कार्यालय के राजभाषा विभाग द्वारा यह कार्य संपन्न किया जाएगा।

इसके अतिरिक्त कार्यक्रम सूची, नवीनतम गृह पत्रिका की प्रति (यदि हो), पेन, पेड, बैज, अन्य कोई सामग्री (यदि हो) तथा फोल्डर या बैग इत्यादि को राजभाषा विभाग द्वारा रजिस्ट्रेशन टीम को पर्याप्त मात्रा में एक या दो दिन पहले सौंपा जाना होगा।

रजिस्ट्रेशन टीम की यह जिम्मेदारी होगी कि वह राजभाषा विभाग के मार्गदर्शन के अनुसार संगोष्ठी फोल्डर या बैग में सावधानी से सभी सामग्री अग्रिम रूप से रखकर संगोष्ठी स्थल पर एक कमरे में सुरक्षित करे।

- टीम के अलग-अलग कर्मियों को संगोष्ठी के दिन निश्चित समय पर आयोजन स्थल पहुँचकर कार्य आबंटन के अनुसार सूचीवार पंजीकरण की जिम्मेदारी लेनी होगी। प्रतिभागी द्वारा पूर्ण ब्योरा दर्ज कर हस्ताक्षर किये जाने के पश्चात् प्रसन्नतापूर्वक फोल्डर या बैग तथा संगोष्ठी बैज सौंपने होंगे।
- बैज लगाने के लिए एक-दो कर्मचारियों की सहायता उपलब्ध कराई जा सकती है। विशिष्ट अतिथियों एवं संगठन के उच्च पदाधिकारियों को इस टीम के सदस्यों द्वारा ही ब्याज लगाया जाना सम्मानजनक होगा। (उद्घाटन कार्यक्रम प्रारंभ होने के पहले प्रथम पंक्ति की कुर्सियों में जब अतिथि गण बैठ जाएँगे तब यह काम पूरा किया जा सकता है। अनिवार्य होने पर मंच पर भी संपन्न किया जा सकता है।)
- युवा और समझदार कर्मियों को रजिस्ट्रेशन कार्य के लिए चुनना होगा। महिला कर्मियों को प्राथमिकता दी जा सकती है। चयनित कर्मचारी अच्छी तरह हिंदी बोल सकते हों और समझ सकते हों।
- इन्हें समान ढंग के कपड़े पहनने की सलाह दी जा सकती है। (उत्साहवर्द्धन हेतु। अनिवार्य नहीं।)
- सभी सहयोगियों से विजिटिंग कार्ड/बिजनेस कार्ड प्राप्त करने का प्रयास करना होगा।
- कार्यमुक्ति पत्र/विजिटिंग कार्ड की प्रति सौंपना या पहचान पत्र दिखाना अनिवार्य नहीं करना होगा। (उपस्थिति दर्ज कराना अनिवार्य है)
- कार्यक्रम प्रारंभ होने के बाद एक घंटे तक इस टीम को अपनी जगह पर ही रहना होगा। किसी अनिवार्य कारणों पर कुछेक प्रतिनिधि देर से पहुँचने पर भी कारण का पता लगाकर उपस्थिति दर्ज कराकर सामग्री सौंपनी होगी।
- कार्य समाप्ति के पश्चात् बची हुई सामग्री को राजभाषा विभाग को पहुँचाने की जिम्मेदारी इसी टीम पर होगी।
- रजिस्ट्रेशन टीम में अपने राजभाषा विभाग के कम से कम एक कर्मचारी अवश्य हों।

अन्य विविध व्यवस्थाएँ

बोर्ड/बैनर/बैज की व्यवस्था

संबंधित राजभाषा विभाग द्वारा यह कार्य संपन्न कराया जा सकता है। निम्न प्रकार के बोर्ड/बैनर/बैज बनाए जा सकते हैं। हर एक बोर्ड/बैनर/बैज पर आयोजक संगठन का लोगो हो।

1. मुख्य प्रवेश द्वार पर स्वागत बोर्ड। (संगठन का लोगो सबसे ऊपर)

नमूना

'...विषय पर हिंदी में आयोजित राष्ट्रीय संगोष्ठी में सभी प्रतिनिधियों का हार्दिक स्वागत है।'

दिनांक : ....

2. मंच बैकग्राउंड डिजिटल बोर्ड या फ्लेकस बोर्ड (डिजिटल डिस्प्ले को प्राथमिकता दी जा सकती है)

नमूना

संगोष्ठी का विषय	(पहली पंक्ति में—शीर्षक)
हिंदी में राष्ट्रीय संगोष्ठी	(दूसरी पंक्ति में) यथा...विषय पर हिंदी में राष्ट्रीय संगोष्ठी
आयोजक	(तीसरी पंक्ति में—आयोजक कार्यालय का नाम एवं स्थान)

[आयोजक के नीचे संगठन का लोगो हो।]

डिजिटल बोर्ड होने पर आयोजन स्थल का कोई स्मरणीय दृश्य या आयोजक संगठन के कोई विशिष्ट चित्र बैकग्राउंड में दर्शाने का प्रयास किया जा सकता है।

3. मुख्य/विशिष्ट अतिथि के स्वागत बोर्ड (स्टैंडी)—
प्रवेश द्वार/सभागार के प्रवेश पर या अन्य उपयुक्त जगह पर। (अतिथि की तस्वीर भी जोड़ी जा सकती है।)

नमूना

संगठन का लोगो (सबसे ऊपर)

... ...(अतिथि का नाम)... ... ...(पदनाम)... ... ...(विभाग/कार्यालय)... ... ...(मंत्रालय)... ... ...(सरकार) का... ... ...(विषय)

विषय पर हिंदी में आयोजित राष्ट्रीय संगोष्ठी में हार्दिक स्वागत।

[उपयुक्त जगह पर पुष्पगुच्छ/फोटो रखा जा सकता है।]

दिनांक : ....

... ...(आयोजक विभाग का नाम)... ... ...(आयोजक कार्यालय का नाम)... ... ...(स्थान)

4. टेबुल नाम बोर्ड (हिंदी-अंग्रेजी) पदनाम सहित—
5. बैज—

नमूना

... ...(विषय)
राष्ट्रीय संगोष्ठी
आयोजक
(संगठन का लोगो)
दिनांक : ....

[तय बैज के नमूने के आधार पर उपर्युक्त विषयवस्तु समायोजित की जाती है।]

उद्घाटन समारोह के मंचासीन अतिथियों के लिए बैज का रिबन कलर अलग से लिया जा सकता है। अतिथियों/सहभागियों/वालंटियरों के सभी बैज एक ही साइज का लेना उचित होगा।

नोट : 1. टेबुल नाम बोर्ड सजावट टीम को और बैज रजिस्ट्रेशन टीम को सौंपने होंगे। संबंधित वेंडर द्वारा बोर्ड लगाते समय राजभाषा विभाग के किसी स्टाफ सदस्य का पर्यवेक्षण जरूरी है। बोर्ड/बैनर/बैज की विषयवस्तु की प्रूफ रीडिंग पर विशेष ध्यान देना होगा।

2. सामान्यत: नाम बोर्ड/बैनर/बैज इत्यादि के बैकग्राउंड रंग के लिए अपने संगठन के लोगो रंग देने की चेष्टा की जाती है।

3. बोर्ड/बैनर/बैज पर अंकित की जाने वाली उपर्युक्त जानकारी केवल मार्गदर्शनार्थ दी गई है। आयोजक अपनी इच्छा के अनुसार प्रदर्शन की पंक्तियाँ दे सकते हैं।

पुष्पगुच्छ, शॉल, भेंट पुस्तक, मेमेंटो एवं श्रेष्ठता प्रमाणपत्र की व्यवस्था

कुछ संगठनों द्वारा स्वागत सम्मान में शॉल ओढ़ाकर पुष्पगुच्छ प्रदान करने के बजाय अच्छी पुस्तकें प्रदान की जाती हैं। संगठन के प्रबंधन पर यह विकल्प निर्भर है। इनकी खरीद/व्यवस्था हेतु संबंधित राजभाषा विभाग को निम्न जांच सूची (चेकलिस्ट) बनानी होगी :

1. उद्घाटन समारोह में भाग लेने वाले मंचासीन अतिथियों की सूची के अनुसार कितने शॉल या पुस्तक और मेमेंटो चाहिए (अनुमानित बजट के अनुसार)।
2. सत्राध्यक्षों को शॉल एवं मेमेंटो (अनुमानित बजट के अनुसार)।
3. उत्तम आलेखों के आलेखकारों को मेमेंटो एवं श्रेष्ठता प्रमाणपत्र (अनुमानित बजट के अनुसार)।
4. सांस्कृतिक कार्यक्रम के कलाकारों को मेमेंटो (अनुमानित बजट के अनुसार)।

- इनकी खरीद/व्यवस्था करने में जनसंपर्क अधिकारी या संबंधित अनुभाग के पदाधिकारी की मदद लेनी होगी। (यदि आयोजक कार्यालय में पर्याप्त मेमेंटो उपलब्ध होने पर गुणवत्ता को ध्यान में रखते हुए उन्हें प्रदान किये जाने पर विचार किया जा सकता है।)
- खरीदे जाने वाले मेमेंटो पर संगोष्ठी का मुख्य विषय (शीर्षक)/तारीख एवं लोगो अथवा केवल लोगो एंबॉज कराया जा सकता है।
- इस कार्य संबंधी टीम की यह जिम्मेदारी होगी कि स्पष्ट टंकित सूची सहित उपर्युक्त सामग्री राजभाषा विभाग से समय पर प्राप्त करें और सभागार में पहुँचाकर मंच के पास किसी एक जगह टेबुल पर नाम सूची के अनुसार क्रमवार रखें।
- मंच/सत्र संचालक की घोषणा के अनुसार अतिथियों/आलेखकारों को मंच पर प्रदान किये जाने वाले शॉल/पुष्पगुच्छ/पुस्तक/मेमेंटो/प्रमाणपत्र (जो भी तय हो) एक अच्छे ट्रे में मंच पर संबंधित पदाधिकारी को पहुँचाने

हेतु दो महिला कर्मियों का चयन करना होगा। सूची के अनुसार ट्रे में अपेक्षित वस्तुओं को रखने का कार्य महत्त्वपूर्ण कार्य है। अतः सक्षम कर्मचारियों को यह कार्य सौंपना होगा।

- अनुपस्थित कलाकारों के मेमेंटो/प्रमाणपत्र सुरक्षित रखकर बाद में उन्हें वाहक सेवा या अन्य पद्धतियों द्वारा पहुँचाने की व्यवस्था करनी होगी। बची सामग्री को राजभाषा विभाग में पहुँचाने की जिम्मेदारी इसी टीम पर होगी।
- इस टीम को अपने कर्तव्यों के निर्वहण में अति सतर्क रहना होगा। नामवार वस्तुएँ पहुँचाने में कोई त्रुटि न हो।

सुझाव : सत्राध्यक्षों/उत्तम आलेखकारों/कलाकारों को प्रदान किये जाने वाले मेमेंटो पर इस प्रकार की पंक्तियाँ एंबॉज कराया जाना बेहतर होगा (शील्ड या कप स्वरूप के मेमेंटो)।

1. ... ...विषय पर दि... ...को हिंदी में आयोजित राष्ट्रीय संगोष्ठी में श्री/सुश्री/डॉ... ...से सत्राध्यक्ष का योगदान मिला।
   (संगठन का लोगो)
2. ... ...विषय पर दि... ...को हिंदी में आयोजित राष्ट्रीय संगोष्ठी में... ...उप विषय पर श्री/सुश्री/डॉ... ...द्वारा प्रस्तुत आलेख उत्तम कोटि का रहा।
   (संगठन का लोगो)
3. ... ...विषय पर दि... ...को हिंदी में आयोजत राष्ट्रीय संगोष्ठी के अवसर पर प्रस्तुत सांस्कृतिक कार्यक्रम में श्री/सुश्री... ...द्वारा अपनी कला का अद्‌भुत प्रदर्शन किया गया।
   (संगठन का लोगो)

नोट : प्रमाणपत्रों/मेमेंटो संबंधी विषयवस्तु अपने सुविधानुसार बनाई जा सकती है।

- इस प्रकार एंबॉज किये गए मेमेंटो प्रदान किये जाने से अलग से श्रेष्ठता प्रमाणपत्र प्रदान करने की आवश्यकता नहीं होगी और प्राप्तकर्ताओं के लिए यादगार चिह्न बनकर रहेंगे।
- यह पद्धति अपनाने के लिए पर्याप्त समय पूर्व मेमेंटो प्राप्तकर्ताओं के ब्योरे तैयार कर प्राप्तकर्तावार/श्रेणीवार पंक्तियों एवं लोगो को साफ्ट प्रति में दुकानदार/वेंडर को उपलब्ध कराकर प्रूफ की जांच करनी होगी।
- गैर-चयनित आलेखों के आलेखकारों को उपस्थिति सूची के आधार पर संगोष्ठी के समापन के तत्काल पश्चात् या भोजन अवकाश के समय पर रजिस्ट्रेशन काउंटर की जगह उपस्थिति पत्र एवं 'प्रतियोगिता सहभागिता प्रमाणपत्र' (आलेख प्रेषित करने हेतु) उपलब्ध कराने की पहल करनी होगी। समय के अभाव में उन्हें डाक द्वारा भेजे जा सकते हैं। (विधिवत् हस्ताक्षरित) अनुपस्थित आलेखकारों को भी डाक द्वारा प्रमाणपत्र भेजे जा सकते हैं।

- प्रमाणपत्रों का मुद्रण करवाया जा सकता है या मोटे कागज पर जेरॉक्स करवाने का विचार किया जा सकता है।

होटल/अतिथि गृह में ठहरने की व्यवस्था

- अन्य जगह से पधारने वाले चुनिंदा विशिष्ट अतिथियों के लिए ठहरने की व्यवस्था करनी होगी। यह जिम्मेदारी जनसंपर्क अधिकारी या अन्य किसी अधिकारी को सौंपी जा सकती है। संबंधित अतिथियों के ब्योरे (नाम, पदनाम, संस्था, पता, आगमन तारीख, समय, ठहरने के सभाव्य दिन, कमरे का स्वरूप आदि) को होटल/अतिथि गृह को पर्याप्त समय पूर्व सूचित कर (लिखित रूप में) पुष्टि प्राप्त करनी होगी।

प्रतिनिधियों/सहभागियों को ठहरने संबंधी व्यवस्था का मार्गदर्शन उपलब्ध कराना

- आयोजक संस्था द्वारा अपने निमंत्रण पत्र में स्थानीय होटल/अतिथि गृह इत्यादि की जानकारी अनुबंध के रूप में आलेखकारों एवं अन्य आमंत्रितों को उपलब्ध करानी होगी। इसमें अच्छे और नामी होटल/अतिथि गृह के पते, फोन, ई-मेल, कमरे की श्रेणीवार टॉरिफ आदि देने होंगे। इसके अतिरिक्त संपर्क सूत्र के रूप में आयोजक कार्यालय के राजभाषा विभाग के एक-दो अधिकारियों का ब्योरा उपलब्ध कराना जरूरी है।
- देखना होगा कि आगंतुकों को उनकी पूछताछ का पूर्ण मार्गदर्शन मिल रहा है। उनके अनुरोधानुसार कमरों के अग्रिम आरक्षण में मदद करनी होगी। आवश्यकतानुसार इस कार्य में भी जनसंपर्क अधिकारी की मदद लेनी होगी।
- ध्यान रहे कि होटल इत्यादि व्यय की अदायगी संबंधित प्रतिभागी द्वारा ही की जाएगी।

वाहन की व्यवस्था

- बाहर से पधारे विशिष्ट अतिथियों को पूर्ण समय के लिए तथा स्थानीय अतिथियों/वक्ताओं/सत्राध्यक्षों/विषय प्रवर्तकों के लिए स्थानीय निवास स्थल से कार्यक्रम स्थल तक लेकर आने और पुन: वापस भेजने के लिए वाहन की व्यवस्था करनी होगी। अतिथि की सुविधा हेतु वाहन के साथ किसी एक कर्मचारी को भेजना भी जरूरी है।

नोट : सामान्यत: आयोजक संस्था के ही अतिरिक्त वाहनों का आबंटन किया जाता है। अतिरिक्त वाहन न रहने पर संस्था के कुछेक उच्च कार्यपालकों के वाहन की सेवाएँ ली जाती हैं, अन्यथा किराए पर वाहन लेने पड़ेंगे। इस व्यवस्था के लिए अपने वाहन आबंटन/अनुरक्षण से जुड़े विभाग का सहयोग प्राप्त करना पड़ेगा। वाहन की व्यवस्था में वाहन अनुरक्षण विभाग के किसी एक अधिकारी एवं जनसंपर्क अधिकारी की सेवाएँ प्राप्त करनी होंगी।

सुरक्षा गार्ड की सेवाएँ

- संगोष्ठी का आयोजन अपनी ही संस्था में किये जाने पर मुख्य प्रवेश द्वार पर, सभागार के पास और अन्य आवश्यक जगहों पर अपनी संस्था के सुरक्षा गार्डों की सेवाएँ प्राप्त करनी होंगी। अपने सुरक्षा विभाग को अग्रिम रूप से इस आशय का अनुरोध पत्र देना होगा।

इलेक्ट्रीशियन की सेवाएँ

- आयोजक संगठन के सभागार में कार्यक्रम होने पर वहाँ इलेक्ट्रीशियन की उपस्थिति सुनिश्चित करनी होगी। इस संबंध में परिसर विभाग से संपर्क करना होगा।

परिचर की सेवाएँ

- संगोष्ठी के समय पर फुटकर कार्यों में सहायता प्राप्त करने के लिए दो परिचरों को ड्यूटी पर रखना होगा। इस संबंध में कार्मिक/मानव संसाधन विभाग से संपर्क करना होगा।

सांस्कृतिक कार्यक्रम की व्यवस्था

- यह अनिवार्य मद तो नहीं है फिर भी आयोजक द्वारा सामान्यत: उद्घाटन सत्र के तत्काल पश्चात् या संगोष्ठी के समापन समय पर अधिकतम 30 मिनट के सांस्कृतिक प्रदर्शन की व्यवस्था करने की पहल की जाती है।
- सांस्कृतिक प्रदर्शन में तत् इलाके के या राज्य के पारंपरिक नृत्य, लोक नृत्य, मार्शल आर्ट इत्यादि को पसंद किया जाता है। संस्था के कर्मचारियों का या बाहरी सांस्कृतिक संगठनों के कलाकारों का प्रदर्शन (भुगतान की पद्धति पर) लिया जा सकता है।
- सांस्कृतिक कार्यक्रम रोचक, आकर्षक और संक्षेप हो। अश्लीलता और राजनीति से जुड़े न हों। आयोजक को कार्यक्रम के चयन में विशेष ध्यान देना पड़ेगा। इस व्यवस्था की देखभाल करने के लिए सांस्कृतिक कार्यक्रम से परिचित किसी एक स्टाफ सदस्य का सहयोग लेना होगा।
- आवश्यकतानुसार मेकअप, साउंड सिस्टम, लाइट, जलपान, रवाना इत्यादि की व्यवस्था करनी होगी।
- कलाकारों को मंच पर मेमेंटो प्रदान किया जाना सम्मानजनक होगा।

दर्शनीय स्थलों का संदर्शन

- संगोष्ठी के पश्चात् इच्छुक प्रतिभागियों के लिए मशहूर स्थानीय धार्मिक एवं अन्य दर्शनीय स्थलों का दर्शन कराने की व्यवस्था की जा सकती है। अभिलाषियों की संख्या के आधार पर वाहनों की व्यवस्था करनी होगी।

आयोजक संस्था के कोई बड़े वाहन नहीं होने पर किराये पर लेना होगा। इसका खर्च आयोजक संस्था को वहन करना ही सम्मानजनक होगा। सहभागियों के मार्गदर्शन हेतु आयोजक संस्था के एक-दो कर्मचारी वाहन के साथ अवश्य जाएँ। संगोष्ठी संबंधी आमंत्रण पत्र एवं कार्यक्रम शीट में स्थानीय दर्शन संबंधी सूचना का उल्लेख हो। इससे प्रतिभागी तदनुसार अपने यात्रा कार्यक्रम बनाने पर ध्यान दे सकेंगे।

फोटोग्राफी/वीडियोग्राफी

- कार्यक्रम की गतिविधियों का जीवंत अभिलेखन का यह एक उत्तम माध्यम है। कुशल फोटोग्राफर/वीडियोग्राफर को यह काम सौंपना होगा।
- फोटो/वीडियोग्राफर को स्पष्ट रूप से बताना होगा कि कार्यक्रम का कवरेज किस प्रकार करना है और किन-किन महत्त्वपूर्ण संदर्भों पर विशेष ध्यान देना है।
- कार्यक्रम की समाप्ति के पश्चात् फोटोग्राफी की सॉफ्ट प्रति से अनावश्यक और पुनरावृत्त तस्वीरों को हटाना होगा। इसी प्रकार वीडियोग्राफी का भी एडिटिंग करना होगा। इस पर संबंधित राजभाषा विभाग को विशेष ध्यान देना होगा।
- पत्र-पत्रिकाओं के लिए रिपोर्ट के साथ फोटो संलग्न करने हेतु तथा विशिष्ट अतिथियों और उच्च पदाधिकारियों को उद्घाटन समारोह संबंधी (दीप प्रज्वलन/अपना उद्बोधन/पूर्ण मंच) फोटो की प्रतियाँ सौंपने के लिए तदनुसार अतिरिक्त प्रतियाँ लेनी होंगी।
- फोटोग्राफर/वीडियोग्राफर को तय करने एवं अनुवर्ती कार्रवाई करने की जिम्मेदारी राजभाषा विभाग के किसी एक कर्मचारी को या जनसंपर्क अधिकारी को सौंपी जा सकती है।

मीडिया/रिपोर्टरों का आमंत्रण (समाचार पत्र/टीवी चैनल/आकाशवाणी)

- सक्षम प्राधिकारी के अनुमोदन से कार्यक्रम के कवरेज के लिए चुनिंदा रिपोर्टरों को आमंत्रित करने की पहल करनी होगी। इन्हें कार्यक्रम सूची संबंधी फोल्डर/बैग उपलब्ध कराए जा सकते हैं। विशेष रूप से कार्यक्रम के कवरेज के लिए इन्हें आमंत्रित किया जाता है, अतः आयोजक द्वारा मेमेंटो प्रदान किये जाने पर विचार किया जा सकता है। इस कार्य में जनसंपर्क अधिकारी का सहयोग लेना होगा।
- किसी कारणवश मीडिया को आमंत्रित नहीं किये जाने पर कार्यक्रम के तुरंत पश्चात् संक्षिप्त रिपोर्ट बनाकर फोटो की सॉफ्ट प्रति सहित ई-मेल द्वारा प्रमुख समाचार पत्रों/टीवी चैनलों/आकाशवाणी को भिजवाने का प्रयास करना होगा। राजभाषा विभाग को यह रिपोर्ट बनानी होगी और उसे सक्षम प्राधिकारी के

ध्यान में लाना होगा। इस रिपोर्ट के प्रेषण में भी जनसंपर्क अधिकारी की मदद ली जा सकती है। (राजभाषा विभाग द्वारा भी स्वयं यह कार्य किया जा सकता है।)

वालंटियरों को कार्य का आबंटन

- संगोष्ठी संबंधी कथित विभिन्न कार्यों को अनुशासनबद्ध ढंग से संपन्न कराने के लिए कार्यवार टीम बनाने हेतु राजभाषा कर्मियों के अतिरिक्त सामान्य वर्ग के सक्रिय कर्मियों की सेवाएँ प्राप्त करने हेतु जनसंपर्क अधिकारी के सहयोग से अपेक्षित कर्मचारियों को मौखिक सूचना देकर उनकी सहमति से सूची बनानी होगी। (क्रम संख्या, नाम, पदनाम, विभाग, कार्यालय)

इनमें महिला कर्मियों को भी शामिल करना होगा। इस प्रकार चयनित कर्मचारियों के विभागों/कार्यालयों को सक्षम प्राधिकारी के हस्ताक्षर से संगोष्ठी के कार्य में अपने कर्मचारियों की सेवाएँ उपलब्ध कराने हेतु अनुरोध पत्र जारी करने होंगे।

द्वितीय मार्गदर्शन बैठक (कार्यक्रम-पूर्व बैठक)

- संगोष्ठी के दो या तीन दिन पूर्व सभी वालंटियरों के लिए पुनः एक बैठक बुलानी होगी। इसमें कृत कार्रवाई संबंधी प्रगति की समीक्षा करने के अतिरिक्त शेष कार्रवाई को समय पर संपन्न करने की चर्चा हो। इस बैठक का आयोजन भी उच्च कार्यपालक की उपस्थिति में ही हो। उपस्थितों को जलपान की व्यवस्था हो। इस बैठक के कार्यवृत्त बनाने की आवश्यकता नहीं होगी।
- संगोष्ठी के पूर्व एक बार सभी वालंटियरों द्वारा या अपेक्षित वालंटियरों द्वारा आयोजन स्थल एवं सभागार का संदर्शन किया जाना उचित होगा।

नोट : 1. राजभाषा विभाग के कुछेक कर्मचारियों को रजिस्ट्रेशन टीम, मंच सजावट टीम, मेमेंटो खरीदी टीम में शामिल करना जरूरी है। बोर्ड/बैनर/बैज की विषयवस्तु उपलब्ध कराने में, प्रूफ जांच करने में और अन्य आवश्यकताओं में वालंटियरों को राजभाषा विभाग द्वारा ससमय सहयोग प्रदान किया जाना होगा।

2. राजभाषा विभाग के तत्काल प्रभारी को संगोष्ठी से संबंधित सभी कार्यों का समग्र पर्यवेक्षण करना होगा। संगोष्ठी को सफल बनाने में राजभाषा विभाग को उल्लेखनीय भूमिका अदा करनी होगी।

संगोष्ठी के मुख्य कार्यक्रम के संचालन में सावधानियाँ

प्रथम चरण-उद्‌घाटन सत्र

- स्वागत टीम के सभी सदस्यों को अपने कर्तव्यों के निर्वहण में सक्रिय और सतर्क रहना होगा।

- प्रतिनिधियों का पंजीकरण कार्य सुगमता से और त्वरित गति से संपन्न हो।
- देखना होगा कि कार्यक्रम प्रारंभ होने के पहले ही सभी सहभागी अपना स्थान ग्रहण कर लिया है।
- देखना होगा कि उद्घाटन समारोह में आमंत्रित मुख्य/विशिष्ट अतिथि, आयोजक संस्था के संबंधित उच्च कार्यपालक कार्यक्रम प्रारंभ करने के कम से कम पांच मिनट पूर्व पहुँच गए हैं। पहले इन्हें सभागार में मंच के निकट की प्रथम पंक्ति में आसन ग्रहण करने का अनुरोध करना होगा।
- विशिष्ट अतिथियों और संबंधित उच्च पदाधिकारियों का मंच पर अपना स्थान ग्रहण करने हेतु मंच संचालक द्वारा समय पर सादर आमंत्रण।

[विशिष्ट अतिथियों को मंच पर ले जाने में आयोजक संस्था के उच्च पदाधिकारी साथ हों तो सम्मानजनक होगा।]

- मंच पर आमंत्रित करते समय वरीयता क्रम पर ध्यान देना होगा।

[मंचाध्यक्ष, मुख्य अतिथि, विशिष्ट/गौरव अतिथि, वरीयता के आधार पर अन्य कार्यपालक। अपने राजभाषा विभाग के तत्काल विशेषज्ञ राजभाषा प्रभारी भी मंच पर स्थान ग्रहण करेंगे।]

- कार्पोरेट गीत। (यदि ऐसी प्रथा हो)
- मंचासीन अतिथियों का शॉल/बुके या शॉल/पुस्तक से स्वागत करना।

[पहले ही तय करना होगा कि कौन किनको शॉल/बुके/पुस्तक से सम्मान करेंगे। सामान्यत: उद्घाटन कार्यक्रम की अध्यक्षता संस्था के उच्च पदाधिकारी करेंगे। उनके द्वारा ही मुख्य/विशिष्ट अतिथियों को शॉल/बुके/पुस्तक प्रदान कर सम्मानित किया जाता है।]

- अध्यक्ष एवं संस्था के मंचासीन अन्य पदाधिकारियों को स्वागत-सम्मान उसी संस्था के अन्य पदाधिकारियों द्वारा किया जाता है।
- स्वर्गस्थ संस्थापकों को पुष्पांजलि। (यदि ऐसी प्रथा हो)
- दीप प्रज्वलन।

[पीतल/स्टील के छोटे-से आरती स्टैंड में बत्ती जलाकर उससे दीप प्रज्वलित करने हेतु किसी एक महिला कर्मी द्वारा मुख्य अतिथि के हाथ सौंपे जाने की व्यवस्था करनी होगी। कैंडल की व्यवस्था भी की जा सकती है।]

- प्रार्थना।
- स्वागत वक्तव्य (संक्षेप में)
- आयोजक संस्था की राजभाषा कार्यान्वयन संबंधी उल्लेखनीय गतिविधियों पर लघु पीपीटी का प्रदर्शन।

[कार्यक्रम के प्रारंभ में मंच पर अतिथियों को आमंत्रित करने के पूर्व या एक सत्र और दूसरे सत्र के बीच पीपीटी की व्यवस्था नहीं की जाने पर मंच संचालक द्वारा या राजभाषा विभाग के किसी पदाधिकारी द्वारा अति संक्षेप में मौखिक रूप से/पढ़कर निष्पादन जानकारी दी जा सकती है।)

- पुस्तक/पत्रिका/ऑडियो/वीडियो का लोकार्पण। (यदि हो)

- आलेख प्रस्तुतकर्ताओं/चयनित श्रेष्ठ आलेखकारों/सत्राध्यक्षों/विषय प्रवर्तकों/कलाकारों को नकद पुरस्कार/मेमेंटो/प्रशस्ति पत्र प्रदान किया जाना।

[अध्यक्ष/मुख्य अतिथि के शुभहस्ते। समय के अभाव में इस क्रम में संभव नहीं हो पाने पर हर एक सत्र के अंत में आलेख प्रस्तुतकर्ताओं/सत्राध्यक्षों/विषय प्रवर्तकों को आयोजक संस्था के उच्च पदाधिकारी के शुभहस्ते प्रदान कराना होगा। चयनित श्रेष्ठ आलेखकारों को उद्घाटन कार्यक्रम के समापन संबंधी धन्यवाद ज्ञापन के पूर्व मेमेंटो प्रदान कराए जा सकते हैं या सभी को एक साथ संगोष्ठी के समापन पर ही प्रदान कराए जा सकते हैं। सांस्कृतिक कार्यक्रम के प्रदर्शन के तुरंत पश्चात् कलाकारों को मेमेंटो प्रदान कराने की पहल करनी होगी।]

नोट : मंच संचालक द्वारा सूची पढ़ी जाने में और वितरित करने के क्रम में कोई त्रुटि न हो। इस कार्य को संपन्न करने में अति सावधान रहना होगा।

- मंचासीन अतिथियों द्वारा उद्बोधन क्रम।

[मुख्य अतिथि, विशिष्ट अतिथि, अन्य कोई पदाधिकारी (यदि आवश्यक हो), मंचाध्यक्ष]

- उद्बोधन के पूर्व तत्संबंधी अतिथि का संक्षिप्त और सारगर्भित परिचय हो। अंत में अध्यक्षीय भाषण हो।
- अतिथियों के उद्बोधनों के पश्चात् मंचाध्यक्ष के शुभहस्ते मंचासीन अतिथियों को प्रेम स्वरूप मेमेंटो प्रदान कराए जा सकते हैं।
- कोई लघु सांस्कृतिक प्रदर्शन होने पर उसकी व्यवस्था।

[मंचासीन अतिथियों से मंच के बाहर अपना स्थान ग्रहण करने का अनुरोध करना होगा।]

- बाद में अध्यक्ष के हाथों कलाकारों को मेमेंटो प्रदान कराए जा सकते हैं।
- इसके पश्चात् संक्षिप्त धन्यवाद ज्ञापन के साथ संगोष्ठी का प्रथम चरण अर्थात् उद्घाटन समारोह का समापन कर चाय विराम देना होगा।

द्वितीय चरण—आलेख प्रस्तुति :

- कार्यक्रम के द्वितीय चरण में अर्थात् आलेख प्रस्तुति के मुख्य भाग में अलग-अलग सत्रों के संचालन में, यथा : प्रारंभिक संक्षिप्त परिचय एवं औपचारिक संक्षिप्त समापन हेतु अलग-अलग राजभाषा कर्मियों को जिम्मेदारी सौंपी जा सकती है। (अन्यथा एक ही कर्मी द्वारा भी पूरा संचालन भार संभाला जा सकता है।)
- सत्र संचालक द्वारा सत्राध्यक्ष, विषय प्रवर्तक, आलेख प्रस्तुतकर्ताओं का संक्षिप्त परिचय किये जाने के पश्चात् सत्राध्यक्ष को सत्रभार सौंपा जाता है।

[सत्राध्यक्ष को अनौपचारिक रूप से सूचित किया जा सकता है कि वे विषय प्रवर्तक को प्रारंभिक उद्बोधन का अवसर प्रदान करें।]

- बाद में आलेखकारों द्वारा अपने आलेखों की प्रस्तुति के पश्चात् प्रश्नोत्तरी हो। तदुपरांत सत्राध्यक्ष द्वारा सत्र चयन व प्रस्तुति पर संक्षिप्त टिप्पणी प्रस्तुत की जाती है।

- हर सत्र के संचालन में यही पद्धति अपनाई जाती है।
- सहभागियों को चाय विराम, भोजन विराम, संध्या अल्पाहार इत्यादि की समय पर सूचना देने में तथा समय पर वापस अपना स्थान ग्रहण करने के लिए अनुरोध करने में संचालकों को विशेष ध्यान देना होगा।

इसके अतिरिक्त अन्य कोई आवश्यक मार्गदर्शन/सूचनाएँ देने में भी संचालकों को सतर्क रहना होगा।

- संगोष्ठी के विभिन्न सत्रों की सार बिंदुओं का एक संक्षिप्त आकलन प्रस्तुत करने के लिए संगोष्ठी के विषय से परिचित किसी एक भाषाविद् को आमंत्रित कर यह उत्तरदायित्व सौंपा जा सकता है।

[संगोष्ठी विषयक समग्र सार एक साथ प्रतिभागियों को उपलब्ध कराने के लिए यह पहल की जा सकती है। अनिवार्य अंग तो नहीं है।]

- कार्यक्रम के प्रथम चरण में पुरस्कार/मेमेंटो वितरण, सांस्कृतिक प्रदर्शन आदि नहीं हो पाने पर समापन सत्र में यह औपचारिकता पूरी की जाती है।
- अंत में आयोजक संस्था के किसी एक पदाधिकारी द्वारा या राजभाषा विभाग के प्रभारी द्वारा धन्यवाद अर्पण किया जाएगा।

[उद्घाटन समारोह के अतिथियों को उद्घाटन सत्र के समापन पर तथा सत्र सहभागियों को हर सत्र के समापन पर ही आभार व्यक्त किये जाने के कारण अधिक समय न लेते हुए संक्षेप में उनका पुन: आभार व्यक्त करते हुए प्रार्थना प्रस्तुतकर्ताओं, सभी प्रतिनिधियों एवं प्रतिभागियों को प्रतिनियुक्त करने हेतु उनके प्रबंधक वर्ग को, सभागार के प्रबंधन को, कलाकारों को, टीमवार वालंटियरों को, पर्यवेक्षकों को, मार्गदर्शकों को, सभी संचालकों को, विशेष रूप से राजभाषा विभाग के सभी कर्मचारियों को, राजभाषा विभाग के प्रभारी उच्च कार्यपालक को तथा प्रत्यक्ष और परोक्ष रूप से जिन्होंने सहयोग प्रदान किया, उन सबको आत्मीय आभार व्यक्त करना होगा।]

- राष्ट्रगान के साथ कार्यक्रम का समापन हो।

नोट :
1. समन्वयकों एवं मंच संचालकों को ध्यान रखना होगा कि कार्यक्रम सूची में अंकित मिनटवार समय के अनुरूप लगभग हर गतिविधि संपन्न की जा रही है।
2. स्वागत भाषण, आयोजक संस्था की रिपोर्ट प्रस्तुति, सांस्कृतिक प्रदर्शन, धन्यवाद अर्पण इत्यादि संक्षेप में हों।
3. विशेषकर मंच संचालकों और सत्र संचालकों की प्रस्तुति गागर में सागर जैसी हो। (अपनी विद्वत्ता का प्रदर्शन न हो, शेर-शायरी कम हो, मंचासीन अतिथियों, अपने उच्च कार्यपालकों की बारंबार अनावश्यक प्रशंसा न हो। अनुशासन पर पूर्ण ध्यान हो। मधुर भाषा का प्रयोग हो।)

संगोष्ठोत्तर कार्रवाई

- संगोष्ठी की मुख्य तस्वीरों को आयोजक कार्यालय परिसर की फोटो गैलरी में कुछ दिनों के लिए प्रदर्शित किया जा सकता है।

- संगोष्ठी से संबंधित कार्यवृत्त तैयार कर संस्था के प्रधान को अवलोकन/अनुमोदनार्थ प्रस्तुत करना होगा।
- राजभाषा विभाग, गृह मंत्रालय, नई दिल्ली, संबंधित क्षेत्रीय कार्यान्वयन कार्यालय, आयोजक संस्था से संबंधित मंत्रालय के राजभाषा विभाग, संबंधित नगर राजभाषा कार्यान्वयन समिति के संयोजक कार्यालय को तस्वीर सहित संक्षिप्त रिपोर्ट भेजनी होगी।
- राजभाषा भारती (राजभाषा विभाग) सहित हिंदी भाषा से जुड़ी अन्य प्रमुख पत्रिकाओं में प्रकाशनार्थ तस्वीर सहित संक्षेप रिपोर्ट भेजी जा सकती है।
- आयोजक संस्था की हिंदी और द्विभाषा गृह पत्रिका के आगामी अंक में यह रिपोर्ट प्रकाशित करानी होगी।
- आमंत्रित विशिष्ट अतिथियों, संबंधित उच्च कार्यपालकों, आलेख प्रस्तुतकर्ताओं, सत्राध्यक्षों, विषय प्रवर्तकों, कलाकारों इत्यादि को संगोष्ठी संबंधी अपनी तस्वीर की प्रति (सॉफ्ट प्रति/हार्ड प्रति जो भी सुविधाजनक हो) उपलब्ध करानी होगी।
- कार्यक्रम के फोटो एल्बम और वीडियो को सुरक्षित रखना होगा।
- संबंधित उच्च पदाधिकारियों को फोटो एल्बम/वीडियो दिखाने का प्रयास करना होगा (वीडियो का उचित संपादन करना अति आवश्यक है)। उन्हें इनकी सॉफ्ट प्रति उपलब्ध कराना सुविधाजनक होगा।
- वीडियो की एक-दो प्रतियाँ (पेनड्राइव इत्यादि) राजभाषा विभाग के हिंदी पुस्तकालय में भी उपलब्ध हों।
- संगोष्ठी के पश्चात् सुविधानुसार आयोजक कार्यालय के सम्मेलन कक्ष या अन्य सुविधाजनक कक्ष में राजभाषा विभाग के प्रभारी उच्च कार्यपालक की उपस्थिति में आयोजन से जुड़े सभी वालंटियरों को आमंत्रित कर आभार स्वरूप कोई मेमेंटो प्रदान कराए जाने की चेष्टा की जा सकती है। जलपान की व्यवस्था हो। मेमेंटो या संगोष्ठी बैग उपलब्ध नहीं करा पाने की स्थिति में केवल विशेष आभार प्रकट करना भी उनके लिए प्रोत्साहजनक होगा।
- बिल सहित संपूर्ण व्यय ब्योरे के साथ एवं प्रदेय बिलों की जानकारी के साथ कार्यालय टिप्पणी तैयार कर सक्षम प्राधिकारी का अनुमोदन प्राप्त कर फुटकर अग्रिम बंद कराना होगा। इस कार्यालयीन टिप्पणी के आधार पर अदायगी प्रदेय वेंडरों/व्यक्तियों को चेक के जरिये या खाता अंतरण के जरिये रकम का भुगतान करना होगा।
- अनुपस्थित आलेखकारों के मेमेंटो/पुरस्कार/प्रमाणपत्र को उत्तम वाहक सेवा के जरिये या अन्य माध्यमों द्वारा पहुँचाकर पावती प्राप्त करनी होगी।
- गैर-चयनित आलेखकारों को भी डाक द्वारा प्रतियोगिता सहभागिता प्रमाणपत्र भेजने होंगे।
- आलेख अग्रेषित सभी संस्थाओं के कार्यालय प्रधानों को आभार पत्र प्रेषित करना उचित होगा।

- संगोष्ठी के पूर्व पुस्तक का प्रकाशन कार्य संपन्न नहीं किये जाने पर चयनित आलेखों का ध्यानपूर्वक एवं विवाद रहित संपादन सुनिश्चित कर आयोजक संस्था में प्रचलित प्रकाशन पद्धति के अनुरूप अनुमोदित/उपलब्ध बजट के आधार पर पुस्तक/सॉवनियर/पत्रिका के रूप में संगोष्ठी विषय संबंधी सामग्री को प्रकाशित कराने की पहल करनी होगी।
- संगोष्ठी के विषय पर प्रकाशित पुस्तक/सॉवनियर/पत्रिका की एक-एक प्रति सभी अतिथियों/विशेष आमंत्रितों/आलेखकारों को उपलब्ध कराई जा सकती है।

[प्रकाशित आलेखों के आलेखकारों को इनकी प्रति उपलब्ध कराना आवश्यक है।]

- इसके अतिरिक्त राजभाषा विभाग, गृह मंत्रालय से जुड़े सभी प्रमुख केंद्रों (हिंदी शिक्षण योजना, केंद्रीय हिंदी प्रशिक्षण संस्थान, केंद्रीय अनुवाद ब्यूरो, क्षेत्रीय कार्यान्वयन कार्यालय) सहित अन्य प्रमुख मंत्रालयों के मुख्यालयों के राजभाषा विभागों, संसदीय राजभाषा समिति सचिवालय, केंद्रीय हिंदी निदेशालय, केंद्रीय हिंदी संस्थान, केंद्रीय सचिवालय हिंदी परिषद्, नागरी प्रचारिणी सभा, प्रमुख हिंदी प्रचार सभाओं, प्रमुख हिंदी सेवा समितियों, हिंदी अकादमियों, प्रमुख ग्रंथालयों, प्रमुख विश्वविद्यालयों के हिंदी विभागों, केंद्रीय भारतीय भाषा संस्थान, तकनीकी एवं वैज्ञानिक शब्दावली आयोग, भारतीय बैंक संगठन, अपने संगठनों के मंत्रालय से जुड़े अन्य कोई प्रमुख कार्यालयों आदि को प्रकाशन की प्रति पहुँचाने की पहल करनी होगी।
- सक्षम प्राधिकारी द्वारा अनुमोदित संगोष्ठी के कार्यवृत्त के आधार पर लिये गए निर्णयों का समय पर अनुपालन सुनिश्चित करना होगा।
- सुनिश्चित कर लेना होगा कि संगोष्ठी संबंधी पत्र-व्यवहार की सभी प्रतियाँ राजभाषा विभाग की संबंधित फाइल में समय पर फाइल की गई हैं तथा विभाग के संबंधित कंप्यूटरों में टंकित सभी सामग्री 'राजभाषा संगोष्ठी फोल्डर' के अंतर्गत सॉफ्ट प्रति में सुरक्षित रखी गई है।
- अंतरसंगठनीय संगोष्ठी होने के कारण आयोजन के पश्चात् सभी यह महसूस करें कि संगोष्ठी यादगार और मददगार रही।

अनुबंध (कार्यक्रम सूची का नमूना)

मंचासीन अतिथियों सहित सभी सहभागियों को उपलब्ध कराने हेतु संगोष्ठी कार्यक्रम की सत्रवार नमूना सूची जानकारी हेतु निम्न प्रस्तुत है :

- आयोजक संस्था का लोगो।
- संगोष्ठी के मुख्य विषय का शीर्षक।

[उदाहरण के लिए 'कार्यालयों में नवीनतम तकनीकी उपकरणों का प्रयोग' विषय पर हिंदी में राष्ट्रीय सेमिनार :]

दिनांक	
कार्यक्रम	
9.30 से 10.15	पंजीकरण
उद्‌घाटन सत्र	
10.15	मंच पर अतिथियों का आमंत्रण (शॉल/बुके/पुस्तक से सम्मान भी इसी समय हो।)
10. 25	दीप प्रज्वलन : मंचासीन अतिथियों द्वारा
10.30	प्रार्थना
10. 35	स्वागत भाषण : श्री/सुश्री........................(पदनाम/संस्था सहित)
10.40	संगोष्ठी की पृष्ठभूमि : (लघु वीडियो/पीपीटी या मौखिक अभिव्यक्ति द्वारा)
10.50	विमोचन (यदि हो) : मंचासीन अतिथियों द्वारा (प्रकाशन का ब्योरा देना होगा)
10.55	मुख्य अतिथि का संबोधन : श्री/सुश्री...........(पदनाम/संस्था सहित)
11.05	विशेष अतिथि का संबोधन: श्री/सुश्री...........(पदनाम/संस्था सहित)
11.15	अध्यक्षीय संबोधन: श्री/सुश्री....................(पदनाम/संस्था सहित)
11.25	उद्‌घाटन सत्र का धन्यवाद ज्ञापन : श्री/सुश्री............................ (पदनाम/संस्था सहित) (अतिथि मेमेंटो भी इसी समय देने होंगे)
11:30 से 11.45	चाय विराम
11:45 से 12.45	द्वितीय सत्र : आलेख प्रस्तुति (पावर प्वाइंट के माध्यम से) सत्राध्यक्ष : श्री/सुश्री...(पदनाम/संस्था सहित) प्रारंभिक उद्‌बोधन एवं विषय प्रवर्तन : श्री/सुश्री...............................(पदनाम/संस्था सहित) 1. .... 2. .... 3. .... (प्रस्तुतकर्ता का नाम, पदनाम, संस्था, आलेख का शीर्षक) प्रश्नोत्तर सत्राध्यक्ष का उद्‌बोधन (समाहार) (आयोजक संगठन के उच्च कार्यपालक के शुभहस्ते आलेख प्रस्तुतकर्ताओं/विषय प्रवर्तक/सत्राध्यक्ष को पुरस्कार/मेमेंटो/प्रमाणपत्र)

12:45 से 13.45	तृतीय सत्र: आलेख प्रस्तुति (पावर प्वाइंट के माध्यम से) सत्राध्यक्ष: श्री/सुश्री.........(पदनाम/संस्था सहित) प्रारंभिक उद्बोधन एवं विषय प्रवर्तन : श्री/सुश्री..........(पदनाम/संस्था सहित) 1. .... 2. .... 3. ....
	(प्रस्तुतकर्ता का नाम, पदनाम, संस्था, आलेख का शीर्षक) प्रश्नोत्तर सत्राध्यक्ष का उद्बोधन (समाहार) (आयोजक संगठन के उच्च कार्यपालक के शुभहस्ते आलेख प्रस्तुतकर्ताओं/विषय प्रवर्तक/सत्राध्यक्ष को पुरस्कार/मेमेंटो/प्रमाणपत्र)
13:45 से 14:30	भोजन विराम
14:30 से 15.30	चतुर्थ सत्र: आलेख प्रस्तुति (पावर प्वाइंट के माध्यम से) सत्राध्यक्ष: श्री/सुश्री.............................. (पदनाम/संस्था सहित) प्रारंभिक उद्बोधन एवं विषय प्रवर्तन : श्री/सुश्री..........(पदनाम/संस्था सहित) 1. .... 2. .... 3. .... (प्रस्तुतकर्ता का नाम, पदनाम, संस्था, आलेख का शीर्षक) प्रश्नोत्तर सत्राध्यक्ष का उद्बोधन (समाहार) (आयोजक संगठन के उच्च कार्यपालक के शुभहस्ते आलेख प्रस्तुतकर्ताओं/विषय प्रवर्तक/सत्राध्यक्ष को पुरस्कार/मेमेंटो/प्रमाणपत्र)
15:30 से 15:45	चाय विराम
15:45 से 16:00	समापन सत्र संगोष्ठी के विभिन्न सत्रों की सार बिंदुओं का एक आकलन : श्री/सुश्री............(पदनाम/संस्था सहित) (यदि चाहने पर)
16:00 से 16:15	सांस्कृतिक प्रदर्शन (यदि हो और उद्घाटन सत्र में इसका प्रदर्शन न होने पर)
16:15 से 17:00	पुरस्कार/मेमेंटो/प्रमाणपत्र प्रदान किया जाना। (उद्घाटन समारोह/सत्रांत में यह कार्य संपन्न नहीं होने पर) —आलेख प्रस्तुतकर्ताओं को —श्रेष्ठ आलेखों के आलेखकारों को —सत्राध्यक्ष एवं विषय प्रवर्तकों को —सांस्कृतिक कार्यक्रम के कलाकारों को (अन्य कोई होने पर उल्लेख करना होगा।)

17.00	धन्यवाद ज्ञापन : श्री/सुश्री......................(पदनाम/संस्था सहित)
17:05	राष्ट्रगान
17.10	हाई टी

नोट : 1. उद्‌घाटन सत्र में ही अध्यक्ष व मुख्य अतिथि के हाथों पुरस्कार/मेमेंटो/प्रमाणपत्र प्रदान कराए जाने के विचार होने पर और सांस्कृतिक कार्यक्रम के प्रदर्शन समय में परिवर्तन होने पर उपर्युक्त मिनिटवार कार्यक्रम में तदनुसार परिवर्तन करना होगा।

2. यह केवल नमूना है। तय कार्यक्रम के अनुसार कार्यसूची बनानी होगी।

3. आयोजक संस्था द्वारा संगोष्ठी के पूर्व कभी अंतर्संगठन स्तर की कोई हिंदी प्रतियोगिता का आयोजन किये जाने पर तत् प्रतियोगिता के विजेताओं को आमंत्रित कर (संबंधित विजेता संस्था के खर्च पर) पुरस्कार प्रदान करने की पहल की जा सकती है। इससे उन्हें भी राष्ट्रीय स्तर संगोष्ठी में भाग लेने का अवसर मिलेगा (पूर्व में उन्हें पुरस्कार प्रदान नहीं किये जाने पर)।

राष्ट्रीय स्तर अंतरसंगठनीय हिंदी प्रतियोगिताओं का आयोजन

परिचय

प्रतियोगिताएँ प्रगति का सोपान बन जाती हैं। राजभाषा के प्रगति पथ पर आगे बढ़ने के लिए, कार्यालयीन कार्य में हिंदी का वर्द्धित प्रयोग सुनिश्चित करने के लिए कर्मचारियों में इच्छाशक्ति जगाने की आवश्यकता होती है। हिंदी प्रतियोगिताओं के आयोजन के जरिये हिंदी के प्रयोग में यथासंभव योगदान देने के लिए कर्मचारियों में उत्साह जगाया जा सकता है। इस आशय की पूर्ति के लिए विभिन्न अवसरों पर आंतरिक एवं अंतर संगठनीय हिंदी प्रतियोगिताओं का आयोजन किया जाता है। राजभाषा कार्यान्वयन की यह एक अतिरिक्त रोचक गतिविधि है। इस प्रकार की अतिरिक्त गतिविधियों से संस्था की छवि बढ़ जाती है। उच्च स्तरीय राजभाषायी निरीक्षणों में सराहा जाता है। वार्षिक राजभाषा शील्ड मूल्यांकन रिपोर्टों में अतिरिक्त अंक प्राप्त करने का अवसर भी मिल जाता है।

अतिरिक्त गतिविधि

- अंतरसंगठनीय (inter) हिंदी प्रतियोगिताओं का आयोजन एक अतिरिक्त गतिविधि है लेकिन अनिवार्य गतिविधि नहीं है। किसी संगठन की इच्छा पर निर्भर होता है।

आयोजक कार्यालय/मंच

- सामान्यतः संगठन के मुख्यालय द्वारा अंतरसंगठनीय प्रतियोगिताओं का आयोजन करने की पहल की जाती है।
- टॉलिक की छमाही समीक्षा बैठकों में लिये गए निर्णयों के आधार पर समिति के तत्त्वावधान में भी संयोजक कार्यालय द्वारा राष्ट्रीय स्तर प्रतियोगिताएँ आयोजित की जाती हैं।
- टॉलिक के कोई सदस्य कार्यालय इच्छुक होने पर समीक्षा बैठक में लिये गए निर्णय के अनुसार उसे समिति के तत्त्वावधान में इस प्रकार की प्रतियोगिताएँ आयोजित करने की जिम्मेदारी सौंपी जाती है।

नोट : 1. किसी सदस्य कार्यालय द्वारा इस प्रकार की राष्ट्रीय स्तर प्रतियोगिताओं को आयोजित करने की इच्छा स्वयं व्यक्त करने से पहले अपने उच्च नियंत्रक कार्यालय/प्रधान कार्यालय की पूर्व अनुमति प्राप्त करनी होगी।

2. टॉलिक मंच द्वारा किसी सदस्य कार्यालय को इस प्रकार के आयोजन की जिम्मेदारी सौंपी जाने के पक्ष में संयोजक कार्यालय से प्राप्त लिखित पत्राचार एवं कार्यवृत्त के आधार पर तत् सदस्य कार्यालय को अपने प्रधान कार्यालय या संबंधित उच्च नियंत्रक कार्यालय से अनुमति प्राप्त करनी होगी। (अपने संगठन में प्रचलित आंतरिक दिशानिर्देशों के आधार पर।)

प्रतियोगिताओं का स्वरूप

- आयोजन की सुविधा एवं अत्यधिक सहभागिता सुनिश्चित करने के लिए डाक/ई-मेल द्वारा प्रस्तुत कर पाने वाली लिखित प्रतियोगिताओं को प्राथमिकता देना उचित होगा। (यथा : निबंध लेखन, लघु कहानी लेखन इत्यादि।)
- यदि प्रतिभागियों को अपने संगठन में आमंत्रित कर प्रतियोगिताएँ आयोजित करना चाहेंगे तो आशु भाषण, प्रश्नोत्तरी, वाद-विवाद, अंत्याक्षरी, गायन, कविता पाठ, स्मरणशक्ति इत्यादि प्रतियोगिताओं का चयन किया जा सकता है।

सहभागिता क्षेत्र

- प्रतियोगिता में सहभागिता क्षेत्र तय करने में आयोजक संगठन स्वतंत्र होंगे। टॉलिक के संदर्भ में समिति द्वारा लिये गए निर्णय का पालन करना होगा। आमंत्रण क्षेत्र को तय करने में निम्न पद्धतियाँ अपनाई जा सकती हैं :

(i) अपने मंत्रालय की समस्त संस्थाओं/इकाइयों को।

उदाहरण के लिए आयोजक कोई बैंक होने पर उसके द्वारा देशभर स्थित समस्त राष्ट्रीयकृत बैंकों, वित्तीय संस्थाओं, भारतीय रिजर्व बैंक, बीमा कंपनियों इत्यादि वित्त मंत्रालय से संबंधित सभी संस्थाओं को आमंत्रित किया जाना।

(ii) मंत्रालय के अपने कार्य स्वरूप के अन्य संगठनों को आमंत्रित किया जाना।

यथा : भारतीय जीवन बीमा निगम आयोजक होने पर उसके द्वारा न्यू इंडिया एश्योरेंस, यूनाइटेड इंडिया इंश्योरेंस इत्यादि केंद्र सरकार की अधीनस्थ इंश्योरेंस कंपनियों के कर्मचारियों को भाग लेने की पात्रता दी जाना।

यदि ड्रेडिजंग कार्पोरेशन आयोजक होने पर नेवी से संबंधित सभी इकाइयों को आमंत्रित किया जाना आदि।

(iii) 'क', 'ख', 'ग' क्षेत्र स्थित अपने मंत्रालय के समस्त संगठनों को आमंत्रित नहीं कर पाने की स्थिति में केवल अपने भाषायी क्षेत्र के संगठनों को ही आमंत्रित किया जा सकता है। यथा : आयोजक संगठन 'ग' क्षेत्र में होने पर 'ग' क्षेत्र स्थित अपने मंत्रालय के सभी संगठनों को आमंत्रित किया जाना।

पात्रता

- प्रतियोगिता पात्रता तय करने में भी आयोजक संस्था स्वतंत्र होगी।
- सामान्यत: सभी अधिकारी वर्ग एवं लिपिक वर्ग के कर्मचारियों को भाग लेने की अनुमति दी जाती है। (आयोजक के इच्छानुसार अन्य वर्ग को भी शामिल किया जा सकता है।) या
- केवल अधिकारी वर्ग या लिपिक वर्ग या संकाय सदस्य या इकाई प्रधान या चयनित विषय से जुड़े विशेषज्ञ अधिकारी को ही पात्रता दी जा सकती है।

उम्दा आयोजन

- प्रतियोगिताओं का आयोजन नाम के लिए न हो, काम के लिए हो। आयोजक को अनुशासनबद्ध, शिकायत रहित एवं गरिमामय आयोजन पर विशेष ध्यान देना होगा।

कार्यालयीन प्रक्रिया

- इच्छुक संगठन के प्रधान कार्यालय के राजभाषा विभाग द्वारा राजभाषा कार्यान्वयन समिति की त्रैमासिक समीक्षा बैठकों में अनुमोदन प्राप्त करने के जरिये या इस आशय की कार्यालय टिप्पणी पर सक्षम प्राधिकारी का अनुमोदन प्राप्त करने के जरिये उचित कार्रवाई प्रारंभ करनी होगी। (राजभाषा कार्यान्वयन समिति की बैठक में उचित निर्णय लिये जाने पर भी उसके कार्यवृत्त की प्रति संलग्न करते हुए कार्यालय टिप्पणी पर सक्षम प्राधिकारी का अनुमोदन प्राप्त करना होगा।)

कार्यालय टिप्पणी में उल्लेख की जाने वाली बिंदुएँ

- आयोजित करने का आशय।
- पहले से इस प्रकार की गतिविधियाँ चलाने वाली कुछेक संस्थाओं का उल्लेख। (अनिवार्य नहीं)
- निरीक्षणों एवं वार्षिक निष्पादन मूल्यांकनों में इस आयोजन से लाभ।
- प्रस्तावित प्रतियोगिता, चयनित विषय, आयोजन स्थल, तारीख, समय और प्रविष्ठियाँ प्राप्त करने की अंतिम तारीख।
- सहभागिता क्षेत्र एवं पात्रता।
- प्रस्तावित नकद पुरस्कार रकम एवं प्रमाणपत्र।
- मूल्यांकन प्रक्रिया एवं निर्णायक की मानदेय रकम।
- पुरस्कार प्रदान/वितरण करने की प्रक्रिया।
- प्रस्तावित कुल खर्च एवं बजट की उपलब्धता। (यदि हो)
- अन्य संस्थाओं के प्रतिभागी/विजेता अपनी संस्था के खर्च पर ही स्वयं भाग लेंगे। आयोजक संस्था के प्रतिभागियों/विजेताओं को ड्यूटी पर आमंत्रित किया जाएगा।
- अन्य कोई आवश्यक जानकारी।

परिपत्र में समाविष्ट की जाने वाली सूचना

- कार्यालयीन टिप्पणी में उल्लेखित बिंदुओं एवं अन्य शर्तों को समाविष्ट करते हुए परिपत्र जारी करना होगा।
- निबंध प्रतियोगिता होने पर चयनित विषय का उल्लेख हो।
  [दो या तीन विषयों का चयन कर किसी एक विषय पर निबंध प्रस्तुत करने हेतु सूचित करना होगा। जरूरी नहीं कि विषयों का विकल्प हो। एक ही विषय का चयन भी किया जा सकता है।]

पात्रता वर्ग

1. लिखित प्रतियोगिता होने पर मातृभाषा के आधार पर अर्थात् हिंदी मातृभाषी; मराठी, गुजराती, पंजाबी मातृभाषी तथा अन्य गैर-हिंदीभाषी तीन वर्गों के विजेताओं के लिए अलग से प्रथम, द्वितीय, तृतीय पुरस्कार प्रदान किये जा सकते हैं (हिंदीतर भाषियों को प्रोत्साहित करने के लिए यह पद्धति अपनाई जा सकती है); अन्यथा :
2. मातृभाषा को आधार न मानते हुए पुरस्कारों की संख्या बढ़ाई जा सकती है।
3. लिखित प्रतियोगिताओं में राजभाषा स्टाफ (राजभाषा अधिकारी/अनुवादक/टंकक/आशुलिपिक/राजभाषा लिपिक) को पात्रता नहीं देनी होगी। इससे सामान्य वर्ग के कर्मियों को प्रोत्साहन मिलेगा।
4. सामान्य ज्ञान संबंधी प्रश्न मंच (राजभाषा प्रश्न मंच को छोड़कर), गायन, अंत्याक्षरी इत्यादि में राजभाषा स्टाफ को भी पात्रता दी जा सकती है।
5. विशेष वर्ग के लिए आयोजित प्रतियोगिता होने पर उस वर्ग के कर्मचारियों को ही पात्रता दी जा सकती है (जैसे राजभाषा स्टाफ, सुरक्षा स्टाफ, विधि स्टाफ, तकनीकी स्टाफ, टॉलिक सदस्य सचिव, कार्यपालक, इकाई प्रमुख, संकाय सदस्य इत्यादि)।

प्रतियोगिता स्वरूप के आधार पर तत्संबंधी आयोजन के नियम व शर्तों का स्पष्ट उल्लेख करना होगा, यथा : प्रश्न मंच होने पर उससे संबंधित नियम, वाद-विवाद होने पर उससे संबंधित नियम, अंत्याक्षरी होने पर तत्संबंधी नियम।

नमूने के तौर पर हिंदी निबंध प्रतियोगिता के नियम एवं शर्तें

- न्यूनतम एवं अधिकतम शब्दों की संख्या। (1500 से 2000 आदर्श होगा)
- ई-मेल द्वारा सॉफ्ट प्रति तथा डाक द्वारा मूल प्रति प्राप्त करनी होगी।
- प्रविष्टि के साथ विधिवत् अग्रेषित घोषणा पत्र भी प्राप्त करना होगा। (इसमें मातृभाषा, स्वरचित आलेख, अब तक अप्रकाशित इत्यादि का उल्लेख हो।)
- परिपत्र के साथ अनुबंध के रूप में घोषणा पत्र संलग्न हो।
- प्रतियोगिता प्रविष्टि पर नाम, संस्था का नाम इत्यादि का उल्लेख न हो। केवल घोषणा पत्र में ही इस प्रकार का विवरण उपलब्ध कराना होगा।

- निबंध केवल हिंदी में लिखा गया हो।
- पुरस्कारों की संख्या, पुरस्कार राशि, प्रमाणपत्र आदि का उल्लेख हो।
- पुरस्कार वितरण की जानकारी।
- प्रविष्टियाँ प्राप्त होने की अंतिम तारीख एवं पूर्ण पता (ई-मेल, फोन नंबर सहित)।
- अपने संपर्क सूत्र का नाम, पदनाम, कार्यालय पता, ई-मेल, फोन नंबर का उल्लेख हो।
- सहभागिता करने हेतु/पुरस्कार प्राप्त करने हेतु आमंत्रित/प्रतिनियुक्त कर्मचारियों का यात्रा/विराम भत्ता आदि का वहन संबंधित संस्था को ही करना होगा। [आयोजक स्वयं वहन करना चाहने पर तदनुसार सूचित करना होगा।]
- पुरस्कृत प्रविष्टियों पर आयोजक संस्था का पूर्ण अधिकार होगा। आयोजक संस्था की पूर्व अनुमति के बिना आलेखकार द्वारा इन्हें अन्यत्र नहीं छपवाया जाएगा।
- प्रविष्टियों का मूल्यांकन एवं परिणामों की घोषणा के संबंध में आयोजक का निर्णय अंतिम और सहभागियों के लिए बाध्यकारी होगा।
- अन्य कोई संगत सूचना का उल्लेख हो।

नोट : प्रतियोगिता आयोजन संबंधी सभी सूचनाओं को समाविष्ट करने में कोई चूक न हो। इसके लिए कुछेक अन्य संस्थाओं द्वारा जारी परिपत्रों का संदर्भ लेना लाभदायक होगा।

उपर्युक्त बिंदुओं के आधार पर प्रतियोगिता स्वरूप के अनुसार उचित परिवर्तन करते हुए परिपत्र का मसौदा तैयार करना होगा।

परिपत्र प्रेषण/परिचालन

- सहभागिता क्षेत्र स्थित चयनित संगठनों के प्रधान कार्यालयों के राजभाषा विभागों को परिपत्र प्रेषित करते हुए अपनी समस्त इकाइयों को सूचित करने का अनुरोध करना होगा।
- टॉलिक से संबंधित विशेष प्रतियोगिताएँ होने पर सभी संबंधित टॉलिक के संयोजक कार्यालयों को परिपत्र सीधे प्रेषित करते हुए उनके प्रधान कार्यालयों के राजभाषा विभागों को भी प्रेषित करना होगा।
- आयोजक संगठन की वेबसाइट में उपलब्ध कराई जा सकती है।
  [परिपत्र में वेबसाइट की सूचना देनी होगी।]
- समाचार पत्र/पत्रिकाओं में विज्ञापन भी दिया जा सकता है। (अनिवार्य नहीं)
- सामाजिक माध्यमों का लाभ उठाया जा सकता है।

प्रविष्टियों का प्रेषण

आलेखकारों द्वारा अपनी इकाई के माध्यम से अपनी प्रविष्टियों को सीधे आयोजक कार्यालय को भेजा जाना सुविधाजनक होगा। इसका या अन्य पद्धति का परिपत्र में स्पष्ट उल्लेख करना होगा।

प्राप्त प्रविष्टियों को दर्ज करने की पद्धति

- प्राप्त प्रविष्टियों को निम्न स्तंभों की तालिका में सॉफ्ट पति के रूप में (प्रतियोगिता फोल्डर में) या रजिस्टर में दैनिक आधार पर दर्ज करना होगा। यथा : क्रम संख्या, आलेखकार का नाम व पदनाम, कार्यालय, मातृभाषा, आलेख का विषय, कूट संख्या।

नोट : घोषणा पत्र में दी गई जानकारी के आधार पर उपर्युक्त स्तंभों के अंतर्गत सूचना भरनी होगी।

- मूल्यांकन में पारदर्शिता बनाए रखने के लिए अंतिम स्तंभ में एक-एक प्रविष्टि के लिए अलग-अलग कोड संख्या देते हुए संबंधित प्रविष्टि के प्रथम पृष्ठ के ऊपरी भाग पर तथा घोषणा पत्र में उसे अंकित करना होगा।
- हर प्रविष्टि को दर्ज करने के पश्चात् उनसे घोषणा पत्र अलग करते हुए विषयवार पृथक्-पृथक् फोल्डर में उन्हें सुरक्षित रखना होगा।

प्रविष्टियों का सत्यापन/प्राप्ति सूचना

- हर प्रविष्टि का सत्यापन करना होगा कि क्रमवार सभी पृष्ठ (घोषणा पत्र सहित) प्राप्त हुए हैं या नहीं।
- देखना होगा कि प्रविष्टि विधिवत् अग्रेषित है या नहीं।
- देखना होगा कि घोषणा पत्र में अपेक्षित सभी जानकारी भरी गई है या नहीं।
- यदि घोषणा पत्र असंपूर्ण होने पर उसे पूरा करने हेतु संबंधित आलेखकार को तत्काल सूचित करना होगा और सुनिश्चित करना होगा कि अपेक्षित जानकारी प्राप्त हुई है।
- प्राप्त सभी प्रविष्टियों की प्राप्ति सूचना देनी होगी।

मूल्यांकन प्रक्रिया

- प्रतियोगिता संबंधी चयनित विषय का तथा हिंदी भाषा का पर्याप्त ज्ञान रखने वाले सक्षम स्टाफ सदस्यों/प्राध्यापकों या हिंदी भाषा सेवा से जुड़े संस्थानों, प्रचार सभाओं, निदेशालयों, स्वैच्छिक हिंदी सेवा संस्थाओं के पदाधिकारियों/प्रचारकों/प्रतिनिधियों को प्रविष्टियों का मूल्यांकन कार्य सौंपा जा सकता है।
- आयोजक संस्था के राजभाषा कर्मियों को छोड़कर अपने अन्य सक्षम कर्मियों को भी मूल्यांकन का कार्य सौंपा जा सकता है।
- आयोजक कार्यालय स्थित स्थानीय शहर के व्यक्तियों को मूल्यांकन कार्य सौंपने में प्राथमिकता दी जा सकती है। इससे प्रविष्टियों को सौंपने में सहूलियत होने के अतिरिक्त समय की बचत होगी।

  स्थानीय शहर में सक्षम मूल्यांककों के अभाव में अन्य स्थान के मूल्यांककों का चयन करना अनिवार्य हो जाता है।
- प्रस्तावित मूल्यांककों का चयन उनकी मौखिक पूर्वानुमति से करना होगा।

- प्रस्तावित मूल्यांककों का ब्योरा, प्रस्तावित नकद मानदेय इत्यादि की जानकारी प्रस्तुत करते हुए कार्यालय टिप्पणी में सक्षम प्राधिकारी की पूर्वानुमति प्राप्त करनी होगी।
- आयोजक कार्यालय के इच्छानुसार एक या दो मूल्यांककों को मूल्यांकन कार्य सौंपा जा सकता है। दो मूल्यांककों को सौंपे जाने पर प्रविष्टिवार औसतन अंकों को गणना में लिया जाएगा।
- उचित मार्गदर्शनयुक्त लिखित अनुरोध पत्र के साथ कोड संख्यायुक्त प्रविष्टियों को मूल्यांककों को पहुँचाना होगा। इसके साथ प्रतियोगिता आयोजन संबंधी परिपत्र की प्रति भी संलग्न करनी होगी। इससे मूल्यांकक को तत्संबंधी नियम व शर्तों की जानकारी मिलेगी।
- मूल्यांकक से कोड संख्यावार परिणाम लिखित रूप में प्राप्त करने होंगे।
- मूल्यांकन का कार्य शहर के बाहरी व्यक्तियों को सौंपे जाने पर भारतीय डाक सेवा के पंजीकृत डाक द्वारा या नामी वाहक सेवा द्वारा प्रविष्टियाँ पहुँचाकर उसी रीति से वापस प्राप्त करनी होंगी।

[मूल्यांकक द्वारा वापस प्रेषित डाक खर्च का वहन आयोजक कार्यालय को करना उचित होगा।]

मूल्यांकक को मानदेय

- प्रविष्टियों की संख्या के आधार पर मूल्यांकन का नकद मानदेय तय करना होगा। तय मानदेय आकर्षक हो।
- नकद मानदेय के अतिरिक्त आयोजक कार्यालय चाहने पर अपनी संस्था के कोई मेमेंटो प्रदान करने का भी प्रयास किया जा सकता है।
- मूल्यांकक के खाते में अंतरण के जरिये या चेक/डीडी/उपहार कार्ड के रूप में नकद मानदेय की अदायगी करना उचित होगा।

[मौखिक स्वरूप की प्रतियोगिता होने पर प्रतियोगिता समाप्ति के तत्काल पश्चात् ही चेक/उपहार कार्ड के रूप में मानदेय प्रदान किया जा सकता है। अन्यथा उनके बैंक खाते में जमा करने की व्यवस्था करनी होगी।]

परिणामों की घोषणा

- मूल्यांकक से प्राप्त कोडवार परिणामों के आधार पर आयोजक कार्यालय के राजभाषा विभाग में उपलब्ध तालिका से मिलान कर कोड संख्या के आधार पर परिणाम सूची तैयार करनी होगी।
- बनाई गई परिणाम सूची को (मूल्यांकक से प्राप्त परिणाम सूची सहित) सक्षम प्राधिकारी के अवलोकनार्थ प्रस्तुत कर परिणामों की घोषणा करनी होगी।
- प्रतियोगिता आयोजन संबंधी परिपत्र प्रेषित सभी संस्थाओं को पत्र/परिपत्र के द्वारा परिणामों की सूचना देनी होगी।

- प्रतियोगिता के विजेताओं को उनके नाम पर बधाई पत्र भेजकर उसकी प्रति उनके कार्यालय प्रभारी तथा उनके प्रधान कार्यालय के राजभाषा विभाग को भी भेजनी होगी।

[पुरस्कार वितरण कार्यक्रम तय होने पर विजेताओं को आयोजन स्थल, तारीख, समय इत्यादि का विवरण देते हुए पुरस्कार प्राप्त करने हेतु उन्हें आमंत्रित करना होगा। साथ ही संबंधित कार्यालय प्रभारी एवं उनके प्रधान कार्यालय के राजभाषा प्रभारी को प्रेषित परिणाम पत्र की प्रति में विजेताकर्मी को पुरस्कार प्राप्त करने हेतु प्रतिनियुक्त करने का अनुरोध करना होगा।]

पुरस्कार वितरण कार्यक्रम/प्रक्रिया

- आयोजक कार्यालय प्रधान कार्यालय होने के संदर्भ में उसके द्वारा आयोजित हिंदी दिवस, राष्ट्रीय सेमिनार, स्थापना दिवस इत्यादि समारोहों के अवसर पर विजेताओं को आमंत्रित कर पुरस्कार प्रदान किया जाना सम्मानजनक होगा।
- अन्यथा विजेता कर्मी के कार्य स्थल या नजदीक स्थित आयोजक संस्था के नियंत्रक कार्यालय द्वारा आयोजित हिंदी दिवस, स्थापना दिवस इत्यादि समारोहों में आमंत्रित कर पुरस्कार प्रदान कराए जा सकते हैं।

[मौखिक प्रतियोगिताओं के संदर्भ में, यथा : प्रश्नमंच, वाद-विवाद, कविता पाठ, गायन इत्यादि के विजेताओं को प्रतियोगिता समाप्ति के तत्काल पश्चात् ही उच्च पदाधिकारी के शुभहस्ते पुरस्कार प्रदान कराए जा सकते हैं।]

- घोषित पुरस्कार के साथ श्रेष्ठता प्रमाणपत्र भी प्रदान करने होंगे।
- प्रतियोगिता के अन्य सभी प्रतिभागियों को डाक द्वारा सहभागिता प्रमाणपत्र प्रेषित करना संतोषप्रद होगा।

अन्य सावधानियाँ

- समाचार पत्र-पत्रिकाओं में परिणामों की घोषणा/पुरस्कार वितरण संबंधी संक्षिप्त रिपोर्ट समय पर प्रकाशित कराने की पहल करनी होगी।
- पुरस्कार वितरण स्थल/कक्ष में 'राष्ट्रीय स्तर हिंदी निबंध प्रतियोगिता के विजेताओं का हार्दिक स्वागत' जैसे स्वागत स्टैंडी/बैनर की व्यवस्था करना सम्मानजनक होगा।
- अपनी गृह पत्रिकाओं के अतिरिक्त राजभाषा विभाग, गृह मंत्रालय की राजभाषा भारती, संबंधित टॉलिक पत्रिका इत्यादि में प्रकाशित करने हेतु प्रतियोगिता आयोजन/पुरस्कार वितरण संबंधी संक्षिप्त रिपोर्ट समय पर प्रेषित करनी होगी।
- पुरस्कार वितरण संबंधी तस्वीरों को (सॉफ्ट प्रति में) विजेताओं को उपलब्ध कराने के अतिरिक्त आयोजक कार्यालय के परिसर में कुछ समय के लिए प्रदर्शित कर एल्बम में सुरक्षित रखना होगा।
- पुरस्कार प्राप्त निबंधों/कहानियों इत्यादि को आयोजक संस्था की हिंदी या द्विभाषी गृह पत्रिकाओं/बुलेटिनों में प्रकाशित कराए जा सकते हैं।

- लिखित प्रतियोगिताओं को छोड़कर मौखिक स्वरूप की प्रतियोगिताओं के संदर्भ में हर एक प्रतियोगिता के लिए दो निर्णायकों को तय करना विवाद रहित होगा।
- गैर-चयनित आलेखों/अप्रकाशित आलेखों को अन्यत्र प्रकाशित कराने में आलेखकार स्वतंत्र होंगे। इस संबंध में आयोजक संस्था को कोई आपत्ति नहीं होनी चाहिए।
- प्रतियोगिता आयोजन/पुरस्कार वितरण के पश्चात् आयोजन संबंधी संक्षिप्त जानकारी के साथ मदवार व्यय विवरण का ब्योरा देते हुए (बिल संलग्न करने के साथ) सक्षम प्राधिकारी के अवलोकनार्थ एवं व्यय के अनुमोदनार्थ पूर्व प्रस्तुत कार्यालय टिप्पणी का संदर्भ देते हुए कार्यालय टिप्पणी प्रस्तुत करनी होगी। अनुमोदन के पश्चात् लिये गए फुटकर अग्रिम को (यदि हो) बंद कराना होगा।
- प्रतियोगिता आयोजन संबंधी पत्र-व्यवहार एवं अन्य कागजातों की प्रतियों को संबंधित फाइल में सुरक्षित रखने पर विशेष ध्यान देना होगा।

रिपोर्टिंग प्रक्रिया

- गृहमंत्रालय, राजभाषा विभाग, आयोजक संस्था के मंत्रालय के राजभाषा विभाग, संबंधित क्षेत्रीय कार्यान्वयन कार्यालय, संबंधित टॉलिक संयोजक कार्यालय को सक्षम प्राधिकारी के हस्ताक्षर से आयोजन की संक्षिप्त रिपोर्ट (तस्वीर सहित) प्रेषित करनी होगी।

नोट : प्रश्नमंच, गायन, अंत्याक्षरी, वाद-विवाद इत्यादि प्रतियोगिताओं के आयोजन संबंधी नियम बनाने में प्रस्तावित/चयनित निर्णायकों से तथा अन्य संस्थाओं के इस प्रकार के आयोजन संबंधी परिपत्रों से मार्गदर्शन प्राप्त किया जा सकता है। वेबसाइटों का सहारा भी लिया जा सकता है।

राजभाषा शील्ड एवं पुरस्कार

[संगठन और टॉलिक स्तर]

परिचय

कार्यालयीन कार्य में अपनी संस्थागत गतिविधियों में राजभाषा का प्रयोग किया जाना संवैधानिक अनिवार्यता होने पर भी कर्मचारियों के प्रेम और सद्भावनायुक्त योगदान की अपेक्षा की जाती है। अंग्रेजी माध्यम में पढ़ाई के कारण, पूर्व में यांत्रिक उपकरणों में हिंदी प्रयोग की सुविधा अपेक्षित मात्रा से कम रहने के कारण, हिंदीतर क्षेत्र के कई कर्मचारी हिंदी के प्रयोग से अपरिचित होने के कारण कार्यालयों में अंग्रेजी का अधिकाधिक प्रयोग होता रहा। इस स्थिति से उभरकर आने हेतु सेवाकालीन प्रशिक्षणों, कार्यशालाओं का आयोजन इत्यादि के अतिरिक्त हिंदी का अधिकाधिक प्रयोग करने वाले कार्यालयों एवं कर्मचारियों को पुरस्कार प्रदान कर प्रोत्साहित करने की प्रथा प्रारंभ की गई। इस प्रकार के प्रोत्साहन योजनाओं का एक अंग विभिन्न स्तरों पर विभिन्न संगठनों द्वारा राजभाषा शील्ड प्रतियोगिताओं को आयोजित कर पुरस्कृत किया जाना है। वार्षिक राजभाषा निष्पादन के आधार पर तथा लेखन कला के आधार पर राजभाषा विभाग, गृह मंत्रालय द्वारा राजभाषा कीर्ति पुरस्कार, राजभाषा गौरव पुरस्कार, नराकास राजभाषा सम्मान एवं क्षेत्रीय राजभाषा पुरस्कार प्रदान किये जाते हैं।

अंतर्संगठनीय (intra) राजभाषा शील्ड प्रतियोगिताएँ

राजभाषा अधिनियम, नियम, राजभाषा विभाग का वार्षिक कार्यक्रम, संसदीय राजभाषा समिति की अपेक्षाओं के आधार पर अपने संगठन में हिंदी प्रयोग को बढ़ावा देते हुए स्वयं समृद्ध होने के उद्देश्य से विभिन्न स्तरों पर राजभाषा शील्ड प्रतियोगिताओं का आयोजन किया जाता है। अंतरा राजभाषा शील्ड योजनाओं की परिकल्पना करने में, उनको लागू करने में संगठन/संस्थाएँ स्वतंत्र हैं। समूचे संगठन में विभिन्न स्तरों पर आयोजित की जाने वाली प्रतियोगिताओं की रूपकल्पना एवं दिशानिर्देश प्रधान कार्यालय/मुख्यालय स्तर पर बनाए जाते हैं। इनके अतिरिक्त यदि कोई अधीनस्थ नियंत्रक कार्यालय अपने स्तर पर कोई पृथक् शील्ड प्रतियोगिता आयोजित करना चाहता है तो अपने प्रधान कार्यालय के राजभाषा विभाग की पूर्व अनुमति लेने की आवश्यकता होगी।

संगठनात्मक ढांचे के आधार पर सामान्यत: नियंत्रक कार्यालय/शाखा कार्यालय/इकाई/विभागीय/अनुभागीय स्तर शील्ड प्रतियोगिताओं का आयोजन किया जाता है। यथा :

1. प्रधान कार्यालय द्वारा निम्न वर्ग के नियंत्रक कार्यालयों/प्रशिक्षण केंद्रों के लिए अखिल भारतीय स्तर राजभाषा शील्ड प्रतियोगिताओं का आयोजन किया जाता है।
   (i) समस्त अंचल/सर्किल कार्यालयों के लिए।
   (ii) समस्त क्षेत्रीय/प्रांतीय/मंडल कार्यालयों के लिए।
   (iii) समस्त प्रशिक्षण केंद्रों के लिए (कार्पोरेट प्रशिक्षण केंद्र को छोड़कर)।
2. अंचल/सर्किल या क्षेत्रीय/प्रांतीय/मंडल स्तरीय कार्यालयों द्वारा अपने नियंत्रणाधीन शाखा कार्यालयों/इकाइयों के लिए 'शाखा/इकाई स्तर राजभाषा शील्ड प्रतियोगिता' का आयोजन किया जाता है। (यह अमुक संगठन की आंतरिक व्यवस्था/निर्णय पर निर्भर है।)
3. प्रधान कार्यालय, अंचल कार्यालय, सर्किल कार्यालय, महाप्रबंधक कार्यालय इत्यादि नियंत्रक कार्यालयों द्वारा अपने कार्यालय के विभागों/अनुभागों के लिए 'अंतर विभागीय/अंतर अनुभागीय राजभाषा शील्ड' प्रतियोगिताओं को आयोजित करने का प्रयास किया जाता है (आंतरिक दिशानिर्देशों के आधार पर)। विभिन्न संगठनों द्वारा विविध शीर्षकों के माध्यम से वार्षिक आधार पर प्रतियोगिताओं का आयोजन किया जाता है।

दिशानिर्देशों का प्रेषण-मुख्यालय स्तर पर

मुख्यालय के राज्यभाषा विभाग द्वारा अपनी संस्था में लागू विभिन्न प्रकार की शील्ड योजनाओं के संबंध में स्पष्ट दिशानिर्देश समाविष्ट करते हुए (यथा : प्रतियोगिताओं के नाम, पात्र कार्यालय/इकाई, पुरस्कारों की संख्या, शील्ड प्रदान करने की प्रक्रिया, शील्ड खरीद व आपूर्ति की जाने की व्यवस्था, श्रेष्ठता प्रमाणपत्रों की व्यवस्था, प्रविष्टियाँ प्रेषित करने की पद्धति, बजट का आबंटन इत्यादि) समस्त कार्यालयों, शाखा कार्यालयों/इकाइयों के ध्यानार्थ एक स्थायी परिपत्र जारी किया जाता है। इसे डाक, ऑन लाइन के माध्यम से उपलब्ध कराने के अतिरिक्त अपनी वेबसाइट, राजभाषा पोर्टल में भी उपलब्ध कराया जाएगा। मुख्यालय स्तर राजभाषा कार्यान्वयन समिति की बैठकों में लिये गए निर्णयों के अनुसार या संगठन से संबंधित मंत्रालय के राजभाषा विभाग के सुझाव इत्यादि के आधार पर प्रचलित योजनाओं में कोई संशोधन किये जाने पर पूर्व परिपत्र को निरस्त करते हुए या परिवर्तनों का उल्लेख करते हुए संशोधित परिपत्र जारी करना होगा। वेबसाइट/पोर्टल में अद्यतन सूचना उपलब्ध करानी होगी। मुख्यालय द्वारा नियंत्रक कार्यालयों, प्रशिक्षण केंद्रों, अपने विभागों से पृथक् प्रपत्र में प्रविष्टियाँ प्राप्त करनी होंगी। किसी संस्था का कार्यक्षेत्र व्यापक न होने पर अर्थात् छोटी संस्था होने पर शाखा कार्यालय/इकाई स्तर प्रतियोगिताओं का आयोजन मुख्यालय स्तर पर किया जा सकता है।

अंचल/सर्किल/क्षेत्रीय/प्रांतीय/मंडल कार्यालय स्तर पर

मुख्यालय के दिशानिर्देशों के आधार पर इनके द्वारा अपने नियंत्रणाधीन शाखा कार्यालयों/इकाइयों एवं अपने कार्यालय के अनुभागों के लिए जैसी भी स्थिति हो, पृथक् परिपत्र के साथ प्रविष्टि प्रपत्र संलग्न कर प्रेषित किए जाएँगे।

मुख्यालय एवं अन्य नियंत्रक कार्यालयों के प्रयास हों कि संबंधित प्रतियोगिता प्रविष्टियाँ उन्हें 15 मई तक प्राप्त हों। इससे मूल्यांकन कार्य शीघ्र संपन्न कराकर जून माह के अंत तक या उससे पूर्व परिणामों की घोषणा की जा सकती है।

क्षेत्रवार शील्ड

किसी संस्था का विस्तार पूरे भारत में होने पर हिंदी भाषा का प्रदेशवार प्रभाव को ध्यान में रखकर उसका अधिकाधिक प्रयोग करने वाले कार्यालयों को प्रोत्साहित करने के लिए 'क', 'ख' और 'ग' क्षेत्रवार शील्ड प्रदान की जाती हैं।

अमुक संगठन के प्रशासन तंत्र के आधार पर **रिपोर्टिंग कार्यक्षेत्र** तय किया जा सकता है :

1. *क्षेत्रीय/प्रांतीय/मंडल स्तरीय अखिल भारतीय आंतरिक राजभाषा शील्ड प्रतियोगिता :* इस कोटि में क्षेत्रीय, प्रांतीय, मंडल कार्यालय द्वारा अपने पास उपलब्ध रिपोर्टिंग अवधि से संबंधित तिमाही हिंदी प्रगति रिपोर्टों (भाग I व II) एवं अन्य रिपोर्टिंग पद्धतियों द्वारा प्राप्त की गई सूचनाओं को छोड़कर प्रधान कार्यालय द्वारा निर्धारित शील्ड प्रपत्र की शेष मदों संबंधी सूचनाओं को पृथक् प्रपत्र में अपने क्षेत्राधिकार के समस्त शाखा कार्यालयों/इकाइयों से प्राप्त कर और इस संबंधी अपने कार्यालय की वैयक्तिक सूचना भी प्राप्त कर तिमाही हिंदी रिपोर्ट व अन्य सूचनाएँ शामिल करते हुए शील्ड प्रपत्र के आधार पर समेकित रिपोर्ट तैयार कर मुख्यालय को प्रस्तुत की जाती है।
2. *अंचल/सर्किल स्तरीय अखिल भारतीय आंतरिक राजभाषा शील्ड प्रतियोगिता :* क्षेत्रीय/प्रांतीय/मंडल कार्यालय की व्यवस्था न होने के संदर्भ में अंचल/सर्किल कार्यालयों के सीधे नियंत्रण में ही शाखा कार्यालय, इकाई होने पर अपने पास उपलब्ध रिपोर्टिंग अवधि से संबंधित तिमाही हिंदी प्रगति रिपोर्टों (भाग I व II) एवं अन्य रिपोर्टिंग पद्धतियों द्वारा प्राप्त की गई सूचनाओं को छोड़कर निर्धारित शील्ड प्रपत्र की शेष मदों संबंधी सूचनाओं को पृथक् प्रपत्र में उन सभी से प्राप्त कर उनके साथ अपने कार्यालय की वैयक्तिक सूचना भी प्राप्त कर तिमाही हिंदी रिपोर्ट व अन्य सूचनाएँ शामिल करते हुए तदनुसार समेकित रिपोर्ट बनाकर मुख्यालय को प्रस्तुत की जाती है।
3. *अंचल/सर्किल 'कार्यालय स्तर' अखिल भारतीय आंतरिक राजभाषा शील्ड प्रतियोगिता :* क्षेत्रीय/प्रांतीय/मंडल कार्यालयों की व्यवस्था होने के संदर्भ में उनके लिए अखिल भारतीय स्तर की प्रतियोगिताओं का प्रावधान किये जाने पर केवल अंचल/सर्किल कार्यालयों के बीच अपने वैयक्तिक

कार्यालय निष्पादन के आधार पर मुख्यालय द्वारा शील्ड प्रतियोगिता आयोजित की जा सकती है।

4. *प्रशिक्षण केंद्र स्तरीय अखिल भारतीय आंतरिक राजभाषा शील्ड प्रतियोगिता :* कार्पोरेट प्रशिक्षण केंद्र को छोड़कर संस्था के शेष प्रशिक्षण केंद्रों के लिए मुख्यालय द्वारा यह प्रतियोगिता आयोजित की जाती है।
5. *अंतर शाखा कार्यालय राजभाषा शील्ड प्रतियोगिता :* क्षेत्रीय/प्रांतीय/मंडल कार्यालयों या अंचल/सर्किल कार्यालयों द्वारा अपने सीधे नियंत्रणाधीन शाखा कार्यालयों/इकाइयों के लिए इस प्रतियोगिता का आयोजन किया जाता है।
6. *अंतर विभागीय राजभाषा शील्ड प्रतियोगिता :* मुख्यालय/प्रधान कार्यालय के विभिन्न विभागों के लिए (राजभाषा विभाग को छोड़कर) इस प्रतियोगिता का आयोजन होता है।
7. *अंतर अनुभागीय राजभाषा शील्ड प्रतियोगिता :* अंचल/सर्किल/क्षेत्रीय/प्रांतीय/मंडल कार्यालयों द्वारा केवल अपने कार्यालय के अनुभागों के लिए इस प्रतियोगिता का आयोजन किया जाता है।

शील्ड प्रविष्टि पत्र में शामिल की जाने वाली मद

तिमाही हिंदी प्रगति रिपोर्ट के भाग-I एवं II, राजभाषा विभाग के वार्षिक कार्यक्रम, संसदीय राजभाषा समिति की निरीक्षण प्रश्नावली, अपने संगठन की आंतरिक वार्षिक राजभाषा कार्य योजना आदि के आधार पर महत्त्वपूर्ण कार्यान्वयन मदों को शामिल कर अमुक संगठन द्वारा प्रतियोगिता प्रविष्टि प्रपत्र तैयार किया जाता है। कार्यान्वयन संबंधी अद्यतन दिशानिर्देशों एवं आवश्यकताओं के आधार पर प्रविष्टि पत्र में संशोधन किया जाता है।

सामान्यत: प्रधान कार्यालय/मुख्यालय के राजभाषा विभाग द्वारा विभिन्न स्तरीय प्रतियोगिता प्रविष्टि प्रपत्र तैयार किए जाते हैं।

प्रतियोगिता प्रविष्टि प्रपत्र नमूने

अंचल/सर्किल या क्षेत्रीय/प्रांतीय/मंडल स्तरीय अखिल भारतीय आंतरिक राजभाषा शील्ड प्रतियोगिता प्रविष्टि प्रपत्र

इस प्रपत्र में मुख्यत: निम्नलिखित कार्यान्वयन मद शामिल की जाती हैं :

1. हिंदी ज्ञान की स्थिति :

(i) कार्यपालक सहित कुल अधिकारियों/लिपिकों की संख्या : (पृथक् से)

(ii) इनमें से हिंदी में प्रवीणता एवं कार्यसाधक ज्ञान प्राप्त अधिकारी एवं लिपिक : (पृथक् से)

(iii) आलोच्य अवधि में हिंदी कार्यसाधक ज्ञान स्तर की परीक्षाओं में उत्तीर्ण/प्रशिक्षणाधीन/घोषणा पत्र प्रस्तुत अधिकारियों व लिपिकों की संख्या : (पृथक् से)

(iv) इनमें से आलोच्य अवधि के दौरान हिंदी शिक्षण योजना की पारंगत परीक्षा में उत्तीर्ण/प्रशिक्षणाधीन/घोषणा पत्र प्रस्तुत अधिकारी एवं लिपिक : (पृथक् से)

2. कंप्यूटर पर हिंदी टंकण का ज्ञान :

(i) कार्यपालक सहित कुल अधिकारी एवं लिपिक : (पृथक् से)
(ii) इनमें से कंप्यूटर पर हिंदी टंकण करने में सक्षम अधिकारी एवं लिपिक : (पृथक् से)
(iii) आलोच्य अवधि के दौरान हिंदी टंकण ज्ञान अर्जित/प्रशिक्षित अधिकारी एवं लिपिक : (पृथक् से)

3. राजभाषा नियम-1976 के नियम-10(4) के अंतर्गत अधिसूचना :

(i) कुल कार्यालयों/शाखा कार्यालयों/इकाइयों की संख्या :
(ii) पिछले वित्तीय वर्षांत तक अधिसूचित कार्यालयों/शाखा कार्यालय/इकाइयों की कुल संख्या :
(iii) आलोच्य अवधि (प्रतियोगिता अवधि) के दौरान अधिसूचित एवं अधिसूचनार्थ संस्तुति प्रेषित कार्यालयों/शाखा कार्यालयों/इकाइयों की कुल संख्या : (पृथक् से)

4. राजभाषा नियम-1976 के नियम-8(4) के अंतर्गत आदेश :

(i) हिंदी में प्रवीणता प्राप्त कुल अधिकारियों (कार्यपालक सहित) एवं लिपिकों की संख्या : (पृथक् से)
(ii) इनमें से संपूर्ण कार्य हिंदी में करने हेतु कितने अधिकारियों (कार्यपालक सहित) एवं लिपिकों को आलोच्य अवधि के दौरान व्यक्तिशः आदेश जारी किये गए हैं : (पृथक् से)

5. संपूर्ण कार्य हिंदी में करने हेतु विनिर्दिष्ट अनुभाग :

(i) कार्यालयों/शाखा कार्यालयों/इकाइयों की कुल संख्या :
(ii) इन सब के कुल अनुभागों की संख्या :
(iii) इन कुल अनुभागों में से अपना पूरा काम हिंदी में करने हेतु विनिर्दिष्ट अनुभागों की संख्या :

6. राजभाषा अधिनियम-1963 की धारा-3(3) :

(i) इस अधिनियम के अंतर्गत विनिर्दिष्ट प्रलेखों में से आलोच्य अवधि के दौरान जारी किये गए कुल प्रलेख :
(ii) इनमें से केवल अंग्रेजी में जारी किये गए प्रलेखों की संख्या :

7. हिंदी में प्राप्त पत्र :

(i) हिंदी या द्विभाषा में प्राप्त कुल पत्र :
(ii) इनमें से केवल अंग्रेजी में उत्तरित पत्रों की संख्या :

8. अंग्रेजी में प्राप्त पत्रों का उत्तर हिंदी में :

(i) 'क' और 'ख' क्षेत्र से अंग्रेजी में प्राप्त कुल पत्र : (पृथक् से)
(ii) इनमें से हिंदी या द्विभाषा में उत्तरित पत्रों की संख्या : (पृथक् से)

9. मूल पत्राचार में हिंदी का प्रयोग :

(i) वर्ष के दौरान जारी किये गए कुल पत्र : ('क', 'ख', 'ग' क्षेत्रवार—पृथक् से)।
(ii) इनमें से हिंदी या द्विभाषा में जारी किये गए कुल पत्र : (पृथक् से)
(iii) अंग्रेजी में जारी किये गए कुल पत्र : (पृथक् से)
(iv) हिंदी/द्विभाषा में भेज गए पत्रों की प्रतिशतता : (पृथक् से)

10. ई-मेल में हिंदी का प्रयोग :

(i) वर्ष के दौरान भेजे गए कुल ई-मेल : (क्षेत्रवार—पृथक् से)
(ii) इनमें से हिंदी/द्विभाषा में भेज गए कुल ई-मेल : (पृथक् से)
(iii) केवल अंग्रेजी में भेजे गए ई-मेल : (पृथक् से)
(iv) हिंदी/द्विभाषा में प्रेषित ई-मेल की प्रतिशतता : (पृथक् से)

11. हिंदी में प्रस्तुत कार्यालय टिप्पणियाँ :

(i) वर्ष के दौरान बनाई गई कुल कार्यालय टिप्पणियाँ :
(ii) इनमें से हिंदी/द्विभाषा में बनाई गई कार्यालय टिप्पणियाँ :
(iii) हिंदी/द्विभाषा में बनाई गई कार्यालय टिप्पणियों की प्रतिशतता : (पृथक् से)

12. हिंदी में टिप्पण लेखन (नोटिंग) :

(i) पर्यवेक्षी पदाधिकारियों/कार्यपालकों द्वारा लिखे गए कुल टिप्पण : [कार्यालय टिप्पणियों पर अंकित टिप्पण एवं विविध प्रकार के पत्राचार पर अंकित हाशिया टिप्पण आदि।]
(ii) इनमें से हिंदी/द्विभाषा में में लिखे गए टिप्पणों की संख्या :
(iii) हिंदी/द्विभाषा में लिखे गए टिप्पणों की प्रतिशतता :

13. रजिस्टरों में प्रविष्टियाँ :

(i) कुल सेवा रजिस्टर (सभी श्रेणियों के कार्मिक) तथा अन्य रजिस्टर (भौतिक एवं साफ्ट प्रति स्वरूप) :
(ii) इनमें से कितने रजिस्टरों में हिंदी/द्विभाषा में प्रविष्टियाँ की गई हैं?

14. फाइल कवरों पर शीर्षक (विषय) :

(i) परिचालनगत कुल फाइल :

(ii) इनमें से कितनी फाइलों के शीर्षक हिंदी/द्विभाषा में लिखे गए हैं?

15. राजभाषा कार्यान्वयन समिति की बैठकों के आयोजन की तारीखें एवं संबंधित नियंत्रक कार्यालय को प्रेषित तारीखें :

(i) क्र.सं. :

(ii) कार्यालय/शाखा कार्यालय/इकाई/प्रशिक्षण केंद्र का नाम :

(iii) जून तिमाही :

(iv) सितंबर तिमाही :

(v) दिसंबर तिमाही :

(vi) मार्च तिमाही (स्तंभवार सूचनायुक्त सूची संलग्न करें) :

16. नियंत्रणाधीन शाखा कार्यालयों/इकाइयों सबंधी राजभाषा कार्यान्वयन समिति की बैठकों के कार्यवृत्त की समीक्षा :

(i) शाखा कार्यालयों/इकाइयों की कुल संख्या (तिमाहीवार) :

(ii) इनमें से कितने शाखा कार्यालयों/इकाइयों से कार्यवृत्त प्राप्त हुए? (तिमाहीवार)

(iii) प्राप्त कार्यवृत्तों में से कितने कार्यवृत्तों की समीक्षा की गई? (तिमाहीवार)

17. नगर राजभाषा कार्यान्यवन समिति की छमाही समीक्षा बैठकों में प्रतिनिधित्व :

(i) सदस्य कार्यालय/शाखा कार्यालय/इकाई का नाम :

(ii) बैठक की तारीख :

(ii) उपस्थित सदस्य कार्यालय/इकाई प्रधान का नाम :

(iv) पदनाम :

(v) उपस्थित हिंदी अधिकारी का नाम :

(vi) पदनाम (दो अर्द्धवार्षिक बैठकों की सूचना) :

18. नगर राजभाषा कार्यान्वयन समिति के तत्त्वावधान में अपने सदस्य कार्यालयों/शाखा कार्यालयों/इकाइयों द्वारा आयोजित कार्यक्रम :

(i) क्र.सं. :

(ii) सदस्य कार्यालय/शाखा कार्यालय/इकाई का नाम :

(iii) टॉलिक का नाम एवं शहर :

(iv) आयोजित कार्यक्रम का नाम :

(v) आयोजन की तारीख :

19. नगर राजभाषा कार्यान्वयन समिति की विभिन्न गतिविधियों में अपनी सहभागिता (कार्यशाला, संगोष्ठी, प्रतियोगिता आदि) :

(i) क्र.सं. :
(ii) गतिविधि का नाम :
(iii) आयोजन की तारीख :
(iv) सहभागी कार्यालय/शाखा कार्यालय/इकाई :
(v) सहभागिता संख्या :

20. तिमाही हिंदी प्रगति रिपोर्टों का प्रेषण :

(i) रिपोर्टिंग नियंत्रक कार्यालय द्वारा अपनी तिमाही हिंदी प्रगति रिपोर्ट अपने मुख्यालय के राजभाषा विभाग एवं क्षेत्रीय कार्यान्वयन कार्यालय, राजभाषा विभाग, गृह मंत्रालय को प्रेषित तारीखें : (तिमाहीवार-चार तिमाही)
(ii) अपने नियंत्रणाधीन शाखा कार्यालयों/इकाइयों/प्रशिक्षण केंद्रों द्वारा नियंत्रक कार्यालय को अपनी तिमाही हिंदी प्रगति रिपोर्ट प्रेषित तारीखें : (कार्यालय/इकाईवार सूची संलग्न करें—चार तिमाहियों की)

21. नियंत्रणाधीन शाखा कार्यालयों/इकाइयों संबंधी तिमाही हिंदी प्रगति रिपोर्टों की समीक्षा :

(i) शाखा कार्यालयों/इकाइयों की कुल संख्या : (तिमाहीवार)
(ii) इनमें से कितने शाखा कार्यालयों/इकाइयों से रिपोर्ट प्राप्त हुई? (तिमाहीवार)
(iii) प्राप्त रिपोर्टों में से कितनी रिपोर्टों की समीक्षा की गई? (तिमाहीवार)

22. हिंदी कार्यशालाओं का आयोजन (नियंत्रक कार्यालय/प्रशिक्षण केंद्र द्वारा)

(i) तिमाहीवार आयोजित हिंदी कार्यशालाओं की तारीखें, नामित कुल कार्मिक, उपस्थित कार्मिक : (अधिकारी और लिपिक पृथक् से)
(ii) आयोजित विशेष हिंदी कार्यशालाओं (हिंदी समन्वयक कार्यशाला, राजभाषा कार्यान्वयन समिति के सदस्यों के लिए कार्यशाला, पुनश्चर्या कार्यशाला, परिचरों के लिए हिंदी उन्मुखता कार्यशाला इत्यादि) की तारीखें, नामित कुल कार्मिक, उपस्थित कार्मिक : (अधिकारी और लिपिक पृथक् से)
(iii) कंप्यूटर पर हिंदी टंकण संबंधी मार्गदर्शन कार्यक्रमों/कार्यशालाओं के आयोजन की तारीखें, नामित कार्मिक, उपस्थित कार्मिक : (अधिकारी, लिपिक और परिचर पृथक् से)

23. हिंदी का अधिकाधिक प्रयोग करने हेतु कार्यशालाओं में उपस्थित कार्मिकों को व्यक्तिशः जारी किये गए पत्र (नियंत्रक कार्यालय द्वारा) :

(i) कार्यशालावार उपस्थित कार्मिकों की संख्या : (अधिकारी/लिपिक पृथक् से)
(ii) इनमें से कितने कार्मिकों को व्यक्तिशः पत्र जारी किये गए? (अधिकारी/लिपिक पृथक् से) :

24. राजभाषा निरीक्षण (नियंत्रक कार्यालय द्वारा) :

(i) नियंत्रणाधीन कुल शाखा कार्यालयों/इकाइयों/प्रशिक्षण केंद्रों की संख्या :

(ii) इनमें से आलोच्य अवधि के दौरान राजभाषा अधिकारी द्वारा निरीक्षित शाखा कार्यालयों/इकाइयों/प्रशिक्षण केंद्रों की संख्या : (निरीक्षण संबंधी तारीखवार, कार्यालयवार सूची संलग्न करें।)

25. पुस्तक/सहायक सामग्री की खरीद (ऑडियो-वीडियो कैसेट इत्यादि सहित) :

(i) वर्ष के दौरान खरीदी गई पुस्तकों, सहायक सामग्री पर किया गया कुल व्यय :

(ii) इस कुल व्यय में से हिंदी/द्विभाषा पुस्तकों/सहायक सामग्री पर किया गया व्यय :

26. विभिन्न प्रकार की महत्त्वपूर्ण बैठकें :

[राजभाषा कार्यान्वयक समिति की बैठकों को छोड़कर। यथा : शाखा कार्यालय/इकाई प्रधानों की समीक्षा बैठकें, कारोबार निरंतरता योजना (बिजिनेस कंटिन्यूटी प्लान) की बैठकें, ग्राहक सेवा समिति की बैठकें, लेखा परीक्षा समिति की बैठकें, सुरक्षा सेवा समिति की बैठकें, प्रशिक्षण पाठ्यक्रम समिति की बैठकें इत्यादि।]

(i) वर्ष के दौरान आयोजित कुल बैठकें :

(ii) इनमें से कितनी बैठकों के कार्यवृत्त हिंदी/द्विभाषा में बनाए गए हैं?

27. हिंदी दिवस की प्रतियोगिताओं में सहभागिता :

(i) नियंत्रक कार्यालय द्वारा अपने कार्यालय सहित नियंत्रणाधीन शाखा कार्यालयों/इकाइयों/प्रशिक्षण केंद्र के लिए आयोजित प्रतियोगिताओं की संख्या :

(ii) इन प्रतियोगिताओं में उपस्थित कार्मिकों की संख्या : (प्रतियोगितावार उपस्थिति दर्शाएं)

28. शिक्षण संस्थानों, स्वैच्छिक सेवा संगठनों इत्यादि में हिंदी में आयोजित प्रतियोगिताएँ :

[स्वतंत्रता दिवस/गणतंत्र दिवस/बाल दिवस/सतर्कता जागरूकता सप्ताह/महिला दिवस/सैनिक दिवस/मातृभाषा दिवस इत्यादि अवसरों पर नियंत्रक कार्यालय द्वारा आयोजित प्रतियोगिताएँ] :

(i) प्रतियोगिता का नाम/तारीख/संस्था/संदर्भ (अवसर) संबंधी ब्योरा प्रस्तुत करें।

29. पत्रिका/बुलेटिन का प्रकाशन (नियंत्रक कार्यालय द्वारा) :

(i) हिंदी/द्विभाषा में प्रकाशित पत्रिका/बुलेटिन का नाम, आवधिकता, प्रकाशन की तारीख एवं पृष्ठों की संख्या (मुद्रित/इलेक्ट्रॉनिक) :

30. पत्रिकाओं में प्रकाशनार्थ रचनाएँ :

(i) अपनी संस्था की गृह पत्रिकाओं/बुलेटिनों तथा स्थानीय टॉलिक की पत्रिका/राजभाषा विभाग की 'राजभाषा भारती' पत्रिका में प्रकाशनार्थ भेजी गई कार्मिकों की हिंदी में लिखी गई रचनाएँ : (लेखक का नाम, रचना का स्वरूप, शीर्षक, पत्रिका का नाम देते हुए ब्योरा प्रस्तुत करें।)

31. राजभाषा संगोष्ठी/मार्गदर्शन कार्यक्रम (नियंत्रक कार्यालय द्वारा) :

(i) आयोजित राजभाषा संगोष्ठी/भाषायी मार्गदर्शन कार्यक्रम : (कार्यक्रम का नाम, तारीख, विषय की सूचना प्रस्तुत करें।)

32. प्रोत्साहन योजनाओं में सहभागिता :

(i) आंतरिक हिंदी प्रोत्साहन योजनाओं में भाग लिये गए कार्मिकों की कुल संख्या :

(ii) इनमें से नकद प्रोत्साहन राशि एवं प्रशस्ति पत्र प्राप्त किये गए कार्मिकों की संख्या :

33. राजभाषायी दिशानिर्देश/मार्गदर्शन (नियंत्रक कार्यालय द्वारा) :

(i) राजभाषा कार्यान्वयन संबंधी दिशानिर्देशों, मार्गदर्शन के संबंध में अपने अधीनस्थ शाखा कार्यालयों/इकाइयों को जारी किये गए कुल परिपत्र : (परिपत्र संख्या एवं विषयवार सूची संलग्न करें।)

34. उपर्युक्त के अतिरिक्त राजभाषा कार्यान्वयन के संबंध में कृत अन्य कोई विशेष कार्य/गतिविधियाँ : (जगह की अपर्याप्तता में ब्योरा संलग्न करें)

नोट : संगठन की अपेक्षाओं के अनुरूप उपर्युक्त मदों में से कुछेक मदों को हटाते हुए और कुछेक मदों को शामिल करते हुए तथा लंबे वाक्यों को प्रपत्र के अनुरूप संक्षेप करते हुए परिवर्तन करना होगा।

प्रशिक्षण केंद्र स्तरीय अखिल भारतीय आंतरिक राजभाषा शील्ड प्रतियोगिता प्रविष्टि पत्र

अंचल/सर्किल या क्षेत्रीय/प्रांतीय/मंडल स्तरीय अखिल भारतीय आंतरिक राजभाषा शील्ड प्रतियोगिता प्रविष्टि प्रपत्र के अंतर्गत सूचित 34 मदों में से मद सं. 16, 21, 23, 24, 27, 28 को **हटाकर** उपयुक्त जगह पर **निम्न मदों** को जोड़ना होगा। प्रपत्र के शीर्षक एवं वाक्यों/वाक्यांशों के प्रयोग में अपने सुविधानुसार आवश्यक परिवर्तन करना होगा।

संस्थागत प्रशिक्षण कार्यक्रमों का आयोजन (हिंदी कार्यशालाओं को छोड़कर) :

(i) वर्ष के दौरान आयोजित प्रशिक्षण कार्यक्रमों की कुल संख्या :

(ii) इनमें से हिंदी माध्यम में आयोजित कार्यक्रमों की संख्या :

(iii) हिंदी-अंग्रेजी मिली-जुली भाषा में आयोजित कार्यक्रमों की संख्या :
(iv) केवल अंग्रेजी में आयोजित कार्यक्रमों की संख्या :

हैंडआउट (सहायक सामग्री)

(i) प्रशिक्षण केंद्र द्वारा वर्ष के दौरान तैयार किये गए कुल हैंडआउट :
(ii) इनमें से हिंदी/द्विभाषा में तैयार किये गए हैंडआउट :

पावर प्वाइंट प्रस्तुति

(i) वर्ष के दौरान तैयार की गई कुल पावर प्वाइंट प्रस्तुतियाँ :
(ii) इनमें से हिंदी/द्विभाषा में तैयार की गई पावर प्वाइंट प्रस्तुतियाँ :

राजभाषा कार्यान्वयन संबंधी अन्य विशेष कार्य

यदि हो तो प्रस्तुत करें।

अंतर शाखा कार्यालय/इकाई राजभाषा शील्ड प्रतियोगिता

अंचल/सर्किल/प्रांतीय/मंडल स्तरीय अखिल भारतीय आंतरिक राजभाषा शील्ड प्रतियोगिता प्रविष्टि प्रपत्र के अंतर्गत सूचित 34 मदों में से मद सं. 16, 21, 22, 23, 24, 27, 28 को **हटाकर** उपयुक्त जगह पर **निम्न मदें** जोड़ी जा सकती हैं। प्रपत्र के शीर्षकों और वाक्यों/वाक्यांशों की रचना में आवश्यक परिवर्तन करना होगा।

राजभाषा कार्यान्वयन से जुड़े अन्य विविध कार्य

(i) क्या 'प्रति दिन एक हिंदी शब्द सीखें' श्रृंखला के अंतर्गत अंग्रेजी एवं उनके समानार्थ हिंदी शब्द नियमित रूप से प्रदर्शित किये जाते हैं?
(ii) क्या भौतिक उपस्थिति रजिस्टर में कार्मिकों के नाम हिंदी/द्विभाषा में उपलब्ध कराए जाते हैं?
(iii) क्या शाखा कार्यालय/इकाई के परिसर में प्रदर्शित सभी नाम बोर्ड द्विभाषा/त्रिभाषा में हैं?
(iv) क्या सभी रबड़ की मोहरें, सील द्विभाषा में हैं?
(v) क्या स्टाफ सदस्य अपने छुट्टी आवेदन, यात्रा भत्ता बिल, पेट्रोल बिल, टेलीफोन बिल, समाचार पत्र बिल संबंधी दावा आवेदन इत्यादि हिंदी या द्विभाषा में भरते हैं?

राजभाषा कार्यान्वयन संबंधी अन्य विशेष कार्य

यदि हो तो प्रस्तुत करें।

अंतर विभागीय/अनुभागीय राजभाषा शील्ड प्रतियोगिता

अंचल/सर्किल/प्रांतीय/मंडल स्तरीय अखिल भारतीय आंतरिक राजभाषा शील्ड प्रतियोगिता प्रविष्टि प्रपत्र के अंतर्गत उल्लेखित 34 मदों में से मद संख्या 3. 4, 5, 15,

16, 17, 18, 19, 20, 21, 22, 23, 24, 26, 27, 28 को **हटाकर** निम्न **अतिरिक्त सूचना** प्राप्त की जा सकती है।

विभिन्न मदों के वाक्यों/वाक्यांशों में आवश्यक परिवर्तन करना होगा।

शिकायतें

(i) विभाग/अनुभाग को वर्ष के दौरान प्राप्त कुल शिकायतें :

(ii) अपने राजभाषा विभाग/राजभाषा अनुभाग की सहायता के बिना कितनी शिकायतें निपटाई गईं?

(iii) क्या अनुभाग/विभाग में प्रयुक्त सभी रबड़ की मोहरें द्विभाषा में हैं?

(iv) क्या अनुभाग/विभाग में प्रदर्शित सभी नाम बोर्ड द्विभाषा/त्रिभाषा में हैं?

(v) क्या स्टाफ सदस्य अपने छुट्टी आवेदन, यात्रा भत्ता बिल, पेट्रोल बिल, टेलीफोन बिल, समाचार पत्र बिल इत्यादि संबंधी दावा आवेदन हिंदी या द्विभाषा में भरते हैं?

(vi) अनुभाग/विभाग के कितने स्टाफ सदस्यों ने हिंदी पुस्तकालय का लाभ उठाया?

(viii) अनुभाग/विभाग के कितने स्टाफ सदस्यों ने हिंदी दिवस एवं अन्य अवसरों पर आयोजित हिंदी प्रतियोगिताओं में भाग लिया?

राजभाषा कार्यान्वयन संबंधी अन्य विशेष कार्य

यदि हो तो प्रस्तुत करें।

नोट : तिमाही रिपोर्ट के भाग-I, II एवं अन्य आंतरिक रिपोर्टिंग प्रणाली के आधार पर तथा अभिलेखित कार्यान्वयन संबंधी अन्य जानकारी के आधार पर प्रतियोगिता प्रविष्टियाँ भरनी होंगी। प्रस्तुत सूचना तथ्यपरक हो।

मूल्यांकन प्रक्रिया

प्रतियोगिता प्रविष्टियाँ प्राप्त करने की अंतिम तारीख के पश्चात् बिना विलंब मूल्यांकन कार्य संपन्न करना होगा। शील्ड वितरण समारोह के कुछ ही दिन पूर्व या अंतिम समय पर मूल्यांकन कार्य प्रारंभ करने से समय के अभाव में संदेहों का सत्यापन करना और आवश्यक प्रमाण प्राप्त करना संभव नहीं हो पाएगा। इससे वास्तविक निष्पादक वंचित हो सकते हैं।

निर्णायक समिति

मुख्यालय एवं संबंधित नियंत्रक कार्यालयों द्वारा अपने स्तर पर आयोजित शील्ड प्रतियोगिताओं के मूल्यांकन हेतु एक समिति का गठन किया जाना होगा। इस समिति में मुख्यालय के राजभाषा विभाग/नियंत्रक कार्यालय के राजभाषा अनुभाग के विशेषज्ञ प्रभारी, उपलब्धता के आधार पर अपने एक-दो राजभाषा अधिकारी, राजभाषा विभाग/अनुभाग के सामान्य वर्ग से जुड़े तत्काल प्रभारी तथा हिंदी ज्ञान रखने वाले/राजभाषा

कार्यान्वयन से परिचित अपने कार्यालय के अन्य किसी अधिकारी को सदस्य बनाया जा सकता है। प्रस्तावित सदस्यों की मौखिक सहमति से उन्हें प्रस्तावित निर्णायक समिति में शामिल करने हेतु कार्यालय नोट के माध्यम से सक्षम प्राधिकारी का पूर्वानुमोदन प्राप्त करना होगा।

मूल्यांकन शीट

मूल्यांकन कार्य हेतु प्रतियोगितावार मूल्यांकन शीट बनानी होंगी। इनमें हाशिए की तरफ बाईं ओर क्रमांकवार सहभागी कार्यालयों/शाखा कार्यालयों/विभागों/अनुभागों के नाम दर्ज करने होंगे। ऊपर बाईं से दाईं ओर प्रतियोगिता प्रविष्टि के प्रश्नों को स्तंभ, उप स्तंभवार संक्षेप में समाविष्ट करना होगा। हर स्तंभ में प्रश्न स्वरूप के आधार पर निर्धारित अंक दर्शाकर अंत में इन सब स्तंभों के कुल अंक दर्शाने होंगे। कुल प्रश्नों के आधार पर कुल अंकों की सीमा तय की जा सकती है; अर्थात् प्रश्न अधिक होने पर कुल अंक 100 के बजाय 200 या 300 भी रखे जा सकते हैं।

क्षेत्रवार मूल्यांकन शीट

प्रतियोगिता वर्ग से जुड़े नियंत्रक कार्यालयों/प्रशिक्षण केंद्रों की संख्या अधिक होने पर क्षेत्रवार शील्ड प्रदान करने हेतु 'क', 'ख', 'ग' क्षेत्रवार मूल्यांकन शीट बनानी होंगी। किसी संगठन में इस वर्ग के कार्यालयों/प्रशिक्षण केंद्रों की संख्या कम रहने पर क्षेत्रवार आबंटन समुचित नहीं लगने पर भाषिक क्षेत्र के आधार पर बोनस अंक देते हुए एकल वर्ग के अंतर्गत ही परिणाम घोषित करने होंगे। यह प्रक्रिया अमुक संगठन के आंतरिक निर्णयों, दिशानिर्देशों पर निर्भर होगा।

एक्सल शीट/मैनुअल शीट

विभिन्न प्रश्नों के लिए दिये गए अंकों के परिकलन में सुविधा हेतु एक्सल शीट या अन्य कंप्यूटर प्रोग्राम के माध्यम से परिकलन कार्य संपन्न किया जा सकता है। अन्यथा भौतिक रूप से (मैनुअली) परिकलन कार्य संपन्न किया जा सकता है।

पात्र अंकों का परिकलन

अमुक प्रश्न/मद के लिए आबंटित कुल अंक और उस मद के अंतर्गत प्रतियोगी द्वारा दर्शाए गए निष्पादन के आधार पर प्रतिशततावार पात्र अंक का परिकलन करना होगा। विशेष कार्य, उपलब्धियाँ इत्यादि के संबंध में प्रस्तुत जानकारी का स्वरूप और महत्त्व के आधार पर अंक प्रदान करने होंगे।

तथ्यों का सत्यापन

निर्णायक समिति की उपस्थिति में क्षेत्रवार प्रतियोगिता प्रविष्टियों का मूल्यांकन संपन्न करना होगा। किसी प्रतियोगी कार्यालय द्वारा किसी मद के अंतर्गत प्रस्तुत जानकारी में संदेह होने पर मूल्यांकक कार्यालय (संबंधित नियंत्रक कार्यालय) में उपलब्ध तत्

कार्यालय के अभिलेखों (तिमाही प्रगति रिपोर्ट, समय-समय पर प्राप्त की गई अन्य रिपोर्ट/विवरण) का सत्यापन करना जरूरी है। प्रतियोगिता प्रविष्टि में दर्शाई गई सूचना और अभिलेखों में तथा पूर्व प्रस्तुत जानकारी में तालमेल न होने पर तत् मद/प्रश्न के लिए शून्य अंक देने होंगे।

पुरस्कृत करने के लिए योग्य पाई गई प्रविष्टियों के महत्त्वपूर्ण मदों का मूल्यांकक कार्यालय में उपलब्ध तत् कार्यालयों के अभिलेखों से सत्यापन करना होगा। किसी जानकारी संबंधी अभिलेख उपलब्ध न होने पर संबंधित प्रतियोगी कार्यालय से तत्संबंधी लिखित प्रमाण/सूचना (कार्यालय प्रमुख के हस्ताक्षरयुक्त) तत्काल प्राप्त करनी होगी। तत्पश्चात् ही परिणामों का अंतिम रूप देना होगा।

परिणामों की घोषणा

मूल्यांकन शीट के अंत में विजेता कार्यालयों/इकाइयों के योग्यता क्रम में नाम सूचित करते हुए निर्णायक समिति के सभी पदाधिकारियों के हस्ताक्षर लेने होंगे (पदनाम, विभाग/अनुभाग/कार्यालय की जानकारी भी प्रस्तुत हो)। इसके पश्चात् मूल्यांकन प्रक्रिया का संक्षेप ब्योरा, विजेताओं की सूची एवं शील्ड/श्रेष्ठता पत्र प्रदान की जाने की व्यवस्था से कार्यालय नोट द्वारा अवगत कराते हुए मूल्यांकक कार्यालय के प्रधान/सक्षम प्राधिकारी का अनुमोदन प्राप्त करना होगा। कार्यालय नोट के साथ मूल्यांकन शीट भी संलग्न करनी होगी।

सक्षम प्राधिकारी का अनुमोदन प्राप्त करने के पश्चात् मुख्यालय/संबंधित नियंत्रक कार्यालयों द्वारा अपने कार्य क्षेत्र के कार्यालयों/प्रशिक्षण केंद्रों/शाखा कार्यालयों/इकाइयों को परिपत्र के माध्यम से परिणामों की सूचना उपलब्ध कराई जाएगी। आंतरिक राजभाषा पोर्टल में भी यह जानकारी उपलब्ध कराई जाएगी। इसके अतिरिक्त कार्यालय प्रमुख/सक्षम प्राधिकारी के हस्ताक्षर से विजेता कार्यालयों को पृथक् से बधाई पत्र भी जारी किये जाते हैं। परिणाम घोषणा संबंधी परिपत्र या विजेता कार्यालयों को पृथक् से प्रेषित बधाई पत्रों के अंतर्गत ही शील्ड प्रदान की जाने की प्रक्रिया से भी अवगत कराया जा सकता है।

स्थायी शील्ड/चल शील्ड/श्रेष्ठता प्रमाणपत्र

कुछेक संस्थाओं द्वारा विजेताओं को स्थायी शील्ड प्रदान की जाने के बजाय चल शील्ड प्रदान की जाने की प्रथा अपनाई जाती है। चल वैजयंती शील्ड (रोलिंग शील्ड) प्रथा में प्रति वर्ष गत वर्ष के विजेता से शील्ड वापस लेकर विजेता कार्यालय का नाम, प्राप्त स्थान एवं प्रतियोगिता वर्ष अंकित करते हुए वर्तमान विजेता को प्रदान की जाती है। कुछ वर्षों के बाद तत् चल शील्ड में जगह समाप्त होने पर उसे अंतिम विजेता के पास स्थायी रूप से रखकर आगे की परिक्रमा हेतु नई चल शील्ड खरीदी जाती है। लेकिन स्थायी शील्ड प्रथा में विजेता कार्यालय/इकाई/विभाग में ही शील्ड स्थायी रूप से रहेगी।

चल शील्ड प्रथा की तुलना में स्थायी शील्ड प्रथा ही प्रोत्साहजनक होगी। इससे पूर्व विजेता निरुत्साहित नहीं होंगे और आयोजक कार्यालय को भी सुविधाजनक होगा।

शील्ड प्रदान करने के अतिरिक्त विजेता कार्यालयों, इकाइयों, विभागों को श्रेष्ठता प्रमाणपत्र प्रदान किये जाते हैं।

कुछेक संगठनों द्वारा प्रथम स्थान प्राप्त विजेता को शील्ड और श्रेष्ठता प्रमाणपत्र प्रदान कर शेष विजेताओं को केवल श्रेष्ठता प्रमाणपत्र प्रदान किये जाते हैं। लेकिन इसके बजाय सभी विजेताओं को श्रेष्ठता प्रमाणपत्र के अतिरिक्त शील्ड प्रदान कर प्रोत्साहित करना उत्साहवर्द्धक होगा। बजट उपलब्धता के अनुरूप अलग-अलग आकार की शील्ड खरीदी जा सकती हैं। इनमें आयोजक संगठन का लोगो, आयोजक कार्यालय का नाम, प्रतियोगिता का शीर्षक, आयोजन वर्ष, विजेता कार्यालय/इकाई/विभाग का नाम, प्राप्त स्थान का एंबॉसिंग/अंकन किया जाना होगा। श्रेष्ठता प्रमाणपत्रों पर आयोजक कार्यालय प्रधान के हस्ताक्षर हों। प्रदान की जाने वाली शील्ड एवं श्रेष्ठता प्रमाणपत्र आकर्षक हों।

राजभाषा अधिकारी/राजभाषा समन्वयक को प्रशस्ति पत्र

शील्ड विजेता कार्यालयों/प्रशिक्षण केंद्रों/शाखा कार्यालयों/इकाइयों के राजभाषा अधिकारियों/राजभाषा समन्वयकों को उनके नाम पर आयोजक कार्यालय प्रमुख के हस्ताक्षरयुक्त प्रशस्ति पत्र प्रदान कर प्रोत्साहित करना होगा।

शील्ड एवं प्रमाणपत्रों की व्यवस्था

आयोजक कार्यालय द्वारा अपने स्तर पर आवश्यक राजभाषा शील्ड बनवाई जाती हैं। पुरस्कार वितरण का स्थल अलग जगह होने पर यातायात की असुविधा से बचने के लिए समारोह स्थल (शहर) में ही इन्हें बनवाने की पहल की जा सकती है।

श्रेष्ठता प्रमाणपत्र, प्रशंसा पत्र के मामले में विभिन्न स्तरों पर आयोजित शील्ड प्रतियोगिताओं के समस्त प्रमाणपत्रों के फॉर्मेट मुख्यालय स्तर पर ही मुद्रित कराकर संबंधित आयोजक कार्यालयों को आपूरित किये जा सकते हैं अथवा प्रमाणपत्रों के इलेक्ट्रॉनिक फॉर्मेट (सॉफ्ट प्रति) बनवाकर अपने स्तर पर प्रिंटआउट लेने हेतु ऑनलाइन उपलब्ध कराया जा सकता है। अन्यथा संबंधित आयोजक कार्यालय को ही स्थानीय स्तर पर प्रमाणपत्र बनवाने के अधिकार दिये जा सकते हैं। खरीदी गई शील्ड आकर्षक, संदर्भयुक्त, गुणवत्तायुक्त हों। हस्ताक्षरित श्रेष्ठता प्रमाणपत्रों, प्रशंसा पत्रों को लेमिनेट करवाकर प्रदान करने का प्रयास करना होगा। शील्ड एवं प्रमाणपत्रों पर अंकित सूचना (हिंदी या द्विभाषा) त्रुटिरहित हो। इस पर विशेष ध्यान देना होगा।

राजभाषा शील्ड एवं प्रमाणपत्र प्रदान किये जाने की व्यवस्था

शील्ड प्रतियोगिताओं का आयोजन करना ही नहीं, उम्दा शील्ड वितरण पर भी विशेष ध्यान देने की आवश्यकता होती है। विजेता महसूस करें कि उनके प्रयासों का फल मिला है। उन्हें लगे कि 'हिंदी का अधिकाधिक प्रयोग सुनिश्चित करने की वजह से ही यह संभव हो पाया है। अतः आगे भी हिंदी का अधिकाधिक प्रयोग जारी रखना है।'

शील्ड वितरण में निम्न पद्धतियाँ अपनाई जा सकती हैं

1. *अंचल/सर्किल/क्षेत्रीय/प्रांतीय/मंडल स्तरीय एवं अंचल/सर्किल कार्यालय स्तरीय तथा प्रशिक्षण केंद्र स्तरीय अखिल भारतीय राजभाषा शील्ड प्रतियोगिता के संदर्भ में :*

    (i) संगठन प्रधान की अध्यक्षता में आयोजित होने वाली संगठन स्तरीय अंचल/सर्किल या क्षेत्रीय/प्रांतीय/मंडल प्रधानों की वार्षिक कारोबार योजना/कार्य योजना संबंधी बैठकों/निष्पादन समीक्षा बैठकों इत्यादि के उद्घाटन कार्यक्रम या समापन कार्यक्रम में अध्यक्ष के शुभहस्ते विजेता अंचलों/क्षेत्रों/प्रशिक्षण केंद्रों के प्रधानों को शील्ड एवं श्रेष्ठता प्रमाणपत्र तथा संबंधित कार्यालयों के राजभाषा अधिकारी को (केवल एक वरिष्ठ अधिकारी) को प्रशस्ति प्रमाणपत्र प्रदान कराने की पहल की जा सकती है। मुख्यालय के राजभाषा विभाग के प्रयासों पर यह निर्भर होगा। मुख्यालय की राजभाषा कार्यान्वियन समिति की बैठकों में उचित निर्णय लेने के जरिये या कार्यालय नोट में संगठन के प्रधान का अनुमोदन प्राप्त कर कथित प्रक्रिया अमल कराई जा सकती है।

    (ii) मुख्यालय द्वारा आयोजित हिंदी दिवस समारोह में कार्यक्रम के अध्यक्ष के शुभहस्ते उपर्युक्त वर्ग के विजेता कार्यालयों, प्रशिक्षण केंद्रों के प्रधानों एवं संबंधित राजभाषा अधिकारियों को क्रमश: शील्ड एवं श्रेष्ठता प्रमाणपत्र तथा प्रशंसा पत्र प्रदान करवाए जा सकते हैं। यह पद्धति अपनाने के लिए भी संगठन के प्रधान का पूर्वानुमोदन प्राप्त करना होगा।

नोट : उपर्युक्त दोनों पद्धतियों में किसी एक पद्धति अपनाने के लिए संगठन के प्रधान से स्थायी अनुमोदन प्राप्त करना उचित होगा। (परिस्थितियों के आधार पर स्थायी प्रक्रिया में संशोधन करने में कोई प्रतिबंध नहीं होगा।)

अथवा :

(iii) उपर्युक्त वर्ग के कार्यालयों, प्रशिक्षण केंद्रों में आयोजित हिंदी दिवस समारोह के अवसर पर ही कार्यक्रम के मुख्य अतिथि के हाथों से विजेता कार्यालय के प्रधान एवं राजभाषा अधिकारी क्रमश: शील्ड एवं श्रेष्ठता प्रमाणपत्र तथा प्रशंसा पत्र प्राप्त कर सकते हैं। (यह प्रोत्साहजनक पद्धति तो नहीं होगी।)

नोट : किसी कार्यालय में एक से अधिक राजभाषा अधिकारी कार्यरत होने के संदर्भ में उनमें से विजेता कार्यालय/केंद्र के वरिष्ठ राजभाषा अधिकारी (प्रभारी) मंच पर अपने नाम पर बने प्रशस्ति पत्र लेंगे। शेष राजभाषा अधिकारियों को आयोजक कार्यालय प्रधान के हस्ताक्षर से नाम पर पृथक् से प्रशस्ति पत्र जारी करने होंगे। व्यक्तिगत अभिलेखों में अभिलेखित करने हेतु यह सूचना संबंधित कार्मिक अनुभाग को देना उचित होगा।

2. *अंतर शाखा कार्यालय/इकाई राजभाषा शील्ड प्रतियोगिता के संदर्भ में :*

(i) अंचल/क्षेत्रीय प्रबंधक की अध्यक्षता में आयोजित शाखा/इकाई प्रबंधक सम्मेलन/समीक्षा बैठकों के अवसर पर अध्यक्ष के शुभहस्ते विजेता शाखा/इकाई के प्रधानों को शील्ड एवं श्रेष्ठता प्रमाणपत्र तथा तत् शाखा/इकाई के हिंदी समन्वयक को उनके नाम पर प्रशंसा पत्र प्रदान करने की प्रक्रिया अपनाई जा सकती है।

अथवा :

(ii) प्रतियोगिता आयोजक कार्यालय द्वारा आयोजित हिंदी दिवस समारोह में विजेता शाखा/इकाई प्रधान एवं संबंधित हिंदी समन्वयक को आमंत्रित कर क्रमशः शील्ड एवं प्रमाणपत्र तथा प्रशंसा पत्र प्रदान करने की पहल की जा सकती है।

यह प्रथा लागू कराने में मुख्यालय के राजभाषा विभाग या संबंधित नियंत्रक कार्यालय के राजभाषा अनुभाग द्वारा उचित पहल करनी होगी। विशेषतः मुख्यालय स्तर से इस प्रकार के निर्देश जारी होने से समूचे संगठन में एकरूपता होगी।

अथवा :

(iii) विजेता शाखा कार्यालय/इकाई में हिंदी दिवस आयोजित होने पर मुख्य अतिथि के करकमलों से या नियंत्रक कार्यालय के प्रधान का शाखा/इकाई के संदर्शन पर छोटी-सी बैठक का आयोजन करते हुए तत् शाखा/इकाई प्रधान को शील्ड एवं श्रेष्ठता प्रमाणपत्र तथा हिंदी समन्वयक को प्रशंसा पत्र प्रदान करवाए जा सकते हैं। लेकिन यह पद्धति उत्साहवर्द्धक तो नहीं होगी।

3. अंतर विभागीय/अनुभागीय राजभाषा शील्ड प्रतियोगिता के संदर्भ में आयोजक कार्यालय द्वारा आयोजित हिंदी दिवस में कार्यक्रम के अध्यक्ष के शुभहस्ते विजेता विभाग/अनुभाग के प्रधान को शील्ड एवं श्रेष्ठता प्रमाणपत्र प्रदान करवाए जा सकते हैं।

प्रतियोगिता आयोजक कार्यालय को चाहिए कि वह प्रतियोगिता परिणाम एवं शील्ड वितरण संबंधी सूचना से मुख्यालय/संबंधित उच्च नियंत्रक कार्यालय को ससमय अवगत कराएँ। इसके अतिरिक्त शील्ड वितरण की सूचना स्थानीय समाचार पत्रों में प्रकाशित कराने के प्रयास करने के साथ-साथ गृह पत्रिकाओं/बुलेटिनों/टॉलिक पत्रिका/राजभाषा भारती इत्यादि में प्रकाशनार्थ समय पर प्रेषित करने का प्रयास करना होगा। शील्ड वितरण फोटो, प्रकाशन कतरन, पत्रिकाओं की प्रतियाँ इत्यादि को राजभाषा निरीक्षणों/राजभाषा प्रदर्शनियों के अवसर पर उपलब्ध कराने के लिए सुरक्षित रखना होगा। शील्ड वितरण फोटो, समाचार पत्र कतरन को कार्यालय के नोटिस/डिस्प्ले बोर्ड में कुछ दिन के लिए प्रदर्शित किया जा सकता है। शील्ड एवं प्रमाणपत्रों को शील्ड/पुरस्कार रैक में प्रदर्शित करना होगा। श्रेष्ठता प्रमाणपत्र/प्रशंसा पत्रों की फोटो प्रतियाँ राजभाषा विभाग/अनुभाग की फाइलों में उपलब्ध हों।

टॉलिक राजभाषा शील्ड प्रतियोगिता

परिचय

राजभाषा नीति को कार्यान्वित करने में अग्र पंक्ति में रहने वाले टॉलिक के सदस्य कार्यालयों को प्रोत्साहित करने के लिए संयोजक कार्यालय द्वारा वार्षिक राजभाषा शील्ड प्रतियोगिता का आयोजन किया जाता है। सदस्य कार्यालयों से मंगवाई जाने वाली टॉलिक की अर्द्धवार्षिक समीक्षा बैठकों संबंधी हिंदी प्रगति रिपोर्ट, राजभाषा विभाग, गृह मंत्रालय द्वारा परिकल्पित तिमाही हिंदी प्रगति रिपोर्ट भाग-I व II एवं समय-समय पर प्राप्त महत्त्वपूर्ण दिशानिर्देश, संसदीय राजभाषा समिति की निरीक्षण प्रश्नावली, टॉलिक की समीक्षा बैठकों में लिये गए महत्त्वपूर्ण निर्णय, विशेष गतिविधियाँ इत्यादि के आधार पर शील्ड प्रतियोगिता प्रविष्टि प्रपत्र बनाया जाता है।

अमुक टॉलिक के सदस्य कार्यालयों का स्वरूप एवं उनकी संख्या के आधार पर प्रतियोगिता श्रेणियों का निर्धारण किया जाता है।

सदस्य कार्यालय स्वरूपवार प्रतियोगिताएँ

1. *सदस्य मुख्यालयों/प्रधान कार्यालयों के बीच राजभाषा शील्ड प्रतियोगिता :* सामान्यत: एकाध महानगरों को छोड़कर अन्य जगह इस श्रेणी की प्रतियोगिता की आवश्यकता नहीं होगी क्योंकि मुख्यालय स्तर के सदस्यों की संख्या नगण्य होती है। किसी टॉलिक के मुख्यालय स्तर के सदस्यों की संख्या न्यूनतम तीन होने पर इनके लिए यह प्रतियोगिता आयोजित की जा सकती है। ऐसी स्थिति में केवल प्रथम स्थान प्राप्त कार्यालय को शील्ड एवं श्रेष्ठता प्रमाणपत्र प्रदान किये जा सकते हैं। प्रतिभागियों की संख्या तीन से अधिक होने पर पुरस्कारों की संख्या बढ़ाई जा सकती है।
2. *सदस्य प्रशिक्षण केंद्रों के बीच राजभाषा शील्ड प्रतियोगिता :* महानगर स्थित टॉलिकों में सदस्य प्रशिक्षण केंद्रों की संख्या तीन या उससे अधिक होने पर उनके लिए प्रतियोगिता आयोजित की जा सकती है। इनकी संख्या न्यूनतम तीन रहने पर प्रथम स्थान प्राप्त केंद्र को शील्ड एवं श्रेष्ठता प्रमाणपत्र या तीन से अधिक होने पर तदनुसार अधिक पुरस्कार प्रदान किये जा सकते हैं।
3. *सदस्य अंचल/मंडल/प्रांतीय/क्षेत्रीय कार्यालयों के बीच राजभाषा शील्ड प्रतियोगिता :* इन सभी वर्गों के सदस्य कार्यालयों को प्रतियोगिता के संदर्भ में एक ही श्रेणी में रखा जा सकता है। क्योंकि इन सबका कार्यस्वरूप लगभग एक समान होता है। इन कार्यालयों की संख्या न्यूनतम तीन रहने पर प्रथम स्थान प्राप्त कार्यालय को शील्ड एवं श्रेष्ठता प्रमाणपत्र, दस तक रहने पर तीन विजेता कार्यालयों को शील्ड एवं श्रेष्ठता प्रमाणपत्र, दस से अधिक होने पर पांच विजेता कार्यालयों को शील्ड एवं श्रेष्ठता प्रमाणपत्र प्रदान किये जा सकते हैं।

4. *सदस्य शाखा कार्यालयों/इकाइयों के बीच राजभाषा शील्ड प्रतियोगिता :* इस स्वरूप के सदस्य कार्यालय न्यूनतम तीन होने पर प्रथम स्थान प्राप्त शाखा कार्यालय/इकाई को शील्ड एवं श्रेष्ठता प्रमाणपत्र, तीन से अधिक होने पर तदनुसार पुरस्कारों की संख्या बढ़ाई जा सकती है।
5. *सदस्य बीमा कंपनियों के बीच राजभाषा शील्ड प्रतियोगिता :* इस स्वरूप के सदस्य कार्यालय न्यूनतम तीन होने पर प्रथम स्थान प्राप्त शाखा कार्यालय/इकाई को शील्ड एवं श्रेष्ठता प्रमाणपत्र, तीन से अधिक होने पर तदनुसार पुरस्कारों की संख्या बढ़ाई जा सकती है।
6. *सदस्य वित्तीय संस्थाओं के बीच राजभाषा शील्ड प्रतियोगिता :* इस स्वरूप के सदस्य कार्यालय न्यूनतम तीन होने पर प्रथम स्थान प्राप्त शाखा कार्यालय/इकाई को शील्ड एवं श्रेष्ठता प्रमाणपत्र, तीन से अधिक होने पर तदनुसार पुरस्कारों की संख्या बढ़ाई जा सकती है।
7. *समस्त सदस्य कार्यालयों के बीच राजभाषा शील्ड प्रतियोगिता :* छोटे शहरों में गठित टॉलिकों या अन्य कुछेक टॉलिकों के संदर्भ में जहाँ नियंत्रक कार्यालयों/प्रशिक्षण केंद्रों की संख्या बहुत कम होती है, वहाँ श्रेणीवार वर्गीकरण के बजाय सभी सदस्य कार्यालयों/शाखा कार्यालयों/इकाइयों के लिए संयुक्त रूप से एक ही शील्ड प्रतियोगिता का आयोजन करना सुविधाजनक होगा। एकाध नियंत्रक कार्यालय होने पर उन्हें प्रतियोगिता से बाहर रहने के लिए अनुरोध किया जा सकता है। प्रतियोगिता से बाहर रहने पर भी कार्यान्वयन एवं टॉलिक की गतिविधियों में उनका विशिष्ट योगदान होने पर पृथक् शील्ड/श्रेष्ठता प्रमाणपत्र प्रदान कर प्रोत्साहित करने की पहल की जा सकती है। समिति की अर्द्धवार्षिक समीक्षा बैठक में विचार-विमर्श कर सदस्य नियंत्रक कार्यालयों को समझाकर उनकी सहमति से प्रतियोगिता से बाहर रखने का निर्णय लेना होगा।

राजभाषा अधिकारियों/हिंदी समन्वयकों को प्रशंसा पत्र

विजेता नियंत्रक कार्यालयों/प्रशिक्षण केंद्रों/शाखा कार्यालयों/इकाइयों के प्रधानों को शील्ड एवं श्रेष्ठता प्रमाणपत्र प्रदान करने के अतिरिक्त वहाँ कार्यरत राजभाषा अधिकारी या हिंदी समन्वयक को उनके नाम पर प्रशंसा पत्र प्रदान करना होगा। किसी कार्यालय में एक से अधिक राजभाषा अधिकारी पदस्थ होने पर वरिष्ठ राजभाषा अधिकारी/प्रभारी राजभाषा अधिकारी को प्रशंसा पत्र प्रदान करना उचित होगा। शेष राजभाषा अधिकारियों को प्रोत्साहित करने के लिए विजेता कार्यालय के प्रधान द्वारा उन्हें पृथक् से प्रशंसा पत्र जारी किये जा सकते हैं।

प्रतियोगिता में संयोजक कार्यालय की सहभागिता

शील्ड प्रतियोगिता सहित टॉलिक की विभिन्न गतिविधियों के समन्वयन की जिम्मेदारी संयोजक कार्यालय पर होने के कारण उन्हें राजभाषा शील्ड प्रतियोगिता से स्वैच्छिक

रूप से बाहर हो जाना प्रशंसनीय होगा। शील्ड मूल्यांकन समिति में सामान्यत: टॉलिक के सदस्य सचिव भी एक सदस्य होंगे। निष्ठा/पारदर्शिता से प्रविष्टियों का मूल्यांकन किये जाने पर भी संयोजक कार्यालय को पुरस्कार प्राप्त होने पर कुछेक कोणों से टीका-टिप्पणी की जाने की संभावना हो सकती है।

रिपोर्टिंग क्षेत्र

टॉलिक के संयोजक कार्यालय द्वारा आपूर्ति किये गए राजभाषा शील्ड प्रतियोगिता प्रपत्र में अपेक्षित मूल्यांकन अवधि के लिए टॉलिक को प्रस्तुत अपनी छ: माही हिंदी प्रगति रिपोर्टों तथा तिमाही हिंदी प्रगति रिपोर्टों के भाग I व II में उपलब्ध अतिरिक्त जानकारियों एवं कार्यान्वयन संबंधी कृत अन्य गतिविधियों के आधार पर मदवार सूचना तैयार कर समय पर प्रस्तुत करना होगा। टॉलिक को प्रस्तुत की जाने वाली अपनी हिंदी प्रगति रिपोर्ट के रिपोर्टिंग कार्यक्षेत्र ही शील्ड प्रतियोगिता के लिए भी लागू होगा।

प्रतियोगिता प्रविष्टि प्रपत्र

यथावश्यक मुख्यालय स्तर प्रतियोगिता, अंचल/क्षेत्र/मंडल कार्यालय स्तर प्रतियोगिता, प्रशिक्षण केंद्र स्तर प्रतियोगिता, शाखा कार्यालय/इकाई स्तर प्रतियोगिता, बीमा कंपनी स्तर प्रतियोगिता, वित्तीय संस्था स्तर प्रतियोगिता और समस्त सदस्य कार्यालयों के लिए आयोजित संयुक्त प्रतियोगिता के प्रविष्टि प्रपत्रों को उनके कार्य स्वरूप के आधार पर तैयार करना होगा।

प्रतियोगिता प्रविष्टि प्रपत्र में टॉलिक की अर्द्धवार्षिक बैठकों में समीक्षा करने हेतु सदस्य कार्यालयों से प्राप्त की जाने वाली हिंदी प्रगति रिपोर्टों की सभी मदों को शामिल करने के अतिरिक्त कार्यान्वयन संबंधी अन्य महत्त्वपूर्ण मदों को (नगर के दायरे से जुड़े) शामिल करना होगा।

इस संबंधी मदों के मार्गदर्शन के लिए 'राजभाषा शील्ड एवं पुरस्कार'अध्याय में 'प्रतियोगिता प्रविष्टि नमूने' उप शीर्षक के अंतर्गत प्रस्तुत विभिन्न प्रकार के प्रतियोगिता प्रपत्रों का संदर्भ लेते हुए अपेक्षित मदों को चुनकर उनमें आवश्यक संशोधन करते हुए अपनाए जा सकते हैं। अत: यहाँ प्रतियोगितावार प्रविष्टि के मदवार ब्योरे प्रस्तुत नहीं किये गए हैं।

मूल्यांकन प्रक्रिया

निर्णायक मंडल : प्रतियोगिता प्रविष्टियों की मूल्यांकन प्रक्रिया में न्यूनतम तीन मूल्यांककों की सेवाएँ प्राप्त करना उचित होगा। इनमें संबंधित क्षेत्रीय कार्यान्वयन कार्यालय के उप निदेशक/अन्य पदाधिकारी, स्थानीय अन्य टॉलिक के सदस्य सचिव और संबंधित टॉलिक के सदस्य सचिव शामिल हो सकते हैं। संबंधित टॉलिक के संयोजक कार्यालय भी शील्ड प्रतियोगिता में भाग लेने की स्थिति में सदस्य सचिव को मूल्यांकन प्रक्रिया से बाहर रहना सम्मानजनक/विवाद रहित होगा। इसी प्रकार अपनी टॉलिक के किसी सदस्य

कार्यालय के राजभाषा अधिकारी को भी मूल्यांकन समिति में शामिल करना उचित नहीं होगा। उपलब्धता के आधार पर स्थानीय केंद्रीय प्रशिक्षण उप-संस्थान, हिंदी शिक्षण योजना या राजभाषा कार्यान्वयन से जुड़े सेवारत/सेवानिवृत पदाधिकारियों की सेवाएँ भी मूल्यांकन हेतु ली जा सकती हैं। मूल्यांककों के चयन के संबंध में संयोजक कार्यालय द्वारा उचित निर्णय लिया जा सकता है। सदस्य सचिव को चाहिए कि प्रस्तावित मूल्यांककों की जानकारी प्रस्तुत करते हुए कार्यालय नोट के माध्यम से समिति के अध्यक्ष की पूर्वानुमति प्राप्त करें। इसी नोट के अंतर्गत मूल्यांककों को सम्मानजनक मानदेय की व्यवस्था की जाने संबंधी सूचना भी दी जा सकती है।

जांच उप समिति : प्रतियोगिता प्रविष्टियों को मूल्यांकन समिति को सौंपने के पूर्व, पुरस्कार प्राप्त करने लायक प्रतीत होने वाली श्रेणीवार प्रतियोगिता की प्रविष्टियों के कार्यालयों की भौतिक जांच करने की चेष्टा की जा सकती है। समिति की अर्द्धवार्षिक समीक्षा बैठकों में चर्चा कर इस प्रकार की 'जांच उप समिति' गठित करने का निर्णय लिया जा सकता है। अन्यथा तत्कालीन आवश्यकताओं के आधार पर टॉलिक के अध्यक्ष के लिखित अनुमोदन से भी जांच उप समिति का गठन किया जा सकता है। दो या तीन अधिकारियों को इस उप समिति में रखा जा सकता है। संबंधित टॉलिक के सदस्य सचिव के अतिरिक्त (सदस्य कार्यालयों के राजभाषा अधिकारियों को छोड़कर) शहर के राजभाषा कार्यान्वयन से जुड़े अन्य कार्यालयों के पदाधिकारियों की सेवाएँ प्राप्त करना उचित होगा। समिति के किसी एक सदस्य कार्यालय के राजभाषा अधिकारी द्वारा उसी समिति के दूसरे सदस्य कार्यालय के राजभाषा निष्पादन की जांच की जाना स्वागत योग्य नहीं रहेगा। प्रविष्टि प्रपत्र में प्रस्तुत मदवार जानकारी के आधार पर संदेहास्पद मदों की तथ्यता की जांच करने का प्रयास करना होगा। इस कार्य के लिए आमंत्रित बाहरी अधिकारी को टॉलिक की संयुक्त निधि से उचित मानदेय की व्यवस्था की जा सकती है। पुरस्कार श्रेणी में आ पानेवाली प्रविष्टियों की छंटनी अग्रिम रूप से सदस्य सचिव द्वारा या इस उप समिति के सदस्यों द्वारा करनी होगी। जांच/निरीक्षण संबंधी कार्यालयवार प्रेक्षणों का चार्ट बनाकर मूल्यांकक मंडल को सौंपना होगा।

अथवा

मूल्यांकन मंडल द्वारा मूल्यांकन कार्य समाप्त किये जाने पर भी पुरस्कार प्राप्त करने के लिए पात्र प्रविष्टियों की किसी मद के अंतर्गत प्रस्तुत सूचना पर उसे कोई संदेह होने पर परिणाम घोषित करने के पूर्व जांच उप समिति द्वारा तत् कार्यालय के संबंधित अभिलेखों का अविलंब भौतिक सत्यापन कर वस्तुस्थिति से लिखित रूप में मूल्यांकन मंडल को अवगत कराया जाना होगा। इसके पश्चात् जरूरत होने पर आबंटित अंकों में आवश्यक संशोधन करते हुए अंतिम परिणाम शीट पर मूल्यांकन मंडल द्वारा हस्ताक्षर किये जाएँगे। तदोपरांत निर्णायक मंडल द्वारा हस्ताक्षरित मूल्यांकन शीट संलग्न करते हुए कार्यालय नोट के जरिये मूल्यांकन प्रक्रिया/प्रतियोगितावार परिणामों से अवगत कराते हुए टॉलिक के अध्यक्ष का अनुमोदन प्राप्त कर परिणामों की प्राधिकृत घोषणा की जाएगी।

नोट : 'मूल्यांकन शीट की तैयारी एवं अंको का परिकलन' के संबंध में राजभाषा शील्ड अंतरसंगठनीय प्रतियोगिता के 'मूल्यांकन प्रक्रिया' के अंतर्गत संबंधित उप शीर्षकों का संदर्भ लिया जा सकता है।

शील्ड व प्रमाणपत्रों की व्यवस्था एवं वितरण

सामान्यत: प्रतियोगिता आयोजित करने के पश्चात् संपन्न होने वाली अर्द्धवार्षिक समीक्षा बैठक में कार्यसूची के मुख्य मदों पर चर्चा प्रारंभ करने से पूर्व, अध्यक्ष के शुभहस्ते शील्ड एवं श्रेष्ठता प्रमाणपत्र/प्रशंसा पत्र प्रदान किये जाते हैं। यही आदर्श प्रथा होगी क्योंकि क्षेत्रीय कार्यान्वयन कार्यालय के पदाधिकारी एवं सभी सदस्य कार्यालय प्रधानों की उपस्थिति में यह कार्यक्रम संपन्न होता है। कहीं-कहीं टॉलिक के तत्त्वावधान में आयोजित संयुक्त हिंदी दिवस में विजेताओं को इस प्रतियोगिता संबंधित शील्ड प्रदान की जाती हैं। लेकिन इस समारोह का माहौल अलग-सा रहता है। हिंदी प्रतियोगिताओं के विजेता, सहभागी और सदस्य कार्यालयों के प्रतिनिधि उपस्थित होने पर भी सभी सदस्य कार्यालयों के प्रधानों की उपस्थिति संभव नहीं हो पाती। कार्यालय प्रधानों की उपस्थिति में शील्ड वितरण होने से प्रतिस्पर्धा की भावना जागृत होती है।

टॉलिक की संयुक्त निधि का उपयोग करते हुए राजभाषा शील्ड एवं श्रेष्ठता/प्रशंसा पत्रों की व्यवस्था की जाती है। अन्यथा टॉलिक के किसी सदस्य कार्यालय द्वारा स्वैच्छिक रूप से शील्ड प्रायोजित की जा सकती है। प्रथम स्थान प्राप्त विजेता कार्यालयों को शील्ड एवं श्रेष्ठता प्रमाणपत्र प्रदान कर शेष विजेताओं को केवल श्रेष्ठता प्रमाणपत्र प्रदान करने के बजाय सभी विजेताओं को शील्ड एवं श्रेष्ठता प्रमाणपत्र प्रदान कर प्रोत्साहित करना प्रेरणादायक रहेगा। विजेता को प्राप्त स्थान के आधार पर खरीदी जाने वाली शील्ड की गुणवत्ता/आकार में अंतर होना बेहतर है। शील्ड पर प्रतियोगिता का शीर्षक एवं वर्ष, प्राप्त स्थान, विजेता कार्यालय का नाम, टॉलिक का नाम, संयोजक/प्रायोजक कार्यालय का नाम सुविधायुक्त क्रम में अंकित हों (एंबॉसिंग/पेंटिंग/स्टिकरिंग द्वारा)। श्रेष्ठता/प्रशंसा पत्रों पर टॉलिक के अध्यक्ष एवं सदस्य सचिव के मूल हस्ताक्षर हों। किसी सदस्य कार्यालय द्वारा शील्ड प्रायोजित की जाने पर तत् कार्यालय के प्रधान को शील्ड वितरण के समय पर मंच पर आमंत्रित करना नहीं भूलना होगा।

प्रतिबंध

अमुक प्रतियोगिता श्रेणी के किसी सदस्य कार्यालय को लगातार तीन बार प्रथम स्थान प्राप्त होने पर अन्य निष्पादक कार्यालयों को प्रोत्साहित करने के लिए हैट्रिक हासिल कार्यालय को एक वर्ष के लिए प्रतियोगिता से बाहर रखने पर विचार किया जा सकता है। अर्द्धवार्षिक समीक्षा बैठकों में अधिक संख्यक सदस्यों की सहमति से इस प्रकार का निर्णय लिया जा सकता है।

प्रचार-प्रसार

अर्द्धवार्षिक समीक्षा बैठक में शील्ड वितरण होने पर केवल शील्ड वितरण कार्यक्रम भाग को कवर करने के लिए स्थानीय दूरदर्शन चैनल रिपोर्टरों को आमंत्रित करने का प्रयास करना होगा। संयुक्त हिंदी दिवस पर शील्ड वितरण होने पर इसके साथ अन्य गतिविधियों का भी कवर किया जा सकता है। इसके अतिरिक्त शील्ड वितरण संबंधी संक्षेप रिपोर्ट को फोटो सहित प्रमुख दैनिक समाचार पत्रों एवं प्रमुख राजभाषा पत्रिकाओं में (गृह मंत्रालय की 'राजभाषा भारती', अपनी टॉलिक पत्रिका, हिंदी भाषा प्रचार संस्थाओं की पत्रिकाएँ इत्यादि) प्रकाशित कराने की चेष्टा करनी होगी।

रिपोर्टिंग एवं अभिलेखों का रखरखाव

शील्ड प्रतियोगिता संबंधी पत्र-व्यवहार का अभिलेख रखने के अतिरिक्त समाचार पत्रों में प्रकाशित कतरन तथा पत्रिकाओं की संबंधित प्रतियों को राजभाषायी निरीक्षणों एवं राजभाषा प्रदर्शनियों में दिखाने/प्रदर्शित करने हेतु सुरक्षित रखना होगा। अर्द्धवार्षिक समीक्षा बैठक में शील्ड वितरण होने पर तत् ब्योरा कार्यवृत्त में अभिलेखित किया जाता है जो सभी संबंधितों को कार्यवृत्त के माध्यम से पहुँचाया जाता है। लेकिन संयुक्त हिंदी दिवस या अन्य अवसर पर शील्ड वितरण होने पर तत् कार्यक्रम संबंधी रिपोर्ट बनाकर उसे सदस्य कार्यालयों के अतिरिक्त संबंधित क्षेत्रीय कार्यान्वयन कार्यालय एवं संयोजक कार्यालय के मुख्यालय को पहुँचाना होगा।

केंद्र सरकार से जुड़े विविध संगठनों द्वारा राजभाषा शील्ड प्रतियोगिताओं का आयोजन

केंद्र सरकार एवं उसके अधीनस्थ कुछेक संस्थाओं/संगठनों द्वारा केवल अपने संगठन के लिए ही नहीं, तत् कार्यक्षेत्र से जुड़े अपने मंत्रालय के अन्य संस्थाओं में भी राजभाषा प्रयोग/लेखन कार्य को प्रोत्साहित करने के लिए विशिष्ट क्षेत्रों में श्रेष्ठ निष्पादन हेतु शील्ड प्रदान की जाती हैं। यथा : एसएलबीसी राजभाषा शील्ड।

राष्ट्रीयकृत बैंकों के संदर्भ में राज्य स्तरीय बैंकर्स समितियों (एसएलबीसी) द्वारा समिति के सदस्य राष्ट्रीयकृत बैंकों को राजभाषा के कार्यान्वयन में समूचे राज्य स्तर पर श्रेष्ठ निष्पादन के लिए वार्षिक राजभाषा शील्ड एवं श्रेष्ठता प्रमाणपत्र प्रदान किये जाते हैं। इसके लिए समिति के सदस्य कार्यालय को अपने कार्य क्षेत्र की समेकित निष्पादन रिपोर्ट के अतिरिक्त राज्य स्थित अपने संगठन के अन्य सभी नियंत्रक कार्यालयों से भी उनके कार्य क्षेत्र की वार्षिक समेकित निष्पादन रिपोर्ट निर्धारित प्रपत्र में प्राप्त कर उन सबका समेकन कर समिति के संयोजक कार्यालय को प्रस्तुत करनी पड़ती है। इस प्रतियोगिता में सर्वश्रेष्ठ रहने के लिए केवल समिति के सदस्य कार्यालय को ही नहीं, राज्य स्थित अपने संगठन के सभी कार्यालयों/इकाइयों को सक्रिय रहने की आवश्यकता

है। एसएलबीसी की समीक्षा बैठक में राज्य के मुख्यमंत्री के शुभहस्ते विजेता सदस्य कार्यालय के प्रधान को शील्ड एवं श्रेष्ठता प्रमाणपत्र प्रदान किये जाते हैं। इस अवसर पर विजेता सदस्य कार्यालय के राजभाषा अधिकारी भी पुरस्कार ग्रहण करते समय कार्यालय प्रधान के साथ रहेंगे। विजेता सदस्य कार्यालय द्वारा राज्य के अपने संगठन से संबंधित नियंत्रक कार्यालय के प्रधानों और राजभाषा अधिकारियों को आभारोक्तियुक्त प्रशंसा पत्र जारी किये जाते हैं।

नोट : (i) इस शील्ड प्रथा को लागू करना या नहीं करना अमुक समिति के निर्णय पर निर्भर है।

(ii) कुछेक मंत्रालयों के कुछेक संगठनों में भी इस प्रकार की प्रोत्साहन योजनाओं की व्यवस्था हो सकती है जिनका ब्योरा यहाँ उपलब्ध नहीं करा पाया गया है। संबंधित संगठनों के प्रधान कार्यालयों के राजभाषा विभागों में अपने मंत्रालय संबंधी इस प्रकार की जानकारी उपलब्ध होगी। तदनुसार सहभागिता करने हेतु पहल करनी होगी।

इस प्रकार की प्रतियोगिताएँ/योजनाएँ स्थायी नहीं हो सकती हैं। क्योंकि अमुक संगठन के आंतरिक निर्णय पर इनका आयोजन निर्भर होता है।

निजी एवं स्वैच्छिक सेवा संगठनों द्वारा शील्ड

राष्ट्रीय, अंतरराष्ट्रीय स्तर और राज्य स्तर पर कई पंजीकृत/गैर-पंजीकृत हिंदी भाषा सेवी संगठन कार्यशील हैं जो विद्यालयों, कार्यालयों में विभिन्न अवसरों पर हिंदी में प्रतियोगिताओं, कार्यशालाओं, संगोष्ठियों का आयोजन करने के अतिरिक्त पत्रिकाओं का प्रकाशन आदि संपन्न करते हुए हिंदी के प्रचार-प्रसार से जुड़े रहते हैं।

कुछेक स्वैच्छिक संगठन ऐसे हैं जो केवल केंद्र सरकार व उसके अधीनस्थ कार्यालयों में कार्यरत विभिन्न स्तरों के कार्मिकों के लिए राजभाषा नीति/कार्यान्वयन/अनुवाद आदि विषयों पर प्रशिक्षण कार्यक्रमों/संगोष्ठियों का आयोजन करते हैं। इन संगठनों द्वारा अपने प्रशिक्षण कार्यक्रमों/संगोष्ठियों में सहभागिता करने वाले कार्यालयों से निर्धारित अवधि संबंधी राजभाषा निष्पादन की रिपोर्ट मंगवाकर उनके आधार पर तीन या चार उत्तम निष्पादक कार्यालयों के नाम पर तथा तत् कार्यालय के राजभाषा प्रभारी के नाम पर शील्ड एवं श्रेष्ठता प्रमाणपत्र प्रदान किये जाते हैं। कार्यक्रम के समापन सत्र में प्रतिभागी कार्मिक को शील्ड एवं प्रमाणपत्र प्रदान किये जाते हैं। इसी प्रकार प्रतिभागी संस्थाओं/कार्यालयों द्वारा प्रकाशित उत्तम हिंदी/द्विभाषा गृह पत्रिकाओं के लिए भी शील्ड प्रदान की जाती हैं। कुछेक संगठनों द्वारा अपने कार्यक्रमों में सहभागिता की संख्या बढ़ाने के उद्‌देश्य से यह प्रथा अपनाई जाती है।

स्वैच्छिक हिंदी सेवी संगठनों द्वारा आयोजित लगभग सभी प्रशिक्षण कार्यक्रम/संगोष्ठी शुल्क आधारित/चंदा आधारित/सदस्यता शुल्क आधारित होते हैं। इस प्रकार के कार्यक्रमों में नामित करना/भाग लेना अनिवार्य नहीं है। स्वैच्छिक सेवा संगठन की प्रतिष्ठा और कार्यक्रम की गुणवत्ता, निर्धारित शुल्क आदि के आधार पर संगठन

के मुख्यालय/उच्च नियंत्रक कार्यालय द्वारा (आंतरिक व्यवस्था के आधार पर) अपने संगठन के किसी कार्यालय के एक या दो कार्मिकों को नामित करने पर विचार किया जाता है। इस प्रकार नामित कार्यालयों द्वारा ही आयोजक संगठन द्वारा अपेक्षित कार्य क्षेत्र की राजभाषा निष्पादन रिपोर्ट प्रस्तुत की जाती है। रिपोर्ट प्रस्तुत करना स्वैच्छिक होगा। प्रतिष्ठित/उम्दा स्वैच्छिक भाषा सेवा संगठनों से शील्ड प्राप्त करना सम्मानजनक रहेगा।

गृह मंत्रालय, राजभाषा विभाग के सर्वोच्च पुरस्कार

परिचय

राष्ट्रीय स्तर पर और अंतरराष्ट्रीय स्तर पर भारत सरकार के कार्यालयों में राजभाषा नीति को अमल कराने की जिम्मेदारी गृह मंत्रालय के राजभाषा विभाग पर है।

देश के केंद्र सरकार के मंत्रालयों, विभागों, सार्वजनिक क्षेत्र के उपक्रमों, केंद्र सरकार के अधीनस्थ बोर्डों/स्वायत्त निकायों/ट्रस्टों, राष्ट्रीयकृत बैंकों, वित्तीय संस्थाओं, बीमा कंपनियों, नगर राजभाषा कार्यान्वयन समितियों में संविधान में समाविष्ट प्रावधानों के अनुरूप राजभाषा हिंदी का अधिकाधिक प्रयोग सुनिश्चित करने के लिए, अष्टम अनुसूची में समाविष्ट अन्य भाषाओं का भी यथावश्यक प्रयोग सुनिश्चित करने के लिए, ग्राहकों व सार्वजनिकों को अपनी अधिकाधिक सेवाएँ हिंदी में उपलब्ध कराने के लिए, अभिप्रेरित करने/नया जोश पैदा करने हेतु और इन संगठनों द्वारा हिंदी में प्रकाशित श्रेष्ठतम गृह पत्रिकाओं को पुरस्कृत करने के लिए तथा हिंदी में मौलिक लेखन कार्य को प्रोत्साहित करने के उद्देश्य से भारत के नागरिकों को भी पुरस्कृत करने के लिए राजभाषा विभाग द्वारा निम्न प्रकार के सर्वोच्च स्तर की पुरस्कार योजनाएँ लागू की गई हैं।

1. राजभाषा कीर्ति पुरस्कार
2. नराकास राजभाषा सम्मान
3. राजभाषा गौरव पुरस्कार

इन पुरस्कार योजनाओं को सर्वोच्च इसलिए माना जाता है कि राजभाषा विभाग, गृह मंत्रालय द्वारा हर वर्ष 14 सितंबर को आयोजित हिंदी दिवस समारोह में पुरस्कार विजेताओं को महामहिम राष्ट्रपति या उप राष्ट्रपति या गृहमंत्री महोदय के शुभहस्ते पुरस्कार प्राप्त करने का सौभाग्य मिलता है। भारत सरकार ने हिंदी के साधकों को इस प्रकार के अपूर्व गौरव प्राप्त करने का विरल अवसर दिया है।

राजभाषा कीर्ति पुरस्कार और नराकास राजभाषा सम्मान

राजभाषा हिंदी का श्रेष्ठतम प्रयोग करने वाले पात्र संगठनों को राष्ट्रपति के शुभहस्ते शील्ड प्रदान करवायी जाने वाली प्रथा 'इंदिरा गांधी राजभाषा शील्ड' नाम से वित्तीय वर्ष 1986-87 में प्रारंभ हुई। इस योजना का नाम बदलकर राजभाषा कीर्ति पुरस्कार रखा गया है जो वित्तीय वर्ष 2015-16 से लागू है।

वर्गवार पुरस्कार

(i) *मंत्रालय/विभाग :* संघ सरकार के मंत्रालयों/विभागों के स्टाफ सदस्यों की संख्या के आधार पर यथा 300 से कम होने पर तीन (प्रथम, द्वितीय व तृतीय) तथा 300 से अधिक स्टाफ सदस्य कार्यरत होने पर पृथक से तीन (प्रथम, द्वितीय व तृतीय स्थान) राजभाषा कीर्ति पुरस्कार (शील्ड स्वरूप) प्रदान किए जाते हैं (समस्त मंत्रालयों/विभागों को मिलाकर)।

नोट : 1. किसी मंत्रालय/विभाग को लगातार दो वर्ष प्रथम पुरस्कार प्राप्त होने पर अन्य मंत्रालयों/विभागों को प्रोत्साहित करने के लिए उन्हें एक वर्ष की अवधि के लिए प्रतियोगिता से बाहर रखा जाएगा।

[संदर्भ : भारत के राजपत्र के भाग-I खंड-1 में प्रकाशनार्थ जारी राजभाषा विभाग, गृह मंत्रालय का संकल्प दि. 20.02.2017 एवं संकल्प दि. 21.03.2023]

2. इस प्रकार के दिशानिर्देश परिवर्तनाधीन होते हैं। अत: नवीनतम सूचनाओं से परिचित होना जरूरी है।

(ii) *सार्वजनिक क्षेत्र के उपक्रम :* 'क', 'ख', 'ग' क्षेत्र स्थित सार्वजनिक क्षेत्र के उपक्रमों को (क्षेत्रवार समस्त उपक्रम) उनके राजभाषा निष्पादन स्तर के आधार पर क्षेत्रवार पृथक से शील्ड स्वरूप तीन राजभाषा कीर्ति पुरस्कार (प्रथम, द्वितीय, तृतीय) प्रदान किए जाएँगे।

(iii) *भारत सरकार के बोर्ड, स्वायत्त निकाय, ट्रस्ट, सोसाइटी इत्यादि :* 'क', 'ख', 'ग' क्षेत्र स्थित केंद्र सरकार के नियंत्रणाधीन बोर्ड, स्वायत्त निकाय, ट्रस्ट इत्यादि को (क्षेत्रवार सभी को मिलाकर) उनके राजभाषा निष्पादन स्तर के आधार पर क्षेत्रवार पृथक से शील्ड स्वरूप तीन राजभाषा कीर्ति पुरस्कार (प्रथम, द्वितीय व तृतीय) प्रदान किए जाएँगे।

(iv) *राष्ट्रीयकृत बैंक, वित्तीय संस्थान :* देश स्थित समस्त राष्ट्रीयकृत बैंकों/वित्तीय संस्थाओं के मुख्यालयों को (भारतीय रिजर्व बैंक सहित) मिलकार उनके कार्मिकों की संख्या एवं कार्यालयों के राजभाषा निष्पादन स्तर के आधार पर ('क', 'ख', 'ग' तीनों क्षेत्रों को मिलाकर) शील्ड स्वरूप राजभाषा कीर्ति पुरस्कार प्रदान किए जाएँगे, यथा : 800 से कम कार्मिक वाले और 800 से अधिक कार्मिक वाले मुख्यालयों को प्रत्येक श्रेणी के लिए तीन पुरस्कार (प्रथम, द्वितीय, तृतीय) प्रदान किये जाएँगे।

नोट : उपर्युक्त श्रेणियों के कार्यालयों में कार्यरत कार्मिकों की संख्या न्यूनतम 30 होने पर ही पुरस्कार के लिए विचार किया जाएगा।

[संदर्भ : राजभाषा विभाग, गृह मंत्रालय का संकल्प सं. 11034/48/2014—राभा (नीति) दि. 22.03.2018 एवं संकल्प दि. 21.03.2023]

(v) *हिंदी में प्रकाशित गृह पत्रिकाएँ :* 'क', 'ख', 'ग' क्षेत्र स्थित केंद्र सरकार के कार्यालयों, उसके नियंत्रणाधीन बोर्ड, स्वायत्त निकाय, ट्रस्ट एवं सार्वजनिक क्षेत्र के उपक्रम, राष्ट्रीयकृत बैंक, वित्तीय संस्थाओं, बीमा कंपनियों के मुख्यालय द्वारा हिंदी में प्रकाशित गृह पत्रिकाओं में से प्रथम

एवं द्वितीय स्थान प्राप्त गृह पत्रिकाओं के मुख्यालयों को शील्ड स्वरूप राजभाषा कीर्ति पुरस्कार प्रदान किए जाएँगे। (क्षेत्रवार दो पुरस्कार-सभी को मिलाकर)

नोट : राजभाषा कीर्ति पुरस्कार योजना के अंतर्गत विजेता संगठनों के प्रधानों को केवल शील्ड प्रदान की जाती हैं। इनके साथ अपने अन्य पदाधिकारी मंच पर नहीं जा पाएँगे।

निष्पादन क्षेत्र एवं रिपोर्टिंग प्रक्रिया

(1) ***संगठन/विभाग :*** विभिन्न संगठनों/मंत्रालयों के मुख्यालयों के विभागों द्वारा संबंधित वित्तीय वर्ष के दौरान प्रस्तुत हिंदी प्रगति रिपोर्टों एवं अन्य गतिविधियों के आधार पर कार्यान्वयन संबंधी विभिन्न महत्त्वपूर्ण मदों के श्रेष्ठतम निष्पादन के अनुसार मूल्यांकन किया जाता है। यथा अंतर्सेवा हिंदी प्रशिक्षण (कार्यसाधक ज्ञान, हिंदी टंकण ज्ञान, आशुलिपि ज्ञान), धारा 3(3) का अनुपालन, मूल पत्राचार में हिंदी का प्रयोग, कार्मिकों द्वारा कंप्यूटर पर हिंदी में कार्य, टंककों/आशुलिपिकों द्वारा हिंदी में कार्य, संपूर्ण कार्य हिंदी में करने हेतु व्यक्तिश: आदेश जारी करना, उच्चाधिकारियों द्वारा हिंदी में कार्य, पर्यवेक्षी पदाधिकारियों द्वारा हिंदी में कार्य/टिप्पण लेखन, हिंदी कार्यशालाओं का आयोजन, राजभाषाई निरीक्षण, कार्यालय प्रधान की अध्यक्षता में राजभाषा कार्यान्वयन समिति की बैठकों का आयोजन, हिंदी सलाहकार समिति की बैठकें (मंत्रालय के विभागों द्वारा), गृह पत्रिका एवं अन्य प्रकाशनों में हिंदी पाठ की प्रतिशतता, हिंदी दिवस/राजभाषा संगोष्ठियों/सम्मेलनों/समारोहों/विशेष गतिविधियों का आयोजन, द्विभाषा में वेबसाइट की उपलब्धता एवं अद्यतन स्थिति, तिमाही हिंदी प्रगति रिपोर्ट की ससमय ऑनलाइन प्रस्तुति इत्यादि।

नोट : (i) राजभाषा अधिनियम-1963 की धारा 3(3) का उल्लंघन किए जाने पर तत् कार्यालय को प्रतियोगिता से बाहर किया जाएगा।

(ii) राजभाषा नियम 1976 के नियम-5 के अनुसार हिंदी में प्राप्त पत्रों के उत्तर हिंदी या द्विभाषा में दिए जाने में व्यतिक्रम होने पर अर्थात अंग्रेजी में दिए जाने पर माइनस 10 नकारात्मक अंक (निगेटिव मार्क) दिए जाएँगे।

(iii) 60 प्रतिशत से कम अंक पाने वाले कार्यालय को पुरस्कार की श्रेणी में शामिल नहीं किया जाएगा।

(iv) राजभाषा विभाग की वेबसाइट में श्रेणीवार पुरस्कार योजनाओं के मूल्यांकन संबंधी अंक तालिका उपलब्ध होती है। कार्यान्वयन मद के महत्त्व के आधार पर अंक आबंटित किए जाते हैं। अत: उचित कार्यान्वयन सुनिश्चित करने के लिए इस अंक तालिका को पढ़ना लाभदायक होगा।

कार्य निष्पादन के आधार पर प्रदान किए जाने वाले राजभाषा कीर्ति पुरस्कार के लिए पृथक प्रतियोगिता प्रविष्टि में वार्षिक निष्पादन रिपोर्ट प्रस्तुत करने की पद्धति नहीं है। क्षेत्रीय कार्यान्वयन कार्यालय, राजभाषा विभाग को प्रस्तुत अमुक संगठन/मंत्रालय के मुख्यालय की तिमाही हिंदी प्रगति रिपोर्ट की वैयक्तिक रिपोर्ट भाग-I व II के आधार पर मूल्यांकन किया जाता है।

तिमाही हिंदी प्रगति रिपोर्टों के अंतर्गत प्रस्तुत जानकारी के अतिरिक्त राजभाषा कार्यान्वयन संबंधी संगठन के कोई उल्लेखनीय कार्य/गतिविधियाँ होने पर मुख्यालय द्वारा उनकी संक्षिप्त रिपोर्ट राजभाषा कीर्ति पुरस्कार संबंधी राजभाषा विभाग के लिंक द्वारा समय पर उपलब्ध करानी होगी।

(2) ***हिंदी गृह पत्रिकाएँ :*** संबंधित वित्तीय वर्ष के दौरान संगठन के मुख्यालय द्वारा प्रकाशित गृह पत्रिका के न्यूनतम दो अंकों की 5-5 प्रतियाँ निर्धारित प्रपत्र के साथ समय पर राजभाषा विभाग को प्रेषित करनी होंगी। (तय अंतिम तारीख पर ध्यान देना होगा।) सामान्यत: राजभाषा को बढ़ावा देने में पत्रिका की उपयोगिता, विषय की सरकारी कामकाज में उपयोगिता, समसामयिक विषय, भाषा-शैली एवं प्रस्तुतीकरण की गुणवत्ता, लेखों की मौलिकता, भाषा की सरलता और स्पष्टता, आंतरिक कार्मिक लेखों का अनुपात, विन्यास एवं साजसज्जा इत्यादि के आधार पर अंकों का आबंटन होता है। निर्धारित प्रपत्र सहित इस आशय की पूर्ण सूचना उपलब्ध कराते हुए राजभाषा विभाग द्वारा सभी संगठनों के मुख्यालयों को प्रति वर्ष पत्र/ज्ञापन जारी किया जाता है। राजभाषा विभाग की साइट rajbhasha.gov.in में प्रोत्साहन योजनाओं के अंतर्गत राजभाषा कीर्ति पुरस्कार उप शीर्षक में भी इस संबंधी सूचना उपलब्ध होती है।

ई-पत्रिकाएँ भी इसी योजना हेतु पात्र हैं बशर्ते कि इनके अंक राजभाषा विभाग की वेबसाइट पर उपलब्ध 'ई-पत्रिका पुस्तकालय' लिंक पर अपलोड किये गए हों।

[**संदर्भ :** राजभाषा विभाग का.ज्ञा. सं. 12024/01/2020—राभा (का-2), दि. 21.2.2020 एवं अंतर विभागीय टिप्पणी सं. 14013/01/2021/राभा (नीति), दि. 18.1.2021]

(3) ***नराकास राजभाषा सम्मान :*** 'क', 'ख', 'ग' क्षेत्र स्थित समस्त नगर राजभाषा कार्यान्वयन समितियों में से राजभाषा के कार्यान्वयन में क्षेत्रवार सर्वश्रेष्ठ रहने वाले तीन समितियों को शील्ड स्वरूप नराकास राजभाषा सम्मान एवं श्रेष्ठता प्रमाणपत्र प्रदान किये जाएँगे (प्रत्येक क्षेत्र के लिए तीन पुरस्कार)।

इससे पूर्व श्रेष्ठ नगर राजभाषा कार्यान्वयन समितियों को भी राजभाषा कीर्ति पुरस्कार प्रदान किये जाते थे, लेकिन इन्हें वित्तीय वर्ष 2022-23 से 'नराकास राजभाषा सम्मान' नाम से सम्मानित करने का निर्णय लिया गया है। इस योजना के अंतर्गत नराकास अध्यक्ष को शील्ड एवं प्रमाणपत्र तथा सदस्य सचिव को प्रमाणपत्र प्रदान किये जाएँगे।

[**संदर्भ :** राजभाषा विभाग का ज्ञापन सं. 12011/09/2023—राभा (का-2), दि. 23.08.2023)]

नगर स्थित सदस्य कार्यालयों में हिंदी के प्रगामी प्रयोग के संबंध में संबंधित वित्तीय वर्ष के दौरान कृत कार्य/गतिविधियाँ/प्रगति/कर्तव्यों का निर्वहण इत्यादि के आधार पर मूल्यांकन किया जाता है, यथा : समिति की अर्द्धवार्षिक समीक्षा बैठकों का गृह मंत्रालय, राजभाषा विभाग के कैलेंडर के अनुसार नियमित/समय पर आयोजन, राजभाषा विभाग द्वारा पथप्रदर्शित/निर्देशित मदों के आधार पर कार्यसूची जारी करना और सार्थक चर्चा करना, कार्यवृत्त का ससमय प्रेषण, अनुवर्ती कार्रवाई एवं लिये गए निर्णयों का पूर्ण अनुपालन, बैठक में समीक्षा करने हेतु समस्त सदस्य कार्यालयों से अपनी तिमाही रिपोर्ट के आधार पर अर्द्धवार्षिक समेकित रिपोर्ट समय पर प्राप्त करना और सार्थक समीक्षा सुनिश्चित करना, इन बैठकों में सदस्य कार्यालयों के प्रधानों की उपस्थिति दर्ज होना, पत्रिका का प्रकाशन, राजभाषा शील्ड प्रतियोगिता एवं अन्य रोचक हिंदी प्रतियोगिताओं का आयोजन, राजभाषा संगोष्ठी, संयुक्त हिंदी दिवस, प्रयोजनमूलक हिंदी, कंप्यूटर पर हिंदी टंकण प्रशिक्षण संबंधी कार्यक्रमों का आयोजन, हिंदी सॉफ्टवेयरों का अनुप्रयोग, अनुवाद प्रशिक्षण, हिंदी माध्यम में अन्य प्रशिक्षण कार्यक्रमों का आयोजन, हिंदी/द्विभाषा में विविध उपयोगी प्रकाशन, प्रचार सामग्री/प्रदर्शन सामग्री/विज्ञापन इत्यादि में हिंदी, कार्यान्वयन संबंधी नवोन्मेषी कदम अपनाया जाना, टॉलिक वेबसाइट/पोर्टल की उपलब्धता, बैठक का पूर्ण विवरण समय पर राजभाषा विभाग को अपलोड करना इत्यादि।

संयोजक कार्यालय द्वारा राजभाषा विभाग को ऑनलाइन में प्रस्तुत समेकित अर्द्धवार्षिक रिपोर्टों एवं कथित प्रकार की गतिविधियों/क्रियाकलापों संबंधी रिपोर्टों के आधार पर अंकों का आबंटन होता है। सभी सदस्य कार्यालयों के हर मद का उत्साहवर्द्धक कार्यान्वयन एवं संयोजक कार्यालय के सार्थक समन्वयन से कीर्तिमान हासिल करना संभव हो पाता है। राजभाषा विभाग की वेबसाइट में उपलब्ध नवीनतम अंक तालिका का संदर्भ लेना सहायक होगा।

मूल्यांकन समिति

समग्र राजभाषा निष्पादन और हिंदी पत्रिकाओं के मूल्यांकन के लिए गृह मंत्रालय, राजभाषा विभाग के सचिव के अनुमोदन से प्रतिवर्ष दो पृथक् समितियाँ गठित की जाती हैं :

(i) *राजभाषा नीति निष्पादन संबंधी मूल्यांकन समिति :* इस समिति में सामान्यतः संयुक्त सचिव (राजभाषा), राजभाषा विभाग के प्रमुख पदाधिकारियों और गैर सरकारी सदस्यों को शामिल किया जाता है। संयुक्त सचिव समिति के अध्यक्ष होंगे।

(ii) *गृह पत्रिकाओं की मूल्यांकन समिति :* इस समिति में सामान्यतः राजभाषा विभाग, गृह मंत्रालय के संयुक्त सचिव अध्यक्ष होंगे। उनके अतिरिक्त राजभाषा विभाग के ही दो पदाधिकारी और भाषा साहित्य/संपादन से जुड़े दो गैर सरकारी व्यक्ति सदस्य होंगे। राजभाषा विभाग के सचिव के अनुमोदन से इस समिति का गठन किया जाता है। मूल्यांकन समिति का निर्णय अंतिम और सभी के लिए बाध्यकारी होगा।

[**संदर्भ :** भारत के राजपत्र के भाग-I, खंड-1 में प्रकाशनार्थ राजभाषा विभाग, गृह मंत्रालय द्वारा पारित संकल्प दिनांक 25.3.2015 तथा संकल्प दिनांक 31.10.2016]

परिणामों की घोषणा एवं पुरस्कार वितरण

(i) सामान्यत: अगस्त माह में परिणामों की घोषणा की जाती है। राजभाषा विभाग की वेबसाइट में उपलब्ध कराने के अतिरिक्त राष्ट्रपति सचिवालय, प्रधानमंत्री कार्यालय, मंत्रिमंडल सचिवालय, लोकसभा एवं राज्यसभा सचिवालय, नीति आयोग, सभी मंत्रालयों के मुख्यालयों के राजभाषा विभागों, क्षेत्रीय कार्यान्वयन कार्यालयों और विजेता संगठनों के मुख्यालयों आदि को परिणामों की भौतिक प्रति उपलब्ध कराई जाती है। इसके अतिरिक्त विजेता संगठनों के प्रधानों के नाम पर राजभाषा विभाग के सचिव/संयुक्त सचिव द्वारा बधाई/आमंत्रण संदेश भेजे जाते हैं।

(ii) राजभाषा विभाग, गृह मंत्रालय द्वारा प्रति वर्ष 14 सितंबर को आयोजित हिंदी दिवस समारोह में पूर्व में महामहिम राष्ट्रपति के शुभहस्ते विजेता संगठनों के प्रधानों और नगर राजभाषा कार्यान्वयन समिति के अध्यक्षों को शील्ड प्रदान की जाती थीं। अनिवार्य परिस्थितियों में राष्ट्रपति महोदय उपस्थित नहीं हो पाने के संदर्भ में महामहिम उप राष्ट्रपति या माननीय गृह मंत्री के शुभहस्ते शील्ड/श्रेष्ठता प्रमाणपत्र प्रदान किये जाते थे। राष्ट्रपति भवन या विज्ञान भवन, दिल्ली में हिंदी दिवस समारोह का आयोजन संपन्न किया जाता था, लेकिन वर्ष 2021 से 14 सितंबर को मनाए जाने वाले राष्ट्रीय स्तर हिंदी दिवस के अवसर पर गृहमंत्री महोदय की अध्यक्षता में 14-15 सितंबर को हिंदी दिवस एवं अखिल भारतीय राजभाषा सम्मेलन आयोजित करने की प्रथा प्रारंभ की गई है। तब से गृहमंत्री महोदय के शुभहस्ते राजभाषा कीर्ति पुरस्कार एवं राजभाषा गौरव पुरस्कार प्रदान किये जा रहे हैं। वर्ष 2021 में गृह मंत्रालय के राजभाषा विभाग द्वारा वाराणसी में हिंदी दिवस व प्रथम अखिल भारतीय राजभाषा सम्मेलन का भव्य आयोजन किया गया।

प्रवेश पत्र (निमंत्रण पत्र) **हेतु पंजीकरण प्रक्रिया**

निमंत्रण पत्र द्वारा या अन्यथा राजभाषा विभाग द्वारा विजेता संगठन के प्रधान को प्रेषित दिशानिर्देशों के आधार पर अपेक्षित जानकारी एवं तत्संबंधी कागजात प्रस्तुत करते हुए हिंदी दिवस समारोह/सम्मेलन में उपस्थित होने वाले पदाधिकारियों के प्रवेश पत्र निर्धारित समय के भीतर राजभाषा विभाग, गृह मंत्रालय से प्राप्त करने होंगे। संगठन मुख्यालय के प्रधान एवं उनके साथ मुख्यालय के राजभाषा विभाग के तत्काल राजभाषा प्रभारी के अतिरिक्त राजभाषा विभाग के प्रभारी उच्च कार्यपालक (सामान्य वर्ग) भी भाग लेते रहते हैं। मुख्यालय के राजभाषा विभाग के प्रभारी उच्च कार्यपालक से विचार-विमर्श कर पुरस्कार वितरण समारोह में उपस्थित होने हेतु प्रस्तावित कार्यपालकों/पदाधिकारियों का ब्योरा एवं अन्य सूचना का उल्लेख करते हुए राजभाषा विभाग द्वारा संगठन के प्रधान को अनुमोदनार्थ कार्यालय टिप्पणी प्रस्तुत की जाती है। संगठन प्रधान के अनुमोदन के आधार पर संगठन के पत्रशीर्ष पर उपस्थित होने वाले कार्यपालकों/

पदाधिकारियों की पुष्टि करते हुए उच्च कार्यपालक के हस्ताक्षर से राजभाषा विभाग, गृह मंत्रालय को लिखित सूचना उपलब्ध करानी होगी (पुरस्कार विजेता कार्यालयों के संदर्भ में) तथा ऑनलाइन पंजीकरण भी कराना होगा।

विजेता नराकास अध्यक्ष को भी चाहिए कि वे अपनी और सदस्य सचिव की उपस्थिति से लिखित रूप में राजभाषा विभाग को अवगत कराएँ तथा समय पर ऑनलाइन पंजीकरण भी कराएँ।

समारोह/सम्मेलन में भाग लेने वाले गैर पुरस्कार विजेताओं के संदर्भ में अपनी सहभागिता की लिखित सूचना राजभाषा विभाग, नई दिल्ली को प्रस्तुत करने की आवश्यकता नहीं होगी। अपने सक्षम प्राधिकारी के अनुमोदन के आधार पर सीधे ऑनलाइन पंजीकरण करना होगा।

निमंत्रण पत्र प्राप्त करने की प्रक्रिया

हिंदी दिवस एवं सम्मेलन में भाग लेने हेतु राजभाषा विभाग, गृह मंत्रालय द्वारा पर्याप्त समय पूर्व उपलब्ध कराए जाने वाले ऑनलाइन लिंक के जरिये प्रतिभागियों का अपेक्षित ब्योरा प्रस्तुत कर पंजीकरण कराना जरूरी है। पंजीकरण कराने पर नामवार विशिष्ट पहचान संख्या प्राप्त होगी जिसके आधार पर स्वीकृत व्यक्तियों के निमंत्रण पत्र (प्रवेश पत्र) जारी किये जाएँगे। इसकी सूचना राजभाषा विभाग की वेबसाइट और प्रतिभागी के व्यक्तिगत ई-मेल पर दी जाएगी। निमंत्रण पत्र के बिना कार्यक्रम में प्रवेश करने की अनुमति नहीं दी जाएगी। यह निमंत्रण पत्र अहस्तांतरणीय होगा। कार्यक्रम के पर्याप्त समय पूर्व राजभाषा विभाग, नई दिल्ली से अथवा यह संभव नहीं हो पाने पर कार्यक्रम स्थल पर विशिष्ट पहचान संख्या दिखाकर निमंत्रण पत्र प्राप्त करना होगा। निमंत्रण प्राप्त करने के लिए स्वयं न जा पाने की स्थिति में अधिकृत व्यक्ति को अधिकृत करने संबंधी पत्र जिसमें विशिष्ट पहचान संख्या अंकित हो और पहचान पत्र की फोटो प्रति के साथ भेजा जा सकता है।

विजेता संगठन के मुख्यालय स्तर पर की जाने वाली अन्य कार्रवाई

(i) मुख्यालय के राजभाषा विभाग को चाहिए कि वह राजभाषा कीर्ति पुरस्कार परिणाम संबंधी सूचना संगठन की वेबसाइट और राजभाषा पोर्टल इत्यादि में प्रदर्शित कराने के अतिरिक्त संगठन के समस्त कार्यालयों/शाखा कार्यालयों/इकाइयों/प्रशिक्षण केंद्रों/विभागों को राजभाषा कीर्ति पुरस्कार के संक्षेप महत्त्व के साथ राजभाषा के कार्यान्वयन में उनके योगदान की प्रशंसा करते हुए उच्च कार्यपालक के हस्ताक्षर से परिपत्र जारी करना होगा।

(ii) पुरस्कार वितरण समारोह के पश्चात शील्ड वितरण संबंधी स्पष्ट फोटो को उपयुक्त शीर्षक/पंक्तियों के साथ अपनी वेबसाइट/पोर्टल में प्रदर्शित कराने के अतिरिक्त हर कार्यालय/इकाई के परिसर में उपलब्ध डिजिटल डिस्पले सिस्टम में बिना विलंब प्रदर्शित कराना प्रेरणाप्रद होगा। इस व्यवस्था के लिए अपने आईटी या अन्य संबंधित विभाग की मदद ली जा सकती है। मुख्यालय परिसर और संगठन प्रधान के सचिवालय में

तथा संगठन के हेरिटेज संग्रहालय में पुरस्कार वितरण संबंधी फोटो फ्रेम की व्यवस्था/प्रदर्शित कराने की पहल करनी होगी। इसके अतिरिक्त प्रमुख समाचार पत्रों/पत्रिकाओं/अपनी गृह पत्रिकाओं में फोटो सहित संक्षिप्त समाचार छपवाने की चेष्टा करनी होगी। अपनी गृह पत्रिकाओं के मुख पृष्ठ पर ही पुरस्कार वितरण की तस्वीर छपे। इस बात पर ध्यान देना उचित होगा। संगठन की वार्षिक निष्पादन रिपोर्ट/निदेशक मंडल की रिपोर्ट में शामिल करने हेतु संबंधित विभाग को फोटो सहित इस उपलब्धि की सूचना देनी होगी।

(iii) मुख्यालय परिसर/संगठन प्रधान के सचिवालय/अन्य समुचित दर्शनीय जगह पर राजभाषा कीर्ति पुरस्कार (शील्ड) को सुरक्षित रखना होगा।

(iv) राजभाषा स्टाफ सदस्यों के योगदान की पहचान में संगठन के समस्त राजभाषा अधिकारियों/राजभाषा लिपिकों/राजभाषा सहायकों/राजभाषा टंककों/आशुलिपिकों/अनुवादकों को उनके नाम पर संगठन के पत्रशीर्ष पर मुख्यालय के संबंधित उच्च कार्यपालक के हस्ताक्षर से प्रशंसा पत्र जारी कराना प्रेरणादायक होगा।

नराकास संयोजक कार्यालय स्तर पर की जाने वाली अन्य कार्रवाई

(i) नराकास राजभाषा सम्मान संबंधी परिणामों की औपचारिक सूचना अपने प्रधान कार्यालय को देनी होगी। परिणामों की सूचना अपनी समिति की वेबसाइट या राजभाषा पोर्टल (यदि हो) में प्रदर्शित कराने के अतिरिक्त सभी सदस्य कार्यालयों को अपने योगदान की प्रशंसा करते हुए अध्यक्ष के हस्ताक्षर से परिपत्र जारी करना होगा।

(ii) संयोजक कार्यालय की समुचित दर्शनीय जगह पर राजभाषा सम्मान स्वरूप दी गई शील्ड को सुरक्षित रखना होगा।

(iii) सदस्य कार्यालयों के राजभाषा अधिकारियों और राजभाषा प्रभारी स्टाफ सदस्यों (जहाँ राजभाषा अधिकारी तैनात नहीं हैं) को नराकास के पत्रशीर्ष पर अध्यक्ष के हस्ताक्षर से प्रशंसा पत्र जारी करना प्रेरणादायक होगा।

नोट : (1) राजभाषा पुरस्कार प्राप्त करने की अपेक्षा से वित्तीय वर्षांत के अंतिम माह या अंतिम तिमाही में पूर्व तिमाहियों संबंधी बकाया गतिविधियों को संपन्न कर कार्यालयीन कार्य में अधिकाधिक प्रयोग सुनिश्चित कराने पर भी श्रेष्ठतम श्रेणी में नहीं आ पाएँगे। इसके लिए निरंतर प्रयास और कार्मिकों के निरंतर एवं सक्रिय योगदान की आवश्यकता है।

(2) पुरस्कार वितरण समारोह के पश्चात् समारोह स्थल पर ही कार्यक्रम में उपस्थित फोटोग्राफरों से बिलयुक्त अदायगी पर शील्ड वितरण फोटो प्राप्त किये जा सकते हैं। उनसे अपने ई-मेल पर सॉफ्ट प्रति भी प्राप्त की जा सकती है। अन्यथा बाद में गृह मंत्रालय के राजभाषा विभाग से सॉफ्ट प्रति प्राप्त की जा सकती है।

राजभाषा गौरव पुरस्कार

निर्माणात्मक विषयों पर हिंदी में संरचनात्मक मौलिक लेखन को प्रोत्साहित करने के लिए राजभाषा विभाग द्वारा 'राजभाषा गौरव पुरस्कार' योजना प्रारंभ की गई है। वित्तीय वर्ष 1986-87 में 'इंदिरा गांधी पुरस्कार योजना' नाम से प्रारंभ की गई यह योजना वित्तीय वर्ष 2015-16 से 'राजभाषा गौरव पुरस्कार' नाम से जाना जाता है।

इस योजना में भारत के कोई भी नागरिक भाग ले सकेंगे।

सर्वश्रेष्ठ मौलिक पुस्तक लेखन के आधार पर महामहिम राष्ट्रपति/उप राष्ट्रपति या गृहमंत्री महोदय के शुभहस्ते लेखक को प्रदान किया जाने वाला राजभाषा गौरव पुरस्कार एक सर्वोन्नत पुरस्कार है। इस योजना के अंतर्गत पुस्तक लेखन हेतु चार वर्गों के चयनित सर्वश्रेष्ठ रचनाकारों को नकद पुरस्कार, स्मृति चिह्न एवं प्रशंसा पत्र प्रदान किए जाते हैं।

श्रेणीवार पुरस्कार

	राजभाषा गौरव पुरस्कार योजना की श्रेणी	कुल पुरस्कारों की संख्या	पुरस्कार राशि
1.	इंजीनियरी, इलेक्ट्रॉनिक्स, कंप्यूटर विज्ञान, भौतिकी, जीव विज्ञान, ऊर्जा, अंतरिक्ष विज्ञान, आयुर्विज्ञान, रसायन विज्ञान, सूचना प्रौद्योगिकी, प्रबंधन, मनोविज्ञान तथा समसामयिक विषय, जैसे—उदारीकरण, भूमंडलीकरण, उपभोक्तावाद, मानवाधिकार, प्रदूषण आदि।	प्रथम पुरस्कार (एक) द्वितीय पुरस्कार (एक) तृतीय पुरस्कार (एक)	₹ 2,00,000 (दो लाख रुपये) ₹ 1,25,000 (एक लाख पच्चीस हजार रुपये) ₹ 75,000 (पचहत्तर हजार रुपये)
2.	न्यायालयिक विज्ञान, पुलिस, अपराधशास्त्र अनुसंधान और पुलिस प्रशासन पर हिंदी में मौलिक पुस्तक लेखन।	प्रथम पुरस्कार (एक) द्वितीय पुरस्कार (एक)	₹ 1,50,000 (एक लाख पचास हजार रुपये) ₹ 1,00,000 (एक लाख रुपये)
3.	संस्कृति, धर्म, कला, धरोहर आदि पर हिंदी में मौलिक पुस्तक लेखन।	प्रथम पुरस्कार (एक) द्वितीय पुरस्कार (एक)	₹ 1,50,000 (एक लाख पचास हजार रुपये) ₹ 1,00,000 (एक लाख रुपये)
4.	विधि के क्षेत्र में हिंदी में मौलिक पुस्तक लेखन	प्रथम पुरस्कार (एक) द्वितीय पुरस्कार (एक)	₹ 1,50,000 (एक लाख पचास हजार रुपये) ₹ 1,00,000 (एक लाख रुपये)

नोट : (i) नकद पुरस्कार के अतिरिक्त स्मृति चिह्न और प्रमाण पत्र प्रदान किये जाएँगे।
(ii) पुरस्कार राशि में संशोधन के संबंध में राजभाषा विभाग द्वारा परिस्थितियों के अनुरूप उचित निर्णय लिया जाता है।

योजनाओं संबंधी सामान्य दिशानिर्देश व शर्तें

- एक लेखक एक योजना के अंतर्गत केवल एक ही प्रविष्टि भेज पाएँगे।
- लेखक की केवल मौलिक पुस्तकें स्वीकार्य होंगी। अनूदित पुस्तकें, पीएचडी की शोध पुस्तकें, कविता, उपन्यास, कहानी, नाटक आदि तथा पाठ्य पुस्तक के रूप में लिखी गई पुस्तकें पात्र नहीं हैं।
- पुस्तक की विषयवस्तु समीक्षात्मक विश्लेषणयुक्त हो।
- इस योजना के अंतर्गत पुस्तकों के संदर्भ में **1 जनवरी से 31 दिसंबर** के दौरान प्रकाशित पुस्तकें स्वीकार्य होंगी।
- इस योजना में भाग लेने हेतु प्रस्तुत पुस्तक के न्यूनतम पृष्ठ 100 हों।
- आईएसबीएन युक्त पुस्तक ही योजना में शामिल की जाएँगी।
- किसी भी सरकारी संगठन द्वारा पूर्व में पुरस्कृत पुस्तकें पात्र नहीं होंगी। योजना में भाग लेने हेतु पुस्तक प्रस्तुत करने के पश्चात् तत् परिणाम घोषित करने के पूर्व अन्य किसी पुरस्कार योजना के अंतर्गत पुरस्कृत किये जाने पर लेखक को चाहिए कि उसकी सूचना तत्काल राजभाषा विभाग, गृह मंत्रालय को उपलब्ध कराएँ।
- किसी व्यक्ति को राजभाषा विभाग, गृह मंत्रालय की किसी भी मौलिक पुस्तक लेखन योजना के अंतर्गत गत तीन वर्षों के दौरान कोई पुरस्कार प्राप्त होने पर उसकी प्रविष्टि विचारणीय नहीं होगी। तथापि सहलेखक (यदि कोई हो) योजना में भाग ले सकेंगे। इस योजना के अंतर्गत पुरस्कृत किये जाने पर सह लेखक को तय पुरस्कार राशि में से आनुपातिक राशि ही प्रदान की जाएगी।
- पुरस्कार के लिए चुनी गई पुस्तक के लेखक एक से अधिक होने पर तय पुरस्कार राशि का बराबर हिस्सा बांट दिया जाएगा।
- पुस्तक के संदर्भ में एक से अधिक लेखक होने की स्थिति में प्रत्येक सह लेखक को अलग-अलग प्रोफार्मा भरना होगा।
- पुस्तक में प्रस्तुत आंकड़ों/तथ्यों इत्यादि के लिए लेखक स्वयं उत्तरदायी होंगे। इनके प्रमाणन में जहाँ तक संभव हो, संदर्भ का उल्लेख करना होगा।
- पुस्तक की तीन प्रतियों के साथ निर्धारित प्रपत्र सहित (निर्धारित वर्गवार प्रपत्रों के प्रारूप हेतु राजभाषा विभाग के ज्ञापन/संकल्प/वेबसाइट का संदर्भ लेना होगा) निर्धारित समय पर राजभाषा विभाग को प्रविष्टि प्रस्तुत करनी होगी।

अर्थात् अंतिम तारीख तक या उससे पहले प्रविष्टि प्राप्त होनी होगी। प्रस्तुत पुस्तकें लेखक को वापस नहीं की जाएँगी।

- मूल्यांकन समिति द्वारा कोई भी पुस्तक पुरस्कार योग्य नहीं पाए जाने पर उनका निर्णय अंतिम होगा। इस पर भावी पत्राचार स्वीकार्य नहीं होगा।

पुरस्कार वितरण

सामान्यत: राजभाषा विभाग द्वारा आयोजित राष्ट्रीय स्तर हिंदी दिवस एवं अखिल भारतीय राजभाषा सम्मेलन के अवसर पर अथवा निर्धारित अन्य किसी दिन विजेताओं को पुरस्कार प्रदान किये जाते हैं।

मूल्यांकन समिति

राजभाषा विभाग, गृह मंत्रालय द्वारा निर्धारित मानदंडों के आधार पर लब्ध प्रतिष्ठित विद्वानों/विशेषज्ञों की समिति द्वारा पुस्तकों का मूल्यांकन किया जाएगा। मूल्यांकन समिति का निर्णय अंतिम और बाध्यकारी होगा। इस पर कोई पत्राचार स्वीकार्य नहीं होगा।

फुटकर सूचना

(i) पुरस्कार ग्रहण करने के लिए कार्यक्रम स्थल स्थित शहर के बाहर से पधारे पुरस्कार विजेताओं को आने-जाने के लिए रेल का द्वितीय श्रेणी वातानुकूलित का किराया तथा भारत सरकार के नियमों के अनुसार दैनिक भत्ते की अदायगी राजभाषा विभाग द्वारा की जाएगी। ठहरने की व्यवस्था स्वयं अपने खर्च पर करनी होगी।

इस संबंध में पुरस्कार घोषणा/वितरण/निमंत्रण संबंधी पत्र में उल्लेखित दिशानिर्देशों/संशोधनों पर ध्यान देना होगा।

(ii) राजभाषा विभाग द्वारा परिणामों की सूचना विजेताओं को दी जाने के अतिरिक्त विभाग की वेबसाइट में उपलब्ध कराई जाएगी।

नोट : पुरस्कार वितरण कार्यक्रम में भाग लेने हेतु प्रवेश पत्र प्राप्त करने संबंधी पंजीकरण प्रक्रिया के लिए 'राजभाषा कीर्ति पुरस्कार और नराकास राजभाषा सम्मान' शीर्षक के उप शीर्षक 'प्रवेश पत्र (निमंत्रण पत्र) हेतु पंजीकरण प्रक्रिया' का संदर्भ लेना होगा।

[**संदर्भ** : भारत के राजपत्र के भाग-I, खंड-1 में प्रकाशनार्थ जारी गृह मंत्रालय, राजभाषा विभाग का संकल्प दि. 21.03.2023 (राजभाषा कीर्ति पुरस्कार)/ज्ञापन सं. 12011/02/2023 रा.भा. (का-2), दि. 28.06.2023 (राजभाषा गौरव पुरस्कार)]

[राजभाषा कीर्ति पुरस्कार एवं राजभाषा गौरव पुरस्कार संबंधी इन अध्यायों में कहीं-कहीं राजभाषा विभाग के संदर्भित संकल्प/ज्ञापन में समाविष्ट कुछेक अंशों को यथावत प्रस्तुत किया गया है।]

नोट : इस पुरस्कार योजना संबंधी दिशानिर्देश आवश्यकतानुसार परिवर्तनीय होंगे। अतः राजभाषा विभाग के अद्यतन/नवीनतम ज्ञापनों/संकल्पों/सूचनाओं का संदर्भ लेना होगा। विभाग की वेबसाइट में भी अद्यतन जानकारी उपलब्ध होगी।

क्षेत्रीय राजभाषा पुरस्कार योजना

परिचय

गृह मंत्रालय, राजभाषा विभाग के समस्त क्षेत्रीय कार्यान्वयन कार्यालयों के क्षेत्राधीन केंद्र सरकार के कार्यालयों, इसके अधीनस्थ स्वायत्त निकाय, बोर्ड, निगम एवं सार्वजनिक क्षेत्र के उपक्रम, राष्ट्रीयकृत बैंक (भारतीय रिजर्व बैंक सहित), वित्तीय संस्थाओं तथा बीमा कंपनियों के लिए यह योजना लागू होगी।

संबंधित नियंत्रक कार्यालयों द्वारा अपने क्षेत्रीय कार्यान्वयन कार्यालय को ऑनलाइन में प्रस्तुत अपनी वैयक्तिक तिमाही हिंदी प्रगति रिपोर्ट भाग-I व II एवं अन्य उल्लेखनीय गतिविधियों के आधार पर निष्पादन का मूल्यांकन किया जाता है।

पुरस्कारों का वर्गीकरण

(i) कार्मिकों की संख्या के आधार पर केंद्र सरकार के कार्यालयों, इसके नियंत्रणाधीन स्वायत्त निकायों, बोर्डों, निगमों को अपने वार्षिक राजभाषा निष्पादन के आधार पर क्षेत्रीय कार्यान्वयन कार्यालयवार पुरस्कार प्रदान किये जाते हैं। यथा : 1 से 10 स्टाफ सदस्यों के कार्यालयों के लिए केवल प्रथम पुरस्कार (इस वर्ग में एक ही पुरस्कार), 11 से 50 स्टाफ सदस्यों वाले कार्यालयों तथा 51 से अधिक स्टाफ सदस्यों वाले कार्यालयों के लिए पृथक् से तीन पुरस्कार (इन दो वर्गों में प्रथम, द्वितीय और तृतीय) प्रदान किये जाएँगे। [अपने आंतरिक दिशानिर्देशों के अनुसार कार्यालय जो क्षेत्रीय कार्यान्वयन कार्यालय को अपनी तिमाही हिंदी प्रगति रिपोर्ट प्रस्तुत करते हैं।]

(ii) केंद्र सरकार के उपक्रमों के लिए तीन पुरस्कार (समस्त उपक्रमों में से श्रेष्ठ तीन।

(iii) राष्ट्रीयकृत बैंकों (वित्तीय संस्थाओं/बीमा कंपनियों सहित) के लिए तीन पुरस्कार (कुल श्रेष्ठ तीन)।

नोट :

1. किसी कारणवश किसी श्रेणी में नियंत्रक कार्यालयों की संख्या घट जाने पर तत् श्रेणी में पुरस्कारों की संख्या भी कम की जाने की संभावनाएँ होती हैं।
2. पुरस्कार मूल्यांकन वर्ष के लिए उपर्युक्त वर्ग के किसी कार्यालय को राष्ट्रीय स्तर पर प्रथम या द्वितीय पुरस्कार प्राप्त होने पर वह कार्यालय क्षेत्रीय राजभाषा पुरस्कार के लिए पात्र नहीं होगा।

[**संदर्भ :** भारत के राजपत्र के भाग-I, खंड-1 में प्रकाशित संकल्प सं. 20.2.2017]

रिपोर्टिंग एवं मूल्यांकन प्रक्रिया

(i) केंद्र सरकार के कार्यालयों/उपक्रमों/राष्ट्रीयकृत बैंकों/वित्तीय संस्थाओं/बीमा कंपनियों आदि द्वारा क्षेत्रीय कार्यान्वयन कार्यालय को ऑनलाइन प्रस्तुत तिमाही हिंदी प्रगति रिपोर्ट भाग-I (चार तिमाही) और भाग-II (वार्षिक) के आधार पर राजभाषा विभाग, नई दिल्ली द्वारा मूल्यांकन संपन्न कराया जाता है।

(ii) नियंत्रक कार्यालयों द्वारा अपने कार्यालय की वैयक्तिक हिंदी प्रगति रिपोर्टों को ससमय राजभाषा विभाग, क्षेत्रीय कार्यान्वयन कार्यालय को ऑनलाइन प्रस्तुत किये जाने होंगे। इन रिपोर्टों के अंतर्गत राजभाषा कार्यान्वयन संबंधी विशेष गतिविधियों का संक्षेप में उल्लेख किया जाना जरूरी है। विशिष्ट गतिविधियों की सूचना रिपोर्ट के साथ उसी ऑनलाइन लिंक में अलग से जोड़ी जा सकती है। मूल्यांकन में उल्लेखनीय गतिविधियों पर भी ध्यान दिया जाता है।

(iii) अंतर्सेवा हिंदी प्रशिक्षण (कार्यसाधक ज्ञान, हिंदी टंकण ज्ञान, आशुलिपि ज्ञान), धारा-3(3) का अनुपालन, मूल पत्राचार में हिंदी का प्रयोग, कार्मिकों द्वारा कंप्यूटर पर हिंदी में कार्य, टंककों/आशुलिपिकों द्वारा हिंदी में कार्य, संपूर्ण कार्य हिंदी में करने हेतु व्यक्तिशः आदेश जारी करना, उच्चाधिकारियों द्वारा हिंदी में कार्य, पर्यवेक्षी पदाधिकारियों द्वारा हिंदी में कार्य/टिप्पण लेखन, हिंदी कार्यशालाओं का आयोजन, राजभाषायी निरीक्षण, कार्यालय प्रधान की अध्यक्षता में राजभाषा कार्यान्वयन समिति की बैठकों का आयोजन, हिंदी सलाहकार समिति की बैठकें (मंत्रालय के विभागों द्वारा), गृह पत्रिका एवं अन्य प्रकाशनों में हिंदी पाठ की प्रतिशतता, हिंदी दिवस/राजभाषा संगोष्ठियों/सम्मेलनों/समारोहों/विशेष गतिविधियों का आयोजन, द्विभाषा में वेबसाइट की उपलब्धता एवं अद्यतन स्थिति, तिमाही हिंदी प्रगति रिपोर्ट की ससमय ऑनलाइन प्रस्तुति इत्यादि के आधार पर मूल्यांकन किया जाता है।

नोट : (i) राजभाषा अधिनियम-1963 की धारा-3(3) का उल्लंघन किये जाने पर तत् कार्यालय को प्रतियोगिता से बाहर किया जाएगा।

(ii) राजभाषा नियम-1976 के नियम-5 के अनुसार हिंदी में प्राप्त पत्रों के उत्तर हिंदी या द्विभाषा में दिये जाने में व्यतिक्रम होने पर अर्थात् अंग्रेजी में दिये जाने पर माइनस 10 नकारात्मक अंक (नेगेटिव मार्क) दिये जाएँगे।

(iii) 60 प्रतिशत से कम अंक पाने वाले कार्यालय को पुरस्कार की श्रेणी में शामिल नहीं किया जाएगा।

(iv) राजभाषा विभाग की वेबसाइट में श्रेणीवार पुरस्कार योजनाओं के मूल्यांकन संबंधी अंक तालिका उपलब्ध होती है। कार्यान्वयन मद के महत्त्व के आधार पर अंक आबंटित किये जाते हैं। अतः उचित कार्यान्वयन सुनिश्चित करने के लिए इस अंक तालिका को पढ़ना लाभदायक होगा।

परिणामों की घोषणा

सामान्यत: दिसंबर तिमाही के दौरान समस्त कार्यालयों की रिपोर्टों का मूल्यांकन कर क्षेत्रीय कार्यान्वयन कार्यालयवार परिणामों की घोषणा की जाती है। क्षेत्रीय कार्यान्वयन कार्यालयों के माध्यम से विजेता कार्यालयों को परिणाम उपलब्ध कराए जाने के अतिरिक्त राजभाषा विभाग की वेबसाइट में भी उपलब्ध कराए जाते हैं।

विजेता कार्यालयों द्वारा परिणामों की सूचना का प्रेषण

विजेता कार्यालयों द्वारा परिणामों की सूचना से अपने उच्च नियंत्रक कार्यालय एवं मुख्यालय को अवगत कराए जाने के अतिरिक्त अपने नियंत्रणाधीन समस्त शाखा कार्यालयों/इकाइयों के प्रधानों और स्टाफ सदस्यों के राजभाषा के कार्यान्वयन में अपने योगदान की प्रशंसा करते हुए और निरंतर योगदान की अपेक्षा करते हुए एक परिपत्र जारी किये जाने की आवश्यकता होगी। इसके अतिरिक्त अपनी वेबसाइट/राजभाषा पोर्टल में भी परिणामों की सूचना उपलब्ध कराई जा सकती है।

शील्ड/प्रमाणपत्र प्राप्त करने के पात्र पदाधिकारी

(i) विजेता कार्यालय के प्रधान को शील्ड और तत् कार्यालय के राजभाषा अधिकारी या यह पद खाली रहने पर राजभाषा कार्यभार संभालने वाले अधिकारी को उनके नाम पर श्रेष्ठता प्रमाणपत्र प्रदान किये जाते हैं। कार्यालय के राजभाषा अनुभाग में एक से अधिक राजभाषा अधिकारी कार्यरत होने के संदर्भ में अनुभाग के प्रभारी राजभाषा अधिकारी का नाम श्रेष्ठता प्रमाणपत्र प्राप्त करने हेतु सिफारिश किया जाता है। अनुभाग के शेष राजभाषा अधिकारियों और नियंत्रणाधीन कार्यालयों के राजभाषा अधिकारियों को उनके नाम पर विजेता कार्यालय प्रधान के हस्ताक्षर से प्रशंसा पत्र जारी किये जाते हैं।

पुरस्कार वितरण

राजभाषा विभाग, गृह मंत्रालय, नई दिल्ली के पर्यवेक्षण में क्षेत्रीय कार्यान्वयन कार्यालयों द्वारा आयोजित किये जाने वाले वार्षिक क्षेत्रीय राजभाषा सम्मेलनों में मुख्य अतिथि के शुभहस्ते विजेता कार्यालयों के प्रधानों और संबंधित राजभाषा अधिकारियों को मंच पर क्रमश: शील्ड एवं श्रेष्ठता प्रमाणपत्र प्रदान किये जाते हैं।

संबंधित क्षेत्रीय कार्यान्वयन कार्यालय से प्राप्त सूचना के आधार पर उसे अपेक्षित प्रपत्र में विजेता कार्यालयों द्वारा शील्ड एवं श्रेष्ठता प्रमाणपत्र प्राप्त करने वाले अपने प्रधान और राजभाषा अधिकारी का नाम, पदनाम, फोन नंबर, ई-मेल, कार्यालय का पता इत्यादि का ब्योरा ससमय उपलब्ध कराए जाने की आवश्यकता होगी।

क्षेत्रीय कार्यान्वयन कार्यालय के कार्यक्षेत्र के किसी एक प्रमुख शहर में क्षेत्रीय राजभाषा सम्मेलन का गरिमामय आयोजन होता है। सामान्यत: केंद्रीय गृह राज्य मंत्री

या महामहिम राज्यपाल को मुख्य अतिथि के रूप में आमंत्रित किया जाता है। राजभाषा विभाग के सचिव/संयुक्त सचिव/निदेशक कार्यान्वयन एवं तकनीकी तथा संबंधित क्षेत्रीय कार्यान्वयन कार्यालयों के पदाधिकारियों की गरिमामय उपस्थिति होगी। क्षेत्रीय कार्यान्वयन कार्यालय द्वारा अपने क्षेत्राधीन सभी नियंत्रक कार्यालयों/टॉलिक के संयोजक कार्यालयों के प्रधानों और राजभाषा अधिकारियों को इस सम्मेलन में भाग लेने हेतु आमंत्रित किया जाता है।

प्रवेश/निमंत्रण पत्र प्राप्त करने के लिए पुरस्कार विजेताओं और अन्य अनुमत प्रतिभागियों को समय पर ऑनलाइन पंजीकरण करना होगा।

नोट : विजेता कार्यालय के प्रधान और संबंधित राजभाषा अधिकारी को मंच पर शील्ड एवं प्रमाणपत्र ग्रहण करने हेतु सम्मेलन में उपस्थित होना अनिवार्य है। स्वास्थ्य कारणों पर या अन्य अत्यंत आवश्यक कारणों पर उपस्थित नहीं हो पाने की स्थिति में उनके स्थान पर विजेता कार्यालय के ही वरिष्ठतम उच्च पदाधिकारी और अन्य अधिकारी को शील्ड एवं प्रमाणपत्र प्राप्त करने हेतु प्रतिनियुक्त करना होगा। इसकी सूचना अग्रिम रूप से पर्याप्त कारणों सहित क्षेत्रीय कार्यान्वयन कार्यालय को देनी होगी। विजेता कार्यालयों के पदाधिकारियों की बेवजह अनुपस्थिति और उनके स्थान पर सम्मेलन स्थल के अपने स्थानीय पदाधिकारियों को पुरस्कार प्राप्त करने हेतु प्रतिनियुक्त करना क्षेत्रीय कार्यान्वयन कार्यालय द्वारा गंभीरता से लिया जाता है।

(i) तिमाही हिंदी प्रगति रिपोर्टों, राजभाषा कार्यान्वयन संबंधी उल्लेखनीय गतिविधियों की ससमय ऑनलाइन प्रस्तुति एवं अन्य मार्गदर्शन के लिए संबंधित क्षेत्रीय कार्यान्वयन कार्यालय एवं राजभाषा विभाग की वेबसाइट से मार्गदर्शन प्राप्त किया जा सकता है। इसके अतिरिक्त अपने प्रधान कार्यालय के राजभाषा विभाग तथा क्षेत्रीय कार्यान्वयन कार्यालय से समय-समय पर प्राप्त राजभाषा कार्यान्वयन संबंधी लिखित दिशानिर्देश/मार्गदर्शन का संदर्भ लेना होगा।

(ii) इससे पूर्व श्रेष्ठ नगर राजभाषा समितियों को भी क्षेत्रीय राजभाषा पुरस्कार प्रदान किये जाने की प्रथा थी। लेकिन राजभाषा विभाग के संकल्प दि. 21.3.2023 के अंतर्गत वर्ष 2022-23 से नराकास संबंधी क्षेत्रीय राजभाषा पुरस्कार लोप कर दिये गए हैं। राजभाषा विभाग द्वारा इन्हें पुन: प्रारंभ किये जाने के संदर्भ में तत् संबंधी दिशानिर्देशों से अवगत होना होगा।

हिंदी प्रयोग संबंधी कार्यालयीन व्यक्तिगत प्रोत्साहन योजनाएँ

व्यक्तिगत निष्पादन के आधार पर प्रोत्साहन

केंद्र सरकार एवं उसके संबद्ध कार्यालयों के दैनिक कार्यालयीन कार्य में हिंदी का प्रयोग बढ़ाने के उद्देश्य से हिंदी के प्रयोग में कार्मिकों (अधिकारी एवं लिपिक वर्ग) के व्यक्तिगत निष्पादन के आधार पर राजभाषा विभाग, गृह मंत्रालय द्वारा नकद पुरस्कार प्रदान कर प्रोत्साहित करने की प्रथा प्रारंभ की गई। इस नकद प्रोत्साहन योजना के अंतर्गत मसौदा लेखन में हिंदी का प्रयोग, अधिकारियों द्वारा हिंदी में नोटिंग एवं हिंदी में डिक्टेशन तथा अंग्रेजी टंककों/लिपिक सह-टंककों व अंग्रेजी आशुलिपिकों द्वारा हिंदी में डिक्टेशन सहित टंकण आदि शामिल हैं :

(1) अंग्रेजी आशुलिपिकों एवं टंककों को वित्तीय वर्ष के दौरान अपने कार्य में अंग्रेजी के अतिरिक्त हिंदी का प्रयोग करने पर प्रोत्साहन भत्ता प्रदान करने की प्रथा 15 अगस्त, 1983 से प्रारंभ की गई।

[**संदर्भ :** राजभाषा विभाग का का.ज्ञा.सं. 14012/55/76—राभा (ग), दि. 12.08.1983, का.ज्ञा.सं. 13017/4/90-राभा (ग), दि. 28.7.1998 एवं का.ज्ञा.सं. 13034/22/2009—राभा (नीति), दि. 6.5.2014 (प्रोत्साहन राशि में वृद्धि]

(2) मूल आलेखन (मसौदा लेखन-अधिकारी व लिपिक वर्ग) एवं टिप्पण लेखन (अधिकारी वर्ग) में हिंदी का प्रयोग करने पर प्रोत्साहन भत्ता प्रदान करने की प्रथा 1 अप्रैल, 1988 से प्रारंभ की गई। (वित्तीय वर्षाधारित)

[**संदर्भ :** (i) राजभाषा विभाग का कार्यालय ज्ञापन संख्या II/12013/3/87—राभा (नी-2), दि. 16 फरवरी, 1988 एवं II/12013/18/93—राभा (नी-2), दि. 16 सितंबर, 1998

(ii) II/12013/01/2011—राभा (नीति), दि. 30.10.2012 : सरकारी कामकाज (टिप्पण/आलेखन) मूल रूप से हिंदी में करने तथा अधिकारियों द्वारा हिंदी में डिक्टेशन देने के लिए प्रोत्साहन राशि में वृद्धि।]

(3) राजभाषा विभाग के का.ज्ञा.सं. II/20015/62/88—राभा (क-2), दि. 27.9.1988 के आधार पर वित्तीय वर्ष के दौरान हिंदी में अधिकाधिक डिक्टेशन देने वाले अधिकारियों का चयन कर प्रोत्साहन भत्ता प्रदान किया जाता है। यह योजना वित्तीय वर्ष 1989-90 से प्रारंभ हुई।

इस योजना संबंधी मार्गदर्शी सिद्धांत एवं प्रोत्साहन राशि में वृद्धि के संबंध में कार्यालय ज्ञापन सं. II/12013/1/89—राभा (का-2), दि. 6.3.1989, का.ज्ञा.सं. II/12013/01/2011—राभा (नीति), दि. 30.10.2012 तथा का.ज्ञा.सं. 12013/01/2011—राभा (नीति), दि. 14.9.2016 का संदर्भ लेना होगा।

नोट : 'कार्यालय' से तात्पर्य सामान्यतः उस कार्यालय से होगा जिसका स्थानीय मुख्य अधिकारी विभागाध्यक्ष अथवा कार्यालयाध्यक्ष घोषित किया गया हो।

[**संदर्भ :** राजभाषा विभाग का का.ज्ञा. सं. 11/12013/1/89—राभा (क-2), दि. 6.3.1989]

ध्यानार्थ

राजभाषा विभाग, गृह मंत्रालय ने उपर्युक्त कार्यालय ज्ञापन के अंतर्गत केंद्र सरकार के उपक्रमों/राष्ट्रीयकृत बैंकों आदि को सलाह दी कि अपनी संस्थाओं में भी कार्मिकों को नकद भत्ता प्रदान करने संबंधी प्रोत्साहन योजनाएँ लागू करने पर विचार करें। इसी सलाह के आधार पर कुछेक उपक्रमों/राष्ट्रीयकृत बैंकों/अधीनस्थ संस्थाओं इत्यादि द्वारा केंद्र सरकार की उपर्युक्त नकद प्रोत्साहन योजनाओं को यथावत् लागू किया जा रहा है और अन्य द्वारा अपनी संस्था के आंतरिक निर्णय पर आधारित विविध प्रकार की आकर्षक नकद प्रोत्साहन योजनाएँ लागू की जा रही हैं; अर्थात् केंद्र सरकार के सभी उपक्रमों/अधीनस्थ संस्थाओं/राष्ट्रीयकृत बैंकों आदि द्वारा किसी न किसी रूप में नकद प्रोत्साहन योजनाएँ चलाने की प्रथा जारी है। नकद प्रोत्साहन/भत्ते के अतिरिक्त प्रशंसा पत्र भी प्रदान कर तत् कार्मिकों की सेवा पंजियों में अभिलेखित कराया जाता है।

राजभाषा विभाग, गृह मंत्रालय द्वारा नकद प्रोत्साहन योजनाएँ लागू की जाने के संबंध में कार्मिकों के हिंदी प्रयोग संबंधी शब्दवार/तारीखवार अभिलेख बनाए रखे जाने के संबंध में/श्रेष्ठ निष्पादकों के चयन के संबंध में अभिलेखन संबंधी प्रपत्र, नकद प्रोत्साहन राशि की प्रमात्रा, सेवा अभिलेखों में अभिलेखित किया जाना, हिंदी और हिंदीतर भाषी कार्मिकों के लिए अलग-अलग पुरस्कार प्रदान किया जाना इत्यादि प्रपत्रों के नमूने के संबंध में राजभाषा विभाग, गृह मंत्रालय द्वारा विभिन्न ज्ञापनों के अंतर्गत स्पष्ट मार्गदर्शन एवं दिशानिर्देश उपलब्ध कराए गए हैं। इनके अतिरिक्त राजभाषा विभाग द्वारा जारी 'हिंदी के प्रयोग संबंधी आदेशों का संकलन (जनवरी, 1989 से जून, 2005, अध्याय-7 एवं जुलाई, 2005 से दिसंबर, 2021, अध्याय-6)' का संदर्भ लिया जा सकता है। यही नहीं, राजभाषा विभाग द्वारा दिसंबर, 2021 के बाद इस संबंध में समय-समय पर जारी संशोधित/नवीनतम दिशानिर्देशों का अवलोकन करना भी जरूरी है।

हिंदी प्रयोग की बढ़ती अपेक्षाओं के अनुरूप नकद प्रोत्साहन योजनाओं के प्रचलित दिशानिर्देशों में परिवर्तन होते रहने के कारण राजभाषा विभाग की हर एक योजना संबंधी विस्तृत जानकारी इस अध्याय में उपलब्ध नहीं कराई गई है। अद्यतन जानकारी के लिए राजभाषा विभाग की वेबसाइट का संदर्भ लेने के अतिरिक्त विभाग से संपर्क जारी रखा जा सकता है।

पात्रता

राजभाषा अधिकारी, राजभाषा लिपिक/अनुवादक/टंकक/आशुलिपिक को छोड़कर शेष सभी अधिकारी/लिपिक वर्ग इन योजनाओं में भाग लेने के लिए पात्र होंगे। राजभाषा विशेषज्ञ अधिकारी/लिपिक पदस्थ न होने पर भी विशेषज्ञ पदों के अभाव में हिंदी ज्ञान रखने वाले कोई कार्मिक राजभाषा विभाग/अनुभाग में कार्यरत होने पर उन्हें भी भाग लेने की अनुमति नहीं देना उचित होगा। क्योंकि अपने दैनिक कार्यालयीन कार्य में हिंदी का प्रयोग करते हुए अन्य कार्मिकों को हिंदी का प्रयोग करने हेतु प्रोत्साहित करना उनका भी कर्तव्य बनता है।

निरीक्षण बिंदु

संसदीय राजभाषा समिति निरीक्षणों के अतिरिक्त राजभाषा विभाग, गृह मंत्रालय एवं अपने संगठन से संबंधित मंत्रालयों के मुख्यालयों के राजभाषा विभागों द्वारा किये जाने वाले उच्च स्तरीय राजभाषायी निरीक्षणों में निरीक्षणाधीन संगठन द्वारा लागू की जाने वाली प्रोत्साहन योजनाओं पर ध्यान दिया जाता है। संसदीय राजभाषा समिति की निरीक्षण प्रश्नावली में अनुलग्नक के रूप में प्रोत्साहन योजनाओं संबंधी जानकारी उपलब्ध कराना अनिवार्य है।

राजभाषा शील्ड प्रतियोगिताओं के मूल्यांकन में सहायक मद

इन प्रोत्साहन योजनाओं को सार्थक रूप से अमल करने पर मूल पत्राचार, आंतरिक कामकाज, टंकण, टिप्पण लेखन, डिक्टेशन इत्यादि में हिंदी के प्रयोग में वृद्धि होने से मूल्यांकन में तत् मदों के लिए आबंटित अंक पाना आसान हो जाता है। इसके अतिरिक्त प्रोत्साहन योजनाओं के लिए आबंटित अंक पाने में या विशिष्ट कार्य मद के अंतर्गत अंक पाने में मदद होगी। संगठन के राजभाषा कार्यान्वयन के समग्र निष्पादन पर इन योजनाओं के असरदार कार्यान्वयन का प्रभाव रहेगा।

प्रधान कार्यालय/मुख्यालय के राजभाषा विभाग की भूमिका

अमुक संगठन के मुख्यालय के राजभाषा विभाग की सक्रियता से अधिकाधिक कार्मिकों को नकद प्रोत्साहन योजनाओं का लाभ उपलब्ध कराकर हिंदी का अधिकाधिक प्रयोग सुनिश्चित करना संभव हो पाता है।

नकद प्रोत्साहन योजनाओं संबंधी राजभाषा विभाग, गृह मंत्रालय के प्रचलित दिशानिर्देशों से स्पष्टत: अवगत होना, अपने संगठन में पहले से ही लागू योजनाओं का यथावश्यक संशोधन करना, रोचक नवोन्मेषी योजनाओं को प्रारंभ करना और तत्संबंधी स्पष्ट दिशानिर्देश जारी करना, अपने अधीनस्थ नियंत्रक कार्यालयों के माध्यम से सभी कार्मिकों तक योजनाओं की जानकारी पहुँचाना, सख्त अनुवर्ती कार्रवाई एवं अनुश्रवण के जरिये प्रति वर्ष अधिकाधिक कार्मिकों की सहभागिता सुनिश्चित करना इत्यादि बातों पर विशेष ध्यान देना होगा।

राजभाषा विभाग, गृह मंत्रालय द्वारा परिकल्पित नकद प्रोत्साहन योजनाओं संबंधी निष्पादन/दावे प्रपत्रों को छोड़कर अपने संगठन द्वारा परिकल्पित नकद प्रोत्साहन योजनाओं के लिए निष्पादन/दावे/मूल्यांकन प्रपत्रों का मानक रूप (योजना के स्वरूपानुसार) तथा तत्संबंधी दिशानिर्देशों की रूपकल्पना करनी होगी।

प्रचार-प्रसार

अपने संगठन के हर कार्मिक तक प्रचलित नकद प्रोत्साहन योजनाओं की जानकारी पहुँचाना, उनका प्रचार-प्रसार करना बहुत जरूरी है। संगठन की वेबसाइट और राजभाषा पोर्टल में इन योजनाओं की जानकारी उपलब्ध हो। पैंफ्लेट, लीफलेट इत्यादि के रूप में इनकी सहायक सामग्री उपलब्ध कराई जा सकती है। हर कार्यालय/इकाई में योजनाओं संबंधी शीर्षकों के पोस्टर प्रदर्शित करवाए जा सकते हैं। डिजिटल स्क्रोलिंग डिस्प्ले की व्यवस्था की जा सकती है। अपनी गृह पत्रिकाओं में नियमित रूप से इनकी जानकारी उपलब्ध कराई जा सकती है। हिंदी कार्यशालाओं/राजभाषा मार्गदर्शन कार्यक्रमों के सहभागियों को इन योजनाओं की जानकारी देनी होगी। पूर्व परिपत्रों का संदर्भ देते हुए स्मरण दिलाना होगा।

राजभाषा कार्मिकों की सक्रिय भूमिका

हर राजभाषा अधिकारी और राजभाषा लिपिक स्वयं अपने संगठन में प्रचलित योजनाओं से पूर्णत: परिचित होकर अपने कार्य क्षेत्र के सभी कार्मिकों तक उन्हें पहुँचाना होगा। योजनाओं में भाग लेने वाले कार्मिकों के हिंदी प्रयोग का अभिलेखन, मूल्यांकन प्रक्रिया तथा भाषावार एवं योजनावार सहभागिता की पात्रता पर विशेष ध्यान देना होगा।

पुरस्कार वितरण

(i) चयनित उत्तम निष्पादकों का उत्साहवर्द्धन करने हेतु एवं अन्य कार्मिकों को अभिप्रेरित करने हेतु अपने-अपने कार्यालयों/इकाइयों में आयोजित हिंदी दिवस समारोह में/राजभाषा संगोष्ठी में/राजभाषा कार्यान्वयन समिति की बैठक में या अपने परिसर में ही लघु बैठक आयोजित कर कार्यालय प्रधान के शुभहस्ते नकद पुरस्कार राशि एवं सहभागिता प्रमाणपत्र प्रदान किये जा सकते हैं; या :

(ii) कार्यालय प्रधान के कैबिन में ही उनके हाथों नकद राशि एवं सहभागिता प्रमाणपत्र प्रदान करवाए जा सकते हैं; या :

(iii) संगठन द्वारा तय की गई अन्य कोई आकर्षक पद्धति द्वारा।

(iv) संबंधित कार्मिकों के बैंक खाते में प्रोत्साहन योजना संबंधी नकद जमा करवाए जाने की स्थिति में उपर्युक्त किसी एक पद्धति द्वारा सहभागिता प्रमाणपत्र प्रदान करवाए जा सकते हैं। नकद जमा प्रमाणन के अभिलेख बनाए रखने होंगे।

[प्रोत्साहन योजना संबंधी राशि को नकद/बैंक चेक व डीडी के रूप में या संबंधित कार्मिक के बैंक खाते में जमा करवाने के जरिये उपलब्ध कराया जा सकता है।]

कार्मिकों के लिए आंतरिक मौलिक पुस्तक लेखन योजना

परिचय

बहु उपयोगी विषयों और अपने संगठन के कार्य स्वरूप से जुड़े विषयों पर मूलत: हिंदी में लिखी गई पुस्तकों के लेखकों को प्रोत्साहित करने के लिए यह योजना कई संगठनों द्वारा लागू की जाती है।

अपने संगठन के कार्मिकों की रचनाधर्मिता को उजागर करने की यह एक आदर्श योजना है। कथित क्षेत्र के समसामयिक विषयों पर हिंदी में पुस्तकें प्रकाशित होना अपने संगठन के लिए ही नहीं, देश के कई अन्य संगठनों, शिक्षण संस्थानों और नागरिकों के लिए लाभदायक होगा। संबंधित संगठन को राष्ट्रीय स्तर पर विशेष पहचान मिलेगी।

राजभाषा विभाग, गृह मंत्रालय द्वारा जारी 'हिंदी के प्रयोग संबंधी आदेशों का संकलन : 2005-2021' के 'राजभाषा नीति संबंधी प्रमुख निर्देश' शीर्षक की बिंदु सं. 23 के अंतर्गत निम्न प्रकार सूचित किया गया है :

'केंद्र सरकार के सभी कार्यालय अपने दायित्वों से संबंधित विषयों पर हिंदी में मौलिक पुस्तक लेखन को प्रोत्साहित करने तथा अपने विषयों से संबंधित शब्द भंडार को समृद्ध करने के लिए आवश्यक क़दम उठाएँ।'

प्रधान कार्यालय के राजभाषा विभाग की भूमिका

इस योजना को अपने संगठन में लागू करने के लिए प्रधान कार्यालय/मुख्यालय के राजभाषा विभाग को पहल करनी होगी। उच्च प्रबंधन के ध्यान में लाना राजभाषा विभाग का कर्तव्य बनता है। प्रधान कार्यालय की राजभाषा कार्यान्वयन समिति की बैठक में इस योजना पर चर्चा की जा सकती है। अन्यथा कार्यालय टिप्पणी के माध्यम से संगठन के प्रधान का अनुमोदन प्राप्त कर उसे लागू किया जा सकता है।

इस योजना पर स्पष्ट प्रकाश डालने के लिए/स्पष्ट दिशानिर्देश तैयार करने के लिए राजभाषा विभाग, गृह मंत्रालय की मौलिक पुस्तक लेखन योजना, राजभाषा गौरव पुरस्कार योजना या अन्य किसी संगठन की इस प्रकार की योजना से पथप्रदर्शित हो सकते हैं।

इस योजना को लागू करने के लिए सामान्यत: निम्न पद्धतियाँ अपनायी जा सकती हैं :

1. अपने संगठन में योजना का प्रचार-प्रसार करना, प्रविष्टियाँ प्राप्त कर मूल्यांकन कराना, प्रोत्साहन राशि प्रदान करना आदि समस्त कार्य प्रधान कार्यालय के राजभाषा विभाग द्वारा ही संपन्न किया जाना उचित है।
2. इस योजना को 'आंतरिक मौलिक पुस्तक लेखन प्रोत्साहन योजना' या अन्य कोई आकर्षक नाम दिया जा सकता है।
3. प्रोत्साहित करने की पद्धतियाँ विविध प्रकार हो सकती हैं। यथा :
   (i) मुद्रण व्यय का वहन करते हुए संगठन द्वारा चयनित पुस्तक का प्रकाशन करवाया जाएगा। इस प्रकार प्रकाशित करवाई गई पुस्तकों का वितरण 'नि:शुल्क' होगा। पुस्तक में उचित जगह पर 'आंतरिक नि:शुल्क

वितरण के लिए' वाक्यांश अंकित कराना होगा। 'कॉपीराइट' संगठन की होगी। लेखक को आकर्षक नकद प्रोत्साहन राशि एवं प्रशंसा पत्र प्रदान करना होगा। लेखक से उपर्युक्त आशय संबंधी सहमति प्रमाणपत्र लेना होगा।

(ii) चयनित पुस्तकों के प्रकाशन व्यय का वहन प्रकाशक द्वारा किया जाना। 'कॉपीराइट' प्रकाशक की होगी। रॉयल्टी लेखक को मिलेगी। प्रकाशक द्वारा उपलब्ध कराई जाने वाली पुस्तक की मुफ्त प्रतियों में से कुछ प्रतियाँ संगठन और लेखक द्वारा आपसी समझौता के अनुसार ली जा सकती हैं। प्रकाशक द्वारा उपलब्ध कराई जाने वाली निःशुल्क प्रतियों की संख्या के आधार पर यह निर्भर होगा। अतिरिक्त प्रतियों की आवश्यकता होने पर संगठन द्वारा प्रकाशक से खरीदनी होंगी। पुस्तक के मुखपृष्ठ पर या अगले पृष्ठ पर कहीं 'मुद्रण व्यय' या अन्य संगत उपशीर्षक देकर प्रायोजक/प्रकाशक का नाम एवं पता देना होगा। लेखक से उपर्युक्त आशय संबंधी सहमति का प्रमाणपत्र प्राप्त करना होगा। इस पद्धति में चयनित पुस्तक के लेखक (कर्मचारी) को यथोचित नकद पुरस्कार एवं प्रशंसा पत्र प्रदान किये जा सकते हैं।

(iii) पुस्तक के मुद्रण व्यय का वहन संबंधित चयनित कर्मचारी द्वारा किये जाने पर उसे ध्यान में रखकर संगठन द्वारा उन्हें आकर्षक नकद प्रोत्साहन एवं प्रशंसा पत्र प्रदान किया जाना।

(iv) अन्य कोई उचित/आकर्षक व्यवस्था।

4. गृह मंत्रालय, राजभाषा विभाग की 'राजभाषा गौरव पुरस्कार' योजना के नवीनतम पात्रता मानदंडों का अवलोकन करते हुए आंतरिक मौलिक पुस्तक लेखन योजना के अंतर्गत चयनित लेखकों को स्पष्टतः सूचित करना होगा कि वे राजभाषा गौरव पुरस्कार/अन्य पुरस्कार योजनाओं हेतु प्रविष्टि भेज पाएँगे या नहीं।

पुस्तक का मुद्रण व्यय वहन किया जाना, लेखक को प्रदत्त नकद प्रोत्साहन राशि की प्रमात्रा, योजना का स्वरूप तथा तय आंतरिक शर्तों पर यह निर्भर होगा।

पात्रता मानदंड

- संगठन के सभी वर्गों के सेवारत और सेवानिवृत्त कार्मिकों को भाग लेने की अनुमति दी जा सकती है।
- रचना मौलिक हो। लेखक से इस संबंधी प्रमाणपत्र प्राप्त करना होगा।
- संगठन द्वारा निर्दिष्ट विषयों पर ही लेखन कार्य हो।
- विवादास्पद एवं तीखे व्यंग्यात्मक लेखन कार्य अस्वीकार्य होगा।
- न्यूनतम मुद्रित पृष्ठों की संख्या 150 हो। (न्यूनतम पृष्ठों की संख्या बढ़ाई भी जा सकती है।) मुद्रित पृष्ठों का साइज (आकार) भी तय किया जा सकता है।

- प्रकाशन का वर्ष कैलेंडर या वित्तीय वर्ष हो। घोषित योजना के तत्काल पूर्व वर्ष के दौरान या यथानिर्धारित अवधि के दौरान पुस्तक प्रकाशित की गई हो।

नोट : संबंधित संगठन द्वारा चयनित रचना का मुद्रण व्यय वहन अग्रिम रूप से किये जाने के पक्ष में (एल-1 कोटेशन के आधार पर) मूल्यांकन हेतु सॉफ्ट प्रति स्वीकार करनी होगी। लेकिन प्रूफरीडिंग/मुद्रण पर्यवेक्षण आदि कार्य चयनित लेखक को ही सौंपना होगा।

- मूल्यांकन सुविधा हेतु मुद्रित पुस्तक की चार प्रतियाँ या संगठन द्वारा मुद्रण कराए जाने की स्थिति में प्रिंटाउट की न्यूनतम चार सेट प्राप्त करनी होंगी।
- संगठन की इच्छा के अनुसार पुरस्कारों (प्रोत्साहन राशि हेतु चयनित कार्मिक) की संख्या तय की जा सकती है।
- पुस्तक लेखन एवं उसकी प्रस्तुति श्रमभरित होने के कारण प्रदान की जाने वाली प्रोत्साहन राशि आकर्षक हो।
- चयनित पुस्तकों/प्रविष्टियों को छोड़कर शेष पुस्तकों/प्रविष्टियों पर अधिकार संबंधित लेखक का होगा; अर्थात् उनका उपयोग करने/प्रकाशित कराने में लेखक स्वतंत्र होंगे।
- चयनित पुस्तकों के संबंध में संबंधित लेखकों को संगठन की इस योजना संबंधी शर्तों का पालन करना होगा।
- मूल्यांकन समिति का निर्णय अंतिम और बाध्यकारी होगा।
- संगठन द्वारा निर्धारित प्रपत्र में लेखक को अपनी प्रविष्टि संबंधी/सहभागिता संबंधी ब्योरा समय पर प्रस्तुत करना होगा। यथा : नाम, कार्यस्थल का पता, आवास स्थल का पता, फोन नंबर, ई-मेल नंबर, पुस्तक का शीर्षक, कुल पृष्ठ, प्रकाशन की तारीख एवं प्रकाशक का पता (यदि संबंधित अवधि के दौरान प्रकाशित हो जाने पर) अन्यथा केवल विषयवस्तु का शीर्षक एवं कुल टंकित पृष्ठों की संख्या, अन्य कोई सूचना, पृथक् घोषणा पत्र इत्यादि।
- संबंधित अवधि के दौरान प्रकाशित लेखक की पुस्तक अन्य संगठन/संस्था द्वारा पुरस्कृत होने पर इस योजना में शामिल करने के लिए पात्र नहीं होगी।
- पुस्तक की 'कॉपीराइट' के संबंध में योजना संबंधी परिपत्र/ज्ञापन में अंकित दिशानिर्देश लागू होंगे।

नोट : मुद्रण व्यवस्था आदि के अनुसार कॉपीराइट की शर्तों का उल्लेख हो।

- सेवारत कार्मिकों के संदर्भ में अपनी प्रविष्टि को अपने कार्यालय/इकाई द्वारा अग्रेषित कराना होगा। सेवानिवृत्त कार्मिक अपनी प्रविष्टि को पेंशन भुगतान आदेश की फोटो प्रति एवं संगठन द्वारा जारी पहचान पत्र की फोटो प्रति के साथ संबंधित पते पर स्वयं प्रेषित कर सकते हैं।
- इस योजना के अंतर्गत लगातार दो बार चयनित लेखक अगले एक वर्ष के लिए भाग लेने हेतु पात्र नहीं होंगे, यह शर्त रखी जा सकती है। अन्यथा नये लेखकों को प्रोत्साहित करने के लिए एक बार चयनित लेखक को पुन: भाग लेने का अवसर नहीं दिये जाने के संबंध में विचार किया जा सकता है।

- पुस्तक लेखन कार्य में कार्यालय समय का उपयोग नहीं करना होगा।
- लेखक से शर्तों का पालन संबंधी घोषणा पत्र प्राप्त करना होगा।

[आयोजक संगठन अपने सुविधानुसार नियम व शर्त रख सकता है।]

मूल्यांकन समिति

प्रधान कार्यालय, राजभाषा विभाग के उच्च कार्यपालक समिति के अध्यक्ष एवं राजभाषा विभाग के तत्काल विशेषज्ञ प्रभारी सदस्य बन सकते हैं। मूल्यांकन हेतु हिंदी ज्ञान रखने वाले दो विषय विशेषज्ञों एवं एक हिंदी भाषा विशेषज्ञ का चयन करना होगा। ये तीनों विशेषज्ञ अपने संगठन या अन्य संगठन के हो सकते हैं।

सामान्यत: विषयवस्तु एवं प्रस्तुति के लिए 70% अंक तथा भाषा एवं शैली के लिए 30% अंक आबंटित किये जा सकते हैं। मूल्यांककों को नकद रूप में संतोषप्रद मानदेय प्रदान करना होगा। योजना संबंधी मूल कार्यालय टिप्पणी या अन्य कार्यालय टिप्पणी के माध्यम से सक्षम प्राधिकारी से मूल्यांकन मानदेय रकम का अनुमोदन प्राप्त करना होगा। प्रदेय मानदेय की सूचना अग्रिम रूप से मूल्यांकों को दी जा सकती है।

पुस्तक विमोचन/प्रोत्साहन राशि वितरण

संगठन के किसी एक विशेष अवसर पर (हिंदी दिवस/संस्थापना दिवस/राजभाषा सम्मेलन इत्यादि) प्रधान कार्यालय में या अन्य जगह पर चयनित मुद्रित पुस्तक का विमोचन कराया जा सकता है (उसकी मुद्रण व्यवस्था संगठन द्वारा की जाने के संदर्भ में)। लेखक द्वारा ही पुस्तक की मुद्रण व्यवस्था की जाने के संदर्भ में और उसका विमोचन नहीं किये जाने पर लेखक की सहमति पर संगठन द्वारा किया जा सकता है। विमोचन की आवश्यकता नहीं होने पर कार्यक्रम के अध्यक्ष/मुख्य अतिथि के हाथों चयनित लेखकों को प्रोत्साहन राशि एवं प्रशंसा पत्र प्रदान करवाए जा सकते हैं।

प्रचार-प्रसार

- परिपत्र/ज्ञापन के माध्यम से इस योजना की जानकारी अपने सभी कार्यालयों/इकाइयों को पहुँचाने के अतिरिक्त संगठन की वेबसाइट, गृह पत्रिका और राजभाषा पोर्टल में उपलब्ध करानी होगी। आवश्यकतानुसार समय पर स्मरण पत्र भी भेजना होगा।
- पुस्तक विमोचन/प्रोत्साहन राशि वितरण संबंधी कार्यक्रम की जानकारी प्रमुख समाचार पत्रों, गृह पत्रिकाओं, वार्षिक रिपोर्ट, टॉलिक की पत्रिका, राजभाषा भारती (राजभाषा विभाग) आदि में प्रकाशित कराने की चेष्टा करनी होगी। प्रकाशित पुस्तक/अभिलेख प्रधान कार्यालय के राजभाषा विभाग में उपलब्ध हों।
- गृह मंत्रालय के राजभाषा विभाग, अपने संगठन से संबंधित मंत्रालय के राजभाषा विभाग, संसदीय राजभाषा समिति कार्यालय, केंद्रीय हिंदी निदेशालय, केंद्रीय हिंदी संस्थान, हिंदी अकादमी, राज्य केंद्रीय पुस्तकालय, नगर केंद्रीय

पुस्तकालय इत्यादि को संगठन द्वारा प्रावरण पत्र के साथ पुस्तक की एक प्रति भेजी जा सकती है।

- आयोजक संगठन के सभी हिंदी पुस्तकालयों में चयनित पुस्तकों की प्रतियाँ उपलब्ध हों।

अन्य संगठनों के लिए पृथक् मौलिक पुस्तक लेखन योजना

अपने संगठन के कार्मिकों के लिए ही नहीं, अन्य संगठनों के कार्मिकों के लिए या नागरिकों के लिए पृथक् से महत्त्वपूर्ण विषयों पर हिंदी में मौलिक पुस्तक लेखन योजना लागू की जा सकती है (लेखक द्वारा मुद्रित कराई गई पुस्तकों के लिए)। हिंदी के प्रचार-प्रसार संबंधी यह एक अतिरिक्त गतिविधि होगी। यह अमुक संगठन की इच्छा पर निर्भर है। कुछेक संगठनों व संस्थाओं द्वारा इस प्रकार की अतिरिक्त योजनाएँ चलाई जाती हैं। यथा : भारतीय रिजर्व बैंक द्वारा यूजीसी मान्यता प्राप्त विश्वविद्यालयों के प्रोफेसरों/असिस्टेंट प्रोफेसरों के लिए आर्थिक/वित्तीय/बैंकिंग विषयों पर हिंदी में मौलिक पुस्तक लेखन योजना लागू कर आकर्षक नकद पुरस्कार प्रदान किये जाते हैं।

हिंदी में पुस्तक लेखन हेतु विशेष प्रोत्साहन

संसदीय राजभाषा समिति के 9वें खंड की संस्तुति सं. 54 में संशोधन के साथ राष्ट्रपति के आदेशों के आधार पर हिंदी में रचनात्मक कार्य से जुड़कर हिंदी साहित्य के विकास में योगदान करनेवाले सरकारी सेवा में सेवारत अपने अधिकारियों एवं अन्य कर्मचारियों को विशेष प्रोत्साहन देकर प्रोत्साहित करना होगा। इस संबंध में संबंधित संस्था को उचित क़दम उठाने होंगे।

[**संदर्भ** : राजभाषा विभाग, गृह मंत्रालय का का.ज्ञा.सं. 20012/10/2017—राभा (नीति), दि. 9.8.2017]

जांच बिंदु की व्यवस्था एवं दायित्व

परिचय

राजभाषा नीति का पूर्ण अनुपालन सुनिश्चित करने के लिए 'जांच बिंदु' की परिकल्पना की गई। नीतिगत निर्देशों के सक्रिय कार्यान्वयन में निगरानी व्यवस्था की सख्त जरूरत होती है।

राजभाषा नियम-2 के अनुसार केंद्र सरकारी और उसके अधीनस्थ कार्यालयों में नियुक्त व्यक्तियों को उस संस्था के कर्मचारी कहलाया जाता है। अतः तत् संस्था की नियमावली के अनुसार आबंटित कर्तव्यों का निर्वहण करना पड़ता है। राजभाषा हिंदी का प्रयोग भी अपनी कार्य व्यवस्था संबंधी नियमावली का अनिवार्य अंग होने के कारण हर स्टाफ सदस्य का यह दायित्व बनता है कि वह दैनिक कार्यालयीन कार्य में हिंदी का प्रयोग करें। राजभाषा नीति के अनुपालन हेतु हर स्टाफ सदस्य अपने आप में एक जांच बिंदु है। फिर भी हिंदी के प्रयोग में इनके निष्पादन का अनुश्रवण करने हेतु कार्य स्वरूप के आधार पर श्रेणीवार पर्यवेक्षी पदाधिकारियों/अनुपालन अधिकारियों को जांच बिंदु बनाया गया है।

जांच बिंदुओं की स्थापना के संबंध में संसदीय राजभाषा समिति ने अपने चौथे खंड में इस प्रकार सूचित किया है :

'केंद्र सरकार के सभी मंत्रालयों/विभागों एवं उनके संबद्ध/अधीनस्थ कार्यालयों/उपक्रमों/निगमों/बोर्डों आदि में राजभाषा नियम-1976 के नियम-12 के अनुसार प्रत्येक कार्यालय के प्रशासनिक प्रधान राजभाषा अधिनियम-1963 और उसके अधीन बनाए गए नियमों के अनुबंधों के समुचित अनुपालन के लिए जांच बिंदु बनाने के संबंध में अपनी जिम्मेदारी का निष्ठापूर्वक पालन करें और जांच बिंदुओं को प्रभावशाली ढंग से स्थापित करें।'

[**संदर्भ :** राजभाषा विभाग, गृह मंत्रालय का का.ज्ञा. सं. 20014/5/87—राभा (खं.-2), दि. 10.9.1987 एवं 12024/2/92—राभा (खं.-2), दि. 6.4.1992]

राजभाषा नियम-12 के अनुसार राजभाषा अधिनियम और नियमों का अनुपालन सुनिश्चित करने की समग्र जिम्मेदारी प्रशासनिक प्रधान पर होगी ही लेकिन अनुपालन में अनियमितताएँ पाई जाने पर संबंधित अधिकारी को भी उत्तरदायी ठहराया जा सकता है। संबंधित अधिकारियों से ही नहीं, लिपिकों से भी त्रुटि/अनियमितता की गंभीरता के आधार पर आंतरिक अनुशासनिक नियमों के अनुसार स्पष्टीकरण मांगा जा सकता है/दंड दिया जा सकता है। अतः

पर्यवेक्षी पदाधिकारियों/हस्ताक्षरकर्ता प्राधिकारियों को जांच बिंदु बनाए जाने पर भी सभी स्टाफ सदस्य स्वयं में जांच बिंदु ही होंगे।

राजभाषा नीति का अनुपालन स्वयं करते हुए अनुश्रवण सुनिश्चित करने हेतु संस्था के मुख्यालय द्वारा अपने समस्त कार्यालयों एवं इकाइयों को जांच बिंदु व्यवस्था से संबंधित स्पष्ट लिखित दिशानिर्देश जारी किये जाते हैं। आंतरिक राजभाषा पोर्टल में यह जानकारी उपलब्ध कराई जाती है। मुख्यालय के अधीन कार्यरत नियंत्रक कार्यालयों के राजभाषा अनुभागों को चाहिए कि वे जांच बिंदु संबंधी निगरानी व्यवस्था से अपने अधीनस्थ शाखा कार्यालयों/इकाइयों को परिपत्रों/पत्रों के माध्यम से समय-समय पर अवगत कराते हुए सचेत करें।

संसदीय राजभाषा समिति की प्रश्नावली के हर प्रश्न को पढ़ने से विदित होता है कि कहाँ-कहाँ और किन्हें जांच बिंदु बनानी है। इसके अतिरिक्त कार्यान्वयन के अपेक्षानुरूप जांच बिंदु की व्यवस्था करनी होगी। इसके संबंध में जारी पत्रों/परिपत्रों/व्यक्तिशः आदेशों की कार्यालय प्रतियों के अभिलेख संबंधित राजभाषा अनुभागों में उपलब्ध होना जरूरी है।

राजभाषा अधिनियम-1963 की धारा-3(3)

राजभाषा नियम-1976 के नियम 6 के अनुसार राजभाषा अधिनियम-1963 की धारा-3(3) के अंतर्गत संकल्प, सामान्य आदेश, नियम, अधिसूचना, प्रशासनिक व अन्य रिपोर्ट, प्रेस विज्ञप्ति, संसद के किसी सदन या दोनों सदनों के समक्ष रखे जाने वाले सरकारी कागजात, संसद के किसी सदन या दोनों सदनों के समक्ष प्रस्तुत किये जाने वाले प्रतिवेदन, संविदा, करार, अनुज्ञप्ति, अनुज्ञा पत्र, निविदा प्रारूपों पर हस्ताक्षर करने वाले अधिकारियों का दायित्व है कि इस प्रकार के दस्तावेज एवं उनसे जुड़े सभी फार्म हिंदी-अंग्रेजी द्विभाषा में तैयार किये जाते हैं, निष्पादित किये जाते हैं और जारी किये जाते हैं।

अतः हस्ताक्षरकर्ता प्राधिकारी स्वयं जांच बिंदु होंगे। इस अपेक्षा की लिखित निर्देश इन्हें मिलें।

हिंदी में प्राप्त पत्रों के उत्तर की स्थिति

राजभाषा नियम-1976 के नियम-5 के अनुसार हिंदी या हिंदी-अंग्रेजी द्विभाषा में प्राप्त पत्र, ई-मेल के उत्तर हिंदी या द्विभाषा में देना अनिवार्य है। इस नियम का शतप्रतिशत अनुपालन सुनिश्चित करने की जिम्मेदारी कार्यालयों/शाखा कार्यालयों/इकाइयों के अनुभाग प्रधानों एवं उन पत्रों पर हस्ताक्षर करने वाले पदाधिकारियों की होगी।

अतः सभी अनुभाग प्रधानों और हस्ताक्षरकर्ता प्राधिकारियों को जांच बिंदु की भूमिका निभानी होगी।

'क' और 'ख' क्षेत्र की राज्य सरकारों को पत्र हिंदी में

राजभाषा नियम-4 के अनुसार देखना होगा कि 'क', 'ख' और 'ग' क्षेत्रों से 'क' और 'ख' क्षेत्र के राज्य/संघ राज्य क्षेत्र के कार्यालयों व व्यक्तियों को भेजे जाने वाले अपने

मूल पत्रों में राजभाषा विभाग के वार्षिक कार्यक्रम में निर्धारित लक्ष्यों के अनुरूप हिंदी का प्रयोग किया जा रहा है या नहीं। इस प्रकार के पत्राचार में निर्धारित अनुपात में हिंदी या द्विभाषा का प्रयोग सुनिश्चित करने की जिम्मेदारी तत् पत्रों पर हस्ताक्षर करने वाले अधिकारियों की होगी।

अत: हस्ताक्षरकर्ता प्राधिकारी स्वयं जांच बिंदु बनेंगे। इस अपेक्षा के अनुपालन का अनुश्रवण अनुभाग प्रधानों/शाखा कार्यालय/इकाई प्रधानों द्वारा किया जाएगा। वे आवश्यकतानुसार हस्ताक्षरकर्ता बनने के अतिरिक्त अनुश्रवणकर्ता बनेंगे। इस प्रकार वे भी जांच बिंदु बनेंगे।

राजभाषा नियम-8(4) का अनुश्रवण

राजभाषा नियम-10(4) के अंतर्गत अधिसूचित कार्यालयों/शाखा कार्यालयों/इकाइयों में कार्यरत हिंदी में प्रवीणता प्राप्त स्टाफ सदस्य (लिपिक/अधिकारी/कार्यपालक) अपने कार्यालयीन कार्य में पूर्णत: हिंदी का प्रयोग करने हेतु अनुश्रवण की व्यवस्था हो।

नियंत्रक कार्यालयों एवं अन्य बड़े कार्यालयों/शाखा कार्यालयों/इकाइयों के संदर्भ में अनुभाग प्रधानों को तथा छोटे शाखा कार्यालयों/इकाइयों के संदर्भ में उनके प्रधानों को ज़ांच बिंदु बनाकर अनुश्रवण करने की जिम्मेदारी सौंपनी होगी।

सेवा अभिलेखों/रजिस्टरों/पुस्तिकाओं में प्रविष्टियाँ

यह मद आंतरिक कामकाज में हिंदी का प्रयोग से संबंधित है। संसदीय राजभाषा समिति की सिफारिशों के आधार पर 'क' तथा 'ख' क्षेत्रों में कार्यरत समस्त अधिकारियों एवं कर्मचारियों की सेवा रजिस्टरों/पुस्तिकाओं में प्रविष्टियाँ हिंदी में करनी होंगी। 'ग' क्षेत्र में इनमें प्रविष्टियाँ यथासंभव हिंदी या द्विभाषा में करनी होंगी। सेवा रजिस्टरों/पुस्तिकाओं के विषय व शीर्षक भी हिंदी या द्विभाषा में हों।

इस आवश्यकता का अनुपालन सुनिश्चित करने की जिम्मेदारी संबंधित पर्यवेक्षी पदाधिकारी/हस्ताक्षरकर्ता प्राधिकारी पर होगी। अत: ये प्राधिकारी इस कार्य के स्वयं पर्यवेक्षी/जांच बिंदु होंगे।

[**संदर्भ** : राजभाषा विभाग, गृह मंत्रालय का का.ज्ञा.सं. 12024/2/92—राभा (खं.-2), दि. 6.4.1992]

सामान्यत: यह कार्य कार्मिक/मानव संसाधन/एचआरएमएस विभाग या अनुभाग स्तर पर संपन्न किया जाता है।

कोड, मैनुअल, नियमावली, प्रक्रिया साहित्य का द्विभाषीकरण

राजभाषा नियम-11 के अनुसार उपर्युक्त सभी सामग्री द्विभाषा (डिग्लॉट रूप में) उपलब्ध कराना अनिवार्य है। ध्यान देना होगा कि भाषायी क्षेत्र जो भी हो, यह सामग्री डिग्लॉट में ही उपलब्ध हो (सॉफ्ट प्रति या हार्ड प्रति)। इनके संशोधन/अद्यतन कार्य में भी यही पद्धति अपनानी होगी। सामान्यत: इस सामग्री का निरूपण प्रधान/मुख्यालय स्तर पर

किया जाता है। 'ग' क्षेत्र और अन्य क्षेत्रों के कुछेक मुख्यालयों द्वारा कथित स्वरूप की सामग्री अंग्रेजी में बनाई जाने पर उसका हिंदी अनुवाद अपने राजभाषा विभाग से प्राप्त करना होगा। यदि किसी सामग्री की तत्काल आवश्यकता होने पर सामग्री की प्रमात्रा को ध्यान में रखकर सक्षम प्राधिकारी के पूर्वानुमोदन एवं प्रक्रियाओं का विधिवत् पालन करते हुए बाहरी स्रोत से भुगतान आधारित प्राधिकृत हिंदी अनुवाद प्राप्त करने की पहल की जा सकती है।

इस स्वरूप की मार्गदर्शन सामग्री/दिशानिर्देश/नियमावली तैयार/संकलन/संपादन/समन्वय करने वाले विभाग प्रधान इस कर्तव्य निर्वहण की जांच बिंदु होंगे। इसके अतिरिक्त लेखन सामग्री और मुद्रण कार्य के विभाग प्रमुख भी नियम के पालन करने का बाध्य होंगे।

[**संदर्भ :** राजभाषा विभाग, गृह मंत्रालय का का.ज्ञा.सं.12021/5/95—राभा (कार्या—II), दि. 24.11.1995 एवं का.ज्ञा.सं. 1/14013/05/2011—राभा (नीति), दि. 12.4.2012]

रजिस्टरों के शीर्षक एवं प्रविष्टियाँ

राजभाषा नियम-11 के अनुसार हर कार्यालय/शाखा कार्यालय/इकाई में प्रयुक्त सभी प्रकार के रजिस्टरों के शीर्षक द्विभाषा में उपलब्ध हों (भौतिक रजिस्टर हों या सॉफ्ट प्रति के रूप में हों)। रजिस्टरों के सभी मदों/स्तंभों के उप-शीर्ष के नाम भी द्विभाषा में उपलब्ध हों। इनके अंतर्गत की जाने वाली प्रविष्टियाँ 'क' और 'ख' क्षेत्र में पूर्णतः हिंदी या द्विभाषा में तथा 'ग' क्षेत्र में यथासंभव हिंदी या द्विभाषा में हों।

इन प्रविष्टियों को सत्यापित/प्राधिकृत करने वाले सभी पर्यवेक्षी पदाधिकारी जांच बिंदु का कर्तव्य निभाएँगे।

लेखन सामग्री द्विभाषा/त्रिभाषा में

सभी कार्यालयों/शाखा कार्यालयों/इकाइयों द्वारा प्रयुक्त प्रपत्र, विवरणियाँ, पर्चियाँ, रसीद, बिल, सूचना पुस्तिकाएँ, चेक/पासबुक, मांग ड्राफ्ट, या संस्था के कार्य स्वरूप के अनुरूप जो भी लेखन सामग्री/सहायक सामग्री हो—चाहे मुद्रित, साइक्लोस्टाइल या जेरॉक्स, सभी द्विभाषा में और ग्राहक संपर्क से जुड़ी सामग्री प्रांतवार आवश्यकताओं/क्षेत्रीय भाषाओं के प्रचलन के आधार पर त्रिभाषा में उपलब्ध हों। सामग्री अंकित कराने का क्रम पहले क्षेत्रीय भाषा, बाद में हिंदी और तद्उपरांत अंग्रेजी में हो। स्थानाभाव के संदर्भ में क्षेत्रीय भाषा की सामग्री पृथक् से और हिंदी-अंग्रेजी एक साथ उपलब्ध कराई जा सकती है।

उपरोक्तानुसार द्विभाषा या त्रिभाषा सूत्र का पालन करने की जिम्मेदारी सामग्री तैयारकर्ता अधिकारी, उनके प्रभारी एवं लेखन सामग्री व मुद्रण विभाग के प्रभारी पर होगी। अतः ये जांच बिंदु बनेंगे।

सामान्यतः मानक लेखन सामग्री की व्यवस्था एवं प्रारूप लेखन की तैयारी प्रधान कार्यालय/मुख्यालय स्तर पर संबंधित विभागों द्वारा की जाती है। शेष सामग्री की व्यवस्था

प्रधान कार्यालय द्वारा या स्थानीय/आंतरिक आवश्यकताओं के अनुरूप संगठन के दिशानिर्देशों के आधार पर अन्य कार्यालयों/शाखा कार्यालयों/इकाइयों द्वारा की जाती है। बाहर से मुद्रित कराने वाली/खरीदी जाने वाली सामग्री में भी कथित भाषायी आवश्यकता की पूर्ति हो। सामग्री का मूलपाठ अंग्रेजी में बनाए जाने पर (विशेषकर 'ग' क्षेत्र में और अन्य जगहों पर) उनका हिंदी अनुवाद अपने आंतरिक राजभाषा अनुभागों से तथा क्षेत्रीय भाषा में अनुवाद के संदर्भ में अपने आंतरिक क्षेत्रीय भाषा अनुभागों से प्राप्त करना होगा। इस प्रकार के विशेषज्ञ स्टाफ सदस्य पदस्थ न होने के संदर्भ में आंतरिक दिशानिर्देशों के अनुरूप बाहरी संस्थाओं से भुगतान आधारित प्राधिकृत अनुवाद प्राप्त करना होगा।

[यदि कार्यरत सभी स्टाफ सदस्य हिंदी में काम करने के पूर्णतः सक्षम हैं और उनसे अंग्रेजी पाठ की अपेक्षा नहीं की जाने के संदर्भ में आंतरिक कामकाज संबंधी प्रपत्र, विवरणियाँ, पर्चियाँ इत्यादि का प्रयोग केवल हिंदी में किये जाने से कोई आपत्ति नहीं होगी। लेकिन यह सहायक सामग्री केवल आंतरिक कामकाज से संबंधित हो।]

नाम बोर्ड, रबड़ की मोहर, चार्ट, निमंत्रण पत्र, पत्र शीर्ष, विजिटिंग कार्ड, लोगो, सील, बैज एवं अन्य प्रदर्शन सामग्री द्विभाषा/त्रिभाषा में

राजभाषा नियम-11 के अनुसार सभी नाम बोर्ड, रबड़ की मोहर, पत्र शीर्ष विजिटिंग कार्ड, चार्ट, निमंत्रण पत्र, डायरी, कैलेंडर, पोस्टर, पैंफ्लेट, लोगो, सील, वाहनों पर सेवा संस्था का ब्योरा, वर्दी पर काढ़े जाने वाले नाम आदि प्रदर्शन सामग्री द्विभाषा में और क्षेत्रवार आवश्यकता के अनुसार त्रिभाषा में उपलब्ध कराना और प्रदर्शित कराना जरूरी है। इनमें भाषा क्रम पहले क्षेत्रीय भाषा, बाद में हिंदी और अंत में अंग्रेजी होगा। तीनों भाषाओं के अक्षरों का आकार (फॉन्ट साइज) एक समान होगा अथवा अंग्रेजी फांट से बढ़कर होगा। हिंदीतर क्षेत्रों ('ख' और 'ग') में प्रदर्शित कार्यालय/शाखा कार्यालय/इकाई के साइन बोर्ड त्रिभाषा में और हिंदी भाषा क्षेत्रों में ('क' क्षेत्र में) हिंदी-अंग्रेजी द्विभाषा के अतिरिक्त तत् राज्य सरकारों द्वारा शासकीय प्रयोजनों के लिए प्राधिकृत प्रांतीय भाषायुक्त त्रिभाषा में होंगे। 'क' क्षेत्र में प्रदर्शित नाम बोर्ड, साइन बोर्ड इत्यादि में भाषा क्रम में पहले हिंदी होगी। राज्यों के शासकीय प्रयोजनों के लिए प्रयुक्त राजभाषा तथा अंग्रेजी भाषा का क्रम संबंधित विभाग या राज्य सरकार द्वारा निर्धारित किया जाएगा।

[**संदर्भ :** राजभाषा विभाग, गृह मंत्रालय का का.ज्ञा.सं. 1/14013/07/2010—राभा (नीति-1), दि. 7.4.2011]

क्षेत्र आवश्यकता के अनुरूप प्रदर्शन सामग्री केवल क्षेत्रीय भाषा में हो सकती है लेकिन केवल अंग्रेजी में न हो। अंग्रेजी जोड़े जाने पर हिंदी जुड़ जाना आवश्यक है।

अपनी योजनाओं, उत्पादों, सूचनाओं इत्यादि में एकरूपता बनाए रखने के लिए सामान्यतः मुख्यालय स्तर पर या अन्य उच्च नियंत्रक कार्यालय स्तर पर मसौदे बनाए जाते हैं। इन्हें सुनिश्चित करना अत्यंत आवश्यक है कि इस प्रकार के मसौदे अपने स्तर पर ही द्विभाषा या त्रिभाषा में तैयार कर सभी संबंधितों को उपलब्ध कराए जाते हैं—चाहे

मुद्रित प्रतियाँ हों या सॉफ्ट प्रतियाँ। मुख्यालय स्तर पर या अन्य वैयक्तिक कार्यालय/इकाई स्तर पर बनाए जाने पर भी द्विभाषा/त्रिभाषा का प्रयोग अनिवार्य है।

उपर्युक्त प्रकार की सामग्री के तैयारकर्ता/आदेशकर्ता विभाग/अनुभाग के प्रधान/व्यय अनुमोदनकर्ता प्राधिकारी/लेखन सामग्री एवं मुद्रण विभाग के प्रभारी जांच बिंदु बनकर कथित अपेक्षाओं का अनुपालन सुनिश्चित करेंगे।

विज्ञापनों पर व्यय

राजभाषा विभाग, गृह मंत्रालय के का.ज्ञा.सं. 20012/01/2017—राभा (नीति), दि. 30.6.2017 के अनुसार विभिन्न माध्यमों में जो भी विज्ञापन अंग्रेजी/क्षेत्रीय भाषाओं में दिये जाते हैं, उन्हें हिंदी भाषा में भी दिया जाना अनिवार्य है।

आयोजना एवं विकास अनुभाग, विपणन अनुभाग, जनसंपर्क अनुभाग और अन्य सभी संबंधित अनुभागों के प्रधान तथा व्यय अनुमोदन प्राधिकारी जांच बिंदु बनेंगे।

लिफाफों पर पते हिंदी में

राजभाषा विभाग, गृह मंत्रालय के का.ज्ञा. संख्या 12024/2/92—राभा (खं.-2), दि. 6.4.1992 के आधार पर कार्यालयीन पत्र/कागजात/अन्य सामग्री प्रेषित करने हेतु प्रयुक्त लिफाफे/पैकेट/पार्सल इत्यादि पर अंकित प्रेषिती (पाने वाले) का पता 'क' और 'ख' क्षेत्र के अंतर्गत तथा 'ग' क्षेत्र से 'क' एवं 'ख' क्षेत्रों को प्रेषित करने के संदर्भ में हिंदी या द्विभाषा में हो। इस अपेक्षा के अनुपालन की जिम्मेदारी प्रेषण विभाग (डिस्पैच) के प्रधान पर होगी। यदि अन्य विभागों/अनुभागों से केवल अंग्रेजी में पता अंकित लिफाफे आदि प्रेषण विभाग को प्राप्त होने पर ('क' और 'ख' क्षेत्र को भेजे जाने वाले) हिंदी या द्विभाषा में पता लिख भेजने हेतु संबंधित अनुभागों/विभागों को वापस करना होगा। प्रेषण विभाग/अनुभाग द्वारा अंकित पते में भी भाषा व्यतिक्रम न हो।

प्रेषण विभाग के प्रमुख के अतिरिक्त अन्य विभागों के प्रधान भी जांच बिंदु बनेंगे।

[समय की बचत एवं सहूलियत हेतु सामान्यत: अक्सर/नियमित रूप से भेजे जाने वाले कार्यालयों/शाखा कार्यालयों/इकाइयों/अन्य संस्थाओं के पते संबंधी मुद्रित द्विभाषा स्टिकर, टंकित पर्ची, रबड़ की मोहर बनवाए जाने की चेष्टा की जाती है।]

भर्ती परीक्षाओं एवं साक्षात्कारों में हिंदी का विकल्प

'क', 'ख', 'ग' क्षेत्र स्थित केंद्र सरकार के सभी मंत्रालयों/विभागों तथा उनके संबद्ध और अधीनस्थ कार्यालयों, उपक्रमों, निगमों, राष्ट्रीयकृत बैंकों, बीमा कंपनियों आदि में अखिल भारतीय स्तर पर ली जाने वाली परीक्षाओं सहित सभी सेवाकालीन पदोन्नति परीक्षाओं में अभ्यर्थी हिंदी या अंग्रेजी में प्रश्नपत्रों के उत्तर दे सकते हैं। प्रश्नपत्र दोनों भाषाओं में उपलब्ध कराने होंगे। इनसे संबंधित साक्षात्कारों में पूछे गए प्रश्नों के उत्तर भी हिंदी में दिये जा सकते हैं।

[**संदर्भ** : राजभाषा विभाग, गृह मंत्रालय का का.ज्ञा.सं. 14012/11/87—राभा (ग), दि. 21.9.1987]

साक्षात्कारों में हिंदी के विकल्प के संदर्भ में संसदीय राजभाषा समिति की सिफारिशों के अनुसार भर्ती संबंधी विज्ञापन, विवरण पत्र तथा साक्षात्कार में भाग लेने वाले उम्मीदवारों को भेजे जाने वाले निमंत्रण पत्र हिंदी एवं अंग्रेजी दोनों भाषाओं में हों और उनमें यह उल्लेख करना होगा कि साक्षात्कार में हिंदी या अंग्रेजी का प्रयोग उम्मीदवार अपने इच्छानुसार कर सकता है। उम्मीदवार से जानना होगा कि वह किस माध्यम में साक्षात्कार देना चाहता है।

इसके आधार पर हिंदी ज्ञान रखने वाले सदस्यों को चयन बोर्ड में रखना होगा।

[**संदर्भ** : राजभाषा विभाग, गृह मंत्रालय का का.ज्ञा.सं. 13034/37/97—राभा (ग), दि. 2.6.1992]

इस संबंध में राजभाषा विभाग द्वारा जारी 'हिंदी के प्रयोग संबंधी आदेशों का संकलन 2005-2021' के अध्याय-1 'राजभाषा नीति संबंधी प्रमुख निदेश' की बिंदु सं. 10 और 11 का भी संदर्भ लिया जा सकता है।

कार्मिक/मानव संसाधन विभागों के उच्च कार्यपालक एवं संबंधित विभाग प्रधान जांच बिंदु बनेंगे।

कंप्यूटर और सभी प्रकार के इलेक्ट्रॉनिक उपकरणों में हिंदी में काम करने की सुविधा एवं द्विभाषा सॉफ्टवेयर

संसदीय राजभाषा समिति की सिफारिशों एवं राजभाषा विभाग, गृह मंत्रालय के वार्षिक कार्यक्रम में निधारित लक्ष्यों के अनुसार अपनी संस्था के किसी भी कार्यालय/शाखा कार्यालय/इकाई द्वारा खरीदे जाने वाले कंप्यूटर, इलेक्ट्रॉनिक व यांत्रिक उपकरण अंग्रेजी के साथ-साथ हिंदी में काम करने में समर्थ हों; अर्थात् इन सभी यांत्रिक उपकरणों में द्विभाषा परिचालन की सुविधा हो। इसके अतिरिक्त इन उपकरणों में प्रयुक्त साफ्टवेयर भी द्विभाषा में परिचालन समर्थ हों। सामान्यत: नियंत्रक कार्यालयों के कंप्यूटर विभागों एवं परिसर व अनुरक्षण विभागों तथा अपनी आंतरिक व्यवस्था के आवश्यकताओं के अनुरूप अन्य विभागों द्वारा इन उपकरणों व साफ्टवेयरों को खरीदे जाने और अधीनस्थ कार्यालयों/इकाइयों को आपूर्ति की जाने या अपने स्तर पर खरीदने हेतु अनुमति प्रदान की जाने का कार्य संभाला जाता है।

अत: संबंधित विभाग प्रमुखों को सुनिश्चित करना होगा कि कथित स्वरूप की खरीद में द्विभाषा की सुविधा उपलब्ध है। इनके अतिरिक्त इस प्रकार के उपकरणों एवं साफ्टवेयरों को खरीदने हेतु अनुमोदन प्रदान करने वाले उच्च प्राधिकारी को भी देखना होगा कि द्विभाषा की अपेक्षा पूरी की जा रही है। इस प्रकार संबंधित विभागों के प्रमुख एवं अनुमोदनकर्ता प्राधिकारी जांच बिंदु बनेंगे।

अपने क्षेत्र/कार्यालय/शाखा कार्यालय/इकाई में हिंदी के प्रयोग पर राजभाषा अनुभाग के स्टाफ सदस्यों को विशेष ध्यान देना होगा। जांच बिंदु से जुड़े पदाधिकारियों को लिखित मार्गदर्शन एवं निर्देश उपलब्ध कराने के अतिरिक्त नजर रखना होगा कि हिंदी का अपेक्षित प्रयोग हो रहा है या नहीं। केवल अंग्रेजी का प्रयोग किया जाना इत्यादि

अनियमितताएँ पाए जाने पर तत्काल संबंधित कार्यालय/इकाई प्रमुख के ध्यान में मौखिक एवं आवश्यकतानुसार लिखित रूप में लाकर परिशोधित कराने की आवश्यकता होगी। राजभाषा स्टाफ मूक प्रेक्षक नहीं बनें। राजभाषा कार्यान्वयन समिति/कंप्यूटर समिति/नगर राजभाषा कार्यान्वयन समिति की बैठकों में जांच बिंदुओं के महत्त्व पर चर्चा करनी होगी। जांच बिंदुओं से जुड़े पदाधिकारी सदा सचेत रहने के लिए राजभाषा स्टाफ को सक्रिय भूमिका निभानी होगी। जांच बिंदु से जुड़े कथित मद ही नहीं, कार्यान्वयन संबंधी हर मद में सरकारी अपेक्षाओं के अनुरूप हिंदी का प्रयोग सुनिश्चित कराने में राजभाषा स्टाफ को उल्लेखनीय भूमिका निभानी होगी।

राजभाषा निरीक्षण

आंतरिक राजभाषा निरीक्षण

- आंतरिक निरीक्षकों द्वारा,
- राजभाषा अधिकारियों द्वारा,
- नियंत्रक कार्यालय के पर्यवेक्षी पदाधिकारियों द्वारा।

बाहरी राजभाषा निरीक्षण

- क्षेत्रीय कार्यान्वयन कार्यालय, राजभाषा विभाग के पदाधिकारियों द्वारा,
- संगठन के संबंधित मंत्रालयों के राजभाषा विभाग के पदाधिकारियों द्वारा,
- नगर राजभाषा कार्यान्वयन समितियों द्वारा,
- संसदीय राजभाषा समिति द्वारा।

परिचय

सरकारी दिशानिर्देशों के अनुसार अमुक संस्था द्वारा अपनाई गई कार्यनीति का सुचारु अनुपालन सुनिश्चित करने की यह एक जांच प्रक्रिया है।

राजभाषा कार्यान्वयन के संदर्भ में भाषा प्रयोग के संबंध में संवैधानिक अनिवार्यताओं पर विशेष ध्यान दिया जाता है। राजभाषा नीति एवं राजभाषा विभाग, गृह मंत्रालय द्वारा प्रति वर्ष बनाए जाने वाले वार्षिक कार्यक्रम के आधार पर राजभाषा विभाग-नई दिल्ली, क्षेत्रीय कार्यान्वयन कार्यालय, संबंधित संस्थाओं के मंत्रालयों के राजभाषा विभाग, नगर राजभाषा कार्यान्वयन समितियाँ, संसदीय राजभाषा समिति, हिंदी शिक्षण योजना, हिंदी प्रशिक्षण संस्थान, केंद्रीय अनुवाद ब्यूरो इत्यादि से समय-समय पर प्राप्त दिशानिर्देशों के अनुसार अमुक संस्था द्वारा अपनाई गई कार्यनीति एवं कार्यान्वयन का जायजा लेने में निरीक्षणों की अहम् भूमिका होती है।

राजभाषा विभाग के वार्षिक कार्यक्रम के अनुसार मंत्रालयों, विभागों के पदाधिकारियों द्वारा अपने मुख्यालय से बाहर स्थित कार्यालयों/शाखा कार्यालयों/इकाइयों का संप्रति न्यूनतम 25 प्रतिशत तथा मुख्यालय में स्थित अनुभागों का न्यूनतम 25 प्रतिशत राजभाषायी निरीक्षण किया जाना अनिवार्य है (लक्ष्य परिवर्तनीय है)। इसके अतिरिक्त विदेश में स्थित केंद्र सरकार के नियंत्रणाधीन कार्यालयों/उपक्रमों का, संबंधित अधिकारियों द्वारा प्रति वर्ष कम से कम एक बार निरीक्षण करने की आवश्यकता है (यह परिवर्तनीय है)।

आंतरिक राजभाषा निरीक्षण

राजभाषा कार्यान्वयन संबंधी गृह मंत्रालय की वार्षिक रिपोर्ट, संसदीय राजभाषा समिति की निरीक्षण प्रश्नावली, अपने-अपने मंत्रालयों के राजभाषा विभागों की निरीक्षण प्रश्नावली, क्षेत्रीय कार्यान्वयन कार्यालय की निरीक्षण प्रश्नावली, राष्ट्रपति आदेश, आंतरिक राजभाषा दिशानिर्देश, भाषा प्रयोग संबंधी अन्य दैनिक आवश्यकताओं के आधार पर सामान्यत: हर संगठन के मुख्यालय द्वारा कार्यान्वयन संबंधी महत्त्वपूर्ण एवं अनिवार्य मदों को शामिल कर राजभाषा निरीक्षण संबंधी दिशानिर्देश एवं प्रपत्र तैयार कर परिचालित किये जाते हैं।

इन दिशानिर्देशों/मार्गदर्शन के आधार पर अधीनस्थ नियंत्रक कार्यालयों द्वारा अपनी स्थानीय अपेक्षाओं के अनुरूप कुछेक परिवर्तनों के साथ अपने नियंत्रणाधीन शाखा कार्यालयों/इकाइयों को पथप्रदर्शित करने का प्रयास किया जाता है।

राजभाषा अधिकारियों द्वारा

प्रचलित सरकारी निर्देशों के अनुसार मुख्यालय/नियंत्रक कार्यालयों के अनुभागों तथा अधीनस्थ कार्यालयों/शाखा कार्यालयों/इकाइयों का संप्रति न्यूनतम 25 प्रतिशत राजभाषायी निरीक्षण करना जरूरी है। (संस्था के सुविधानुसार आंतरिक निरीक्षकों या राजभाषा अधिकारियों द्वारा यह लक्ष्य पूरा करना होगा। बेहतर होगा, यदि अपने समस्त अनुभागों, अधीनस्थ कार्यालयों, शाखा कार्यालयों/इकाइयों का वर्ष में एक बार अनिवार्यत: निरीक्षण किया जाता।)

राजभाषा अधिकारी को राजभाषायी निरीक्षण के संबंध में निम्न विषयों पर ध्यान देना होगा :

- राजभाषा अधिकारी को राजभाषा नीति, आंतरिक दिशानिर्देशों एवं संसदीय राजभाषा समिति के निरीक्षण के संबंध में पूर्ण जानकारी हो।
- अधीनस्थ कार्यालयों/शाखा कार्यालयों/इकाइयों में नामोद्दिष्ट राजभाषा समन्वयकों को समय-समय पर उचित पथप्रदर्शन करते हुए सभी कार्यालयों/शाखा कार्यालयों/इकाइयों में निरंतर आधार पर हिंदी का प्रयोग सुनिश्चित करना होगा। ध्यान रहे कि लक्ष्य पूरा करने के उद्देश्य से वर्षांत में एक साथ अधिकाधिक कार्यालयों/शाखा कार्यालयों/इकाइयों का निरीक्षण करने की पद्धति न अपनाई जाए। इससे वर्षांत कार्य से व्यस्त निरीक्षणाधीन कार्यालय को बाधा पहुँचने के अतिरिक्त निरीक्षण की गुणवत्ता कम होगी।
- निरीक्षण हेतु कोई अधीनस्थ कार्यालय/शाखा कार्यालय/इकाई शेष रहने पर उन्हें छोड़कर निरीक्षित कार्यालय का ही पुनर्निरीक्षण न करें।
- दर्शनीय स्थल या यातायात सुविधा स्थल स्थित कार्यालय/शाखा कार्यालय/इकाई के निरीक्षण पर विशेष ध्यान न देते हुए अपने हर प्रांत के कार्यालय/शाखा कार्यालय/इकाई में पहुँचने पर ध्यान देना होगा।

- मुख्यालय स्थित स्थानीय कार्यालयों/शाखा कार्यालयों/इकाइयों तथा निकटस्थ कार्यालयों/शाखा कार्यालयों/इकाइयों की खानापूर्ति हेतु निरीक्षण करते हुए लक्ष्य प्राप्त करने का प्रयास नहीं करना होगा।
- वित्तीय वर्ष की शुरुआत में ही अधीनस्थ कार्यालयों/शाखा कार्यालयों/इकाइयों की कुल संख्या के आधार पर माहवार निरीक्षण कार्यक्रम तय करना होगा। राजभाषा अधिकारी को अपने निरीक्षण कार्यक्रम का शेड्यूल बनाकर कार्यालय नोट के माध्यम से अग्रिम रूप से सक्षम प्राधिकारी का अनुमोदन प्राप्त करना बेहतर होगा।

प्रभावी निरीक्षण कैसे हो?
[शाखा कार्यालयों/इकाइयों के संदर्भ में]

- निरीक्षण किये जाने वाले शाखा कार्यालय/इकाई को निरीक्षण की तारीख एवं समय की जानकारी देते हुए नियंत्रक कार्यालय द्वारा लिखित एवं मौखिक रूप से अग्रिम सूचना देने की प्रथा अपनाना सहूलियतजन्य होगा (कम से कम दस दिन पहले)। पत्र में निरीक्षण करने वाले राजभाषा अधिकारी का नाम एवं पदनाम का भी उल्लेख हो।
- सूचना पत्र के साथ शाखा कार्यालय/इकाई के लिए उपयुक्त निरीक्षण प्रपत्र भी भेजना होगा। प्रपत्र की साफ्ट प्रति भी उपलब्ध कराई जा सकती है।
- शाखा/इकाई प्रबंधक को सलाह दी जा सकती है कि प्रपत्र के संगत मदों को राजभाषा समन्वयक से भरवाकर तैयार रखा जाए।
- निरीक्षण में वित्तीय वर्ष की शुरुआत अर्थात् 1 अप्रैल से निरीक्षण तारीख तक की प्रगति पर विशेष ध्यान देना होगा।
- यदि वित्तीय वर्षारंभ में निरीक्षण किये जाने के संदर्भ में गत वर्ष की दो तिमाहियों के कार्यान्वयन पर ध्यान देना उचित होगा। (सामान्यतया गत छमाही की कार्रवाई पर ध्यान देना उचित होगा।)
- निरीक्षण प्रश्नावली में समन्वयक द्वारा भरी गई जानकारी की अभिलेखों के साथ प्रतिजांच हो।

निरीक्षण में इनका सत्यापन हो :

- राजभाषा फाइल का अनुरक्षण,
- उपस्थिति रजिस्टर में नाम हिंदी में भी,
- द्वि/त्रिभाषा में नाम बोर्ड,
- द्वि/त्रिभाषा में रबड़ की मोहरें,
- द्वि/त्रिभाषा में विजिटिंग कार्ड एवं निमंत्रण पत्र,
- फाइल/रजिस्टर शीर्षक हिंदी या द्विभाषा में,
- राजभाषा कार्यान्वयन समिति की बैठकों का नियमित आयोजन/कार्यवृत्त की हिंदी या द्विभाषा में तैयारी,

- तिमाही हिंदी प्रति रिपोर्ट का नियमित प्रेषण (ऑनलाइन),
- पत्राचार एवं आंतरिक कामकाज में हिंदी का प्रयोग,
- हिंदी ज्ञान संबंधी अद्यतन रोस्टर की उपलब्धता,
- प्रति दिन अंग्रेजी शब्द के समानार्थ हिंदी एवं आवश्यकतानुसार क्षेत्रीय भाषा शब्द का प्रदर्शन (सामान्य बोर्ड/डिजिटल बोर्ड/कंप्यूटर स्क्रीन पर),
- टॉलिक की गतिविधियों में सहभागिता (टॉलिक होने पर),
- हिंदी दिवस संबंधी प्रतियोगिताओं एवं अन्य गतिविधियों में सहभागिता,
- हिंदी में काम संबंधी प्रोत्साहन योजनाओं में सहभागिता,
- सभी कंप्यूटरों में हिंदी साफ्टवेयर की उपलब्धता,
- पासबुक की प्रविष्टियाँ/लेखा विवरण आदि को हिंदी में उपलब्ध कराने की सुविधा एवं अनुपालन (बैंकों के संदर्भ में),
- हिंदी में टिप्पण लेखन,
- हिंदी कार्यशालाओं/मार्गदर्शन कार्यक्रमों में नामित कर्मचारियों की सहभागिता,
- हिंदी या द्विभाषा में प्राप्त पत्रों का उत्तर हिंदी या द्विभाषा में दिया जाना,
- राजभाषा नियम-10(4) के अंतर्गत अधिसूचना एवं 8(4) के अंतर्गत आदेश जारी करना,
- बैनर/पोस्टरों का द्विभाषा/त्रिभाषा में प्रदर्शन,
- हिदी समाचार पत्र एवं पत्रिकाओं की खरीद,
- हिंदी पुस्तकालय की उपलब्धता/सही अनुरक्षण,
- आंतरिक राजभाषा पोर्टल का ज्ञान (यदि हो),
- कर्मचारियों की कंप्यूटर पर हिंदी में काम करने की क्षमता,
- अन्य कोई विशेष कार्य।

यह जरूरी है :

- निरीक्षण के पश्चात् मदवार प्रगति एवं कमियों के बारे में शाखा/इकाई प्रधान के साथ चर्चा करना और पथप्रदर्शित करना। राजभाषा समन्वयक भी साथ रहें।
- निरीक्षण के पश्चात् ग्राहक संव्यवहार समय की समाप्ति के बाद या अपराह्न में शाखा कार्यालय/इकाई प्रमुख की उपस्थिति में वहाँ के कर्मचारियों को कार्यान्वयन की अपेक्षाओं, शाखा कार्यालय/इकाई की उपलब्धियों एवं पाई गई कमियों से संक्षेप में अवगत कराने की पहल करनी होगी। (एक छोटी-सी प्रेरणाप्रद मुलाकात हो।)

रिपोर्ट की तैयारी एवं अनुवर्ती कार्रवाई :

- निरीक्षण के पश्चात् समीक्षा रिपोर्ट की तैयारी और अनुवर्ती कार्रवाई पर कुछेक राजभाषा अधिकारियों द्वारा अधिक ध्यान नहीं दिया जाता है। निरीक्षण

प्रभावी होना हो तो निरीक्षणोपरांत की अनुवर्ती कार्रवाई असरदार हो। निरीक्षण के पश्चात् अधिकतम तीन दिन के भीतर समीक्षा रिपोर्ट निरीक्षित शाखा कार्यालय/इकाई को पहुँचाए जाने पर ध्यान देना होगा।

समीक्षा रिपोर्ट की रूपरेखा :

क्रम संख्या	कार्रवाई मद	पाई गई अनियमितताएँ	अपेक्षित कार्रवाई	इकाई द्वारा कृत कार्रवाई	इकाई प्रधान के हस्ताक्षर
1	2	3	4	5	6

[उपर्युक्त प्रकार प्रेषित फार्मेट में ही कृत कार्रवाई की रिपोर्ट वापस प्राप्त की जा सकती है। अन्यथा स्तंभ 5, 6 हटाकर अलग से प्राप्त की जा सकती है।]

रिपोर्ट बंद करना :

- कृत कार्रवाई की रिपोर्ट अनिवार्य रूप से प्राप्त कर संतुष्ट हो जाने पर सक्षम प्राधिकारी का अनुमोदन प्राप्त कर उसे अविलंब बंद करना होगा।

शाखा कार्यालय/इकाई के विजिट के अवसर पर राजभाषा अधिकारी अपने साथ क्या रखें (सॉफ्ट/भौतिक प्रति) :

- निरीक्षण फॉर्मेट,
- सहायक सामग्री (आंतरिक कामकाज संबंधी नेमी फॉर्मेट, नेमी प्रयोग संबंधी शब्दावली एवं नोटिंग सूची),
- रोस्टर फॉर्मेट,
- हिंदी सॉफ्टवेयर (कंप्यूटर में लोड करने हेतु यदि कोई हो),
- राजभाषा नियम-10(4) अधिसूचना फॉर्मेट,
- कार्यसाधक ज्ञान/प्रवीणता संबंधी घोषणा पत्र,
- प्रोत्साहन योजनाओं की जानकारी।

[यूनिकोड/सीबीएस संबंधी हिंदी सॉफ्टवेयर सक्रिय करने की प्रक्रिया से एवं हिंदी टंकण तथा अनुवाद संबंधी नवीनतम एप्प डाउनलोड कर मार्गदर्शन देने में राजभाषा अधिकारी पूर्णतः भिज्ञ हों।]

अपने कार्यालय के विभागों/अनुभागों का आंतरिक निरीक्षण

- कार्यालय के कार्य स्वरूप के अनुसार आंतरिक विभागों/अनुभागों के लिए अलग से प्रपत्र तैयार किया जा सकता है।
- विभागों के निरीक्षण के संदर्भ में संबंधित विभागीय प्रमुख को अग्रिम रूप से लिखित/मौखिक सूचना देने की औपचारिकता निभानी होगी।
- विभागीय कार्य स्वरूप के अनुसार पत्राचार और आंतरिक कामकाज में हिंदी प्रयोग की प्रतिशतता, कर्मचारियों के प्रयास, अभिलेखों का रखरखाव, विशेष योगदान आदि जानकारी अभिलेखित करनी होगी।

रिपोर्ट बंद करना :

- यथावश्यक समीक्षा और अनुवर्ती कार्रवाई करने के साथ अनुपालन रिपोर्ट प्राप्त कर कार्यालय प्रमुख या अन्य वरिष्ठतम कार्यपालक (जो राजभाषा कार्यों से जुड़े हैं) के अनुमोदन से निरीक्षण रिपोर्ट बंद कर संबंधित निरीक्षित विभागों को सूचित करना होगा।

मुख्यालय के राजभाषा विभाग के तत्काल प्रभारी द्वारा नियंत्रक कार्यालयों का निरीक्षण

- निरीक्षण की तारीख एवं समय के बारे में निरीक्षणाधीन कार्यालय प्रमुख को अग्रिम रूप से लिखित रूप में अवगत कराने की औपचारिकता निभानी होगी।
- निरीक्षण प्रपत्र की सॉफ्ट प्रति हर नियंत्रक कार्यालय के राजभाषा अनुभाग में अनिवार्य रूप से उपलब्ध हो।

नियंत्रक कार्यालय के राजभाषा अनुभाग में उपलब्ध अभिलेखों की जांच

- अधीनस्थ शाखा कार्यालयों/इकाइयों से तिमाही हिंदी प्रगति रिपोर्टों एवं राजभाषा कार्यान्वयन समिति की बैठकों के कार्यवृत्त की साफ्ट प्रति में शत-प्रतिशत ससमय प्राप्ति की पुष्टि। (ऑनलाइन की सुविधा न होने पर भौतिक प्रति की प्राप्ति)
- इनकी ससमय समीक्षा, अनुवर्ती कार्रवाई एवं रखरखाव।
- शाखा कार्यालयों/इकाइयों की तिमाही प्रगति रिपोर्टों में अंकित आंकड़ों की समेकित रिपोर्ट में अंकित आंकड़ों से तुलना।
- राजभाषा विभाग, क्षेत्रीय कार्यान्वयन कार्यालय, गृह मंत्रालय को वैयक्तिक तिमाही प्रगति रिपोर्ट की ऑनलाइन प्रस्तुति।
- अपने संगठन के मुख्यालय/प्रधान कार्यालय को वैयक्तिक एवं समेकित रिपोर्टों की प्रस्तुति।
- नियंत्रक कार्यालय संबंधी मासिक हिंदी प्रगति रिपोर्ट (वैयक्तिक) की तैयारी हेतु कार्यालय के विभिन्न अनुभागों से जानकारी प्राप्त करने की पद्धति, कमियों को दूर करने हेतु अपनाए जाने वाले उपाय, रखरखाव एवं मुख्यालय को रिपोर्ट की प्रस्तुति आदि का सत्यापन। (मासिक हिंदी प्रगति रिपोर्ट प्रस्तुत करने की प्रथा होने पर)
- आयोजना एवं विकास अनुभाग, परिसर एवं अनुरक्षण अनुभाग, विपणन अनुभाग, सूचना प्रौद्योगिकी अनुभाग, जनसंपर्क अनुभाग द्वारा जारी विज्ञापन, निविदा सूचनाएँ, सूचनाएँ इत्यादि पर विशेष ध्यान/भौतिक जांच।
- सभी अनुभागों द्वारा जारी किये जाने वाले परिपत्र/ज्ञापन/आदेश। विशेषकर कार्मिक/मानव संसाधन अनुभागों द्वारा कर्मचारियों को जारी किये जाने

वाले ज्ञापन/आदेश, जैसे : स्थानांतरण/पदोन्नति/भर्ती/कार्य आबंटन संबंधी आदेश/ज्ञापन।

- ध्यान देना होगा कि धारा-3(3) से संबंधित सभी प्रलेख हिंदी-अंग्रेजी द्विभाषा में जारी किये जाते हैं। प्रलेखों को द्विभाषा में जारी करने हेतु अपनाए गए उपाय एवं उनका रखरखाव।

[केवल हिंदी में जारी कर 'हिंदी का प्रयोग सुनिश्चित किया गया' मानकर संतुष्ट होना भी अधिनियम का उल्लंघन ही है।]

- हिंदी में कार्यसाधक ज्ञान/प्रवीणता की स्थिति तथा अंतर सेवा हिंदी प्रशिक्षण/ राजभाषा नियम-10(4) के अंतर्गत अधिसूचना एवं नियम-8(4) के अंतर्गत विनिर्दिष्ट करने हेतु अपनाए गए कदम। व्यक्तिश: आदेशों की जारी।
- कर्मचारियों के हिंदी ज्ञान संबंधी रोस्टर का रखरखाव/अद्यतन की स्थिति।
- शाखा कार्यालय/इकाई/नियंत्रक कार्यालय के अनुभागों में हिंदी में प्राप्त पत्रों का उत्तर हिंदी में दिया जाना सुनिश्चित करने के संबंध में अपनाई गई प्रक्रिया/ मार्गदर्शन एवं अभिलेखों का सत्यापन।
- आंतरिक कामकाज संबंधी महत्त्वपूर्ण मद; यथा : लेजरों/रजिस्टरों में प्रविष्टियाँ, प्रपत्र हिंदी या द्विभाषा में भरना, वाउचर/रसीदों में हिंदी का प्रयोग, ड्राफ्ट/ अंतर विभागीय ज्ञापन/नोटिंग में हिंदी का प्रयोग इत्यादि।

आंतरिक कामकाज में हिंदी का प्रयोग राजभाषा के कार्यान्वयन में रीढ़ की हड्डी की तरह है। दैनिक आधार पर आंतरिक कामकाज में हिंदी का प्रयोग सुनिश्चित करने हेतु राजभाषा अनुभाग के अभिप्रेरक प्रयासों की जांच करनी होगी। विभिन्न अनुभागों का विशेषकर स्थापना/लेखा अनुभाग की भौतिक जांच हो।

- हिंदी कार्यशाला का ससमय एवं सार्थक आयोजन।

नामित कर्मचारियों की तुलना में कम से कम 80% की उपस्थिति सुनिश्चित हो। इस संबंध में राजभाषा अनुभाग द्वारा कृत अनुवर्ती कार्रवाई का पता करना होगा।

आपूर्ति की गई सहायक सामग्री की गुणवत्ता एवं फीडबैक (प्रत्यावर्तन) पर नजर डालना होगा। यह देखना होगा कि कार्यशाला में उपस्थित कर्मचारियों को नियमित रूप से अपने काम में हिंदी का प्रयोग करने हेतु समुचित पत्र भेजे गए हैं या नहीं।

- विशेष ध्यान देना होगा कि राजभाषा नियम-11 का पूर्ण अनुपालन हुआ या नहीं, यथा : सभी प्रकार के प्रपत्र, लेखन सामग्री, प्रदर्शन सामग्री, मुद्रित सामग्री में हिंदी का प्रयोग हो रहा है या नहीं। मुद्रित/टंकित सामग्री की जांच हो।
- देखना होगा कि सभी बोर्डों में द्विभाषा/त्रिभाषा नियम का पालन किया गया है। रजिस्टर/फाइल के शीर्षक हिंदी/द्विभाषा में उपलब्ध हैं।
- हिंदी पुस्तकालय का आकर्षक रखरखाव एवं कर्मचारियों के बीच पुस्तकों/ पत्र-पत्रिकाओं का वितरण, उनकी वापसी एवं तत्संबंधी अभिलेख।
- देखना होगा कि संबंधित अनुभाग/अधिकारी को जांच बिंदु संबंधी जानकारी से अवगत कराते हुए आदेश जारी किये गए हैं या नहीं तथा अनुपालन का स्तर।

- कार्यालयीन कार्य व्यवहार संबंधी सामान्य बैठकों/सम्मेलनों/संगोष्ठियों में हिंदी में वार्तालाप तथा कार्यसूची एवं कार्यवृत्त की तैयारी।
- कार्यालयीन काम में हिंदी का प्रयोग करने हेतु कर्मचारियों को अभिप्रेरक पत्र भेजे जाते हैं या नहीं।
- टॉलिक की गतिविधियों में शाखा कार्यालय/इकाई/नियंत्रक कार्यालय की सहभागिता/योगदान, प्रगति रिपोर्ट की ससमय एवं सार्थक प्रस्तुति तथा सदस्य कार्यालय प्रधान की अनिवार्य उपस्थिति।
- पर्यवेक्षी पदाधिकारियों द्वारा हिंदी में नोटिंग की स्थिति।
- कार्यालय के राजभाषा अधिकारी का विशेष योगदान।
- हिंदी का प्रचार-प्रसार एवं प्रयोग बढ़ाने संबंधी विशेष गतिविधियाँ, यथा : विशेष मार्गदर्शन कार्यक्रम, संगोष्ठी, वार्तालाप कार्यक्रम, शैक्षिक संस्थाओं/विद्यालयों में प्रतियोगिताएँ इत्यादि का आयोजन।
- हिंदी प्रयोग संबंधी विशेष गतिविधियों की प्रदर्शनी सामग्री का संग्रहण।
- हिंदी दिवस/सप्ताह/पक्ष/माह का रोचक आयोजन।
- राजभाषा विभाग का वार्षिक कार्यक्रम एवं आंतरिक राजभाषा वार्षिक कार्य योजना के विभिन्न मदों के अनुपालन पर कृत कार्रवाई।
- हर कंप्यूटर में हिंदी सॉफ्टवेयर की उपलब्धता, कर्मचारियों के परिचालन की क्षमता, टंकण कार्य में दक्ष बनाने हेतु मार्गदर्शन की प्रक्रिया।
- हिंदी या द्विभाषा में अनुभागों संबंधी नेमी प्रकार के प्रावरण पत्र/पावती/स्मरण पत्र फॉर्मेट इत्यादि की उपलब्धता।
- संगठन में लागू हिंदी प्रोत्साहन योजनाओं के अनुपालन की स्थिति।
- नियंत्रक कार्यालय के राजभाषा अधिकारी द्वारा अधीनस्थ शाखा कार्यालयों/इकाइयों के राजभाषा निरीक्षण की स्थिति।

यह जरूरी है

- कार्यालय प्रधान एवं राजभाषा अनुभाग के तत्काल प्रभारी कार्यपालक को निरीक्षण के पश्चात् वस्तुस्थिति से अवगत कराना। संबंधित कार्यालय के राजभाषा अधिकारी भी साथ रहें।
- नियंत्रक कार्यालय के सभी कर्मचारियों की उपस्थिति में मुख्यालय के राजभाषा प्रभारी का संक्षेप एवं सारगर्भित अभिप्रेरक संबोधन हो।

अनुवर्ती कार्रवाई एवं रिपोर्ट बंद करना

- राजभाषा विभाग के प्रभारी द्वारा (जिन्होंने निरीक्षण किया) निरीक्षित नियंत्रक कार्यालय के कार्यान्वयन की वस्तुस्थिति से कार्यालय टिप्पणी (निरीक्षण रिपोर्ट संलग्न कर) के माध्यम से मुख्यालय के अपने उच्च कार्यपालक/सक्षम प्राधिकारी को अवगत कराया जाएगा।

- कोई अनियमितता पाए जाने पर निरीक्षित कार्यालय के साथ ससमय अनुवर्ती कार्रवाई की जाएगी। संतुष्टिप्रद परिशोधन रिपोर्ट प्राप्त होने पर उसे पृथक् कार्यालय टिप्पणी या उसी पर हाशिए टिप्पणी द्वारा सक्षम प्राधिकारी को अवगत कराकर रिपोर्ट बंद की जाएगी तथा निरीक्षित कार्यालय को उसकी सूचना दी जाएगी।

मुख्यालय के राजभाषा विभाग द्वारा निरीक्षण प्रक्रिया संबंधी नियंत्रक कार्यालयवार अभिलेख बनाए रखे जाएँगे।

अंचल/क्षेत्रीय प्रमुख/पर्यवेक्षी पदाधिकारियों द्वारा अधीनस्थ कार्यालयों/इकाइयों का राजभाषा निरीक्षण

निरीक्षण बिंदु :

अंचल/क्षेत्रीय प्रमुख/पर्यवेक्षी पदाधिकारियों द्वारा अपने क्षेत्राधीन इकाइयों के विजिट के दौरान कोर कार्य संबंधी निरीक्षण के साथ-साथ राजभाषा नीति की निम्न बिंदुओं की अनुपालन स्थिति का सत्यापन करना होगा :

- प्रदर्शन सामग्री पर विशेष ध्यान। (यथा : सभी प्रकार के नाम बोर्ड, पोस्टर, पैंफ्लेट, बैनर आदि)
- प्रति दिन हिंदी शब्द प्रदर्शन (अंग्रेजी एवं उसके समानार्थ हिंदी शब्द)। इसके साथ क्षेत्रीय भाषा का शब्द प्रदर्शन भी प्रेरणाप्रद रहेगा।
- उपस्थिति रजिस्टर में नाम हिंदी या हिंदी-अंग्रेजी द्विभाषा में।
- कंप्यूटरों में हिंदी सॉफ्टवेयर की उपलब्धता।
- नियंत्रक कार्यालय को तिमाही हिंदी प्रगति रिपोर्ट प्रेषण की तारीख।
- राजभाषा कार्यान्वयन समिति की त्रैमासिक बैठकों का आयोजन एवं कार्यवृत्त की तैयारी।
- आंतरिक कामकाज में हिंदी प्रयोगकृत मॉडलों पर नजर डालना।
- फाइलों/रजिस्टरों/लेजरों पर शीर्षक। (हिंदी/द्विभाषा में)
- शाखा कार्यालय के प्रधान और अनुभागीय प्रमुखों द्वारा हिंदी के प्रयोग में योगदान। (टिप्पण लेखन आदि)
- राजभाषा के कार्यान्वयन में शाखा कार्यालय/इकाई प्रमुख का विशेष योगदान।
- राजभाषा की गतिविधियों में स्टाफ सदस्यों की सहभागिता। (प्रतियोगिताओं/कार्यशालाओं/प्रोत्साहन योजनाओं आदि में)
- राजभाषा फाइल/रजिस्टरों का रखरखाव।
- हिंदी पत्र-पत्रिकाओं की खरीद/पुस्तकालय का अनुरक्षण।

नोट : अंचल/क्षेत्रीय प्रमुख/पर्यवेक्षी पदाधिकारियों की निरीक्षण प्रश्नावली में एकरूपता बनाए रखने के लिए संगठन के मुख्यालय के राजभाषा विभाग द्वारा उपर्युक्त बिंदुओं को शामिल करते हुए निरीक्षण फार्मेट तैयार किया जा सकता है। गृह मंत्रालय, राजभाषा विभाग के वार्षिक कार्यक्रम, अमुक संगठन के कार्यस्वरूप की आवश्यकताओं के आधार पर प्रश्नावली प्रपत्र का अद्यतन करना होगा।

निरीक्षणोपरांत प्रक्रिया :

निरीक्षणोपरांत संबंधित पदाधिकारियों द्वारा अपने नियंत्रक कार्यालयों के राजभाषा अनुभाग को अपने प्रेक्षणयुक्त निरीक्षण प्रश्नावली सौंपी जाएगी।

प्रश्नावली में भरी गई सूचना/प्रेक्षणों के आधार पर राजभाषा अनुभाग द्वारा संबंधित इकाई के साथ अनुवर्ती कार्रवाई की जाएगी और प्राप्त परिशोधन रिपोर्ट पर अपने सक्षम प्राधिकारी का अनुमोदन प्राप्त कर उसे बंद किया जाएगा। यह सूचना संबंधित इकाई को प्रेषित करने के अतिरिक्त निरीक्षण संपन्न किये गए पदाधिकारी को भी दी जाती है।

आंतरिक निरीक्षकों द्वारा सामान्य कार्यालयीन कार्य के निरीक्षण के साथ राजभाषायी निरीक्षण

आंतरिक निरीक्षकों को उपलब्ध कराए जाने वाले प्रलेख :

[निरीक्षणाधीन कार्यालय/इकाई द्वारा]

- पिछली निरीक्षण रिपोर्ट एवं उस पर कृत कार्रवाई की प्रति।
- पिछली निरीक्षण की बंद रिपोर्ट की प्रति।
- निरीक्षण प्रश्नावली के आधार पर निरीक्षकों को दिखाने हेतु आवश्यक फाइल/रजिस्टर/रिपोर्ट/प्रचार सामग्री/प्रदर्शन सामग्री की प्रतियाँ/अल्बम/विशेष गतिविधियों की जानकारी तैयार रखना।

निरीक्षण में निम्न कार्रवाई मदों का सत्यापन :

- नियंत्रक कार्यालय को मासिक/त्रैमासिक रिपोर्टों का ससमय प्रेषण। (त्रैमासिक रिपोर्ट अनिवार्य है।)
- नियंत्रक कार्यालय होने पर यह देखना होगा कि क्या अपने अधीनस्थ समस्त शाखा कार्यालयों/इकाइयों से समय पर मासिक/त्रैमासिक प्रगति रिपोर्ट प्राप्त की गई हैं या नहीं, तत्संबंधी अनुवर्ती कार्रवाई/हिंदी प्रगति रिपोर्टों की समीक्षा की गई या नहीं।
- त्रैमासिक राजभाषा कार्यान्वयन समिति की बैठकों का ससमय आयोजन, कार्यवृत्त की तैयारी एवं प्रेषण, लिये गए निर्णयों पर अनुवर्ती कार्रवाई, सदस्यों की उपस्थिति सूची की उपलब्धता।
- नियंत्रक कार्यालय होने पर यह देखना होगा कि क्या अपने अधीनस्थ समस्त शाखा कार्यालयों/इकाइयों में राजभाषा कार्यान्वयन समिति की त्रैमासिक बैठकों का ससमय आयोजन हुआ या नहीं और कार्यवृत्त प्राप्त हुए या नहीं तथा तत्संबंधी अनुवर्ती कार्रवाई।
- स्थानीय टॉलिक की छमाही समीक्षा बैठक में कार्यालय प्रमुख की उपस्थिति एवं प्रगति रिपोर्टों का ससमय प्रेषण।
- राजभाषा अधिनियम-1963 की धारा-3(3) संबंधी प्रलेखों की द्विभाषा में जारी। [यथा : सामान्य आदेश (परिपत्र सहित), संकल्प, नियम, अधिसूचनाएँ,

प्रेस विज्ञप्तियाँ, प्रशासनिक/अन्य प्रतिवेदन, संविदाएँ, करार, अनुज्ञप्तियाँ, अनुज्ञापत्र, सूचनाएँ, निविदा प्रारूप, संसद के दोनों सदनों के समक्ष प्रस्तुत प्रशासनिक/अन्य प्रतिवेदन और राजकीय कागज पत्र]

- मूल पत्राचार में हिंदी का प्रयोग, कार्यालय द्वारा कृत कार्रवाई।
- हिंदी/द्विभाषा में प्राप्त पत्रों का उत्तर हिंदी या द्विभाषा में दिया जाना।
- स्टाफ सदस्यों का हिंदी ज्ञान संबंधी अद्यतन रोस्टर का रखरखाव एवं तदनुसार प्रशिक्षण हेतु शेष कर्मचारियों को हिंदी प्रशिक्षण उपलब्ध कराने हेतु कृत कार्रवाई।
- राजभाषा नियम-10(4) के अंतर्गत पात्र कार्यालयों/शाखा कार्यालयों/इकाइयों को राजपत्र में अधिसूचित कराए जाने संबंधी जानकारी। (कृत कार्रवाई)
- राजभाषा नियम-8(4) के आधार पर अधिसूचित कार्यालयों/शाखा कार्यालयों/इकाइयों में कार्यरत हिंदी में प्रवीणता प्राप्त स्टाफ सदस्यों को हिंदी का प्रयोग करने हेतु जारी किये गए आदेशों का सत्यापन। (आदेश जारी करना अनिवार्य है।)
- सभी कंप्यूटरों में हिंदी साफ्टवेयर की उपलब्धता एवं कर्मचारियों द्वारा उसका प्रयोग।
- ग्राहक सेवा में हिंदी प्रयोग की स्थिति। (जनसंपर्क, प्रलेखन, पत्राचार, प्रचार सामग्री इत्यादि में हिंदी का अनिवार्य प्रयोग)
- हिंदी समाचार पत्र-पत्रिकाओं की खरीद।
- हिंदी पुस्तकालय का रखरखाव, बजट का उपयोग, अभिलेखों का अनुरक्षण।
- आंतरिक कामकाज में हिंदी का प्रयोग। (फार्म, फार्मेट, बिल, रसीद, पर्ची, विवरण, नोटिंग आदि में हिंदी का प्रयोग)
- हिंदी कार्यशालाओं का ससमय आयोजन एवं उपस्थिति।
- हिंदी दिवस/सप्ताह/पक्ष/माह का ससमय आयोजन एवं गतिविधियों का सार्थक संचालन तथा रिपोर्ट प्रस्तुति।
- प्रति दिन एक अंग्रेजी एवं उसके समानार्थ हिंदी व क्षेत्रीय भाषा शब्द का प्रदर्शन। (अंग्रेजी-हिंदी शब्द का अनिवार्य प्रदर्शन)
- सभी प्रकार के नाम बोर्ड/होर्डिंग/पोस्टर/पैंफ्लैट/बैनर/विजिटिंग कार्ड/पहचान पत्र/रबड़ की मुहर/लेखन सामग्री की द्विभाषा/त्रिभाषा में उपलब्धता।
- राजभाषा संबंधी विशेष गतिविधियों पर एक नजर।

नोट : निरीक्षण के तत्काल पश्चात् समय रहने पर पाई गई अनियमितताओं (यदि कोई हो) पर कार्यालयीन निरीक्षण अवधि के दौरान ही उचित कार्रवाई संपन्न कर प्रभारी निरीक्षण प्राधिकारी को परिशोधन रिपोर्ट प्रस्तुत करने का प्रयास करना होगा। (निरीक्षकों द्वारा निरीक्षण की अंतिम रिपोर्ट तैयार की जाने के पूर्व)

सामान्यत: कई संगठनों में निरीक्षणोपरांत अनुवर्ती कार्रवाई की प्रक्रिया इस प्रकार होती है :

शाखा कार्यालय/इकाई की निरीक्षण रिपोर्ट का हिंदी खंड नियंत्रक कार्यालय के राजभाषा अनुभाग को तथा क्षेत्रवार नियंत्रक कार्यालयों की निरीक्षण रिपोर्टों के हिंदी

खंड प्रधान कार्यालय के राजभाषा विभाग को उचित अनुवर्ती कार्रवाई करने हेतु प्रेषित करवाए जाते हैं। पाई गई अनियमितताओं पर संबंधित राजभाषा अनुभागों द्वारा अनुवर्ती कार्रवाई की जाती है। नियत समय के भीतर अनियमितताएँ दूर कराकर निरीक्षण रिपोर्ट बंद करने हेतु संबंधित राजभाषा अनुभाग/विभाग द्वारा निरीक्षण प्राधिकारी को सिफारिश की जाती है। इस कार्रवाई से संतुष्ट हो जाने पर निरीक्षण प्राधिकारी द्वारा संबंधित कार्यालय को निरीक्षण रिपोर्ट संबंधी बंद सूचना भेजी जाती है।

बाहरी राजभाषा निरीक्षण

क्षेत्रीय कार्यान्वयन कार्यालय, राजभाषा विभाग-गृह मंत्रालय के पदाधिकारियों एवं संगठन संबंधी मंत्रालय के राजभाषा पदाधिकारियों द्वारा राजभाषायी निरीक्षण

[इनके अतिरिक्त विशेष संदर्भों में गृह मंत्रालय, राजभाषा विभाग, नई दिल्ली के उच्च पदाधिकारियों द्वारा हिंदी के प्रगामी प्रयोग की समीक्षा हेतु दौरा किया जा सकता है।]

संसदीय राजभाषा समिति निरीक्षण के बाद इन निरीक्षणों को उच्च श्रेणी के निरीक्षणों में लिया जाता है।

सामान्यत: इनके द्वारा अमुक संगठन के मुख्यालय/प्रादेशिक नियंत्रक कार्यालयों/प्रशिक्षण केंद्रों का निरीक्षण किया जाता है।

राजभाषा अधिनियम/नियम/वार्षिक राजभाषा कार्यक्रम/संसदीय राजभाषा समिति की निरीक्षण प्रश्नावली/राष्ट्रपति आदेश/भाषा प्रयोग पर समय-समय पर जारी सरकारी दिशानिर्देशों के आधार पर संबंधित मंत्रालयों के राजभाषा विभागों द्वारा पृथक् से निरीक्षण प्रश्नावली बनाई जाती है।

सामान्यत: इन निरीक्षण प्राधिकारियों द्वारा निरीक्षण की पूर्व सूचना दी जाने के साथ-साथ निरीक्षण प्रश्नावली भी प्रेषित की जाती है।

निरीक्षणाधीन कार्यालय के राजभाषा अनुभाग द्वारा की जाने वाली कार्रवाई :

- निरीक्षण संबंधी जानकारी से (तारीख/समय/निरीक्षण अधिकारी का ब्योरा/पूर्वोपाय) कार्यालय नोट के माध्यम से कार्यालय प्रमुख को अवगत कराना।
- निरीक्षण प्राधिकारी का स्वागत करते हुए पत्र की प्राप्ति सूचना देना। (इसकी प्रति मुख्यालय को भी अंकित हो।)
- निरीक्षण की सूचना संबंधित प्रधान कार्यालय को देना। (मंत्रालय से प्राप्त पत्र एवं प्रश्नावली की फोटो प्रति सहित)
- प्रश्नावली के आधार पर कहीं समूचे संगठन स्तर की जानकारी की आवश्यकता होने पर प्रधान कार्यालय से प्राप्त करना।
- आवश्यक संदर्भों में मुख्यालय का मार्गदर्शन प्राप्त करना।
- पत्र/परिपत्र के माध्यम से निरीक्षण संबंधी सूचना से कार्यालय के सभी अनुभागों को उचित हिदायतों/मार्गदर्शन सहित अवगत कराना।

- कृत कार्रवाई एवं अभिलेखों के आधार पर अग्रिम रूप से निरीक्षण प्रश्नावली के सटीक उत्तर तैयार कर रखने होंगे। इसके अतिरिक्त विशेष कार्यों एवं उपलब्धियों की एक संक्षिप्त रिपोर्ट को तैयार प्रश्नावली के साथ जोड़कर अच्छी फोल्डर में या स्पाइरल कराकर निरीक्षण प्राधिकारियों को प्रतिजांच करने हेतु सौंपना होगा।
- सुगम निरीक्षण हेतु मुख्यालय का यह दायित्व बनता है कि वह निरीक्षणाधीन कार्यालय का पथ-प्रदर्शन करे।
- इन निरीक्षण पदाधिकारियों द्वारा प्रधान कार्यालयों/मुख्यालयों का भी निरीक्षण किया जाता है।

इस प्रकार के निरीक्षणों के अवसर पर अपनाई जाने वाली औपचारिकताएँ :

- प्रवेश द्वार पर स्वागत बैनर। (अनिवार्य नहीं)
- निरीक्षण के दिन मुख्यालय में कार्यालय प्रमुख की उपस्थिति अवश्य हो! (पूर्व स्वीकृत छुट्टी/बीमारी/बोर्ड बैठक/क्षेत्रीय प्रधान सम्मेलन जैसी उच्च स्तरीय गतिविधियों में सहभागिता हेतु मुख्यालय से बाहर रहने के संदर्भों को छोड़कर)। अनिवार्य परिस्थितियों में तत्काल प्रभारी की उपस्थिति हो।
- अभिलेखों की जांच हेतु निरीक्षण पदाधिकारी के लिए उचित जगह की व्यवस्था करना।
- निरीक्षण पदाधिकारी की अपेक्षा के अनुसार अन्य अनुभागों में ले जाकर हिंदी कार्य दिखाना।
- निरीक्षण के पश्चात् कार्यालय के स्टाफ सदस्यों के लिए निरीक्षण पदाधिकारी का संबोधन हो। (निरीक्षण पदाधिकारी की सहमति से)
- निरीक्षण पदाधिकारी के लिए वाहन/प्रोटोकॉल अधिकारी की व्यवस्था हो।

निरीक्षण रिपोर्ट का परिशोधन :

निरीक्षण प्राधिकारी के कार्यालय से निरीक्षण रिपोर्ट प्राप्त होने पर कार्यालय टिप्पणी/हाशिये टिप्पणी के माध्यम से सक्षम प्राधिकारी के ध्यान में लाकर पाई गई अनियमितताओं (यदि हों) को सार्थक ढंग से परिशोधित कर तत् जानकारी से पुनः सक्षम प्राधिकारी के ध्यान में लाकर संबंधित निरीक्षण प्राधिकारी कार्यालय को नियत समय पर परिशोधित रिपोर्ट प्रेषित करने पर विशेष ध्यान देना होगा।

निरीक्षण के दौरान निरीक्षण पदाधिकारियों द्वारा सामान्यतः जांच की जाने वाली मुख्य मद (नियंत्रक कार्यालयों के संदर्भ में) :

- धारा-3(3) के प्रलेखों के अभिलेख। (विभिन्न अनुभागों द्वारा जारी)
- अधीनस्थ समस्त शाखा कार्यालयों/इकाइयों से (प्रादेशिक नियंत्रक कार्यालय के संदर्भ में)/समस्त नियंत्रक कार्यालयों से (मुख्यालय के संदर्भ में) तिमाही हिंदी प्रगति रिपोर्टों की प्राप्ति।

- नियंत्रक कार्यालयों/शाखा कार्यालयों/इकाइयों से प्राप्त त्रैमासिक हिंदी प्रगति रिपोर्टों की जांच तथा उनके आधार पर समेकित रिपोर्ट बनाने हेतु बनाई गई तालिका में दर्ज आंकड़ों के साथ नियंत्रक कार्यालय/शाखा कार्यालय/इकाईवार रिपोर्टों के आंकड़ों से तुलना।
- राजभाषा कार्यान्वयन समिति की बैठकों का समय पर आयोजन एवं कार्यवृत्त की तैयारी (शाखा कार्यालयों/इकाइयों/नियंत्रक कार्यालयों सहित)
- हिंदी या द्विभाषा में प्राप्त पत्रों का उत्तर हिंदी या द्विभाषा में दिया जाना। अपनाई जाने वाली प्रक्रिया एवं अनुरक्षित अभिलेख।
- पत्राचार में हिंदी का प्रयोग। (क्षेत्रवार)
- आंतरिक कामकाज में हिंदी का प्रयोग (अनुभागवार जांच हो सकती है)।
- राजभाषा नियम-10(4) एवं 8 (4) का अनुपालन एवं कृत कार्रवाई
- प्रवीणता प्राप्त स्टाफ सदस्यों को हिंदी में काम करने हेतु जारी किये गए आदेशों का सत्यापन। (अधिसूचित कार्यालयों के संदर्भ में)
- अद्यतन हिंदी ज्ञान रोस्टर की उपलब्धता।
- प्रबोध, प्रवीण, प्राज्ञ परीक्षाओं के संदर्भ में नामांकन की स्थिति। (यदि कार्यसाधक ज्ञान प्राप्त करने हेतु कोई कर्मचारी शेष हों)
- पारंगत परीक्षा प्रशिक्षण हेतु कर्मचारियों के नामांकन की स्थिति।
- अंग्रेजी आशुलिपिकों को हिंदी आशुलिपि का ज्ञान उपलब्ध कराने हेतु कृत कार्रवाई। (यदि कोई शेष हो)
- सभी कंप्यूटरों में हिंदी सॉफ्टवेयर की उपलब्धता।
- सभी कर्मचारियों को (कार्यपालक सहित) कंप्यूटर पर हिंदी टंकण कार्य करने हेतु मार्गदर्शन उपलब्ध कराने के संबंध में कार्रवाई। (यदि कोई शेष हो)
- प्रयोजनमूलक तिमाही हिंदी कार्यशालाओं का समय पर आयोजन एवं सहभागिता की प्रतिशतता। (उपस्थिति 80% से कम न हो)
- हिंदी कार्यशालाओं में उपस्थित कर्मियों को दैनिक कार्यालयीन कार्य में हिंदी का अधिकाधिक प्रयोग करने हेतु जारी किये गए पत्रों की प्रतियाँ।
- हिंदी प्रयोग संबंधी प्रोत्साहन योजनाओं (आंतरिक एवं सरकारी) में कर्मचारियों की सहभागिता एवं लब्धि प्राप्त कर्मचारी।
- रजिस्टरों/लेजरों/सेवा पंजिकाओं में हिंदी में प्रविष्टियाँ। (मैनुअल/सॉफ्ट प्रति में)
- मैनुअल/प्रक्रिया साहित्य/अनुशासनिक नियमों की द्विभाषा में उपलब्धता (मुख्यालय द्वारा यह कार्य संपन्न कराने की आवश्यकता है)
- राजभाषा अधिकारियों द्वारा अधीनस्थ शाखा कार्यालयों/इकाइयों के राजभाषायी निरीक्षण की स्थिति। (वर्ष में न्यूनतम 25%। यह अन्य राजभाषायी निरीक्षणों के अतिरिक्त होगा।)
- नियंत्रक कार्यालय के प्रमुख या अन्य उच्च पदाधिकारियों द्वारा अधीनस्थ कार्यालयों/इकाइयों का राजभाषायी निरीक्षण। (अपने सामान्य निरीक्षण के साथ)

- संगठन के सामान्य प्रशिक्षण कार्यक्रमों का हिंदी (राजभाषा विभाग के वार्षिक कार्यक्रम में निर्धारित लक्ष्य के अनुसार) और मिली-जुली भाषा में आयोजन तथा प्रशिक्षण सामग्री की हिंदी या द्विभाषा में उपलब्धता। (प्रशिक्षण केंद्रों के संदर्भ में)
- कार्यरत राजभाषा स्टाफ का ब्योरा। (पद रिक्त न हो)
- हिंदी पत्र-पत्रिकाओं की खरीद एवं कर्मचारियों को उपलब्ध कराने की प्रक्रिया।
- हिंदी पुस्तकालय का अनुरक्षण एवं कर्मचारियों को परिचालित करने की प्रक्रिया। (हिंदी पुस्तकें रखने हेतु अलमारी की व्यवस्था हो।)

खरीद एवं परिचालन संबंधी रजिस्टर उपलब्ध हो। पुस्तकों की कुल खरीदी में न्यूनतम 50% व्यय हिंदी पुस्तकों की खरीदी पर हो। अंग्रेजी पुस्तकें नहीं खरीदने पर भी प्रति वर्ष उपयोगी हिंदी पुस्तकें खरीदने पर ध्यान देना होगा। इस संबंध में संसदीय राजभाषा समिति के निरीक्षणों में विशेष ध्यान दिया जाता है।

- कार्यालय में प्रयोग किये जाने वाले सभी फार्म हिंदी/द्विभाषा में हों। अनुभागवार जांच हो सकती है।
- ग्राहक सेवा से जुड़े फार्म/प्रलेख क्षेत्रीय भाषा में या क्षेत्रीय भाषा-हिंदी में या क्षेत्रीय भाषा-हिंदी-अंग्रेजी में उपलब्ध हों। (केवल अंग्रेजी में होना आपत्तिजनक होगा।)
- कार्यालय के सामान्य स्वरूप की बैठकों में हिंदी का प्रयोग। (कार्यसूची, कार्यवृत्त हिंदी या द्विभाषा में हों तथा वार्तालाप भी हिंदी या मिली-जुली भाषा में हो।)
- हिंदी व द्विभाषिक पत्रिकाओं/न्यूज बुलेटिनों का प्रकाशन।

  [मुख्यालय के लिए अनिवार्य है। अन्य नियंत्रक कार्यालयों में अपने आंतरिक प्रशासनिक नियमों के आधार पर। हर नियंत्रक कार्यालय द्वारा कम से कम ई-न्यूज बुलेटिन जारी करना प्रशंसनीय होगा। व्यय रहित होने के कारण यह कार्रवाई करने में प्रादेशिक नियंत्रक कार्यालयों द्वारा प्रेरक पहल की जा सकती है।]
- विज्ञापनों पर कृत व्यय का ब्योरा देखा जाएगा।

  [अंग्रेजी, हिंदी एवं क्षेत्रीय भाषाओं में जारी विज्ञापनों पर कृत व्यय। हिंदी विज्ञापनों पर कृत व्यय कुल व्यय का न्यूनतम 50% हो। (भावी संशोधनों पर ध्यान देना होगा।) राजभाषा विभाग, गृह मंत्रालय के का.ज्ञा.सं. 20012/01/2017—राभा (नीति), दि. 30.6.2017 के अंतर्गत दी गई सूचना के अनुसार अंग्रेजी और क्षेत्रीय भाषाओं में दिये जाने वाले सभी विज्ञापनों को हिंदी भाषा में दिया जाना अनिवार्य है। अंग्रेजी समाचार पत्रों में इनके विज्ञापन दिये जाने पर विज्ञापन के अंत में इस प्रकार का उल्लेख हो कि 'अधिसूचना/विज्ञापन/रिक्ति संबंधी सूचना का हिंदी रूपांतर अपनी वेबसाइट पर उपलब्ध है।' इस जानकारी संबंधी लिंक भी देना होगा।

[**संदर्भ** : राजभाषा विभाग के वार्षिक कार्यक्रम 2023-24 का प्राक्कथन]

हिंदी भाषी प्रदेशों में अधिक से अधिक विज्ञापन हिंदी में ही जारी करवाना संगठन के कारोबारी विकास में लाभदायक होगा। इस मद के अनुपालन की जिम्मेदारी कार्यालय के संबंधित अनुभागों पर होगी। यथा : आयोजना, विपणन, जनसंपर्क अनुभाग इत्यादि। राजभाषा अनुभाग द्वारा इन अनुभागों से जानकारी प्राप्त की जाएगी।

- पत्र शीर्ष, विजिटिंग कार्ड, पहचान पत्र तथा सभी लेखन सामग्री द्विभाषा और आवश्यकतानुसार त्रिभाषा में हों। इनके कुछ नमूने देखे जाएँगे।
- प्रचार सामग्री, यथा : पोस्टर, पैंफ्लेट, होर्डिंग, बैनर आदि क्षेत्रीय भाषा, द्विभाषा या त्रिभाषा में हो। इनकी जांच की जाएगी।
- सभी प्रकार के नाम बोर्ड द्विभाषा या त्रिभाषा में हों। साइन बोर्ड त्रिभाषा में अवश्य हो। इस पर विशेष ध्यान दिया जाएगा।
- टॉलिक संयोजक कार्यालय को हिंदी प्रगति रिपोर्टों की समय पर प्रस्तुति, छमाही समीक्षा बैठकों में कार्यालय प्रधान की उपस्थिति एवं गतिविधियों में सहभागिता।
- एटीएम में हिंदी एवं क्षेत्रीय भाषा का प्रयोग (स्क्रीन पर निर्देश, पर्चियाँ, स्टेटमेंट इत्यादि)। किसी एकाध एटीएम का विजिट किया जा सकता है।
- वेबसाइट में हिंदी प्रयोग की स्थिति देखी जाएगी। (इस कार्य को संपन्न करने की जिम्मेदारी मुख्यालय पर होगी।)
- विशेष कार्य एवं उपलब्धियों की जानकारी देखी जाएगी।

उपर्युक्त जानकारी की जांच होने के पश्चात् राजभाषा अधिकारी/प्रभारी द्वारा निरीक्षण पदाधिकारियों को निम्नलिखित जानकारी दिखाने की पहल करनी होगी :

- विशेष गतिविधियों संबंधी पीपीटी,
- आंतरिक राजभाषा पोर्टल,
- कार्यालय की राजभाषा कार्यान्वयन संबंधी नवोन्मेषी पहल। (वीडियो, ऑडियो विजुअल्स, विशेष प्रकाशन, आयोजित संगोष्ठी, सम्मेलन, मार्गदर्शन कार्यक्रम, विद्यालयों/शैक्षिक संस्थाओं में आयोजित भाषा प्रचार-प्रसार कार्यक्रम इत्यादि।)
- राजभाषा प्रदर्शिनी की व्यवस्था।

नोट : क्षेत्रीय कार्यान्वयन कार्यालयों द्वारा आवश्यकतानुसार ई-निरीक्षण के माध्यम से भी आभासी निरीक्षण किया जा सकता है।

टॉलिक की निरीक्षण टीम द्वारा

टॉलिक के सदस्य कार्यालयों में सार्थक हिंदी प्रयोग सुनिश्चित करने के उद्देश्य से कुछेक समितियों द्वारा अपनी छमाही समीक्षा बैठकों में चर्चा कर निरीक्षण टीम का गठन किया जाता है (सदस्य सचिव एवं कुछेक सदस्य कार्यालयों के राजभाषा अधिकारियों को शामिल कर)। यह निरीक्षण केवल सदस्य कार्यालय में राजभाषा

कार्यान्वयन तक ही सीमित रहेगा। टॉलिक को प्रस्तुत प्रगति रिपोर्टों की सटीकता एवं टॉलिक की गतिविधियों में सहभागिता पर विशेष ध्यान दिया जा सकता है। निरीक्षण टीम द्वारा निरीक्षित कार्यालय प्रमुख से भेंट कर मुख्यत: निम्न विषयों पर प्रकाश डालने की आवश्यकता होगी :

- छमाही समीक्षा बैठकों में कार्यालय प्रधान की अनिवार्य उपस्थिति, आवश्यकता एवं अनुपस्थिति के परिणाम।
- टॉलिक की गतिविधियों में कार्यालय की सक्रियता/गैर-सक्रियता (टॉलिक के अभिलेखों के आधार पर)।
- संसदीय राजभाषा समिति की आलेख एवं साक्ष्य उप समिति द्वारा पूछे जाने वाले मुख्य प्रश्न (संक्षेप में)।

नोट : अनियमितताएँ होने पर संयोजक कार्यालय को उनका परिशोधन कराना होगा।

संसदीय राजभाषा समिति निरीक्षण

परिचय

केंद्र सरकार एवं उसके अधीनस्थ कार्यालयों/संगठनों, निगमों, बोर्डों, स्वायत्त निकायों, उपक्रमों, राष्ट्रीयकृत बैंकों, वित्तीय संस्थाओं, बीमा कंपनियों में राजभाषा के कार्यान्वयन की उत्तरोत्तर प्रगति की जांच व समीक्षा करने संबंधी निरीक्षण व्यवस्था में संसदीय राजभाषा समिति सर्वोच्च है।

राजभाषा अधिनियम-1963 की धारा-4(1) के अधीन जनवरी, 1976 में संसदीय राजभाषा समिति गठित की गई। इस अधिनियम की धारा-4(2) के अंतर्गत यह प्रावधान किया गया कि संसदीय राजभाषा समिति में लोकसभा से 20 तथा राज्यसभा से 10—इस प्रकार कुल 30 सदस्यों को निरीक्षण/समीक्षार्थ आनुपातिक प्रतिनिधित्व पद्धति के अनुसार एकल संक्रमणीय मत द्वारा निर्वाचित किया जाएगा।

अधिनियम की धारा-4(3) के अनुसार संघ के शासकीय प्रयोजनों के लिए हिंदी भाषा के प्रयोग में हुई उत्तरोत्तर प्रगति की समिति द्वारा समीक्षा की जाएगी और अपनी सिफारिशों को एक प्रतिवेदन के रूप में राष्ट्रपति के समक्ष प्रस्तुत किया जाएगा। राष्ट्रपति द्वारा इस प्रतिवेदन को संसद के प्रत्येक सदन के समक्ष रखवाने के अतिरिक्त सभी राज्य सरकारों/संघ राज्य क्षेत्रों को भी भिजवाया जाएगा।

संसद के दोनों सदनों के विचार-विमर्श (यदि कोई हो) तथा राज्य सरकारों/संघ राज्य क्षेत्रों की सरकारों के अभिमत (यदि कोई हो) के आधार पर प्रतिवेदन का अवलोकन कर राष्ट्रपति द्वारा समस्त प्रतिवेदन या उसके किसी भाग के आधार पर आदेश जारी किये जाते हैं। परंतु इस प्रकार जारी किये गए आदेश राजभाषा अधिनियम-1963 की धारा-3 के उपबंधों से असंगत नहीं होंगे।

[**सूचनार्थ :** संसदीय राजभाषा समिति के निरीक्षण संबंधी प्रतिवेदन के प्रथम खंड को 8 मई, 1987 को दोनों सदनों के पटल पर रखवाने के साथ-साथ उसकी प्रतियाँ सभी राज्य सरकारों/संघ राज्य सरकारों को भिजवाई गईं।]

संसदीय राजभाषा समिति के अध्यक्ष, उपाध्यक्ष, संयोजक, सदस्य एवं सचिव की परिभाषाएँ

अध्यक्ष : इसका अर्थ है—संसदीय राजभाषा समिति का अध्यक्ष और कोई अन्य सदस्य, जो किसी समय स्थानापन्न अध्यक्ष बनें। समिति के सदस्यों द्वारा अध्यक्ष

का चुनाव किया जाता है। केंद्रीय गृहमंत्री को समिति के अध्यक्ष के रूप में चुनने की प्रथा जारी है।

[**सूचनार्थ :** तत्कालीन गृह राज्य मंत्री श्री ओम मेहता को समिति का पहला अध्यक्ष, नामित किया गया।]

उपाध्यक्ष : संसदीय राजभाषा समिति का कोई भी सदस्य जिसे अध्यक्ष द्वारा 'उपाध्यक्ष' के रूप में नामित किया जाता है।

संयोजक : संसदीय राजभाषा समिति की किसी भी उप समिति का संयोजक जिसे अध्यक्ष द्वारा नामित किया गया हो और वह सदस्य जिसे संयोजक ने अपनी अनुपस्थिति में संयोजक के रूप में कार्य करने के लिए नामित किया गया हो।

सदस्य : संसदीय राजभाषा समिति का सदस्य।

सचिव : संसदीय राजभाषा समिति का सचिव और कोई अन्य व्यक्ति जो किसी समय भी सचिव के कर्तव्य का पालन करे।

उप समितियाँ एवं साक्ष्य समितियाँ

विशाल भारत में व्यापक शासकीय तंत्र को ध्यान में रखकर संसदीय राजभाषा समिति को तीन उप समितियों में विभाजित किया गया। इनके अतिरिक्त आलेख एवं साक्ष्य उप समिति तथा मौखिक साक्ष्य समिति भी गठित हैं।

समिति के कुल 30 सदस्यों में से अलग-अलग उप समितियों के लिए (मौखिक साक्ष्य समिति सहित) सदस्यों का आबंटन किया जाता है। (प्रत्येक उप समिति में सामान्यत: अधिकतम 10 सदस्य होंगे। अब इसकी अधिकतम संख्या नौ कर दी गई है।)

इन सदस्यों का प्रतिनिधित्व आवश्यकतानुसार एक से अधिक उप समितियों में भी हो सकता है।

गोपनीयता

- उप समिति और साक्ष्य समिति की बैठकें/निरीक्षण/समीक्षा सार्वजनिक नहीं होंगी।
- इनकी कार्यवाहियाँ गोपनीय समझी जाएँगी। इन समितियों के किसी सदस्य अथवा समिति की कार्यवाहियों तक पहुँच रखनेवाले किसी अन्य व्यक्ति को प्रत्यक्ष या परोक्ष रूप से समाचार पत्रों को अथवा अन्य किसी व्यक्ति को समिति की कार्यवाहियों के बारे में सूचना देने की अनुमति नहीं होगी।
- विचार-विमर्श व समीक्षा के समय पर समिति के सदस्यों, समिति के सचिवालय के अधिकारियों, उनके रिपोर्टरों और आमंत्रित व्यक्तियों (निरीक्षणाधीन कार्यालय/संगठन के पदाधिकारी एवं राजभाषा कार्यान्वयन से जुड़े प्रमुख अधिकारी) को छोड़कर अन्यों को उपस्थित रहने की अनुमति नहीं होगी। उपर्युक्त के अलावा यदि निरीक्षणाधीन कार्यालय के किसी अधिकारी

की अनिवार्य उपस्थिति की आवश्यकता होने पर समिति के सचिव की पूर्वानुमति लेनी होगी।

- समिति की कार्यवाहियों का यथासंभव शब्दशः रिकॉर्ड रखा जाएगा।

उप समितियों का निरीक्षण दायरा

संसदीय राजभाषा समिति की पहली उप समिति

1. रक्षा मंत्रालय, 2. विदेश मंत्रालय, 3. गृह मंत्रालय, 4. शिक्षा मंत्रालय (मानव संसाधन), 5. कार्पोरेट कार्य मंत्रालय, 6. पेट्रोलियम और प्राकृतिक गैस मंत्रालय, 7. कार्मिक, लोकशिकायत तथा पेंशन मंत्रालय, 8. रसायन और उर्वरक मंत्रालय, 9. परमाणु ऊर्जा विभाग, 10. योजना आयोग, 11. सामाजिक न्याय और अधिकारिता मंत्रालय, 12. ग्रामीण विकास मंत्रालय, 13. युवा कार्यक्रम और खेल मंत्रालय, 14. जनजातीय कार्य मंत्रालय, 15. अल्पसंख्यक मंत्रालय, 16. संस्कृति मंत्रालय, 17. उत्तर पूर्वी क्षेत्र विकास मंत्रालय, 18. विधि और न्याय मंत्रालय, 19. महिला एवं बाल विकास मंत्रालय, 20. पोत परिवहन, सड़क परिवहन और राजमार्ग मंत्रालय, 21. पंचायती राज मंत्रालय।

दूसरी उप समिति

1. रेल मंत्रालय, 2. सूचना और प्रसारण मंत्रालय, 3. संचार एवं सूचना प्रौद्योगिकी मंत्रालय, 4. नागर विमानन मंत्रालय, 5. विज्ञान और प्रौद्योगिकी मंत्रालय, 6. जल संसाधन मंत्रालय, 7. उपभोक्ता मामले, खाद्य और सार्वजनिक वितरण मंत्रालय, 8. विद्युत मंत्रालय, 9. नवीन एवं नवीकरण ऊर्जा मंत्रालय, 10. कृषि मंत्रालय, 11. पृथ्वी विज्ञान मंत्रालय, 12. अंतरिक्ष विभाग, 13. पर्यटन मंत्रालय।

तीसरी उप समिति

1. वित्त मंत्रालय, 2. वाणिज्य एवं उद्योग मंत्रालय, 3. भारी उद्योग मंत्रालय, 4. इस्पात मंत्रालय, 5. वस्त्र मंत्रालय, 6. सूक्ष्म, लघु एवं मध्यम उद्यम मंत्रालय, 7. शहरी विकास मंत्रालय, 8. श्रम मंत्रालय, 9. कोयला मंत्रालय, 10. पर्यावरण एवं वन मंत्रालय, 11. स्वास्थ्य और परिवार कल्याण मंत्रालय, 12. खान एवं खनिज मंत्रालय, 13. संसदीय कार्य मंत्रालय, 14. भारत के नियंत्रक एवं महालेखा परीक्षक का कार्यालय, 15. सांख्यकी और कार्यक्रम कार्यान्वयन मंत्रालय।

आलेख एवं साक्ष्य उप समिति

इस समिति द्वारा नगर राजभाषा कार्यान्वयन समितियों का दौरा किया जाता है। नगर राजभाषा कार्यान्वयन समिति के अध्यक्ष एवं सदस्य कार्यालय प्रधानों के साथ राजभाषा कार्यान्वयन संबंधी विचार-विमर्श किया जाता है।

टॉलिक (कार्यालय), टॉलिक (बैंक एवं बीमा कंपनियाँ) एवं टॉलिक (उपक्रम) उप समिति के दायरे में हैं।

इस उप समिति के उपाध्यक्ष ही इसके पदेन अध्यक्ष होते हैं। इस समिति में तीनों उप समितियों के संयोजक भी होते हैं। संसदीय राजभाषा समिति के अध्यक्ष द्वारा तीनों उप समितियों से एक-एक सदस्य को आलेख एवं साक्ष्य उप समिति के लिए नामित किया जाता है। यह संसदीय राजभाषा समिति की नीति निर्धारक उप समिति है। यह उप समिति संसदीय राजभाषा समिति के साक्ष्य कार्यक्रम प्रस्तावित करती है और राष्ट्रपति को प्रस्तुत किये जाने वाले मसौदा तैयार करती है।

मौखिक साक्ष्य समिति

संसदीय राजभाषा समिति की मौखिक साक्ष्य समिति द्वारा केंद्र सरकार और उससे जुड़े संगठनों में संसदीय राजभाषा समिति की संबंधित उप समिति द्वारा पूर्व में किये गए राजभाषायी निरीक्षणों में पाईं गई गंभीर कमियों के बारे में तत् संगठन के निरीक्षित कार्यालय प्रधान से प्रत्यक्ष रूप से चर्चा करने के लिए उन्हें संसद भवन, नई दिल्ली बुलाया जाता है।

गृह मंत्री की अध्यक्षता में तीनों उप समितियों (पहली/दूसरी/तीसरी) और आलेख एवं साक्ष्य उप समिति के उपाध्यक्षों/संयोजकों की उपस्थिति में मौखिक साक्ष्य संपन्न किया जाता है।

सामान्यत: कुछेक चूककर्ता कार्यालयों के प्रधानों को एक साथ बुलाकर एक-एक से स्पष्टीकरण लिया जाता है/आश्वासन लिये जाते हैं।

कार्यान्वयन संबंधी विसंगतियों में प्रधान कार्यालय/मुख्यालय के कोई मुद्दे होने पर तत् संगठन के प्रधान को भी मौखिक साक्ष्य में उपस्थित रहना पड़ेगा, अन्यथा आवश्यक नहीं है। -

आमंत्रित कार्यालय प्रधान को अपने साथ विशेषज्ञ राजभाषा अधिकारी को और कोई अन्य पदाधिकारी को ले जाने की आवश्यकता होने पर समिति कार्यालय की पूर्वानुमति प्राप्त करनी होगी।

आमंत्रित कार्यालय प्रधान द्वारा दिये गए स्पष्टीकरण एवं आश्वासनों के आधार पर शीघ्र पूर्ण कार्रवाई संपन्न कर समिति कार्यालय को बिना विलंब लिखित अनुपालनात्मक रिपोर्ट भेजनी होगी।

किसी आश्वासन को पूरा किये जाने के संबंध में समय लगने की संभावना होने पर समिति कार्यालय से पूर्वानुमित प्राप्त करनी होगी। समिति के अन्य निरीक्षणों की तरह समिति कार्यालय को कृत कार्रवाई रिपोर्ट प्रेषित करने हेतु न्यूनतम 6 माह की समय सीमा देना जरूरी नहीं है।

साक्ष्य समिति द्वारा तत् समय पूछे जाने वाले प्रश्नों का संतुष्टिप्रद समाधान देने में आमंत्रित कार्यालय प्रधान को पर्याप्त जानकारी हो। संबंधित संगठन के राजभाषा विभाग को इस प्रकार की पूर्व तैयारी संबंधी कार्य करना होगा और साक्ष्य कार्यक्रम में भाग लेने वाले कार्यालय प्रमुख को उचित जानकारी उपलब्ध करानी होगी।

मौखिक साक्ष्याधीन कार्यालय द्वारा समिति कार्यालय के साथ किये जाने वाले पत्राचार अपने तत्काल नियंत्रक कार्यालय/प्रधान कार्यालय के माध्यम से हो। तथापि इस संबंध में समिति कार्यालय के निर्देशों पर ध्यान देना होगा।

संसदीय राजभाषा समिति निरीक्षण संबंधी दिशानिर्देशों का सावधानीपूर्वक अनुपालन एवं पूर्वोपाय

समिति का कार्यालय ज्ञापन :

निरीक्षण समिति का दौरा कार्यक्रम, सांसदों एवं समिति कार्यालय के अधिकारियों की सूची, समन्वयक कार्यालय एवं निरीक्षण हेतु अंकित कार्यालयों के प्रशासनिक प्रधानों द्वारा अपनाए जाने वाले उपाय, निरीक्षणाधीन कार्यालयों से संबंधित मंत्रालयों/विभागों द्वारा ध्यान देने योग्य बातें तथा समन्वयक अधिकारियों (प्रोटोकॉल अधिकारी) द्वारा अपनाई जाने वाली सावधानियाँ समाविष्ट करते हुए संसदीय राजभाषा समिति कार्यालय (11, तीनमूर्ति मार्ग, नई दिल्ली—110011) द्वारा द्विभाषा में एक व्यापक ज्ञापन बनाया जाता है। इसे निरीक्षणार्थ अंकित कार्यालयों एवं समन्वयक/संयोजक कार्यालय को समिति कार्यालय द्वारा पर्याप्त समय पूर्व ई-मेल एवं डाक द्वारा भेजा जाता है।

संसदीय राजभाषा समिति कार्यालय द्वारा पहली, दूसरी और तीसरी उप समिति के निरीक्षण संबंधी जानकारी अपने ज्ञापन के माध्यम से निरीक्षणाधीन कार्यालय सहित उसके मुख्यालय को पर्याप्त समय पूर्व ई-मेल एवं डाक के जरिये उपलब्ध कराई जाती है।

आलेख एवं साक्ष्य उप समिति के निरीक्षण के संदर्भ में नगर राजभाषा कार्यान्वयन समिति के संयोजक कार्यालय को दी जाती है। निरीक्षणार्थ अंकित टॉलिक के सभी सदस्य कार्यालयों को संयोजक कार्यालय के माध्यम से निरीक्षण संबंधी ज्ञापन की प्रति पहुँचाई जाती है।

राजभाषा कार्यान्वयन संबंधी नवीनतम अपेक्षाओं को ध्यान में रखकर मुख्य प्रश्नावली, अनुपूरक प्रश्नावली एवं टॉलिक अध्यक्ष की प्रश्नावली का समिति कार्यालय द्वारा समय-समय पर अद्यतन किया जाता है।

संसदीय राजभाषा समिति की वेबसाइट rajbhashasamiti.gov.in में निरीक्षण संबंधी अद्यतन प्रश्नावली उपलब्ध होती है।

निरीक्षणाधीन कार्यालय की भूमिका एवं जिम्मेदारी

प्राथमिकता के आधार पर संपन्न किये जाने वाले कार्य :

- समिति कार्यालय/टॉलिक के संयोजक कार्यालय से निरीक्षण संबंधी ज्ञापन प्राप्त होते ही पूर्ण रूप से पढ़कर संपूर्ण संलग्नकों सहित उसकी जेरॉक्स प्रति को अपने तत्काल नियंत्रक कार्यालय को उचित मार्गदर्शन एवं दिशानिर्देश हेतु कार्यालय प्रमुख के हस्ताक्षर से अग्रेषित करना होगा।

- अग्रेषण माध्यम इस प्रकार होगा :

  शाखा कार्यालय→क्षेत्रीय/प्रांतीय कार्यालय→अंचल या सर्किल कार्यालय→मुख्यालय या प्रधान कार्यालय।

- सर्वोच्च निरीक्षण समिति की गंभीरता को ध्यान में रखते हुए तत्काल नियंत्रक कार्यालय (क्षेत्रीय कार्यालय) का यह कर्तव्य होगा कि तत्संबंधी कागजातों को अपने अंचल/सर्किल कार्यालय (जैसी भी स्थिति हो) के मार्फत प्रधान मुख्यालय को पहुँचाएँ।
- प्रधान कार्यालय/मुख्यालय के राजभाषा विभाग की यह जिम्मेदारी होगी कि समिति कार्यालय की निरीक्षण संबंधी हिदायतों एवं अपेक्षित कार्रवाई तथा आवश्यक व्यवस्थाओं संबंधी बिंदुवार जानकारी देते हुए संगठन के प्रधान को उचित माध्यम से कार्यालय टिप्पणी प्रस्तुत करें।
- इस टिप्पणी में निरीक्षण/विचार-विमर्श में भाग लेने हेतु प्रस्तावित अधिकारियों के नाम का उल्लेख हो। यथा : कार्यालय/शाखा कार्यालय/इकाई प्रधान, तत्काल नियंत्रक कार्यालय का प्रधान एवं वहाँ के राजभाषा अधिकारी, सर्किल/अंचल कार्यालय का प्रमुख, मुख्यालय/प्रधान कार्यालय के राजभाषा विभाग के तत्काल विशेषज्ञ प्रभारी एवं प्रभारी उच्च कार्यपालक तथा कार्यकारी निदेशक एवं प्रबंध निदेशक/अध्यक्ष (या संगठन के प्रधान के अनुमोदन से इन दोनों में से कोई एक पदाधिकारी) तथा संपर्क सूत्र हेतु संबंधित निरीक्षणाधीन कार्यालय एवं मुख्यालय के उच्च स्तरीय पदाधिकारियों के नाम/पदनाम/फोन नंबर/ई-मेल भी देने होंगे। समिति कार्यालय के ज्ञापन या अन्य पत्राचार में अन्य विभागों के उच्च कार्यपालकों की उपस्थिति अनिवार्य किये जाने पर कार्यालय टिप्पणी में उनका भी उल्लेख हो।

नोट : आलेख एवं साक्ष्य उप समिति के विचार-विमर्श कार्यक्रम के संदर्भ में नियंत्रक/मुख्यालय के पदाधिकारियों की उपस्थिति अनिवार्य नहीं है। परिस्थितियों के आधार पर निर्णय लिया जा सकता है। संबंधित सदस्य कार्यालय/इकाई के प्रमुख को ही प्रश्नों के समाधान देने होंगे।

- अनुमोदित कार्यालय टिप्पणी के आधार पर नाम/पदनामवार सहभागिता की सूचना देते हुए मुख्यालय द्वारा समिति सचिवालय को ज्ञापन की प्राप्ति सूचना दी जाना अनिवार्य है।

आलेख एवं साक्ष्य उप समिति के संदर्भ में निरीक्षणाधीन सदस्य कार्यालय द्वारा यह अपेक्षा पूरी करनी होगी (उचित माध्यम से अपने प्रधान कार्यालय के संज्ञान में लाते हुए, उसके द्वारा सुझाए गए कोई नाम होने पर उन्हें शामिल करते हुए।)

- निरीक्षण संबंधी जानकारी से संगठन से संबंधित मंत्रालय के राजभाषा विभाग को सूचित करने की आवश्यकता है। (आलेख एवं साक्ष्य उप समिति के विचार-विमर्श कार्यक्रम के लिए आवश्यक नहीं है।)

- निरीक्षणाधीन कार्यालय द्वारा निरीक्षण समन्वयक कार्यालय/टॉलिक के संयोजक कार्यालय (जैसी भी स्थिति हो) को उपस्थित होने वाले पदाधिकारियों की जानकारी यथासमय पहुँचानी होगी।
- प्रश्नावली में हस्ताक्षर किये जाने वाले अधिकारी अर्थात् निरीक्षणाधीन कार्यालय के प्रधान को निरीक्षण/समीक्षा बैठक में उपस्थित होना अनिवार्य है। पूर्णतः अपरिहार्य कारणों पर उपस्थित नहीं हो पाने की स्थिति में तत्काल वरिष्ठतम प्रभारी को नामित करने के साथ अनिवार्यता से अवगत कराते हुए समिति के सचिवालय से पूर्वानुमति प्राप्त करनी होगी। संबंधित प्रधान कार्यालय के राजभाषा विभाग के साथ इस संबंधी पत्राचार संपन्न करना होगा। आलेख एवं साक्ष्य उप समिति के संदर्भ में निरीक्षणाधीन सदस्य कार्यालयों को ही अपनी वस्तुस्थिति से अवगत कराकर संसदीय राजभाषा समिति कार्यालय से पूर्व सहमति प्राप्त करनी होगी। (इसके लिए अपने प्रधान कार्यालय की सलाह लेनी होगी।)
- इसके अतिरिक्त किन्हीं अनिवार्य कारणों पर मुख्यालय के प्रमुख उपस्थित नहीं हो पाने के संदर्भ में तत्संबंधी कारणों से अवगत कराते हुए संसदीय राजभाषा समिति कार्यालय से अग्रिम रूप से अनुमति प्राप्त करनी होगी।

आलेख एवं साक्ष्य उप समिति के विचार-विमर्श कार्यक्रम के लिए इस औपचारिकता की आवश्यकता नहीं है। लेकिन मुख्यालय स्थित स्थानीय शहर के अपने संयोजक कार्यालय में ही इस प्रकार के विचार-विमर्श संपन्न होने पर संगठन के प्रमुख की उपस्थिति सम्मानजनक होगी।

- समय सीमा को ध्यान में रखते हुए विलंब दूर करने हेतु संबंधित कार्यालय द्वारा भरी गई प्रश्नावली एवं अनुबंधों को सॉफ्ट प्रति में उचित माध्यम से मुख्यालय के राजभाषा विभाग को प्रेषित करना होगा। अधीनस्थ कार्यालय द्वारा तैयार की गई प्रश्नावली/अनुबंधों के प्रत्येक पृष्ठ पर विशेष ध्यान देते हुए, आवश्यकता आधारित जानकारी समाविष्ट करते हुए, राजभाषा विभाग के प्रभारी उच्च कार्यपालक का अनुमोदन प्राप्त कर सत्यापित प्रश्नावली की साफ्ट प्रति को प्रस्तुतकर्ता कार्यालय को ई-मेल के जरिये पहुँचाने में प्राथमिकता देनी होगी (आवश्यक निर्देशायुक्त अनुमोदन पत्र सहित)। प्रश्नावली की सॉफ्ट प्रति में मुख्यालय के राजभाषा विभाग द्वारा कृत संशोधन/जोड़/काट का अंकन रंगीन हो। इससे प्राप्तकर्ता कार्यालय को तदनुसार सुधारने में सहूलियत होगी।
- मुख्यालय से प्राप्त अनुमोदन के आधार पर प्रश्नावली की शुद्ध प्रति तैयार कर संगठन से संबंधित मंत्रालय के राजभाषा विभाग को प्रस्तुत करना होगा ताकि उनके द्वारा प्रश्नावली की जांच कर समीक्षा पत्र देने के अतिरिक्त प्रश्नावली के अपने मंत्रालय से संबंधित पृष्ठ भरा जा सके।

यह ध्यान रखना होगा कि मुख्य प्रश्नावली में सभी संबंधित नियंत्रक कार्यालयों एवं संगठन से संबंधित मंत्रालय के राजभाषा विभाग के सूचनायुक्त हस्ताक्षरित पृष्ठ

(यथावश्यक) समाविष्ट हैं; अर्थात् खाली नहीं छोड़े गए हैं। (आलेख एवं साक्ष्य उप समिति के संबंध में आवश्यकता नहीं है।)

तत्पश्चात् मुख्य प्रश्नावली, अनुपूरक प्रश्नावली (पहली/दूसरी/तीसरी उप समिति के निरीक्षण हेतु) तथा आलेख एवं साक्ष्य उप समिति के संदर्भ में केवल मुख्य प्रश्नावली एवं टॉलिक के संयोजक कार्यालय द्वारा टॉलिक अध्यक्ष की प्रश्नावली की एक-एक अग्रिम प्रति अलग से स्पाइरल कराकर समिति कार्यालय को नियत समय के भीतर सौंपनी होगी। शेष प्रतियों को समिति सचिवालय के पदाधिकारियों को कार्यालय ज्ञापन में यथासूचितानुसार सौंपना होगा। भरी गई प्रश्नावली की स्पाइरल प्रतियाँ सौंपने के संबंध में समन्वयक कार्यालय की सलाह का पालन करना होगा।

नोट : विविध प्रकार के संसदीय समिति निरीक्षणों का अनुश्रवण करने हेतु सामान्यत: कई संगठनों में अपने मुख्यालय स्तर पर पृथक् अनुश्रवण विभाग कार्यरत होता है। अन्यथा यह अतिरिक्त जिम्मेदारी किसी एक विभाग को सौंपी जाती है। ऐसे संदर्भों में मुख्यालय के राजभाषा विभाग का कर्तव्य बनता है कि वह अपने संगठन में होने वाले संसदीय राजभाषा समिति के निरीक्षणों की जानकारी से अनुश्रवण विभाग को अवगत कराए (समिति कार्यालय के ज्ञापन की प्रति संलग्न कर)। इसके अतिरिक्त समिति कार्यालय एवं संगठन के संबंधित मंत्रालय के राजभाषा विभाग को प्रेषित प्रमुख पत्राचार की प्रतियाँ भी अंकित करनी होंगी। निरीक्षण संबंधी व्यवस्थाओं इत्यादि के लिए इस अनुश्रवण विभाग से आवश्यक सहयोग एवं मार्गदर्शन प्राप्त करना होगा।

[इस प्रकार की पृथक् अनुश्रवण व्यवस्था न होने पर यह प्रक्रिया लागू नहीं होगी।]

प्रश्नावली के प्रकार

निरीक्षण प्रश्नावली तीन प्रकार की होती है : 1. मुख्य प्रश्नावली, 2. पूरक प्रश्नावली, 3. टॉलिक अध्यक्ष की प्रश्नावली।

मुख्य प्रश्नावली : कार्यान्वयन स्वरूप के आधार पर प्रश्नों को 4 भागों में विभाजित किया गया है। यथा : भाग-I—सामान्य सूचना, भाग-II—राजभाषा अधिनियम/नियम के अनुपालन की स्थिति, भाग-III—संसदीय राजभाषा समिति के प्रतिवेदनों के आधार पर राष्ट्रपति के आदेशों तथा राजभाषा-विभाग द्वारा हिंदी के प्रगामी प्रयोग के संबंध में जारी किये गए आदेशों पर कृत अनुवर्ती कार्रवाई तथा भाग-IV—विविध सूचना से संबंधित हैं।

इनके अतिरिक्त मुख्य प्रश्नावली में समाविष्ट राजभाषा नीति संबंधी ज्ञापन सारांश के पश्चात् निम्न प्रश्नावलियों में से निरीक्षणाधीन कार्यालय/शाखा कार्यालय/इकाई के लिए जो लागू हैं, उन्हें भरना और भरवाना होगा।

- उप समिति के निरीक्षण कार्यक्रम में शामिल कार्यालय से संबंधित मंत्रालय/विभाग के प्रतिनिधि के लिए प्रश्नावली।
- उप समिति के निरीक्षण कार्यक्रम में शामिल कार्यालय संबंधी मुख्यालय के प्रतिनिधि के लिए प्रश्नावली।
- उप समिति के निरीक्षण कार्यक्रम में शामिल कार्यालय से संबंधित अंचल कार्यालय के प्रतिनिधि के लिए प्रश्नावली।

- उप समिति के निरीक्षण कार्यक्रम में शामिल कार्यालय से संबंधित क्षेत्रीय कार्यालय के प्रतिनिधि के लिए प्रश्नावली।

नोट : 1. आलेख एवं साक्ष्य उप समिति के विचार-विमर्श कार्यक्रम के संदर्भ में उपर्युक्त चार प्रकारों की प्रश्नावलियाँ भरने की आवश्यकता नहीं है।

2. पहली/दूसरी/तीसरी उप समितियों के निरीक्षणों के संदर्भ में उपर्युक्त प्रश्नावलियों को भरने के संदर्भ में हर प्रश्नावली के अंत में पाद-टिप्पणी में दिये गए अनुदेशों का पालन करना होगा।

- उप समिति के निरीक्षण कार्यक्रम में शामिल कार्यालय से संबंधित उपक्रमों/निगमों के मुख्यालय के प्रतिनिधि के लिए प्रश्नावली।
- उपर्युक्त अलग-अलग प्रश्नावलियों के पश्चात् मुख्य प्रश्नावली के अंत में निरीक्षणाधीन कार्यालय द्वारा 'विज्ञापन एवं प्रचार' पर कृत व्यय का ब्योरा भरना होगा। (इसकी पुनरावृत्ति पूरक प्रश्नावली में भी होगी।)

पूरक प्रश्नावली : पहली/दूसरी/तीसरी उप समितियों के संदर्भ में मुख्य प्रश्नावली के अतिरिक्त पूरक प्रश्नावली भी भरनी होगी। (आलेख एवं साक्ष्य उप समिति के विचार-विमर्श कार्यक्रम के लिए पूरक प्रश्नावली लागू नहीं होगी।)

अध्यक्ष, टॉलिक के लिए विशेष प्रश्नावली : आलेख एवं साक्ष्य उप समिति के विचार-विमर्श कार्यक्रम के संदर्भ में नगर राजभाषा कार्यान्वयन से संबंधित इस प्रश्नावली को टॉलिक के संयोजक कार्यालय द्वारा भरा जाएगा।

भरी गई प्रश्नावलियों को स्पाइरल कराना और उनमें सामग्री के क्रम पर ध्यान देना

[स्पाइरल या अन्य सुविधाजनक नवीनतम पद्धति में]

स्पाइरल में सामग्री का क्रम :

- प्रारंभ से लेकर अंत तक मुख्य प्रश्नावली के सभी पृष्ठ (उसमें निहित अनुबंधों/अनुदेशों/ज्ञापनों सहित)।
- अनुपूरक प्रश्नावली के सभी पृष्ठ (आलेख एवं साक्ष्य उप समिति के लिए आवश्यक नहीं)।
- मुख्य प्रश्नावली के कुछेक प्रश्नों के संबंध में अपेक्षित क्रमवार अनुबंध। (अनुबंधों के प्रारंभिक पृष्ठ में उनकी विषय सूची हो)।
- इन अनुलग्नकों के तुरंत पश्चात् निरीक्षणाधीन कार्यालय के संबंधित मंत्रालय के राजभाषा विभाग से प्रश्नावली के साथ संलग्न करने हेतु प्राप्त पत्र आदि। [आलेख एवं साक्ष्य उप समिति के विचार-विमर्श कार्यक्रम के संबंध में आवश्यक नहीं है।]

नोट : विभाजक पारदर्शी शीट : मुख्य प्रश्नावली के सभी पृष्ठों के बाद पारदर्शी विभाजक शीट हो। उसके पश्चात् अनुपूरक प्रश्नावली के सभी पृष्ठ हों। तत्पश्चात् पारदर्शी शीट रखकर मुख्य प्रश्नावली के आधार पर तैयार किये गए सभी अनुबंध संलग्न

करने होंगे। बाद में एक और पारदर्शी शीट रखकर संबंधित मंत्रालय से प्राप्त आवश्यक पत्र संलग्न करने होंगे। (यदि हों)

- टॉलिक अध्यक्ष की विशेष प्रश्नावली की अलग स्पाइरल पुस्तिका बनानी होगी। प्रश्नों के आधार पर अपेक्षित सभी अनुबंध संलग्न करने होंगे (आलेख एवं साक्ष्य उप समिति के विचार-विमर्श कार्यक्रम के संदर्भ में टॉलिक संयोजक कार्यालय द्वारा)।

प्रश्नावली भरते समय अपनाई जाने वाली कार्यविधि एवं सावधानियाँ

शाखा कार्यालय/इकाई/क्षेत्रीय कार्यालय/प्रादेशिक कार्यालय/अंचल कार्यालय/सर्किल कार्यालय/मुख्यालय/प्रधान कार्यालय/कार्पोरेट कार्यालय (संगठनात्मक संरचना के अनुसार जैसी भी स्थिति हो) द्वारा प्रश्नावली प्रस्तुत करने की अंतिम तारीख ध्यान में रखते हुए उनके तत्काल नियंत्रक कार्यालय के राजभाषा अनुभाग/विभाग के मार्गदर्शन से बिना विलंब उसे भरने का कार्य शुरू किया जाना होगा। rajbhashasamiti.gov.in साइट से अद्यतन प्रश्नावली डाउनलोड करनी होगी।

- प्रश्नावली भरने से पूर्व मुख्य प्रश्नावली के पृष्ठ 1 एवं 2 में दिये गए राजभाषा अधिनियम-1963 के उद्धरण, अन्य आदेश तथा प्रश्नावली के अनुबंध I और II में दी गई परिभाषाओं एवं राजभाषा विभाग के ज्ञापन सारांश (राजभाषा नीति संबंधी आदेश) को अवश्य पढ़ना होगा।
- जहाँ कहीं प्रश्नों के बगल के कोष्ठक में समयावधि एवं कार्यक्षेत्र का उल्लेख हो, तदनुसार आंकड़े/जानकारी देनी होगी। निश्चित अवधि का उल्लेख नहीं किये जाने पर अद्यतन स्थिति या यथोपयुक्त जानकारी प्रस्तुत करनी होगी। अपेक्षित समयावधि संबंधी अपनी तिमाही हिंदी प्रगति रिपोर्ट एवं कार्यालयीन अन्य अभिलेखों के आधार पर प्रश्नावली भरनी होगी।
- प्रश्नावली के हिंदी एवं अंग्रेजी पाठ के उत्तर एक समान हों।
- वर्तमान निरीक्षण के पूर्व यदि कभी तत् कार्यालय का निरीक्षण किये जाने पर तत्संबंधी निरीक्षण प्रश्नावली में दिये गए आंकड़ों को वर्तमान प्रश्नावली के आंकड़ों के साथ कोष्ठक में उल्लेख करने की आवश्यकता है। (पूर्व में एक से अधिक निरीक्षण होने पर नवीनतम निरीक्षण संबंधी आंकड़े कोष्ठक में देने होंगे।)
- समिति की पहली/दूसरी/तीसरी उप समिति के निरीक्षण के संदर्भ में मुख्य प्रश्नावली (अनुबंध सहित) एवं अनुपूरक प्रश्नावली भरनी होगी।
- आलेख एवं साक्ष्य उप समिति के विचार-विमर्श कार्यक्रम के संदर्भ में अनुपूरक प्रश्नावली की आवश्यकता नहीं है। लेकिन टॉलिक अध्यक्ष संबंधी एक अलग प्रश्नावली (टॉलिक अध्यक्ष के लिए विशेष प्रश्नावली) भरनी होगी।
- प्रश्नावली के हिंदी एवं अंग्रेजी, दोनों पाठ टंकित हों।
- प्रश्नावली के हिंदी एवं अंग्रेजी पाठ एक ही पुस्तिका में (विशेषतः स्पाइरल रूप में) हों। पुस्तिका में हिंदी पाठ दाईं ओर अंग्रेजी पाठ बाईं ओर हों।

(किसी भी स्थिति में हिंदी और अंग्रेजी पाठ संबंधी पुस्तिकाएँ अलग-अलग न हों।)

- उत्तरित हिंदी एवं अंग्रेजी फॉन्ट का आकार एक समान हो। हिंदी फॉन्ट साइज अंग्रेजी फॉन्ट से कम न हो।
- आमने-सामने के हिंदी एवं अंग्रेजी पृष्ठों में समान मदें होनी चाहिए।
- समिति की प्रश्नावली में अपनी तरफ से कोई परिवर्तन नहीं करना चाहिए।
- जहाँ कहीं रकम दर्शाई जाती है, वहाँ रु. चिह्न दर्शाने के बजाय ₹ सिंबल दर्शाना अनिवार्य है।
- विज्ञापन, प्रचार-प्रसार संबंधी व्यय के संबंध में यह उल्लेख हो कि 'रकम लाख में' या 'करोड़ में', तदनुसार आंकड़े देने होंगे।
- प्रश्नों के समाधान से संबंधित पंक्तियाँ सरल, स्पष्ट, संक्षेप एवं शालीनतापूर्ण हों।
- उत्तर यदि 'हाँ' या 'नहीं' होने पर ऐसे संदर्भों में 'जी हाँ' या 'जी नहीं' दर्शाना नम्रता का परिचायक होगा।
- प्रश्नावली में प्रस्तुत जानकारी तथ्यपरक हो।
- उत्तर में 'प्रयासरत', 'प्रयत्नशील', 'कार्य प्रगति पर है' इत्यादि शब्द/वाक्यों का प्रयोग न करते हुए कृत कार्रवाई या वस्तुस्थिति से संक्षेप में अवगत कराने से शंकारहित होगा।
- प्रश्नावली की प्रत्येक स्पाइरल प्रति में जहाँ कहीं हस्ताक्षर का प्रावधान है, वहाँ प्राधिकृत हस्ताक्षरकर्ता के मूल हस्ताक्षर हों। (हस्ताक्षर की जेरॉक्स प्रतियों का प्रयोग न हो।)
- हस्ताक्षरकर्ता के हस्ताक्षर के नीचे उनका नाम, पदनाम एवं कार्यालय पतायुक्त द्विभाषिक/त्रिभाषिक रबड़ की मुहर लगाना अनिवार्य है। किसी भी स्थिति में मुहर में प्रयुक्त हिंदी अक्षर अंग्रेजी अक्षर के आकार से कम न हो। केवल हिंदी भाषा की रबड़ की मोहर का भी प्रयोग न हो।

मुख्य प्रश्नावली के क्रमानुसार अनुबंध क्रम बनाए रखते हुए निम्नलिखित अनुलग्नक देने होंगे :

- संसदीय राजभाषा समिति के पूर्व निरीक्षण के दौरान दिये गए आश्वासनों पर कृत अनुपालनात्मक कार्रवाई रिपोर्ट की प्रति। (यदि लागू हो)
- हिंदी में प्रवीणता प्राप्त स्टाफ सदस्यों को (अधिकारी/लिपिक वर्ग) कार्यालय काम हिंदी में करने हेतु जारी किये गए व्यक्तिश: आदेशों की नवीनतम प्रतियाँ। [एक या दो कर्मचारियों के आदेशों की प्रतियाँ संलग्न कर शेष कर्मचारियों के नाम, पदनाम, कार्यालययुक्त टंकित सूची संलग्न करनी होगी।]
- मंत्रालय/विभाग/कार्यालय द्वारा निर्धारित कोड, मैनुअल आदि का ब्योरा।
- गृह मंत्रालय, राजभाषा विभाग के वार्षिक कार्यक्रम पर राजभाषा कार्यान्वयन समिति की तिमाही बैठक में चर्चित एवं कार्यवृत्त में अभिलेखित जानकारी का ब्योरा। (समीक्षाधीन अवधि के दौरान)

- राजभाषा कार्यान्वयन समिति के अध्यक्ष एवं सदस्यों द्वारा हिंदी में कृत कार्य की प्रतिशतता। (हिंदी का प्रयोग)
- हिंदी दिवस/सप्ताह/पखवाड़ा/माह की संक्षिप्त रिपोर्ट (आयोजित प्रतियोगिताओं/विशेष गतिविधियों सहित)।
- हिंदी दिवस/सप्ताह/पखवाड़ा/माह के दौरान राजभाषा के प्रयोग में हुई प्रगति एवं समीक्षा।
- हिंदी दिवस/सप्ताह/पखवाड़ा/माह के दौरान अन्य कार्य दिवसों की अपेक्षा टिप्पण व पत्राचार में हिंदी के प्रयोग में हुई वृद्धि की प्रतिशतता/अपनाए गए कदम।
- कार्यालय/संगठन में हिंदी प्रयोग के संबंध में लागू प्रोत्साहन योजनाओं का ब्योरा।
- राजभाषा नीति के कार्यान्वयन एवं प्रचार-प्रसार के लिए कार्यालय द्वारा कृत विशेष कार्य।
- कार्यालय द्वारा प्रस्तुत तिमाही हिंदी प्रगति रिपोर्टों के संदर्भ में नियंत्रक कार्यालय द्वारा की गई समीक्षा संबंधी पत्रों की जेरॉक्स प्रतियाँ।
- नियंत्रक कार्यालय के पदाधिकारियों द्वारा अधीनस्थ कार्यालयों में किये गए कार्यालय एवं तारीखवार प्रशासनिक निरीक्षण। (राजभाषा निरीक्षण के मद भी शामिल हों—नियंत्रक कार्यालयों के निरीक्षण के संदर्भ में।)
- निरीक्षणाधीन कार्यालय के राजभाषा अधिकारी द्वारा अधीनस्थ कार्यालयों/ शाखा कार्यालयों/इकाइयों में किये गए तारीखवार राजभाषायी निरीक्षण का ब्योरा (नियंत्रक कार्यालय के निरीक्षण के संदर्भ में।)
- नगर राजभाषा कार्यान्वयन समिति की बैठकों के कार्यवृत्त पर कृत कार्रवाई की संक्षिप्त रिपोर्ट। (समर्थन हेतु कार्यवृत्त एवं कृत कार्रवाई संबंधी मूल पत्र की प्रतियों को सदस्य सचिव अपने साथ रखें।)
- प्रशिक्षण केंद्रों द्वारा चलाए गए पाठ्यक्रम एवं उनका भाषा माध्यम (प्रशिक्षण केंद्रों के निरीक्षण के संदर्भ में)।
- निरीक्षण संबंधी मुख्य प्रश्नावली के आधार पर संगठन से संबंधित मंत्रालय के राजभाषा विभाग से प्राप्त समीक्षा पत्र की जिरावक्स प्रति तथा उनके द्वारा प्रस्तुत राजभाषा कार्यान्वयन संबंधी कोई अन्य पत्र की जेरॉक्स प्रति। (यथा : मंत्रालय की हिंदी सलाहकार समिति की बैठक के निर्णय पर कृत कार्रवाई की रिपोर्ट आदि।)

टॉलिक के अध्यक्ष की विशेष प्रश्नावली के क्रमानुसार निम्नलिखित अनुबंध संलग्न करने होंगे (टॉलिक संयोजक कार्यालय द्वारा) :

- टॉलिक के सदस्य कार्यालयों के नाम व पते (कार्यालय प्रधान के नाम एवं पदनाम सहित)।

- निरीक्षण के पूर्व आयोजित टॉलिक की तीन अर्द्धवार्षिक समीक्षा बैठकों में उपस्थित एवं अनुपस्थित सदस्यों की पृथक् सूची (नाम, पदनाम, कार्यालय सहित)। इस संबंध में समिति कार्यालय के अद्यतन निर्देशों पर ध्यान देना होगा।
- वर्तमान विचार-विमर्श कार्यक्रम में शामिल कार्यालय प्रमुखों की सूची (टॉलिक की पिछली तीन बैठकों में उपस्थिति/अनुपस्थिति का ब्योरा सहित)।

[क्र.सं., कार्यालय का पता, कार्यालय प्रमुख का नाम, पिछली तीन बैठकों में उपस्थिति/अनुपस्थिति (पृथक् स्तंभों के अंतर्गत)]

- निरीक्षण के पूर्व आयोजित तीन अर्द्धवार्षिक समीक्षा बैठकों के कार्यवृत्तों की जेरॉक्स प्रतियाँ। (कितनी बैठकों के कार्यवृत्त संलग्न करने होंगे, इसके बारे में समिति कार्यालय के अद्यतन दिशानिर्देशों पर ध्यान देना होगा।)
- सभी अनुलग्नों की एक विषय सूची तैयार कर उसके साथ क्रमवार अनुबंध लगाने होंगे। अनुबंध संबंधी विषय सूची स्तंभ इस प्रकार बनाए जा सकते हैं:

क्र.सं.	अनुबंध संख्या	विषय	पृष्ठों की संख्या	प्रश्नावली की प्रश्न-संख्या (भाग एवं प्रश्न-संख्या सहित)
1	2	3	4	5

कुछेक अनुबंधों की तैयारी में ध्यान दी जाने वाली बातें (मुख्य प्रश्नावली) :

- हिंदी दिवस मनाने के पश्चात् बनाई गई विस्तृत रिपोर्ट की जेरॉक्स प्रतियाँ संलग्न करने के बजाय उसके मुख्य अंश, यथा : प्रतियोगिताओं के नाम, सहभागिता संख्या, पुरस्कृत कुल पुरस्कारों की संख्या, इस उपलक्ष्य में आयोजित विशेष गतिविधियाँ/अभियान शामिल करते हुए अलग से संक्षेप रिपोर्ट तैयार करना बेहतर होगा।
- राजभाषा विभाग के वार्षिक कार्यक्रम पर चर्चित राजभाषा कार्यान्वयन समिति के कार्यवृत्त की प्रति यथावत् संलग्न करने के बजाय वार्षिक कार्यक्रम पर चर्चित जानकारी की अलग रिपोर्ट बनाई जा सकती है (समर्थन हेतु कार्यवृत्त की मूल प्रति साथ रखनी होगी)।

निरीक्षण संबंधी अन्य राजभाषा सामग्री

प्रदर्शनी सामग्री : समन्वयक कार्यालय के नेतृत्व में आयोजित निरीक्षण पूर्व बैठकों में लिये गए निर्णयों के आधार पर निरीक्षण स्थल में अंकित जगह पर निरीक्षणाधीन कार्यालयों द्वारा हिंदी के प्रयोग संबंधी विशेष जानकारी/उपलब्धियाँ प्रदर्शित की जाती हैं। (विस्तृत जानकारी के लिए राजभाषा प्रदर्शनी संबंधी अध्याय का संदर्भ लें।)

पावर प्वाइंट प्रस्तुति : समिति कार्यालय द्वारा इस आशय की अपेक्षा की जाने पर या समन्वयक कार्यालय द्वारा आयोजित निरीक्षण पूर्व बैठकों में लिये गए संयुक्त निर्णयों

के आधार पर समीक्षाधीन अवधि से संबंधित महत्त्वपूर्ण क्रियाकलापों संबंधी संक्षिप्त और सारगर्भित पावर प्वाइंट प्रस्तुति देने हेतु तैयार रहना होगा। समिति कार्यालय द्वारा लिखित रूप में ऐसी कोई विशेष अपेक्षा नहीं की जाने पर समन्वयक कार्यालय के माध्यम से पावर प्वाइंट प्रस्तुति संबंधी इच्छा से समिति कार्यालय को अग्रिम रूप से अवगत कराकर पूर्वानुमति प्राप्त करना उचित होगा।

विमोचन/लोकार्पण : निरीक्षणाधीन कार्यालय/संगठन द्वारा हिंदी या द्विभाषा या क्षेत्रीय भाषा में पाठकोपयोगी पत्रिकाओं/पुस्तकों का प्रकाशन किये जाने पर या दृश्य-श्रवण साधन तैयार किये जाने पर उन्हें माननीय सांसदों के शुभहस्ते लोकार्पण कराने की इच्छा होने पर समन्वयक कार्यालय के माध्यम से या निरीक्षणाधीन कार्यालय द्वारा स्वयं समिति कार्यालय से पूर्व अनुमति प्राप्त की जानी होगी। दृश्य-श्रव्य साधन की झलक दिखाने के विचार होने पर भी समिति कार्यालय की पूर्व अनुमति प्राप्त करनी होगी।

समर्थन सामग्री : प्रश्नावली में प्रस्तुत जानकारी के समर्थन में निरीक्षण/विचार-विमर्श कक्ष में राजभाषा अधिकारी/प्रभारी अपने साथ निम्नलिखित कागजात/अभिलेख/फाइल रखें :

- तिमाही हिंदी प्रगति रिपोर्टों की प्रतियाँ।
- कार्यालय की राजभाषा कार्यान्वयन समिति की बैठकों/टॉलिक की बैठकों के कार्यवृत्त की प्रतियाँ।
- हिंदी ज्ञान संबंधी अद्यतन रोस्टर।
- अंतर्सेवा हिंदी प्रशिक्षण संबंधी अभिलेख।
- हिंदी में प्रवीणता प्राप्त कर्मियों को हिंदी का अधिकाधिक प्रयोग करने हेतु जारी किये गए आदेशों की प्रतियाँ।
- समिति के तत्काल पूर्व निरीक्षण के दौरान दिये गए आश्वासनों पर कृत कार्रवाई संबंधी पत्राचार। (यथा लागू)
- राजभाषा अधिनियम-1963 की धारा-3(3) के अंतर्गत जारी कुछ कागजातों की प्रतियाँ (यथा : विज्ञापन, आदेश, सूचनाएँ, प्रेस विज्ञप्तियाँ आदि)
- प्रयुक्त प्रपत्रों के कुछ नमूने। (हिंदी/द्विभाषा/त्रिभाषा/क्षेत्रीय भाषा)
- आंतरिक कामकाज संबंधी मदों में हिंदी प्रयोग संबंधी कुछेक कागजातों की जेरॉक्स प्रतियाँ (भरी गई पर्चियाँ/प्रपत्र/प्रविष्टियाँ/हिंदी नोटिंग आदि)।
- कोड/मैनुअल/प्रक्रिया साहित्य की प्रतियाँ।
- नवीनतम राजभाषा गृह पत्रिका/बुलेटिन की प्रति।
- विशेष कार्य/उपलब्धियों संबंधी रिपोर्ट।

समन्वयन कार्य

अमुक जगह पर एक से अधिक संस्थाओं का निरीक्षण संपन्न करने के उद्देश्य से सामान्यत: तत् शहर स्थित किसी एक संस्था को संसदीय राजभाषा समिति कार्यालय द्वारा समन्वयन कार्य की जिम्मेदारी सौंपी जाती है। आलेख एवं साक्ष्य उप समिति

क विचार-विमर्श कार्यक्रम का समन्वयन कार्य टॉलिक के संयोजक कार्यालय को ही सौंपा जाता है।

समन्वयक कार्यालय की तत्काल जिम्मेदारी :

समन्वयन कार्य की व्यापक जानकारी, उप समिति के माननीय सदस्यों एवं अधिकारियों की सूची, दौरा कार्यक्रम का ब्योरा, प्रश्नावली की उपलब्धता तथा अन्य व्यवस्थाओं से संबंधित कार्यालय ज्ञापन प्राप्त होने पर समन्वयक कार्यालय द्वारा अपने कार्यालय प्रधान या टॉलिक के अध्यक्ष (जैसी भी स्थिति हो) के संज्ञान में लाए जाने के अतिरिक्त बिना विलंब निरीक्षण में शामिल कार्यालयों को ई-मेल एवं डाक के जरिये ज्ञापन की जेरॉक्स प्रति भेजी जानी होगी। इसके अतिरिक्त निरीक्षणाधीन कार्यालयों को फोन द्वारा भी सूचित करना होगा।

- अपने प्रधान कार्यालय को निरीक्षण संबंधी जानकारी से (ज्ञापन की प्रति सहित) अविलंब अवगत कराना होगा और समिति कार्यालय को निरीक्षण संबंधी ज्ञापन की प्राप्ति सूचना जल्द देनी होगी।
- निरीक्षण संबंधी व्यवस्थाओं को सुचारु रूप से संपन्न कराने हेतु सबसे पहले समन्वयक कार्यालय प्रधान की अध्यक्षता में निरीक्षणाधीन कार्यालयों के प्रधानों एवं राजभाषा अधिकारियों के लिए पूर्व तैयारी बैठक बुलानी होगी। समन्वयक कार्यालय द्वारा आयोजित इस प्रकार की बैठकों में राजभाषा अधिकारी के अतिरिक्त कार्यालय प्रधान या उनकी अनुपस्थिति में तत्काल निर्णय लेने में सक्षम उच्च पदाधिकारी को भाग लेना होगा।

पूर्व तैयारी बैठक में निम्न अपेक्षाओं एवं व्यवस्थाओं पर चर्चा करनी होगी :

उपस्थिति एवं प्रश्नावली की प्रस्तुति :

- निरीक्षण कार्यक्रम में निरीक्षणाधीन कार्यालय प्रमुख की अनिवार्य उपस्थिति।
- ठीक से भरी गई निरीक्षण प्रश्नावली की समय पर प्रस्तुति। (जेरॉक्स और स्पाइरल गुणवत्तापरक हो।)
- समिति कार्यालय की हिदायतों के आधार पर निरीक्षणाधीन सभी कार्यालयों की निरीक्षण प्रश्नावली की एक प्रति ससमय प्राप्त कर नियत तारीख तक समिति कार्यालय, नई दिल्ली को पहुँचाना सुनिश्चित करना होगा। समन्वयक कार्यालय को यह जिम्मेदारी निभानी होगी। किसी कार्यालय द्वारा निर्धारित समय के भीतर निरीक्षण प्रश्नावली की अग्रिम प्रति सौंपने में चूक की जाने पर तत्संबंधी कार्यालय को ही प्रश्नावली की अग्रिम प्रति को दिल्ली स्थित समिति कार्यालय में स्वयं सौंपना होगा। प्रत्येक कार्यालय की प्रश्नावली की शेष प्रतियों को समिति कार्यालय के संबंधित सचिवालय पदाधिकारियों को संबंधित शहर में पहुँचाने के पश्चात् अपने आवास/कमरे में सौंपना होगा। निरीक्षणाधीन कार्यालयों से प्रश्नावली की पर्याप्त प्रतियाँ समय पर

को पृथक् से समिति कार्यालय के अधिकारियों को अपनी प्रश्नावली की प्रतियाँ सौंपने की अनुमति नहीं देनी होगी।

नोट : अग्रिम प्रश्नावली प्रति की विलंब/असंपूर्ण प्रस्तुति के संदर्भ में तत्संबंधी कार्यालयों का निरीक्षण स्थगित किया जा सकता है जिसके लिए संबंधित कार्यालय के प्रमुख उत्तरदायी होंगे।

ठहरने/बैठक कक्ष की व्यवस्था :

- मितव्यय उपायों को अपनाते हुए समिति की गरिमा के अनुरूप माननीय सदस्यों के लिए आवास एवं बैठक स्थल की व्यवस्था करनी होगी। आवास स्थल पर ही बैठक एवं भोजन की व्यवस्था करने पर प्राथमिकता देनी होगी। आवास/बैठक कक्ष की व्यवस्था भूतल पर न होने की स्थिति में लिफ्ट की अनिवार्य व्यवस्था हो।
- बैठक स्थल पर एक कंट्रोल रूम की भी व्यवस्था हो जिसमें निरीक्षण संबंधी सहायक सामग्री इत्यादि रखा जा सके और संपर्क अधिकारी रह सकें।

वाहन/प्रोटोकॉल अधिकारी की व्यवस्था :

- एयरपोर्ट/रिलवे स्टेशन से आवास स्थल एवं अन्य आवश्यक जगह पहुँचने हेतु माननीय सासंदों एवं समिति कार्यालय के उच्च पदाधिकारियों के लिए पृथक् वाहन की व्यवस्था हो। सहायक कर्मी, रिपोर्टर इत्यादि के लिए दो-दो कर्मियों के लिए एक वाहन की व्यवस्था की जा सकती है। संप्रेषण में सक्षम और सक्रिय अधिकारियों को प्रोटोकॉल का कार्यभार देना होगा। प्रत्येक वाहन के लिए एक प्रोटोकॉल अधिकारी हो। महिला सदस्य होने पर महिला प्रोटोकॉल अधिकारी की व्यवस्था की जाने पर प्राथमिकता दी जा सकती है। आकस्मिक व्यवस्था हेतु अतिरिक्त कार की व्यवस्था करना भी उचित होगा।
- निरीक्षण से जुड़े विभिन्न कार्यालयों से प्रोटोकॉल अधिकारियों को लिया जा सकता है। अन्यथा सहूलियत की दृष्टि से समन्वयक कार्यालय द्वारा ही सभी प्रोटोकॉल अधिकारियों की व्यवस्था की जा सकती है।

संपर्क अधिकारियों का सहयोग :

- समन्वयक कार्यालय के अनुभवी संपर्क अधिकारियों को निरीक्षण संबंधी व्यवस्थाओं की जिम्मेदारी सौंपना सुविधाजनक होगा। आवश्यकतानुसार अन्य कार्यालयों के संपर्क अधिकारियों की सेवाएँ ली जाने का प्रयास करना होगा।

स्वागत/विदाई के समय पर प्रोटोकॉल की व्यवस्था :

- निरीक्षणाधीन कार्यालय के प्रमुख एवं पूर्व तैयारी बैठक में लिये गए निर्णय के अनुसार अन्य कोई अधिकारी की उपस्थिति गरिमाप्रद होगी। (एयरपोर्ट/रेलवे स्टेशन/आवास स्थल पर)

बैठक के प्रारंभ में माननीय सदस्यों का स्वागत :

- माननीय सांसदों और समिति कार्यालय के सभी उपस्थितों का शॉल और पुष्पगुच्छ से स्वागत करने हेतु पूर्व तैयारी संबंधी बैठक में उपस्थित सदस्यों के एकमत से निरीक्षणाधीन कार्यालय प्रमुखों का चयन करना होगा। शॉल और पुष्प गुच्छ के साथ सामान्यत: हिंदी में प्रकाशित प्रचलित पुस्तक भी भेंट की जाती हैं। पुष्प गुच्छ के स्थान पर केवल पुस्तक भी भेंट की जा सकती है।

निरीक्षण व्यय :

निरीक्षण संबंधी व्यय निरीक्षण से जुड़े सभी संगठनों द्वारा समान रूप से वहन करना होगा। यथा : आवास एवं सम्मेलन कक्ष, भोजन, जलपान, स्वागत, प्रीति मेंमेंटो, वाहन, फोटो, बैनर, प्रोटोकॉल अधिकारी वर्दी (अनिवार्य नहीं), सांस्कृतिक संध्या इत्यादि। अनुमानित व्यय रकम की उपलब्धता हेतु दो तरीके अपनाए जा सकते हैं :

1. निरीक्षण से जुड़े सभी सदस्य कार्यालयों से अनुमानित व्यय का एक समान हिस्सा अग्रिम रूप से समन्वयक कार्यालय द्वारा प्राप्त किया जाना। इस पद्धति को प्राथमिकता देना उचित है।
2. समन्वयक कार्यालय द्वारा व्यय रकम का भुगतान कर तत्पश्चात् तत्संबंधी व्यय का समान हिस्सा सभी संबंधित कार्यालयों से प्राप्त करना।

[सदस्य कार्यालयों के साथ व्यय संबंधी सभी लेन-देन चेक/डीडी/खाते में नकद आंतरण के माध्यम से हों।]

ड्रेस कोड (वर्दी) :

प्रोटोकॉल अधिकारियों के लिए ड्रेस कोड का पालन करना आकर्षक होगा (पुरुष एवं महिलाओं के लिए अलग से)। सफेद शर्ट, काले रंग की पैंट या क्रीम शर्ट व काले रंग की पैंट को प्राथमिकता दी जा सकती है। एक समान टाई हों। इन्शर्ट करना, बेल्ट लगाना उचित होगा। महिलाओं के लिए आकर्षक रंग की साड़ी एवं ब्लौज हों। (यह केवल सुझाव है, अनिवार्य नहीं।)

राजभाषा प्रदर्शिनी :

- निरीक्षण प्रकोष्ठ या उसके प्रवेश द्वार के आस-पास राजभाषा प्रदर्शिनी की व्यवस्था हो। सभी सहभागी संस्थाओं के लिए एक समान जगह का आबंटन हो। आबंटित जगह पर वैयक्तिक संस्था के नाम पर छोटा-सा डिस्प्ले बोर्ड हो।
- आलेख एवं साक्ष्य उप समिति के विचार-विमर्श कार्यक्रम के संदर्भ में सहभागी कार्यालयों की प्रदर्शिनी के अतिरिक्त टॉलिक की उपलब्धियों की एक अलग प्रदर्शनी की व्यवस्था भी हो।
- महत्त्वपूर्ण एवं उपयोगी सामग्री का ही प्रदर्शन हो।
- प्रदर्शनी की समुचित जगह पर 'राजभाषा प्रदर्शनी' लिखा हुआ आकर्षक बोर्ड/बैनर/डिजिटल डिस्पले हो।

मैत्री भोज की व्यवस्था :

- मैत्री भोज में माननीय सांसदों एवं समिति कार्यालय के पदाधिकारियों के साथ निरीक्षणाधीन सदस्य कार्यालयों के प्रमुख एवं अन्य उच्च अधिकारी भाग लेते हैं। इनके अतिरिक्त निरीक्षणाधीन कार्यालयों के राजभाषा अधिकारी/राजभाषा स्टाफ और प्रोटोकॉल अधिकारी को भी शामिल किया जाता है।
- कार ड्राइवर, परिचर व सहायक स्टाफ के लिए भोजन की व्यवस्था करने पर अलग कक्ष में हो।
- निरीक्षण संबंधी दौरा कार्यक्रम के आधार पर रात्रि भोज के अवसर पर पारंपरिक एवं उम्दा सांस्कृतिक संध्या की व्यवस्था करने पर विचार किया जा सकता है। (अनिवार्य नहीं)

दर्शनीय स्थलों का दर्शन :

- माननीय सांसदों की सहमति से समय की उपलब्धता के अनुसार स्थानीय एवं आस-पास के दर्शनीय स्थलों का दर्शन कराना संतोषप्रद रहेगा। प्रतीक्षा समय कम करने के लिए दर्शनीय स्थलों के प्रबंधन (मैनेजमेंट) को पूर्व सूचना देकर उचित व्यवस्था करनी होगी।

उपस्थित होने वाले पदाधिकारियों की संख्या तय करना :

आलेख एवं साक्ष्य उप समिति के विचार-विमर्श के संदर्भ में

- प्रत्येक सहभागी संस्था द्वारा निरीक्षण कक्ष में उपस्थित होने वाले पदाधिकारियों की संख्या तय करनी होगी। सामान्यत: निरीक्षणाधीन कार्यालय के प्रधान तथा उस संस्था के तत्काल नियंत्रक कार्यालय या मुख्यालय के उच्च कार्यपालक को पहली पंक्ति में बैठने का अवसर दिया जाता है (जगह की अनुपलब्धता में या समिति कार्यालय के सख्त दिशानिर्देशों के आधार पर केवल सदस्य कार्यालय के प्रधान ही पहली पंक्ति में बैठेंगे)। सहभागी कार्यालय के राजभाषा अधिकारी एवं अन्य कोई एक उच्च पदाधिकारी को पहली पंक्ति के पीछे बैठने की व्यवस्था करनी होगी (पहली पंक्ति में उपस्थित अपने पदाधिकारियों के ठीक पीछे)।

नोट : आलेख एवं साक्ष्य उप समिति के विचार-विमर्श कार्यक्रम में मुख्यालय के प्रतिनिधियों की उपस्थिति अनिवार्य नहीं है। सहभागी कार्यालय के कार्यालय प्रमुख एवं राजभाषा अधिकारी की उपस्थिति अनिवार्य है। तत्काल नियंत्रक कार्यालय के प्रधान उपस्थित हो सकते हैं।

अन्य निरीक्षणों के संदर्भ में (पहली/दूसरी/तीसरी उप समिति)

- निरीक्षणाधीन कार्यालय प्रमुख एवं वहाँ के राजभाषा अधिकारी के अतिरिक्त तत्काल नियंत्रक कार्यालय (क्षेत्रीय/प्रादेशिक/सर्किल/अंचल कार्यालय) एवं

मुख्यालय के संबंधित उच्च कार्यपालकों को भाग लेने की आवश्यकता होगी। यथा : मुख्यालय के प्रंबध निदेशक, कार्यकारी निदेशक, राजभाषा विभाग के प्रभारी उच्च कार्यपालक, प्रभारी राजभाषा विशेषज्ञ पदाधिकारी, अंचल व सर्किल प्रमुख, क्षेत्रीय व प्रादेशिक कार्यालय प्रमुख।

निरीक्षणाधीन संस्था के मुख्यालय के संविभागवार उच्च पदाधिकारियों की उपस्थिति के संबंध में कभी-कभी संसदीय राजभाषा समिति कार्यालय द्वारा विशेष हिदायतें दी जाती हैं।

सहभागिता सूची :

- समन्वयक कार्यालय का उत्तरदायित्व होगा कि वह निरीक्षण से जुड़े सभी कार्यालयों से उपस्थित होने वाले प्रतिनिधियों की सूची प्राप्त कर समिति कार्यालय को ससमय सौंप दें तथा तदनुसार बैठक कक्ष में आवश्यक व्यवस्था करें। निरीक्षणाधीन कार्यालय की जिम्मेदारी होगी कि वह अपनी संस्था की सहभागिता सूची समय पर समन्वयक कार्यालय को सौंप दें और उसकी प्रति समिति कार्यालय को भी सूचनार्थ प्रेषित करें।
- समन्वयक कार्यालय द्वारा आयोजित निरीक्षण संबंधी 'पूर्व तैयारी बैठक' में निरीक्षणाधीन संस्थाओं से अपेक्षित उपस्थिति पर भी चर्चा की जा सकती है।

नोट : निरीक्षण संबंधी आवश्यकताओं पर सविस्तार चर्चा होने के पश्चात् तत्संबंधी कार्यवृत बनाकर समन्वयक कार्यालय के प्रमुख के हस्ताक्षर से परिचालित करना होगा। इस कार्यवृत में बैठक में उपस्थित सभी प्रतिनिधियों की सूची समाविष्ट हो।

सहभागी राजभाषा अधिकारियों को मार्गदर्शन :

- पूर्व तैयारी संबंधी उपर्युक्त बैठक के तत्काल पश्चात् समन्वयक कार्यालय के राजभाषा प्रभारी या अन्य राजभाषा विशेषज्ञ द्वारा निरीक्षण संबंधी मुख्य प्रश्नावली को प्रश्नवार ठीक तरह भरे जाने संबंधी मार्गदर्शन उपलब्ध कराए जाने की आवश्यकता है। इसमें सहभागी कार्यालयों के राजभाषा अधिकारियों की उपस्थिति पर्याप्त है।

समन्यवक/संयोजक कार्यालय द्वारा अपनाए जाने वाले अन्य उपाय

निरीक्षण की पूर्व तैयारी बैठक में चर्चित कारवाई के अतिरिक्त निम्नलिखित बिंदुओं पर ध्यान देने की आवश्यकता होगी :

स्थानीय प्रशासन व पुलिस स्टेशन को सूचित करना :

- स्थानीय जिला प्रशासन को विशेषतः स्थानीय पुलिस स्टेशन को माननीय सांसदों के निरीक्षण संबंधी दौरा कार्यक्रम की लिखित जानकारी समन्वयक कार्यालय द्वारा दी जाने की आवश्यकता है।

प्रोटोकॉल अधिकारी बैठक :

- प्रोटोकॉल अधिकारियों के लिए एक पृथक् बैठक आयोजित कर उन्हें प्रोटोकॉल कर्तव्यों से अवगत कराना होगा।

संपर्क सूत्र सूची :

- निरीक्षण की तारीख, समय और स्थान,
- समन्वयक संगठन का नाम एवं पता,
- समन्वयक कार्यालय के समन्वयन कार्य से जुड़े उच्च पदाधिकारी का नाम, पदनाम, फोन नंबर (कार्यालय प्रमुख को छोड़कर),
- समन्वयन कार्य से जुड़े जनसंपर्क अधिकारी का नाम, फोन नंबर,
- समिति सचिवालय के समन्वयक अधिकारी का नाम, पदनाम, फोन नंबर,
- राजभाषा प्रभारी अधिकारी का नाम, पदनाम, फोन नंबर,
- निरीक्षण स्थल का पता एवं कंट्रोल रूम का फोन नंबर।

उपर्युक्त जानकारी के अतिरिक्त निम्न सूचना (टेबुल रूप में) सभी संबंधितों को उपलब्ध कराने की आवश्यकता होगी :

क्रम संख्या	माननीय सांसदों एवं समिति कार्यालय के पदाधिकारियों के नाम	ओहदा	कमरा संख्या	प्रोटोकॉल अधिकारी का नाम	फोन नंबर	वाहन संख्या	ड्राइवर का नाम	फोन
1	2	3	4	5	6	7	8	9

निरीक्षण कक्ष में बैठने की व्यवस्था (सीटिंग पैटर्न)

- संसदीय राजभाषा समिति कार्यालय के ज्ञापन में दिये गए हिदायतों एवं मैप के अनुसार समन्वयक कार्यालय द्वारा सिटिंग की व्यवस्था करनी होगी।
- सामान्यत: सीटिंग की व्यस्था इस प्रकार होती है :

  आलेख एवं साक्ष्य उपस्थिति के संदर्भ में समिति के माननीय अध्यक्ष के सामने टॉलिक के अध्यक्ष एवं उनके बगल में सदस्य सचिव बैठेंगे। उनके दाएँ-बाएँ संबंधित सदस्य कार्यालय प्रमुख (वरीयता क्रम में) एवं क्षेत्रीय कार्यान्वयन कार्यालय के प्रतिनिधि बैठेंगे। उनके पीछे अपने एक प्रतिनिधि (राजभाषा) बैठेंगे।

  अन्य उप समितियों के निरीक्षणों के संदर्भ में समिति के माननीय अध्यक्ष के सामने निरीक्षणाधीन कार्यालय के प्रधान और उनके राजभाषा अधिकारी बैठेंगे। उनके दाएँ-बाएँ निरीक्षणाधीन संगठन के संबंधित उच्च कार्यपालक (वरीयता क्रम में) एवं संबंधित मंत्रालय के राजभाषा विभाग के प्रतिनिधि बैठेंगे।

नोट : पूरी सीटिंग व्यवस्था के लिए मैप का अनुसरण करना होगा।

बैठक कक्ष में नाम बोर्ड एवं बैनर

पहली पंक्ति में उपस्थित पदाधिकारियों के नाम, पदनामयुक्त बोर्ड की व्यवस्था करनी होगी। (द्विभाषा में)

माननीय सदस्यों के पीछे की दीवार पर एवं सामने की दीवार पर निरीक्षण संबंधी द्वि/त्रिभाषा बैनर बड़े अक्षरों में लगाना होगा (हिंदी से इतर क्षेत्रों में त्रिभाषा)। सुविधा होने पर इसी प्रकार के एक और बैनर बैठक कक्ष के बाहर समुचित जगह पर भी लगाया जा सकता है। बैनर के इलेक्ट्रॉनिक डिस्प्ले को प्राथमिकता देना आकर्षक होगा।

अन्य व्यवस्थाएँ

- निरीक्षण से जुड़े सभी कार्यालयों की प्रश्नावली की स्पाइरल प्रतियों को खुला न सौंपते हुए अच्छे बैग में रखकर सौंपने पर ध्यान देना होगा। प्रश्नावली की प्रतियाँ रखी गई पर्याप्त संख्या के बैगों को संसदीय समिति कार्यालय के समन्वयक अधिकारी के कमरे में सौंपना होगा। अन्यथा उनके कहने पर प्रोटोकॉल अधिकारियों द्वारा सभी सदस्यों के कमरों में ससमय पहुँचाने होंगे।
- दौरे के दौरान समिति कार्यालय के अवर सचिव या संबंधित अनुसंधान अधिकारी से संपर्क बनाए रखना होगा।
- शॉल, पुष्पगुच्छ, भेंट पुस्तक, प्रीति मेमेंटो, सुगंध हार इत्यादि की खरीद ससमय हो। (समन्वयक कार्यालय के प्रतिनिधि के साथ कुछके सहभागी कार्यालयों के प्रतिनिधि का भी इन वस्तुओं की खरीदी में शामिल होना उचित होगा।)
- कंट्रोल रूम में एक अधिकारी की निरंतर उपस्थिति सुनिश्चित करना और वस्तुओं की सुरक्षा पर ध्यान देना।
- बैठक स्थल के प्रवेश द्वार/लॉबी में स्वागत बोर्ड की व्यवस्था हो। आवश्यकतानुसार बैठक कक्ष तक निर्देश बोर्ड (डायरेक्शन बोर्ड) की व्यवस्था हो।
- बैठक समाप्त होने तक बैठक कक्ष के बाहर प्रोटोकॉल अधिकारियों को बैठने की पृथक् व्यवस्था हो।
- विचार-विमर्श कक्ष में माननीय सांसद पहुँचते समय चुनिंदा उच्च कार्यपालक के सिवाय कोई भीड़-भाड़ न हो।
- समिति कार्यालय के समन्वयक अधिकारी की पूर्वानुमति के बगैर प्रोटोकॉल अधिकारी को छोड़कर कोई भी अन्य व्यक्ति सासंदों के कमरे में न पहुँचे, इस बात पर ध्यान देना होगा।
- यह देखना होगा कि आबंटित कमरे साफ-सुथरे हों, वातानुकूल हों, जलपान, टेलीफोन, दूरदर्शन एवं समाचार पत्र की व्यवस्था हो।

- आवास स्थल/निरीक्षण स्थल पर पृथक् कक्ष में जलपान और मैत्री भोज की स्वस्थ व्यवस्था हो।
- आवश्यकतानुसार चिकित्सा सुविधा उपलब्ध करानी होगी।
- आबंटित हर एक कमरे में संपर्क सूत्र की सूची भी (एल-फोल्डर में) उपलब्ध करानी होगी।

निरीक्षण से जुड़े कार्यालय/शाखा कार्यालय/इकाई की जिम्मेदारी

- समिति कार्यालय के निरीक्षण संबंधी कार्यालय ज्ञापन (अनुलग्नक सहित) का पूर्ण अवलोकन करना।
- समिति कार्यालय, दिल्ली को ज्ञापन की प्राप्ति सूचना देना (नियंत्रक कार्यालय से संपर्क करते हुए)।
- तत्काल नियंत्रक कार्यालय एवं मुख्यालय के राजभाषा विभाग से संपर्क में रहना।
- समन्वयक कार्यालय/संयोजक कार्यालय के राजभाषा प्रभारी से संपर्क में रहना।
- आवश्यकतानुसार समिति कार्यालय के अवर सचिव/अनुसंधान अधिकारी से एवं अपने संगठन से संबंधित मंत्रालय के राजभाषा विभाग से संपर्क में रहना।
- समन्वयक कार्यालय द्वारा आयोजित 'निरीक्षण पूर्व बैठकों' में अपेक्षित पदाधिकारी उपस्थित होना एवं तत्संबंधी बैठकों में लिये गए निर्णयों का पूर्ण अनुपालन करना।
- समन्वयक कार्यालय के माध्यम से ठीक तरह से भरी गई निरीक्षण प्रश्नावली की ससमय प्रस्तुति।
- पूर्व तैयारी संबंधी बैठकों में लिये गए निर्णयों के आधार पर राजभाषा प्रदर्शिनी संबंधी सामग्री एकत्रित करना/तैयार करना।
- अपेक्षित समर्थन सामग्री तैयार करना।

निरीक्षणाधीन कार्यालय/शाखा कार्यालय/इकाई प्रधान की जिम्मेदारी

- निरीक्षण प्रश्नावली पर हस्ताक्षर करने के पूर्व उसमें भरी गई प्रश्नवार जानकारी एवं अनुलग्नकों से पूर्णत: अवगत होना।
- मुख्य प्रश्नावली में प्रस्तुत कार्यालय ज्ञापनों में अंकित जानकारी से अवगत होना।
- हिंदी में प्रवीणता, कार्यसाधक ज्ञान की परिभाषाओं से परिचित होना तथा वार्षिक राजभाषा कार्यक्रम में निर्धारित मदवार लक्ष्यों की पूर्ण जानकारी रखना।
- निरीक्षण संबंधी क्रियाकलापों एवं व्यवस्थाओं का स्वयं पर्यवेक्षण करना।
- तत्काल नियंत्रक कार्यालय के प्रधान एवं राजभाषा अनुभाग के प्रभारी से संपर्क में रहना।
- निरीक्षण/विचार-विमर्श कार्यक्रम में स्वयं भाग लेना।

समन्यवक कार्यालय/संयोजक कार्यालय प्रमुख की जिम्मेदारी

- समिति कार्यालय के पदाधिकारियों से संपर्क में रहना।
- निरीक्षणाधीन कार्यालय प्रमुखों के साथ संपर्क बनाए रखना।
- अपने मुख्यालय के राजभाषा से जुड़े उच्च पदाधिकारियों का मार्गदर्शन प्राप्त करना।
- समिति कार्यालय के निरीक्षण संबंधी ज्ञापन में उल्लेखित समन्वयक कार्यालय की जिम्मेदारी संबंधी सभी दिशानिर्देशों का अवलोकन एवं अनुपालन करना।
- निरीक्षण प्रश्नावली की विभिन्न मदों एवं अपने कार्यालय की राजभाषा कार्यान्वयन संबंधी सभी गतिविधियों से पूर्णतः अवगत होना।
- निरीक्षण संबंधी पूर्व तैयारी की बैठकों का सार्थक आयोजन एवं अनुपालन सुनिश्चित करना।

सदस्य सचिव/समन्वयक कार्यालय के राजभाषा प्रभारी अधिकारी/ निरीक्षणाधीन कार्यालय के राजभाषा अधिकारी की जिम्मेदारी

- समिति कार्यालय से समय-समय पर प्राप्त निरीक्षण संबंधी पत्राचार/फोन बातचीत से कार्यालय प्रमुख/राजभाषा अनुभाग के प्रभारी उच्च पदाधिकारी को अवगत कराना।
- मुख्य प्रश्नावली/अनुपूरक प्रश्नावली/अध्यक्षीय प्रश्नावली (टॉलिक के संदर्भ में) जैसी भी स्थिति हो, के प्रश्नोत्तर एवं अनुलग्नकों की पृष्ठवार पूर्ण जानकारी रखना और संदर्भानुसार कार्यालय प्रमुख को अवगत कराने में सक्षम रहना।
- निरीक्षण संबंधी समिति कार्यालय के ज्ञापन की हर पंक्ति को ध्यान से पढ़ना और उचित कार्रवाई सुनिश्चित करने का दायित्व लेना। निरीक्षण संबंधी मुख्य प्रश्नावली में दिये गए राजभाषा विभाग के सभी ज्ञापनों की जानकारी से परिचित होना और पालन करना।
- निरीक्षण संबंधी महत्त्वपूर्ण कार्य एवं कृत कार्रवाई की जानकारी से कार्यालय प्रमुख को लिखित रूप में अवगत कराना।
- आकस्मिकता आधारित मौखिक दिशानिर्देशों पर कृत महत्त्वपूर्ण कार्य का कार्योत्तर अनुमोदन/मंजूरी लिखित रूप में प्राप्त करना।
- निरीक्षण संबंधी नाजुक स्थितियों में सद्भाव बनाए रखना, शांत रहना और कार्य में ढीलापन नहीं आने देना।
- निरीक्षण संबंधी कार्यों का विकेंद्रीकरण हो। राजभाषा अधिकारी का विशेष ध्यान प्रश्नावली एवं समर्थन सामग्री की ससमय एवं सार्थक तैयारी, निरीक्षण संबंधी पत्राचार का ससमय निपटान, अनुभागवार मार्गदर्शन, निरीक्षण संबंधी पूर्व तैयारी की बैठकों/मार्गदर्शन कार्यक्रमों का आयोजन, कार्यालयों/शाखाओं

में प्रचार-प्रसार सामग्री, बोर्ड, बैनर, होर्डिंग इत्यादि का सटीक प्रदर्शन, निरीक्षण प्रश्नावली व राजभाषा नीति-नियमों से कार्यालय प्रमुख को अवगत कराना, समिति कार्यालय के पदाधिकारियों से संपर्क में रहना, निरीक्षणाधीन सह-कार्यालयों के राजभाषा अधिकारियों से समन्वयन स्थापित करना, निरीक्षण संबंधी व्यवस्थाओं में कहीं कमी होने पर प्रबंधन के ध्यान में लाना, बैठक कक्ष में निरीक्षण सामग्री, यथा : माइक, पीपीटी व्यवस्था, सीटिंग व्यवस्था, निरीक्षण संबंधी बैनर, राजभाषा प्रदर्शनी, टेबुल पर नाम बोर्ड प्रदर्शन, पेन/पेड/फोल्डर इत्यादि पर हो।

- निरीक्षण संबंधी अन्य व्यवस्थाओं, यथा : प्रोटोकॉल, आवास, परिवहन, सम्मेलन कक्ष, भोजन, जलपान, स्थानीय प्रशासन को सूचित करना, प्रीति मेमेंटों, दर्शनीय स्थलों का संदर्शन, स्वागत-विदाई इत्यादि हेतु जनसंपर्क अधिकारियों/अन्य स्टाफ सदस्यों को जिम्मेदारी सौंपनी होगी।

निरीक्षण/विचार-विमर्श कक्ष में ध्यान दी जाने वाली व्यवस्थाएँ

- समिति कार्यालय के मैप के अनुसार सीटिंग की व्यवस्था।
- पहली पंक्ति में उपस्थित माननीय सदस्यों एवं पदाधिकारियों के नाम एवं पदनामयुक्त द्विभाषा टेबुल नाम बोर्ड की व्यवस्था।
- माननीय सांसदों के सीटिंग की पीछे दीवार पर अनिवार्यत: एवं सुविधानुसार उनके सामने की दीवार पर निरीक्षण संबंधी स्पष्ट एवं आकर्षक द्विभाषा/त्रिभाषा बैनर (विशेषत: डिजिटल स्क्रीन) प्रदर्शित हो।
- पीपीटी प्रदर्शन हेतु उपयुक्त स्थान पर दो डिजिटल स्क्रीन की व्यवस्था हो जिन्हें सभी सदस्य देख सकें। (पीपीटी के प्रदर्शन हेतु समिति कार्यालय की पूर्वानुमति लेनी होगी।)
- पेन, पेड, कार्यसूची, राजभाषा जानकारी संबंधी विशेष पर्चियाँयुक्त (यदि कोई हों) आकर्षक फोल्डर/बैग।
- विमोचन/वितरण संबंधी अन्य कोई सामग्री। (पुस्तक/पत्रिकाएँ इत्यादि। समिति कार्यालय की पूर्वानुमति से)
- मुख्य प्रश्नावली/पूरक प्रश्नावली/अध्यक्ष की प्रश्नावली (जैसी भी स्थिति हो) की अतिरिक्त स्पाइरल प्रतियाँ।
- निरीक्षण से संबंधित पत्राचार की फाइल।
- संबंधित राजभाषा अधिकारी के पास समर्थन सामग्री की उपलब्धता।
- टेबुल पर मिनरल पानी बोतल, ड्राइफ्रूट, चॉकलेट, बिस्कुट इत्यादि की व्यवस्था। (सामान्यत: हॉल प्रबंधन टीम द्वारा यह व्यवस्था की जाती है।)
- कंप्यूटर/लैपटॉप एवं प्रिंटर की व्यवस्था।
- सफेद कागज, यू-क्लिप, पेपर पिन, स्टैप्लर, सेलोटेप, गोंद, पंचिंग मशीन, अतिरिक्त लेटरपैड, पेन आदि स्टेशनरी की व्यवस्था।
- उच्च गुणवत्तायुक्त साउंड सिस्टम।

- उत्तम फोटोग्राफर की व्यवस्था (केवल एक ही फोटोग्राफर : निरीक्षण कक्ष के संदर्भ में समिति कार्यालय की पूर्वानुमति से निरीक्षण के प्रारंभ से सीमित समय तक)
- निरीक्षण की कार्रवाई को रिकॉर्ड करने की व्यवस्था स्वयं समिति कार्यालय द्वारा की जाती है। समिति कार्यालय को छोड़कर अन्य किसी व्यक्ति द्वारा कार्रवाई का टेपरिकॉर्ड व वीडियो रिकॉर्ड किया जाना मना है, तथापि समिति कार्यालय की पूर्वानुमति से दूरदर्शन में प्रसारण हेतु दूरदर्शन केंद्र के अधिकारियों को कार्रवाई का रिकॉर्ड करने की अनुमति दी जा सकती है (स्वागत भाग तक) बशर्ते कि उसमें आवाज की रिकॉर्डिंग न हो।

निरीक्षण/विचार-विमर्श कार्यक्रम की कार्यसूची

[इसे समिति कार्यालय द्वारा उपलब्ध कराई जाती है]

1. समिति कार्यालय के वरिष्ठतम पदाधिकारी द्वारा बैठक प्रारंभ करने का अनुरोध किया जाना।
2. सहभागी कार्यालय के प्रमुख या आलेख एवं साक्ष्य उप समिति के संदर्भ में टॉलिक के अध्यक्ष द्वारा अपने सहयोगियों का परिचय किया जाना और स्वागत किया जाना।
3. सहभागी कार्यालय के प्रमुख या आलेख एवं साक्ष्य उप समिति के संदर्भ में टॉलिक के अध्यक्ष द्वारा निरीक्षणाधीन कार्य क्षेत्र संबंधी राजभाषा कार्यान्वयन की स्थिति रिपोर्ट उप समिति को प्रस्तुत की जाना।
4. उप समिति के अध्यक्ष द्वारा माननीय सदस्यों का परिचय कराया जाना और विचार-विमर्श की शुरुआत की जाना।
5. उप समिति द्वारा कार्यालयों में हिंदी के प्रयोग में हुई प्रगति की पुनरीक्षा की जाना।

प्रश्नों का उत्तर देते समय ध्यान देने वाली बातें/शिष्टाचार

- सहभागी कार्यालय (निरीक्षणाधीन कार्यालय) के प्रमुख द्वारा या विशेष परिस्थितियों में समिति कार्यालय की पूर्व अनुमति से उनकी अनुपस्थिति में उनके द्वारा प्राधिकृत पदाधिकारी द्वारा, पूछे गए प्रश्नों के उत्तर दिये जा सकते हैं। पूछे गए प्रश्नों का उत्तर यथासंभव उस व्यक्ति द्वारा ही दिया जाना चाहिए जिसे पूछा गया हो। किसी कारणवश कार्यालय प्रमुख द्वारा किसी प्रश्न का उत्तर स्पष्ट नहीं कर पाए जाने की स्थिति में उप समिति के अध्यक्ष की अनुमति से कार्यालय के राजभाषा अधिकारी/राजभाषा प्रभारी द्वारा स्पष्ट करने की पहल करनी होगी।
- प्रश्नों के उत्तर संक्षिप्त, संगत और स्पष्ट हों तथा भाषा विनम्र हो।
- निरीक्षण के दौरान यदि कुछ कागज-पत्र माननीय सदस्यों को देने की आवश्यकता होने पर उन्हें समिति कार्यालय के पदाधिकारी के माध्यम से पहुँचाया जाना है।

- माननीय सदस्यों के बीच परिचालित किये जाने वाले कागजात गोपनीय स्वरूप के होने पर समिति कार्यालय के पदाधिकारी को अग्रिम रूप से अवगत कराने की आवश्यकता होगी।
- घुमा-फिराकर उत्तर देना, गलत दस्तावेज प्रस्तुत करना, सत्य को छिपाना, अपमानजनक या व्यंग्यात्मक उत्तर देना इत्यादि को मर्यादा भंग माना जाता है और गंभीरता से लिया जाता है।

नगर राजभाषा कार्यान्यवन समिति के अध्यक्ष की प्रश्नावली पर उत्तर देते समय ध्यान दी जाने वाली बातें

संप्रति उपलब्ध प्रश्नावली के आधार पर यहाँ कुछेक प्रश्नों का पथ प्रदर्शन करने का प्रयास किया गया है। अपेक्षाओं के अनुरूप संसदीय समिति कार्यालय द्वारा प्रश्नावली में परिवर्तन किया जाता है।

टॉलिक की गतिविधियों का सार्थक एवं ससमय संचालन तथा टॉलिक संबंधी गृह मंत्रालय, राजभाषा विभाग के दिशानिर्देशों का फलप्रद पालन किये जाने पर अध्यक्ष की प्रश्नावली भरना सुविधाजनक होगा। इसके अतिरिक्त नगर में राजभाषा के सक्रिय कार्यान्वयन हेतु संयोजक कार्यालय द्वारा अपनाए गए नवोन्मेषी उपाय भी मददगार होंगे।

प्रश्न 2 : क्या आपके विचार में नगर राजभाषा कार्यान्वयन समिति की भूमिका सार्थक रही है और आप इसकी गतिविधियों से संतुष्ट हैं?

इसे अधिक प्रभावी और लक्ष्योन्मुख बनाने के बारे में आप क्या सुझाव देना चाहोगे?

यहाँ समग्र रूप से संयोजक कार्यालय द्वारा कृत परिणामप्रद कार्य एवं भावी कार्य प्रणाली से अवगत कराना होगा।

- प्रश्न के पहले भाग का उत्तर सामान्यत: 'जी हाँ' होगा। 'जी नहीं' के संदर्भ में यथोचित कारण देने होंगे।
- प्रश्न के दूसरे भाग के उत्तर में समिति की सक्रिय भूमिका उपस्थित करने हेतु क्या करना चाहेंगे, किस प्रकार की गतिविधियाँ आयोजित करना चाहेंगे, किस प्रकार की चेतना लाना चाहेंगे, किस प्रकार अभिप्रेरित करना चाहेंगे, इनका संक्षिप्त उल्लेख हो।

प्रश्न 4 : नगर में स्थित केंद्र सरकार के कार्यालयों में राजभाषा के प्रागामी प्रयोग के क्षेत्र में समन्वय रखने की दृष्टि से आपके द्वारा क्या पद्धति अपनाई जा रही है?

- टॉलिक की अर्द्धवार्षिक बैठकों में लिये गए निर्णयों के आधार पर तथा कार्यान्वयन संबंधी आकस्मिक आवश्यकताओं के आधार पर सदस्य कार्यालयों के राजभाषा अधिकारियों/कार्यपालकों को आमंत्रित करते हुए, संयोजक कार्यालय द्वारा समय-समय पर उप समिति की बैठकों एवं आपसी मुलाकातों की व्यवस्था करते हुए भावी गतिविधियों के संचालन हेतु कार्य प्रणाली बनाई जाती है और अमुक गतिविधि हेतु सदस्य कार्यालयों के कुछेक कार्यन्वयनकारों को जिम्मेदारी सौंपी जाती है। सदस्य कार्यालयों

को अपने विचारों का आदान-प्रदान करने हेतु स्नेहिल समन्वयन स्थापित करने का प्रयास किया जाता है।

[इस प्रश्न का उत्तर उपर्युक्त प्रकार की कृत कार्रवाई के आधार पर या संयोजक कार्यालय द्वारा कृत अन्य प्रकार की कार्रवाई के आधार पर देना होगा।]

प्रश्न 5 : समिति में किये गए निर्णयों के संबंध में अनुवर्ती कार्रवाई पर निगरानी किस प्रकार रखी जाती है?

- अर्द्धवार्षिक समीक्षा बैठकों एवं समिति द्वारा आयोजित अन्य बैठकों की कार्यवाहियों को सदस्य कार्यालयों के बीच परिचालित करने के पश्चात् उनके द्वारा अपेक्षित कार्रवाई सुनिश्चित करने हेतु नियमित अंतरालों पर संयोजक कार्यालय द्वारा अनुवर्ती कार्रवाई की जाती है। पत्राचार द्वारा स्मरण दिलाया जाता है। आवश्यक संदर्भों में सदस्य कार्यालयों के प्रमुखों एवं राजभाषा अधिकारियों से समिति के अध्यक्ष एवं सदस्य सचिव द्वारा मौखिक संपर्क भी किया जाता है। सक्रिय पर्यवेक्षण जारी रखते हुए लिये गए निर्णयों का सार्थक एवं ससमय अनुपालन सुनिश्चित करने पर ध्यान दिया जाता है।

[उपर्युक्तानुसार कृत कार्रवाई के आधार पर इस प्रश्न का उत्तर देना होगा।]

प्रश्न 6 : आपके नगर में समिति के तत्त्वावधान में प्रति वर्ष राजभाषा समारोह मनाने के संबंध में आपकी क्या प्रतिक्रिया है?

- सामान्यत: कर्मचारियों में राजभाषा के प्रति सद्भावना बढ़ाने हेतु रोचक एवं उल्लासभरित वातावरण पैदा करने हेतु प्रतियोगिताओं, अभियानों, सांस्कृतिक कार्यक्रमों के आयोजन के माध्यम से राजभाषा समारोह संपन्न किये जाते हैं। अपनी भाषा में बोझरहित कार्य संपन्न करने हेतु इस प्रकार के भाषा समारोह मदद करते हैं।

[उपर्युक्त के आधार पर इस प्रश्न का उत्तर देना होगा।]

प्रश्न 8 : सरकारी कामकाज में हिंदी का प्रयोग बढ़ाने के संबंध में भारत सरकार द्वारा समय-समय पर जारी किये गए आदेशों और राजभाषा विभाग द्वारा जारी वार्षिक कार्यक्रम की समिति की बैठकों में की गई समीक्षा के अनुसार वास्तविक स्थिति क्या है? इस स्थिति में और सुधार लाने के बारे में आपके क्या सुझाव हैं?

- टॉलिक के सदस्य कार्यालयों में राजभाषा का प्रयोग बढ़ाने हेतु भारत सरकार के आदेशों एवं राजभाषा विभाग के वार्षिक कार्यक्रम में निर्धारित लक्ष्यों का अनुपालन सुनिश्चित करने हेतु अर्द्धवार्षिक समीक्षा बैठकों में उन पर विस्तृत चर्चा की जाती है। इसके अतिरिक्त तत्काल कार्रवाई सुनिश्चित करने हेतु सदस्य कार्यालयों के बीच तत्संबंधी निर्देशों को परिचालित किया जाता है। केवल परिचालित करना ही नहीं, अनुपालन सुनिश्चित करने के कदम उठाए जाते हैं। समिति द्वारा यह विधा अपनाई जाने से कार्यालयीन कार्य में हिंदी का प्रयोग बढ़ाने में आशाजनक परिणाम प्राप्त हो रहे हैं। और अधिक आशाजनक परिणाम हासिल करने हेतु समीक्षा बैठकों में

सरकारी दिशानिर्देशों पर सार्थक चर्चा करने में तथा एकमत से निर्णय लेकर अमल करने में कोई कमी न हो। इस विषय पर सदैव सतर्क रहने की आवश्यकता है।

[उपर्युक्त के आधार पर इस प्रश्न का उत्तर देना होगा।]

प्रश्न 9 : क्या नगर राजभाषा कार्यान्वयन समिति की बैठकों में हिंदी में काम करने के लिए आवश्यक संदर्भ एवं सहायक-साहित्य, हिंदी टाइपिस्टों/आशुलिपिकों तथा हिंदी टाइपराइटरों आदि की उपलब्धता के बारे में निश्चित रूप से समीक्षा की जाती है? इस संबंध में स्थिति को सुधारने के बारे में आपके क्या सुझाव हैं?

- दैनिक कार्यालयीन कार्य में हिंदी का प्रयोग बढ़ाने के उद्देश्यों से टॉलिक की मंच से सदस्य कार्यालयों को सहायक सामग्री उपलब्ध कराने पर विशेष ध्यान दिया जाता है। इसके अतिरिक्त कंप्यूटरीकरण के इस युग में विकसित नवीनतम तकनीकी पद्धतियों को अपनाते हुए यूनिकोड का प्रयोग करते हुए कंप्यूटर पर हिंदी में टंकण कार्य करने में सक्षम बनाने हेतु तत्संबंधी सहायक सामग्री उपलब्ध कराने के साथ-साथ संयुक्त मार्गदर्शन कार्यक्रमों का आयोजन किया जाता है। टेबुल ट्रेनिंग पर जोर दिया जाता है। उच्च पदाधिकारियों की सहूलियत हेतु नियुक्त अंग्रेजी आशुलिपिकों को संयुक्त हिंदी आशुलिपि मार्गदर्शन कार्यक्रम चलाने पर विशेष ध्यान दिया जाता है। इसके अतिरिक्त प्रत्येक सदस्य कार्यालय द्वारा भी अपने स्तर पर उचित उपाय अपनाने हेतु उन्हें सलाह दी जाती है। हर कर्मचारी को अनिवार्यत: कंप्यूटर उपलब्ध कराने के संबंध में विशेष ध्यान आकृष्ट किया जाता है। आज के माहौल में हर कर्मचारी को कंप्यूटर पर हिंदी में टंकण कार्य करने की आवश्यकता है। इस आवश्यकता को ध्यान में रखकर राजभाषा विभाग के दिशानिर्देशों का अनुपालन सुनिश्चित करने के उद्देश्य से समीक्षा बैठकों में उचित निर्णय लिये जाते हैं और अनुपालन सुनिश्चित किया जाता है। वर्तमान स्थिति को और अधिक बेहतर बनाने हेतु नये भर्ती कर्मियों को प्रशिक्षण उपलब्ध कराने, पहले ही प्रशिक्षित कर्मियों को पुनश्चर्या प्रशिक्षण एवं डेस्क प्रशिक्षण जारी रखने पर विशेष ध्यान देने की आवश्यकता होगी।

[उपर्युक्त प्रकार की कार्रवाई एवं टॉलिक द्वारा कृत अन्य कार्रवाई के आधार पर इस प्रश्न का उत्तर देना होगा।]

लापरवाही न हो

टॉलिक के अध्यक्ष की अध्यक्षता में छमाही समीक्षा बैठकों का आयोजन, इन बैठकों में सदस्यों व कार्यालय प्रमुखों की उपस्थिति, बैठकों का ससमय आयोजन, सभी सदस्य कार्यालयों से हिंदी प्रगति रिपोर्ट की ससमय प्राप्ति एवं बैठकों में उनकी सार्थक समीक्षा, कार्यान्वयन संबंधी विशेष व अनिवार्य गतिविधियों के आयोजन में अनियमितताएँ पाए जाने पर समिति के माननीय सदस्यों द्वारा अत्यंत गंभीरता से लिया जाता है। इससे टॉलिक के अध्यक्ष एवं उपस्थित सदस्य कार्यालयों के प्रमुखों को नाजुक स्थिति का सामना

करना पड़ेगा। इस प्रकार की असंतोषजनक स्थिति उत्पन्न न होने के लिए सदस्य सचिव और सदस्य कार्यालय के राजभाषा अधिकारी सदैव सतर्क रहकर अनिवार्यताओं का पूर्ण पालन कराने में कमी नहीं आने देना होगा। इस क्षेत्र में राजभाषा अधिकारी/प्रभारी की निष्क्रियता एवं लापरवाही भारी पड़ेगी।

प्रश्नावली में प्रस्तुत सूचना के आधार पर अक्सर पूछे जाने वाले कुछेक प्रश्न एवं संदेह

- संसदीय राजभाषा समिति को प्रस्तुत निरीक्षण प्रश्नावली पुस्तिकाओं का समिति-कार्यालय के संबंधित पदाधिकारियों द्वारा प्रश्नावार सत्यापन किया जाता है और प्रश्नवार प्रेक्षणों की सामान्यतः निरीक्षणाधीन सभी कार्यालयों को शामिल करते हुए एक समेकित तालिका बनाई जाती है। इस तालिका की प्रति निरीक्षण समिति के माननीय सांसदों/सदस्यों को भी पहुँचाई जाती है। जरूरी नहीं कि माननीय सासंद इसे ही आधार मानकर प्रश्न पूछें। आवास स्थान (निरीक्षण स्थल) पर माननीय सासंदों को उपलब्ध कराई गई संस्थावार प्रश्नावलियों का उनके द्वारा अनुशीलन किया जाएगा और तदनुसार प्रश्न पूछे जाएँगे।
- सामान्यतया निरीक्षण के पहले समिति कार्यालय के अधिकारियों एवं माननीय सदस्यों द्वारा निरीक्षणाधीन संगठन की वेबसाइट देखी जाती है। देखा जाता है कि प्रश्नावली में प्रस्तुत सूचना के अनुसार वेबसाइट में द्विभाषा में या हिंदी में संपूर्ण जानकारी उपलब्ध है या नहीं? अतः जानकारी/जवाब देने में सावधान रहना होगा।
- निरीक्षण में भाग लेने वाले कार्यालय प्रधान, राजभाषा अधिकारी एवं अन्य पदाधिकारियों को प्रश्नवार प्रस्तुत समाधानों की तथ्यपरक जानकारी होनी चाहिए। माननीय सांसदों द्वारा उत्तम निष्पादन की प्रशंसा की जाती है और कमियों पर टीका-टिप्पणी करने के साथ-साथ कार्यालय प्रमुख से उनके निराकरण हेतु आश्वासन लिये जाते हैं। कार्यान्वयन में कमी को गंभीरता से लिया जाता है।
- राजभाषा अधिनियम एवं नियमों की महत्त्वपूर्ण बिंदुओं से कार्यालय प्रधान परिचित हों। हिंदी में कार्यसाधक ज्ञान एवं प्रवीणता की परिभाषाओं से अवगत होने के अतिरिक्त धारा-3(3) के प्रलेखों तथा राजभाषा नियम 10(4) व 8(4) का पता हो। राजभाषा विभाग के नवीनतम वार्षिक कार्यक्रम में निर्धारित मदवार लक्ष्यों से परिचित हों।
- सबसे पहले यह देखना होगा कि प्रस्तुत प्रश्नावली के किन-किन प्रश्नों के उत्तर संतोषजनक नहीं हैं; अर्थात् राजभाषा दिशानिर्देशों का अनुपालन पूर्णतः नहीं किया गया है। गैर-अनुपालन व अनुपालन में कमी के कारण पूछे जाने पर विश्वस्त समाधान देने हेतु तैयार रहना होगा। शंकाजनक समाधानों पर कुछ और प्रश्न पूछे जाते हैं।

प्रश्नावली में कुछेक प्रश्नों के लिए पूर्व में दिये गए उत्तर के आधार पर तद् उपरांत पूछे गए प्रश्नों के उत्तर देने पर सतर्क रहना पड़ेगा। जैसे :

- हिंदी में कार्यसाधक ज्ञान/प्रवीणता प्राप्त कर्मियों की कुल संख्या की तुलना में प्रतिशतवार हिंदी का प्रयोग करने वाले कर्मियों की संख्या, मूल पत्राचार में हिंदी प्रयोग की प्रतिशतता, सेवा अभिलेखों के अंतर्गत प्रविष्टियाँ, आंतरिक कामकाज में हिंदी का प्रयोग (अनुपूरक प्रश्नावली के संदर्भ में) संबंधी मदों के अंतर्गत प्रस्तुत की गई जानकारी के आधार पर अक्सर प्रश्नों का सिलसिला जारी होता है। यथा :
- कई कर्मचारी हिंदी जानने पर भी हिंदी कार्य की मात्रा आशाजनक क्यों नहीं है?
- मूल पत्राचार के अंतर्गत हिंदी में भेजे गए पत्रों की तुलना में हिंदी में प्राप्त पत्रों की संख्या बहुत कम रहने पर संदेह होगा कि क्या भेजे गए पत्रों का हिंदी में जवाब नहीं मिल रहा है? क्या संस्था के अन्य कार्यालयों में हिंदी का पर्याप्त प्रयोग नहीं किया जा रहा है?
- मूल पत्राचार के अंतर्गत हिंदी पत्राचार की प्रतिशतता और कंप्यूटरों पर हिंदी कार्य की प्रतिशतता तथा कंप्यूटर पर हिंदी में कार्य करने हेतु प्रशिक्षित कर्मियों द्वारा कृत कार्य की प्रतिशतता की तुलना करते हुए प्रश्न पूछे जाते हैं। प्रस्तुत हिंदी पत्राचार की प्रतिशतता की तुलना में कंप्यूटर पर कृत हिंदी कार्य की प्रतिशतता बहुत कम रहने पर विरोधाभास होगा। क्योंकि आजकल मैन्युअल काम न के बराबर है।
- कार्यालय के उच्च अधिकारियों द्वारा कंप्यूटर पर कृत काम की प्रतिशतता, मूल पत्राचार मद के अंतर्गत प्रस्तुत आंकड़े, मुख्य प्रश्नावली के अंतिम पृष्ठ पर प्रस्तुत कार्यालय टिप्पणियों एवं कार्यालय द्वारा प्रेषित कुल पत्रों व कार्यालय प्रमुख द्वारा भेजे गए पत्रों की तुलना करते हुए प्रश्न पूछे जाते हैं। देखा जाता है कि इन मदों के अंतर्गत प्रस्तुत जानकारी/आंकड़ों में तालमेल है या नहीं।
- विज्ञापनों एवं प्रचार सामग्री में हिंदी एवं क्षेत्रीय भाषाओं के प्रयोग पर विशेष ध्यान दिया जाता है।
- अंग्रेजी एवं हिंदी पाठ में प्रस्तुत जानकारी में असमंजसता होने पर लापरवाही माना जाता है।
- उपर्युक्त के अतिरिक्त धारा-3(3), अंग्रेजी में प्राप्त पत्रों का उत्तर हिंदी में दिया जाना, हिंदी पुस्तकों की खरीद एवं परिचालन, रजिस्टरों में प्रविष्टियाँ, राभाकास बैठकों का ससमय आयोजन, हिंदी कार्यशालाओं में प्रशिक्षित कर्मियों द्वारा कृत कार्य, प्रवीणता प्राप्त कर्मियों को हिंदी में काम करने हेतु आदेश जारी किया जाना, नियम-10(4) के अंतर्गत अधिसूचना, हिंदी या द्विभाषा प्रकाशन, रिक्त हिंदी पद, हिंदी समारोहों व संगोष्ठियों के आयोजन पर अक्सर प्रश्न पूछे जाते हैं। गैर-अनुपालन को गभीरता से लिया जाता है।

अगर शुद्धि पत्र भेजना हो

- समिति कार्यालय को प्रस्तुत मुख्य प्रश्नावली एवं अनुपूरक प्रश्नावली में किसी प्रश्न या अनुबंध की जानकारी में त्रुटि पाए जाने पर तत्संबंधी प्रश्न संख्या, पृष्ठ संख्या, भाग संख्या, मुख्य प्रश्नावली या अनुपूरक प्रश्नावली या अनुबंध इत्यादि का उल्लेख करते हुए संशोधित स्पष्ट उत्तर को पूर्व प्रस्तुत उत्तर से प्रतिस्थापित करने हेतु निरीक्षणाधीन कार्यालय प्रमुख के हस्ताक्षर से (प्रश्नावली में हस्ताक्षरित अधिकारी) समिति कार्यालय को तत्काल शुद्धि पत्र भेजना होगा। समयाभाव में समिति कार्यालय को शुद्धि पत्र नहीं पहुँचाए जाने की अनिवार्य स्थिति में निरीक्षण स्थल के आवास स्थान में समिति कार्यालय के संबंधित अधिकारी को उसे सौंपने का प्रयास करना होगा।

प्रश्नावली की तैयारी में पूर्ण सावधानी नहीं बरती जाने पर कभी-कभार एक से अधिक शुद्धि पत्र भी प्रस्तुत करना अनिवार्य हो जाता है। इस प्रकार की नाजुक स्थिति उत्पन्न न होने हेतु ध्यान से प्रश्नावली भरने की आवश्यकता होगी।

समिति के प्रेक्षणों और समिति को दिये गए आश्वासनों पर अनुवर्ती कार्रवाई

- समिति कार्यालय को अग्रिम रूप से प्रस्तुत प्रश्नावली के आधार पर निरीक्षण समिति के माननीय संयोजक या उपाध्यक्ष के हस्ताक्षर से मदवार प्रेक्षणों की सूची (ध्यान देने योग्य बातें) बनाई जाती है। इस सूची पत्र को निरीक्षण संबंधी विचार-विमर्श के अंत में समिति के माननीय संयोजक या उपाध्यक्ष द्वारा कार्यालय प्रमुख/टॉलिक के अध्यक्ष (जैसी भी स्थिति हो) को सभी उपस्थितों के समक्ष सौंपा जाता है।
- इसके अतिरिक्त विचार-विमर्श के दौरान निरीक्षणाधीन कार्यालय/टॉलिक के संयोजक कार्यालय द्वारा समिति को दिये गए राजभाषा कार्यान्वयन संबंधी आश्वासनों का पृथक् पत्र समिति कार्यालय द्वारा निरीक्षित कार्यालय/टॉलिक संयोजक कार्यालय को भेजा जाता है।
- 'ध्यान देने योग्य बातों संबंधी सूची' एवं 'दिये गए आश्वासनों संबंधी पत्र' के आधार पर संबंधित कार्यालय द्वारा अपेक्षित कार्रवाई सुनिश्चित करते हुए उचित माध्यम से निर्धारित समय के भीतर समिति कार्यालय को कृत कार्रवाई से अवगत कराना होगा।
- उप समिति द्वारा किसी निरीक्षित कार्यालय का पुन: एक बार निरीक्षण किये जाने पर नवीनतम निरीक्षण के दौरान दिये गए आश्वासनों के साथ पूर्व निरीक्षण के कोई लंबित आश्वासन होने पर उन्हें शामिल करना होगा। वस्तुस्थिति से समिति कार्यालय को अवगत कराना होगा।

निरीक्षणोपरांत कार्रवाई

पहली/दूसरी/तीसरी उप समिति के निरीक्षण के संदर्भ में :

- समिति कार्यालय से आश्वासन संबंधी पत्र की प्रतीक्षा किये बिना निरीक्षण के अंत में समिति के उपाध्यक्ष/संयोजक द्वारा सौंपी गई 'ध्यान देने योग्य बातें' सूची के आधार पर संबंधित कार्यालय द्वारा कमियों को पूरा करने की तत्काल कार्रवाई प्रारंभ करनी होगी।
- निरीक्षण के पश्चात् निरीक्षित कार्यालय (जिसका निरीक्षण किया गया) द्वारा तत्संबंधी विचार-विमर्श की स्पष्ट एवं संक्षेप रिपोर्ट बनाकर उचित माध्यम से अपने मुख्यालय के राजभाषा विभाग को उसे प्रस्तुत करना होगा। इसके साथ समिति द्वारा सौंपी गई 'ध्यान देने योग्य बातें' की प्रति भी संलग्न करनी होगी। मुख्यालय के राजभाषा विभाग द्वारा इस जानकारी को कार्यालय टिप्पणी के माध्यम से संस्था के प्रमुख को अवगत कराया जाएगा और निरीक्षित कार्यालय को पथप्रदर्शन किया जाएगा। इसके अतिरिक्त राजभाषा विभाग द्वारा निरीक्षण संबंधी प्रेक्षणों से संस्था के सभी नियंत्रक कार्यालयों को अवगत कराकर सचेत किया जाएगा और कमियों को दूर करने हेतु अनुपालनात्मक कार्रवाई की जाएगी।

आलेख एवं साक्ष्य उप समिति के विचार-विमर्श कार्यक्रम के संदर्भ में :

- निरीक्षण से जुड़े टॉलिक के सदस्य कार्यालयों के प्रधानों के साथ किये गए विचार-विमर्श में अमुक कार्यालय के संदर्भ में की गई टिप्पणियों का निराकरण करने हेतु समिति को दिये गए आश्वासनों को पूरा करने के लिए संबंधित कार्यालय द्वारा तत्काल कार्रवाई प्रारंभ करनी होगी। निरीक्षण संबंधी प्रेक्षणों को तत्काल नियंत्रक कार्यालय के माध्यम से अपने मुख्यालय के राजभाषा विभाग को पहुँचाना होगा। टीका-टिप्पणी न होने पर संस्था के प्रमुख को तत्संबंधी रिपोर्ट प्रस्तुत करना जरूरी नहीं है। लेकिन राजभाषा विभाग के प्रभारी उच्च कार्यपालक के ध्यान में कार्यालय टिप्पणी के माध्यम से लाना होगा। समिति कार्यालय द्वारा वैयक्तिक कार्यालय संबंधी तथा संयोजक कार्यालय संबंधी आश्वासन टॉलिक के संयोजक कार्यालय को भेजे जाएँगे। टॉलिक संयोजक कार्यालय द्वारा तत्संबंधी आश्वासन संबंधित कार्यालयों को पहुँचाए जाएँगे। इस प्रकार प्राप्त आश्वासनों पर अनुपालनात्मक कार्रवाई सुनिश्चित कर अपने मुख्यालय के राजभाषा विभाग के अनुमोदन से निर्धारित समय के भीतर समिति कार्यालय को पहुँचाना होगा। इसकी सूचना संबंधित टॉलिक संयोजक कार्यालय को अवश्य देनी होगी।
- टॉलिक अध्यक्ष की प्रश्नावली के संदर्भ में माननीय सांसदों द्वारा दिये गए हिदायतों एवं लिये गए आश्वासनों पर अनुपालनात्मक कार्रवाई की रिपोर्ट टॉलिक के संयोजक कार्यालय द्वारा निर्धारित समय के भीतर समिति कार्यालय को प्रस्तुत की जाएगी।

मौखिक साक्ष्य कार्यक्रम के संदर्भ में :

- संसद भवन में मौखिक साक्ष्य समिति द्वारा मौखिक साक्ष्याधीन कार्यालय प्रधान को पूछे गए प्रश्नों और उनके द्वारा तत् समय दिये गए आश्वासनों के आधार पर अनियमितताओं का शीघ्र अनुपालन सुनिश्चित कर अपने प्रधान कार्यालय के राजभाषा विभाग का अनुमोदन प्राप्त कर समिति कार्यालय को लिखित रिपोर्ट भेजनी होगी। यदि कुछेक आश्वासनों का शीघ्र अनुपालन संभव नहीं हो पाने की स्थिति में संसदीय राजभाषा समिति कार्यालय से पूर्वानुमति प्राप्त करनी होगी (संभाव्य समय की सूचना देते हुए)।

समिति कार्यालय को आश्वासनों पर कृत कार्रवाई की रिपोर्ट प्रस्तुत करने की प्रक्रिया

- निरीक्षण के दौरान दिये गए आश्वासनों पर समिति कार्यालय को अनुपालनात्मक कार्रवाई की रिपोर्ट प्रस्तुत करने के लिए सामान्यतः छः माह का समय दिया जाता है। कभी-कभार अनुपालनात्मक मदों की गंभीरता के मद्देनजर समिति के माननीय उपाध्यक्ष/संयोजक द्वारा विचार-विमर्श के समय ही समय-सीमा बताई जाती है। मौखिक साक्ष्य के संदर्भ में अनुपालन रिपोर्ट यथासंभव शीघ्र प्रस्तुत करनी पड़ेगी।
- यदि किसी कारणवश निर्धारित समय के भीतर कुछेक आश्वासन पूरा नहीं हो जाने के संदर्भ में संस्था के प्रमुख के अनुमोदन से, संबंधित मंत्रालय के राजभाषा विभाग के माध्यम से (पहली/दूसरी/तीसरी उप समिति के संदर्भ में) समय-सीमा बढ़ाने का अनुरोध करते हुए निरीक्षित कार्यालय (जिसका निरीक्षण किया गया) प्रमुख के हस्ताक्षर से स्पष्ट कारण सहित समिति कार्यालय को अनुरोध पत्र भेजना होगा।
- आलेख एवं साक्ष्य उप समिति के संदर्भ में सदस्य कार्यालय की संस्था से संबंधित मंत्रालय के राजभाषा विभाग के माध्यम से अनुरोध पत्र भेजे जाने के बजाय अपने मुख्यालय के राजभाषा विभाग के अनुमोदन से सीधे संसदीय समिति कार्यालय को भेजना होगा। इसकी सूचना संबंधित टॉलिक के संयोजक कार्यालय को देनी होगी (अवधि बढ़ाए जाने के संबंध में)।
- मौखिक साक्ष्य समिति के संदर्भ में अपने प्रधान कार्यालय के राजभाषा विभाग के माध्यम से समिति कार्यालय से अनुमति मांगनी होगी।
- किन्हीं अनिवार्य परिस्थितियों में बढ़ाई गई अवधि (सामान्यतः 6 माह के अंदर) में भी संबंधित आश्वासन पूरा नहीं कर पाने के संदर्भ में संस्था प्रमुख के अनुमोदन से समिति कार्यालय को पुनः आवेदन करना होगा।
- निर्धारित समय-सीमा की समाप्ति के एक माह पूर्व पर्याप्त मानने योग्य कारणों से अवगत कराते हुए समिति कार्यालय से अनुरोध करना होगा। लेकिन ध्यान देना होगा कि दूसरी बार समय बढ़ाने के अनुरोध करने की नौबत न आए।

आश्वासनों पर कृत कार्रवाई की अनुपालनात्मक रिपोर्ट समिति कार्यालय को निर्धारित फॉर्मेट में प्रस्तुत करनी होगी। फॉर्मेट के स्तंभ इस प्रकार हैं (फॉर्मेट के संशोधनों पर ध्यान देना होगा) :

क्रम संख्या	आश्वासन का संक्षिप्त सार	आश्वासनों को पूरा करने के संबंध में की गई कार्रवाई	यदि आश्वासन को निर्धारित 6 माह की अवधि के दौरान पूरा नहीं किया गया तो इसके कारण	यदि आश्वासन निर्धारित अवधि में पूरा न किया गया हो तो समिति कार्यालय की अनुमति से बढ़ाई गई समय-सीमा की तारीख और समिति कार्यालय की पत्र-संख्या और तारीख का उल्लेख किया जाए जिसके अंतर्गत समय-सीमा बढ़ाई गई है	बढ़ाई गई समय-सीमा के दौरान आश्वासन पूर्ति के लिए उठाए गए कदमों का ब्योरा	आश्वासन पूरा किये जाने की तारीख	अन्य विवरण यदि कोई हो तो
1	2	3	4	5	6	7	8

मुख्य प्रश्नावली में प्रस्तुत जानकारी में तालमेल

[कुछेक मदों के संदर्भ में]

- प्रश्नावली के हिंदी एवं अंग्रेजी पाठ के हर प्रश्न के जवाब में प्रस्तुत जानकारी/आंकड़े एक समान हों।
- मुख्य प्रश्नावली के भाग-I के अंतर्गत स्टाफ सदस्यों के हिंदी ज्ञान की स्थिति एवं प्रशासनिक कार्य से संबंधित स्टाफ सदस्यों की स्थिति संबंधी दर्शाई गई सूचना में तालमेल हो। (संप्रति : प्रश्नावली के प्रश्न संख्या 6, पृष्ठ सं. 3)

- कार्यसाधक ज्ञान/प्रवीणता प्राप्त कर्मचारियों द्वारा कृत हिंदी कार्य की प्रतिशतता (संप्रति : प्रश्न संख्या 7, पृष्ठ संख्या 4) एवं 'क', 'ख', 'ग' क्षेत्रों के संबंध में कृत मूल पत्राचार की प्रतिशतता में सारूप्यता हो (संप्रति : भाग-III -2, पृष्ठ सं. 12)। मसलन 'क', 'ख', 'ग' क्षेत्रों के अंतर्गत दर्शाए गए मूल पत्राचार की औसतन प्रतिशतता 90 होने पर कार्यसाधक ज्ञान/प्रवीणता प्राप्त अधिकतर कर्मियों द्वारा कृत हिंदी कार्य की प्रतिशतता 50% तक या 75% तक दर्शाए जाने पर असमंजस लगता है।

[तिमाही हिंदी प्रगति रिपोर्टों के अंतर्गत दी गई जानकारी के अनुसार प्रश्नावली में मूल पत्राचार दर्शाया जाता है। उसी प्रकार हिंदी ज्ञान का अद्यतन रोस्टर एवं कर्मियों द्वारा हिंदी में कृत कार्य का अभिलेख बनाए रखते हुए जानकारी देनी होगी। मूल पत्राचार की प्रतिशतता के अनुसार कर्मचारियों द्वारा कृत हिंदी प्रयोग की प्रतिशतता हो।]

- भाग-III के संप्रति प्रश्न सं.-1 के अंतर्गत अंग्रेजी में प्राप्त पत्रों के उत्तर हिंदी में दिये जाने संबंधी जानकारी का, मूल पत्राचार (कार्यालय द्वारा अपनी ओर से भेजे गए पत्र) में हिंदी की प्रतिशतता से मेल खाने की आवश्यकता है। उदाहरण के लिए 'क', 'ख' क्षेत्रों के अंतर्गत दर्शाए गए मूल पत्राचार की प्रतिशतता 98% है लेकिन 'क', 'ख' क्षेत्रों से प्राप्त अंग्रेजी पत्रों के अधिकतर उत्तर अंग्रेजी में ही दिये गए हैं। ऐसे संदर्भों में मूल पत्राचार में हिंदी की प्रतिशतता घटेगी। कार्यालय की तिमाही हिंदी प्रगति रिपोर्टों में इन दोनों प्रश्नों के आंकड़े पहले ही अभिलेखित हुए होते हैं। अत: निरंतर आधार पर प्राप्त अंग्रेजी पत्रों के उत्तर भी अधिकतर हिंदी या द्विभाषा में देते हुए तदनुसार तिमाही हिंदी रिपोर्टों में जानकारी अंकित करने से विसंगति उत्पन्न नहीं होगी।
- कंप्यूटर पर हिंदी में किये गए कार्य की प्रतिशतता (संप्रति : भाग-III के प्रश्न संख्या 4 क, ख, च (2), पृष्ठ संख्या 13 व 14) के संदर्भ में यांत्रिक सुविधाओं संबंधी मद के अंतर्गत दर्शाए गए कंप्यूटर पर हिंदी कार्य की प्रतिशतता, उपयोग में लाए जा रहे सॉफ्टवेयर एवं उन पर किये जा रहे हिंदी कार्य की प्रतिशतता तथा कंप्यूटर पर हिंदी में काम करने हेतु प्रशिक्षित कर्मचारियों द्वारा कृत कार्य की प्रतिशतता के आंकड़े एक समान हों।
- भाग-III के संप्रति प्रश्न संख्या 12, पृष्ठ संख्या 19 के अंतर्गत 'विधि संबंधी सूचना' अपने संगठन संबंधी मंत्रालय के राजभाषा विभाग से प्राप्त करनी होगी (उदाहरण के लिए बैंकों के संदर्भ में वित्तीय सेवाएँ विभाग, राजभाषा विभाग, वित्त मंत्रालय से)। नियंत्रक कार्यालय/मुख्यालय द्वारा यह जानकारी लिखित रूप में प्राप्त की जानी होगी।
- प्रश्नावली के भाग-I में कुल स्टाफ सदस्यों के संदर्भ में दर्शाई गई जानकारी एवं भाग-III में सेवा अभिलेखों/पुस्तकों में प्रविष्टियों के संदर्भ में 'कुल संख्या' स्तंभ के अंतर्गत दर्शाई गई जानकारी एक समान हो।

- भाग-IV के संप्रति प्रश्न सं. 1, पृष्ठ सं. 29 के अंतर्गत 'मानक मसौदे' संबंधी जानकारी अपने संगठन के मुख्यालय के राजभाषा विभाग के माध्यम से प्राप्त करनी होगी।
- भाग-IV के संप्रति प्रश्न संख्या 7 'क' व 'ख' के अंतर्गत प्रश्नावली के मूल पत्राचार के अंतर्गत 'क', 'ख', 'ग' क्षेत्रों के संदर्भ में दर्शाए गए कुल पत्रों तथा हिंदी में भेजे गए पत्रों की जानकारी दर्शानी होगी।
- विज्ञापन एवं प्रचार पर किये गए कुल व्यय के संदर्भ में मुख्यालय के प्रतिनिधि की प्रश्नावली के संदर्भ में (मुख्य प्रश्नावली पुस्तिका के अंतर्गत) संप्रति पृष्ठ संख्या 50 (क) के अंतर्गत संगठन स्तर पर कृत क्षेत्रवार एवं भाषावार कुल व्यय के आंकड़े प्रस्तुत करने होंगे। (यह सूचना मुख्यालय द्वारा दी जाएगी)
- इसी प्रकार संबंधित अंचल की सूचना संप्रति पृष्ठ संख्या 50 (ख) में तथा संबंधित क्षेत्र की सूचना संप्रति पृष्ठ सं. 50 (ग) में दर्शानी होगी (अंचल एवं क्षेत्रीय कार्यालय से यह जानकारी प्राप्त करनी होगी)। इसके अतिरिक्त निरीक्षणाधीन कार्यालय द्वारा कृत व्यय की सूचना संप्रति पृष्ठ संख्या 57 में देनी होगी और जिसे पूरक प्रश्नावली के संबंधित मद के अंतर्गत भी दर्शाना होगा।

नोट : अंचल कार्यालय के निरीक्षण के संदर्भ में मुख्यालय के प्रतिनिधि की प्रश्नावली पर्याप्त है। अंचल कार्यालय की जानकारी संप्रति पृष्ठ संख्या 57 अर्थात् निरीक्षणाधीन कार्यालय संबंधी शीर्षक के अंतर्गत तथा पूरक प्रश्नावली में प्रस्तुत करनी होगी।

- क्षेत्रीय कार्यालय के निरीक्षण के संदर्भ में मुख्यालय एवं अंचल कार्यालय के प्रतिनिधि की प्रश्नावली उन कार्यालयों द्वारा ही भरनी पड़ेगी। तत् परिस्थिति में क्षेत्रीय कार्यालय की जानकारी निरीक्षणाधीन कार्यालय संबंधी मद के अंतर्गत संप्रति पृष्ठ 57 में तथा पूरक प्रश्नावली में भरनी होगी।
- शाखा कार्यालय/इकाई के संदर्भ में तीनों नियंत्रक कार्यालयों (मुख्यालय/अंचल कार्यालय/क्षेत्रीय कार्यालय) के प्रतिनिधि की प्रश्नावली उनके द्वारा ही भरनी पड़ेगी। निरीक्षणाधीन कार्यालय के मद के अंतर्गत संप्रति प्रश्नावली की पृष्ठ संख्या 57 तथा पूरक प्रश्नावली में शाखा कार्यालय/इकाई द्वारा कृत व्यय की जानकारी देनी होगी।
- मुख्यालय के निरीक्षण के संदर्भ में संप्रति पृष्ठ संख्या 50 (क), पृष्ठ संख्या 57 तथा पूरक प्रश्नावली में उसके स्तर पर कृत व्यय से संबंधित जानकारी देनी होगी।

मुख्य प्रश्नावली के संदर्भ में प्रश्नवार जवाब प्रस्तुत करने हेतु जानकारी कहाँ से लेनी होगी

भाग-I, प्र. 6 : हिंदी ज्ञान की स्थिति

अद्यतन हिंदी ज्ञान रोस्टर/मानव संसाधन प्रबंधन प्रणाली विभाग/कार्मिक विभाग/उपस्थिति पंजी/हिंदी प्रगति रिपोर्ट का भाग-II

भाग-I, प्र. 7 : हिंदी कार्य की प्रतिशतता (कार्यसाधक ज्ञान/प्रवीणता प्राप्त कर्मियों द्वारा)

अद्यतन हिंदी ज्ञान रोस्टर/हिंदी प्रगति रिपोर्ट का भाग-II, राजभाषा अनुभाग में उपलब्ध कर्मचारीवार हिंदी प्रयोग संबंधी अभिलेख/अनुभागवार पत्र इंडेक्स के आधार पर।

भाग-I. प्र. 8 (क) : उच्च पदाधिकारियों द्वारा हिंदी का प्रयोग

हिंदी ज्ञान रोस्टर एवं संबंधित पदाधिकारियों द्वारा कृत कार्य के अभिलेखों के आधार पर। राजभाषा अनुभाग द्वारा समय-समय पर प्राप्त की गई जानकारी/अभिलेखों के आधार पर। (मासिक रिपोर्ट या अन्य पद्धति द्वारा)

भाग-I, प्र. 9 ('क', 'ख', 'ग') : संसदीय राजभाषा समिति के पिछले निरीक्षणों की जानकारी कार्यालय में उपलब्ध संसदीय राजभाषा समिति निरीक्षण फाइल/रजिस्टर/पूर्व प्रश्नावलियाँ तथा हिंदी प्रगति रिपोर्ट का भाग-II

भाग-II, प्र. 1.1 : राजभाषा अधिनियम-1963 की धारा-3(3)

तिमाही हिंदी प्रगति रिपोर्ट भाग-I (समर्थन अभिलेख: धारा-3(3) संबंधी कागजातों की प्रतियाँ सुरक्षित करने हेतु नियंत्रक कार्यालय के राजभाषा अनुभाग/शाखा कार्यालय/इकाई में अनुरक्षित फाइल एवं तत्संबंधी रजिस्टर)

भाग-II, प्र. 2 : हिंदी में प्राप्त पत्रों की स्थिति

तिमाही हिंदी प्रगति रिपोर्ट का भाग-I [समर्थन अभिलेख: इकाई/शाखा कार्यालय/नियंत्रक कार्यालय के राजभाषा एवं अन्य विभागों को हिंदी या द्विभाषा में प्राप्त पत्र (ई-मेल के रूप में हिंदी में प्राप्त पत्र सहित) तथा उत्तरित पत्र अभिलेखित रजिस्टर]। सॉफ्ट प्रति में भी जानकारी अभिलेखित कर सुरक्षित रखी जा सकती है।

संसदीय राजभाषा समिति की मुख्य प्रश्नावली में संप्रति इस मद के अंतर्गत पादटिप्पणी में सूचितानुसार हिंदी में हस्ताक्षरित पत्रों को भी हिंदी में प्राप्त पत्र मानना होगा। (इस संबंध में कोई स्पष्टीकरण की आवश्यकता होने पर समिति कार्यालय से संपर्क करने का प्रयास करना होगा और नवीनतम संशोधनों पर ध्यान देना होगा।)

भाग-II, प्र. 3 : अधिसूचना [नियम-1976 के नियम-10(4)]

इकाई/शाखा कार्यालय/नियंत्रक कार्यालय में उपलब्ध तत्संबंधी फाइल/रजिस्टर/हिंदी प्रगति रिपोर्ट का भाग-II (अभिलेखों की अनुपलब्धता में मुख्यालय के राजभाषा विभाग से संपर्क करना होगा)।

भाग-II, प्र. 4 : विनिर्दिष्ट कार्य हिंदी में करने के आदेश

शाखा कार्यालय/नियंत्रक कार्यालय में उपलब्ध फाइल/रजिस्टर/हिंदी ज्ञान रोस्टर।

भाग-II, प्र. 5 : कोड, मैनुअल का द्विभाषीकरण

निरीक्षणाधीन अधीनस्थ कार्यालय या शाखा कार्यालय/इकाई के संदर्भ में मुख्यालय के राजभाषा विभाग/संगठन एवं पद्धति विभाग/लेखन सामग्री विभाग या अन्य कोई संबंधित विभाग से इस मद की अद्यतन जानकारी प्राप्त करनी होगी (मुख्यालय के राजभाषा विभाग का सहयोग लेना उचित है) तथा तिमाही प्रगति रिपोर्ट का भाग-II

भाग-II, प्र. 6 : राजभाषा नियम 1976 के नियम-11

इस प्रश्न के अंतर्गत दर्शाए गए विभिन्न मदों की अद्यतन जानकारी का अभिलेख करते हुए कार्यालय के राजभाषा अनुभाग द्वारा अनुरक्षित रजिस्टर (अद्यतन अभिलेख उपलब्ध न होने की स्थिति में कार्यालय के सभी अनुभागों से मदवार जानकारी प्राप्त करनी होगी)। शाखा कार्यालय/इकाई के संदर्भ में उनके द्वारा प्रयुक्त/उपलब्ध अद्यतन जानकारी के आधार पर।

भाग-III, प्र. 1 : अंग्रेजी में प्राप्त पत्रों के उत्तर की स्थिति

तिमाही हिंदी प्रगति रिपोर्ट, भाग-I (अपेक्षित समयावधि के अनुसार)

भाग-III, प्र. 2 : मूल पत्राचार की स्थिति

तिमाही हिंदी प्रगति रिपोर्ट भाग-I (अपेक्षित समयावधि के अनुसार)

भाग-III, प्र. 4 ('क', 'ख', 'ग', घ, ङ, च) : यांत्रिक सुविधाएँ

नियंत्रक कार्यालय के संदर्भ में अपने आईटी अनुभाग तथा राजभाषा अनुभाग में उपलब्ध रजिस्टर/अभिलेख, तिमाही हिंदी प्रगति रिपोर्ट का भाग-II, हिंदी ज्ञान रोस्टर तथा कंप्यूटर पर हिंदी कार्य संबंधी रिपोर्ट। शाखा कार्यालय/इकाई के संदर्भ में अपने पास उपलब्ध कंप्यूटर संबंधी अद्यतन अभिलेख, हिंदी प्रगति रिपोर्ट का भाग-II, हिंदी ज्ञान रोस्टर तथा कंप्यूटर पर हिंदी कार्य संबंधी प्रगति रिपोर्ट।

भाग-III, प्र. 4 (छ) : वेबसाइट

निरीक्षणाधीन अधीनस्थ कार्यालय के संदर्भ में मुख्यालय के आईटी विभाग/आयोजना विभाग/राजभाषा विभाग या संबंधित अन्य विभाग से यह जानकारी प्राप्त करनी होगी (मुख्यालय के राजभाषा विभाग का सहयोग प्राप्त करना सुविधाजनक होगा) तथा तिमाही हिंदी प्रगति रिपोर्ट का भाग-II

भाग-III, प्र. 5 : प्रशिक्षण सुविधाएँ

शाखा कार्यालय/इकाई के संदर्भ में अपने पास उपलब्ध जानकारी एवं हिंदी ज्ञान रोस्टर के आधार पर। अन्यथा : अपने तत्काल नियंत्रक कार्यालय के राजभाषा अनुभाग से यह जानकारी प्राप्त करनी होगी। नियंत्रक कार्यालयों के संदर्भ में क्षेत्र अंतर्गत स्थित हिंदी शिक्षण योजना एवं स्वैच्छिक हिंदी संस्थाओं में उपलब्ध हिंदी प्रशिक्षण सुविधाओं/आंतरिक व्यवस्था के अंतर्गत उपलब्ध सुविधाओं/इंटरनेट के माध्यम से उपलब्ध हिंदी प्रशिक्षण सुविधाओं की जानकारी देनी होगी। इसके अतिरिक्त अद्यतन हिंदी ज्ञान रोस्टर एवं हिंदी प्रगति रिपोर्ट का भाग-II

भाग-III, प्र. 6 : संगठन में प्रशिक्षण की व्यवस्था

निरीक्षणाधीन कार्यालय के पर्यवेक्षण में या उसके अधीन कोई प्रशिक्षण केंद्र होने पर उस केंद्र संबंधी जानकारी भरनी होगी। अन्यथा नहीं। मुख्यालय के निरीक्षण के संदर्भ में अपने कार्पोरेट प्रशिक्षण केंद्र/मानव संसाधन विभाग से जानकारी प्राप्त कर भरनी होगी।

प्रश्न-III, प्र. 7 व 8 : टंकण/आशुलिपि प्रशिक्षण

हिंदी ज्ञान रोस्टर, हिंदी आशुलिपि/टंकण प्रशिक्षण फाइल/रजिस्टर, तिमाही हिंदी प्रगति रिपोर्ट का भाग-II

भाग-III, प्र. 11 : राजभाषा अधिकारियों/कर्मचारियों संबंधी सूचना

संबंधित कार्यालय के राजभाषा अनुभाग/स्थापना अनुभाग, कार्मिक अनुभाग/एचआरडी/एचआरएमएस में उपलब्ध अभिलेखों के आधार पर

भाग-III, प्र. 12 : विधि संबंधी सूचना

निरीक्षणाधीन संगठन से संबंधित मंत्रालय के राजभाषा विभाग से यह सूचना प्राप्त करनी होगी। शाखा कार्यालय/इकाई के संदर्भ में तत्काल नियंत्रक कार्यालय/मुख्यालय के माध्यम से यह सूचना प्राप्त करना उचित होगा।

भाग-III, प्र. 13 : शब्दकोश/सहायक साहित्य

हिंदी पुस्तकालय रजिस्टर, पुस्तक वितरण रजिस्टर, हिंदी पुस्तकालय फाइल

भाग-III, प्र. 14 : पुस्तकों की खरीद एवं व्यय

स्थापना/लेखा अनुभाग जहाँ वित्तीय वर्ष के दौरान खरीदी गई भाषावार पुस्तक व्यय संबंधी जानकारी मिलती है तथा राजभाषा अनुभाग में उपलब्ध रजिस्टर/फाइल। राजस्व बजट आबंटन संबंधी पत्र/परिपत्र।

भाग-III, प्र. 15 : निर्धारित/प्रयुक्त फार्म

विभिन्न अनुभागों द्वारा प्रयुक्त प्रपत्रों की एक-एक नमूना प्राप्त कर तदनुसार जानकारी दी जा सकती है। इस उद्देश्य के लिए राजभाषा अनुभाग/लेखन सामग्री अनुभाग में उपलब्ध फाइल व रजिस्टर से सूचना ली जा सकती है।

भाग-III, प्र. 16 : भर्ती/पदोन्नति परीक्षाएँ

संगठन के स्तर पर सामान्यतः मुख्यालय के मानव संसाधन विकास विभाग द्वारा यह कार्य देखा जाता है। अतः अधीनस्थ नियंत्रक कार्यालय/शाखा कार्यालय/इकाई द्वारा यह जानकारी भरने की आवश्यकता नहीं है। निरीक्षणाधीन कार्यालय मुख्यालय होने पर अपने एचआरडी से जानकारी प्राप्त कर भरनी होगी। (इस प्रक्रिया के संबंध में अमुक संगठन की आंतरिक व्यवस्था के आधार पर जानकारी देनी होगी।)

भाग-III, प्र. 17 : सेवा अभिलेख/पुस्तक

एचआरएमएस/एचआरडी/कार्मिक/स्थापना अनुभागों में उपलब्ध अभिलेखों के आधार पर। (निरीक्षणाधीन कार्यालय में कार्यरत स्टाफ सदस्यों के संदर्भ में)

भाग-III, प्र. 18 : राजभाषा कार्यान्वयन समिति

राजभाषा कार्यान्वयन समिति की बैठक संबंधी रजिस्टर, राजभाषा कार्यान्वयन समिति की फाइल/कार्यवृत्त एवं समिति के अध्यक्ष व सदस्यों द्वारा कृत हिंदी प्रयोग संबंधी जानकारी हेतु उनसे संबंधित अनुभागों के अभिलेखों में प्राप्त जानकारी के आधार पर या इस उद्देश्यार्थ कार्यालय के राजभाषा अनुभाग में अनुरक्षित अभिलेखों के आधार पर।

भाग-III, प्र.19 : नगर राजभाषा कार्यान्वयन समिति

नगर राजभाषा कार्यान्वयन समिति के रजिस्टर/फाइल/कार्यवृत्त की प्रतियाँ।

भाग-III, प्र. 20 : विभागीय बैठक/सम्मेलन/संगोष्ठी

निरीक्षणाधीन कार्यालय के विभिन्न अनुभागों में उपलब्ध रजिस्टरों/अभिलेखों/फाइलों/कार्यवृत्तों के आधार पर या कार्यालय के राजभाषा अनुभाग द्वारा इस उद्देश्यार्थ अनुरक्षित अद्यतन अभिलेखों के आधार पर।

भाग-III, प्र. 21 : हिंदी में टिप्पण और आलेखन को प्रोत्साहन

शाखा कार्यालयों/इकाइयों के संदर्भ में जिनसे हिंदी कार्यशालाओं का आयोजन स्वयं नहीं किया जाता, उत्तर इस प्रकार दिया जा सकता है :

(क)—नियंत्रक कार्यालय स्तर पर आयोजित की जाती हैं।

(ख)—अपेक्षित अवधि के दौरान निरीक्षणाधीन शाखा कार्यालय/इकाई से उपस्थित सदस्यों की जानकारी (आंकड़े) देकर कोष्ठक में यह उल्लेख करना होगा कि 'अपने कार्यालय से उपस्थित'।

(ग) 'लागू नहीं' लिखना होगा।

(घ, ङ, च) के संबंध में अपेक्षित जानकारी देनी होगी।

नियंत्रक कार्यालयों के संदर्भ में सभी मद लागू होंगे क्योंकि सामान्यत: उनके द्वारा हिंदी कार्यशालाओं का आयोजन किया जाता है।

हिंदी कार्यशाला फाइल/रजिस्टर, हिंदी प्रोत्साहन योजनाओं में सहभागिता संबंधी फाइल/रजिस्टर तथा कार्यशालाओं में प्रशिक्षित कर्मचारियों द्वारा हिंदी में कृत कार्य के संदर्भ में संबंधित अनुभागों/कार्यालयों से प्राप्त की गई जानकारी के आधार पर।

भाग-III, प्र. 22 : समारोह/सम्मेलन

कार्यालय के विभिन्न अनुभागों द्वारा आयोजित समारोह/सम्मेलन संबंधी जानकारी प्राप्त करनी होगी। सामान्यत: कार्यालय के जनसंपर्क अनुभाग/विपणन अनुभाग/आयोजन अनुभाग में यह जानकारी उपलब्ध होगी।

राजभाषा निरीक्षणों को ध्यान में रखकर राजभाषा अनुभाग द्वारा भी इस प्रकार की जानकारी संबंधी अभिलेख बनाए रखे जाते हैं।

भाग-III, प्र. 23 : प्रकाशन

निरीक्षणाधीन कार्यालय द्वारा प्रकाशित गृह पत्रिकाओं/समाचार बुलेटिनों/पुस्तकों/अन्य प्रकाशनों की जानकारी।

शाखा कार्यालयों/इकाइयों द्वारा इस प्रकार के प्रकाशन निकालने की संभावना बहुत कम होती है। नियंत्रक कार्यालयों/मुख्यालयों के कुछेक विभागों द्वारा ऐसे प्रकाशन लाए जाते हैं (संगठन के आंतरिक नीति-नियमों के आधार पर यह कार्य संपन्न किया जाता है)। प्रकाशित करने वाले अनुभागों/विभागों से इस प्रश्न की मदवार जानकारी प्राप्त करनी होगी।

सामान्यत: राजभाषा अनुभाग/विभाग द्वारा इस आशय संबंधी जानकारी प्राप्त कर अभिलेख बनाए रखे जाते हैं। प्रकाशनों की नवीनतम प्रतियाँ भी इनके पास उपलब्ध होने की आवश्यकता है।

भाग-III, प्र. 24 : संसदीय राजभाषा समिति को प्रस्तुत की जाने वाली सामग्री की समीक्षा और अनुपालन।

उत्तर 'जी हाँ' हो।

अधीनस्थ कार्यालयों के निरीक्षणों के संबंध में संसदीय राजभाषा समिति के प्रेक्षणों पर नियंत्रक कार्यालयों/विभागों द्वारा अनुवर्ती कार्रवाई कर पूर्ण अनुपालन सुनिश्चित करना होगा।

[**संदर्भ :** राजभाषा विभाग, गृह मंत्रालय का ज्ञापन संख्या टी/20034/1/78—राभा (क-1), दि. 24.4.1978)]

भाग-IV, प्र. 1 : मानक मसौदे

संगठन के मुख्यालय स्तर पर मानक मसौदे तय किये जाते हैं। अत: मुख्यालय के लेखन सामग्री विभाग या इस संविभाग से संबंधित विभाग से अद्यतन जानकारी प्राप्त करनी होगी। मुख्यालय के राजभाषा विभाग के माध्यम से यह जानकारी प्राप्त करना अधीनस्थ कार्यालयों के लिए सुविधाजनक होगा।

भाग-IV, प्र. 2 : विज्ञापन

सामान्यत: यह जानकारी कार्यालय के जनसंपर्क/आयोजना/विपणन/लेखा अनुभागों में उपलब्ध होती है। राजभाषा अनुभाग/विभाग सक्रिय रहकर कार्यालय के अन्य विभागों से इस आशय की जानकारी तिमाहीवार प्राप्त कर अभिलेख बनाए रखने होंगे।

ध्यान रखना होगा कि इस प्रश्न के अंतर्गत प्रस्तुत जानकारी में एवं प्रश्नावली के संप्रति पृष्ठ संख्या 57 में दर्शाई गई जानकारी में समरूपता हो।

उदाहरण के लिए यदि इस प्रश्न के अंतर्गत 'केवल अंग्रेजी' स्तंभ में 'शून्य' दर्शा कर पृष्ठ संख्या-57 के अंतर्गत इसी स्तंभ में अर्थात् 'केवल अंग्रेजी' स्तंभ के अंतर्गत व्यय रकम दर्शाने पर दी गई सूचना में तालमेल नहीं होगा।

भाग-IV, प्र. 3 : निरीक्षण

कार्यालय के निरीक्षण अनुभाग, आईटी अनुभाग, कार्यालय प्रधान सचिवालय और राजभाषा अनुभाग में उपलब्ध अभिलेखों के आधार पर।

भाग-IV, प्र. 4 : अनुभागों में हिंदी कार्य

शाखा कार्यालय/इकाई के संदर्भ में राजभाषा के अतिरिक्त कार्यभार से जुड़े अनुभाग (राजभाषा समन्वयक के पास) तथा नियंत्रक कार्यालयों के संदर्भ में राजभाषा अनुभाग में यह जानकारी उपलब्ध होगी।

भाग-IV, प्र. 5 : हिंदी दिवस समारोह

शाखा कार्यालय/इकाई के संदर्भ में राजभाषा का अतिरिक्त कार्यभार संभालने वाले अनुभाग में उपलब्ध रजिस्टर एवं फाइल (विशेष प्रोत्साहन योजनाओं संबंधी जानकारी अपने नियंत्रक कार्यालय के राजभाषा अनुभाग से प्राप्त करनी होगी) तथा नियंत्रक कार्यालयों के संदर्भ में राजभाषा अनुभाग में उपलब्ध रजिस्टर/फाइलों के आधार पर।

भाग-IV, प्र. 6 : फाइलों पर लिखी गई टिप्पणियाँ

शाखा कार्यालय/इकाई/कार्यालय की अनुभागवार हिंदी प्रगति रिपोर्ट, कार्यालय प्रमुख के सचिवालय संबंधी वैयक्तिक हिंदी प्रगति रिपोर्ट एवं अनुभागवार/सचिवालयवार कार्यालय नोट इंडेक्स पुस्तक के आधार पर।

भाग-IV, प्र. 7 : मूल पत्राचार

इस प्रश्न के 'कुल पत्राचार' एवं 'हिंदी पत्राचार' संबंधी आंकड़े तथा प्रश्नावली के भाग-III, प्रश्न 2 के अंतर्गत 'क', 'ख', 'ग' क्षेत्रों के लिए दर्शाए गए 'कुल पत्र' व 'हिंदी पत्र' के आंकड़े एक समान हों।

अन्य जानकारी हेतु कार्यालय प्रमुख के सचिवालय संबंधी तिमाही हिंदी प्रगति रिपोर्ट एवं उनकी पत्राचार इंडेक्स पुस्तक।

भाग-IV, प्र. 8 : समस्या-समाधान

यदि कोई हो तो बताना होगा। अन्यथा : 'इस प्रकार की कोई समस्या नहीं रही' या जो उचित लगे, लिखा जा सकता है।

भाग-IV, प्र. 9 : विशेष कार्यों की सूचना

विशेष गतिविधियों संबंधी फाइल/रजिस्टर के आधार पर निरीक्षणाधीन कार्यालय द्वारा स्वयं बनाना होगा।

नोट : आजकल बहुत सारी सूचनाएँ कर्मचारियों के कार्यालयीन व्यक्तिगत कंप्यूटर (पीसी) में सुरक्षित की जा रही हैं। अत: भौतिक फाइल, रजिस्टर ही नहीं, सॉफ्ट प्रति के रूप में उपलब्ध जानकारी का भी संदर्भ लेना होगा।

मुख्य प्रश्नावली में समाविष्ट किये गए राजभाषा विभाग, गृह मंत्रालय के ज्ञापन संबंधी पृष्ठों के पश्चात् के प्रश्न

उप समिति के निरीक्षण कार्यक्रम में शामिल कार्यालय से संबंधित मंत्रालय/विभाग के प्रतिनिधि के लिए प्रश्नावली (संप्रति : प्रश्नावली की पृष्ठ संख्या 45-47)

यह जानकारी निरीक्षणाधीन संगठन के मंत्रालय से संबंधित मुख्यालय के राजभाषा विभाग से प्राप्त करनी होगी। आलेख एवं साक्ष्य उप समिति के निरीक्षण के संदर्भ में आवश्यक नहीं हैं।

उप समिति के निरीक्षण कार्यक्रम में शामिल कार्यालय से संबंधित मुख्यालय के प्रतिनिधि के लिए प्रश्नावली (संप्रति : प्रश्नावली की पृष्ठ संख्या 48 क से 50 क)

पहली/दूसरी/तीसरी उप समिति के निरीक्षण के संदर्भ में निरीक्षणाधीन कार्यालय के मुख्यालय द्वारा यह प्रश्नावली भरनी होगी। मुख्यालय स्वयं निरीक्षण अधीन होने पर भी उन्हें यह प्रश्नावली भरनी होगी।

आलेख एवं साक्ष्य उप समिति के निरीक्षण के संदर्भ में मुख्यालय द्वारा यह प्रश्नावली भरने की आवश्यकता नहीं है।

अपने मुख्यालय के प्रतिनिधि की प्रश्नावली के प्रश्नवार उत्तर संबंधी कुछ मार्गदर्शन

प्रश्न-1 : 'जी हाँ' के साथ अपेक्षित उत्तर देने के अतिरिक्त निरीक्षणाधीन कार्यालय की तिमाही हिंदी प्रगति रिपोर्ट की समीक्षा मुख्यालय द्वारा की जाने के संदर्भ में तत्संबंधी नवीनतम समीक्षा पत्र की एक प्रति अनुबंध के रूप में देनी होगी।

शाखा कार्यालय/इकाई या अन्य नियंत्रक कार्यालय के संदर्भ में मुख्यालय द्वारा तिमाही हिंदी प्रगति रिपोर्ट की समीक्षा न की जाने के संदर्भ में अर्थात् तत्काल नियंत्रक कार्यालय द्वारा समीक्षा की जाने की स्थिति में आंतरिक अनुश्रवण व्यवस्था की जानकारी

देनी होगी। (ऐसी स्थिति में समीक्षा से संबंधित पत्र की प्रति संबंधित नियंत्रक कार्यालय द्वारा संलग्न की जाएगी।)

प्रश्न 2 : वस्तुस्थिति के आधार पर 'जी हाँ' या 'जी नहीं' उत्तर देना होगा।

प्रश्न 3 : (i, ii) : राजभाषा विभाग के तत्काल प्रभारी द्वारा किये गए राजभाषा निरीक्षण तथा आंतरिक निरीक्षण व्यवस्था के आधार पर अन्य कोई राजभाषा निरीक्षण। [यह जानकारी संबंधित निरीक्षण विभाग से प्राप्त करनी होगी। सामान्यता: निरीक्षण विभाग द्वारा कार्यालय के राजभाषा-विभाग को यथासमय यह जानकारी पहुँचाई जाती है।]

प्रश्न 4 : उत्तर 'जी हाँ' हो। ('जी नहीं' के संदर्भ में कारण देना होगा)

प्रश्न 5 : मुख्यालय या नियंत्रक कार्यालय द्वारा निरीक्षणाधीन कार्यालय के साथ किए गए पत्राचार/ई-मेल आदि का प्रतिशत। मुख्यालय/नियंत्रक कार्यालय द्वारा इस प्रकार के अभिलेख बनाए रखने होंगे। इस प्रकार के अभिलेख उपलब्ध न हो पाने या बनाए रखना संभव न हो पाने के संदर्भ में अंतिम विकल्प के रूप में निरीक्षणाधीन कार्यालय स्थित भाषायी क्षेत्र ('क', 'ख', 'ग') के साथ मुख्यालय/नियंत्रक कार्यालय द्वारा किये गए पत्राचार की प्रतिशतता (संबंधित क्षेत्र की) दर्शाने पर सोचा जा सकता है। (यह केवल सुझाव है।)

प्रश्न 6 : वस्तुस्थिति के अनुसार 'जी हाँ' या 'जी नहीं' लिखना होगा।

'जी हाँ' के संदर्भ में तत्संबंधी ब्योरा देना होगा।

प्रश्न 7 (क से घ) : मुख्यालय के मानव संसाधन विभाग से यह जानकारी प्राप्त करनी होगी।

प्रश्न 8 : मुख्यालय के राजभाषा विभाग में उपलब्ध अभिलेखों के आधार पर उत्तर देना होगा।

प्रश्न सं. [(8-4 (i) (ii)] एवं 8 (7) : के संदर्भ में मुख्यालय के सूचना प्रौद्योगिकी विभाग से जानकारी प्राप्त करनी होगी।

प्रश्न 9 : अपेक्षित अवधि के दौरान विज्ञापन एवं प्रचार पर संगठन द्वारा कृत भाषावार कुल व्यय की स्तंभवार जानकारी देनी होगी। यह जानकारी सामान्यत:मुख्यालय के आयोजना/विपणन/प्रचार विभागों से या अन्य संबंधित विभाग से प्राप्त करनी होगी।

जानकारी के अंत में कार्यालय के राजभाषा विभाग के प्रभारी उच्च कार्यपालक के हस्ताक्षर प्राप्त करने होंगे। (पदनाम एवं कार्यालय पतायुक्त विभाग की द्विभाषा मुहर अंकित हो।)

नोट : प्रश्नावली का यह भाग प्रधान कार्यालय द्वारा भरा जाएगा। आलेख एवं साक्ष्य उप समिति के निरीक्षण के संदर्भ में इस प्रश्नावली को भरने की आवश्यकता नहीं है।

उप समिति के निरीक्षण कार्यक्रम में शामिल कार्यालय से संबंधित अंचल कार्यालय के प्रतिनिधि के लिए प्रश्नावली (संप्रति : प्रश्नावली की पृष्ठ संख्या 48 ख से 50 ख)

मुख्यालय के प्रतिनिधि संबंधी प्रश्नावली में दिये गए प्रश्नवार मार्गदर्शन का संदर्भ लिया जा सकता है।

लेकिन प्रश्न संख्या 9 के संदर्भ में अर्थात् विज्ञापन और प्रचार पर किये गए व्यय के संदर्भ में संपूर्ण अंचल द्वारा कृत व्यय की भाषावार/मदवार सूचना प्रस्तुत करनी होगी।

नोट : प्रश्नावली का यह भाग संबंधित अंचल कार्यालय द्वारा भरा जाएगा। आलेख एवं साक्ष्य उप समिति के निरीक्षण के संदर्भ में इस प्रश्नावली को भरने की आवश्यकता नहीं है।

उप समिति के निरीक्षण कार्यक्रम में शामिल कार्यालय से संबंधित क्षेत्रीय कार्यालय के प्रतिनिधि के लिए प्रश्नावली (संप्रति : प्रश्नावली की पृष्ठ संख्या 48 ग से 50 ग)

यह प्रश्नावली भरते समय भी मुख्यालय के प्रतिनिधि की प्रश्नावली भरने हेतु प्रस्तुत जानकारी/मार्गदर्शन का संदर्भ लिया जा सकता है। प्रश्न संख्या 9 से जुड़ी विज्ञापन/प्रचार संबंधी जानकारी देते समय केवल अपने समस्त क्षेत्र द्वारा कृत भाषावार/मदवार व्यय की जानकारी प्रस्तुत करनी होगी।

नोट : यह प्रश्नावली संबंधित क्षेत्रीय कार्यालय द्वारा भरी जाएगी। आलेख एवं साक्ष्य उप समिति के संदर्भ में इस प्रश्नावली को भरने की आवश्यकता नहीं है।

उपक्रमों/निगमों आदि के लिए प्रश्नावली (संप्रति पृ. सं. 51 से 56)

अमुक उपक्रम/निगम का कार्य स्वरूप, उनकी परियोजनाओं, उत्पादन, बिक्री, उनके प्रचार-प्रसार में हिंदी का प्रयोग एवं तत्संबंधी व्यय, विदेशों में उनके उत्पादों का निर्यात, राजभाषा पदों की भर्ती प्रक्रिया, राजभाषा अधिकारियों को आबंटित कार्य इत्यादि संबंधी इस प्रश्नावली को मुख्यालय द्वारा भरा जाएगा।

अपनी संस्था के राजभाषा अधिकारियों को आबंटित कार्यों संबंधी अद्यतन आदेशों का अभिलेख मुख्यालय के राजभाषा विभाग में सदा उपलब्ध हो।

[प्रत्येक उपक्रम/निगम के कार्यस्वरूप के आधार पर उत्तर तैयार करना होता है। अतः यहाँ प्रश्नवार उत्तर संबंधी मार्गदर्शन देने की चेष्टा नहीं की गई।]

विज्ञापन और प्रचार पर व्यय (संप्रति : पृष्ठ संख्या 57) :

यहाँ केवल निरीक्षणाधीन कार्यालय/शाखा कार्यालय/इकाई की ही भाषावार/मदवार जानकारी देनी होगी और अंत में निरीक्षणाधीन कार्यालय के प्रमुख के हस्ताक्षर व द्विभाषिक रबड़ की मुहर अंकित करनी होगी।

पूरक प्रश्नावली

केंद्र सरकार के उपक्रमों, निगमों, बोर्डों, राष्ट्रीयकृत बैंकों, बीमा कंपनियों के लिए लागू पूरक प्रश्नावली के प्रश्नों में भिन्नता होती है। कार्य स्वरूप के आधार पर प्रश्नों का चयन होता है। यह पूरक प्रश्नावली आलेख एवं साक्ष्य उप समिति के विचार-विमर्श कार्यक्रम को छोड़कर शेष तीनों उप समितियों के निरीक्षणों के लिए लागू होगी।

नमूने के तौर पर यहाँ केवल बैंकों के लिए लागू पूरक प्रश्नावली को भरे जाने संबंधी मार्गदर्शन दिया गया है। बैंक ही नहीं, शेष उपक्रम, निगम आदि को अपने लिए लागू पूरक प्रश्नावली के प्रश्न स्वरूप के आधार पर सटीक उत्तर देने होंगे।

नोट : पूरक प्रश्नावली के कुछेक प्रश्नों के उत्तर मुख्य प्रश्नावली में दिये जा चुके होते हैं। अत: वही सूचना पूरक प्रश्नावली में भी देनी पड़ेगी। अन्यथा : विसंगति होगी।

बैंकों के लिए पूरक प्रश्नावली (उदाहरणार्थ)

प्रश्न संख्या 3 : विशेष कार्यों संबंधी सूचना

प्रशासनिक/नियंत्रक कार्यालयों/प्रशिक्षण केंद्रों के लिए 3 (i), (ii), (iii), (v), (ix) लागू नहीं होंगे। शाखाओं के संदर्भ में इस प्रश्न की सभी मद भरनी होंगी।

कुछेक मदों के अंतर्गत जानकारी भरने हेतु संबंधित अवधि की तिमाही हिंदी प्रगति रिपोर्ट (भाग-I) से जानकारी प्राप्त की जा सकती है। निरीक्षणाधीन कार्यालय/शाखा के विभिन्न अनुभागों से प्राप्त की गई जानकारी के आधार पर यहाँ आंकड़ों में जानकारी देनी होगी।

प्रश्न संख्या 5 ग, घ, ङ, च, छ के अंतर्गत जानकारी भरने में शाखाओं को कोई संदेह होने पर अपने नियंत्रक कार्यालय से मार्गदर्शन प्राप्त करना होगा।

प्रश्न संख्या 5(ज) के संदर्भ में मुख्य प्रश्नावली के भाग-III के प्रश्न 3 च (2) के अंतर्गत प्रस्तुत जानकारी ही देनी होगी। (कंप्यूटर पर हिंदी में कार्य की प्रतिशतता)

प्रश्न संख्या 6 : विभागीय प्रशिक्षण।

शाखाओं के लिए यह जानकारी लागू नहीं होगी। 'शाखा होने के कारण लागू नहीं है' लिखा जा सकता है। उसी प्रकार निरीक्षणाधीन नियंत्रक कार्यालय के अधीन प्रशिक्षण केंद्र न होने पर यह जानकारी लागू नहीं होगी। 'इस कार्यालय के अधीन कोई प्रशिक्षण केंद्र नहीं है' लिखा जा सकता है। इन संदर्भों को छोड़कर अन्य संदर्भों में इस प्रश्न का उत्तर भरना होगा। संबंधित प्रशिक्षण केंद्रों एवं नियंत्रक कार्यालयों के मानव संसाधन विकास विभाग से जानकारी प्राप्त करनी होगी।

प्रश्न संख्या 7 : यह प्रश्न नियंत्रक कार्यालय के लिए लागू है।

राजभाषा अनुभाग/निरीक्षण अनुभाग/अन्य संबंधित अनुभागों में उपलब्ध अभिलेखों के आधार पर जानकारी प्रस्तुत करनी होगी।

प्रश्न संख्या 9 : इस प्रश्न संबंधी मदवार जानकारी मुख्यालय के राजभाषा विभाग से प्राप्त करनी होगी।

प्रश्न संख्या 10 : इससे संबंधित सभी मदों की जानकारी मुख्यालय के राजभाषा विभाग एवं मानव संसाधन विकास विभाग से प्राप्त करनी होगी।

प्रश्न संख्या 12 : मुख्य प्रश्नावली की संप्रति पृष्ठ संख्या 57 में उद्धृत जानकारी को ही यहाँ प्रस्तुत करना होगा।

प्रश्न संख्या 13 : मुख्यालय के राजभाषा विभाग से यह जानकारी प्राप्त करनी होगी। मुख्यालय के मानव संसाधन विकास विभाग में यह जानकारी उपलब्ध होगी जिसे प्राप्त करने में मुख्यालय के राजभाषा विभाग संपर्क सूत्र की भूमिका निभाएगा।

अंत में निरीक्षणाधीन कार्यालय/शाखा प्रमुख के हस्ताक्षर एवं द्विभाषा/त्रिभाषा मुहर अंकित करनी होगी।

नोट : संप्रति प्रयुक्त मुख्य प्रश्नावली, पूरक प्रश्नावली, टॉलिक के अध्यक्ष की प्रश्नावली में अंकित प्रश्न संख्याओं को ज्यों का त्यों उद्धृत करते हुए प्रश्नवार मार्गदर्शन दिया गया। लेकिन संसदीय राजभाषा समिति कार्यालय द्वारा कार्यान्वयन की अपेक्षाओं के अनुरूप समय-समय पर प्रश्नावलियों में संशोधन किया जाता है। ऐसे संदर्भों में प्रश्नवार विषय के आधार पर पथप्रदर्शित होना होगा।

निरीक्षण की सतत तैयारी

- राजभाषा अधिकारियों को चाहिए कि वे समिति की निरीक्षण प्रश्नावलियों की सभी मदों से परिचित हों और उनके आधार पर क्रियात्मक कार्य योजना तैयार कर सार्थक अनुपालन सुनिश्चित करें। अर्द्धवार्षिक आधार पर प्रश्नावलियों को उपलब्ध अभिलेखों के आधार पर स्वयं भर लें और जांच कर लें कि कमियाँ/विसंगतियाँ कहाँ-कहाँ पाई गई हैं। यदि हों तो दूर करने के कदम उठाएँ (मॉक टेस्ट की तरह)।
- आलसीपन से असंतोषजनक स्थिति उत्पन्न होती है। राजभाषा अधिकारी के मन में यह सोच कभी न हो कि 'समिति का निरीक्षण कभी-कभार होता है। निरीक्षण की सूचना मिलने पर कमियाँ हों तो दूर की जा सकती हैं।' चूंकि कुछेक कार्यान्वयन मदों के संदर्भ में अर्द्धवार्षिक व वार्षिक सूचना प्रस्तुत करनी पड़ती है। अत: पूर्व कृत कार्य के अभिलेखों के आधार पर ही सूचना प्रस्तुत करना अनिवार्य हो जाता है। उस समय, पूर्व कृत गैर-अनुपालन का परिशोधन नहीं हो सकेगा। इस प्रकार की नाजुक स्थिति उत्पन्न न होने हेतु ससमय कार्य संपन्न करने पर विशेष ध्यान देना होगा।

हिंदी के सुलभतर प्रयोग में प्रौद्योगिकी के आधुनिक उपकरण एवं अंतरजाल, विश्वजाल की सुविधाएँ

परिचय

राजभाषा वर्ग के स्टाफ सदस्य ही नहीं, सामान्य वर्ग के सभी स्टाफ सदस्यों द्वारा कंप्यूटर/लैपटॉप पर हिंदी टाइपिंग स्वयं करते हुए कार्यालयीन कार्य संपन्न किया जाना आवश्यक एवं अनिवार्य होता जा रहा है। हिंदी टंकण एवं अनुवाद कार्य को कर्मचारी प्रिय बनाने में राजभाषा स्टॉफ को इस क्षेत्र में स्वयं सक्षम होकर आदर्श पथप्रदर्शक की भूमिका निभानी होगी। इसके लिए हर राजभाषा स्टाफ को, चाहे वरिष्ठ हो या कनिष्ठ (पुरानी पीढ़ी सहित) प्रौद्योगिकी के नवीनतम उपकरण (टूल्स) की सुविधाओं से परिचित होकर उनके सार्थक परिचालन का अधिकार प्राप्त करना होगा। प्रोग्रामिंग निर्माता कंपनियों की साइट में उपलब्ध हिंदी एवं अन्य भारतीय भाषाओं के कीबोर्ड, फॉन्ट, संबंधित ऐप इत्यादि के संदर्भ में दिये गए दिशानिर्देशों (डायरेक्शंस) के आधार पर स्वयं डाउनलोड करने/इंस्टॉल करने का अभ्यस्त होना जरूरी है। राजभाषा विभाग, गृह मंत्रालय की वेबसाइट rajbhasha.gov.in/rajbhasha.nic.in के अध्याय 'ई-टूल्स' से अवगत होना आवश्यक है।

यहाँ केवल दैनिक प्रयोग के लिए आवश्यक प्रमुख तकनीकी उपकरणों के परिचालन की आवश्यकताओं पर संक्षेप में अवगत कराने का प्रयास किया गया है।

आजकल सभी कंप्यूटर/लैपटॉप/स्मार्ट मोबाइल निर्माताओं द्वारा अपने उपकरणों में हिंदी ही नहीं, अन्य सभी प्रमुख भारतीय भाषाओं में काम करने की सुविधा उपलब्ध कराई जा रही है। सामान्य टाइपिंग सुविधा को छोड़कर अन्य टूल्स के प्रयोग के लिए अंतरजाल (इंटरनेट) सुविधा की आवश्यकता होगी।

टंकण प्रयोग में विश्व स्तर पर एनकोडिंग की एकरूपता को ध्यान में रखकर कैरक्टर एनकोडिंग के लिए यूनिकोड एनकोडिंग प्रणाली 'यूनिकोड समर्थित ओपन टाइप फॉन्ट' का प्रयोग करने पर जोर दिया जा रहा है। इसके लिए इस प्रणाली के अनुकूल सॉफ्टवेयर का प्रयोग करना पड़ता है (यूनिकोड मानक संबंधी जानकारी के लिए www.unicode.org का संदर्भ लिया जा सकता है)। यूनिकोड आधारित टंकण में मंगल, कोकिला, अपराजिता, निर्मला, उत्साह जैसे मनपसंद फॉन्ट चुनकर प्रयोग किया जा सकता है।

कंप्यूटर पर हिंदी टंकण करने के विकल्प

इनस्क्रिप्ट कीबोर्ड

इनस्क्रिप्ट कीबोर्ड भारत सरकार का मानक लेआउट है। यह एक सरल वैज्ञानिक टाइपिंग प्रणाली है। इनस्क्रिप्ट कीबोर्ड पर किसी एक भारतीय भाषा के टाइपिंग से अभ्यस्त होने पर अन्य सभी भारतीय भाषाओं में आसानी से टाइपिंग किया जा सकता है। इनस्क्रिप्ट टाइपिंग मार्गदर्शन के लिए ildc.in साइट से 'आसान टंकण प्रशिक्षक' डाउनलोड कर अभ्यास किया जा सकता है। राजभाषा विभाग की साइट rajbhasha.nic.in के 'ई-टूल्स' में जाकर यूनिकोड एनेबल करने का मार्गदर्शन प्राप्त किया जा सकता है। इनस्क्रिप्ट में टंकित फाइलों को स्थानांतरित किये जाने पर और उन्हें प्राप्तकर्ता के सिस्टम में खोले जाने पर फॉन्ट में कोई परिवर्तन/करवशन नहीं पाया जाएगा।

राजभाषा वर्ग के सभी स्टाफ सदस्यों को इनस्क्रिप्ट कीबोर्ड से हिंदी टंकण करने का अभ्यस्त होना जरूरी है। कोई पारंपरिक रेमिंगटन कीबोर्ड से या फोनेटिक टाइपिंग से अभ्यस्त होने पर तत् टंकण पद्धति से बाहर आकर इनस्क्रिप्ट टंकण प्रारंभ करना अत्यंत आवश्यक है। इस पद्धति में स्वर एवं स्वर आधारित मात्राओं तथा अल्प व महाप्राण व्यंजनों का टंकण क्रम व्यवस्थित और याद रखने में आसान है। तेजी से टाइप किया जा सकता है। राजभाषा सहूलियतकारों द्वारा वे अपने कार्यक्षेत्र के सभी स्टाफ सदस्यों को इस सुलभ और सुव्यवस्थित इनस्क्रिप्ट में टाइपिंग करने की आदत डलवाने के उपाय अपनाने होंगे।

फोनेटिक कीबोर्ड

फोनेटिक कीबोर्ड पर हिंदी टंकण को एक अंतिम विकल्प के रूप में अपनाना ही उचित होगा। इनस्क्रिप्ट से हिंदी टंकण करने के लिए समय नहीं दे पाने वाले पर्यवेक्षी अधिकारियों को फोनेटिक टाइपिंग का सहारा लेने के लिए कहा जा सकता है। इस पद्धति में रोमन स्क्रिप्ट का प्रयोग करते हुए हिंदी टंकण किया जा सकता है। सिस्टम के स्क्रीन पर कीबोर्ड एवं शब्द चयन विकल्प की सुविधा भी उपलब्ध है। सिस्टम में हिंदी टंकण का विकल्प चुनकर हिंदी अक्षरों के स्पष्ट उच्चारण के आधार पर अंग्रेजी अक्षर टाइप करने होंगे। यथा : 'क' के लिए ka, 'क्' (हलंत) के लिए केवल k, दीर्घांत के लिए aa, ee..., महाप्राण के लिए संबंधित उच्चारण के अंग्रेजी अक्षर के बाद h का प्रयोग ('ख' के लिए kha), विसर्ग के लिए (:) h आदि-आदि। इस प्रकार अंग्रेजी अक्षरों का प्रयोग करते हुए हिंदी टंकण रूप लाने हेतु बहुत सारे तरकीबों (ट्रिक्स) को याद रखना पड़ता है। अभ्यस्त हो जाने से आदत तो हो जाती है लेकिन एक हिंदी अक्षर के टंकण के लिए एक से अधिक अंग्रेजी अक्षर को टाइप करने की आवश्यकता होने की वजह से अधिक समय नष्ट हो जाता है। संयुक्ताक्षरों के टंकण में कभी-कभी हलंतयुक्त अक्षर टाइप हो जाते हैं। यथा : 'मुक्त' के लिए 'मुक्‌त', पर्याय के लिए 'पर् याय' आदि-आदि। इनके अतिरिक्त फोनेटिक से हिंदी में टंकित फाइलों का दूसरे सिस्टम में अंतरण होने पर ठीक तरह से टंकित संयुक्ताक्षर में हलंत जुड़ जाना (समाप्त—'समाप्‌त') अक्षरों का विघटन

(उसकी—उस की) आदि विसंगतियाँ पाई जाती हैं जिन्हें पुनः ठीक करने में समय देना होगा। लंबे मसौदे होने पर असंभव-सा लगता है। अतः फोनेटिक हिंदी टाइपिंग को प्रोत्साहित नहीं करना होगा।

रेमिंगटन कीबोर्ड

पुरानी पीढ़ी के कर्मी इस पारंपरिक टाइपिंग से अभ्यस्त होकर इसे छोड़कर इनस्क्रिप्ट प्रयोग में नहीं आना चाहते हैं। लेकिन मन बना लेने पर कम समय में इनस्क्रिप्ट कीबोर्ड परिचालन से परिचित होना कोई कठिन कार्य नहीं है। रेमिंगटन से हिंदी में टंकित फाइलों को अन्य सिस्टम में अंतरित करने पर वही विसंगतियाँ अक्सर पाई जाती हैं, जैसे फोनेटिक हिंदी में टंकित फाइलों के अंतरण में। इस पद्धति से बाहर आना ही उचित होगा।

मोबाइल फोन पर हिंदी टाइपिंग

कंप्यूटर और लैपटॉप पर काम करने के लिए उपर्युक्त भौतिक टंकण पद्धतियाँ अपनाए जाने के अतिरिक्त कार्यालय में ही नहीं, कार्यालय से बाहर रहने पर भी आवश्यक कार्यालयीन काम निपटाने के लिए मोबाइल पर हिंदी और अन्य भारतीय भाषाओं का टंकण मोड में या लिप्यंतरण मोड में (फोनेटिक पद्धति) टाइप किया जा सकता है। इसके लिए प्ले स्टोर से गूगल इंडिक कीबोर्ड डाउनलोड कर इंस्टॉल करना होगा जो आजकल लगभग सभी इससे परिचित हैं। फिर भी राजभाषा स्टाफ द्वारा अपने कार्य क्षेत्र के अन्य स्टाफ सदस्यों को मोबाइल पर हिंदी टंकण प्रक्रिया से पथप्रदर्शित करने की पहल की जानी होगी। मोबाइल पर टंकित मसौदा का इंटरनेट का उपयोग करते हुए कार्यालयीन ई-मेल या निजी ई-मेल पर अग्रेषित कर प्रिंटआउट लिया जा सकता है। अन्यथा : मोबाइल का प्रिंटर सेटिंग्स के साथ कॉनफिगरेट कर सीधा प्रिंटआउट लिया जा सकता है। एसएमएस, ई-मेल, व्हाट्सएप के जरिये अपने सुविधानुसार कार्यालयीन कार्य संपन्न करने में सहूलियत होगी।

वाइस टाइपिंग (गूगल)

टाइपिंग की यह एक नवीनतम आसान पद्धति है। लेकिन वॉइस रीडिंग में उच्चारण में अस्पष्टता, विराम चिह्नों के सही उच्चारण का पता नहीं हो पाना, इंटरनेट की गति, वॉल्यूम की कमी इत्यादि की वजह से टंकित सामग्री में त्रुटियाँ पाई जाएँगी। त्रुटियों के पास कर्सर लाकर तत् शब्दों को (गलत टंकित अक्षरों, शब्दों, विराम चिन्हों को कर्सर से हटाकर) पुनः पढ़कर या भौतिक रूप से टाइप कर ठीक करना होगा। इस पद्धति से एक बार टंकित त्रुटि रहित अक्षरों, शब्दों की पुनरावृत्ति होने पर उनका उच्चारण दोष होने पर भी सिस्टम (कंप्यूटर/लैपटॉप/मोबाइल) उनकी वर्तनी पहचान कर (मेमोरी आधारित) अपने आप ठीक करने का प्रयास करेगा।

वाइस टाइपिंग की सुविधा प्राप्त करने के लिए अपने सिस्टम (कंप्यूटर/लैपटॉप/मोबाइल) में माइक्रोफोन की सुविधा एवं जीमेल का यूजर आईडी पासवर्ड होना जरूरी

है। विशेषत: क्रोम ब्राउजर में https://docs.google.com खोलकर जीमेल आईडी लॉगिन करना होगा।

कार्यशालाओं/मार्गदर्शन कार्यक्रमों/आभासी कार्यक्रमों/सहायक सामग्री उपलब्ध कराने के जरिये वाइस टाइपिंग सुविधा का उपयोग करते हुए हिंदी में टंकण कार्य संपन्न करने के लिए कार्मिकों को प्रोत्साहित किया जा सकता है। लेकिन उन्हें सचेत करना होगा कि वाइस टाइपिंग में पाई गई वर्तनी की त्रुटियों को भौतिक टाइपिंग से ठीक करना जरूरी है।

यांत्रिक (मशीनी) *अनुवाद*

दिन-ब-दिन हिंदी एवं अन्य भारतीय भाषाओं के बढ़ते प्रयोग की आवश्यकता और अंग्रेजी से इन भारतीय भाषाओं तथा इनसे अंग्रेजी में अनूदित पाठ की शीघ्र मांग को ध्यान में रखकर इलेक्ट्रॉनिकी और सूचना प्रौद्योगिकी मंत्रालय द्वारा शासित स्वायत्त संस्थान सीडैक (Centre for Development of Advanced Computing), पुणे द्वारा राजभाषा विभाग, गृह मंत्रालय के समन्वयन से अनुवाद समर्थित प्रणाली (Translation Support System) विकसित की गई है।

सरकारी एवं निजी कार्यालयीन कार्य में ही नहीं, विपणन बाजार, सामाजिक माध्यमों, मुद्रणालयों इत्यादि में अनुवाद की आवश्यकता को ध्यान में रखकर गूगल, माइक्रोसॉफ्ट जैसे विविध बहुराष्ट्रीय कंपनियों द्वारा अनुवाद टूल उपलब्ध कराए जा रहे हैं।

व्यक्ति द्वारा स्वयं कृत अनुवाद (मानव मेधा से) में यांत्रिक अनुवाद में बहुत अंतर पाया जाता है। हर एक भाषा की भाषिक संस्कृति, व्याकरण, रचनाधर्मिता अलग-अलग होती है। किसी एक भाषा में एक शब्द के कई समानार्थ शब्द होते हैं। अत: कभी-कभी संदर्भानुसार समानार्थी शब्दों को पकड़ पाना मशीन के लिए संभव नहीं हो पाएगा। यथा : 'capital' शब्द के लिए हिंदी में राजधानी (सामान्य अर्थ) और पूंजी (वित्तीय संदर्भ में), दो शब्द हैं। Hyderabad is capital of Telangana State के लिए मशीनी अनुवाद में 'हैदराबाद तेलंगाना राज्य की पूंजी है' मिल सकता है जबकि 'हैदराबाद तेलंगाना राज्य की राजधानी है' होना चाहिए। संबंधित निर्माता कंपनियों द्वारा उपलब्ध कराए जाने वाले शब्द/कोश भंडार तथा सिस्टम (कंप्यूटर/लैपटॉप/मोबाइल) में स्टोर होने वाले पूर्व कृत अनुवाद पाठ के आधार पर यांत्रिक अनुवाद में सहजता बढ़ाई जा सकती है।

काम की मात्रा और आकस्मिकता को ध्यान में रखकर यांत्रिक अनुवाद उपकरणों (टूल) का सहारा लिये जाने पर लक्ष्य भाषा में पाई गई त्रुटियों को ठीक करना अनुवादक की अनिवार्य जिम्मेदारी बन जाती है। इस अनर्थ के लिए मशीन या निर्माता कंपनी को दोषी नहीं ठहराया जा सकता। अनुवादक और उनके पर्यवेक्षी (जांचकर्ता) जिम्मेदार होंगे ही लेकिन दोषपूर्ण अनुवाद से संस्था/कार्मिक/जनसामान्य को हुई क्षति को पूरा करना आसान नहीं होगा।

कंठस्थ (स्मृति आधारित अनुवाद Translation Memory—TM)

राजभाषा विभाग, गृह मंत्रालय द्वारा परिकल्पित अनुवाद सारथी 'कंठस्थ' एक स्मृति आधारित डेटाबेस है। इस डेटाबेस में सिस्टम (कंप्यूटर/लैपटॉप) पर कृत अंग्रेजी से

हिंदी और हिंदी से अंग्रेजी अनुवाद पाठ स्टोर होता जाएगा अर्थात् स्रोत भाषा पाठ और उसका लक्ष्य भाषा में अनूदित पाठ डेटाबेस में एक साथ स्टोर किया जाता है। यह स्टोरेज प्रणाली दो प्रकार है। यथा : ग्लोबल ट्रांसलेशन मेमोरी (GTM) एक सामूहिक डेटाबेस है जो राजभाषा विभाग के सर्वर पर उपलब्ध है। दूसरा लोकल ट्रांसलेशन मेमोरी (LTM) है जो अनुवादक के कंप्यूटर पर उपलब्ध है। व्यक्तिगत सिस्टम पर कृत अनुवाद कार्य के दोनों पाठ एलटीएम के रूप में सुरक्षित रहेंगे। इस अनुवाद का सत्यापन या जांच (वेटिंग) हो जाने के पश्चात् सामूहिक डेटाबेस (GTM) में स्टोर कराया जाता है। अनुवादक अपने सिस्टम में ज़ितना ज्यादा त्रुटि रहित अनुवाद कार्य संपन्न करते जाएगा, भावी अनुवाद कार्य में उनको उतना फायदा होगा; अर्थात् नये पाठ के अनुवाद में ऐसे कोई शब्द या वाक्य जिनका पूर्व अनुवाद उसी सिस्टम के डेटाबेस में उपलब्ध होने पर तत् अनुवाद को ट्रांसलेशन मेमोरी से सिस्टम अपने-आप ले लेता है। इससे भावी अनुवाद कार्य में अनुवादक को राहत मिलने के अतिरिक्त समय भी बच जाएगा। राजभाषा विभाग के सर्वर में स्टोर होती गई जीटीएम का सहारा अपने अनुवाद कार्य में कोई भी ले सकेंगे। क्योंकि एलटीएम और जीटीएम में उपलब्ध फाइलों को अन्य सिस्टम में भेजने और प्राप्त करने की सुविधा उपलब्ध है। शब्दकोश संयोजन, वाक्यांश खोज, गुणवत्ता निर्धारक मानदंड, फाइल को डाउनलोड/अपलोड करने की सुविधाएँ इस 'कंठस्थ' प्रोग्राम में उपलब्ध हैं। राजभाषा कर्मी इस प्रोग्राम को अपने सिस्टम में डाउनलोड कर निरंतर प्रयोग करते हुए लाभान्वित होने के अतिरिक्त अनुवाद कार्य से जुड़े अन्य कर्मियों को भी इस प्रोग्राम का लाभ उठाने के लिए पथप्रदर्शित/प्रोत्साहित करना होगा।

[**स्रोत :** rajbhasha.gov.in में ई-टूल्स : कंठस्थ kanthasth-rajbhasha.gov.in एवं वार्षिक कार्यक्रम 2023-24]

कंठस्थ 2.0

इस अद्यतन संस्करण में निम्न विशेषताएँ शामिल की गई हैं :

(i) *न्यूरल मशीन ट्रांसलेशन (मशीनी अनुवाद) :* इस सुविधा के अनुसार अब यह न केवल अपनी मेमोरी (जिसमें संप्रति लगभग 25 लाख वाक्य हैं) से अनुवाद देगा बल्कि मशीनी अनुवाद भी उपलब्ध कराएगा।

(ii) *स्मार्ट चैटबोट :* यह May I help you की तरह है। इसमें नये प्रयोक्ता के लिए कई प्रश्नों के संक्षेप उत्तर दिये गये हैं। इनसे प्रयोक्ता को महत्त्वपूर्ण जानकारी प्राप्त होगी।

(iii) *वॉयस टाइपिंग :* अब इसमें वॉयस टाइपिंग की सुविधा भी उपलब्ध कराई गई है।

मंत्र-राजभाषा

राजभाषा विभाग, गृह मंत्रालय के प्रायोजन से सी-डैक, पुणे द्वारा विकसित किया गया यह प्रोग्राम भी मशीन आधारित अनुवाद कार्य से संबंधित है। यह विशेषकर अंग्रेजी से हिंदी में अनूदित करने की प्रणाली है जो सरकारी कामकाज संबंधी प्रलेखों व अन्य

कागजातों के अनुवाद कार्य में सहायक सिद्ध होगी। इंटरनेट सुविधा आधारित इस प्रोग्राम में अनुवाद प्रक्रिया सर्वर पर संपन्न होती है। अतः कहीं से भी 'मंत्र-राजभाषा' की सहायता से अनुवाद कार्य संपन्न किया जा सकता है। इसमें ऑनलाइन थिसारस, शब्दकोश की सुविधा उपलब्ध होने के अतिरिक्त बड़े आकार के मसौदों/दस्तावेजों को बांटकर एक से अधिक अनुवादकों और जांचकर्ताओं (वेटर) को वितरित किया जा सकता है और उन्हें एकत्रित कर एक साथ जोड़ा जा सकता है।

मशीनी अनुवाद होने के कारण, स्रोतभाषा का लक्ष्य भाषा में त्रुटि रहित सहज अनुवाद की प्रत्याशा नहीं की जा सकती। अनूदित पाठ का स्रोत पाठ से सत्यापन कर ठीक करना अनुवादक के लिए अनिवार्य है। यह प्रोग्राम ऑनलाइन मुफ्त में उपलब्ध है। स्टैंडअलोन वर्शन को डाउनलोड किया जा सकता है।

[**स्रोत :** mantra-rajbhasha.rb-aai.in]

गूगल ट्रांसलेट

गूगल ने सचमुच दुनिया को मुट्ठी में बांध लिया है। गूगल विश्वकोश में राज्य स्तरीय, राष्ट्र स्तरीय और अंतरराष्ट्रीय भाषाओं का अनुवाद क्षेत्र भी जुड़ गया है। गूगल ट्रांसलेट ऐप (www.translate.google.com) के सहारे अपने सिस्टम (कंप्यूटर/लैपटॉप/मोबाइल) में अंग्रेजी से हिंदी और अन्य भारतीय भाषाओं में तथा इसके विपरीत हिंदी एवं अन्य भारतीय भाषाओं से अंग्रेजी में और भारतीय भाषाओं के बीच भी स्रोत भाषा के अनुवाद के लिए लक्ष्य भाषा को चुनकर क्षणों/मिनटों में अनुवाद कार्य संपन्न कराया जा सकता है। लेकिन गूगल ट्रांसलेट में शब्दशः अनुवाद की मात्रा अधिक पाई जाती है। इस प्रकार के असहज अनुवाद को अनुवादक अपनी मेधा से ठीक/परिशोधित करना अनिवार्य हो जाता है। कभी-कभी कठिन वाक्यों का भी सटीक अनुवाद मिलता है लेकिन पूरे अनूदित पाठ पर भरोसा नहीं किया जा सकता।

www.translate.google.com/toolkit गूगल में अकाउंट बनाकर अपने सिस्टम में अनुवाद करते रहने से कृत अनुवाद को मेमोरी में लेगा और भावी अनुवाद कार्य में पूर्वकृत अनुवाद का कोई पाठ होने पर मेमोरी से लेकर उसे प्रस्तुत करेगा। मशीन द्वारा कृत अनुवाद कार्य को ठीक तरह से परिशोधित करते रहने पर तत् शुद्ध अनुवाद से भावी अनुवाद कार्य में कुछ हद तक मदद मिलेगी। जो भी हो, मशीन अनुवाद पर अनुवादक पूरी तरह आश्रित नहीं हो सकेंगे। केवल यह एक सहायक उपकरण मात्र है। ट्रांसलेट टूल की मदद जरूर ली जा सकती है लेकिन अपनी मेधा से उसे ठीक करना बहुत जरूरी है।

माइक्रोसॉफ्ट ट्रांसलेटर

इस ऐप के सहारे [आर्टिफिशियल इंटेलिजेंस (AI) और डीप न्यूरल नेटवर्क (DNN) के सहयोग से] अंग्रेजी से भारतीय भाषाओं में अनुवाद कार्य संपन्न किया जा सकता है। माइक्रोसॉफ्ट लैंग्वेज एसेसरी पैक मुफ्त में डाउनलोड कर मैक्रोसॉफ्ट विंडोज और ऑफिस में अंग्रेजी से भारतीय भाषाओं के शब्दों का अनुवाद प्राप्त करते हुए अपेक्षित

भाषा में मसौदा बनाने में मदद मिलेगी। लैंग्वेज एसेसरी पैक में, विंडोज में 3 लाख और ऑफिस में 6 लाख शब्दों का भारतीय भाषाओं में अनुवाद प्राप्त किया जा सकता है। इस शब्दकोश में और कई शब्द जोड़ने में कंपनी प्रयासरत है। अनुवाद करते समय लक्ष्य भाषा में दिशानिर्देश और डायलॉग बॉक्स उपलब्ध होने की सुविधा है। दैनिक कार्यालयीन कार्य में हिंदी का प्रयोग बढ़ाने हेतु राजभाषा कर्मी आवश्यकतानुसार स्वयं मशीनी अनुवाद का सहारा लेते हुए हिंदी ज्ञान रखने वाले सामान्य वर्ग के कार्मिकों को भी इस सुविधा का लाभ उठाने के लिए पथप्रदर्शन कर सकते हैं। त्रुटियों को परिशोधित करने की अनिवार्यता से सचेत करना होगा। लापरवाही के दुष्परिणामों से भी अवगत कराना होगा।

श्रुतलेखन राजभाषा (स्पीच टु टेक्स्ट)

यह सी-डैक संस्था द्वारा आईबीएम कंपनी के सहयोग से विकसित की गई (राजभाषा विभाग द्वारा समर्थित) हिंदी सॉफ्टवेयर है। यह ध्वनि आधारित सॉफ्टवेयर है जिससे माइक में बोली गई ध्वनि (अक्षर/शब्द/वाक्य) का पाठ (टेक्स्ट) हिंदी में टंकित होता है। शुद्ध हिंदी में बोले जाने पर या वाचन किये जाने पर उसके टंकित हिंदी पाठ में अधिक शुद्धता होती है। लेकिन बोलने में या वाचन में हिंदी के साथ अंग्रेजी शब्द मिलाने पर अंग्रेजी शब्दों के हिंदी लिप्यंतरण में अधिक त्रुटियाँ पाई जाती हैं जिन्हें भौतिक टाइपिंग से ठीक करने में समय देना पड़ेगा। हिंदी आशुलिपि की घटती परंपरा के इस कंप्यूटर युग में पर्यवेक्षी पदाधिकारियों के लिए ही नहीं, हिंदी ज्ञान रखने वाले सभी कार्मिकों के लिए इस प्रकार की सॉफ्टवेयर मददगार होंगी लेकिन निर्माता कंपनियों द्वारा शुद्धता बढ़ाने संबंधी उपाय अपनाने की आवश्यकता है। https//cdac.asr.rb-aai.in वेबसाइट से डाउनलोड कर इस सुविधा का लाभ उठाया जा सकता है।

वचांतर राजभाषा

यह भी सी-डैक संस्था द्वारा विकसित की गई स्पीच टू टेक्स्ट सॉफ्टवेयर है जो अंग्रेजी में बोली गई ध्वनि/वाचन को मशीनी अनुवाद पद्धति द्वारा हिंदी में परिवर्तित कर उसका हिंदी टंकण पाठ उपलब्ध कराती है। कार्यालयीन कार्य में हिंदी का प्रयोग बढ़ाने की यह एक उपयोगी सॉफ्टवेयर है लेकिन इसमें भी 'प्रत्याशित शुद्धता' की कमी के कारण वाचक की मेधा और भौतिक टंकण से अनूदित पाठ को ठीक करना अति आवश्यक है। इसे त्रुटि रहित बनाने में निर्माता कंपनी के भावी प्रयास फलप्रद हो सकते हैं।

प्रवाचक-राजभाषा (टेक्स्ट टु स्पीच)

इस सॉफ्टवेयर को भी राजभाषा विभाग के सहयोग से सी-डैक, पुणे द्वारा विकसित की गई है। कंप्यूटर स्क्रीन पर प्रदर्शित हिंदी पाठ को पढ़कर सुनाती है। यूनिकोड आधारित यह सॉफ्टवेयर दृष्टि बाधित और हिंदी नहीं पढ़ पाने वाले व्यक्तियों/कार्मिकों के लिए मददगार सॉफ्टवेयर है। pravachak-rajbhasha.rb-aai.in से इसे डाउनलोड कर प्रयोग किया जा सकता है।

ई-महाशब्दकोश

सी-डैक, पुणे के सहयोग से गृह मंत्रालय के राजभाषा विभाग द्वारा 'ई-महाशब्दकोश' विकसित किया गया है। यह अंग्रेजी-हिंदी द्विभाषा के द्विआयामी (bidirectional) उच्चारण शब्दकोश है। शब्दों का शुद्ध उच्चारण, विशिष्ट अर्थ से परिचित कराने के अतिरिक्त शब्दों और मुहावरों का संदर्भयुक्त प्रयोग का परिचय भी मिलता है। यही नहीं, अंग्रेजी/हिंदी अक्षरों द्वारा आसान और त्वरित शब्द खोज, अक्षर क्रम में शब्द सूची, स्पीच इंटरफेस के साथ हिंदी शब्द का उच्चारण, सामान्य शब्दों में सामान्यतया न पाए जाने वाले शब्द रूपों का पूर्ण ब्योरा इत्यादि सुविधाएँ उपलब्ध हैं। विशेषत: प्रशासनिक कार्य में हिंदी का प्रयोग करने में ई-महाशब्दकोश बहुत मददगार साबित हुआ है। विभिन्न कोणों से प्राप्त प्रतिपुष्टि (feedback) एवं सुझावों के आधार पर राजभाषा विभाग द्वारा इसे अद्यतन करने की प्रक्रिया जारी रखी जाती है। हिंदी के सक्षम प्रयोग के लिए हर राजभाषा कर्मी इस कोश का लाभ उठाना ही नहीं, अन्य कर्मियों को भी इस सुविधा से अवगत कराना होगा।

[**स्रोत :** e-mahashabdakosh.rb-aai.in]

हिंदी शब्द सिंधु

'हिंदी शब्द सिंधु' बृहत शब्दकोश देश की अन्य भाषाओं से हिंदी को समृद्ध करने की दिशा में विकसित किया जा रहा है। इसमें विभिन्न विषयों—जनसंचार, आयुर्वेद, खेलकूद, अंतिरक्ष विज्ञान, भौतिकी, रसायन विज्ञान, जीव विज्ञान, वैमानिकी, कंप्यूटर विज्ञान, इलैक्ट्रानिक्स, भू-गर्भशास्त्र, मानविकी आदि से संबंधित शब्दावली के साथ-साथ पारंपरिक शब्दावली को भी समाहित किया जा रहा है। इस शब्दकोश में शब्द की प्रविष्टि के साथ-साथ उसकी व्याकरणिक कोटि, अर्थ, पर्याय, आवश्यकतानुसार प्रयोग, विलोम, मुहावरे एवं तत्संबंधी अन्य आवश्यक जानकारियाँ दी गई हैं। यह शब्दकोश पूर्णतया डिजिटल तथा खोजपरक (सर्चेबुल) है। यह एक ऐसा शब्दकोश होगा जो पूर्णत: अद्यतन और सामवेशी होगा तथा इसमें हिंदी में प्रयुक्त होने वाले सभी शब्दों का अर्थ सहित संग्रह होगा। इस शब्दकोश में हिंदी और हिंदी क्षेत्र की बोलियों, उपभाषाओं और भाषाओं के शब्द, अन्य भारतीय भाषाओं के प्रचलित शब्द, मीडिया और न्यू मीडिया के शब्द, तकनीक और विज्ञान के शब्द तथा विधि एवं न्याय के शब्द भी शामिल किये जा रहे हैं। यह पूर्णतया डिजिटल वेब आधारित होगा तथा इसे केंद्रीय हिंदी निदेशालय द्वारा निर्धारित मानकीकृत वर्तनी के अनुसार तैयार किया जा रहा है। इसमें यूनिकोड फॉन्ट का उपयोग किया जा रहा है तथा इसमें हिंदी, अंग्रेजी में टंकण कर शब्द खोजने की सुविधा होगी।

[**उद्धृत स्रोत** : राजभाषा विभाग का वार्षिक कार्यक्रम 2023-24]

कार्यालयीन कार्य प्रबंधन संबंधी महत्त्वपूर्ण नेमी/दैनिक आधारित गतिविधियों में हिंदी का प्रयोग करते हुए उन्हें सुलभतर ढंग से संपन्न करने के लिए आजकल सी-डैक एवं कई सॉफ्टवेयर कंपनियों द्वारा रोस्टर प्रबंधन, आवक-जावक रजिस्टर प्रबंधन, एचआरएमएस प्रबंधन इत्यादि पर आसानी द्विभाषिक प्रोग्राम उपलब्ध कराए जा रहे हैं।

उल्लेखनीय है कि कई केंद्र सरकारी संगठन द्वारा अपने सूचना प्रौद्योगिकी के आंतरिक संसाधनों का उपयोग करते हुए अपने लिए आवश्यक द्विभाषिक प्रोग्राम तैयार किये जाते हैं। आंतरिक राजभाषा पोर्टल, द्विभाषा वेबसाइट इत्यादि का निर्माण भी संगठनों द्वारा स्वयं किया जाता है। आंतरिक तौर पर इस प्रकार के प्रोग्रामों की तैयारी में सूचना प्रौद्योगिकी के कर्मी ही नहीं, राजभाषा कर्मी का अभिनंदनीय योगदान पाया जाता है। विशेषकर संगठन/संस्था के मुख्यालयों में पदस्थ राजभाषा पदाधिकारियों की सक्रियता (संगठन के अन्य राजभाषा स्टाफ के फलप्रद सुझाव स्वीकार करते हुए) से इस प्रकार के आंतरिक प्रोग्राम बनवाना संभव हो पाता है।

ऑनलाइन/बाजार में उपलब्ध नवीनतम टेक्नोलॉजी से स्वयं अद्यतित होते हुए, इनके परिचालन से स्वयं परिचित होते हुए, अपने कार्य क्षेत्र के कार्मिकों को उनके परिचालन से अभ्यस्त कराते हुए हिंदी का अधिकाधिक प्रयोग सुनिश्चित करने में राजभाषा कर्मियों को सदा सक्रिय रहना होगा।

हिंदी एवं अन्य प्रमुख भारतीय भाषाओं के प्रयोग व प्रसार से जानकारी उपलब्ध करवानेवाली प्रमुख वेबसाइट (विश्वजाल www) **की सूचना**

राजभाषा विभाग, गृहमंत्रालय एवं राजभाषा प्रयोग से जुड़ी वेबसाइट :

- राजभाषा नीति/नियम/अन्य मार्गदर्शन—rajbhasha.gov.in राजभाषा.सरकार.भारत
- आवधिक हिंदी रिपोर्ट/ऑनलाइन प्रशिक्षण/तकनीकी मार्गदर्शन आदि—rajbhasha.nic.in
- तिमाही प्रगति रिपोर्ट एवं वार्षिक मूल्यांकन रिपोर्ट के लिए बेव एप्लिकेशन—rajbhashaqpr.nic.in तिमाहीप्रणाली.राजभाषा.सरकार.भारत
- सभी नराकासों की संयुक्त वेबसाइट—narakas.rajbhasha.gov.in नराकास.राजभाषा.सरकार.भारत
- कंठस्थ-राजभाषा—kanthasth-rajbhasha.gov.in कंठस्थ.राजभाषा.सरकार.भारत
- हिंदी से हिंदी शब्दकोश—hindishabdsindhu.rajbhasha.gov.in हिंदीशब्दसिंधु.राजभाषा.सरकार.भारत
- केंद्रीय हिंदी प्रशिक्षण संस्थान—chti.rajbhasha.gov.in हिंदीप्रशिक्षण.राजभाषा.सरकार. भारत
- हिंदी शिक्षण योजना—hts.rajbhasha.gov.in
- केंद्रीय अनुवाद ब्यूरो—ctb.rajbhasha.gov.in अनुवादब्यूरो.राजभाषा.सरकार.भारत
- केंद्रीय हिंदी निदेशालय—hindinideshalaya.nic.in एवं chd.mhrd.gov.in
- केंद्रीय हिंदी संस्थान—khsindia.org
- संसदीय राजभाषा समिति—rajbhashasamithi.gov.in

- वैज्ञानिक तथा तकनीकी शब्दावली आयोग—cstt.nic.in
- केंद्रीय भारतीय भाषा संस्थान (मैसूर)—www.ciil.org
- विश्व हिंदी सचिवालय—मॉरीशस—vishwahindidb.com
- सी-डैक संस्था—cdacindia.com
- माइक्रोसॉफ्ट कंपनी—microsoft.com/india/hindi2000

भाषा प्रसार से जुड़ी अन्य कुछ प्रमुख साइट :

- भाषा तकनीकी से विकसित भाषायी उपकरण—ildc.in
- भाषा समुदाय पोर्टल—इंडिक कंटेंट्स व टूल्स का संग्रह एवं फॉन्ट कन्वर्टर—bhashaindia.com
- यूनिकोड फॉंट से संबंधित जानकारी—www.unicode.org
- हिंदी भाषा से संबंधित जानकारी—hindibhasha.com
- प्रमुख भारतीय भाषाओं के समाचार-पत्र/साहित्यिक जानकारी—indianlanguages.com
- विश्व की प्रमुख भाषाओं के शब्दकोश, पर्यायवाची कोश, वायरलेस मोबाइल शब्दकोश—dictionary.com
- अंग्रेजी, हिंदी, तमिल, तेलुगु इत्यादि भाषाओं के लिए अनुवाद एवं डीटीपी सुविधा—nidatrans.com
- सूचना प्रौद्योगिकी मंत्रालय की भारतीय भाषाओं के लिए प्रौद्योगिकी विकास संबंधी साइट—tdil.mit.gov.in
- हिंदी विकिपीडिया—hi.wikipedia.org
- हिंदी से जुड़ी विविध जानकारी—hindi.webdunia.com

[वेबसाइट सूचना संबंधी संदर्भ स्रोत : राजभाषा विभाग का ज्ञापन सं. 12015/05/2019—राभा (त.क), दि. 18.4.2023, अंतरजाल एवं 'डिजिटल हिंदी की यात्रा'—विजय प्रभाकर नगरकर]

राजभाषा कार्यान्वयन संबंधी व्यय हेतु वार्षिक राजस्व बजट

परिचय

संस्थागत कार्यों में हिंदी का प्रयोग अनिवार्य होने पर भी भाषायी विविधताओं के कारण प्रत्याशित परिणाम प्राप्त करने के लिए प्रेरणा और प्रोत्साहन की आवश्यकता महसूस की जाती है। हिंदी और स्थानीय भाषाओं के संप्रेषण के जरिये संपर्क स्थापित करने संबंधी प्रचार-प्रसार अभियानों की अहम् भूमिका होती है। यह आशय सिद्ध होने हेतु राजभाषा नीति का पूर्ण अनुपालन सुनिश्चित करने की आवश्यकता होती है। इसके लिए गृह मंत्रालय के राजभाषा विभाग, संसदीय राजभाषा समिति, संबंधित संस्था के मंत्रालय के राजभाषा विभाग, अपनी ही संस्था के मुख्यालय/प्रधान कार्यालय के राजभाषा विभाग के कार्यान्वयन संबंधी दिशानिर्देशों का ससमय एवं सक्रिय अनुपालन सुनिश्चित करना अनिवार्य है।

राजभाषा के कार्यान्वयन में कई प्रकार के कार्यक्रम एवं गतिविधियाँ संपन्न करनी पड़ती हैं, जैसे कार्यशालाओं/मार्गदर्शन कार्यक्रमों, संगोष्ठियों, समारोहों, प्रतियोगिताओं, बैठकों इत्यादि का आयोजन करना पड़ता है। पुरस्कार, मानदेय, भत्तेयुक्त प्रोत्साहन योजनाएँ लागू करनी पड़ती हैं। पुरस्कार, ज्ञापिका, मानदेय प्रदान कर प्रोत्साहित/सम्मानित करने की आवश्यकता होती है। हर गतिविधि के आयोजन में गतिविधि स्वरूप के आधार पर विविध प्रकार के व्यय करने होंगे। अन्यथा सार्थक आयोजन संपन्न नहीं हो पाएगा। इनके अतिरिक्त सहायक/मार्गदर्शन सामग्री का प्रकाशन, राजभाषा पत्रिकाओं/बुलेटिनों का प्रकाशन, अनिवार्य/आकस्मिक कारणों पर अदायगी आधारित अनुवाद इत्यादि पर भी व्यय होगा।

राजभाषा के सुगम कार्यान्वयन हेतु कथित विविध प्रकार की गतिविधियों को संपन्न करने हेतु अमुक संस्था के प्रधान कार्यालय एवं अन्य नियंत्रक कार्यालयों के राजभाषा अनुभागों के लिए अपने कार्य स्वरूप के आधार पर वित्तीय वर्ष आधारित राजभाषा बजट उपलब्ध कराने की आवश्यकता होती है। परिणामप्रद कार्यान्ववन हेतु इस प्रकार के बजट प्रावधान सहायक होंगे।

सामान्यत: पाया जाता है कि कई संस्थाओं में हिंदी दिवस, हिंदी पुस्तकालय को छोड़कर शेष गतिविधियों के लिए गतिविधिवार बजट का आबंटन नहीं होता। अत: संबंधित नियंत्रक कार्यालय के राजभाषा अनुभाग को किसी एक गतिविधि के

आयोजन हेतु आंतरिक दिशानिर्देशों के अनुरूप अपने सक्षम प्राधिकारी या उच्च नियंत्रक कार्यालय का पूर्व अनुमोदन प्राप्त करना पड़ता है। विविध गतिविधियों के आयोजन हेतु तय बजट नहीं होने पर, प्रधान कार्यालय के सख्त दिशानिर्देशों/अनुश्रवण का अभाव होने पर या संबंधित सक्षम प्राधिकारी अनासक्त होने पर प्रस्तावित कार्य पूरा कर पाने में संबंधित राजभाषा अनुभाग सफल नहीं हो पाएगा। इसका असर संस्था के समग्र राजभाषा निष्पादन पर होगा। इससे उच्च स्तरीय राजभाषायी निरीक्षणों में टीका-टिप्पणी सुनने के अतिरिक्त ग्राहक संबंध स्थापित करने में, छवि निर्माण करने में संस्था कमजोर होगी।

अमुक संगठन/संस्था के आंतरिक कार्यस्वरूप एवं आंतरिक व्यवस्था के आधार पर विभागवार वार्षिक बजट के आबंटन की व्यवस्था होती है। विभागवार बजट आबंटन की प्रथा नहीं होने पर पूर्व आदेशों/अनुमोदनों के आधार पर संपन्न की जाने वाली गतिविधियों पर कृत व्यय को सामान्यत: सामान्य प्रभार-आकस्मिक व्यय खाते में नामे डाला जाता है या संस्था द्वारा निर्धारित व्यय खाते में नाम डाला जाता है। जहाँ कहीं प्रोत्साहन स्वरूप गृह पत्रिकाओं में प्रकाशित हिंदी रचनाओं के लिए, कार्यशालाओं/मार्गदर्शन कार्यक्रमों में व्याख्यान प्रस्तुत करने हेतु मानदेय दिया जाता है, ऐसे संदर्भों में तत् प्रकार की अदायगियाँ स्थापना व्यय खाते में नामे डाली जाती हैं जो आयकर प्रदेय होती हैं। नामे संबंधी आंतरिक दिशानिर्देशों से राजभाषा कार्मिक को पूर्णत: परिचित होने की आवश्यकता है। गतिविधियों के आयोजनार्थ पूर्वानुमोदन हेतु सक्षम प्राधिकारी को प्रस्तुत कार्यालय नोट में भी व्यय नामे खाते की सूचना देनी होगी।

प्रधान कार्यालय/मुख्यालय के राजभाषा विभाग के स्तर पर कार्रवाई

- अपने संगठन में राजभाषा कार्यान्वयन संबंधी गतिविधियों के संचालन हेतु वार्षिक बजट के आबंटन की व्यवस्था न होने पर या प्रचलित व्यय अनुमोदन व्यवस्था सुविधाजनक नहीं होने पर कार्यान्वयन की अनिवार्यता, उच्च स्तरीय निरीक्षणों में राजभाषा व्यय विवरण की प्रस्तुति, संसद सत्रों के दौरान कभी-कभार राजभाषा व्यय के संबंध में पूछे जाने वाले तारांकित प्रश्नों की जवाबी सूचना की प्रस्तुति तथा राजभाषा संविभाग पर कृत समग्र वार्षिक व्यय का पता लगाने की सुविधा, अपेक्षित राजभाषायी गतिविधियों को संपन्न कराने में सहूलियत इत्यादि पर प्रकाश डालते हुए राजभाषा कार्यान्वयन हेतु पृथक् वार्षिक बजट आबंटित करने की प्रथा प्रारंभ करने की अनुमति मांगते हुए अपने राजभाषा विभाग के सक्षम प्राधिकारी से (उचित माध्यम से) कार्यालय नोट पर लिखित अनुमोदन प्राप्त करना होगा। पूर्व में यह प्रथा प्रचलित नहीं होने पर राजभाषा विभाग के तत्काल विशेषज्ञ प्रभारी को चाहिए कि वे इस अपेक्षा से अपने उच्च अधिकारियों/सक्षम प्राधिकारी को मौखिक रूप से अवगत कराकर उनकी सहमति से कार्यालय नोट प्रस्तुत करें। इस आशय से उच्चाधिकारियों को समझाने में/संतुष्ट करने में राजभाषा विभाग के प्रभारी सक्षम हों।

- प्रधान कार्यालय के लेखा/जर्नल विभाग या संबंधित अन्य विभाग से बजट आबंटन की व्यवस्था से संबंधित मार्गदर्शन प्राप्त करना होगा। कार्यालय नोट के अनुलग्नक-1 में केवल प्रधान कार्यालय के राजभाषा विभाग के लिए आवश्यक मदवार बजट तथा अनुलग्नक-2 में शेष नियंत्रक कार्यालयों के लिए आवश्यक मदवार बजट का विवरण (नियंत्रणाधीन समस्त कार्यालयों/इकाइयों का व्यय शामिल हो) स्पष्टतः प्रस्तुत करना होगा। अपेक्षित मदवार व्यय समुचित और समर्थनीय हो। इसका मदवार संगत ब्योरा प्रस्तुत करना होगा।
- सामान्यतः लेखा/जर्नल विभाग द्वारा आगामी वित्तीय वर्ष के लिए प्रधान कार्यालय के हर विभाग से आनुमानिक बजट की मांग की जाती है। इसके आधार पर हर वर्ष निर्धारित समय के भीतर मदवार ब्योरायुक्त आनुमानिक बजट का अनुमोदित कार्यालय नोट की प्रति उन्हें सौंपनी होगी। लेखा/जर्नल विभाग द्वारा उचित समय पर संगठन के समग्र बजट का अनुमोदन प्राप्त कर तदनुसार प्रधान कार्यालय के सभी संबंधित विभागों को विभागवार अनुमोदित बजट का आबंटन उपलब्ध कराया जाता है। सामान्यतः वर्तमान वित्तीय वर्ष के दौरान कृत व्यय के आधार पर तथा नई आवश्यकताओं के लिए प्रस्तावित बजट के आधार पर अगले वर्ष का बजट आबंटन निर्भर होता है। किसी कारणवश प्रस्तावित बजट से बहुत कम बजट का आबंटन होने पर सक्षम प्राधिकारी के हस्ताक्षरयुक्त पत्र के जरिये लेखा/जर्नल विभाग के ध्यान में लाने का प्रयास करना होगा। संभव होने पर विशेष परिस्थितियों में अनुरोध पत्र पर उस विभाग द्वारा विचार किया जा सकता है।

मदवार बजट अपेक्षाओं की प्रस्तुति

- सामान्यतः लेखा/जर्नल विभाग को उनके द्वारा निर्धारित प्रपत्र में उन्हें कार्यान्वयन संबंधी मदवार बजट अपेक्षाओं की सूचना प्रस्तुत करनी पड़ती है। प्रधान कार्यालय के राजभाषा विभाग की वैयक्तिक सूचना और अन्य नियंत्रक कार्यालयों की समेकित सूचना (प्रस्तावित राजभाषा बजट) पृथक् प्रपत्रों में प्रस्तुत करनी होगी। प्रपत्र में सामान्यतः व्यय शीर्ष, तुलन पत्र कूट संख्या, स्वीकृत बजट (वर्तमान वित्तीय वर्ष), कृत व्यय (वर्तमान वित्तीय वर्ष) अपेक्षित बजट (अगले वित्तीय वर्ष) मदों की सूचना उपलब्ध करानी पड़ती है। लेखा/जर्नल विभाग द्वारा ही तुलन पत्र कूट संख्या उपलब्ध कराई जाती है। प्रधान कार्यालय के लिए अपेक्षित कुल बजट और अन्य कार्यालयों के लिए अपेक्षित कुल बजट का कार्यालय नोट के मसौदा में स्पष्ट उल्लेख करना होगा।
- आंतरिक वार्षिक कार्य योजना, प्रधान कार्यालय की तिमाही राजभाषा कार्यान्वयन समिति की बैठकों में लिये गए महत्त्वपूर्ण निर्णयों, संसदीय राजभाषा समिति को दिये गए आश्वासनों, राजभाषा विभाग, गृह मंत्रालय एवं संगठन संबंधी मंत्रालय के राजभाषा विभाग के महत्त्वपूर्ण दिशानिर्देशों, प्रधान

कार्यालय के राजभाषा विभाग की कार्यालय टिप्पणियों के अंतर्गत प्राप्त किये गए अनुमोदनों, अधीनस्थ अन्य नियंत्रक कार्यालयों के राजभाषा अनुभागों से प्राप्त महत्त्वपूर्ण सुझावों के आधार पर संबंधित वित्तीय वर्ष के लिए मदवार बजट की मांग करनी होगी।

प्रधान कार्यालय के राजभाषा विभाग के लिए आवश्यक वार्षिक राजस्व बजट संबंधी मदवार सूचना

1. यात्रा भत्ता, विराम भत्ता : प्रधान कार्यालय के राजभाषा विभाग के प्रभारी तथा अन्य अधिकारियों को अपने संगठन से संबंधित मंत्रालय के राजभाषा विभाग द्वारा, गृह मंत्रालय के राजभाषा विभाग द्वारा आयोजित राजभाषा समीक्षा बैठकों में आवश्यकतानुसार भाग लेने हेतु, आमंत्रण आधारित उच्च स्तरीय राजभाषा संगोष्ठियों, सम्मेलनों, समारोहों में भाग लेने के लिए तथा आंतरिक एवं संसदीय व अन्य उच्च स्तरीय राजभाषा निरीक्षणों इत्यादि में भाग लेने हेतु।

2. मासिक नियमित बिल : राजभाषा विभाग के स्टाफ सदस्यों के लिए मनोरंजन व्यय, समाचार पत्र, टेलीफोन बिल इत्यादि मासिक व्यय हेतु।

3. मुद्रण व्यय : राजभाषा कार्यान्वयन से जुड़े सहायक सामग्री, राजभाषा पत्रिकाओं, बुलेटिनों और विशेष अवसरों पर हिंदी में प्रकाशित पुस्तकों/पुस्तिकाओं, संगठन के प्रधान के हिंदी दिवस संदेश, प्रतियोगिता प्रमाणपत्र, प्रशिक्षण व प्रोत्साहन योजनाओं संबंधी प्रमाणपत्र, राजभाषा शील्ड प्रमाणपत्र इत्यादि के मुद्रण व्यय हेतु।

[नियंत्रक कार्यालयों के लिए मुद्रण व्यय संबंधी बजट आबंटन का पृथक् प्रावधान किये जाने पर केवल प्रधान कार्यालय के राजभाषा विभाग संबंधी मुद्रण व्यय हेतु बजट मांगना होगा।]

4. लेखन सामग्री : सामान्यत: नेमी लेखन सामग्री की आपूर्ति कार्यालय के संबंधित लेखन सामग्री विभाग द्वारा की जाती है। लेकिन विशेष अवसरों पर, यथा : राष्ट्रीय स्तर राजभाषा संगोष्ठियों, राजभाषा प्रदर्शनियों, विभागीय विशेष अवसरों के लिए विशेष लेखन सामग्री हेतु।

5. हिंदी पुस्तकालय : प्रधान कार्यालय के विभिन्न विभागों द्वारा पुस्तकों की खरीद पर कृत कुल व्यय में से पचास प्रतिशत व्यय हिंदी पाठयुक्त पुस्तकों पर करना अनिवार्य होने पर भी हिंदी कार्यान्वयन, विविध प्रकार के हिंदी साहित्य, कोश, शब्दावली, अनुवाद इत्यादि से जुड़ी पुस्तकों एवं दृश्य-श्रवण सामग्री की अधिक मात्रा में खरीद हेतु पृथक् वार्षिक बजट की आवश्यकता होती है।

[नियंत्रक कार्यालयों/इकाइयों को आवश्यकतानुसार आपूर्ति करने हेतु।]

6. आवधिक पत्र-पत्रिकाएँ : आवधिक हिंदी पत्रिकाओं/हिंदी समाचार पत्र की खरीद हेतु।

7. कोश/शब्दावली : प्रधान कार्यालय के सभी विभागों को नवीनतम द्विभाषी कोश एवं शब्दावली पुस्तकों की एकबारगी आपूर्ति हो (यह आवश्यकता आधारित प्रस्ताव होगा न कि प्रति वर्ष)।

8. राजभाषा शील्ड एवं उत्तम निष्पादन प्रतियोगिताएँ : विभिन्न प्रकार की वार्षिक राजभाषा शील्ड प्रतियोगिताओं के विजेता कार्यालयों/इकाइयों/विभागों एवं उत्तम निष्पादन प्रतियोगिताओं के विजेताओं को प्रदान करने हेतु।

[यदि संबंधित नियंत्रक कार्यालयों को शील्ड व्यय हेतु पृथक् से बजट आबंटन की व्यवस्था होने पर केवल प्रधान कार्यालय के विभागों के लिए बजट लेना होगा।]

9. हिंदी दिवस : प्रधान कार्यालय की आवश्यकताओं के अनुरूप (प्रतियोगिताओं/पुरस्कारों की संख्या, तय रकम, सांस्कृतिक कार्यक्रम, अल्पाहार, बैनर/डिजिटल प्रदर्शन व्यवस्था, अतिथि मेमेंटो, विविध व्यय इत्यादि के आधार पर) बजट का प्रस्ताव रखना होगा। वर्षवार परिवर्तनीय हो सकता है।

10. टॉलिक का वार्षिक अंशदान एवं गतिविधियों का प्रायोजन : प्रधान कार्यालय स्थित शहर में कार्यरत टॉलिक को प्रदेय वार्षिक अंशदान एवं आवश्यकतानुसार विशेष गतिविधियों के प्रायोजन हेतु।

11. हिंदी प्रोत्साहन योजनाएँ एवं मानदेय : विविध प्रकार की हिंदी प्रोत्साहन योजनाओं में भाग लेने वाले कार्मिकों में से चयनित कार्मिकों को नकद प्रोत्साहन प्रदान करने हेतु एवं गृह पत्रिकाओं में प्रकाशित हिंदी रचनाओं के रचनाकारों को नकद मानदेय प्रदान करने हेतु और भाषासेवियों को नकद प्रोत्साहन प्रदान करने की प्रथा होने पर उन्हें सम्मानित करने हेतु।

12. त्रैमासिक राजभाषा कार्यान्वयन समिति की बैठकें : प्रधान कार्यालय स्तर पर आयोजित त्रैमासिक बैठकों के आयोजन में अल्पाहार, लेखन सामग्री इत्यादि की व्यवस्था हेतु।

13. राजभाषा सम्मेलन/संगोष्ठियाँ : संगठन के समस्त राजभाषा अधिकारियों के लिए आयोजित वार्षिक राजभाषा सम्मेलन व्यय तथा प्रधान कार्यालय के कार्यपालकों, विभागवार राजभाषा समन्वयकों, विभाग प्रधानों इत्यादि के लिए आवश्यकतानुसार आयोजित राजभाषा संगोष्ठियों संबंधी व्यय हेतु।

14. विशिष्ट राजभाषा सम्मेलन/संगोष्ठियाँ : राजभाषा से जुड़े या प्रौद्योगिकी, सुरक्षा, विधि या समसामयिक सामान्य विषयों पर हिंदी में अंतरसंगठनीय सम्मेलन/संगोष्ठी आयोजित करने के विशेष निर्णय लिए जाने पर/प्रस्ताव किये जाने पर।

15. हिंदी कार्यशालाएँ/मार्गदर्शन कार्यक्रम/अनुवाद कार्यक्रम : प्रधान कार्यालय के कर्मियों को कार्यालय के राजभाषा विभाग द्वारा ही हिंदी कार्यशालाएँ आयोजित की जाने के संदर्भ में। हिंदी कार्यशालाओं के अतिरिक्त विशेष मार्गदर्शन कार्यक्रम, अनुवाद कार्यक्रम आयोजित करने हेतु।

16. संसदीय राजभाषा समिति एवं अन्य उच्च स्तरीय राजभाषायी निरीक्षण : सामान्यतः संसदीय समिति के विभिन्न प्रकार के निरीक्षणों के समन्वयन एवं व्यय वहन संबंधी जिम्मेदारी प्रधान कार्यालय के आयोजना एवं विकास विभाग या अन्य किसी विभाग को सौंपी जाती है। निरीक्षण संबंधी प्रमुख व्यवस्थाओं के समग्र पर्यवेक्षण का कार्य उस विभाग द्वारा संभाला जाता है। लेकिन किसी संगठन में संसदीय समितियों

के निरीक्षणों के संबंध में व्यय वहन की केंद्रीय व्यवस्था न होने पर प्रधान कार्यालय के राजभाषा विभाग द्वारा आनुमानिक औसतन वार्षिक निरीक्षणों की संख्या के आधार पर पृथक् बजट प्राप्त करने का प्रस्ताव रखना होगा। इसके अतिरिक्त संगठन से संबंधित मंत्रालय के राजभाषा विभाग, गृह मंत्रालय के राजभाषा विभाग के प्रतिनिधियों द्वारा किये जाने वाले उच्च स्तरीय निरीक्षणों के लिए भी आनुमानिक बजट मांगा जा सकता है।

नोट : इस आशय संबंधी संपूर्ण बजट प्रधान कार्यालय के राजभाषा विभाग की शक्तियों के अधीन हो। इससे संगठन के किसी भी कार्यालय/इकाई का कथित निरीक्षण होने पर राजभाषा विभाग द्वारा निरीक्षण का समग्र पर्यवेक्षण किये जाने के अतिरिक्त व्यय की मंजूरी भी दी जा सकती है।

17. विविध व्यय : विभिन्न उच्च स्तरीय स्वैच्छिक हिंदी सेवी संगठनों द्वारा आयोजित राजभाषा से जुड़ी कार्यशालाओं, संगोष्ठियों इत्यादि में प्रतिनियुक्त कर्मियों की सहभागिता शुल्क की अदायगी हेतु।

[इस उद्देश्यार्थ प्रस्तावित बजट संपूर्ण संगठन के लिए होगा। अमुक नियंत्रक कार्यालय के अनुरोध पर उचित पाए जाने पर प्रधान कार्यालय द्वारा अनुमति दी जाएगी और शुल्क अदायगी की व्यवस्था की जाएगी।]

इसके अतिरिक्त विविध राजभाषायी निरीक्षण, अतिथि व्याख्यान इत्यादि के अवसरों पर पधारे उच्च स्तरीय पदाधिकारियों को मेमेंटो प्रदान करने हेतु ठहरने/यात्रा की व्यवस्था करने हेतु और अन्य कोई राजभाषा कार्यान्वयन से संबंधित आकस्मिक आवश्यकता हेतु।

नोट : (1) सामान्यत: सभी संगठनों में कथित प्रकार की व्यय मद होती हैं। आंतरिक प्रावधानों के आधार पर इनमें से कुछेक मदों को हटाने और अन्य आवश्यक मदों को जोड़ने पर उचित निर्णय लेना होगा।

(2) कथित हर एक कार्यान्वयन मदद के लिए लेखा/जर्नल विभाग द्वारा निर्धारित प्रपत्र में तुलन पत्र कूट उपलब्ध नहीं होगा। अत: कूट अनुपलब्ध मदों को आकस्मिक व्यय कूट (कंटीन्जेंसी व्यय कूट) के अंतर्गत बिंदुवार दर्शाना होगा।

नियंत्रक कार्यालयों के लिए वार्षिक राजस्व बजट

- अमुक संगठन की आंतरिक कार्य संरचना के आधार पर प्रधान कार्यालय के अधीन नियंत्रक कार्यालयों की व्यवस्था होती है। यथा : प्रधान कार्यालय/मुख्यालय→अंचल/सर्किल कार्यालय→क्षेत्रीय/प्रादेशिक/मंडल कार्यालय→शाखा कार्यालय/इकाई इत्यादि। अन्यथा : तीन टियर की व्यवस्था होगी, यथा : प्रधान कार्यालय→अंचल कार्यालय→शाखा कार्यालय या प्रधान कार्यालय→क्षेत्रीय कार्यालय→शाखा कार्यालय।

आंतरिक प्रशासन तंत्र के आधार पर कार्यान्वयन संबंधी बजट की मांग करनी होगी। इस अपेक्षित बजट में नियंत्रक कार्यालय सहित नियंत्रणाधीन इकाइयों की

आवश्यकताओं के आधार पर बजट का प्रस्ताव रखना होगा। उदाहरण के लिए किसी क्षेत्रीय कार्यालय के अधीन 50 शाखा कार्यालय/इकाई कार्यरत होने पर उनमें से 5 शाखा कार्यालय टॉलिक के सदस्य होने पर उनकी पृथक्-पृथक् अंशदान राशि की मात्रा के आधार पर तथा क्षेत्रीय कार्यालय के वार्षिक टॉलिक अंशदान को भी शामिल करते हुए बजट मांगना होगा। इस प्रकार प्रधान कार्यालय के अधीन 40 क्षेत्रीय कार्यालय कार्यरत होने पर इन सबके लिए आवश्यक टॉलिक वार्षिक कुल अंशदान की मांग करनी होगी। अत: विशेष व्यय मदों के लिए संबंधित नियंत्रक कार्यालयों से नियंत्रक कार्यालयवार सूचना पर्याप्त समय पूर्व प्राप्त करने पर प्रधान कार्यालय को ध्यान देना होगा।

- राजभाषा कार्यान्वयन संबंधी अधिकतर मद पूर्व निर्धारित एवं आंतरिक वार्षिक कार्य योजना पर आधारित होती हैं। यथा : हिंदी पुस्तकालय, हिंदी पत्र-पत्रिकाएँ, हिंदी कार्यशालाएँ (नियंत्रक कार्यालयों द्वारा हिंदी कार्यशालाएँ आयोजित की जाने की प्रथा होने पर), हिंदी समन्वयक संगोष्ठी/मार्गदर्शन कार्यक्रम, राजभाषा संगोष्ठी, राजभाषा कार्यान्वयन समिति की बैठक के सदस्यों के लिए विशेष मार्गदर्शन कार्यक्रम, टॉलिक की किसी एक गतिविधि का प्रायोजन, हिंदी दिवस, हिंदी में पत्रिकाओं/बुलेटिनों का प्रकाशन, राजभाषा शील्ड, त्रैमासिक राजभाषा कार्यान्वयन समिति की बैठकें, नकद प्रोत्साहन योजनाएँ इत्यादि। विशेष मामलों को छोड़कर लगभग सभी क्षेत्रीय कार्यालयों के लिए मदवार समान रकम का आबंटन होता है। जहाँ कहीं बृहत शाखा कार्यालयों/इकाइयों में राजभाषायी विशेष आयोजनों के लिए बजट की आवश्यकता होने पर संबंधित क्षेत्रीय कार्यालय द्वारा प्रधान कार्यालय को अवगत कराए जाने की आवश्यकता होती है। संसदीय राजभाषा समिति और अन्य उच्च स्तरीय राजभाषा निरीक्षणों के अवसर पर कार्यान्वयन कार्य संबंधी विशेष गतिविधियाँ संपन्न करने के आश्वासन दिये जाने पर उनकी पूर्ति के लिए भी विशेष बजट की आवश्यकता होती है जिसे प्रधान कार्यालय के ध्यान में लाना पड़ता है।
- उपर्युक्त के अलावा प्रधान कार्यालय के स्तर पर समय-समय पर लिये गए निर्णयों के आधार पर कार्यान्वयन संबंधी नवोन्मेषी गतिविधियों के लिए, यथा : विद्यालयों में हिंदी प्रतियोगिताओं का आयोजन, कार्मिकों के लिए प्रांतीय भाषा वार्तालाप मार्गदर्शन कार्यक्रमों का आयोजन, हिंदी में आपसी संवाद कार्यक्रमों का आयोजन इत्यादि के लिए नियंत्रक कार्यालयों को बजट का आबंटन करना होगा। इसके अतिरिक्त विविध/फुटकर आकस्मिक व्यय के लिए एक-एक नियंत्रक कार्यालय को कुछ बजट आबंटित करना होगा।
- अंचल/सर्किल कार्यालय की व्यवस्था होने पर उनके सीधे नियंत्रण में शाखा कार्यालय/इकाई नहीं होने पर अंचल/सर्किल कार्यालय को अपने कार्यालय संबंधी गतिविधियाँ चलाने के लिए मदवार बजट का आबंटन करना होगा।

प्रशिक्षण केंद्रों के लिए बजट

कर्मचारी प्रशिक्षण केंद्रों के संदर्भ में हिंदी दिवस एवं अन्य कोई महत्त्वपूर्ण मद होने पर तदनुसार बजट की व्यवस्था करनी होगी। इन्हें हिंदी पुस्तकालय के लिए भी पृथक् बजट देने की आवश्यकता नहीं होगी। सामान्यतः पुस्तकों की खरीद हेतु प्रशिक्षण केंद्रों को व्यापक बजट मिलता है जिसमें से ही व्यय नियमों के अनुसार हिंदी पुस्तकें/हिंदी पाठ की पुस्तकें खरीदनी होंगी। इनके द्वारा अन्य प्रशिक्षण कार्यक्रमों की तरह हिंदी कार्यशालाओं का भी आयोजन किया जाता है जिनके लिए पृथक् से बजट देने की आवश्यकता नहीं होगी।

व्यापक कसरत

इस प्रकार सभी नियंत्रक कार्यालयों को मदवार बजट आबंटित करने के लिए उनसे आवश्यक कार्यान्वयन मदों के लिए अपेक्षित बजट जानकारी प्राप्त कर लेखा/जर्नल विभाग के निर्धारित प्रपत्र में तुलन पत्र कूटवार/मदवार (वर्तमान वित्तीय वर्ष के लिए आबंटित बजट, कृत व्यय, अगले वित्तीय वर्ष के लिए प्रस्तावित बजट का विवरण शामिल करते हुए) समग्र कार्यालय नोट (प्रधान कार्यालय के लिए पृथक् तथा सभी नियंत्रक कार्यालयों के लिए समेकित रूप में अलग-अलग अनुलग्नकों द्वारा) सक्षम प्राधिकारी को प्रस्तुत करने के लिए प्रधान कार्यालय के राजभाषा विभाग के स्तर पर हर वर्ष व्यापक कसरत करना होगा। इस कार्यालय नोट में मदवार अपेक्षित बजट के समर्थन में तत्संबंधी पूर्व निर्णयों/अनुमोदनों को पाद-टिप्पणी में संदर्भित करने की आवश्यकता होगी।

नोट : प्रधान कार्यालय को छोड़कर अन्य नियंत्रक कार्यालयों के लिए राजभाषा कार्मिकों हेतु यात्रा भत्ता/विराम भत्ता/मनोरंजन भत्ता/टेलीफोन बिल/समाचार पत्र बिल/पेट्रोल बिल इत्यादि व्यय बजट मांगने की आवश्यकता नहीं होगी। यहाँ सभी अनुभागों के कार्मिकों की इस प्रकार की अदायगियों का कार्यालय स्तर पर एक साथ समायोजन किया जाएगा।

स्वीकृत बजट का पुनः आबंटन

प्रधान कार्यालय के लेखा/जर्नल विभाग से बजट की मंजूरी प्राप्त होने के तुरंत पश्चात् प्राप्त बजट राशि के आधार पर सभी संबंधित नियंत्रक कार्यालयों को गतिविधिवार बजट का आबंटन करना होगा। उदाहरण के लिए एक हिंदी कार्यशाला के आयोजन हेतु ₹ 5000/- का बजट देना हो तो वर्ष में चार कार्यशालाएँ आयोजित करने हेतु प्रत्येक आयोजक कार्यालय को कुल ₹20000/-बजट आबंटित करना होगा। बजट आबंटन पत्र में व्यय नामे संबंधी सामान्य बही कूट (जनरल लेजर कोड) का मार्गदर्शन भी देना होगा। इसके अतिरिक्त आबंटित बजट का सदुपयोग करने, अनावश्यक खर्च न करने, कृत व्यय का अभिलेख बनाए रखने इत्यादि संबंधी स्पष्ट हिदायतें देनी होंगी। बजट आबंटन में नियंत्रक कार्यालयवार अंतर हो सकता है। (टॉलिक

अंशदान इत्यादि की वजह से) अंतः गतिविधिवार आबंटन पर ध्यान देते हुए कार्यालयवार पृथक् पत्र भेजने होंगे। हर कार्यालय से बजट संबंधी प्राप्ति सूचना मांगनी होगी।

सामान्य लेजर कूट (जीएल कूट) प्राप्त करना

सामान्यतः राजभाषा कार्यान्वयन संबंधी व्यय नामे डालने के लिए एक ही जीएल कोड आबंटित किया जाता है। लेकिन हिंदी पुस्तकों का व्यय नामे डालने के लिए पुस्तक व्यय संबंधी पृथक् जीएल कोड का आबंटन होता है। यह संस्था की लेखाकरण प्रक्रिया पर निर्भर होता है। यात्रा भत्ता, विराम भत्ता, मनोरंजन भत्ता, समाचार पत्र बिल, टेलीफोन बिल इत्यादि के लिए समस्त संगठन के लिए एक रूप जीएल कोड होते हैं। राजभाषा विभाग से जुड़े सक्षम प्राधिकारी के हस्ताक्षर से राजभाषा कार्यान्वयन संबंधी पृथक् जीएल कोड आबंटित करने हेतु प्रधान कार्यालय के लेखा/जर्नल विभाग से लिखित अनुरोध करना होगा। इस विभाग से आबंटित जीएल कोड की सूचना से सभी संबंधित नियंत्रक कार्यालयों/प्रशिक्षण केंद्रों/बृहत इकाइयों को अवगत कराना होगा।

विशेष अवसरों के लिए बजट की मांग

संसदीय राजभाषा समिति निरीक्षण संबंधी बजट प्रधान कार्यालय के राजभाषा विभाग या संसदीय समिति के निरीक्षणों का समन्वयन करने वाले अन्य विभाग के पास उपलब्ध होता है। सभी नियंत्रक कार्यालयों को इसका वार्षिक आबंटन नहीं किया जाएगा। अतः किसी क्षेत्रीय कार्यालय में संसदीय राजभाषा समिति का निरीक्षण होने पर प्रधान कार्यालय को अग्रिम सूचना देते हुए आंतरिक दिशानिर्देशों के अनुसार प्रधान कार्यालय के संबंधित विभाग से निरीक्षण संबंधी प्रस्तावित व्यय की पूर्व मंजूरी या कार्योत्तर मंजूरी प्राप्त करनी होगी। इसी प्रकार किसी सदस्य शाखा कार्यालय/इकाई की मांग पर उनकी टॉलिक को प्रदेय वार्षिक अंशदान इत्यादि की मंजूरी संबंधित नियंत्रक कार्यालय द्वारा की जाएगी क्योंकि प्रधान कार्यालय के राजभाषा विभाग द्वारा संबंधित नियंत्रक कार्यालयों को इस आशय के बजट का वार्षिक आबंटन किया जाता है।

आबंटित बजट का अनुश्रवण

प्रधान कार्यालय के राजभाषा विभाग का कर्तव्य बनता है कि वह अधीनस्थ नियंत्रक कार्यालयों को आबंटित वार्षिक राजस्व बजट की सदुपयोगिता पर निगरानी रखें। केवल बजट आबंटित कर वित्तीय वर्षांत के बाद व्यय विसंगतियों संबंधी स्पष्टीकरण मांगने से परिणाम शून्य होंगे। अतः त्रैमासिक आधार पर बजट आबंटित सभी संबंधित कार्यालयों से व्यय विवरण एवं कृत कार्रवाई की रिपोर्ट मांगनी होगी। यथा : संपन्न की गई गतिविधि, अवधि, आबंटित बजट, खर्च किया गया बजट, अभ्युक्तियाँ इत्यादि की जानकारी स्तंभयुक्त प्रपत्र में प्राप्त की जा सकती है। यदि अपेक्षित अनुपालन में

विसंगति पाई जाने पर तत् कार्यालय से स्पष्टीकरण मांगना होगा। इस प्रकार के स्पष्टीकरण पत्र कार्यालय प्रधान के हस्ताक्षरयुक्त हों। विसंगति के लिए संबंधित राजभाषा अधिकारी जिम्मेदार होंगे। देखना होगा कि संबंधित जीएल कोड के अंतर्गत ही कृत व्यय का नामे डलवाया गया है।

राजभाषा कार्यान्वयन के लिए पृथक् वार्षिक राजस्व बजट आबंटित करने की प्रथा स्वस्थ प्रथा होगी। इससे प्रधान कार्यालय के राजभाषा विभाग और नियंत्रक कार्यालयों के राजभाषा अनुभाग बिना संकोच कार्यान्वयन संबंधी महत्त्वपूर्ण गतिविधियों को स्वतंत्र रूप से संपन्न कराने में सक्षम होंगे।

राजभाषा प्रयोग से जुड़े केंद्र सरकार के संगठन, समितियाँ और अन्य संस्थान

केंद्रीय हिंदी समिति

राजभाषा हिंदी के विकास, प्रचार-प्रसार हेतु विभिन्न मंत्रालयों द्वारा विकासोन्मुख उपाय अपनाए जाने के संबंध में नीतिगत निर्णय लेकर उन्हें अमल कराने के उद्देश्य से गृह मंत्रालय द्वारा 5 सितंबर, 1967 को 'केंद्रीय हिंदी समिति' का गठन किया गया। राजभाषा नीति के पर्यवेक्षण संबंधी यह समिति शीर्षस्थ समिति है। भारत के प्रधानमंत्री इस समिति के अध्यक्ष तथा गृहमंत्री उपाध्यक्ष होते हैं। गृह मंत्रालय, राजभाषा विभाग के सचिव इस समिति के 'सदस्य सचिव' होते हैं। गृह राज्यमंत्री के अतिरिक्त सामान्यत: छ: अन्य मंत्रालयों, यथा : विदेश मंत्रालय, शिक्षा मंत्रालय, संचार और सूचना प्रौद्योगिकी मंत्रालय, सूचना प्रसारण मंत्रालय, रेल मंत्रालय तथा कार्मिक, जन शिकायत एवं पेंशन विभाग के मंत्री और 'क', 'ख', 'ग' भाषायी क्षेत्रवार छ: राज्यों के मुख्यमंत्री (प्रत्येक क्षेत्र के दो राज्य) सदस्य बनते हैं। संसदीय राजभाषा समिति के उपाध्यक्ष एवं इसकी तीनों उप समितियों के संयोजक समिति के पदेन सदस्य होते हैं। इनके अतिरिक्त कुछेक सांसदों और भाषाविदों को भी बैठक में भाग लेने हेतु आमंत्रित किया जाता है/सदस्य बनाया जाता है। वार्षिक अंतरालों में इस समिति की बैठक का आयोजन किया जाता है। इस सर्वोच्च बैठक में लिये गए निर्णय नीतिगत निर्णय बन जाते हैं जिन्हें कार्यान्वित कराने की जिम्मेदारी गृह मंत्रालय के राजभाषा विभाग पर होती है।

केंद्रीय राजभाषा कार्यान्वयन समिति

संघ सरकारी मंत्रालयों के नियंत्रणाधीन विभिन्न संगठनों/संस्थाओं में और विभिन्न स्वतंत्र विभागों में राजभाषा नीति का कार्यान्वयन, राजभाषा विभाग द्वारा जारी वार्षिक कार्यक्रम में निर्धारित लक्ष्यों का अनुपालन, सूचना प्रौद्योगिकी संबंधी राजभाषा टूल्स, संसदीय राजभाषा समिति की सिफारिशों, राजभाषा विभाग द्वारा समय-समय पर जारी दिशानिर्देशों का अनुपालन इत्यादि की समीक्षा करने एवं उचित दिशानिर्देश प्रदान करने के उद्देश्य से 1980 में गृह मंत्रालय द्वारा केंद्रीय राजभाषा समिति का गठन किया गया। गृह मंत्रालय,

राजभाषा विभाग के सचिव की अध्यक्षता में वर्ष में एक बार इस बैठक का आयोजन किया जाता है।

राजभाषा विभाग के निदेशक (कार्यान्वयन) इस समिति के सदस्य सचिव होंगे। विभिन्न मंत्रालयों के मुख्यालयों/विभागों की राजभाषा कार्यान्वयन समिति के अध्यक्ष एवं उनके राजभाषा विभागों के प्रभारी इस समिति के सदस्य होंगे। संघ सरकार के सभी मंत्रालयों/विभागों से जुड़ी यह समिति एक बृहत समिति होने के कारण सभी सदस्य मंत्रालयों/विभागों के कार्यान्वयन की समीक्षा एक साथ संभव नहीं हो पाने की वजह से विभिन्न बैचों में लगातार दो-तीन दिनों में चरणवार समीक्षा संपन्न की जाती है। सभी चरणों की समीक्षा/निर्णय आदि का समग्र कार्यवृत्त बनाकर आवश्यक कार्रवाई सुनिश्चित कराने हेतु उन्हें सभी सदस्यों को उपलब्ध कराया जाता है। सदस्य मंत्रालयों के मुख्यालय स्थित राजभाषा विभागों/स्वतंत्र विभागों के राजभाषा प्रकोष्ठों द्वारा अपने नियंत्रणाधीन समस्त संगठनों के मुख्यालयों के माध्यम से राजभाषा कार्यान्वयन संबंधी अपेक्षित कार्रवाई सुनिश्चित कराकर कृत कार्रवाई की समग्र रिपोर्ट से गृह मंत्रालय के राजभाषा विभाग को अवगत कराया जाता है।

समस्त मंत्रालयों/विभागों के राजभाषा कार्यान्वयन संबंधी समग्र निष्पादन की मदवार गहन समीक्षा करने वाली यह समिति एक महत्त्वपूर्ण समिति है।

हिंदी सलाहकार समितियाँ

केंद्रीय हिंदी समिति के दिशानिर्देशों के आधार पर संघ सरकार के विभिन्न मंत्रालयों/विभागों में अपने मंत्री महोदय की अध्यक्षता में गठित की जाने वाली यह समिति भी अपने मंत्रालय/विभाग में राजभाषा कार्यान्वयन एवं उसके प्रचार-प्रसार संबंधी उचित दिशानिर्देश व सलाह प्रदान करने वाली उच्च समिति है। राजभाषा कार्यान्वयन के संबंध में संवैधानिक प्रावधानों, केंद्रीय हिंदी समिति के निर्णयों और राजभाषा विभाग, गृह मंत्रालय द्वारा समय-समय पर जारी महत्त्वपूर्ण दिशानिर्देशों के आधार पर अपने मंत्रालय/विभाग में हिंदी के प्रगामी प्रयोग पर इस समिति की बैठकों में उचित निर्णय लिये जाते हैं। इसके अतिरिक्त अपने मंत्रालय/विभाग में राजभाषा नीति को अमल कराने के संबंध में प्रचलित पद्धतियों/उपायों पर भी आवश्यक चर्चा कर सुधारात्मक कदम सुझाए जाते हैं।

हिंदी सलाहकार समिति का कार्यकाल तीन वर्ष होता है। गठित करने की तारीख से तीन वर्ष की अवधि समाप्त होने पर इसका पुनर्गठन किया जाता है। सदस्यों का चयन/नामांकन/पुनर्नामांकन होगा। हिंदी सलाहकार समिति का गठन करने हेतु संबंधित मंत्रालय/विभाग द्वारा अपने मंत्री महोदय के अनुमोदन से गृह मंत्रालय के राजभाषा विभाग की औपचारिक पूर्वानुमति प्राप्त की जाती है।

राजभाषा नियम लागू होने के पश्चात् संघ सरकार के मंत्रालयों/विभागों में वर्ष 1988 से इनको गठित करने की प्रक्रिया प्रारंभ की गई। छमाही आधार पर वर्ष में दो बार इस समिति की बैठकों का आयोजन होता है। बैठकों के अंतरालों के संबंध में राजभाषा विभाग के वार्षिक कार्यक्रम में सूचना उपलब्ध कराई जाती है।

संबंधित मंत्रालय/विभाग के मंत्री महोदय की अध्यक्षता में गठित/पुनर्गठित इस समिति के उपाध्यक्ष सामान्यत: तत् मंत्रालय/विभाग के राज्य मंत्री होंगे। लोकसभा के दो सदस्य, राज्यसभा के दो सदस्य, संसदीय राजभाषा समिति द्वारा नामित दो संसद सदस्य, केंद्रीय सचिवालय हिंदी परिषद् के एक प्रतिनिधि, हिंदी के प्रचार-प्रसार से जुड़ी अखिल भारतीय स्वैच्छिक सेवा संस्था के एक प्रतिनिधि, गृह मंत्रालय के राजभाषा विभाग द्वारा नामित तीन पदाधिकारी, संबंधित मंत्रालय/विभाग द्वारा नामित राजभाषा के चार विद्वान एवं आवश्यकतानुसार उनके कुछ और पदाधिकारियों को अपनी हिंदी सलाहकार समिति के सदस्य बनाने होंगे। संबंधित मंत्रालय/विभाग संबंधी मुख्यालय के राजभाषा विभाग के उच्च पदाधिकारी समिति के सदस्य सचिव होंगे।

[**संदर्भ :** राजभाषा विभाग, गृह मंत्रालय का का.ज्ञा.सं. 11/20015/45/87—राभा (क-2), दि. 11/15.3.1988]

बैठक की कार्यवाहियों को सभी सदस्यों, गृह मंत्रालय के राजभाषा विभाग, संसदीय राजभाषा समिति कार्यालय, संसद सचिवालय इत्यादि को भेजने के अतिरिक्त संबंधित मंत्रालय/विभाग के नियंत्रणाधीन समस्त संगठनों के मुख्यालयों को उपलब्ध कराया जाता है। संबंधित मंत्रालय/विभाग द्वारा इन बैठकों का समन्वयन कार्य/अनुवर्ती कार्य संभाला जाता है।

राजभाषा कार्यान्वयन समिति

[विभागीय/कार्यालयीन]

केंद्र सरकार के विभिन्न मंत्रालयों के कार्यालयों एवं उसके नियंत्रणाधीन समस्त उपक्रमों, निकायों, निगमों, राष्ट्रीयकृत बैंकों इत्यादि के सभी कार्यालयों/शाखा कार्यालयों/इकाइयों में राजभाषा हिंदी के प्रगामी प्रयोग की समीक्षा कर सार्थक कार्यान्वयन सुनिश्चित करने हेतु राजभाषा कार्यान्वयन समितियों का गठन तथा उनका तिमाहीवार नियमित आयोजन अनिवार्य है। कार्यालय/इकाई का प्रधान समिति के अध्यक्ष होंगे तथा राजभाषा विभाग/अनुभाग के प्रभारी/राजभाषा अधिकारी और छोटे कार्यालयों/इकाइयों के संदर्भ में राजभाषा समन्वयक सदस्य सचिव बनेंगे। कार्यालयों/इकाइयों के कार्मिकों की संख्या के आधार पर एवं कार्य स्वरूप के आधार पर सुविधायुक्त संख्या में सदस्यों का नामांकन किया जाता है।

नियंत्रक कार्यालयों/मंत्रालयों के विभागों में वर्ष 1969 से राजभाषा कार्यान्वयन समितियों का गठन एवं उन्हें आयोजित करने की प्रथा प्रारंभ हुई। वर्ष 1992 से हर कार्यालय/इकाई स्तर पर इस समिति का गठन करना और तिमाहीवार नियमित अंतरालों पर बैठकों का आयोजन करना अनिवार्य कर दिया गया है।

[इस पुस्तक के 'राजभाषा कार्यान्वयन समिति की बैठकों का आयोजन' संबंधी अध्याय में विस्तृत जानकारी उपलब्ध है।]

नगर राजभाषा कार्यान्वयन समिति

शहरों में स्थित केंद्र सरकार के कार्यालयों, उसके नियंत्रणाधीन उपक्रमों, निगमों, निकायों, राष्ट्रीयकृत बैंकों, वित्तीय संस्थाओं, बीमा कंपनियों इत्यादि की राजभाषा गतिविधियों में समन्वयन स्थापित कर कार्यान्यवन की प्रक्रिया में तेजी लाने एवं उत्साहवर्द्धन करने के उद्देश्य से एक संयुक्त मंच की आवश्यकता महसूस कर गृह मंत्रालय के राजभाषा विभाग ने अपने क्षेत्रीय कार्यान्वयन कार्यालयों के पर्यवेक्षण में हर शहर में जहाँ उपर्युक्त स्वरूप के कार्यालयों/इकाइयों की संख्या 10 या उससे अधिक होती है, वहाँ नगर राजभाषा कार्यान्वयन समिति गठित करने का निर्णय लिया है।

[**संदर्भ :** राजभाषा विभाग का का.ज्ञा. सं.1/14011/12/76—रा.भा.(का-1), दि 22.11.1976)]

बड़े शहरों में, महानगरों में केंद्र सरकार के कार्यालयों, उपक्रमों, राष्ट्रीयकृत बैंकों के लिए (तीन वर्गों में) इन समितियों का गठन पृथक् से किया जा सकता है। वर्गवार सुचारु कार्यान्वयन की सुविधा हेतु यह व्यवस्था प्रारंभ की गई। छोटे शहरों में कार्यालयों/इकाइयों की कम संख्या की वजह से पृथक्-पृथक् समितियाँ गठित नहीं कर पाने के संदर्भ में सभी वर्गों के कार्यालयों को मिलाकर 'टॉलिक (कार्यालय)' के नाम पर एक ही समिति का गठन किया जाता है।

अमुक शहर की प्रत्येक श्रेणी के कार्यालयों/इकाइयों के लिए या सभी श्रेणियों के कार्यालयों/इकाइयों के लिए गठित टॉलिक के लिए तत् श्रेणी के कार्यालयों/इकाइयों में वरिष्ठ पदाधिकारी पदस्थ कार्यालय/इकाई को संयोजन कार्य सौंपा जाता है। तत् कार्यालय/इकाई के वरिष्ठ पदाधिकारी समिति के अध्यक्ष बनेंगे। संयोजक कार्यालय के वरिष्ठ राजभाषा अधिकारी को समिति के सदस्य सचिव का कार्यभार संभालना होगा। संयोजक कार्यालय में राजभाषा अधिकारी का पद खाली रहने पर विशेष मामलों में किसी सदस्य कार्यालय/इकाई के राजभाषा अधिकारी को सदस्य सचिव की जिम्मेदारी सौंपी जाती है। टॉलिक का गठन या संयोजक कार्यालय में परिवर्तन इत्यादि प्रस्तावों का राजभाषा विभाग, गृह मंत्रालय के सचिव का पूर्वानुमोदन प्राप्त करते हुए संबंधित क्षेत्रीय कार्यान्वयन कार्यालय द्वारा तत्संबंधी प्रक्रिया संपन्न कराई जाती है। टॉलिक गठित अमुक शहर के सभी कार्यालय/इकाई उस समिति के सदस्य बन जाते हैं।

क्षेत्रीय कार्यान्वयन कार्यालय के बैठक कैलेंडर के आधार पर छः माह के अंतरालों में वर्ष में दो बार आयोजित की जाने वाली समीक्षा बैठकों में तिमाही हिंदी प्रगति रिपोर्ट के भाग-I एवं II में समाविष्ट प्रमुख कार्यान्वयन मदों की सदस्य कार्यालयवार समीक्षा के अतिरिक्त संसदीय राजभाषा समिति की सिफारिशों, राजभाषा विभाग के वार्षिक कार्यक्रम एवं समय-समय पर जारी अन्य दिशानिर्देशों पर विचार-विमर्श किया जाता है। समिति के अध्यक्ष की अध्यक्षता में संबंधित क्षेत्रीय कार्यान्वयन कार्यालय के प्रतिनिधि की उपस्थिति में आयोजित अर्द्धवार्षिक समीक्षा बैठकों में सभी सदस्य कार्यालयों के प्रधानों की उपस्थिति अनिवार्य है। इनके साथ अपने राजभाषा

अधिकारी/राजभाषा समन्वयक की उपस्थिति भी मांगी जाती है। समीक्षा बैठकों में लिये गए निर्णयों के आधार पर अपने कार्य क्षेत्र में हिंदी का प्रयोग सुनिश्चित करने के अतिरिक्त अनेक रोचक, प्रेरक मार्गदर्शी गतिविधियों का आयोजन करना भी जरूरी हो जाता है।

राजभाषा प्रयोग के संबंध में संयोजक कार्यालयों का कर्तव्य निर्वहण तथा संयोजक कार्यालय सहित समिति के सदस्य कार्यालयों में राजभाषा समिति के कार्यान्वयन की समीक्षा करने के लिए संसदीय राजभाषा समिति की आलेख एवं साक्ष्य उप समिति द्वारा संदर्शन (विजिट) किया जाता है।

राजभाषा कार्यान्वयन में सर्वश्रेष्ठ समितियों को 'नराकास राजभाषा सम्मान' प्रदान कर प्रोत्साहित किया जाता है।

राजभाषा कार्यान्वयन की दिशा में नगर राजभाषा कार्यान्वयन समितियों की परिकल्पना प्रेरक एवं सार्थक परिकल्पना साबित हुई है।

विभिन्न नगर राजभाषा कार्यान्वयन समितियों की गतिविधियों से अवगत होने के लिए टॉलिक संयुक्त मंच की वेबसाइट http//narakas.rajbhasha.gov.in का संदर्भ लेना होगा।

[इस पुस्तक के 'नगर राजभाषा कार्यान्वयन समिति' अध्याय में व्यापक जानकारी उपलब्ध है।]

संसदीय राजभाषा समिति

केंद्र सरकार के कार्यालयों, उसके अधीनस्थ कार्यालयों, संस्थाओं, उपक्रमों, बोर्डों, निगमों, निकायों एवं राष्ट्रीयकृत बैंकों, वित्तीय संस्थाओं, बीमा कंपनियों में संवैधानिक प्रावधानों के आधार पर राजभाषा के प्रगामी प्रयोग संबंधी निरीक्षण एवं विचार-विमर्श करने के उद्देश्य से तथा तत्संबंधी अपनी सिफारिशों की रिपोर्ट राष्ट्रपति को प्रस्तुत करने के लिए राजभाषा अधिनियम-1963 की धारा-4(1) में की गई व्यवस्था के अनुसार जनवरी, 1976 में इस उच्चस्तरीय समिति का गठन किया गया।

लोकसभा के 20 सांसदों तथा राज्यसभा के 10 सांसदों को इस समिति के सदस्य बनाया जाता है। गृहमंत्री इस समिति के अध्यक्ष होंगे। सर्वप्रथम तत्कालीन गृह राज्यमंत्री श्री ओम मेहता को समिति का अध्यक्ष बनाया गया। इनकी अध्यक्षता में तत्कालीन सांसद श्री के. जी. देशमुख, श्रीमती सुमित्रा गजानन कुलकर्णी, श्री मकसूद अली खान, श्री कुंवर महमूद अली खान, श्री कामेश्वर सिंह, श्री नाथूराम मिर्धा, डॉ. लोकेश चंद्र, डॉ शंकर दयाल सिंह, श्री प्रकाशवीर शास्त्री की उपस्थिति में संसदीय राजभाषा समिति की निरीक्षण प्रक्रिया और संचालन संबंधी कार्य विधि का निरूपण किया गया।

देशभर स्थित केंद्र सरकार के विभिन्न संगठनों में राजभाषा निरीक्षण की प्रक्रिया सुचारु रूप से संपन्न कराने के लिए 4 मार्च, 1976 को आयोजित समिति की बैठक में इसे तीन उप समितियों में बांटा गया। इसके अतिरिक्त मौखिक साक्ष्य समिति और आलेख एवं साक्ष्य उप समिति भी गठित की गई।

चयनित सांसदों के परामर्श से समिति के अध्यक्ष द्वारा उप समितियों के उपाध्यक्ष और संयोजकों का चयन किया जाता है। उपाध्यक्षों की अध्यक्षता में ही निरीक्षण/विचार-विमर्श/मौखिक साक्ष्य संपन्न किया जाता है। मौखिक साक्ष्य समिति में तीनों उप समितियों (पहली/दूसरी/तीसरी) के संयोजक और समिति के दो अन्य सांसदों को सदस्य के रूप में शामिल किया जाता है। आवश्यकतानुसार इस उप समिति का पुनर्गठन किया जाता है।

संसदीय राजभाषा समिति को अपने निरीक्षण/विचार-विमर्श संबंधी प्रतिवेदन सीधे महामहिम राष्ट्रपति को प्रस्तुत करने का विशेष अधिकार दिया गया है। समिति द्वारा प्रस्तुत प्रतिवेदन को उचित विचार-विमर्श हेतु राष्ट्रपति द्वारा दोनों सदनों (लोकसभा एवं राज्यसभा) को भिजवाया जाता है। दोनों सदनों की सिफारिशों/सुझावों को समाविष्ट करते हुए तत् प्रतिवेदन को सभी राज्यों की सलाह-मशवरा/राय हेतु उन्हें पहुँचाया जाता है। तत्पश्चात् प्रतिवेदन पर प्राप्त सुझावों/सिफारिशों का अवलोकन कर आवश्यक संशोधनों के साथ कार्यान्वित करने हेतु राष्ट्रपति द्वारा आदेश जारी किये जाते हैं।

संसदीय राजभाषा समिति के प्रतिवेदन के प्रथम खंड पर राष्ट्रपति द्वारा सर्वप्रथम 30 दिसंबर, 1988 को आदेश जारी किये गए थे। समिति के निरीक्षण का समन्वयन कार्य, सचिवालयीन कार्य एवं अन्य संबंधी कार्य दिल्ली स्थित संसदीय राजभाषा समिति कार्यालय द्वारा संभाला जाता है। (वेबसाइट : rajbhashasamiti.gov.in)

[व्यापक जानकारी के लिए इस पुस्तक के 'संसदीय राजभाषा समिति निरीक्षण' संबंधी अध्याय का संदर्भ लेना होगा।]

राजभाषा विभाग, गृह मंत्रालय

केंद्र सरकार के कार्यालयों, उसके अधीनस्थ संस्थाओं, संगठनों, उपक्रमों, निकायों, निगमों, बोर्डों इत्यादि में संवैधानिक प्रावधानों के अनुसार राजभाषा नीति का सार्थक अनुपालन सुनिश्चित करने के लिए 25 जून, 1975 को गृह मंत्रालय के अधीन एक स्वतंत्र विभाग के रूप में 'राजभाषा विभाग' की स्थापना की गई।

19 जुलाई, 1969 को बैंकों के राष्ट्रीयकरण के पश्चात् बैंकों सहित वित्तीय संस्थाओं में भी राजभाषा नीति को अमल करना अनिवार्य कर दिया गया है। राजभाषा नीति संबंधी हर पहलू का सार्थक कार्यान्वयन सुनिश्चित करने और बदलती आवश्यकताओं के अनुरूप नीतिगत दिशानिर्देशों का निरूपण करते हुए समग्र पर्यवेक्षण करने के उद्देश्य से जून, 1975 में इसे स्वतंत्र विभाग का दर्जा दिया गया। सचिव श्रेणी के उच्च पदाधिकारी के सीधे पर्यवेक्षण में कार्यरत इस विभाग द्वारा देश में ही नहीं, विदेश स्थित भारत सरकार के कार्यालयों/इकाइयों में राजभाषा नीति को अमल कराने पर ध्यान दिया जाता है। राजभाषा संकल्प-1968 के आधार पर कार्यान्वयन मदों के भाषिक क्षेत्रवार लक्ष्य आबंटित करते हुए वित्तीय वर्ष 1968-69 से इस विभाग द्वारा हर वर्ष वार्षिक कार्यक्रम जारी करने की प्रथा प्रारंभ की गई।

कार्मिकों की संख्या के आधार पर हिंदी पदों का निर्धारण/सृजन, संसदीय राजभाषा समिति की सिफारिशों पर उचित संशोधन के साथ राष्ट्रपति द्वारा जारी आदेशों के आधार पर दिशानिर्देशों का परिचालन किये जाने के अतिरिक्त केंद्रीय राजभाषा कार्यान्वयन समिति की बैठकों, क्षेत्रीय राजभाषा सम्मेलनों, अखिल भारतीय राजभाषा सम्मेलनों में लिये गए निर्णयों और इस विभाग के अधीन कार्यरत केंद्रीय हिंदी प्रशिक्षण संस्थान, हिंदी शिक्षण योजना, केंद्रीय अनुवाद ब्यूरो, क्षेत्रीय कार्यान्वयन कार्यालय तथा हिंदी सलाहकार समितियों, नगर राजभाषा कार्यान्वयन समितियों, जनसामान्य आदि से प्राप्त फलप्रद सुझावों के आधार पर उचित दिशानिर्देश जारी किये जाते हैं। सेवाकालीन हिंदी प्रशिक्षण, अनुवाद, शब्दावली, पाठ्य सामग्री, तकनीकी उपकरण इत्यादि की व्यवस्था कराने में उचित ध्यान देते हुए, राजभाषायी निरीक्षण व्यवस्था को मजबूत करते हुए, स्तरीय त्रैमासिक 'राजभाषा भारती' पत्रिका का प्रकाशन करते हुए, हिंदी पत्र-पत्रिकाओं व अन्य प्रकाशनों को प्रोत्साहित करते हुए हिंदी का अधिकाधिक प्रयोग करने वाले श्रेष्ठ निष्पादकों को पुरस्कार प्रदान करते/कराते हुए, प्रोत्साहन योजनाओं को लागू कराते हुए संघ की राजभाषा के रूप में हिंदी के प्रगामी प्रयोग संबंधी गतिविधियों के निर्वाह में राजभाषा विभाग द्वारा श्रेष्ठतम भूमिका अदा की जाती है।

राजभाषा नीति के कार्यान्वयन संबंधी विभिन्न दिशानिर्देशों, नवीनतम गतिविधियों, नवोन्मेषी परिकल्पनाओं, सूचना प्रौद्योगिकी के सहारे हिंदी के प्रयोग संबंधी विभिन्न आयामों, समितियों, संगोष्ठियों इत्यादि से अवगत होने के लिए राजभाषा विभाग की वेबसाइट राजभाषा.सरकार.भारत (rajbhasha.gov.in) का संदर्भ लेना जरूरी है।

क्षेत्रीय कार्यान्वयन कार्यालय

देश के विभिन्न राज्यों, केंद्र शासित प्रदेशों में कार्यरत केंद्र सरकार के कार्यालयों, उसके अधीनस्थ संगठनों, उपक्रमों, निगमों, निकायों, बोर्डों, राष्ट्रीय कृत बैंकों, वित्तीय संस्थाओं, बीमा कंपनियों आदि में राजभाषा नीति का सुचारु अनुपालन सुनिश्चित करने के लिए राजभाषा विभाग, गृह मंत्रालय द्वारा क्षेत्रीय कार्यान्वयन कार्यालयों की परिकल्पना की गई। क्षेत्राधीन कथित स्वरूप के संगठनों में राजभाषा एवं आवश्यकतानुसार क्षेत्रीय भाषाओं के प्रयोग के संबंध में उचित पथप्रदर्शन करना, निरीक्षण करना, तिमाही हिंदी प्रगति रिपोर्ट ऑनलाइन प्राप्त करना, उनकी समीक्षा करना, सुविधानुसार इनके पदाधिकारियों द्वारा राजभाषा कार्यान्वयन समिति की बैठकों में कार्यालयों के निमंत्रण पर भाग लेना, नगर राजभाषा कार्यान्वयन समिति की छमाही बैठकों में अपना प्रतिनिधि सुनिश्चित करना, पात्र शहरों में नई नगर राजभाषा कार्यान्वयन समितियों का गठन करना, संसदीय राजभाषा समिति की आलेख एवं साक्ष्य समिति के विचार-विमर्श कार्यक्रमों में अपना प्रतिनिधित्व सुनिश्चित करना, वार्षिक क्षेत्रीय राजभाषा सम्मेलनों का आयोजन करना, संगठनों के आमंत्रण पर कार्यान्वयन संबंधी महत्त्वपूर्ण गतिविधियों में भाग लेकर उचित मार्गदर्शन प्रदान करना, राजभाषा विभाग से समय-समय पर प्राप्त होने वाले दिशानिर्देशों से अपने क्षेत्राधीन समस्त संस्थाओं के नियंत्रक कार्यालयों/इकाइयों/नगर

राजभाषा कार्यान्वयन समितियों को अवगत कराना एवं अनुश्रवण करना, नगर राजभाषा कार्यान्वयन समितियों की सक्रियता से राजभाषा विभाग को अवगत कराना, क्षेत्रीय राजभाषा पुरस्कार प्रतियोगिताओं हेतु संस्तुति प्रस्तुत करना, क्षेत्राधीन अपने विभाग के केंद्रीय हिंदी प्रशिक्षण संस्थान, हिंदी शिक्षण योजना, केंद्रीय अनुवाद ब्यूरो इत्यादि से समन्वय स्थापित करना, आवश्यकता आधारित राजभाषायी निरीक्षण आदि क्षेत्रीय कार्यान्वयन कार्यालयों के मुख्य कर्तव्य हैं। उप निदेशक (राजभाषा) श्रेणी के पदाधिकारी इन कार्यालयों के प्रभारी होते हैं।

संप्रति देश भर में 8 क्षेत्रीय कार्यान्वयन कार्यालय हैं। क्षेत्रीय कार्यान्वयन कार्यालयवार आबंटित राज्यों/केंद्र शासित प्रदेशों की सूचना इस प्रकार है :

1. नवी मुंबई : महाराष्ट्र, गुजरात, गोवा, दमन और दीव, दादरा एवं नागर हवेली,
2. भोपाल : मध्यप्रदेश, छत्तीसगढ़,
3. नई दिल्ली : दिल्ली, पंजाब, चंडीगढ़, हरियाणा, राजस्थान, हिमाचल प्रदेश, जम्मू व कश्मीर,
4. गाजियाबाद : उत्तर प्रदेश, उत्तराखंड,
5. बेंगलुरु : कर्नाटक, आंध्र प्रदेश, तेलंगाना,
6. कोच्चि : केरल, लक्षद्वीप, तमिलनाडु, पुदुच्चेरी,
7. कोलकाता : पश्चिम बंगाल, ओडिशा, बिहार, झारखंड, अंडमान एवं निकोबार द्वीप समूह,
8. गुवाहाटी : असम, त्रिपुरा, मिजोरम, नागालैंड, मणिपुर, मेघालय, सिक्किम, अरुणाचल प्रदेश।

उपर्युक्त राज्यों और संघ राज्य क्षेत्रों में कार्यरत नियंत्रक/प्रशासनिक कार्यालयों/इकाइयों के प्रधानों एवं उनके राजभाषा स्टाफ सदस्यों तथा टॉलिक अध्यक्षों एवं सदस्य सचिवों को आमंत्रित करते हुए संबंधित क्षेत्रीय कार्यान्वयन कार्यालयों द्वारा हर वर्ष निम्न स्वरूप के क्षेत्रीय राजभाषा सम्मेलनों का आयोजन किया जाता है :

1. क्षेत्रीय राजभाषा सम्मेलन (दक्षिण),
2. क्षेत्रीय राजभाषा सम्मेलन (दक्षिण-पश्चिम),
3. क्षेत्रीय राजभाषा सम्मेलन (मध्य क्षेत्र),
4. क्षेत्रीय राजभाषा सम्मेलन (पश्चिम क्षेत्र),
5. क्षेत्रीय राजभाषा सम्मेलन (पूर्व क्षेत्र),
6. क्षेत्रीय राजभाषा सम्मेलन (पूर्वोत्तर क्षेत्र),
7. क्षेत्रीय राजभाषा सम्मेलन (उत्तर-1 क्षेत्र),
8. क्षेत्रीय राजभाषा सम्मेलन (उत्तर-2 क्षेत्र)।

हिंदी शिक्षण योजना

केंद्र सरकार के कार्यालयों में कार्यरत हिंदी ज्ञान न रखने वाले कार्मिकों को हिंदी का ज्ञान उपलब्ध कराने के उद्देश्य से जुलाई, 1952 में शिक्षा मंत्रालय द्वारा कक्षाएँ चलाने

की प्रथा प्रारंभ की गई। बाद में अक्तूबर, 1955 में 'हिंदी शिक्षण योजना केंद्र' की परिकल्पना प्रारंभ कर सेवाकालीन हिंदी शिक्षण की व्यवस्था को गृह मंत्रालय के अधीन लाया गया। 27 अप्रैल, 1960 को जारी राष्ट्रपति आदेशों के आधार पर उसी वर्ष से पात्र केंद्र सरकारी कार्मिकों के लिए प्रबोध, प्रवीण, प्राज्ञ भाषा प्रशिक्षण तथा हिंदी टंकण एवं आशुलिपि प्रशिक्षण अनिवार्य कर दिया गया। यह सेवाकालीन प्रशिक्षण वर्ष 1974 से केंद्र सरकार के अधीनस्थ संस्थाओं, उपक्रमों, निगमों, निकायों, बोर्डों, राष्ट्रीयकृत बैंकों, वित्तीय संस्थाओं, बीमा कंपनियों के लिए भी अनिवार्य कर दिया गया। वर्ष 2015 से 'पारंगत' पाठ्यक्रम भी प्रारंभ किया गया। गृह मंत्रालय के अधीन जून, 1975 में स्वतंत्र राजभाषा विभाग की स्थापना की जाने के पश्चात् हिंदी शिक्षण योजना को उसके अधीन लाया गया।

हिंदी शिक्षण योजना के दिल्ली, मुंबई, बेंगलुरु, चेन्नई, कोलकाता, गुवाहाटी में क्षेत्रीय केंद्र के मुख्यालय हैं। इनके अतिरिक्त कई प्रमुख शहरों में हिंदी शिक्षण योजना के उपकेंद्रों एवं अंशकालिक केंद्रों की सुविधा भी उपलब्ध कराई गई है। क्षेत्रीय केंद्रों, उपकेंद्रों एवं अंशकालिक केंद्रों में हिंदी शिक्षण उपलब्ध कराने के अतिरिक्त प्रशिक्षणार्थियों की संख्या के आधार पर स्थानीय अन्य संगठनों में भी सुविधानुसार इनके शिक्षक जाकर भाषा प्रशिक्षण (प्रबोध, प्रवीण, प्राज्ञ, बैंकिंग प्राज्ञ एवं पारंगत) देते हैं। हिंदी शिक्षण योजना (परीक्षा स्कंध), नई दिल्ली द्वारा इन पाठ्यक्रमों की परीक्षाएँ आयोजित की जाती हैं।

[इस पुस्तक के 'सेवाकालीन हिंदी प्रशिक्षण' अध्याय में आवश्यक जानकारी उपलब्ध है।]

केंद्रीय हिंदी प्रशिक्षण संस्थान

केंद्र सरकार के कार्यालयों एवं उसके अधीनस्थ संगठनों, उपक्रमों, निगमों, निकायों, बोर्डों, राष्ट्रीयकृत बैंकों, वित्तीय संस्थाओं, बीमा कंपनियों इत्यादि में हिंदी का प्रयोग बढ़ाने हेतु हिंदी शिक्षण योजना की सेवाओं के अतिरिक्त गहन प्रशिक्षण कार्यक्रमों, अल्पकालिक प्रशिक्षण कार्यक्रमों, पत्राचार पाठ्यक्रमों, विशेष हिंदी कार्यशालाओं के माध्यम से पात्र अधिक संख्यक कार्मिकों को हिंदी का कार्यसाधक/प्रवीणता/टंकण/आशुलिपि ज्ञान उपलब्ध कराकर प्रशिक्षण कार्य में तेजी लाने के उद्‌देश्य से राजभाषा विभाग के अधीन 21 अगस्त, 1985 को नई दिल्ली में केंद्रीय हिंदी प्रशिक्षण संस्थान का गठन किया गया। कथित स्वरूप की पद्धतियों द्वारा प्रबोध, प्रवीण, प्राज्ञ/बैंकिंग प्राज्ञ, पारंगत, हिंदी टंकण/आशुलिपि प्रशिक्षण उपलब्ध कराने हेतु नई दिल्ली, मुंबई, हैदराबाद, बेंगलुरु, चेन्नई और कोलकाता में इसके उप-संस्थान खोले गए हैं। हिंदी शिक्षण योजना स्कंध को भी केंद्रीय हिंदी प्रशिक्षण संस्थान के अधीन ही रखा गया है। (वेबसाइट : हिंदीप्रशिक्षण.राजभाषा.सरकार.भारत chti.rajbhasha.gov.in)

[इस पुस्तक के 'सेवाकालीन हिंदी प्रशिक्षण' अध्याय के अंतर्गत आवश्यक जानकारी प्रस्तुत की गई है।]

केंद्रीय अनुवाद ब्यूरो

गृह मंत्रालय के राजभाषा विभाग के अधीन 1 मार्च, 1971 को नई दिल्ली में केंद्रीय अनुवाद ब्यूरो की स्थापना की गई। इसके अधीन मुंबई, बेंगलुरु और कोलकाता में तीन क्षेत्रीय अनुवाद ब्यूरो कार्यरत हैं।

केंद्र सरकार के कार्यालयों, उसके अधीनस्थ संगठनों, निगमों, निकायों, बोर्डों, राष्ट्रीयकृत बैंकों, वित्तीय संस्थाओं एवं बीमा कंपनियों में राजभाषा स्टाफ सदस्यों की कमी या आकस्मिक/अनिवार्य आवश्यकताओं के आधार पर असांविधिक अनुवाद कार्य (कोड, मैनुअल, फॉर्म, प्रशिक्षण सामग्री इत्यादि)में सहयोग प्रदान करने या निःशुल्क अनुवाद उपलब्ध कराने के उद्देश्य से अनुवाद ब्यूरो की स्थापना की गई। इससे पूर्व शिक्षा मंत्रालय के अधीन 1960 में स्थापित केंद्रीय हिंदी निदेशालय द्वारा यह कार्य किया जाता था।

राजभाषा कार्मिकों को अनुवाद कार्य में कुशल बनाकर संस्थाओं को अपने अनुवाद कार्य संपन्न करने में स्वयं समृद्ध बनाने के उद्देश्य से तथा शब्दावली के प्रयोग में एकरूपता लाने के उद्देश्य से ब्यूरो द्वारा अगस्त, 1973 से निःशुल्क सेवाकालीन अनुवाद प्रशिक्षण कार्यक्रम चलाने की प्रक्रिया प्रारंभ की गई। दिल्ली सहित ब्यूरो के अन्य केंद्रों द्वारा अपने कार्य क्षेत्र के केंद्र सरकार के सभी कार्यालयों/संगठनों के राजभाषा विशेषज्ञ अधिकारी एवं लिपिक वर्ग के कार्मिकों और राजभाषा कार्यान्वयन/अनुवाद कार्य से जुड़े सामान्य वर्ग के कार्मिकों को (स्नातक स्तर पर हिंदी और अंग्रेजी को एक विषय के रूप में पढ़ें या स्नातक स्तर पर हिंदी को एक विषय के रूप में नहीं पढ़ने पर भी इसके समान स्तर की अन्य हिंदी परीक्षाएँ उत्तीर्ण होने पर) यह प्रशिक्षण दिया जाता है।

अनुवाद प्रशिक्षण में ब्यूरो के कुशल संकायों द्वारा अंग्रेजी से हिंदी और हिंदी से अंग्रेजी कार्यालयीन अनुवाद के सैद्धांतिक एवं व्यावहारिक पक्षों पर विशेष ध्यान दिया जाता है। आवश्यकतानुसार अनुवाद क्षेत्र में विशेषज्ञ संकायों के व्याख्यानों की व्यवस्था भी की जाती है। सहायक सामग्री उपलब्ध कराई जाती है। प्रशिक्षित कार्मिकों को कार्यक्रम के समापन समय पर ब्यूरो के लोगोयुक्त मुद्रित सहभागिता प्रमाणपत्र प्रदान किये जाते हैं। इसके अतिरिक्त त्रैमासिक हिंदी अनुवाद प्रशिक्षण कार्यक्रमों में अनुवाद कार्य में श्रेष्ठ पाए गए तीन कार्मिकों को दीक्षांत समारोह (समापन समारोह) में स्वर्ण, रजत और कांस्य पदक प्रदान किये जाते हैं।

अनुवाद ब्यूरो द्वारा निम्न स्वरूप के प्रशिक्षण कार्यक्रम आयोजित किये जाते हैं :

त्रैमासिक गहन हिंदी अनुवाद प्रशिक्षण कार्यक्रम

- वित्तीय वर्षाधारित तिमाहीवार इन कार्यक्रमों का आयोजन अनुवाद ब्यूरो केंद्रों में किया जाता है।

21 दिवसीय मध्यकालिक अनुवाद प्रशिक्षण कार्यक्रम

- अत्यावश्यक/वित्तीय/गोपनीय सेवाओं से जुड़े केंद्र सरकार के उपक्रमों/राष्ट्रीयकृत बैंकों/बीमा कंपनियों इत्यादि में अनुवाद कार्य से जुड़े कर्मियों के लाभार्थ संबंधित संगठनों के अनुरोध पर उनके ही कार्यस्थल पर संबंधित ब्यूरो के संकायों द्वारा 21 दिवसीय अनुवाद प्रशिक्षण कार्यक्रमों का आयोजन किया जाता है। अनुरोधकर्ता संगठन को प्रशिक्षण संबंधी मूलभूत सुविधाएँ (कक्षा कमरा, पर्याप्त संख्या के प्रशिक्षार्थियों का नामांकन आदि) उपलब्ध करानी होगी।

पांच दिवसीय संक्षिप्त अनुवाद प्रशिक्षण

- अनुवाद ब्यूरो केंद्रों के कार्य क्षेत्राधीन केंद्र सरकार एवं उसके अधीनस्थ संगठनों के अनुरोध पर संबंधित संगठन के कार्यस्थल पर ही ब्यूरो द्वारा इस अल्पकालीन प्रशिक्षण कार्यक्रम का आयोजन किया जाता है। ब्यूरो के संकायों द्वारा ही प्रशिक्षण का संचालन किया जाता है। प्रशिक्षण संबंधी मूलभूत सुविधाएँ आग्रहकर्ता संगठन द्वारा उपलब्ध कराई जाएँगी। वैयक्तिक संगठनों के अतिरिक्त नगर राजभाषा कार्यान्वयन समितियों द्वारा इस स्वरूप के प्रशिक्षण कार्यक्रमों का अक्सर आयोजन करवाया जाता है। विभिन्न संगठनों के कार्य स्वरूप के आधार पर अल्पकालिक विशेष तकनीकी अनुवाद प्रशिक्षण कार्यक्रम भी आयोजित किये जाते हैं।

पांच दिवसीय उच्च स्तरीय अनुवाद प्रशिक्षण कार्यक्रम

- राजभाषा अधिकारियों एवं राजभाषा कार्यान्वयन/अनुवाद से जुड़े उच्च श्रेणी के अधिकारियों के लिए केवल दिल्ली स्थित ब्यूरो के मुख्यालय में इस कार्यक्रम का आयोजन किया जाता है। इस कार्यक्रम के सहभागियों के लिए ब्यूरो के छात्रावास की व्यवस्था भी है।

पुनश्चर्या अनुवाद प्रशिक्षण कार्यक्रम

- तीन माह के गहन हिंदी अनुवाद प्रशिक्षण कार्यक्रम में उपस्थित कार्मिक एक वर्ष के पश्चात् ब्यूरो कार्यालय में आयोजित इस कार्यक्रम में भाग लेने के पात्र होंगे। ये कार्यक्रम सामान्यत: पांच दिवसीय होंगे।

त्रैमासिक अनुवाद प्रशिक्षण कार्यक्रमों की सूचना ब्यूरो की वेबसाइट में उपलब्ध कराए जाने के अतिरिक्त ब्यूरो के केंद्रों द्वारा विभिन्न संगठनों के मुख्यालयों को प्रेषित की जाती है।

अनुवाद क्षेत्र में पाए जाने वाले नये/नवनिर्मित शब्दों का अनुवाद देकर तत् शब्दावली का संग्रह बनाने में तथा अनुवाद सॉफ्टवेयर 'कंठस्थ' के लिए मेमोरी डाटा

के संकलनार्थ अंग्रेजी-हिंदी और हिंदी-अंग्रेजी अनुवाद का डेटाबेस बनाने में ब्यूरो द्वारा विशेष योगदान दिया जाता है। (ब्यूरो की वेबसाइट : ctb.rajbhasha.gov.in)

केंद्रीय हिंदी निदेशालय

भारतीय संविधान के अनुच्छेद-351 में समाविष्ट प्रावधानों के अनुसार हिंदी भाषा के सर्वांगीण विकास हेतु, इसके माध्यम से जनसंपर्क स्थापित करने हेतु, विश्व स्तर पर इसकी पहचान दिलाने हेतु शिक्षा मंत्रालय के अधीन 1 मार्च, 1960 को दिल्ली में केंद्रीय हिंदी निदेशालय की स्थापना की गई। बाद में इसे उच्चतर शिक्षा विभाग, मानव संसाधन विकास मंत्रालय के अधीन लाया गया। संप्रति पुनः शिक्षा मंत्रालय के अधीन है। 'अहं राष्ट्री संगमनी वसूनाम' निदेशालय का आदर्श वाक्य है। इस निदेशालय के हैदराबाद, चेन्नई, कोलकाता और गुवाहाटी में क्षेत्रीय कार्यालय हैं। हिंदीतर क्षेत्रों में हिंदी के विकास हेतु विशिष्ट सेवाएँ उपलब्ध कराने के लिए 'ग' क्षेत्र में क्षेत्रीय कार्यालय खोले गए हैं।

विभिन्न भाषा-भाषियों को हिंदी से परिचित कराने के लिए, उनके बीच संवाद स्थापित कराने के लिए, रीति-रिवाजों से परिचित कराने के लिए, भारतीय भाषा साहित्य से परिचित कराने के लिए, एकरूपता के साथ राष्ट्रीय एकता स्थापित करने के लिए निदेशालय द्वारा निम्न प्रमुख कार्य संपन्न किये जाते हैं :

कोश सामग्री का संकलन, निर्माण और प्रकाशन

- एकल भाषा/द्विभाषा/त्रिभाषा/बहुभाषा कोश और हिंदी मूलक समेकित हिंदी संयुक्त राष्ट्रभाषा कोश (संयुक्त राष्ट्र की मान्यता प्राप्त अंग्रेजी, चीनी, फ्रांसीसी, स्पेनी, अरबी, रूसी) तथा पड़ोसी देश भाषा कोश। (नेपाल, श्रीलंका, तिब्बत, इंडोनेशिया इत्यादि पड़ोसी देशों के साथ मजबूत संपर्क स्थापित करने के लिए इनके भाषा मुल्क हिंदी कोश)

देवनागरी लिपि तथा हिंदी वर्तनी का मानकीकरण

- हिंदी के कार्यालयीन प्रयोग में यांत्रिक सुविधाओं में प्रयुक्त हिंदी के प्रयोग में एवं प्रयोक्ताओं की सुविधा के लिए हिंदी की वर्तनी में एकरूपता बनाए रखने के लिए हिंदी विद्वानों/विशेषज्ञों की राष्ट्रीय समिति गठित कर आवश्यकतानुसार देवनागरी लिपि/वर्तनी में यथासंभव संशोधन कर मानकीकृत करने का काम किया जाता है।

हिंदी पत्राचार पाठ्यक्रम योजना

- भारतीय हिंदीतर भाषियों और विदेशियों को हिंदी सिखाने के उद्देश्य से अंग्रेजी एवं प्रमुख हिंदीतर भाषा माध्यमों से 'एक वर्षीय हिंदी सर्टिफिकेट कोर्स तथा हिंदी डिप्लोमा कोर्स'।

- उच्च स्तरीय छात्रों के लिए 'एडवांस हिंदी डिप्लोमा पाठ्यक्रम'।
- पत्राचार पाठ्यक्रम प्राप्त करते समय उत्पन्न शंकाओं के निवारण के लिए 'व्यक्तिगत संपर्क कार्यक्रम'।

निदेशालय द्वारा निर्धारित न्यूनतम हिंदी ज्ञान एवं आयु की पात्रता के आधार पर उपर्युक्त पाठ्यक्रमों में प्रवेश पाया जाता है। ये पाठ्यक्रम प्रति वर्ष जुलाई से मई तक चलाए जाते हैं।

विस्तार कार्यक्रम योजनाएँ

- हिंदीतर भाषी प्रांतों में हिंदी के प्रचार-प्रसार के लिए हिंदीतर भाषी हिंदी नवलेखन शिविर कार्यक्रम, प्राध्यापक व्याख्यानमाला, राष्ट्रीय स्तर संगोष्ठियों का आयोजन करने के अतिरिक्त छात्र अध्ययन यात्रा, शोध छात्र यात्रा अनुदान योजनाएँ लागू की जाती हैं।

शैक्षिक विनिमय कार्यक्रम योजना

- अंतरराष्ट्रीय सांस्कृतिक समझौतों के आधार पर तत्संबंधी देशों की भाषाओं के हिंदी कोश तथा उनकी हिंदी मूलक द्विभाषी वार्तालाप पुस्तिकाओं का निर्माण।
- 'भाषा' त्रैमासिक पत्रिका, 'वार्षिकी' और 'साहित्य माला' के अंतर्गत भारतीय साहित्य की विभिन्न विधाओं का प्रकाशन एवं संकलन।
- हिंदी में स्तरीय पुस्तकों के प्रकाशन हेतु सीमित वित्तीय सहायता।
- हिंदी के प्रचार-प्रसार हेतु स्वैच्छिक हिंदी संस्थाओं को वित्तीय सहायता।
- पुस्तक प्रदर्शनी एवं नाममात्र मूल्य पर उनकी बिक्री।

नि:शुल्क हिंदी पुस्तक वितरण योजना

- हिंदीतर भाषी प्रदेशों में हिंदी का प्रचार-प्रसार करने के उद्देश्य से और साथ ही लेखकों को प्रोत्साहित करने के लिए निदेशालय द्वारा गठित की गई 'पुस्तक चयन समिति' द्वारा कथा साहित्य, नाटक, काव्य, निबंध, रेखाचित्र, यात्रा संस्मरण, जीवनी/आत्मकथा, विज्ञान, सामान्य ज्ञान इत्यादि से जुड़े स्तरीय पुस्तकों और नियमित रूप से प्रकाशित साहित्यिक, गैर-व्यावसायिक पत्रिकाओं को क्रय आदेश के आधार पर तय मूल्य/शर्तों पर संबंधित प्रकाशकों से खरीद कर हिंदीतर भाषी राज्यों/संघ शासित प्रदेशों में स्थित विश्वविद्यालय, महाविद्यालय, केंद्रीय विद्यालय, नवोदय विद्यालय, राजकीय विद्यालय, सार्वजनिक पुस्तकालय और महत्त्वपूर्ण संगठनों व संस्थाओं को नि:शुल्क उपलब्ध कराई जाती हैं। हिंदी प्रदेशों के लिए अत्यंत उपयोगी पाए जाने पर संस्थागत/सरकारी अनुदान से प्रकाशित पुस्तकें खरीदने पर भी विचार किया जाता है। वार्षिक आधार पर सार्वजनिक विज्ञापन के जरिये पात्र अवधि के दौरान प्रकाशित पुस्तक की एक-एक प्रति और पत्रिका के

संदर्भ में नवीनतम दो अंक प्राप्त कर परिकल्पित शर्तों के आधार पर चयन प्रक्रिया संपन्न की जाती है।

विभिन्न प्रोत्साहजनक गतिविधियों/योजनाओं/कार्यक्रमों के कार्यान्वयन द्वारा देश और विदेश में हिंदी को स्थापित करने में विशेष योगदान करने वाली यह एक शीर्षस्थ सरकारी संस्था है। (वेबसाइट : hindinideshalaya.nic.in एवं chd.mhrd.gov.in)

वैज्ञानिक तथा तकनीकी शब्दावली आयोग

संवैधानिक आवश्यकताओं के आधार पर विज्ञान और तकनीकी क्षेत्र में भाषागत समरसता स्थापित करने के लिए अकादमिक उच्च शिक्षण माध्यम, कार्यालयीन कार्य व्यवहार, मार्गदर्शन सामग्री की तैयारी इत्यादि में विज्ञान, तकनीकी, इंजीनियरी, कृषि, चिकित्सा जैसे कई क्षेत्रों में अंग्रेजी के समानार्थ हिंदी और अन्य भारतीय भाषाओं के शब्द, वाक्यांश गढ़कर उनकी परिभाषा उपलब्ध कराकर उन्हें मानक रूप देकर भारतीय भाषाएँ विकसित होने में सहूलियत प्रदान करने के महान संकल्प से शिक्षा मंत्रालय द्वारा वर्ष 1950 में वैज्ञानिक-तकनीकी शब्दावली बोर्ड की स्थापना की गई।

वैज्ञानिक एवं तकनीकी शब्दावली का निर्माण एक बृहत कार्य होने के कारण इसे व्यापक दिशा प्रदान करने के लिए राजभाषा प्रयोग संबंधी राष्ट्रपति के 27 अप्रैल, 1960 के आदेशों के अनुसरण में 1 अक्तूबर, 1961 को प्रख्यात वैज्ञानिक डॉ. डी.एस. कोठारी की अध्यक्षता में पूर्व स्थापित बोर्ड के स्थान पर 'वैज्ञानिक तथा तकनीकी शब्दावली आयोग' की स्थापना की गई।

विज्ञान और तकनीकी के क्षेत्र में हिंदी और अन्य भारतीय भाषाओं में स्व विकसित शब्दावली की कमी के कारण, इस संबंधी आधारभूत मार्गदर्शन सामग्री की कमी के कारण, विश्व स्तर पर अंग्रेजी में प्रयुक्त विज्ञान, तकनीकी, मानवीकी, प्रयोजनमूलक, कृषि, चिकित्सा, आयुर्विज्ञान, इंजीनियरी इत्यादि क्षेत्रों के शब्दों के भारतीय भाषाओं में समानार्थी शब्द, वाक्यांश गढ़ने के लिए, उनमें एकरूपता लाने के लिए, उन्हें संदर्भ ग्रंथ, कोश आदि के रूप में प्रकाशित कराकर विद्यालयों, ग्रंथालयों, अध्यापकों, शोधकर्ताओं, वैज्ञानिकों, शोध संस्थानों, इस कार्य स्वरूप के प्रतिष्ठानों इत्यादि को उपलब्ध कराकर भारतीय भाषाओं का प्रयोग सुलभतर करने के लिए तत्संबंधी विभिन्न क्षेत्रों के भाषा वैज्ञानिकों, भाषाविदों, अकादमीशियन, विषय-विशेषज्ञों को शामिल कर विभिन्न स्तरों पर विषयवार समितियों का गठन किया जाता है। आयोग में विभिन्न विषयों के एककों में विषय विशेषज्ञ अधिकारी नियुक्त होते हैं। विभिन्न विषय विशेषज्ञों का परामर्श भी लिया जाता है।

विभिन्न शब्दकोश, परिभाषा कोश, पाठमालाएँ प्रकाशित कराने के अतिरिक्त हिंदी में मौलिक विज्ञान लेखन को प्रोत्साहित करने, आयोग द्वारा निर्मित शब्दावली का ज्ञान उपलब्ध कराने, उच्च शिक्षा एवं अनुसंधान कार्य संबंधी शब्द ज्ञान व अनुवाद

से परिचित कराने हेतु आयोग द्वारा 1986 से 'विज्ञान गरिमा सिंधु' शीर्षक त्रैमासिकी का प्रकाशन किया जा रहा है। इसके अतिरिक्त हिंदी में तकनीकी शैली के लेखन को प्रोत्साहित करने हेतु सामाजिक, सांस्कृतिक, दार्शनिक, मनोवैज्ञानिक आदि क्षेत्रों की नवीनतम जानकारियों से परिचित कराने के उद्देश्य से जनवरी, 2000 से 'ज्ञान गरिमा सिंधु' शीर्षक से भी त्रैमासिक पत्रिका का प्रकाशन किया जा रहा है। साथ ही समय-समय पर आयुर्विज्ञान, इंजीनियरी, चिकित्सा, शिल्प-शास्त्र पर अनुसंधानात्मक बुलेटिनों का भी प्रकाशन किया जाता है।

आयोग द्वारा शब्दावली के निर्माण में कुछेक सरलीकृत पद्धतियाँ अपनाई गई हैं। यथा :

- अंतरराष्ट्रीय शब्दों के प्रचलित अंग्रेजी रूप को यथासंभव अपनाना, जैसे : नाइट्रोजन, सल्फर, हाइड्रोजन, कार्बन-डाइ-ऑक्साइड, तौल माप के शब्द; जैसे : कैलरी, एंपियर आदि, वनस्पति-विज्ञान, प्राणी-विज्ञान, भूविज्ञान इत्यादि के द्विपदी नामावली, व्यक्तियों के नाम पर बनाए गए शब्द; जैसे : एंपियर, फारेनहाइट, ब्रेल लिपि आदि, गणित और विज्ञान के संख्यांक, प्रतीक चिह्न, सूत्र; जैसे : साइन, कोसइन, तीटा, टेन्जेन्ट, लॉग आदि तथा अन्य शब्द जिनका सामान्यत: समस्त संसार में प्रयोग हो रहा हो; जैसे : पेट्रोल, रॉडार आदि। इनका लिप्यंतरण हिंदी और भारतीय भाषाओं की प्रकृति के अनुरूप ही करना होगा।
- सामान्यत: विज्ञान और प्रौद्योगिकी विषयों के संदर्भ में तौल-माप संबंधी प्रतीकों के अंतरराष्ट्रीय रूप का देवनागरी में लिखा जाएगा, जैसे : cm के लिए सीएम। लेकिन अन्य साहित्यिक रचनाओं के संदर्भ में cm के लिए से.मी. लिखने की प्रथा है।

    ज्यामितीय आकृतियों में भारतीय लिपियों का प्रयोग किया जा सकता है, जैसे : 'क', 'ख', 'ग' आदि लेकिन त्रिकोणमितीय आकृतियों में केवल रोमन या ग्रीक अक्षर प्रयोग होंगे; जैसे : साइन x, कॉस y आदि।
- अंग्रेजी या अन्य भाषाओं के प्रचलित सामान्य प्रयोग संबंधी पारिभाषिक शब्दों के स्थान पर भारतीय भाषाओं में प्रचलित सामान्य पारिभाषिक शब्दों का ही प्रयोग हो, यथा : टेलीग्राम के लिए तार, कॉन्टिनेंट के लिए महाद्वीप, पोस्ट के लिए डाक इत्यादि।
- संकल्पनाओं (concepts) को व्यक्त करने वाले शब्दों का सामान्यत: लक्ष्य भाषा का अनूदित रूप देना होगा।
- अर्थ की स्पष्टता और सुबोधता पर विशेष ध्यान देते हुए हिंदी पर्याय शब्द देने होंगे।
- प्रादेशिक भाषाओं में अधिकाधिक प्रयुक्त शब्दों और संस्कृत धातुओं पर आधारित शब्दों को अपनाते हुए भारतीय भाषाओं के शब्द प्रयोग में एकरूपता लाने का यथासंभव प्रयास करना होगा।
- भारतीय भाषाओं में घुलमिल गए अंग्रेजी, पुर्तगाली, फ्रांसीसी आदि भाषाओं के शब्दों को देवनागरी या अन्य भारतीय भाषाओं की लिपि में यथावत्

लिखकर प्रयोग करना होगा। यथा : पुलिस, सिग्नल, टिकट, ब्यूरो, रेस्तरां, डीलक्स, पेंशन आदि।

- अंग्रेजी शब्दों का देवनागरी में लिप्यंतरण करते समय अंग्रेजी में उनके उच्चारण के अनुरूप ही लिप्यंतरण हो; अर्थात् उच्चारण की दृष्टि से लिप्यंतरण जटिल न हो।
- स्त्रीबोधक या अन्यथा कारण न होने पर हिंदी में अपनाए गए अंतरराष्ट्रीय शब्दों का प्रयोग पुल्लिंग में हो।
- अंग्रेजी और अन्य अंतरराष्ट्रीय भाषाओं के कुछेक शब्दों का हिंदी में संकर (hybrid) रूप देकर प्रयोग में लाया जा रहा है। सुबोधता और संक्षिप्तता को ध्यान में रखकर इस प्रयोग को व्यवहार में लाया जा सकता है। यथा : guaranteed के लिए गारंटीकृत/गारंटित, classical के लिए क्लासिकी, codifier के लिए कोडकार आदि।
- जटिल संधियुक्त पारिभाषिक शब्दों के प्रयोग से बचना होगा और संयुक्त शब्दों के बीच हाइफन (-) का प्रयोग करना होगा। इससे शब्दों को समझने में सुविधा होगी।
- अधिकतर शब्दों में पंचम् वर्ण के स्थान पर अनुस्वार (ं) का प्रयोग हो लेकिन कुछेक अंग्रेजी शब्दों के संदर्भ में पंचम् वर्ण का प्रयोग करना होगा, यथा : lens के लिए लेन्स, patent के लिए पेटेन्ट आदि।

बृहत पारिभाषिक शब्द भंडार

आयोग द्वारा 1971 तक विज्ञान, मानविकी, आयुर्विज्ञान, इंजीनियरी, रक्षा एवं कृषि संबंधी विषयों पर बृहत पारिभाषिक शब्द संग्रह बनाने के अतिरिक्त समेकित प्रशासनिक शब्दावली संग्रह का कार्य भी पूरा कर लिया गया।

अखिल भारतीय शब्दावली योजना

विभिन्न भाषाओं के विद्वानों, भाषाविदों, वैज्ञानिकों की सहायता से अखिल भारतीय प्रयोग के लिए स्वीकार्य योग्य विभिन्न राज्यों की भाषाओं के शब्दों का संकलन कर विभिन्न राज्यों के पाठ्य पुस्तक निर्माण मंडलों से अपने राज्य भाषाओं संबंधी शब्दों के मानक पर्याय प्राप्त कर और अखिल भारतीय संगोष्ठियों में संग्रहीत/संग्रहणापेक्षित शब्दों/पर्यायों इत्यादि पर चर्चा कर स्वीकृत शब्दों का संग्रह तैयार करने के उद्देश्य से आयोग द्वारा मई, 1980 में 'अखिल भारतीय शब्दावली योजना' प्रारंभ की गई। इस योजना के अंतर्गत विभिन्न क्षेत्रों के हजारों शब्द संकलित कर निम्न विषयों पर अखिल भारतीय स्तर शब्दावलियाँ प्रकाशित कराकर एक बृहत कार्य संपन्न किया गया।

अर्थशास्त्र और वाणिज्य शास्त्र, आयुर्विज्ञान, खगोल शास्त्र, गणित शास्त्र, जीव विज्ञान, प्राणि विज्ञान, भूगोल, प्रायोगिक भूगोल, भूविज्ञान (संशोधित), मानव भूगोल, रसायन विज्ञान-1, समुद्र विज्ञान, सिविल इंजीनियरी, भौतिकी, शिक्षा-मनोविज्ञान-मनोरोग विज्ञान, समाज विज्ञान एवं सांस्कृतिक विज्ञान तथा भाषा विज्ञान आदि पर आयोग द्वारा

लगभग 60 से अधिक पारिभाषिक कोश प्रकाशित किये गए हैं। आयोग द्वारा अनेक इतर विषयों की शब्दावली बनाने का कार्य निरंतर आधार पर जारी रखा जाता है।

विश्वविद्यालय ग्रंथ निर्माण योजना

उच्चतर शिक्षा हिंदी माध्यम में उपलब्ध कराने एवं तत्संबंधी पाठ्य सामग्री हिंदी में उपलब्ध कराने हेतु तकनीकी शब्दावली की पूर्व तैयारी मदद करती है। विश्वविद्यालय स्तरीय पाठ्य पुस्तकों का हिंदी एवं अन्य भारतीय भाषाओं में स्तरीय निर्माण हेतु शब्दावली के प्रयोग में एकरूपता स्थापित करने के लिए शिक्षा मंत्रालय ने 1959 में 'हिंदी में ग्रंथ निर्माण योजना' का सूत्रपात किया। इस योजना के अंतर्गत आयोग द्वारा विभिन्न विश्वविद्यालयों, अकादमियों, राज्य सरकारों, प्रमुख निजी प्रकाशकों के सहयोग से पुस्तकों का मौलिक लेखन, अनुवाद एवं प्रकाशन कार्य प्रारंभ करवाए जाने के अतिरिक्त विविध विषयों की विशेषज्ञ समितियों का गठन कर स्वयं मौलिक लेखन, अनुवाद एवं प्रकाशन का कार्य प्रारंभ किया गया।

उच्च स्तरीय पाठ्य पुस्तकों को हिंदी में अनूदित कराने के उद्देश्य से उत्तर प्रदेश, मध्यप्रदेश, राजस्थान, हरियाणा, बिहार, हिमाचल प्रदेश में हिंदी ग्रंथ अकादमियों की स्थापना की गई। गोविंद वल्लभ पंत कृषि एवं प्रौद्योगिकी विश्वविद्यालय—पंतनगर, बनारस हिंदू विश्वविद्यालय, दिल्ली विश्वविद्यालय, हिसार कृषि विश्वविद्यालय, असम के गुवाहाटी विश्वविद्यालय, डिब्रूगढ़ विश्वविद्यालय, कर्नाटक के बेंगलुरू विश्वविद्यालय, कृषि विज्ञान विश्वविद्यालय, मैसूर विश्वविद्यालय, कर्नाटक विश्वविद्यालय द्वारा हिंदी ग्रंथ अकादमियों/ग्रंथ निर्माण संस्थाओं के साथ जुड़कर केंद्र सरकार की वित्तीय सहायता से पाठ्य पुस्तकों का निर्माण कार्य किया जाता है। आंध्र प्रदेश, तेलंगाना, केरला, तमिलनाडु, महाराष्ट्र, गुजरात, पंजाब, ओडिशा, पश्चिम बंगाल में 'ग्रंथ निर्माण संस्थाएँ' स्थापित की गईं। हिंदी प्रदेशों की ग्रंथ अकादमियों एवं हिंदीतर प्रदेशों के पाठ्य पुस्तक मंडलों के क्रियाकलापों की समीक्षा करने हेतु 1994 में स्थापित 'कोल्हाटकर समिति' द्वारा मणिपुरी, नेपाली, कोंकणी भाषाओं में पाठ्य पुस्तक मंडलों की स्थापना करने की संस्तुति दी गई।

तकनीकी शब्दावली कार्यशालाएँ

आयोग द्वारा निर्मित शब्दावली का एकरूप प्रयोग सुनिश्चित करने के लिए पाठ्य पुस्तकों में और अनुवाद, मौलिक लेखन, संदर्भ साहित्य में आयोग की शब्दावली को प्रयोग में लाने के लिए, प्राध्यापकों एवं छात्रों को इनसे परिचित कराने के लिए विश्वविद्यालयों में, उच्चतर तकनीकी संस्थाओं आदि में आयोग के संकाय एवं विषय विशेषज्ञ के अतिथि संकायों, भाषाविदों के व्याख्यान उपलब्ध कराते हुए तकनीकी शब्दावली कार्यशालाओं का आयोजन किया जाता है। विश्वविद्यालयों एवं तकनीकी संस्थाओं के प्राध्यापकों, वैज्ञानिकों, अनुवादकों, लेखकों को भाग लेने हेतु आमंत्रित किया जाता है। कार्यशालाओं में हुए विचार-विमर्श एवं प्राप्त संगत सुझावों के आधार पर अगले संस्करणों में आवश्यक संशोधन किये जाते हैं। इन कार्यशालाओं के आयोजन के अतिरिक्त अंग्रेजी को राज्य

की राजभाषा के रूप में घोषित पूर्वोत्तर राज्यों में उनकी क्षेत्रीय भाषाओं और हिंदी में ज्ञान स्तर बढ़ाने हेतु शिक्षकों आदि के लिए विश्वविद्यालयों में एक सप्ताह की विशेष कार्यशालाओं का आयोजन करने की प्रथा भी है।

पुस्तक प्रदर्शनियाँ एवं बिक्री

आयोग के प्रकाशनों के प्रचार-प्रसार के लिए विश्वविद्यालयों, तकनीकी संस्थाओं एवं अन्य जगह आयोजित कार्यशालाओं, संगोष्ठियों, बैठकों इत्यादि के अवसर पर तथा अखिल भारतीय प्रदर्शनों में प्रकाशित सामग्री, यथा : शब्द संग्रह, परिभाषा कोश, पाठमालाएँ, डाइजेस्ट, वैज्ञानिक पत्रिकाओं का प्रदर्शन रखा जाता है। मूलभूत शब्दावली का निःशुल्क वितरण करने के अतिरिक्त विभिन्न प्रकाशनों की बिक्री की जाती है। भारत सरकार के प्रकाशन नियंत्रक, सिविल लाइन्स, दिल्ली-110006 में आयोग के प्रकाशन उपलब्ध होते हैं।

इस प्रकार हिंदी एवं अन्य भारतीय भाषाओं में विज्ञान, तकनीकी और अन्य मूलभूत क्षेत्रों के शब्द/पर्याय/वाक्यांश निर्माण कार्य/संग्रह कार्य में एवं उच्चतर पाठ्य सामग्री की तैयारी व अनुवाद कार्य में और विभिन्न योजनाओं/गतिविधियों के माध्यम से उनके प्रचार-प्रसार करने में तथा हिंदी को विश्व स्तर पर स्थापित करने में आयोग द्वारा चयन रहित ज्ञानवर्द्धक/मूल्यांकन कार्य किया जा रहा है। **(स्रोत :** विकिपीडिया)

केंद्रीय हिंदी शिक्षण मंडल

भारतीय संविधान के अनुच्छेद-351 में समाविष्ट किये गए आदर्श सूत्रों के आधार पर अखिल भारतीय स्तर पर एवं अंतरराष्ट्रीय स्तर पर हिंदी के चहुँमुखी विकास में शिक्षण, प्रशिक्षण, प्रकाशन से जुड़ी विभिन्न गतिविधियों को संपन्न कराने के उद्‌देश्य से केंद्र सरकार के तत्कालीन शिक्षा एवं समाज कल्याण मंत्रालय द्वारा 19 मार्च, 1960 को केंद्रीय हिंदी शिक्षण मंडल का गठन किया गया। यह केंद्र सरकार की स्वायत्तशासी संस्था है जो अब शिक्षा मंत्रालय के अधीन है। केंद्रीय शिक्षा मंत्री इसके अध्यक्ष होते हैं और उनके अधीन प्रमुख भाषाविद् एवं भाषा सेवी उपाध्यक्ष के पद पर नियुक्त होते हैं। तेलुगु मातृभाषी श्री मोटूरी सत्यनारायण जी को इस मंडल का प्रथम अध्यक्ष मनोनीत किया गया।

30 अप्रैल, 1961 को आयोजित केंद्रीय हिंदी शिक्षण मंडल की बैठक में लिये गए निर्णय के अनुसार उन्नत पाठशाला, उन्नत माध्यमिक पाठशाला, महाविद्यालयों के लिए 'हिंदी शिक्षण प्रवीण, हिंदी शिक्षण पारंगत और हिंदी शिक्षण निष्णात' पाठ्यक्रम संचालित करने के लिए अखिल भारतीय हिंदी प्रशिक्षण महाविद्यालय को संचालित करने का कार्यभार मंडल को सौंपा गया था। 1 जनवरी, 1963 को अखिल भारतीय हिंदी प्रशिक्षण महाविद्यालय का नाम केंद्रीय हिंदी शिक्षण महाविद्यालय के रूप में परिवर्तित किया गया। प्रशिक्षण कार्य के अतिरिक्त विभिन्न

कोणों में हिंदी का विकास सुनिश्चित करने हेतु कार्य का दायरा बढ़ाकर 29 अक्तूबर, 1963 को भारतीय हिंदी प्रशिक्षण महाविद्यालय को केंद्रीय हिंदी संस्थान के रूप में परिवर्तित किया गया। केंद्रीय हिंदी संस्थान के माध्यम से हिंदी भाषा विकास से संबंधित केंद्रीय हिंदी शिक्षण मंडल के आशयों का कार्यान्वयन सुनिश्चित कराया जाता है। 1 नवंबर, 1960 को लखनऊ में पंजीकृत केंद्रीय हिंदी शिक्षण मंडल एवं उसका अंग केंद्रीय हिंदी संस्थान का मुख्यालय प्रारंभ से आगरा में है। (**स्रोत :** विकिपीडिया)

केंद्रीय हिंदी संस्थान

केंद्रीय हिंदी शिक्षण मंडल के पर्यवेक्षण और दिशानिर्देशन में कार्यरत केंद्रीय हिंदी संस्थान का गठन 29 अक्तूबर, 1963 को किया गया। एक ही परिसर में कार्यरत केंद्रीय हिंदी शिक्षण मंडल एवं केंद्रीय हिंदी संस्थान का मुख्यालय आगरा में है।

'ज्योतित हो जन-जन का जीवन' आदर्श वाक्य से आमंत्रित करने वाले केंद्रीय हिंदी संस्थान का मुख्य उद्देश्य भारतीय संविधान के अनुच्छेद-351 के प्रावधानों के अनुरूप शिक्षण, प्रशिक्षण, सहायक सामग्री का निर्माण, भाषा विश्लेषण, तुलनात्मक अध्ययन, शोध कार्य एवं अन्य भाषायी गतिविधियों के माध्यम से हिंदी के प्रचार-प्रसार में प्रमुख भूमिका निभानी है।

देश के विभिन्न प्रदेशों में हिंदी का शिक्षण एवं हिंदी विकासोन्मुख कार्यक्रम चलाने में सुविधा हेतु दिल्ली, अहमदाबाद, हैदराबाद, मैसूर, भुवनेश्वर, गुवाहाटी, शिलांग और दीमापुर में संस्थान के कुल आठ केंद्र खोले गए हैं। इनमें लघु प्रशिक्षण कार्यक्रमों की आवासीय सुविधा है। इनके अतिरिक्त भारत सरकार द्वारा निम्न प्रदेशों में हिंदी शिक्षण-प्रशिक्षण महाविद्यालयों/संस्थानों को स्थापित कर केंद्रीय हिंदी संस्थान के साथ उन्हें संबद्ध किया गया है।

राजकीय हिंदी शिक्षण-प्रशिक्षण महाविद्यालय—उत्तर गुवाहाटी (असम), मिजोरम हिंदी शिक्षण-प्रशिक्षण संस्थान—आईजोल (मिजोरम), राजकीय हिंदी शिक्षण-प्रशिक्षण संस्थान—दीमापुर (नागालैंड), राजकीय हिंदी शिक्षण-प्रशिक्षण महाविद्यालय—मैसूर (कर्नाटक)।

संस्थान द्वारा चलाए जाने वाले विविध कार्यक्रमों और अन्य गतिविधियों का ब्योरा इस प्रकार है :

- हिंदीतर क्षेत्रों के हिंदी अध्यापकों के लिए शिक्षण-प्रशिक्षण : तय अवधि के नियमित प्रशिक्षणों एवं पत्राचार (दूरस्थ) पाठ्यक्रमों द्वारा।
- हिंदीतर क्षेत्रों में स्थित विद्यालयों, महाविद्यालयों एवं विश्वविद्यालयों के सेवारत हिंदी अध्यापकों/प्राध्यापकों के लिए नवीकरण, उच्च नवीकरण एवं पुनश्चर्या पाठ्यक्रम।
- हिंदीतर भाषी भारतीय शिक्षार्थियों, प्रशिक्षणार्थियों के लिए डी.एड., बी.एड., एम.एड. स्तरीय हिंदी शिक्षण प्रवीण, पारंगत, निष्णात कार्यक्रम एवं विशेष

गहन हिंदी शिक्षण-प्रशिक्षण कार्यक्रम। नागालैंड राज्य के लिए त्रिवर्षीय हिंदी शिक्षण डिप्लोमा कार्यक्रम।

- केंद्र सरकार एवं उसके अधीनस्थ संस्थाओं, राज्य सरकारों के अधिकारियों/कर्मचारियों के लिए नवीकरण, संवर्द्धनात्मक एवं कौशलात्मक कार्यक्रम और कार्यालयीन हिंदी प्रशिक्षण कार्यक्रम।
- हिंदीतर विदेशी छात्रों के लिए (दिल्ली और आगरा में) द्वितीय एवं विदेशी भाषा के रूप में हिंदी दक्षता शिक्षण/शोध शिक्षण, शिक्षक/प्रचारक नवीकरण पाठ्यक्रम, प्रयोजनमूलक हिंदी शोध कार्य आदि। (आगरा में आवासीय सुविधायुक्त)

छात्रवृत्ति आधारित कार्यक्रम

- दृश्य-श्रव्य उपकरणों के माध्यम से हिंदी के उच्चारण का सुधारात्मक अभ्यास।
- कंप्यूटर साधित हिंदी भाषा प्रशिक्षण।
- हिंदी भाषा और भाषा का उच्चतर अध्ययन।
- हिंदी और अन्य भारतीय भाषाओं का तुलनात्मक अध्ययन।

संध्याकालीन परा स्नातकोत्तर प्रशिक्षण की सुविधा

अनुप्रयुक्त हिंदी भाषा विज्ञान डिप्लोमा/एडवांस डिप्लोमा, अनुवाद सिद्धांत एवं व्यवहार डिप्लोमा, अनुप्रयुक्त भाषाविज्ञान एडवांस डिप्लोमा और जनसंचार एवं पत्रकारिता डिप्लोमा।

अन्य गतिविधियाँ

- हिंदी भाषा, अनुप्रयुक्त भाषाविज्ञान, तुलनात्मक साहित्य इत्यादि से संबंधित शोध पर पुस्तकों/पत्रिकाओं का प्रकाशन।
- संस्थान द्वारा निर्मित, संकलित, संपादित पाठ्य पुस्तकों एवं अन्य सहायक सामग्री का प्रकाशन।
- संगोष्ठियों, विशेष व्याख्यान मालाओं का आयोजन।
- हिंदी भाषा के प्रचार-प्रसार में योगदान करने वाले हिंदी सेवियों को सम्मानित करना/प्रोत्साहित करना।
- भारत सरकार द्वारा समय-समय पर सौंपे जाने वाले हिंदी संबंधी परियोजनाओं एवं राजभाषा विषयक अन्य कार्य।

संस्थान के केंद्रों में विशेषकर मुख्यालय, आगरा में हिंदी भाषा तथा साहित्य का अध्ययन, अध्यापन एवं अनुसंधान कार्य में सहायता के लिए समृद्ध पुस्तकालयों की व्यवस्था भी है।

हिंदी शिक्षण एवं शोधकार्य से संबंधित सहायक सामग्री उपलब्ध कराने के उद्देश्य से संस्थान द्वारा हिंदी भाषा, भाषा विज्ञान, साहित्य, अध्यापक निर्देशिका, प्रणाली

विज्ञान, कोश विज्ञान आदि विषयों पर पुस्तकों का प्रकाशन किया जाता है। इनके अतिरिक्त भाषा विज्ञान, भाषा शिक्षण से संबंधित शोधपरक मौलिक लेख, समीक्षाएँ समाविष्ट करते हुए हिंदी में 'गवेषणा' शीर्षक अर्द्धवार्षिक शोध पत्रिका और संस्थान के छात्रों के लेख, लघु कहानियाँ, कविताएँ इत्यादि को समाविष्ट करते हुए मुख्यालय द्वारा 'समन्वय' नामक वार्षिक पत्रिका का प्रकाशन किया जाता है। मुख्यालय के अतिरिक्त देश स्थित संस्थान के अन्य क्षेत्रीय केंद्रों द्वारा हिंदी भाषा एवं तत् क्षेत्रों की भाषा, संस्कृति संबंधी विभिन्न लेख, प्रशिक्षण समाचार इत्यादि शामिल करते हुए समन्वय दक्षिण (हैदराबाद केंद्र), समन्वय पश्चिम (अहमदाबाद केंद्र), समन्वय पूर्वोत्तर (दीमापुर केंद्र), संवाद पथ (दिल्ली केंद्र) शीर्षकों पर त्रैमासिक पत्रिकाएँ हिंदी में प्रकाशित की जाती हैं।

केंद्रीय हिंदी संस्थान हिंदी अध्ययन, अध्यापन एवं अनुसंधान का एक उच्चतर संस्थान है जिसे राष्ट्रीय स्तर पर ही नहीं, अंतरराष्ट्रीय स्तर पर भी मान्यता प्राप्त है। 'भारतीय भाषा-भाषियों का सेतु हिंदी बने और अंतरराष्ट्रीय स्तर पर सरल संप्रेषण का माध्यम बने'—इसी आदर्श लक्ष्य से अपनी गतिविधियों का कार्यरूप देते हुए केंद्रीय हिंदी संस्थान अग्रसर है। (**स्रोत :** संस्थान की वेबाइट khsindia.org एवं विकिपीडिया)

केंद्रीय सचिवालय हिंदी परिषद्

[केंद्र सरकार का अनुदान प्राप्त संगठन]

केंद्र सरकार के कार्यालयों एवं उसके अधीनस्थ संस्थाओं/इकाइयों में कार्यरत कार्मिकों को विभिन्न गतिविधियों के माध्यम से तथा सहायक सामग्री उपलब्ध कराने के जरिये कार्यालयीन काम हिंदी में करने के लिए प्रोत्साहित करने के उद्देश्य से स्वर्गीय श्री हरी बाबू कंसल द्वारा 3 मई, 1960 को दिल्ली में स्थापित यह एक स्वायत्त परिषद् है। परिषद् की महत्त्वपूर्ण योजनाओं को कार्यान्वित करने में शिक्षा मंत्रालय (पूर्व में मानव संसाधन विकास मंत्रालय) द्वारा अनुदान मंजूर किया जाता है।

विभिन्न संगठनों में कार्यरत अधिकारियों एवं लिपिकों के लाभार्थ अपने कार्य स्वरूप संबंधी द्विभाषा शब्दावली एवं वाक्यांश, टिप्पण संबंधी पुस्तकों का निर्माण, कार्यालय सहायिका, हिंदी कार्यशालाएँ, संघ की राजभाषा, बैंक सहायिका इत्यादि का प्रकाशन और रियायत/नाममात्र दरों में उपलब्ध कराना तथा हिंदी टंकण, आशुलिपि, टिप्पण लेखन, हिंदी व्यवहार, हिंदी निबंध (हिंदीतर भाषियों हेतु) एवं हिंदी में वाक् (हिंदीतर भाषियों के लिए) प्रतियोगिताओं का आयोजन कर परिषद् के मुख्यालय, दिल्ली द्वारा विजेताओं को श्रेष्ठता प्रमाणपत्र व प्रकाशित पुस्तक प्रदान किया जाना एवं परिषद् के सदस्य कर्मियों को परिषद् द्वारा प्रकाशित हिंदी परिचय पत्रिका का मुफ्त वितरण इत्यादि महत्त्वपूर्ण सेवोन्मुख कार्य किये जाते हैं।

केंद्र सरकार एवं उसके अधीनस्थ संगठनों में कार्यरत अधिकारी एवं लिपिक नाममात्र सदस्यता शुल्क भरकर (संप्रति : वार्षिक सदस्यता शुल्क ₹ 20/- तथा आजीवन

सदस्यता शुल्क ₹ 350/-) परिषद् के सदस्य बन सकते हैं। किसी भी नगर अथवा कार्यालय में न्यूनतम 50 सदस्य बन जाने पर परिषद् की शाखा खोली जा सकती है। प्राप्त सदस्यता शुल्क का आधा भाग स्थानीय शाखा के बैंक खाते में जमा कर (गतिविधियों संबंधी फुटकर व्यय हेतु) शेष आधा भाग सदस्यों के ब्योरे के साथ परिषद् के मुख्यालय, दिल्ली को पहुँचाया जाता है। परिषद् मुख्यालय का मार्गदर्शन प्राप्त करते हुए कोई भी इच्छुक संस्था/कार्यालय द्वारा परिषद् की शाखा खोलकर हिंदी प्रयोग संबंधी प्रतियोगिताओं, गतिविधियों, कार्यक्रमों का आयोजन कर राजभाषा के कार्यान्वयन में यथासंभव स्वैच्छिक योगदान दिया जा सकता है।

परिषद् के हित में किसी विद्वान या सरकारी अधिकारी को संरक्षक बनाकर उसकी प्रतिनिधि सभा कार्य करती है। परिषद् के समग्र कार्य के संचालन का अधिकार प्रतिनिधि सभा को होगा। परिषद् की प्रतिनिधि सभा की वार्षिक बैठकों में कार्य निर्वाहक वर्ग, यथा : प्रधान, महामंत्री, कार्य समिति के सदस्यों का चुनाव किया जाता है। इसी प्रकार परिषद् की शाखाओं के संदर्भ में भी शाखा की साधारण सभा द्वारा एक प्रधान, दो उपप्रधान, एक मंत्री, दो उपमंत्री, कोषाध्यक्ष एवं न्यूनतम छः सदस्यों का चुनाव किया जाता है या सदस्यों की सहमति से मनोनीत किया जाता है।

सेवानिवृत्त होने पर परिषद् के सदस्य परिषद् के किसी भी पदभार संभाल नहीं सकेंगे। प्रतिनिधि सभा का कार्यकाल एक वर्ष का होगा लेकिन सदस्यों के बहुमत से एक वर्ष और बढ़ाया जा सकता है।

विभिन्न मंत्रालयों, विभागों, कार्यालयों में गठित राजभाषा कार्यान्वयन समिति की बैठकों में परिषद् की स्थानीय शाखा के प्रतिनिधि को सदस्य बनाने/आमंत्रित करने की आवश्यकता होगी। नगर राजभाषा कार्यान्वयन समिति की अर्द्धवार्षिक समीक्षा बैठकों एवं हिंदी सलाहकार समितियों की बैठकों के संदर्भ में भी यही पद्धति अपनानी होगी।

विभिन्न फलप्रद गतिविधियों के माध्यम से राजभाषा नीति के सफल कार्यान्वयन में सहयोग प्रदान करना, हिंदी का अधिकाधिक प्रयोग करने में कार्मिकों को सक्षम बनाना परिषद् का एकमात्र लक्ष्य है। (**स्रोत :** परिषद् की वेबसाइट : kshindiaparishad.in)

नागरी प्रचारिणी सभा

[स्वैच्छिक सेवा विरासती संस्था]

अंग्रेजी, उर्दू, फारसी के प्रभाव से अप्रचलित होती जा रही हिंदी भाषा की आजादी पूर्व परिस्थितियों से विचलित होकर हिंदी भाषा, हिंदी साहित्य और देवनागरी लिपि के वैशिष्ट्य को उजागर करने की उज्ज्वल सोच से नौवीं कक्षा के बाल भविष्यद्रष्टा-त्रय श्यामसुंदर दास, रामनारायण मिश्र और शिव कुमार सिंह ने श्यामसुंदर दास के नेतृत्व में 16 जुलाई, 1893 को काशी में नागरी प्रचारिणी सभा की स्थापना की। नागरी प्रचारिणी सभा के उन्नत आशयों से प्रभावित होकर पं. सुधाकर द्विवेदी, अंबिका दत्त

व्यास, चौधरी प्रेमघन, ब्रिटिश के जार्ज ग्रियर्सन जैसे कई ख्याति-प्राप्त विद्वान इस सभा के सदस्य बनते गए। भारतेंदु हरिश्चंद्र के फुफेरे भाई बाबू राधाकृष्ण दास सभा के पहले अध्यक्ष बने।

नागरी प्रचारिणी सभा एक स्वैच्छिक भाषासेवी संस्था है जिसकी कई महोन्नत योजनाओं/अभियानों को कार्यरूप देने में केंद्र सरकार का आर्थिक सहयोग मिला। कार्यालयों/न्यायालयों में फारसी, देवनागरी के स्थान पर रोमन लिपि को अपनाए जाने की ब्रिटिश सरकार के आदेशों पर देवनागरी लिपि को इस खतरे से बचाने के लिए सन् 1896 में बाबू श्यामसुंदर दास ने आंदोलन प्रारंभ किया। पं. मदन मोहन मालवीय, बाबू राधाकृष्ण दास और अन्य समाजसेवियों की सक्रियता से हजारों व्यक्तियों के समर्थन से फारसी और देवनागरी लिपि में कार्य संपन्न किये जा सकने संबंधी आदेश बहाल हुए। देवनागरी लिपि के संरक्षण संबंधी सभा की योजनाओं में विरासती पुस्तकालय की स्थापना, पांडुलिपियों की खोज, पत्रिकाओं का प्रकाशन, हिंदी शब्द सागरों की तैयारी, शिक्षण-प्रशिक्षण कार्यक्रम प्रमुख रहे हैं।

अखिल भारतीय हिंदी साहित्य सम्मेलन

नागरी प्रचारिणी सभा ने सन् 1910 में अपने परिसर में 'अखिल भारतीय हिंदी साहित्य सम्मेलन' की स्थापना की। हिंदी साहित्य और भाषा की लगभग 60 संस्थाएँ इससे संबद्ध हैं। इस हिंदी साहित्य सम्मेलन से ही दक्षिण भारत हिंदी प्रचार सभा और राष्ट्रभाषा प्रचार समिति, वर्धा उद्भूत हुईं। (**स्रोत :** 'नागरी पत्रिका', 15 मई, 2016)

पत्रिकाओं का प्रकाशन

बाबू श्यामसुंदर दास, बाबू राधाकृष्ण दास, जगन्नाथदास रत्नाकर, किशोरीलाल गोस्वामी और कीर्ति प्रसाद खत्री के संयुक्त संपादन में सभा द्वारा जनवरी, 1900 में 'सरस्वती' शीर्षक पत्रिका का प्रथम अंक निकाला गया। तत्पश्चात् बाबू श्यामसुंदर दास, पंडित महावीर प्रसाद द्विवेदी जैसे अनेक महारथियों के एकल संपादन में 'सरस्वती' एक यशस्वी मासिकी का स्थान ले लिया। कालांतर में पत्रिका की निरंतरता रुक गई। 'हिंदी', 'विधि पत्रिका', 'हिंदी रिव्यू' (अंग्रेजी पाठ) मासिक पत्रिकाएँ भी सभा द्वारा निकाली जाती थीं, लेकिन कालांतर में इनका प्रकाशन भी बंद हो गया। भारतीय इतिहास, संस्कृति और साहित्य विषयों से जुड़ी त्रैमासिकी 'नागरी प्रचारिणी पत्रिका' का शोध प्रकाशन एवं 'नागरी पत्रिका' का प्रकाशन जारी है।

शब्दकोश एवं अन्य ग्रंथों का प्रकाशन

हिंदी के प्रशंसक ब्रिटिश के प्रशासक रेवरेंड ई. ग्रीक्स द्वारा नागरी प्रचारिणी सभा की प्रबंधकारिणी के समक्ष प्रस्तुत प्रस्ताव के अनुसार हिंदी भाषा में दो बृहत कोश (हिंदी से हिंदी और हिंदी से अंग्रेजी) तैयार कराने की प्रक्रिया में बाबू श्यामसुंदर दास, केशवदेव शास्त्री, आचार्य रामचंद्र शुक्ल, पं. बालकृष्ण भट्ट, बाबू अमर सिंह, बाबू गंगा प्रसाद

गुप्त, जगमोहन वर्मा, लाला भगवानदीन, अमित सिंह, बाबू रामचंद्र वर्मा के यथासंभव योगदान से 1927 में कोश निर्माण का कार्य संपन्न हुआ। केंद्र सरकार की वित्तीय सहायता से शब्द सागरों का संशोधन एवं परिवर्द्धन कर 10 खंडों में प्रामाणिक 'हिंदी विश्वकोश' का निर्माण किया गया। छात्रों के उपयोगार्थ सभा द्वारा 'लघु शब्द सागर और लघुतर शब्द सागर' कोश का भी निर्माण किया गया। उल्लेखनीय है कि सभा द्वारा 1898 में ही पारिभाषिक शब्दावली का निर्माण किया गया। वैज्ञानिक शब्दावली, कचहरी हिंदी कोश, हिंदी व्याकरण, हिंदी साहित्य का इतिहास, सूर, तुलसी, कबीर, जायसी, भिखारी दास, पद्माकर, मतिराम आदि प्रमुख कवियों की ग्रंथावलियाँ, द्विवेदी अभिनंदन ग्रंथ, संपूर्णानंद अभिनंदन ग्रंथ अन्य प्रमुख प्रकाशन हैं। सभा ने विभिन्न विषयों पर लगभग 500 ग्रंथ प्रकाशित किये हैं।

पांडुलिपियों का संग्रह

प्राचीन प्रचलित और अप्रचलित रचनाकारों की हस्तलिखित रचना संपदा को सुरक्षित रखने के लिए, उनकी रचनाधर्मिता को उजागर करने की आदर्श भावना से देहाती और शहरी क्षेत्रों के रचनाकारों के घरों से पांडुलिपियों को संग्रहीत करने का अद्वितीय कार्य किया। फलस्वरूप ज्ञात और अज्ञात कई लेखकों की लेखन कला से हिंदी साहित्य के अतीत को उजागर करने में सभा सफलीकृत हुआ। सभा के पास लगभग पचास हजार पांडुलिपियाँ सुरक्षित हैं। अपने प्रकाशन कार्य समृद्ध करने के लिए सभा ने 1953 में अपने स्वयं का मुद्रणालय भी प्रारंभ किया है।

पुस्तकालय की व्यवस्था

स्व. ठाकुर गदाधर सिंह के अपने प्राचीन निजी पुस्तकालय को सभा को सौंप दिये जाने के प्रस्ताव से वर्ष 1896 में सभा ने पुस्तकालय की स्थापना की। कालांतर में आचार्य महावीर प्रसाद द्विवेदी, जगन्नाथदास रत्नाकर, मयाशंकर याज्ञिक, डॉ. हीरानंद शास्त्री, पंडित रामनारायण मिश्र के अपने-अपने पुस्तक संग्रह भी सभा के पुस्तकालय को भेंट किये जाने से हिंदी साहित्य का अत्यंत महत्त्वपूर्ण पुस्तकालय बन गया है। उल्लेखनीय है कि 11वीं शती के अंत से 20वीं शती के प्रारंभिक काल तक हिंदी में निकले महत्त्वपूर्ण ग्रंथ और पत्र-पत्रिकाएँ इस पुस्तकालय में संग्रहीत हैं। हजारों पांडुलिपियों के अतिरिक्त 50 हजार से अधिक पुरानी पत्र-पत्रिकाएँ, 1.25 लाख से अधिक ग्रंथों का भंडार अब सभा के पास उपलब्ध है।

देवनागरी लिपि का मानकीकरण

संस्कृत भाषा की लिपि देवनागरी को हिंदी भाषा ने अपनाया है। यही नहीं, आंशिक अक्षर परिवर्तन के साथ भारत की कई भाषाएँ, यथा : पालि, मराठी, कोंकणी, सिंधी, कश्मीरी, डोगरी, गढ़वाली, तमाङ, बोडो, अंगिका, मगही, भोजपुरी, मैथिली, संथाली एवं सीमांत प्रदेश नेपाली भी देवनागरी में लिखी जाती हैं। लेखन और उच्चारण की

दृष्टि से वैज्ञानिक मानी जाने वाली देवनागरी लिपि के भाषागत एवं उच्चारणगत परिवर्तनों एवं अपेक्षाओं के आधार पर कुछेक अक्षरों/मात्राओं के प्रयोग को समाप्त करने और संशोधन करने में हिंदी भाषाविदों और भाषा विद्वानों की विभिन्न विश्लेषण/शोध समितियों का गठन कर समाधान निकालने में सभा का पालन योग्य योगदान रहा। देवनागरी लिपि को उच्चारण प्रिय और जनप्रिय बनाकर हिंदी भाषा को समृद्ध करने में उल्लेखनीय भूमिका अदा करने के अतिरिक्त भाषायी व शैक्षिक संगठनों/संस्थाओं का पथप्रदर्शक बना है।

अन्य उल्लेखनीय सेवाएँ

सभा के केंद्रों में हिंदी टंकण और हिंदी आशुलिपि का प्रशिक्षण उपलब्ध कराना, हिंदी भाषा के लोकप्रिय विषयों पर व्याख्यान, संगोष्ठियों का आयोजन इत्यादि विभिन्न गतिविधियाँ चलाई जाती हैं। हिंदीतर भाषी छात्रों को हिंदी पढ़ने के लिए प्रोत्साहित करने हेतु छात्रवृत्ति प्रदान की जाने की प्रथा भी है।

पुरस्कार और सम्मान

विभिन्न विषयों पर हिंदी में प्रकाशित उच्चस्तरीय ग्रंथों के ग्रंथकर्ताओं को प्रति वर्ष सभा द्वारा पुरस्कार एवं पदक प्रदान कर सम्मानित किया जाता है।

सभा के अन्य केंद्र

उत्तर प्रदेश के आगरा, देवरिया, गोरखपुर और बिहार के आरा में सभा के नाम पर स्वायत्त केंद्र हैं।

हिंदी भाषा के प्रतिबद्ध भक्तों द्वारा स्थापित नागरी प्रचारिणी सभा के उज्ज्वल विरासती योगदान का फल पीढ़ी-दर-पीढ़ी तक पहुँचाने के लिए 21वीं सदी के प्रारंभिक काल में सभा की मंदगति में रफ्तार लाने के लिए सभा के प्रांगण में भारतेंदु अकादमी स्थापित करने, पांडुलिपियों का संरक्षण करने और नवोन्मेषिता लाने के संबंध में केंद्र सरकार, उत्तर प्रदेश सरकार और इंदिरा गांधी राष्ट्रीय कला केंद्र, नई दिल्ली द्वारा विशेष परियोजनाएँ प्रारंभ की गई हैं।

पता : नागरी प्रचारिणी सभा, विश्वेशरगंज, मुख्य डाकघर के सामने, वाराणसी-221001

[**संदर्भ स्रोत :** विकिपीडिया, samalochan.blogspot.com]

विश्व हिंदी सचिवालय

[भारत सरकार और मॉरीशस सरकार का द्विपक्षीय संगठन]

'हिंदी सिर्फ भारत की राष्ट्रभाषा ही नहीं होनी चाहिए बल्कि उसे अंतरराष्ट्रीय भाषा का दर्जा मिलना चाहिए'—राष्ट्रपिता महात्मा गांधी के इन विचारों के अनुरूप 17

सितंबर, 2001 को मॉरीशस में स्थापित विश्व हिंदी सचिवालय हिंदी भाषा के प्रचार-प्रसार में ऊर्जा भरने वाली मॉरीशस सरकार और भारत सरकार की द्विपक्षीय प्रतिष्ठित संस्था है।

हिंदी के प्रति मॉरीशस जनता का प्यार, वहाँ की श्रमजीवियों की श्रद्धा, वहाँ की सरकार के आदर के बलबूते तथा 1975 में नागपुर में आयोजित प्रथम विश्व हिंदी सम्मेलन के दौरान विश्व स्तर पर हिंदी भाषा संबंधी गतिविधियों के समन्वयन के लिए एक अंतरराष्ट्रीय मंच को स्थापित करने की आवश्यकता संबंधी मॉरीशस के तत्कालीन प्रधानमंत्री सर शिवसागर गुलाम के विचारों का कार्यरूप देते हुए भारत और मॉरीशस, दोनों सरकारों की आपसी सहमति से 20 अगस्त, 1999 को हुई द्विपक्षीय समझौते के आधार पर 2001 में मॉरीशस के फॉरेस्ट साइड क्यूर्पिप में सचिवालय का शुभारंभ हुआ। दोनों देशों के बीच आधिकारिक औपचारिकताओं एवं अपेक्षित अधिनियम पारित किये जाने की प्रक्रिया संपन्न होने के पश्चात् 11 फरवरी, 2008 को सचिवालय का आधिकारिक कार्य प्रारंभ हुआ। दोनों सरकारों के आपसी योगदान से मॉरीशस के फ़ेनिक्स शहर में बने सचिवालय के नवनिर्मित मुख्यालय का उद्घाटन 13 फरवरी, 2018 को मॉरीशस के प्रधानमंत्री माननीय श्री प्रवीण कुमार जगन्नाथ की गरिमामय उपस्थिति में भारत के राष्ट्रपति महामहिम श्री रामनाथ कोविंद के कर कमलों से संपन्न हुआ।

विश्व हिंदी सचिवालय के अधिनियम के अंतर्गत शासी परिषद् और कार्यकारी बोर्ड का गठन किया गया। शासी परिषद् विश्व हिंदी सचिवालय की शीर्षस्थ समिति है। शासी परिषद् द्वारा निर्धारित व परिकल्पित नीतियों एवं दिशानिर्देशों का कर्मचारी मंडल द्वारा अमल कराया जाता है। सचिवालय के कार्यकारी मंडल की पहली बैठक 24-25 मई, 2007 को मॉरीशस में तथा शासी परिषद् की पहली बैठक 28 जनवरी, 2008 को नई दिल्ली में संपन्न हुईं। शासी परिषद् में मॉरीशस और भारत की ओर से पांच-पांच व्यक्तियों को सदस्य बनाए जाते हैं, यथा : भारत के विदेश मंत्री, शिक्षा मंत्री (मानव संसाधन), संस्कृति मंत्री एवं दो गैर-सरकारी व्यक्ति तथा मॉरीशस की ओर से विदेश कार्य, अंतरराष्ट्रीय व्यापार एवं सहयोग मंत्री, शिक्षा एवं मानव संसाधन मंत्री, दो गैर-सरकारी व्यक्ति एवं सचिवालय के सचिव भी सदस्य होते हैं। इसी प्रकार कार्यकारी मंडल में भारत की तरफ से विदेश मंत्रालय, शिक्षा मंत्रालय (मानव संसाधन) के सचिव, संस्कृति मंत्रालय तथा मॉरीशस में भारत का उच्चायुक्त और मॉरीशस की ओर से स्थायी सचिव—विदेश कार्य, अंतरराष्ट्रीय व्यापार एवं सहयोग मंत्रालय, कला एवं संस्कृति मंत्रालय, शिक्षा एवं मानव संसाधन मंत्रालय, प्रधानमंत्री कार्यालय, मॉरीशस के अतिरिक्त सचिवालय के महासचिव सदस्य बन जाते हैं।

अंतरराष्ट्रीय स्तर पर हिंदी को स्थापित करने के लिए, इसे संयुक्त राष्ट्र संघ की भाषा के रूप में मान्यता दिलाने के लिए प्रयासरत इस सचिवालय द्वारा निम्न महत्त्वपूर्ण गतिविधियों, संकल्पों को कार्यरूप देने में उल्लेखनीय योगदान किया जाता है।

विश्व हिंदी पत्रिका

विश्व के विभिन्न प्रदेशों के भाषाविदों, शिक्षाविदों, तकनीकविदों, साहित्यकारों, रचनाकारों की हिंदी भाषा से जुड़ी स्तरीय रचनाओं को समाविष्ट करते हुए वर्ष 2009 से 'विश्व हिंदी पत्रिका' शीर्षक पर लोकप्रिय वार्षिक विशेषांक निकाला जा रहा है।

विश्व हिंदी सम्मेलन

वर्ष 1975 में प्रारंभ विश्व हिंदी सम्मेलनों के आयोजनों में शुरू से ही मॉरीशस द्वारा प्रशंसनीय भूमिका अदा की जा रही है। सचिवालय की स्थापना के पश्चात् सम्मेलनों के भव्य आयोजन में भारत के साथ इसका समन्वयन एवं सहयोग अभिलेखनीय रहा है।

विश्व हिंदी दिवस

विश्व स्तर पर हिंदी को प्रसारित करने के उद्देश्य से सुविधानुसार मॉरीशस के राष्ट्रपति/प्रधानमंत्री/अन्य मंत्रियों/भारतीय उच्चायोग के प्रतिनिधियों/अन्य देशों के विश्वविद्यालयों/प्रख्यात हिंदीसेवी संगठनों के कुछेक हिंदी विद्वानों को आमंत्रित करते हुए 2006 से प्रति वर्ष 10 जनवरी को विश्व हिंदी दिवस का प्रशंसनीय आयोजन किया जा रहा है।

विश्व हिंदी डेटाबेस

9वें विश्व हिंदी सम्मेलन में लिये गए निर्णय के आधार पर विश्व के हिंदी भाषाविदों, साहित्यकारों, लेखकों, विद्वानों, कवियों, विशिष्ट हिंदी प्रचारकों, हिंदी तकनीकी विशेषज्ञों, पत्रकारों, सरकारी और गैर-सरकारी प्रमुख हिंदी सेवी संस्थाओं/संगठनों, हिंदी अध्ययन से जुड़े विश्वविद्यालयों इत्यादि का ब्योरा विभिन्न माध्यमों से एकत्रित कर सचिवालय द्वारा डेटाबेस तैयार करने का महत्त्वपूर्ण कार्य किया जाता है।

प्रकाशन

'विश्व हिंदी पत्रिका' वार्षिकी के अतिरिक्त हिंदी साहित्यिक रचनाओं को स्थान देते हुए 'विश्व हिंदी साहित्य' शीर्षक पर वार्षिक संस्करण का प्रकाशन कार्य भी प्रारंभ किया गया है। विश्वभर में हिंदी से जुड़ी भाषायी एवं साहित्यिक गतिविधियों/रचनाओं को समाविष्ट करते हुए 'विश्व हिंदी समाचार' शीर्षक पर त्रैमासिक पत्रिका का भी प्रकाशन किया जा रहा है।

प्रदर्शनियाँ

विश्व हिंदी सम्मेलनों, अंतरराष्ट्रीय क्षेत्रीय सम्मेलनों, विश्व हिंदी दिवस, विभिन्न प्रदेशों में विश्वविद्यालयों द्वारा आयोजित अंतरराष्ट्रीय स्तर हिंदी कार्यक्रमों के अवसर पर पुस्तक मेलों और सूचना प्रौद्योगिकी एवं हिंदी प्रयोग से जुड़ी आकर्षक प्रदर्शनियों की व्यवस्था की जाती है।

अन्य ज्ञानवर्द्धक गतिविधियाँ

विश्वस्तरीय विषय विशेषज्ञों को आमंत्रित कर सृजनात्मक लेखन कार्यशालाओं, आईसीटी कार्यशालाओं, कवि सम्मेलनों, विचार मंथनों, सांस्कृतिक कार्यक्रमों इत्यादि का समय-समय पर आयोजन कर हिंदी भाषा के व्यापक प्रचार में उल्लेखनीय भूमिका निभाई जाती है।

विश्व हिंदी सम्मान

हिंदी भाषा की प्रोन्नति, प्रचार-प्रसार, लेखन एवं हिंदी और प्रौद्योगिकी के क्षेत्र में अति विशिष्ट कार्य/योगदान करने वाले भारतीय और विदेशी भाषासेवियों को विश्व हिंदी सम्मेलनों के अवसर पर प्रतिष्ठात्मक 'विश्व हिंदी सम्मान' से गौरवान्वित किया जाता है।

इस तरह अंतरराष्ट्रीय स्तर हिंदी शिक्षण-प्रशिक्षणों को प्रोत्साहित करते हुए महत्त्वपूर्ण प्रकाशनों, सूचना संचार तकनीकों के माध्यम से विश्वभर में हिंदी को प्रोत्साहित करते हुए विश्व भाषा और संयुक्त राष्ट्र संघ की आधिकारिक भाषा के रूप में स्थापित करने के लिए विश्व हिंदी सचिवालय द्वारा अनमोल कार्य किया जा रहा है।

विश्व हिंदी सचिवालय की वेबसाइट :

viswahindidb.com, **ई-मेल :** db@viswahindi.com

पता : इंडिपेंडेंस स्ट्रीट, फेनिक्स-73423, मॉरीशस। **फोन :** -2306600800

[**संदर्भ स्त्रोत :** सचिवालय की वेबसाइट एवं विकिपीडिया]

संदर्भ स्त्रोत

1. हिंदी के प्रयोग संबंधी आदेशों का संकलन (संस्करण : अगस्त, 1992 तक तथा जनवरी, 1989 से जून, 2005 एवं जुलाई 2005 से दिसंबर, 2021), राजभाषा विभाग, गृह मंत्रालय, नई दिल्ली
2. राजभाषा हिंदी के प्रशिक्षण संबंधी आदेशों पर आधारित नियम पुस्तक (जनवरी, 2000 तक), केंद्रीय हिंदी प्रशिक्षण संस्थान, नई दिल्ली
3. संसदीय राजभाषा समिति के प्रतिवेदन के विभिन्न खंडों (9) पर जारी किये गए राष्ट्रपति आदेशों का संकलन
4. संसदीय राजभाषा समिति प्रश्नावली (2021)
5. राजभाषा नीति : आदेश-निर्णय (संस्करण : 2004), भारतीय बैंक संघ, मुंबई
6. राजभाषा नीति-कार्यान्वयन (संस्करण : 1993), हरिबाबू कंसल, प्रकाशक : सुधांशु बंधु, दिल्ली
7. राजभाषा हिंदी (संस्करण : 2017), डॉ. भोलानाथ तिवारी, प्रभात प्रकाशन, दिल्ली
8. राजभाषा व्यवहार (संस्करण : 2010), कुसुमवीर एवं मोहर सिंह दोहरे, प्रकाशक : डायमंड पॉकेट बुक्स, नई दिल्ली
9. प्रयोजनमूलक हिंदी (संस्करण : 2015), रमेश तरुण, अशोक प्रकाशन, दिल्ली
10. राजभाषा सहायिका पुस्तिका (वर्ष 2017), सिंडिकेट बैंक
11. कार्यशाला सामग्री पुस्तिका (संस्करण : 2013), कार्पोरेशन बैंक
12. कंप्यूटर पर हिंदी में काम करने के लिए बेसिक प्रशिक्षण कार्यक्रम पुस्तिका—हिंदी शिक्षण योजना केंद्र : दुर्गापुर, संपादक : विश्वजीत मजूमदार
13. डिजिटल हिंदी की यात्रा (संस्करण : 2020), विजय प्रभाकर नगरकर, एशियन प्रेस बुक्स, कोलकाता
14. राजभाषा अधिकारी कोश (संस्करण : 2009), संपादन : मो. आफताब आलम, भारत पब्लिकेशन, मुंबई
15. प्रौद्योगिकी बैंकिंग और हिंदी (संस्करण : 2021), डॉ. रमेश यादव, अद्विक पब्लिकेशन, मुंबई
16. 'राजभाषा भारती' पत्रिका (अंक : 146—मार्च, 2016 एवं अंक : 150—मार्च, 2017), राजभाषा विभाग, गृह मंत्रालय, नई दिल्ली

17. नागरी प्रचारिणी सभा, वाराणसी की मासिक 'नागरी पत्रिका' (15 मई—14 जून, 2016)
18. 'अमर अक्षरा' पत्रिका, विजयवाड़ा, (राजभाषा हिंदी विशेषांक : सितंबर, 2017), संपादक : डॉ. पेरिसेट्टि श्रीनिवास राव
19. 'हिंदी एक मत से नहीं, एकमत से बनी' (आलेख : राजभाषा विभाग की वेबसाइट में उपलब्ध), श्रीलाल प्रसाद, सेवानिवृत्त कार्यपालक (राजभाषा), पंजाब नेशनल बैंक
20. राजभाषा विभाग, गृह मंत्रालय एवं उसके विभिन्न केंद्रों तथा हिंदी प्रचार-प्रसार-प्रयोग से जुड़ी सरकारी व निजी संगठनों की विविध वेबसाइट।